譯註 續日本紀 下

연민수 延敏洙

동국대학교 사학과 및 동 대학원 석사과정 졸업
九州大學 대학원 일본사학과 수사·박사과정 졸업, 문학박사
전 동북아역사재단 역사연구실장

논저 | 『일본고대국가와 도래계 씨족』(학연문화사, 2021)
　　　『고대일본의 대한인식과 교류』(역사공간, 2014)
　　　『고대한일관계사』(도서출판혜안, 1998)
　　　『고대한일교류사』(도서출판혜안, 2003)
　　　『일본역사』(보고사, 1998)
　　　『역주일본서기』1~3(공역, 동북아역사재단, 2013)
　　　『新撰姓氏錄』上·中·下(공역, 동북아역사재단, 2020)
　　　『일본고중세문헌속의 한일관계사료집성』(공편, 도서출판혜안, 2005) 등 다수

譯註 續日本紀 下

연민수 역주

초판 1쇄 발행 2022년 4월 25일

펴낸이 오일주
펴낸곳 도서출판 혜안

등록번호 제22-471호
등록일자 1993년 7월 30일

주소 04052 서울시 마포구 와우산로 35길 3(서교동) 102호
전화 02-3141-3711~2 / 팩스 02-3141-3710
이메일 hyeanpub@hanmail.net

ISBN 978-89-8494-680-4 93910

값 40,000 원

譯註 續日本紀 下

연민수 역주

혜안

서 문

『속일본기』는 文武 원년(697)에서 桓武朝 延曆 10년(791)에 이르는 9대 95년의 역사를 다루고 있다. 공간적으로는 藤原京, 平城京, 長岡京이 존재했지만 주무대는 평성경을 중심으로 전개되었다. 이 시대는 大寶·養老律令의 제정으로 율령법에 기초한 국가의 운용이 충실히 시행되고 있었고, 본격적인 문서행정으로 수많은 공문서가 산출되었다. 『속일본기』 편찬 자료는 각 행정관청에 소장되어 있는 문서군을 기초로 하였고, 그만큼 생생한 현장의 사건, 소식들을 담은 사실적 역사서라고 할 수 있다. 나아가 당대 일본국가의 운용 시스템을 제도적으로 잘 보여주고 있다는 점에서 이른바 '律令國家'의 구조, 실태를 이해하는 데 근간이 되는 사료이다. 율령제를 규정짓는 요소인 중앙집권적 관료제를 근간으로 하여 개별적 인민 파악을 위한 호적과 계장, 반전수수에 의한 구분전, 租庸調의 수취체제, 신분제로서의 良賤制, 군단병사제 등이 성립되어 기능하고 있다. 여기에 천황의 조서, 칙지를 비롯하여 태정관부, 지방국사의 상주문 등 중앙과 지방의 문서전달체계는 중앙집권화된 율령사회의 모습을 잘 보여주고 있다. 한편으로는 이러한 율령국가의 구조와 체제가 8세기 전체를 관통하면서도 내부적인 모순에 의해 점차 변질, 붕괴되어 가는 현상도 『속일본기』에서는 말하고 있다.

　『속일본기』의 핵심 사상은 천황주의이다. 이 이념은 이미 『일본서기』에 의해 확립되어 『속일본기』에 그대로 계승되고 있다. 율령을 기반으로 한 중앙집권적 지배체제는 천황이라는 절대인격이 그 정점에 자리하고 있다. 무엇보다 천황가라는 혈통의 절대성, 신성성은 기타 씨족이 넘볼 수 없는 영역이었다. 천황 1인만은 율령법에 명시되어 있지 않듯이 법적 규제를 받지 않는 초법적인 존재였고, 조칙을 통한 천황의 명령권은 그 자체가 법적 효력을 발휘하였고, 관인의 任免權, 賜姓 정책을 통해 관료사회를 지배해 나갔다. 여기에 천황 권력의 사상적 이념은 公地公民制에 기초한 王土王民思想이고, 중국적 예제주의를 수용한 천명사상과 덕치주의였다. 신격화된 천황의 통치는 천명에 의해 좌우되고 덕치에 의해 유지된다는 논리였다. 따라서 상서와 재이가 교차하고, 자연재해나 사회적 모순에 의해 발생하는 모든 현상들을 천황의 부덕으로 받아들이고 하늘이 내린 징벌이라는 사고가 생겨났다. 이를 극복하기 위한 수단으로서 구휼, 사면 등의 조치가 내려지고, 神佛에 기원하는 종교적 의식이 거행되고 있다. 이 시기가 되면 전통적인 신사의식과 국가불교로서 발전해 가는 불교는 습합되어 융화되는 현상을 보여주고 있다.

권력의 구조는 천황을 정점으로 한 5위 이상의 관인층이 세습적 특권을 갖고 권력을 공유해 나갔다. 음서제에 의한 관인층의 특권적 족벌세력의 재생산은 이전 호족연합정권 시대의 私地私民制의 산물이지만, 율령시대에는 제도화된 특권이었고, 특히 왕실과의 혼인관계를 통해 확립된 藤原家의 독점적 권력은 많은 정치적 갈등과 모순을 드러내었다. 文武 이후 벌어지는 황위계승의 문제는 누가 권력을 차지하느냐는 문제와도 직결되어 있어 이를 둘러싼 음모와 암투가 전개되었다. 누가 황후가 되고 어느 씨족 출신의 후궁이 낳은 황자가 천황이 되느냐에 따라 권력의 핵심부는 바뀌게 되는 것이다. 여기에는 등원씨가 중심이 되고 있지만, 등원가 내부에서도 대립이 있고, 나아가 왕실의 원로격 인물과도 충돌을 피할 수 없었다. 長屋王 일가의 반역음모 사건은 등원가의 모략이었고, 藤原仲麻呂의 반란은 독신 여제의 즉위아 측근 道鏡의 등장에 따른 위기감 때문에 발생한 사건이었다.

이 시대에 여성 천황의 즉위가 두드러졌다. 전시대 天武는 壬申의 난이라는 피의 쟁란을 통해 天智의 황자를 제거하고 즉위한 까닭에 황위계승에 있어서 형제의 난을 우려하였다. 이에 '吉野의 맹약을 통해 적장자 계승원칙을 세웠다. 그러나 이러한 원칙이 현실의 벽에 부딪히고 이로 인한 혼란을 피하기 위한 수단으로서 여성 천황이 즉위하였다. 이 시대 8명의 천황 중에서 4명이 천황의 모친, 딸로서 즉위하는데 적통남계의 부재가 낳은 하나의 현상이었다. 여성천황 시대에 벌어지는 권력의 암투는 『속일본기』의 세계를 이해하는

데 중요하다.

『속일본기』의 사료적 성격을 엿볼 수 있는 것이 대외인식이다. 천황제 율령국가는 唐의 제국적 천하의식, 정치체제를 모방한 중화사상에 기반을 두고 있다. 한편으로는 당에 조공하면서 독자 연호와 천황호를 사용하고 있고, 신라와 발해에 대해서는 일본우위의 번국관을 고수하였다. 신라에 대한 번국관의 근거는 신공황후의 삼한정벌이라는 전설의 세계이고 복속과 조공의 유래를 설명하고 있다. 신공황후 전설은 7세기 후반 백강전투 이후 일본고대국가의 성립기에 생겨난 인식이고, 신라에 대한 대항의식의 발로이다. 발해에 대해서는 고구려의 계승국임을 명백히 하면서 고구려 멸망기의 인식에 기반을 둔 대외관이다. 외교의례의 장에서 펼쳐지는 번국의식은 중국 화이사상을 모방한 것이었다. 특히 원단의 신년하례의식에 이들 사절단을 참여시켜 천황의 권위를 대내적으로 연출하였다. 그러나 이러한 주관적이고 일방적인 대외관은 외교상의 마찰을 일으켜 갈등을 유발시키고 있다. 국내적 통치질서를 벗어난 대외인식은 통용되지 못한 채로 교차하는 교류와 갈등이 순환적으로 반복되었다. 실질을 동반하지 않은 주관적 대외인식은 내부의 권력집중을 지향하고 있고, 신라와의 외교적 마찰은 동시에 신라정토론으로 전화되어 내부적 성토의 장으로서 중화의식을 만족시켰다.

『속일본기』가 완성되어 진상된 것은 환무조 연력 16년(797)이다. 편찬은 이미 淳仁, 光仁朝에서 추진되었으나, 기초자료의 나열 정도에 그쳐 사서로서의 체제를 갖추지 못해 보류되었다. 다음 환무조에서 본격적인 편찬사업에 들어가 최종 40권으로 완성되었다. 이는 재임중인 '今天皇'紀가 들어간 초유의 사서였다. 자신의 치세를 사서에 기록하는 일은 전례없었지만, 왕조교체가 없던 천황가 역사라는 점에서 특별한 반발이나 위화감 없이 추진된 것으로 보인다. 다만 환무 자신의 치세의 나머지 기록은 『일본후기』에 수록되어 있듯이 사후에 편찬된다는 사실을 알면서도 강행한 것은 재임중에 명확히 해야 할 문제가 있었기 때문으로 생각된다. 그것은 다름아닌 즉위의 정당성, 정통성 문제였다. 『속일본기』에 나오는 문무를 비롯한 역대 천황들은 천무의 직계 혈통이다. 이것이 光仁의 즉위로 天智系로 바뀌고 이어 즉위한 환무는 신왕조 창시를 선포하게 된다. 환무는 즉위 후 이른바 우주의 주재신인

昊天上帝와 자신의 부친 광인천황을 합사한 제사의식을 거행하였다. 이것은 광인을 시조로 하는 천황가의 정통성을 알리고 자신의 후계 자손이 일본국을 통치해 나간다는 메시지였다. 환무 이후 그의 세 명의 아들이 차례로 즉위한 사실은 이를 증명해 주고 있다.

환무천황에 의해 추진된 『속일본기』의 편자로 이름이 거론된 인물은 4인이다. 그중에서 菅野眞道는 환무의 편찬이념을 잘 받들어 찬술을 주도했던 인물이었다. 그는 환무의 생모인 高野新笠과 같은 백제계 도래씨족의 후예였고, 동시에 태양신의 후예인 都慕 신화를 공유하게 되었다. 환무 자신은 모계의 출자를 강하게 의식하였는데 환무조에서 백제왕씨를 비롯한 백제계 씨족들이 우대받은 사실에서도 잘 알 수 있다. 편찬에 관여한 인물 중에서 中科宿禰巨都雄은 개성 이전의 씨성이 津連氏로 관야진도와 동족이다. 관야진도 역시 개성하기 이전에 津連氏였다. 『속일본기』에 유독 백제왕씨 등 인물이 많이 나오는 것도 이러한 편찬자의 수사와 무관하지 않다고 보인다.

『속일본기』를 역주하면서 새삼 확인한 것이 사료의 중요성이다. 일본고대사에서 8세기만큼 사료가 풍부한 시기도 없다. 『속일본기』라는 정사를 근간으로 하여 동 사서를 실증적으로 뒷받침하는 호적, 계장, 정세장, 사경소문서 등을 담은 정창원문서, 수십만 점에 달하는 목간이 전해주는 생생한 현장의 기록물은 일본고대의 8세기사 연구를 풍부하게 해주고 있다. 사료에 목말라 있는 한국고대사의 실정에 비추어 보면 이들 사료에 관심을 기울일 필요가 있다. 『속일본기』에 등장하는 수많은 한국계 인명은 한국고대사 복원에 유용하게 이용할 수 있고, 4등관제를 비롯하여 율령국가의 운용 실태는 동시대의 신라사 연구에도 활용할 부분이 적지 않다. 사료 자체의 번역뿐 아니라 해당 사료의 주석에 따라 활용할 수 있는 범위가 넓어진다고 생각된다.

이 역주 작업에는 몇 년 전 프로젝트를 통해 공동으로 정리한 50여 종에 달하는 일본고대사료의 DB화가 큰 도움이 되었다. 특히 원문 바탕 위에 작업을 하여 입력 시간을 단축시키고, 단순한 문장은 용이하게 처리할 수 있었다. 또한 정창원문서와 목간 등 기초자료의 원문검색이 가능해져 유용하게 활용하였다. 新日本古典文學大系本의 훈독과 중국고전을 인용한 사료는 그 출전을 재확인하여 주석에 인용하였다. 여기에 『新撰姓氏錄』을 역주하면서 얻은 수많은 도래계 씨족을 비롯한 관련자료들을 주석에 인용하여 자료로서의 활용도를 높였다.

사실 『속일본기』는 그간 관련 논문을 쓰면서 손때가 묻을 정도로 익숙했지만, 막상 작업에 들어가 보니 홀로 하기에는 만만치 않은 분량이었고 특히 文武紀 초두부터 나오는 宣命體 문장을 비롯한 곳곳의 난해한 사료는 해독의 벽에 부딪혀 많은 시간을 고민해야 했다. 이러한 한계를 마주하면서 점차 사료의 세계에 빠져들어 갔고, 종전 단편적으로 참고하던 때와는 달리 이 시대의 전체적인 모습이 보이기 시작하였다. 하루 10시간 이상 1년 수개월간 하나의 작업에 몰두한 것은 나의 연구인생에 처음 있는 일이었고, 어쩌면 나 자신의 인내심을 시험하는 장이었다고 생각된다.

역주를 마치면서 당대의 사료를 당대인의 생각으로 읽는다는 것과 사료 이면의 본질을 파악하는 것은 사료연구의 기본이며 얼마나 중요한 일인지를 새삼 확인하였다. 기록된 문서와 사실의 문제는 반드시 일치하지는 않아 해석에도 차이도 생기고, 이념성이 강한 사료일수록 두드러진다. 사료의 역주는 단지 번역의 단계를 넘어 주석을 함께한 연구이다. 다른 눈으로 볼 때 새롭게 보일 수도 있다. 비판과 지적이 필요함은 물론이다. 본 역주서가 천황제 율령국가의 이해와 기초적 연구에 도움이 되기를 바란다.

2022년 3월
북한산 자락의 서재에서
연 민 수

목 차

역주 『속일본기』

12

譯註 續日本紀 上

譯註 續日本紀 中

1. 본 역주본의 사료는 國史大系本을 원문으로 하고, 新古典文學大系本의 훈독을 참조하였다.
2. 약자, 속자, 이체자 등은 정자체로 바꾸고, 사안에 따라 원문 그대로 둔 사례도 있다.
3. 선명체 문서, 상행문서, 외교문서 등 구어체, 경어체 형식의 문장은 문어체, 평어체로 통일하였다.
4. 선명체 기사는 ( ) 안에 선명체라고 표시하고, 음차 한자는 〈 〉 안에 표기하였다.
5. 원문의 行幸, 巡幸 등은 번역문에서는 내용, 거리에 따라 순행, 행차라고 구분하였다
6. 번역은 고전을 인용한 비유 문장, 역사용어 등은 문장의 흐름을 방해하지 않는 범위에서 문장 속으로 풀어서 해석하거나 각주로 처리하였다.
7. 본문의 번역문에서는 문장의 이해를 돕기 위해 원문에 없는 내용은 ( ) 안에 설명하여 의미를 보충하였다.
8. 國史大系本의 일부 오류가 있는 日干支의 날짜는 新日本古典文學大系本에 따라 수정하였다.
9. 출전을 표시하지 않고 연호로 기년을 나타낸 것은 모두 『속일본기』에 근거한다.
10. 원문의 일본 고유명사 발음은 한자의 한글표기를 원칙으로 한다.

역주『속일본기』

『속일본기』 권제31

〈寶龜 원년(770) 10월부터 2년(771) 12월까지〉

우대신 종2위 겸 行皇太子傅[1] 中衛大將

신 藤原朝臣繼繩 등이 칙을 받들어 편찬하다.

天宗高紹天皇[2]

○ 천황의 휘는 白壁王이다. 近江大津宮[3]에서 천하를 통치하던 天命開別天皇[4]의 손이고, 田原天皇[5]의 제6 황자이다. 모는 紀朝臣橡姬[6]이고 증 태정대신 정1위 紀諸人[7]의 딸이다. 寶龜 2년(771) 12월 15일에 추존하여 황태후라고 하였다. 천황은 너그럽고 자애심이 돈독하고 마음이 열려있다. 天平勝寶 이래 황위 계승자가 정해지지 않아 사람들이 서로 의심하여 죄를 받고 폐위되는 자가 많았다.[8] 천황은 깊이 災禍가 횡행하는 시기를 되돌아보며, 때로는

---

1) 「選敍令」6에는 관위에 비해 낮은 관직을 가진 경우 行이라고 하고, 높은 관직일 경우에는 守라고 한다. 황태자의 스승인 皇太子傅는 「官位令」에는 정4위로 되어 있다. 따라서 종2위인 藤原朝臣繼繩을 行皇太子傅라고 한 것이다.

2) 光仁天皇의 일본식 시호.

3) 天智 6년(667)에 飛鳥에서 近江으로 천도하였다.

4) 天智天皇.

5) 天智天皇의 제7 황자인 志貴皇子. 天智天皇系 황족이면서 황위계승과는 인연이 없고, 주로 和歌 등 문학적인 분야에서 평생 활약했다. 사후 50년 이상이 지난 寶龜 원년(770)에 6남인 白壁王이 황위를 계승하자 春日宮御宇天皇으로 추존되었고, 능묘인 田原西陵의 이름을 따 田原天皇이라고도 불렸다.

6) 內藏頭 紀諸人의 딸. 사후 白壁王이 光仁天皇으로 즉위한 이듬해 황태후로 추증되었다.

7) 紀諸人은 內藏頭에 재임중이던 和銅 2년(709) 3월에 蝦夷 정토의 征越後蝦夷 부장관에 임명되었고, 정토 완료 후에 元明天皇의 은총을 받아 딸 紀橡姬가 志貴皇子의 비가 되어 白壁王을 낳았다. 延曆 4년(785) 桓武天皇의 외증조부로서 정1위 太政大臣으로 추증되었다.

8) 天平勝寶 원년 여성 천황으로서 孝謙이 즉위한 후에 뒤를 이을 아들이 없어, 황태자

멋대로 술을 마시고 행방을 감추었다. 그런 까닭에 해를 면하는 일이 자주 있었다. 또 일찍이 천황에 즉위하기 이전에, 동요에 (다음과 같이) 노래되고 있었다.

"葛城寺의 앞에 있어요, 豊浦寺의 서쪽에 있어요. 櫻井의 우물에 白壁이 잠수해 있어요. 좋은 白壁이 잠겨 있어요. 이대로 둔다면, 나라가 번영하는가, 우리들의 집이 번영하는가".

이때 井上內親王은 (白壁王의) 비였다. 식자들은 "井자는 (井上)內親王의 이름이고, 白壁은 천황의 이름이고, 아마도 천황으로 즉위할 징조다"라고 생각하였다. 寶龜 원년(770) 8월 4일 계사에 高野天皇이 붕어하였다. 군신들이 유지를 받아, 당일 諱[9]를 세워 황태자로 삼았다.

○ 寶龜 원년(770) 10월 기축삭(1일), 천황이 대극전에서 즉위하였다.[10] 寶龜[11]라고 개원하였다. 천황은 (다음과 같이) 조를 내렸다.(宣命體)

"천황의 조칙으로 내린 말씀을 친왕, 제왕, 제신, 백관들, 천하의 공민들은 모두 들으라고 하였다. 말조차 꺼내기 황송한 奈良宮에서 천하를 통치한 倭根子天皇[12]이 지난 8일에, 이 천하를 통치하는 과업을 보잘것없는 짐에게 주시어, 봉사하라고 위임하여 내린다고 한 천황[高野]의 말씀을 받들어, 송구하여 어찌할 바를 몰라 삼가 황공하다고 하신 천황의 말씀을, 모두 들으라고 분부하였다. 그런데, 황위 계승자의 임무는 천신과 지신이 함께 허락하고 도와야 이 지위는 평안하게 유지하고 천하를 통치할 수 있는 것이라고 생각한다. 또 천황으로서 천하를 통치하는 군주는 현명한 신하로 능력있는 사람을 얻어야 천하를 평안하게 다스릴 수 있다고 듣고 있다. 이런 까닭에 칙명으로시

道祖王이 폐태자가 되고, 橘奈良麻呂의 반역음모사건, 藤原不比等의 반란과 鹽燒王의 폐위, 和氣王의 변 등 정치적 변란 사건이 계속된 것을 말한다.

9) 白壁王. 후의 光仁天皇. 천황 실명을 거론하지 않는 避諱.

10) 光仁天皇의 즉위는 稱德 사후 2개월 만이다. 양위일 경우에는 바로 황태자가 즉위하지만, 황태자가 정해지지 않은 상태에서 사망했기 때문에 즉위가 지연되었다. 이 기간에는 황태자로서 슈늘를 발포하여 국정을 수행하였다.

11) 肥前國에서 白龜를 바친 것을 기념하여 寶龜라고 개원한 것이다.

12) 高野(稱德)天皇.

말씀하기를, 짐은 부족하고 유약하지만, 친왕을 비롯하여 제왕, 제신들이 함께 봉사하고 도와야 이 위임받은 국을 통치해 가기 위한 천하의 정치는, 평안하게 추진할 수 있다고 생각한다. 따라서 모두가 깨끗하고 밝은 마음과 정직한 말로서 국정을 주상하고, 천하의 공민을 베풀어 다스려야 한다고 하신 천황의 말씀을 모두 들으라고 분부하였다.

　말을 바구어 조를 내리기를, 금년 8월 5일에 肥後國 葦北郡 사람 日奉部廣主賣가 흰 거북을 바쳤다. 또 같은 달 17일에는 같은 국의 益城郡 사람 山稻主가 흰 거북을 바쳤다. 이것은 즉 모두 大瑞에 합치한다. 따라서 천지가 주신 대서는 받아서 기뻐하고, 받아서 존귀하게 여겨야 하는 것이다. 이에 개원하여 神護景雲 4년을 寶龜 원년으로 한다.[13] 또 봉사한 사람 중에, 그 봉사의 상황에 따라 1, 2인 등에게 위계를 올려 예우하도록 한다. 또 천하에 대사면을 내린다. 또 6위 이하의 유위자 등에게 관위 1계를 내린다. (이세)대신궁을 비롯한 제신사의 禰宜들에게 관위 1계를 내린다. 또 승강을 비롯한 제사원의 師位의 승니들에게 천황의 하사품을 보시한다. 또 고령자들을 보살피고, 또 곤궁한 사람들에게 은혜를 베푼다. 또 효행과 절의가 있는 사람들에게 과역을 면제한다. 또 금년도 천하의 전조를 면제한다고 하신 천황의 말씀을 모두 듣도록 하라고 분부하였다".

　종1위 藤原朝臣永手에게 정1위를, 종3위 大中臣朝臣清麻呂·文室眞人大市·石川朝臣豊成·藤原朝臣魚名·藤原朝臣良繼에게 함께 정3위를, 종5위상 奈紀王에게 정5위하를, 무위 河內王, 종5위하 掃守王에게 함께 종5위상을, 종5위상 藤原朝臣田麻呂·藤原朝臣雄田麻呂에게 함께 정4위하를, 종4위하 阿倍朝臣毛人·藤原朝臣繼繩·藤原朝臣楓麻呂·藤原朝臣家依에게 함께 종4위상을, 정5위상 大伴宿禰三依에게 종4위하를, 종5위상 阿倍朝臣淨成·大伴宿禰家持·大伴宿禰駿河麻呂·佐伯宿禰三野·藤原朝臣雄依에게 함께 정5위하를, 종5위하 佐伯宿禰國益·石上朝臣家成·大野朝臣眞本·藤原朝臣小黑麻呂에게 종5위상을, 정6위상 巨勢朝

---

13) 8월 5일과 17일에 九州 肥後國의 군에서 바친 白龜는 『속일본기』에서는 보이지 않는다. 또한 8월 5일은 稱德天皇이 죽은 다음 날이다. 肥前國에서 大宰府를 거쳐 평성경까지의 노정은 『延喜式』 권제24 主計寮上에 의하면, 대략 15~16일 정도가 걸린다. 그렇다면 이는 전 천황인 稱德을 위해 보낸 것인데, 光仁朝廷에서는 황위의 정당성을 강조하기 위해 자신의 치세에 일어난 일로 포장한 것으로 생각된다.

臣公足에게 종5위하를 정6위상 村國連子老에게 외종5위하를 내렸다.

　신묘(3일), 종6위상 宍人朝臣繼麻呂에게 종5위하를 내렸다.

　병신(8일), 이보다 앞서 지난 9월 7일, 우대신 종2위 겸 中衛大將 훈2등 吉備朝臣眞備는 啓[14]를 올려 사직을 신청하고 아뢰기를,[15] "듣는 바에 의하면, '능력이 맡은 일을 감당하지 못하는데 무리하게 힘을 쓰면 폐해가 되고, 마음이 가지 않는 데에 극도로 힘을 쓰면 반드시 혼돈하게 된다'라고 한다. 眞備는 스스로 되돌아 보건대, 진실로 충분히 (사직의) 증거가 있다. 지난 天平寶字 8년(764)에 진비의 연령은 만 70이 찼다. 그해 정월에 사직하는 뜻의 상표문을 大宰府에 제출하였다. (그런데 상표문이 천황에게) 주상되지 않은 사이에, 태정관부가 내려져 造東大寺 장관에 보임되었다. 이에 따라 입경했지만, 병으로 집으로 돌아가게 되어 관사에 출사하는 마음이 없어졌다. 돌연히 병란이 일어나고,[16] 급히 소환되어 조정에 들어가 군무의 참모로 참여하였다. 난이 종식되어 전공을 논할 때, 이 하찮은 공으로 누차 고위직에 올랐다. 사직하여 양보했지만 허락받지 못한 채 이미 수년이 지났다. 지금으로는 노년에 병으로 몸이 뒤얽혀 치료해도 낫지 않는다. 天官[17]은 국정을 총괄하는 직무이기 때문에, 잠시라도 공석으로 둘 수 없다. 어떻게 병든 몸으로 오래도록 재상의 지위를 수행하고, 여러 관직을 겸임해서 천황의 정무를 보좌할 수 있겠는가. 스스로 미약한 몸을 되돌아보면, 심히 얼굴이

---

14)　「公式令」7「啓式」조의 "啓式〈三后亦准, 此式〉, 春宮坊啓, 其事云云"에 따르면, 啓式은 황태자와 3후(태황태후, 황태후, 황후)에게 문서를 올릴 때 사용하는 상신문서이다. 우대신 吉備眞備가 이 문서를 올린 9월 7일은 황태자가 즉위하기 전으로 啓式을 사용하였다.

15)　吉備朝臣眞備는 고령으로 인한 건강상의 이유를 들어 사직하였지만, 稱德 사망 후 후계자 선정 과정에서 그는 天武系인 長親王의 아들 文室眞人淨三과 그 동생인 文室眞人 大市를 추천했지만, 藤原百川 등이 추천한 白壁王이 즉위하여 불안한 심정이었을 것이다. 상신문서를 제출한 것은 稱德의 5번째 7일재로서 아직 황태자의 즉위 전이다. 5위 이상이 사직할 경우, 「選叙令」21「官人致仕」조에 보면 "凡官人年七十以上, 聽致仕五位 以上上表"라고 하여 천황에게 상표하여 허락을 받게 되어 있다. 이때의 사직은 허락되지 않았지만, 寶龜 6년 10월 임술조의 그의 훙전에 의하면 이듬해인 寶龜 2년 재차 상신하여 사직을 허락받았다.

16)　藤原仲麻呂의 난.

17)　周의 6관의 하나로 장관은 재상에 해당.

붉어진다. 하늘에 부끄럽고 땅에 욕되어 몸둘 바를 모르겠다. 삼가 사직하여 현자의 길을 (막는 것을) 피하고,[18] 위로는 성조가 노후의 덕을 베풀어 주기를 바라고, 밑으로는 평범하고 어리석은 자에게 족함을 아는 마음을 가질 수 있도록 특별한 은혜를 구하고, 자비를 내려주기를 바라고자 한다. 걱정스런 마음을 견딜 수가 없어 삼가 春宮[19]으로 가는 길옆에서 서계를 올리니 허락해 주셨으면 한다"라고 하였다.

이에 이르러 (천황이) 조를 내려 답하기를, "앞서 올린 상표를 보니, (사직을) 고하고 (집으로) 돌아가는 것을 알았다. 천황의 상이 아직 1년이 되지 않았는데 물러나는 것은 이르지 않은가. 슬픔과 놀라움이 교차되어 갑자기 할 말이 없어졌다. 밤새 (그대의) 노고를 생각하며 앉아있는 사이에 아침이 되었다. 청한 바대로 하지 않으면 겸허한 덕에 역행하는 것이고, 상표의 정에 응하려고 하면 점점 현명한 보좌를 생각하게 된다. 그래서 中衛大將의 직은 해임하지만 대신의 직은 그대로 유지하기 바란다. 학문을 즐기는 여유를 가지면서 조정의 우대신의 자리가 비는 일이 없도록 한다. 서늘한 시절이니 평온하게 지내시기를 생각한다. (서면으로는) 뜻을 다하지 못한 점이 많다"라고 하였다.

정유(9일), 흰 거북을 잡은 山稻主, 日奉公廣主女에게 사람마다 16계[20]를 내리고, 비단 10필, 목면 20둔, 삼베 40단, 정세의 벼 1천속을 지급하였다. 종2위 文室眞人淨三이 죽었다. 1품 長親王의 자이다. 내외의 관직을 두루 역임하고, 대납언에 이르렀다. 연로하여 사직하고 사저로 퇴거하였다. 임종 시에 여러 유언이 있었다. 장례는 간소하게 하고, (조정으로부터의) 鼓吹[21]를 받지 말라고 하였다. 자식들도 받들어 따랐다. 사자를 보내 조문하고 부의물을 내렸다.

---

18) 賢者를 위해 出仕의 길을 양보하는 일. 『史記』 萬石君條에 "願歸丞相侯印, 乞骸骨歸, 避賢者路"라고 나온다.

19) 원래 황태자가 거주하는 春宮坊을 가리키나, 천황으로 즉위한 직후여서 황태자 居所의 명칭을 사용하고 있다. 여기서는 천황의 거소를 말한다.

20) 무위에서 16계를 내려 정6위상에 서위되었다.

21) 장송의례에 사용하는 악기. 「喪葬令」8에는 사망 시 직위에 따라 鼓, 大角, 小角, 幡 등의 종류와 개수가 정해져 있다.

　신해(23일), 종4위하 大伴宿禰伯麻呂를 右中弁으로 삼고, 정5위하 阿倍朝臣淸成을 員外右中弁으로 삼고, 종5위상 石川朝臣豊人을 右少弁으로 삼고, 종5위하 多朝臣犬養을 式部少輔로 삼고, 종5위하 阿倍朝臣淨目을 散位頭로 삼고, 종5위하 豊國眞人秋篠를 治部大輔로 삼고 甲斐守는 종전대로 하였다. 종5위상 掃守王을 大炊頭로 삼고, 主殿頭 종5위하 神眞人土生에게 伊勢介를 겸직시키고, 少納言 종5위하 當麻王에게 尾張守를 겸직시키고, 외종5위하 佐太忌寸味村을 相摸介로 삼고, 종5위상 巨勢朝臣公成을 常陸介로 삼고, 외종5위하 內藏忌寸若人을 員外介로 삼고, 종5위하 田口朝臣水直을 信濃員外介로 삼고, 종5위하 池田朝臣眞枚를 上野介로 삼고, 종5위하 石川朝臣名繼를 丹波介로 삼고, 종5위하 川邊朝臣東人을 石見守로 삼고, 左少弁 종5위하 當麻眞人永嗣에게 土左守를 겸직시켰다.

　계축(25일), 정4위상 大野朝臣仲千에게 종3위를, 정5위상 飯高宿禰諸高에게 종4위하를, 종5위하 巨勢朝臣巨勢野·百濟王明信[22]에게 함께 정5위하를, 종5위하 巨勢朝臣魚女에게 종5위상을, 외종5위하 賀陽朝臣小玉女·桑原公嶋主·武藏宿禰家刀自, 정7위하 縣犬養宿禰道女, 무위 和氣公廣虫에게 함께 종5위하를, 정8위상 神服連毛人女, 정7위하 金刺舍人若嶋에게 함께 외종5위하를 내렸다.

　갑인(26일), 伊豫守 종5위상 高圓朝臣廣世에게 정5위하를, (伊豫)掾 정6위상 中臣朝臣石根에게 종5위하를, (伊豫)介 외종5위하 板茂連眞釣에게 외종5위상을, (伊豫)員外介 정6위상 百濟公水通[23]에게 외종5위하를, 外散位 외종5위하 越智直飛鳥麻呂·越智直南淵麻呂에게 함께 외종5위상을, 肥後守 정5위하 大伴宿

---

22) 우경대부 百濟王理伯의 딸. 조부는 百濟王敬福. 寶龜 원년(770)에 정5위하, 동 6년에 정5위상, 延曆 2년(783)에 정4위상, 동 6년에 종3위에 이른다. 延曆 16년에 常侍가 되고, 동 18년에 정3위, 弘仁 6년(815)에 사망하여 종2위에 추증되었다. 桓武天皇은 백제계 도래씨족을 중용했는데, 특히 百濟王明信을 총애하였다.

23) 『신찬성씨록』 좌경제번하에, "百濟公은 백제국 都慕王의 24세손인 汶淵王으로부터 나왔다"라고 한다. 『속일본기』 天平寶字 5년(761) 3월 경자조에 余民善女 등이 백제공 성을 받았다고 기록하고 있다. 『신찬성씨록』 우경제번하 「백제공」조에는 천평보자 3년(758)에 鬼室氏가 백제공으로 개성한 사실을 전하고 있다. 백제공으로 개성한 것은 백제 왕족인 余氏뿐 아니라 다른 씨족도 있으므로 백제공의 씨성을 받은 인물들이 어느 계통인지 명확하지 않다. 寶龜 원년(770) 동10월조에 百濟公水通 등이 나오는데, 백제공수통은 天平勝寶 2년(750) 2월 26일자 太政官符에서 정7위하 守右少史 百濟君水通으로 되어 있어 이때는 百濟君으로 불렸다.

禰駿河麻呂에게 정5위상을, (肥後)介 종5위하 若櫻部朝臣乙麻呂에게 종5위상을, (肥後)員外介 정6위상 紀朝臣大純에게 종5위하를, (肥後)掾 정6위상 山村許智人足에게 외종5위하를 내렸다. 모두 이들은 상서를 바친 국사, 군사들이다. 지난 5월 칙이 있어, 관위 1계를 올리기로 했는데, 이에 이르러 수여하게 되었다.

　병진(28일), 僧綱이 아뢰기를, "지난 天平寶字 8년의 칙을 받들어, 반역을 꾀하는 무리들이 山林寺院에서 몰래 승 1인 이상을 모아 독경과 회과를 행하는 자는 승강이 강하게 금지하라고 하였다. 이로부터 산사에는 오랫동안 수행자의 발길이 끊기고, 가람 내에도 오래도록 독경 소리가 멈췄다. 속인인 巢父와 許由[24]조차도 의연히 산림에 은거하는 것을 존중해 주었는데, 하물며 출가한 승려로 어찌 한거하는 자가 없겠는가. 바라건대 오래도록 은거하고 있는 승려는 그대로 수행할 수 있도록 허락해 주었으면 한다"라고 하였다. (천황이) 조를 내려 이를 허락하였다.

　11월 기미삭(1일), 종4위하 飯高宿禰諸高에게 정4위하를 내렸다.

　임술(4일), 외종5위하 山田連公足 등 30인에게 宿禰의 성을 내렸다.

　계해(5일), 외종5위하 山田宿禰公足에게 외종5위상을 내렸다.

　갑자(6일), (천황이) 조를 내려(宣命體), "現神[25]으로 대팔주를 통치하고 계신 倭根子天皇[26]의 詔旨로서 내린 말씀을 친왕, 제왕, 제신, 백관들, 천하의 공민들, 모두 들으라고 분부하였다. 짐은 부족하고 유약한 몸이지만, 천황의 과업을 이어받아 황공하여 몸둘 바를 모르겠는데, 존귀하고 경하스러운 (선제의) 말씀을 자신 혼자만이 받을 수 있겠는가를 생각하여, 법에 따라 말하기조차 황공한 春日宮에 있던 황자[27]를 추존하여 천황으로 칭하고, 또 형제, 자매, 제왕자 등에게 모두 친왕으로 하고, 관위를 올려 (상응하는) 조치를 취하고자 한다. 또 井上內親王을 황후로 정한다고 하신 천황의 말씀을

---

24) 巢父와 許由는 중국의 전설적인 요임금 시대의 속세 권력이나 명예에 관심이 없는 지조 높은 은자들.
25) 現神은 明神, 現人神, 現御神 등의 표기법이 있다. 인간의 모습으로 나타난 신, 즉 천황의 신격화를 나타낸다.
26) 光仁天皇.
27) 光仁天皇의 부. 志紀親王.

모두 듣도록 하라"고 분부하였다.

종4위하 諱[28]에게 4품을, 종5위하 桑原王·鴨王·神王에게 함께 종5위하를, 酒人內親王에게 3품을, 종4위하 衣縫女王·難波女王·坂合部女王·能登女王·彌努摩女王에게 함께 4품을, 무위 淨橋女王·飽波女王·尾張女王에게 함께 종4위하를 내렸다.

무진(10일), (천황이) 御鹿原으로 순행하였다. 山背守 종5위하 橘宿禰綿裳에게 종5위상을 내렸다.

정축(19일), 典膳 정6위상 安曇宿禰諸繼에게 종5위하를 내리고, 바로 奉膳[29]으로 전임시켰다. 정6위상 上毛野坂本朝臣男嶋에게 외종5위하를 내렸다.

무인(20일), 정6위상 國栖小國栖, 무위 栗原勝乙女에게 함께 외종5위하를 내렸다.

계미(25일), 무위 大伴宿禰古慈斐[30]를 본위인 종4위하로 복위시켰다.

을유(27일), (천황이) 칙을 내려 "선후[31]의 반역자들을 일체 모두 용서하고자 한다. 그 유배된 곳에 머물러 살기를 원하는 자는 바라는대로 허락한다. 만약 궁핍하여 귀향하는 데 비용이 없는 자에게는 통과하는 제국이 헤아려 식량과 말을 지급하도록 한다"라고 하였다.

12월 을미(7일), 좌대신 정1위 藤原朝臣永手에게 山背國 相樂郡 出水鄕의 산지 200정을 내렸다.

경술(22일), 증 태정대신[32]의 공봉은 원래대로 (자손들에게) 내렸다.

병진(28일), 종5위하 大原眞人繼麻呂를 中務員外少輔로 삼고, 종5위하 紀朝臣廣繼를 民部少輔로 삼고, 종5위하 宍人朝臣繼麻呂를 主計頭로 삼고, 종5위하 石川朝臣眞永을 兵部少輔로 삼고, 종5위상 掃守王을 大藏大輔로 삼고, 종5위하 廣田王을 大炊頭로 삼고, 종4위상 大伴宿禰古慈備를 大和守로 삼고, 종5위하 紀朝臣鯖麻呂를 美濃員外介로 삼고, 종5위하 巨勢朝臣池長을 越前員外介로 삼

---

28) 山背親王. 후의 桓武天皇. 천황 실명을 거론하지 않는 避諱 기사.
29) 內膳司의 장관.
30) 橘奈良麻呂의 반란음모사건에 연좌되어 土佐國으로 유배되었다.
31) 天平寶字 원년의 橘奈良麻呂의 반란음모사건과 동 8년의 藤原仲麻呂의 반란사건.
32) 藤原不比等.

고, 종5위상 皇甫東朝[33]를 越中介로 삼고, 대판사 종5위하 藤原朝臣長道에게 讚岐員外介를 겸직시키고, 종5위하 高向朝臣家主를 筑後守로 삼고, 종5위하 紀朝臣大純을 肥後介로 삼았다.

○ 寶龜 2년(771) 춘정월, 기미삭(1일), 천황이 대극전에서 신년하례를 받았다.

경신(2일), 정4위하 藤原朝臣家子에게 종3위를, 외종5위상 上毛野佐位朝臣老刀自, 정6위하 國造淨成女에게 함께 종5위하를 내렸다.

임술(4일), 天平神護 원년 이래 승니의 度緣[34]은 모두 道鏡의 인장을 이용하여 날인하였다. 이에 이르러 다시 治部省의 인장을 사용하였다.[35]

신미(13일), 천하 제국에 吉祥悔過[36]의 법회를 중지하였다.

계유(15일), 종5위상 橘朝臣麻都我, 종5위하 藤原朝臣蔭에게 함께 정5위하를 내렸다.

갑술(16일), (천황이) 주전 이상에게 조당에서 향응을 베풀고, 각각 녹을 차등있게 내렸다.

신사(23일), 他戶親王을 황태자로 삼았다.

(천황은) 조를 내려(宣命體), "明神으로서 대팔주를 통치하시는 養德根子天

---

33) 天平 8년(736)에 일본 견당사와 함께 일본에 온 唐人 3인 중 1인이다. 병기되어 있는 皇甫昇女는 일족으로 생각되지만, 구체적인 관계는 미상이다. 神護景雲 원년(767)에 雅樂員外助 겸 花苑司正에 임명되어 당의 음악을 전수하였다. 개성되었다는 기록이 없어 당의 씨명인 皇甫를 그대로 갖고 있었던 것으로 보인다.

34) 승니의 得度 연유를 기록한 문서라는 의미에서 일반적으로 度緣이라고 한다. 得度한 승니에게는 국가공인의 신분증명서로서 公驗을 수여하는데, 度牒 또는 告牒이라고도 한다. 太政官이 발행하고, 治部省, 玄蕃寮의 담당관, 僧綱 등의 僧官이 서명하면 효력이 발생한다. 득도자가 사망하거나 환속하면 폐기된다. 授戒 때는 度牒은 폐기하고 대신 戒牒을 발행한다. 『令集解』「僧尼令」14「令釋」, 동 21「讚說」에 인용된 養老 4년 2월 4일 格에는 "凡僧尼給公驗, 其數有三, 初度給一, 受戒二, 師位給三"이라고 되어 있다. 공험에는 得度 시 度緣, 受戒 시 戒牒, 僧位의 하나인 師位 등 3종이 있다.

35) 度緣에는 治部省印을 사용하는 것으로 알려져 있으나, 『日本後紀』 弘仁 4년 2월 병술조에, "自今以後, 僧者請太政官印, 尼者用所司之印"이라고 하여 僧은 太政官印, 尼는 式部省印을 각각 사용하고 있다.

36) 吉祥悔過는 불교의 수호신인 吉祥天을 본존으로 받들어 죄를 참회하고 국가의 안정과 작물의 풍요를 비는 법회로 매년 정월에 열린다. 보통 吉祥天悔過를 줄여서 悔過라고 한다. 본문의 길상회과 중지는 稱德朝의 道鏡에 의한 불교정책을 시정하기 위한 일환으로 보인다.

皇37)의 詔旨로서 내린 말씀을, 친왕, 제왕, 제신, 백관들, 천하의 공민은 모두 들으라고 분부하였다. 법에 따라38) 황후39)의 아들인 他戸親王을 세워 황태자로 한다. 따라서 이 상황을 잘 깨닫고 백관들은 봉사하라고 하신 천황의 말씀을 모두 들으라고 하였다. 이런 까닭에 천하의 죄인에게 대사면을 내린다. 또 1, 2인 등에게 관위를 올려 예우하기로 한다. 또 관인들에게 천황의 하사물을 내린다. 고령자, 빈궁한 자, 효행과 절의를 지킨 자들을 보살펴 우대한다고 하신 천황의 말씀을 모두 듣도록 하라"고 분부하였다.

종5위상 藤原朝臣小黑麻呂에게 정5위하를, 정6위상 藤原朝臣鷲取·多治比眞人公子·巨勢朝臣馬主·阿倍朝臣常嶋·石川朝臣諸足·紀朝臣家守에게 함께 종5위하를, 정6위상 長尾忌寸金村에게 외종5위하를 내렸다. 式部大輔 종4위상 藤原朝臣家依에게 皇后宮大夫를 겸직시키고, 中衛府 員外中將 종4위상 伊勢朝臣老人에게 (皇后宮)亮을 겸직시켰다. 대납언 정3위 大中臣朝臣淸麻呂에게 東宮傅를 겸직시키고, 병부경 종3위 藤原朝臣藏下麻呂에게 春宮大夫를 겸직시키고, 右中弁 종4위하 大伴宿禰伯麻呂에게 (春宮)亮을 겸직시키고, 勅旨少輔 종5위상 石上朝臣家成에게 (春宮)員外亮을 겸직시켰다.

계미(25일), 정6위상 多治比眞人名負에게 종5위하를 내렸다.

병술(28일), 종4위상 藤原朝臣繼繩에게 정4위상을, 무위 紀朝臣敏久·紀朝臣奈良에게 함께 종5위하를 내렸다.

2월 경인(3일), 錦部連河內賣40)의 본위 종5위상을 복위하였다.

병신(9일), 因幡國 高草郡 출신의 采女 종5위하 國造淨成女 등 7인에게 因幡國

---

37) 光仁天皇. 養德은 야마토라고 읽고 일본 전체를 가리킨다.

38) 법에 따라 立太子를 둔다는 '隨法'은 율령법의 규정은 없다. 嫡流 이외의 자를 황태자로 세우는 경우에도 '隨法'이라는 표현을 쓴다. 여기에서는 황후의 소생으로 관례에 따른다는 의미로 해석된다.

39) 井上皇后.

40) 天平寶字 5년 6월에 光明皇太后의 周忌御齋에서 忍海伊太須와 함께 供奉해서 종5위하에 서위되고, 天平神護 원년 정월에 종5위상에 서임되었다. 관위를 박탈당한 이유는 미상이고, 이때 복귀되었다. 天平 8년 8월의 內侍司牒(『大日本古文書』 2-8)에 錦部連川內라는 이름으로 서명하고 있어 連 성임을 알 수 있다. 이 씨족은 원래 造 성이었으나 天武 10년에 일족이 連 성을 사성받았다. 『新撰姓氏錄』 河內諸蕃, 和泉諸蕃 「錦部連」조에는 백제국 速古大王의 후예라고 기록되어 있는데, 錦部를 장악하고 錦의 직조를 담당한 도래계 伴造氏族이다.

造의 성을 내렸다. 石見國에 기근이 들어 구휼하였다.

무술(11일), 종5위하 下毛野朝臣足麻呂를 外衛少將으로 삼고, 외종5위하 物部礒波를 左兵衛大尉로 삼았다.

경자(13일), 천황이 交野[41]로 순행하였다.

신축(14일), (천황이) 나아가 難波宮에 도착하였다.

계묘(16일), 좌대신[42]이 갑자기 병이 났다. 조를 내려 대납언 정3위 大中臣朝臣淸麻呂에게 대신의 일을 집행하게 하였다.

병오(19일), 莫牟師[43] 정6위상 村上造大寶에게 외종5위하를 내렸다. 고령자에 대한 우대이다.

무신(21일), 천황이 龍田道를 거쳐 귀도에 竹原井行宮[44]에 도착하였다. 깃발을 세운 장대가 이유없이 저절로 부러졌다. 때의 사람들은 모두 집정[45]이 사망할 징후라고 하였다.

기유(22일), 좌대신 정1위 藤原朝臣永手가 죽었다. 이때의 나이 58세이다. 奈良朝 증 태정대신 (藤原)房前의 제2자이다. 모친은 정2위 牟漏女王이다. 대대로 대신과 내신을 배출한 가문으로[46] 조정에 봉사하고 (天平 9년 9월 28일에) 종5위하에 서위되었다. 天平勝寶 9세(757)에 종3위 중납언 겸 식부경에 이르고, 天平寶字 8년(764) 9월에 대납언으로 전임되고 종2위를 받았다. 天平神護 2년(766)에 우대신에 보임되고 종1위가 내려졌다. 재위한 지 2년째에

---

41) 河內國 交野郡의 수렵지. 『속일본기』에는 延曆 2년 10월 무오조, 동 6년 10월 병신조, 동 10년 10월 정유조 등에 桓武天皇의 순행이 보인다. 延曆 6년 11월에는 천신 제사가 행해지고, 일반 백성의 출입이 금지된 禁野가 되었다. 枚方市에도 禁野의 지명이 남아 있다. 이곳이 백제왕씨의 거주지이고, 光仁天皇의 부인으로 桓武천황의 모친인 高野新笠이 백제왕씨 출신이어서 光仁, 桓武 2천황이 交野의 땅에 순행한 것이라고 생각된다. 한편 우대신을 역임한 藤原繼繩의 부인도 百濟王明信이다.

42) 藤原永手.

43) 莫牟는 한반도계 대나무로 만든 대금처럼 횡으로 부는 관악기이다. 『類聚三代格』 大同 4년 3월 21일 관부 및 『日本後紀』 大同 4년 3월 병인조에 高麗樂師와 百濟樂師의 내역 중에 莫目師가 나온다. 『和名類聚抄』 4에, "本朝格云, 莫牟師一人〈牟或作目, 俗云万久毛〉"라고 기록되어 있다.

44) 龍田道를 거쳐 難波로 향하는 도중의 行宮.

45) 좌대신 藤原永手.

46) 藤原鎌足, 藤原不比等, 藤原武智麻呂, 藤原房前으로 이어지는 대신, 내대신을 배출하고, 일족의 많은 인물들이 재상 등 고위관직을 역임하였다.

좌대신으로 전임되었다. 寶龜 원년(770)에 高野天皇이 건강이 악화될 때, 道鏡이 천황의 은혜를 사적으로 이용하여 내외에 세를 과시하였다. 폐제[47]가 축출되고 나서 종실의 사람으로 신망이 높은 많은 사람들이 무고죄를 받아 황위는 마침내 끊어지려고 하였다. 도경은 스스로 총애를 받고 있기 때문에 황위를 엿보는 당치도 않은 요행을 품고 있었다. 천황[48]의 죽음에 이르러 방책을 정하여 마침내 사직을 안정시켰던 것은 대신의 힘이 대단히 컸다. 죽음에 이르러 천황은 심히 비통해 하였다.

(천황은) 조를 내려, 정3위 중납언 겸 중무경 文室眞人大市, 정3위 원외중납언 겸 궁내경 우경대부 石川朝臣豊成을 보내 조문하고 부의물을 내리고 말하기를(宣命體),

"藤原 좌대신에게 내린 대명을 고한다. 대명에서 말씀하기를, 대신은, 내일은 조정에 와서 봉사할 것이라고 기다리고 있던 중에, 병이 치유되어 출사하는 일 없이 끝내 천황의 조정을 뒤로 하고 물러났다는 말을 듣고 생각하기를, 남을 홀리는 말인가, 광기의 말인가, 진실이라면 봉사하고 있던 태정관의 정무를 대체 누구에게 맡기고 물러나는가. 누구에게 주고 물러나는가. 한스러운 일이다. 슬픈 일이다. 짐의 대신이요, 누구에게 나는 말하여 마음을 진정시킬 수가 있을까, 누구에게 나는 물어서 마음을 진정시킬 수가 있을까. 후회스럽고, 애석하고, 비통하고, 슬픔 마음으로 소리높여 울고 있다고 하신 말씀을 고한다. 분한 일이다. 애석한 일이다. 오늘부터 대신이 주상하고 있는 정무를 들을 수가 없는 것인가. 내일부터는 대신이 출사하고 있는 모습은 볼 수가 없는 것인가. 일월이 거듭되어 감에 따라 슬픈 일만이 전전 일어나고 있다. 세월이 쌓여감에 따라 쓸쓸한 일만이 늘어나고 있다. 짐의 대신이요, 춘추의 수려한 풍경을 누구와 함께 보러가서 즐길 것인가. 산천의 청정한 곳을 누구와 함께 보러가 마음을 맑게 할 것인가. 한탄스럽고 우울하다고 하신 말씀을 고한다. 대신 그대는 만의 정무를 총괄하고 태만하거나 치우침이 없이 황족과 신하를 서로 차별함이 없이, 모두 공평하게 주상하고 공민에게 있어서도 넓고 도타운 자애심으로 주상하였다. 이 일만 아니라

---

47) 淳仁天皇.
48) 稱德天皇.

천황의 조정에서 잠시도 물러나 쉬지 않고 국가를 다스리는 정치가 평안해지기를, 천하의 공민이 평안해지기를, 조석으로 주야로 구별없이 생각하고 논의하여 주상하고 봉사해 왔기 때문에, (짐은) 근면한 일로서 밝고 안심하고 믿는 마음으로 지내고 있었는데, 갑자기 짐의 조정을 떠나 (돌아올 수 없는 곳으로) 물러나 무슨 말을 해야 할지 모르겠고, 어떻게 해야 할지 몰라 후회하고 의지할 곳이 없다고 하신 말씀을 고한다.

또 말을 바꾸어 조를 내리기를, 봉사해 온 일은 넓고 두텁기 때문에 대신 그대의 집안 자식들에게도 방관하거나 잃는 일이 없이 자애를 베풀어 관인으로 등용하고, 도움을 주고 관심을 가질 것이다. 대신, 그대가 물러나 있는 길도 뒷일에 마음을 남기는 일이 없이, 마음 편하게 생각하고 평안하고 행복하게 물러가기를 바란다고 하신 말씀을 고한다"라고 하였다.

石川朝臣豊成이 (천황의 조서를) 말하기를, "(천황이) 대명으로 조를 내려 말씀하기를, 대신 그대가 봉사해 온 모습은 지금만이 아니다. 말조차 꺼내기 황공한 近江大津宮[49]에서 천하를 통치하신 천황의 치세에는 대신의 증조부 藤原朝臣 내대신[50]은 밝고 깨끗한 마음으로 천황의 조정을 도와 봉사해 왔다. 藤原宮[51]에서 천하를 통치하신 천황의 치세에서는 조부인 태정대신[52]이 또 밝고 깨끗한 마음으로 천황의 조정을 도와 봉사해 왔다. 대신은 보잘 것 없는 짐을 도와 봉사해 왔다. 현신들이 대대로 봉사해 온 것은 고마운 일이고 충실히 근무해 왔다고 생각한다. 그런 까닭에 선조들이 봉사해 온 후손이 있고, 또 짐의 대신이 봉사해 온 노고를 생각하고, 중대하다고 생각하여 태정대신으로 위를 내리려고 했는데, 그때 한사코 사퇴해서 내리지 못하고 말았다. 그 후에도 내리려고 생각했기 때문에 태정대신으로 위를 올린다고 한 말씀을 고한다"라고 하였다. 정4위하 田中朝臣多太麻呂, 종4위상 佐伯宿禰今毛人, 종4위하 大伴宿禰伯麻呂 등에게 장의를 감독하게 하였다.

갑인(27일), 정6위상 和氣公細目에게 종5위하를 내렸다.

---

49) 天智朝廷.
50) 藤原鎌足.
51) 天武, 持統朝.
52) 藤原不比等.

　3월 무오삭(1일), 대재부에서 흰 꿩을 바쳤다.

　신유(4일), 遠江國 磐田郡의 主帳 무위 若湯坐部龍麻呂, 蓁原郡의 主帳 무위
赤染造長濱, 城餉郡의 主帳 무위 玉作部廣公, 檜前舍人部諸國, 讚岐國 三野郡
사람 丸部臣豊拔가 각각 사재를 내어 궁핍한 백성 20인 이상을 보살핀 까닭에
사람마다 관위 2급을 내렸다.

　임술(5일), 천하 제국에 명하여 疫神에게 제사지내게 하였다.

　무진(11일), 隼人[53]의 도검 휴대를 중지하였다.

　경오(13일), 조를 내려, 대납언 정3위 大中臣朝臣淸麻呂를 우대신으로 삼고
종2위를 내렸다. 정3위 藤原朝臣良繼를 內臣[54]으로 삼고, 정3위 文室眞人大市·
藤原朝臣魚名을 함께 대납언으로 삼고, 정3위 石川朝臣豊成, 종3위 藤原朝臣繩
麻呂를 중납언으로 삼고, 4품 諱[55]를 中務卿으로 삼고, 종3위 石上朝臣宅嗣를
식부경으로 삼고, 정4위하 藤原朝臣百川〈본명은 雄田麻呂〉을 大宰帥로 삼고,
右大弁 內豎大輔 右兵衛督 越前守는 종전대로 하였다.

　임신(15일), 칙을 내려, "內臣의 직장, 관위, 계록, 직분, 잡물은 모두 대납언
과 동일하게 한다. 다만 식봉 1천호를 내린다[56]"라고 하였다.

　병술(29일), 和氣公淸麻呂를 본위 종5위하로 복위하였다.

　윤3월 무자삭(1일), 정5위하 佐伯宿禰三野에게 종4위하를 내리고, 종5위하
紀朝臣廣純을 左少弁으로 삼고, 종5위하 大中臣朝臣繼麻呂를 勅旨少輔로 삼고,
종4위하 神王을 左大舍人頭로 삼고, 종5위하 布勢王을 內匠頭로 삼고, 외종5위
하 吉田連斐太麻呂[57]를 內藥正으로 삼고, 종5위하 廣川王을 內禮正으로 삼고,

---

53) 畿內 및 주변에 이주힌 隼人으로, 衛門府 소속의 隼人司에 1년씩 상번하여 근무한다.
54) 內臣의 지위는 左右大臣과 大·中納言의 중간 위치였다고 추정된다.
55) 山部親王. 후의 桓武天皇. 천황 실명을 거론하지 않는 避諱 기사.
56) 「祿令」10에 의하면, 大納言의 職封은 8백호이다. 내신의 1천호는 이보다 많아 그
　　예우가 대납언보다 위에 있음을 알 수 있다.
57) 吉田連은 백제망명자의 후손으로, 天智 10년(671)에 백제망명자들을 대상으로 한
　　관위수여식에서 소산하의 관위를 받은 吉大尙의 일족이다. 『文德實錄』嘉祥 3년(850)의
　　興世朝臣書主의 「卒年」 기사에도 그의 本姓은 吉田連이고 선조의 출자에 대해 "其先出自
　　百濟"라고 하여 백제국 출신임을 밝히고 있다. 吉田連斐太麻呂는 寶龜 10년에 종5위하,
　　天應 원년(781)에 종5위상에 서위되었고, 光仁朝에서는 侍醫도 겸직하였다. 이 씨족은
　　의약분야에서 고위 관료를 배출한 가문이다.

종4위상 藤原朝臣家依를 식부대보로 삼고, 종5위하 多治比眞人豊濱을 大學助로 삼고, 종5위하 巨勢朝臣馬主를 雅樂頭로 삼고, 종5위상 船井王을 玄蕃頭로 삼고, 종5위하 石川朝臣眞永을 민부소보로 삼고, 종5위하 阿倍朝臣許智를 主稅頭로 삼고, 정5위상 石川朝臣名足을 병부대보로 삼고, 종5위하 紀朝臣古佐美를 (병부)소보로 삼고, 종4위하 藤原朝臣濱足을 형부경으로 삼고, 종5위하 多治比眞人名負를 (형부)소보로 삼고, 정5위하 豊野眞人奄智를 대판사로 삼고, 종5위하 伊刀王을 木工頭로 삼고, 외종5위하 日置造道形을 (木工)助로 삼고, 종5위하 三關王을 正親正으로 삼고, 종5위상 佐伯宿禰麻毛流를 右京亮으로 삼고, 종5위하 文室眞人眞老를 造宮少輔로 삼고, 종5위하 淨原眞人淨眞을 攝津亮으로 삼고, 종5위하 阿倍朝臣常嶋를 河內介로 삼고, 左衛士督 정4위하 藤原朝臣田麻呂에게 參河守를 겸직시키고, 정5위하 石川朝臣垣守를 安房守로 삼고, 式部大輔 종4위상 藤原朝臣家依에게 近江守를 겸직시키고, 종5위하 宍人朝臣繼麻呂를 員外介로 삼고, 中衛少將 정5위하 藤原朝臣小黑麻呂에게 美濃守를 겸직시키고, 中衛中將 종4위상 佐伯宿禰伊多智에게 下野守를 겸직시키고, 종4위하 佐伯宿禰美濃에게 陸奧守, 鎭守將軍을 겸직시키고, 종5위하 巨勢朝臣池長을 越前介로 삼고, 정5위상 石上朝臣息繼를 丹波守로 삼고, 종5위하 田中王을 丹後守로 삼고, 外衛大將 정4위상 藤原朝臣繼繩에게 但馬守를 겸직시키고, 近衛將監 종5위하 紀朝臣船守에게 (但馬)介를 겸직시키고, 衛門佐 종5위하 粟田朝臣鷹守에게 因幡守를 겸직시키고, 정5위하 奈癸王을 伯耆守로 삼고, 內廐頭 정5위하 藤原朝臣雄依에게 備前守를 겸직시키고, 정4위하 坂上大忌寸刈田麻呂[58]를 中衛中將 겸 安藝守로 삼고, 近衛少將 종5위하 藤原朝臣種繼에게 紀伊守를 겸직시키고, 종5위하 當麻眞人永嗣를 土左守로 삼았다.

기축(2일), 무위 橘宿禰御笠에게 종5위하를 내렸다.

---

58) 坂上氏는 백제계 東漢氏의 阿知使主를 시조로 하는 도래씨족의 후예. 대대로 궁마의 도를 세습한 무에 능한 일족으로, 조정 경비 등을 담당하였다. 寶龜 3년 5월에 상표하여 자신의 선조가 高市郡에 많이 거주하고 있다며 일족을 郡司로 임명해줄 것을 청원하였고, 延曆 4년(785) 6월에는 後漢 영제의 자손이라는 출자를 밝히고 개성을 청원하여 일족 11姓 16명이 忌寸에서 宿禰의 성으로 개성하였다. 후에 백제계에서 중국계로 출자를 개변하였다. 坂上大忌寸刈田麻呂는 天平寶字 연간에 授刀少尉, 동 8년에 종4위하로 忌寸에서 大忌寸으로 개성하였다. 神護景雲 4년(770)에 정4위하 陸奧鎭守將軍이 되고, 天應 원년(781)에 정4위상 右衛士督, 延曆 3년(784)에 伊予守 겸 備前守가 되었다.

갑오(7일), 정6위상 藤原朝臣鷹取에게 종5위하를 내렸다.

임인(15일), 처음으로 陸奧國司 戶內의 잡요를 면제하였다.[59] 이날, 승강이 威儀法師[60] 6인의 설치를 신청하였다. 이를 허락하였다.

갑신(17일), 종5위하 神服宿禰毛人女에게 종5위상을 내렸다.

을사(18일), 壹伎嶋에서 흰 꿩을 바쳤다. (壹伎)守 외종5위하 田部直息麻呂에게 외종5위상을 내리고, 비단 10필, 목면 20둔, 삼베 40단, 벼 1천속을 지급하였다. (壹伎)目 종7위하 笠朝臣猪養에게는 종7위상을 내리고 물품은 반을 지급하고, 해당 嶋의 전조는 3분의1을 면제하였다.

기유(22일), 외종5위하 伊豆國造 伊豆直乎美奈에게 종5위하를 내렸다.

을묘(28일), 무위 淸原王·乙訓王을 함께 본위인 종5위하로 복위시켰다. 무위 安倍朝臣息道에게 종4위하를, 무위 多治比眞人木人·大原眞人今城에게 함께 종5위상을 내렸다.

하4월 임오(26일), 무위 紀朝臣犬養의 본위 종5위하를 복위시켰다. 또 정6위상 大伴宿禰村上·紀朝臣勝雄에게 함께 종5위하를 내렸다.

5월 무자(2일), 외종5위하 柴原勝乙妹女, 훈10등 柴原勝淨足에게 宿禰의 성을 내리고. 함께 본인에게만 한정하였다.

기해(13일), 종5위상 佐伯宿禰國益에게 정5위하를 내렸다. 정6위상 賀禰公雄津麻呂에게 외종5위하를 내렸다. 종4위상 阿倍朝臣毛人을 伊勢守로 삼고, 종5위하 大中臣朝臣子老를 (伊勢)介로 삼고, 종5위하 藤原朝臣鷲取를 (伊勢)員外介로 삼고, 종4위하 田中朝臣多太麻呂를 美濃守로 삼고, 종5위하 紀朝臣廣純을 (美濃)介로 삼고, 종5위하 藤原朝臣長道를 (美濃)員外介로 삼고, 정5위하 藤原朝臣小黑麻呂를 上野守로 삼고, 右衛士督 종4위상 藤原朝臣楓麻呂에게 讚岐守를 겸직시키고, 종3위 藤原朝臣藏下麻呂를 大宰帥로 삼았다.

임인(16일), 정6위상 小野朝臣小野虫賣에게 종5위하를 내렸다.

갑진(18일), 무위 若狹遠敷朝臣長女의 본위 정5위상을 복위하였다.

무신(22일), 近衛 훈6등 藥師寺의 노비 百足에게 三嶋部의 성을 내렸다.

---

59) 陸奧國司에 대한 우대조치로서 이들이 속한 호적의 戶口에 대해 잡요를 면제한 것이다. 蝦夷 대책과 관련된 일로 보인다.

60) 법회, 수계 시에 승려의 작법을 지시하는 일에 종사하는 승.

기유(23일), 우경인 白原連三成[61]이 누에가 낳은 알이 글자의 모양을 만든 것을 바쳤다.[62] 이에 若狹國의 벼 500속을 지급하였다.

갑인(28일), 처음으로 田原天皇[63] 8월 9일의 기일 재를 川原寺에서 지냈다.

6월 을축(10일), 흑모의 말을 丹生川上神에게 바쳤다. 가뭄이 있었기 때문이다. 참의 겸 치부경 종4위상 多治比眞人土作이 죽었다.

임오(27일), 발해국사 靑綬大夫 壹萬福 등 325인이 17척의 배를 타고 出羽國의 적지[64]인 野代湊[65]에 도착하였다. 常陸國에 안치하고 물품을 지급하였다.

추7월 을미(11일), 고 종4위상 守部王[66]의 아들 笠王·何鹿王·爲奈王, 정3위 三原王[67]의 아들 山口王·長津王, 船王[68]의 아들 葦田王 및 손자 他田王·津守王·豊浦王·宮子王은 지난 天平寶字 8년(764)에 三長眞人의 성을 받아 丹後國으로 유배되었고, 종4위하 三嶋王[69]의 딸 河邊王·葛王은 伊豆國으로 유배되었다.[70] 이에 이르러 모두 원래 속했던 황족의 호적으로 되돌아왔다.

정미(23일), 정5위하 高賀茂朝臣諸雄을 員外少納言으로 삼고, 종5위하 依智王을 右大舍人頭로 삼고, 종5위하 石城王을 縫殿頭로 삼고, 종4위상 大津連大浦를 陰陽頭로 삼고, 종5위하 藤原朝臣是人을 大學助로 삼고, 종5위하 長谷眞人於保를 散位頭로 삼고, 종5위하 甲賀王을 諸陵頭로 삼고, 외종5위하 土師宿禰和麻呂를 (諸陵)助로 삼고, 정5위상 石川朝臣名足을 民部大輔로 삼고, 종5위하 佐伯宿禰久良麻呂를 (民部)少輔로 삼고, 종5위하 百濟王武鏡[71]을 主計頭로 삼고, 정4위

---

61) 白原連은 원래 白原村主, 白原椋人의 성을 갖는 도래계 씨족으로 神護景雲 원년 6월 무술조에 우경인 정8위하 白鳥椋人廣 등 23인에게 白原連의 성을 주었다고 하듯이 白原連으로 개성하였다.

62) 天平寶字 원년 8월 기축조, 갑오조에도 나온다.

63) 光仁天皇의 아버지인 志基親王. 광인천황의 즉위와 함께 寶龜 원년 11월에 천황호를 추존하였다.

64) 賊地는 중앙정권에 복속되지 않은 蝦夷 거주지.

65) 중앙조정의 지배 하에 들어오지 않은 蝦夷의 거주지. 현재의 秋田縣 能代市.

66) 舍人親王의 아들. 淳仁天皇의 형제.

67) 舍人親王의 아들. 淳仁天皇의 형제.

68) 舍人親王의 아들. 淳仁天皇의 형제.

69) 淳仁天皇의 동생.

70) 이들은 淳仁天皇의 형제로 天平寶字 8년 10월에 淳仁이 폐위된 후 王籍에서 제외되고 三長眞人으로 개성된 사실을 말한다.

하 藤原朝臣田麻呂를 兵部卿으로 삼고 參河守는 종전대로 하고, 정5위하 豊野眞人奄智를 (參河)大輔로 삼고, 종5위상 大原眞人今城을 (參河)少輔로 삼고, 정5위상 淡海眞人三船을 刑部大輔로 삼고, 종5위하 吉備朝臣眞事를 大藏少輔로 삼고, 종5위하 紀朝臣犬養을 宮內少輔로 삼고, 대납언 정3위 文室眞人大市에게 彈正尹을 겸직시키고, 종5위하 石川朝臣諸足을 鑄錢次官으로 삼고, 종5위하 參河王을 和泉守로 삼고, 종4위하 百濟王理伯72)을 伊勢守로 삼고, 종5위하 安倍朝臣淨目을 遠江介로 삼고, 종5위하 多治比眞人乙兄을 武藏員外介로 삼고, 종5위하 笠朝臣道引을 陸奥介로 삼고, 외종5위하 六人部連廣道를 越後介로 삼고, 左少弁 종5위하 美和眞人土生에게 但馬員外介를 겸직시키고, 종5위상 船井王을 因幡員外介로 삼고, 종5위하 大伴宿禰不破麻呂를 美作介로 삼고, 종5위하 百濟王利善73)을 讚岐員外介로 삼고, 종5위하 文室眞人忍坂麻呂를 伊豫守로 삼고, 종5위하 石川朝臣眞永을 大宰少貳로 삼고, 외종5위하 土師宿禰位를 肥前守로 삼고, 종5위상 紀朝臣鯖麻呂를 豊後守로 삼았다.

8월 병진(3일), 종5위하 多治比眞人乙兄을 遠江介로 삼고, 종5위하 安倍朝臣淨目을 武藏員外介로 삼았다.

정사(4일), 高野天皇74)의 1주기 재회를 西大寺75)에서 열었다.

---

71) 百濟王敬福의 아들. 天平寶字 8년(764) 藤原仲麻呂의 난 후 종6위상에서 종5위하로 승진하고, 神護景雲 원년(767)에 但馬介에 서임되었다. 寶龜 5년(774)에 出羽守, 동 7년에 종5위상에 서위되었다. 이후 天應 2년(782)에 大膳亮, 延曆 2년(783)에 정5위하, 동 3년에 周防守를 역임하였다.

72) 百濟王敬福의 아들. 天平勝寶 6년(754)에 종5위하 攝津亮에 서임되고, 天平寶字 6년(762)에 肥後守에 임명되었다. 天平神護 2년(766)에 종5위상으로 승진되고, 동 5년에 정5위하 攝津大夫, 神護景雲 4년(770)에 종4위하에 올랐나. 이후 寶龜 5년(774)에 右京人夫가 되었다.

73) 百濟王敬福의 아들, 天平神護 원년(765)에 종5위하에 서위되고, 寶龜 7년(776)에 종5위상, 동 10년에 정5위하, 天應 원년(781)에 정5위상, 延曆 2년(783)에 종4위하에 올랐다.

74) 稱德天皇.

75) 西大寺는 稱德天皇과 관련이 깊다. 寶龜 11년(780)의 『西大寺資財流記帳』에 의하면, 天平寶字 8년(764) 9월에 孝謙上皇이 藤原惠美押勝의 난의 평정을 기원해서 금동사천왕상의 조영을 발원하였다. 孝謙上皇은 동년 10월에 重祚하여 稱德天皇이 되었고, 이듬해에 서대사가 창건되었다. 총애받던 道鏡의 영향도 있었다고 추정된다. 西大寺의 寺名은 東大寺에 대한 상대적인 의미를 갖는다. 奈良時代에는 약사금당, 미륵금당, 사왕당, 11면당, 동서 5중탑 등을 갖추어 南都 7大寺의 하나로 자리잡은 대가람이었다.

신유(8일), 외종5위하 丹比宿禰乙女의 位記[76]를 파기하였다. 처음에 乙女는
忍坂女王, 縣犬養姊女 등이 천황을 주술로 저주하여 죽이려고 했다고 무고하였
다. 이에 이르러 姊女가 죄에서 누명을 벗었기 때문에 乙女의 위기를 파기한
것이다.

계유(20일), 정6위상 足羽臣眞橋에게 종5위하를 내리고, 정6위상 高田公刀自
女에게 외종5위하를 내렸다.

기묘(26일), 처음에 관할 관사[77]에 명하여 僧綱 및 大安, 藥師, 東大, 興福,
新藥師, 元興, 法隆, 弘福, 四天王, 崇福, 法華, 西隆 등 제사원의 寺印의 주조를
명하고 각각 사원에 지급하였다.

9월 갑신삭(1일), 종5위하 笠朝臣道引에게 종5위상을 내렸다.

병신(23일), 和氣王[78]의 자녀 大伴王, 長岡王, 名草王, 山階王, 采女王들을
함께 원래의 호적인 황족으로 되돌렸다. 종4위하 三嶋王의 아들 男林王,
종4위하 三使王의 자녀 三直王, 庸取王, 三宅王, 畝火女王, 石部女王, 종4위상
守部王의 아들 笠王, 何鹿王, 猪名王에게 山邊眞人의 성을 내렸다.

기해(16일), 종5위하 當麻眞人永繼를 右少弁으로 삼고 土左守는 종전대로
하였다. 종5위하 石川朝臣望足을 大監物로 삼고, 종4위하 安倍朝臣息道를 內藏
頭로 삼고, 외종5위하 賀禰公小津麻呂를 大學員外助로 삼고, 외종5위하 林宿禰
雜物을 主計助로 삼고, 외종5위하 日置造道形을 主稅助로 삼고, 종5위하 相撲宿
禰伊波를 鼓吹正으로 삼고, 종5위하 賀茂朝臣大川을 木工助로 삼고, 종5위하
田部宿禰男足을 典藥員外助로 삼고, 외종5위하 村國連子老를 園池正으로 삼고,
정5위하 小野朝臣小贄를 攝津大夫로 삼고, 종5위상 榎井朝臣子祖를 造宮大輔로
삼고, 정5위하 息長丹生眞人大國을 (造宮)少輔로 삼고, 近衛少將 종5위하 藤原朝
臣種繼에게 山背守를 겸직시키고, 종4위하 桑原王을 上總守로 삼고, 종5위하
巨勢朝臣馬主를 (上總)介로 삼고, 종5위하 石川朝臣豊人을 下總介로 삼고, 종5위

---

76) 서위의 辭令狀.
77) 印의 제작을 담당한 관사는 典鑄司 혹은 典鑄司를 병합한 內匠寮이다. 典鑄司가 설치되기
    이전에는 鍛冶司가 담당하였다. 僧綱, 諸寺의 印을 재주조한 것은 道鏡의 불교정책에
    대한 전면적인 개정을 말해준다.
78) 舍人親王의 孫. 和氣王은 天平神護 원년 8월에 모반에 연좌되어 주살당했다. 이때
    자녀들도 황족에서 제외되었다고 보인다.

하 (少)雀部朝臣道奧를 若狹守로 삼고, 종5위하 和氣宿禰淸麻呂를 播磨員外介로 삼고, 종5위하 息長眞人道足을 長門守로 삼고, 종5위하 伊刀王을 紀伊守로 삼고, 圖書助 종5위하 健部朝臣人上에게 伊豫介를 겸직시키고, 정5위상 大伴宿禰益立을 大宰少貳로 삼고, 종5위상 佐伯宿禰助를 肥後守로 삼았다.

신축(18일), 犬部內麻呂, 姉女 등을 본성인 縣犬養宿禰로 되돌렸다.

을사(22일), 左右平準署⁷⁹⁾를 폐지하였다.

동10월 정사(5일), 정6위상 藤原朝臣仲男麻呂에게 종5위하를 내렸다.

병인(14일), 발해국사 靑綬大夫 壹萬福 이하 40인을 불러 신년하례 의식에 참여하도록 하였다.

무진(16일), 조를 내려 越前國 종4위하 훈6등 劍神⁸⁰⁾에게 식봉 20호, 전지 2정을 지급하라고 하였다.

기사(17일), 무위 紀朝臣伊保⁸¹⁾를 본위인 정5위하로, 紀朝臣牛養은 본위 종5위하로 복위하였다.

기묘(27일), 태정관에서 주상하기를, "武藏國은 東山道에 속하지만, 아울러 東海道에도 통하고 있다. 公使의 왕래가 빈번하여, 충분히 도움을 주기도 어렵다. 이 동산도의 역로는 上野國 新田驛에서 下野國의 足利驛에 이르고 있는데, 이것은 편리한 길이다. 그러나 돌아서 上野國 邑樂郡으로부터 5개 역을 거쳐야 武藏國에 이르고 일을 마치고 돌아가는 날에는 또한 같은 길을 거쳐서 下野國으로 향하고 있다. 지금 東海道는 相模國의 夷參驛에서 下總國으로 통하고 있는데, 이 사이 4개역이 있고 왕래하는 데에 편리하고 가깝다. 그러나 이 편리한 길을 중지하고 어느 길을 취하면, 손해가 극히 많다.

---

79) 제국의 常平倉을 관리하는 관사. 天平寶字 3년 5월에 설치.

80) 劍神은 福井縣 丹生郡 織田町의 劍神社로 추정된다. 동 신사에 전하는 연기설화에는 神体로 되어 있는 劍은 垂仁天皇의 황자인 五十瓊敷入彦命이 만든 신검으로, 仲哀天皇의 황자 忍熊王에게 물려주고, 이를 高志國(越國)의 적도를 토벌하는 데 사용하여 무사히 평정하였으며, 이후 伊部鄕 座岳에 제사지내던 素盞嗚尊의 신령을 伊部臣이 현재지로 권청하여 이 신검을 御靈 대신으로 제사지냈다고 전한다.

81) 그가 무위에서 정5위하에 서위된 것은 天平寶字 8년 정월, 紀寺의 奴였던 紀益人 등이 천민에서 해방되어 양인으로 편입되었을 때이다. 그런데 天平寶字 8년 7월 정미조에 의하면, 紀朝臣伊保 등은 이때의 조치가 천황의 칙이 아니라는 의심을 받아 稱德天皇의 칙에 의해 위계를 박탈당했다.

신들이 생각하기에는 東山道(에 속해 있는 武藏國)를 고쳐서 東海道에 속하게 한다면, 공사에 걸쳐 득이 되고 사람과 말도 쉴 수가 있다"라고 하였다. (천황은) 이 주상을 허락하였다. 정6위상 英保首代作에게 외종5위하를 내렸다. 西大寺의 兜率天堂을 세웠기 때문이다.

11월 계미삭(1일), 사자를 보내 견당사 선박 4척을 安藝國에 만들게 하였다.[82]

계사(11일), 陸奧國 桃生郡 사람 외종7위하 牡鹿連猪手에게 道嶋宿禰의 성을 내렸다.

경자(18일), 鍛治正 종5위하 氣太王을 보내 齋宮을 伊勢國에 만들게 하였다.

신축(19일), 종5위하 紀朝臣古佐美를 式部少輔로 삼고, 종5위하 多治比眞人豊濱을 治部少輔로 삼고, 主殿頭 종5위하 美和眞人土生에게 丹波員外介를 겸직시키고, 종5위하 多朝臣犬養을 但馬員外介로 삼고, 종5위하 紀朝臣大純을 備前介로 삼고, 종5위하 大伴宿禰村上을 肥後介로 삼고, 종5위하 安倍朝臣御縣을 豊前守로 삼았다.

계묘(21일), (천황이) 太政官院[83]에 임하여 대상제의 일을 주재하였다. 參河國을 由機로 삼고, 因幡國을 須岐로 삼았다.[84] 참의 3위 式部卿 石上朝臣宅嗣, 丹波守 정5위상 石上朝臣息嗣, 勅旨少輔 겸 春宮員外亮 종5위상 石上朝臣家成, 산위 종7위상 榎井朝臣種人이 神의 방패와 창을 세웠다.[85] 大和守 종4위상 大伴宿禰古慈斐, 左大弁 겸 播磨守 종4위상 佐伯宿禰今毛人이 문을 열었다.[86] 內藏頭 종4위하 阿倍朝臣息道, (內藏)助 종5위하 阿倍朝臣草麻呂가 제관사의 숙직자의 명부를 주상하고. 우대신 大中臣朝臣淸麻呂가 神壽詞[87]를 주상하고,

---

82) 이 선박에 승선할 견당사의 임명은 寶龜 6년 6월 신사조에 보인다.

83) 太政官의 하나의 방.

84) 由機, 須伎는 대상제 때 사용할 첫 수확한 벼를 바치는 국. 이는 神祇官에서 정한다.

85) 『延喜式』제권7 大嘗祭式에는 "石上, 榎井二氏各二人, 皆朝服率內物部四十人, 〈著紺布衫.〉立大嘗宮南北門神楯戟"이라고 되어 있다. 石上과 榎井 양씨는 物部氏系 씨족으로 무위로서 봉사해온 내력이 있어, 이러한 전통 때문에 양씨에게 맡긴 것으로 보인다.

86) 『延喜式』권제7 大嘗祭式에는 "佐伯氏各二人開大嘗宮南門, 衛門府開朝堂院南門"이라고 규정되어 있다. 大伴, 佐伯 양씨가 宮門의 개폐를 담당한 것은 궁문 守衛를 담당한 데서 유래한다.

87) 神壽詞는 천황 치세의 번영과 만수무강을 바라는 내용이다. 「神祇令」13에는 "무릇 천황이 즉위하는 날에는 中臣이 천신의 壽詞를 하고, 忌部는 천황의 국새인 거울과 칼을 올린다"라고 하였다.

弁官의 史가 (由機, 須伎의) 양국의 헌상물을 주상하였다. 우대신에게 비단 60필을 내리고, 5위 이상에게 침구 1벌을 지급하였다.

을사(23일), 종3위 石上朝臣宅嗣를 중납언으로 삼고, 정4위하 藤原朝臣百川, 종4위상 阿倍朝臣毛人을 참의로 삼았다. 이날, 5위 이상에게 閤門[88]의 막사에서 연회를 베풀고, 5위 이상 및 내외의 命婦에게 각각 차등있게 녹을 내렸다.

병오(24일), 친왕 이하 5위 이상에게 각각 차등있게 견사를 지급하였다. 또 明經, 文章, 音博士, 明法, 算術, 醫術, 陰陽, 天文, 曆術, 貨殖, 恪勤, 工巧, 武士 총 55인에게 사람마다 명주실 10구를 지급하였다. 종5위상 紀朝臣廣庭에게 정5위하를 내리고, 무위 大伴宿禰田麻呂의 본위 종5위하를 복위하였다.

정미(25일), 종5위하 壹志濃王에게 종4위상을, 정5위하 奈癸王에게 정5위상을, 종5위하 當麻王을 종5위상을, 종4위상 大伴宿禰古慈斐・藤原朝臣楓麻呂에게 함께 정4위하를, 종4위하 藤原朝臣濱足・大伴宿禰伯麻呂에게 함께 종4위상을, 정5위상 大伴宿禰駿河麻呂, 정5위하 大伴宿禰家持, 정5위상 石上朝臣息嗣에게 함께 종4위하를. 종5위상 多治比眞人長野・李忌寸元環[89]에게 함께 정5위하를, 종5위하 阿倍朝臣意宇麻呂・石川朝臣眞守・當麻眞人德足・紀朝臣船守에게 함께 종5위상을, 외종5위하 內藏忌寸若人, 외정5위하 葛井連根主[90], 정6위상 大中臣朝臣宿奈麻呂・紀朝臣諸繼・平群朝臣臣足・藤原朝臣宅美에게 함께 종5위하를, 정6위상 阿刀宿禰眞足・內藏忌寸全成에게 함께 외종5위하를 내렸다.

이날, 5위 이상에게 연회를 베풀었다. 내외의 문무관으로 주전 이상에게 조당에서 연회를 열었다. 5위 이상에게 각각 목면을 차등있게 내렸다. 신기관 및 주전 이상에서 국사, 군사, 잡역부에 이르기까지 각각 물품을 차등있게 지급하였다.

---

88) 內裏의 내곽의 문.

89) 『신찬성씨록』 좌경제번상에 "淸宗宿禰, 唐人正五位下李元環之後也"라고 하여 淸宗宿禰는 唐人 정5위하 李元環의 후예라고 나온다. 天平勝寶 2년(750)에 정6위하에서 외종5위하로 승서되었고, 天平寶字 5년(761)에 忌寸의 성을 받아 李忌寸이 씨성이 되었다. 동 8년에 종5위하 出雲員外介에 임명되었고, 寶龜 2년(771)에 정5위상에 올랐다.

90) 葛井連은 백제계 도래씨족. 葛井連根主는 天平寶字 8년에 備中介, 阿波守를 역임하였다. 延曆 원년(782)에 木工頭에 임명되었고, 동 2년에는 종5위상에 서위되었고, 동 4년에 伊豫守, 동 9년에 大膳亮이 되었고, 동 10년에는 정5위하에 이르렀다.

무신(26일), (因幡國의) 국사 종5위상 船井王에게 정5위하를, (參河守) 정4위하 藤原朝臣田麻呂에게 정5위상을, 종5위하 大伴宿禰潔足·(因幡守) 粟田朝臣鷹守에게 함께 종5위상을, 정6위상 賀茂朝臣人麻呂·安倍朝臣謂奈麻呂·笠朝臣名末呂에게 함께 종5위하를, 정6위상 日下部直安提麻呂에게 외종5위하를 내리고, (因幡國, 參河國의) 군사91)에게는 관위 1계를 내렸다.

기유(27일), 천황은 由機院의 廚92)에 임하여, 정4위상 藤原朝臣田麻呂·藤原朝臣繼繩에게 종3위를, 종4위상 佐伯宿禰今毛人에게 정4위하를 내렸다.

경술(28일), 천황은 須岐院의 廚에 임하여 정3위 文室眞人大市에게 종2위를, 정5위하 船井王에게 정5위상을, 종5위상 大伴宿禰潔足에게 정5위하를 내렸다. 무위 粟田朝臣人成의 본위 종5위하를 복위하였다. 정5위하 藤原朝臣蔭에게 정5위상을, 종5위하 藤原朝臣人數·藤原朝臣諸姉·因幡國造淨成女에게 종5위상을 내렸다.

신해(29일), 유성이 서남에 떨어졌다. 그 소리가 천둥과 같았다.

임자(30일), 산위 종4위하 下毛野朝臣稻麻呂가 죽었다.

12월 계축삭(1일), 일식이 있었다.

무오(6일), 대납언 종2위 文室眞人大市에게 治部卿을 겸직시키고, 종5위하 紀朝臣諸繼를 安藝介로 삼았다.

기미(7일), 筑前國의 관인의 정원을 폐지하고 대재부에 예속시켰다.

병인(14일), 종5위상 因幡國造淨成女를 因幡國 國造로 삼았다.

정묘(15일), 칙을 내려, 앞서 서거한 (모친) 紀氏93)에게는, 아직 존호를 올리지 않았다. 지금 이후로는 황태후로 칭해 받들기로 하였다. 그 묘는 산릉으로 칭하고, 기일 역시 國忌94)의 예에 포함하고, 재회는 규정에 따르기로 하였다.

갑술95)(22일), 대재부에서 언상하기를, "日向, 大隅, 薩摩 및 壹伎, 多襧 등의 박사, 의사는 한번 임명하면 종신토록 교체하지 않는다.96) 이 때문에

---

91) 대상제에 봉사한 由機國, 須岐國의 郡司들.
92) 大嘗祭의 大嘗宮을 구성하는 하나의 장소로, 由機의 御食을 조리하고 바치는 膳屋.
93) 光仁天皇의 아버지인 施基皇子의 妃 紀橡姬.
94) 國忌의 날에는 조정 근무가 일시 중지된다.
95) 갑술(22일)조는 다음의 계유(21일)조와 日附 배열이 바뀌어 있다.
96) 「選敍令」27에는 국박사, 의사는 모두 관할 구역 내에서 취하여 쓰고, 근무평정, 서위는

후학들은 직업의 길에 나가지 못한다. 따라서 조정의 법과 동일하게 8년으로 교체하여 (후진들도) 녹을 받을 수 있도록 하고[97] 오래도록 후학들을 격려할 수 있도록 한다"라고 하였다. (태정관은) 이를 허락하였다.

계유(21일), 발해사 壹萬福 등이 입경하였다.[98]

『속일본기』 권제31

郡司에 준한다고 규정되어 있다. 이들 지역은 변경지역에 속하기 때문에 인재가 부족하여 한 번 임관되면 종신 근무하고 있었던 것을 8년으로 바꾼 것이다. 아마도 인재 적체 문제를 해소하기 위한 방안으로 보인다.

97) 祿을 지급받는다는 것은 관에 출사한다는 의미이다.

98) 발해사의 입경이 정해진 것은 동년 10월 병인조에 나온다.

續日本紀卷第三十一

〈起寶龜元年十月, 盡二年十二月〉

右大臣從二位兼行皇太子傅中衛大將臣藤原朝臣繼繩等奉勅撰

天宗高紹天皇〈光仁天皇〉

○ 天皇諱白壁王, 近江大津宮御宇天命開別天皇之孫, 田原天皇第六之皇子也. 母曰紀朝臣橡姬, 贈太政大臣正一位諸人之女也. 寶龜二年十二月十五日, 追尊曰皇太后, 天皇寬仁敦厚, 意豁然也. 自勝寶以來, 皇極無貳, 人疑彼此, 罪廢者多, 天皇深顧橫禍時. 或縱酒晦迹, 以故免害者數矣. 又嘗龍潛之時, 童謠曰, 葛城寺〈乃〉前在〈也〉. 豊浦寺〈乃〉西在〈也〉. 於志〈止度〉刀志〈止度〉, 櫻井〈爾〉, 白壁之豆久〈也〉. 好壁之豆久〈也〉, 於志〈止度〉刀志〈止度〉. 然爲〈波〉, 國〈曾〉昌〈由流也〉. 吾家良〈曾〉昌〈由流也〉. 於志〈止度〉刀志〈止度〉. 于時井上內親王爲妃, 識者以爲, 井則內親王之名, 白壁爲天皇之諱, 蓋天皇登極之徵也. 寶龜元年八月四日癸巳, 高野天皇崩. 群臣受遺, 卽日立諱爲皇太子.

○ **寶龜元年**十月己丑朔, 卽天皇位於大極殿. 改元寶龜. 詔曰, 天皇〈我〉詔旨勅命〈乎〉親王諸王諸臣百官人等天下公民衆聞食宣. 掛〈母〉恐〈伎〉奈良宮御宇倭根子天皇去八月〈爾〉此食國天下之業〈乎〉拙劣朕〈爾〉被賜而仕奉〈止〉負賜授賜〈伎止〉勅天皇詔旨〈乎〉頂〈爾〉受被賜恐〈美〉受被賜懼進〈母〉不知〈爾〉退不知〈爾〉恐〈美〉坐〈久止〉勅命〈乎〉衆聞食宣. 然此〈乃〉天日嗣高御座之業者天坐神地坐祇〈乃〉相宇豆奈〈比〉奉相扶奉事〈爾〉依〈弓志〉此座者平安御坐〈弖〉天下者所知物〈爾〉在〈良之止奈母〉所念行〈須〉. 又皇坐而天下治賜君者賢臣能人〈乎〉得而〈志〉天下〈乎波〉平安治物〈爾〉在〈良志止奈母〉聞看行〈須〉. 故是以大命坐勅〈久〉. 朕雖拙弱親王始而王臣等〈乃〉相穴〈奈比〉奉相扶奉〈牟〉事〈爾〉依而〈志〉此之負賜授賜食

國天下之政者平安仕奉〈止奈母〉所念行〈須〉. 故是以衆淨明心正直言以而食國政奏
〈比〉天下公民〈乎〉惠治〈倍之止奈母〉所念行〈須止〉勅天皇命衆聞食宣. 辭別詔, 今
年八月五日肥後國葦北郡人日奉部廣主賣獻白龜. 又同月十七日同國益城郡人山稻
主獻白龜. 此則並合大瑞. 故天地貺大瑞者受被賜歡受被賜可貴物〈爾〉在. 是以改神
護景雲四年爲寶龜元年. 　又仕奉人等中〈爾〉志〈何〉仕奉狀隨〈弖〉一二人等冠位上
賜〈比〉治賜〈布〉, 又大赦天下. 又天下六位已下有位人等給位一階, 大神宮始〈弖〉諸
社之禰宜等給位一階. 又僧綱始〈弖〉諸寺師位僧尼等〈爾〉御物布施賜〈布〉. 又高年
人等養賜, 又困乏人等惠賜〈布〉. 又孝義有人等其事免賜. 又今年天下田租免賜〈久
止〉宣天皇勅衆聞食宣. 授從一位藤原朝臣永手正一位, 從三位大中臣朝臣淸麻呂, 文
室眞人大市, 石川朝臣豊成, 藤原朝臣魚名, 藤原朝臣良繼並正三位, 從五位上奈紀王
正五位下, 無位河內王, 從五位下掃守王並從五位上, 從四位上藤原朝臣田麻呂, 藤原
朝臣雄田麻呂並正四位下, 從四位下阿倍朝臣毛人, 藤原朝臣繼繩, 藤原朝臣楓麻呂,
藤原朝臣家依並從四位上, 正五位上大伴宿禰三依從四位下, 從五位上阿倍朝臣淨
成, 大伴宿禰家持, 大伴宿禰駿河麻呂, 佐伯宿禰三野, 藤原朝臣雄依並正五位下, 從
五位下佐伯宿禰國益, 石上朝臣家成, 大野朝臣眞本, 藤原朝臣小黑麻呂並從五位上,
正六位上巨勢朝臣公足從五位下, 正六位上村國連子老外從五位下. 辛卯, 授從六位
上宍人朝臣繼麻呂從五位下. 丙申, 先是, 去九月七日, 右大臣從二位兼中衛大將勳二
等吉備朝臣眞備上啓. 乞骸骨曰, 側聞, 力不任而强者則廢, 心不逮而極者必潛. 眞備
自觀, 信足爲驗. 去天平寶字八年, 眞備生年數滿七十, 其年正月, 進致事表於大宰府
訖. 未奏之間, 卽有官符, 補造東大寺長官. 因此入京, 以病歸家, 息仕進之心. 忽有兵
動, 急召入內, 參謀軍務. 事畢校功, 因此微勞, 累登貴職. 不聽辭讓, 已過數年. 卽今老
病纏身, 療治難損. 天官劇務, 不可暫空. 何可抱疢殘體久辱端揆, 兼帶數職闕佐萬機.
自顧微躬, 覥顏已甚. 慚天愧地, 無處容身. 伏乞, 致事以避賢路, 上希聖朝養老之德,
下遂庸愚知足之心. 特望殊恩, 祈於矜濟. 不任懇懇之至, 謹詣春宮路左, 奉啓陳乞,
以聞. 至是, 詔報曰, 昨省來表, 卽知告歸. 聖忌未周, 縣車何早. 悲驚交緖, 卒無答言.
通夜思勞, 坐而達旦. 不依所請, 似逆謙光, 欲遂來情, 彌思賢佐. 宜解中衛, 猶帶大臣.
坐塾之閑, 勿空朝右. 時凉想和適也. 指不多及. 丁酉, 賜獲白龜者山稻主, 日奉公廣主
女爵人十六級, 絁十疋, 綿二十屯, 布四十段, 正稅一千束. 從二位文室眞人淨三薨.
一品長親王之子也. 歷職內外, 至大納言, 年老致仕, 退居私第, 臨終遺敎, 薄葬不受賻

吹, 諸子遵奉, 當代稱之, 遣使弔賻之. 辛亥, 以從四位下大伴宿禰伯麻呂爲右中弁,
正五位下阿倍朝臣淸成爲員外右中弁, 從五位上石川朝臣豊人爲右少弁, 從五位下多
朝臣犬養爲式部少輔, 從五位下阿倍朝臣淨目爲散位頭, 從五位下豊國眞人秋篠爲治
部大輔, 甲斐守如故. 從五位上掃守王爲大炊頭, 主殿頭從五位下神眼人土生爲兼伊
勢介, 少納言從五位下當麻王爲兼尾張守, 外從五位下佐太忌寸味村爲相摸介, 從五
位上巨勢朝臣公成爲常陸介, 外從五位下內藏忌寸若人爲員外介, 從五位下田口朝臣
水直爲信濃員外介, 從五位下池田朝臣眞枚爲上野介, 從五位下石川朝臣名繼爲丹波
介, 從五位下川邊朝臣東人爲石見守, 左少弁從五位下當麻眞人永嗣爲兼土左守. 癸
丑, 授正四位上大野朝臣仲千從三位, 正五位上飯高宿禰諸高從四位下, 從五位下巨
勢朝臣巨勢野, 百濟王明信並正五位下, 從五位下巨勢朝臣魚女從五位上, 外從五位
下賀陽朝臣小玉女, 桑原公嶋主, 武藏宿禰家刀自, 正七位下縣犬養宿禰道女, 無位和
氣公廣虫並從五位下, 正八位上神服連毛人女, 正七位下金刺舍人若嶋並外從五位
下. 甲寅, 授伊豫守從五位上高圓朝臣廣世正五位下, 掾正六位上中臣朝臣石根從五
位下, 介外從五位下板茂連眞釣外從五位上, 員外介正六位上百濟公水通外從五位
下, 外散位外從五位下越智直飛鳥麻呂, 越智直南淵麻呂並外從五位上, 肥後守正五
位下大伴宿禰駿河麻呂正五位上, 介從五位下若櫻部朝臣乙麻呂從五位上, 員外介正
六位上紀朝臣大純從五位下, 掾正六位上山村許智人足外從五位下, 並是貢瑞國郡
司. 去五月有勅, 進位一階, 至是授焉. 丙辰, 僧綱言, 奉去天平寶字八年勅, 逆黨之徒.
於山林寺院, 私聚一僧已上, 讀經悔過者, 僧綱固加禁制. 由是, 山林樹下, 長絶禪迹,
伽藍院中, 永息梵響, 俗士巢許, 猶尙嘉遁. 況復出家釋衆, 寧無閑居者乎. 伏乞, 長往
之徒, 聽其脩行. 詔許之.

　十一月己未朔, 授從四位下飯高宿禰諸高正四位下. 壬戌, 外從五位下山田連公足等
三十人賜姓宿禰. 癸亥, 授外從五位下山田宿禰公足外五位上. 甲子, 詔曰, 現神大
八洲所知倭根子天皇詔旨〈止〉宣詔旨〈乎〉親王王臣百官人等天下公民衆聞食宣, 朕
以劣弱身承鴻業〈弖〉. 恐〈利〉畏進〈毛〉不知〈爾〉退〈毛〉不知〈爾〉所念〈波〉貴
〈久〉慶〈伎〉御命自獨〈能味夜〉受給〈武止〉所念〈弖奈毛〉法〈能麻爾麻爾〉追皇掛
恐御春日宮皇子奉稱天皇. 又兄弟姉妹諸親王子等悉作親王〈弖〉冠位上給治給. 又以
井上內親王定皇后〈止〉宣天皇御命衆聞食宣. 授從四位下諱四品, 從五位下桑原王,
鴨王, 神王並從四位下, 酒人內親王三品, 從四位下衣縫女王, 難波女王, 坂合部女王,

能登女王, 彌努摩女王並四品, 無位淨橋女王, 飽波女王, 尾張女王並從四位下. 戊辰, 行幸御鹿原. 授山背守從五位下橘宿禰綿裳從五位上. 丁丑, 授典膳正六位上安曇宿禰諸繼從五位下, 卽轉奉膳. 授正六位上上毛野坂本朝臣男嶋外從五位下. 戊寅, 正六位上國栖小國栖, 無位栗原勝乙女並授外從五位下. 癸未, 復無位大伴宿禰古慈斐本位從四位上. 乙酉, 勅, 先後逆薰, 一切皆從原宥, 其情願留住配處者. 宜恣聽之. 如窮乏之徒無資歸鄕者, 路次諸國, 量給食馬.

十二月乙未, 賜左大臣正一位藤原朝臣永手山背國相樂郡出水鄕山二百町. 庚戌, 贈太政大臣功封依舊賜之. 丙辰, 以從五位下大原眞人繼麻呂爲中務員外少輔, 從五位下紀朝臣廣繼爲民部少輔, 從五位下宍人朝臣繼麻呂爲主計頭, 從五位下石川朝臣眞永爲兵部少輔, 從五位上掃守王爲大藏大輔, 從五位下廣田王爲大炊頭, 從四位上大伴宿禰古慈備爲大和守, 從五位下紀朝臣鯖麻呂爲美濃員外介, 從五位下巨勢朝臣池長爲越前員外介, 從五位上皇甫東朝爲越中介, 大判事從五位下藤原朝臣長道爲兼讚岐員外介, 從五位下高向朝臣家主爲筑後守, 從五位下紀朝臣大純爲肥後介.

○ **二年**春正月己未朔, 御大極殿受朝. 庚申, 授正四位上藤原朝臣家子從三位, 外從五位上上毛野佐位朝臣老刀自, 正六位下國造淨成女並從五位下. 壬戌, 自天平神護元年以來, 僧尼度緣, 一切用道鏡印, 印之. 至是, 復用治部省印. 辛未, 停天下諸國吉祥悔過. 癸酉, 從五位上橘朝臣麻都我, 從五位下藤原朝臣蔭並授正五位下. 甲戌, 饗主典已上於朝堂, 賜祿有差. 辛巳, 立他戶親王爲皇太子. 詔曰, 明神御大八洲養德根子天皇詔旨勅命〈乎〉親王諸王諸臣百官人等天下公民衆聞食宣. 隨法〈爾〉皇后御子他戶親王立爲皇太子. 故此狀悟〈弖〉百官人等仕奉詔天皇御命諸聞食〈止〉宣. 故是以大赦天下罪人. 又一二人等冠位上賜治賜, 又官人等〈爾〉大御手物賜, 高年窮乏孝義人等養給治賜〈牟止〉勅天皇命〈乎〉衆聞食宣. 授從五位上藤原朝臣小黑麻呂正五位下, 正六位上藤原朝臣鷲取, 多治比眞人公子, 巨勢朝臣馬主, 阿倍朝臣常嶋, 石川朝臣諸足, 紀朝臣家守並從五位下, 正六位上長尾忌寸金村外從五位下. 以式部大輔從四位上藤原朝臣家依爲兼皇后宮大夫, 中衛員外中將從四位上伊勢朝臣老人爲兼亮, 大納言正三位大中臣朝臣淸麻呂爲兼東宮傅, 兵部卿從三位藤原朝臣藏下麻呂爲兼春宮大夫, 右中弁從四位下大伴宿禰伯麻呂爲兼亮, 勅旨少輔從五位上石上朝臣家成爲兼員外亮. 癸未, 授正六位上多治比眞人名負從五位下. 丙戌, 授從四位上藤原朝臣繼繩正四位上, 無位紀朝臣敏久, 紀朝臣奈良並從五位下.

二月庚寅, 復錦部連河內賣本位從五位上. 丙申, 因幡國高草釆女從五位下國造淨成女等七人賜姓因幡國造. 石見國飢, 賑給之. 戊戌, 以從五位下下毛野朝臣足麻呂爲外衛少將, 外從五位下物部礒波爲左兵衛大尉. 庚子, 車駕幸交野. 辛丑, 進到難波宮. 癸卯, 左大臣暴病. 詔大納言正三位大中臣朝臣淸麻呂攝行大臣事. 丙午, 授莫牟師正六位上村上造大寶外從五位下, 優高年也. 戊申, 車駕取龍田道, 還到竹原井行宮. 節幡之竿無故自折, 時人皆謂執政亡沒之徵也. 己酉, 左大臣正一位藤原朝臣永手薨. 時年五十八. 奈良朝贈太政大臣房前之第二子也. 母曰正二位牟漏女王, 以累世相門起家, 授從五位下. 勝寶九歲至從三位中納言兼式部卿. 寶字八年九月轉大納言, 授從二位. 神護二年拜右大臣, 授從一位, 居二歲, 轉左大臣. 寶龜元年, 高野天皇不豫時, 道鏡因以藉恩私, 勢振內外. 自廢帝黜, 宗室有重望者, 多羅非辜. 日嗣之位, 遂且絶矣. 道鏡自以寵愛隆渥, 日夜僥倖非望. 泊于宮車晏駕, 定策遂安社稷者, 大臣之力居多焉. 及薨, 天皇甚痛惜之. 詔遣正三位中納言兼中務卿文室眞人大市, 正三位員外中納言兼宮內卿右京大夫石川朝臣豐成. 弔賻之日, 藤原左大臣〈爾〉詔大命〈乎〉宣. 大命坐詔〈久〉, 大臣明日者參出來仕〈牟止〉待〈比〉賜間〈爾〉休息安〈麻利弖〉參出〈未須〉事〈波〉無〈之帝〉天皇朝〈乎〉置而罷退〈止〉聞看而於母富〈佐久〉. 於與豆禮〈加母〉多波許止〈乎加母〉云. 信〈爾之〉有者仕奉〈之〉太政官之政〈乎波〉誰任〈弖加母〉罷伊麻〈須〉, 孰授〈加母〉罷伊麻〈須〉, 恨〈加母〉悲〈加母〉. 朕大臣誰〈爾加母〉我語〈比〉佐氣〈牟〉, 孰〈爾加母〉我問〈比〉佐氣〈牟止〉悔〈彌〉惜〈彌〉痛〈彌〉酸〈彌〉大御泣哭〈之〉坐〈止〉詔大命〈乎〉宣. 悔〈加母〉惜〈加母〉. 自今日者大臣之奏〈之〉政者不聞看〈夜〉成〈牟〉, 自明日者大臣之仕奉儀者不看行〈夜〉成〈牟〉. 日月累往〈麻爾麻爾〉悲事〈乃未之〉彌可起〈加母〉, 歲時積往〈麻爾麻爾〉佐夫之〈岐〉事〈乃未之〉彌可益〈加母〉. 朕大臣春秋麗色〈乎波〉誰俱〈加母〉見行弄賜〈牟〉, 山川淨所者孰俱〈加母〉見行阿加良〈閇〉賜〈牟止〉歎賜〈比〉憂賜〈比〉大坐坐〈止〉詔大命〈乎〉宣. 美麻之大臣〈乃〉萬政惣以無怠緩事無曲傾事〈久〉王臣等〈乎母〉彼此別心無普平奏〈比〉公民之上〈乎母〉廣厚慈而奏事此耳不在. 天皇朝〈乎〉暫之間〈母〉罷出而休息安〈母布〉事無食國之政〈乃〉平善可在狀天下公民之息安〈麻流倍伎〉事〈乎〉旦夕夜日不云思議奏〈比〉仕奉者款〈美〉明〈美〉意太比之〈美〉多能母志〈美〉思〈保之ツツ〉大坐坐間〈爾〉忽朕朝〈乎〉離而罷〈止富良之奴禮婆〉言〈牟〉須部〈母〉無爲〈牟〉須倍〈母〉不知〈爾〉悔

〈備〉賜〈比〉和備賜〈比〉大坐坐〈止〉詔大命〈乎〉宣. 又事別詔〈久〉, 仕奉〈志〉事廣
〈美〉厚〈美〉彌痲之大臣之家內子等〈乎母〉波布理不賜失不賜慈賜〈波牟〉起賜〈波
牟〉溫賜〈波牟〉人目賜〈波牟〉美痲之大臣〈乃〉罷道〈母〉宇之呂輕〈久〉心〈母〉意太
比〈爾〉念而平〈久〉幸〈久〉罷〈止富良須倍之止〉詔大命〈乎〉宣. 石川朝臣豊成宣曰.
大命坐詔〈久〉, 美痲志大臣〈乃〉仕奉來狀〈波〉不今耳, 挂〈母〉畏近江大津宮御宇天
皇御世〈爾八〉大臣之曾祖藤原朝臣內大臣明淨心以〈弖〉天皇朝〈乎〉助奉仕奉
〈岐〉, 藤原宮御宇天皇御世〈爾八〉祖父太政大臣又明淨心以天皇朝〈乎〉助奉仕奉
〈岐〉. 今大臣者鈍朕〈乎〉扶奉仕奉〈痲之都〉, 賢臣等〈乃〉累世而仕奉〈痲佐部流〉事
〈乎奈母〉加多自氣奈〈美〉伊蘇志〈美〉思坐〈須〉. 故是以祖等〈乃〉仕奉〈之〉次〈仁
母〉有, 又朕大臣〈乃〉仕奉狀〈母〉勞〈美〉重〈美〉太政大臣之位〈爾〉上賜〈比〉授賜時
〈爾〉固辭申而不受賜成〈爾岐〉. 然後〈母〉將賜〈止〉思〈富之〉坐〈之奈何良〉太政大臣
之位〈爾〉上賜〈比〉治賜〈久止〉詔大命〈乎〉宣. 遣正四位下田中朝臣多太痲呂, 從四
位上佐伯宿禰今毛人, 從四位下大伴宿禰伯痲呂等, 監護喪事. 甲寅, 授正六位上和氣
公細目外從五位下.

三月戊午朔, 大宰府獻白雉. 辛酉, 遠江國磐田郡主帳無位若湯坐部龍痲呂, 蓁原郡主
帳無位赤染造長濱, 城餇郡主帳無位玉作部廣公, 檜前舍人部諸國, 讚岐國三野郡人
丸部臣豊抉, 各以私物養窮民二十人已上, 賜爵人二級. 壬戌, 令天下諸國祭疫神. 戊
辰, 停隼人帶劒. 庚午, 詔以大納言正三位大中臣朝臣清痲呂爲右大臣, 授從二位, 正
三位藤原朝臣良繼爲內臣, 正三位文室眞人大市, 藤原朝臣魚名並爲大納言, 正三位
石川朝臣豊成, 從三位藤原朝臣繩痲呂爲中納言, 四品諱爲中務卿, 從三位石上朝臣
宅嗣爲式部卿, 正四位下藤原朝臣百川〈本名雄田痲呂〉爲大宰帥, 右大弁內豎大輔
右兵衛督越前守並如故. 壬申, 勅, 內臣職掌, 官位, 祿賜, 職分, 雜物者. 宜皆同大納言.
但食封者賜一千戶. 丙戌, 復和氣公清痲呂本位從五位下.

閏三月戊子朔, 授正五位下佐伯宿禰三野從四位下, 以從五位下紀朝臣廣純爲左少
弁, 從五位下大中臣朝臣繼痲呂爲勅旨少輔, 從四位下神王爲左大舍人頭, 從五位下
布勢王爲內匠頭, 外從五位下吉田連斐太痲呂爲內藥正, 從五位下廣川王爲內禮正,
從四位上藤原朝臣家依爲式部大輔, 從五位下多治比眞人豊濱爲大學助, 從五位下巨
勢朝臣馬主爲雅樂頭, 從五位上船井王爲玄蕃頭, 從五位下石川朝臣眞永爲民部少
輔, 從五位下阿倍朝臣許智爲主稅頭, 正五位上石川朝臣名足爲兵部大輔, 從五位下

紀朝臣古佐美爲少輔, 從四位下藤原朝臣濱足爲刑部卿, 從五位下多治比眞人名負爲
少輔, 正五位下豊野眞人奄智爲大判事, 從五位下伊刀王爲木工頭, 外從五位下日置
造道形爲助, 從五位下三關王爲正親正, 從五位上佐伯宿禰麻毛流爲右京亮, 從五位
下文室眞人眞老爲造宮少輔, 從五位下淨原眞人淨眞爲攝津亮, 從五位下阿倍朝臣常
嶋爲河內介, 左衛士督正四位下藤原朝臣田麻呂爲兼參河守, 正五位下石川朝臣垣守
爲安房守, 式部大輔從四位上藤原朝臣家依爲兼近江守, 從五位下宍人朝臣繼麻呂爲
員外介, 中衛少將正五位下藤原朝臣小黑麻呂爲兼美濃守, 中衛中將從四位上佐伯宿
禰伊多智爲兼下野守, 從四位下佐伯宿禰美濃爲陸奥守兼鎭守將軍, 從五位下巨勢朝
臣池長爲越前介, 正五位上石上朝臣息繼爲丹波守, 從五位下田中王爲丹後守, 外衛
大將正四位上藤原朝臣繼繩爲兼但馬守, 近衛將監從五位下紀朝臣船守爲兼介, 衛門
佐從五位下粟田朝臣鷹守爲兼因幡守, 正五位下奈癸王爲伯耆守, 內廐頭正五位下藤
原朝臣雄依爲兼備前守, 正四位下坂上大忌寸刈田麻呂爲中衛中將兼安藝守, 近衛少
將從五位下藤原朝臣種繼爲兼紀伊守, 從五位下當麻眞人永嗣爲土左守. 己丑, 授無
位橘宿禰御笠從五位下. 甲午, 授正六位上藤原朝臣鷹取從五位下. 壬寅, 始免陸奥國
司戶內雜徭. 是日, 僧綱請置威儀法師六員. 許之. 甲辰, 授從五位下神服宿禰毛人女
從五位上. 乙巳, 壹伎嶋獻白雉. 授守外從五位下田部直息麻呂外從五位上, 賜絁十
疋, 綿二十屯, 布四十端, 稻一千束, 目從七位下笠朝臣猪養從七位上, 賞賜半之, 除當
嶋田租三分之一. 己酉, 授外從五位下伊豆國造伊豆直乎美奈從五位下. 乙卯, 無位淸
原王, 乙訓王, 並復本位從五位下. 無位安倍朝臣息道從四位下, 無位多治比眞人木
人, 大原眞人今城並從五位上.

夏四月壬午, 復無位紀朝臣犬養本位從五位下. 又正六位上大伴宿禰村上, 紀朝臣勝
雄並授從五位下.

五月戊子, 外從五位下柴原勝乙妹女, 勳十等柴原勝淨足賜姓宿禰, 並止其身. 己亥,
授從五位上佐伯宿禰國益正五位下, 正六位上賀禰公雄津麻呂外從五位下. 從四位上
阿倍朝臣毛人爲伊勢守, 從五位下大中臣朝臣子老爲介, 從五位下藤原朝臣鷲取爲員
外介, 從四位下田中朝臣多太麻呂爲美濃守, 從五位下紀朝臣廣純爲介, 從五位下藤
原朝臣長道爲員外介, 正五位下藤原朝臣小黑麻呂爲上野守, 右衛士督從四位上藤原
朝臣楓麻呂爲兼讚岐守, 從三位藤原朝臣藏下麻呂爲大宰帥. 壬寅, 授正六位上小野
朝臣小野虫賣從五位下. 甲辰, 復無位若狹遠敷朝臣長女本位正五位上. 戊申, 近衛勳

六等藥師寺奴百足賜姓三嶋部. 己酉, 右京人白原連三成獻蚕産成字, 賜若狹國稻五百束. 甲寅, 始設田原天皇八月九日忌齋於川原寺.

六月乙丑, 奉黑毛馬於丹生川上神, 旱也. 參議治部卿從四位上多治比眞人土作卒. 壬午, 渤海國使靑綬大夫壹萬福等三百二十五人, 駕船十七隻, 着出羽國賊地野代湊. 於常陸國安置供給.

秋七月乙未, 故從四位上守部王之男笠王, 何鹿王, 爲奈王, 正三位三原王之男山口王, 長津王, 船王之男葦田王及孫他田王, 津守王, 豊浦王, 宮子王去天平寶字八年賜姓三長眞人, 配丹後國. 從四位下三嶋王之女河邊王, 葛王配伊豆國, 至是皆復屬籍. 丁未, 以正五位下高賀茂朝臣諸雄爲員外少納言, 從五位下依智王爲右大舍人頭, 從五位下石城王爲縫殿頭, 從四位上大津連大浦爲陰陽頭, 從五位下藤原朝臣是人爲大學助, 從五位下長谷眞人於保爲散位頭, 從五位下甲賀王爲諸陵頭, 外從五位下土師宿禰和麻呂爲助, 正五位上石川朝臣名足爲民部大輔, 從五位下佐伯宿禰久良麻呂爲少輔, 從五位下百濟王武鏡爲主計頭, 正四位下藤原朝臣田麻呂爲兵部卿, 參河守如故. 正五位下豊野眞人奄智爲大輔, 從五位上大原眞人今城爲少輔, 正五位上淡海眞人三船爲刑部大輔, 從五位下吉備朝臣眞事爲大藏少輔, 從五位下紀朝臣犬養爲宮內少輔, 大納言正三位文室眞人大市爲兼彈正尹, 從五位下石川朝臣諸足爲鑄錢次官, 從五位下參河王爲和泉守, 從四位下百濟王理伯爲伊勢守, 從五位下安倍朝臣淨目爲遠江介, 從五位下多治比眞人乙兄爲武藏員外介, 從五位下笠朝臣道引爲陸奧介, 外從五位下六人部連廣道爲越後介, 左少弁從五位下美和眞人土生爲兼但馬員外介. 從五位上船井王爲因幡員外介, 從五位下大伴宿禰不破麻呂爲美作介, 從五位下百濟王利善爲讚岐員外介, 從五位下文室眞人忍坂麻呂爲伊豫守, 從五位下石川朝臣眞永爲大宰少貳, 外從五位下土師宿禰位爲肥前守, 從五位上紀朝臣鯖麻呂爲豊後守.

八月丙辰, 以從五位下多治比眞人乙兄爲遠江介, 從五位下安倍朝臣淨目爲武藏員外介. 丁巳, 設高野天皇忌齋於西大寺. 辛酉, 毀外從五位下丹比宿禰乙女位記. 初乙女誣告忍坂女王, 縣犬養姊女等厭魅乘輿. 至是姊女罪雪, 故毀乙女位記. 癸酉, 授正六位上足羽臣眞橋從五位下, 正六位上高田公刀自女外從五位下. 己卯, 初令所司鑄僧綱及大安, 藥師, 東大, 興福, 新藥師, 元興, 法隆, 弘福, 四天王, 崇福, 法華, 西隆等寺印, 各頒本寺.

九月甲申朔, 授從五位下笠朝臣道引從五位上. 丙申, 和氣王男女大伴王, 長岡王, 名草王, 山階王, 采女王並復屬籍, 從四位下三嶋王之男林王, 從四位下三使王之男女三直王, 庸取王, 三宅王, 畝火女王, 石部女王, 從四位上守部王之男笠王, 何鹿王, 猪名王, 賜姓山邊眞人. 己亥, 以從五位下當麻眞人永繼爲右少弁, 土左守如故. 從五位下石川朝臣望足爲大監物, 從四位下安倍朝臣息道爲內藏頭, 外從五位下賀禰公小津麻呂爲大學員外助, 外從五位下林宿禰雜物爲主計助, 外從五位下日置造道形爲主稅助, 從五位下相摸宿禰伊波爲鼓吹正, 從五位下賀茂朝臣大川爲木工助, 從五位下田部宿禰男足爲典藥員外助, 外從五位下村國連子老爲園池正, 正五位下小野朝臣小贄爲攝津大夫, 從五位上榎井朝臣子祖爲造宮大輔, 正五位下息長丹生眞人大國爲少輔, 近衛少將從五位下藤原朝臣種繼爲兼山背守, 從四位下桑原王爲上總守, 從五位下巨勢朝臣馬主爲介, 從五位下石川朝臣豊人爲下總介, 從五位下少雀部朝臣道奧爲若狹守, 從五位下和氣宿禰淸麻呂爲播磨員外介, 從五位下息長眞人道足爲長門守, 從五位下伊刀王爲紀伊守, 圖書助從五位下健部朝臣人上爲兼伊豫介, 正五位上大伴宿禰益立爲大宰少貳, 從五位上佐伯宿禰助爲肥後守. 辛丑, 復犬部內麻呂姉女等本姓縣犬養宿禰. 乙巳, 罷左右平準署.

冬十月丁巳, 授正六位上藤原朝臣仲男麻呂從五位下. 丙寅, 徵渤海國使靑綬大夫壹萬福已下四十人, 令會賀正. 戊辰, 詔充越前國從四位下勳六等劍神食封二十戶, 田二町. 己巳, 復無位紀朝臣伊保本位正五位下, 紀朝臣牛養本位從五位下. 己卯, 太政官奏, 武藏國雖屬山道, 兼承海道, 公使繁多, 祗供難堪. 其東山驛路, 從上野國新田驛, 達下野國足利驛, 此便道也. 而枉從上野國邑樂郡, 經五ヶ驛, 到武藏國, 事畢去日. 又取同道, 向下野國, 今東海道者, 從相模國夷參驛, 達下總國. 其間四驛, 往還便近. 而去此就彼損害極多. 臣等商量, 改東山道, 屬東海道, 公私得所, 人馬有息. 奏可. 授正六位上英保首代作外從五位下, 以搆西大寺兜率天堂也.

十一月癸未朔, 遣使造入唐使䑸四艘於安藝國. 癸巳, 陸奧國桃生郡人外從七位下牡鹿連猪手賜姓道嶋宿禰. 庚子, 遣鍛冶正從五位下氣太王造齋宮於伊勢國. 辛丑, 以從五位下紀朝臣古佐美爲式部少輔, 從五位下多治比眞人豊濱爲治部少輔, 主殿頭從五位下美和眞人土生爲兼丹波員外介, 從五位下多朝臣犬養爲但馬員外介, 從五位下紀朝臣大純爲備前守, 從五位下大伴宿禰村上爲肥後介, 從五位上安倍朝臣御縣爲豊前守. 癸卯, 御太政官院, 行大嘗之事, 參河國爲由機, 因幡國爲須岐. 參議從三位式部卿石上朝臣宅嗣, 丹波守正五位上石上朝臣息嗣, 勅旨少輔從五位上兼春宮員外亮石上朝臣家成, 散位從七位上榎井朝臣種人立神楯桙, 大和守從四位上大伴宿禰古慈斐, 左大弁從四位上兼播磨守佐伯宿禰今毛人開門, 內藏頭從四位下阿倍朝臣息道, 助從五位下阿倍朝臣草麻呂奏諸司宿侍名簿, 右大臣大中臣朝臣淸麻呂奏神壽詞, 弁官史奏兩國獻物, 賜右大臣絁六十疋, 賜五位已上衾各一領. 乙巳, 以從三位石上朝臣宅嗣爲中納言, 正四位下藤原朝臣百川, 從四位上阿倍朝臣毛人爲參議. 是日, 宴五位已上於閤門前幄, 賜五位已上及內外命婦祿, 各有差. 丙午, 賜親王已下五位已上絲, 各有差. 其明經, 文章, 音博士, 明法, 算術, 醫術, 陰陽, 天文, 曆術, 貨殖, 恪勤, 工巧, 武士, 惣五十五人賜絲人十絇. 授從五位上紀朝臣廣庭正五位下, 復無位大伴宿禰田麻呂本位從五位下. 丁未, 授從五位下壹志濃王從四位下, 正五位下奈癸王正五位上, 從五位下當麻王從五位上, 從四位上大伴宿禰古慈斐, 藤原朝臣楓麻呂並正四位下, 從四位下藤原朝臣濱足, 大伴宿禰伯麻呂並從四位上, 正五位上大伴宿禰駿河麻呂, 正五位下大伴宿禰家持, 正五位上石上朝臣息嗣並從四位下, 從五位上多治比眞人長野, 李忌寸元環並正五位下, 從五位下阿倍朝臣意宇麻呂, 石川朝臣眞守, 當麻眞人德足, 紀朝臣船守並從五位上, 外從五位下內藏忌寸若人, 外正五位下葛井連根主, 正六位上大中臣朝臣宿奈麻呂, 紀朝臣諸繼, 平群朝臣臣足, 藤原朝臣宅美並從五位下, 正六位上阿刀宿禰眞足, 內藏忌寸全成並外從五位下. 是日, 宴於五位已上, 其內外文武官主典已上於朝堂, 賜五位已上綿各有差. 賜神祇官及主典已上, 至國郡司役夫物各有差. 戊申, 授國司從五位上船井王正五位下, 正四位下藤原朝臣田麻呂正四位上, 從五位下大伴宿禰潔足, 粟田朝臣鷹守並從五位上, 正六位上賀茂朝臣人麻呂, 安倍朝臣謂奈麻呂, 笠朝臣名末呂並從五位下, 正六位上日下部直安提麻呂外從五位下, 賜郡司爵人一級. 己酉, 御由機廚, 授正四位上藤原朝臣田麻呂, 藤原朝臣繼繩從三位, 從四位上佐伯宿禰今毛人正四位下. 庚戌, 御須岐廚, 敍正三位文室眞人大市從二位, 正五位下船井王正五位上, 從五位上大伴宿禰潔足正五位下. 無位粟田朝臣人成本位從五位下. 正五位下藤原朝臣蔭正五位上, 從五位下藤原朝臣人數, 藤原朝臣諸姊, 因幡國造淨成女從五位上. 辛亥, 有星隕西南, 其聲如雷. 壬子, 散位從四位下下毛野朝臣稻麻呂卒.

十二月癸丑朔, 日有蝕之. 戊午, 以大納言從二位文室眞人大市爲兼治部卿, 從五位下紀朝臣諸繼爲安藝介. 己未, 罷筑前國官員, 隸大宰府. 丙寅, 從五位上因幡國造淨成女爲因幡國造. 丁卯, 勅, 先妣紀氏未追尊號, 自今以後. 宜奉稱皇太后, 御墓者稱山陵, 其忌日者亦入國忌例, 設齋如式. 甲戌, 大宰府言, 日向, 大隅, 薩摩及壹伎, 多褹等博士醫師, 一任之後, 終身不替, 所以後生之學, 業術不進. 乞同朝法, 八年遷替, 以示干祿, 永勸後學. 許之. 癸酉, 渤海使壹萬福等入京.

續日本紀卷第三十一

『속일본기』 권제32

〈寶龜 3년(772) 정월부터 4년(773) 12월까지〉

우대신 종2위 겸 行皇太子傳 中衛大將

신 藤原朝臣繼繩 등이 칙을 받들어 편찬하다.

天宗高紹天皇

○ 寶龜 3년(772) 정월 임오삭(1일), 천황이 대극전에 임하여, 신년하례를 받았다. 문무백관, 발해의 번객,[1] 陸奥, 出羽의 蝦夷가 각각 의례에 따라 배하하였다. 次侍從[2] 이상에게 내리에서 연회를 베풀고, 물품을 차등있게 내렸다.

　갑신(3일), 천황이 궁전에 임하였다.[3] 발해국사 靑綬大夫 壹萬福 등이 방물을 바쳤다. 무위 粟田朝臣深見의 본위 종4위하를 복위하였다. 종5위상 河內王에게 정5위하를, 종5위하 大田王에게 종5위상을, 무위 三方王·宗形王에게 함께 종5위하를 내리고, 종5위상 甘南備眞人伊香·佐伯宿禰助·佐伯宿禰眞守·巨勢朝臣公成·大藏忌寸麻呂[4]·佐伯宿禰三方에게 함께 정5위하를, 종5위하 大伴宿

---

1) 壹萬福을 수석으로 하는 발해사 일행은 전년도 6월에 325인이 17척의 배를 타고 出羽國 蝦夷 지역인 野代湊에 도착하였다. 동 10월에는 일만복 등 40인을 신년하례에 참석시키기로 결정하였고, 12월 21일에 왕경에 들어왔다.

2) 의식, 연회 등에 천황에게 봉사하는 임시관으로 인원이 부족할 경우에 中納言 이상이 칙을 받들어 임명한다.

3) 원문의 '臨軒'은 천황이 正座가 아닌 平台에 임하는 것을 의미한다.

4) 大藏忌寸麻呂는 백제계 도래인 東漢氏의 일 지족이다. 少判官 정7위상의 신분으로 견신라사로 파견되었다가 天平 9년 왕경에 입경하였다. 天平勝寶 3년(751) 11월에 정6위상 造東大寺司 判官으로 나오고(『大日本古文書』 12-175), 天平勝寶 7년 3월에는 造東大寺司 차관으로 造寺司解에 서명하였다(『大日本古文書』 4-51). 『속일본기』 天平勝寶 6년 정월에 외종5위하가 되었고, 동 천평승보 8년 5월에는 造方相司에 임명되었다. 동 天平寶字 2년(758) 정월에 丹波守 외종5위하 大藏忌寸麻呂가 종5위하로 승진되었다

禰不破麻呂·石川朝臣名繼·路眞人鷹養·安曇宿禰石成·大伴宿禰形見에게 함께 종5위상을, 무위 山邊眞人笠, 정6위상 石川朝臣名主·安倍朝臣諸上·多治比眞人歲主·粟田朝臣鷹主·藤原朝臣長繼·石上朝臣繼足·布勢朝臣淸直·佐伯宿禰藤麻呂에게 함께 종5위하를, 정6위상 伊福部宿禰毛人에게 외종5위하를 내렸다.

기축(8일), 정6위상 安倍朝臣家麻呂에게 종5위하를, 외종5위하 草鹿酒人宿禰水女에게 종5위하를 내렸다.

경인(9일), 무위 藤原朝臣巨曾子에게 정4위하를 내렸다.

신묘(10일), 종5위상 長柄女王에게 정5위하를, 무위 高嶋女王에게 종5위하를, 정5위상 爲奈眞人玉足에게 종4위하를, 정5위하 橘朝臣麻都我, 종5위상 久米連若女에게 함께 정5위상을, 종5위상 多治比眞人古奈禰에게 정5위하를, 종5위하 橘宿禰御笠에게 종5위상을, 정6위상 佐味朝臣眞宮, 무위 縣犬養宿禰姉女, 정6위하 縣犬養宿禰竈屋에게 함께 종5위하를, 정6위상 若湯坐宿禰子虫에게 외종5위하를 내렸다.

정유(16일), 이보다 앞서 발해왕5)의 상표문이 무례하다고 하여 壹萬福에게 책임을 물었다. 이날, (태정관은) 일만복 등에게 고하여, "만복 등은 진실로 발해왕의 사신이다. 올린 표문이 어떻게 해서 선례와 달리 무례한 것인가. 따라서 그 표문을 받을 수 없다"라고 하였다. (이에 대해) 만복 등이 말하기를, "무릇 신하로서의 도리는 군주의 명을 거스르지 않는 것이다. 이에 (상표문을) 밀봉한 표함은 잘못됨이 없이 그대로 진상한 것이다. 지금 예의에 어긋난다는 일로써 표함을 반려하였다. 만복 등은 실로 깊이 우려하고 있다"라고 하였다. 이에 다시 절하고 땅에 의지하여 눈물을 흘리고 재차 말하기를, "군주는 피차 하나이다. 신들은 귀국하면 반드시 처벌받을 것이다. 지금 이미 성조에 건너와 있고, 죄의 경중을 감히 피하지 않겠다"라고 하였다. 陸奧, 出羽의 蝦夷가 (신년 하례를 마치고) 향리에 돌아갔다. 위계 및 물품을 차등있게 내렸다.

는 기록이 나오고, 동 天平寶字 4년(760) 6월에 養民司에, 天平寶字 7년(763) 정월에 玄蕃頭에, 天平神護 원년(764) 10월에 御後騎兵副將軍이 되었고, 天平神護 원년 윤10월에는 종5위상으로, 寶龜 3년(772) 정월에는 정5위하로 승진하였다. 『萬葉集』(3703)에도 단가 1수를 남기고 있다.

5) 文王 大欽茂.

경자(19일), 발해국의 信物을 일만복에게 돌려주었다.

을사(24일), 信濃國 水內郡 사람 女孺 외종5위하 金刺舍人若嶋 등 8인에게 連의 성을 내렸다.

병오(25일), 외종5위하 昆解沙彌麻呂[6]에게 종5위하를 내렸다. 발해사 일만복 등이 표문을 고쳐 왕을 대신하여 사죄하였다.

정미(26일), 종5위하 長谷眞人於保에게 文室眞人의 성을 내렸다.

2월 계축(2일), 대납언 종2위 文室眞人大市가 상표하여 사직을 구하며 말하기를, "신 大市가 말씀 올린다. 신은 사람됨이 우둔하지만, 다행히도 성조를 만나게 되어, 자색의 끈으로 장식한 금인[7]을 지니고 彈正尹에 임명되어 황공하게도 대납언의 직에 있게 되었다. 영예와 높은 직에 있는 것은 살얼음판을 밟고 심연으로 들어서는 것과 같이 떨리고 두렵다. 신은 이와 같은 처우에 몸둘 바를 모르겠다. 삼가 생각하기를, 폐하의 덕은 두루 미치고 자애심은 두텁고, 나라는 오래 전부터 지속되고 왔고 천명은 새로워지고 있다. 국가를 지켜 봉사한다는 것은 천년에 만나는 마지막 영예로운 유일의 기회이다. 지금 신은 병약하고 점점 쇠해져 가고 있어, 죽음의 시기가 촉박해 오고 있다. 병도 점차 악화되어 목숨이 다하여 시간도 남아있지 않다. 삼가 바라건대 우수한 현자에게 관직을 양보하고, 노구에게는 소박한 은거지를 주시어, 만족하여 머물러 여생을 보내고 처음으로 되돌아가 마지막 날을 기다리고 싶다. (그렇다면) 위로는 만물을 완성한 주군이 있고, 밑으로는 헛되이 녹을 먹는 신하가 없게 된다. 노인을 불쌍히 여기시어 병자를 보살피는 일은 국을 유지하는 좋은 조치이다. 천황의 배려심을 자세히 내려주시어 잠시 늙어 쇠미해져 가는 몸을 위로해 주셨으면 한다. 앞길이 촉박하게 다가오는

---

6) 昆解氏는 백제로부터의 도래씨족. 동족으로는 延曆 4년(785) 5월 무술조에 "右京人 昆解宿禰沙彌麻呂 등에게 본성을 고쳐서 鴈高宿禰의 성을 주었다"라고 언급된 昆解宿禰沙彌麻呂가 있다. 또『續日本後紀』承和 2년 5월 계유조에 "右京人丹波權大目昆解宮繼, 內堅同姓河繼等賜姓廣野宿禰, 百濟國人夫子之後也"라고 하여 昆解宮繼, 昆解河繼 등에게 廣野宿禰의 성을 내렸으며 이들은 백제국인 夫子의 후예라고 기록하고 있다. 한편, 鴈高宿禰에 대해서는『신찬성씨록』우경제번하에 백제 貴首王으로부터 나왔다는 출자를 기록하고 있다. 즉 昆解가 최초의 성이고 이후 昆解宿禰로 개성한 후, 다시 鴈高宿禰로 씨성 변화가 있었음을 알 수 있다.

7) 金印紫纓를 지닌 고위 관인이라는 의미.

것을 참지 못하여 삼가 조당에 나아가 상표문을 올려 진술하고 (사직을) 청하고자 한다"라고 하였다. 천황이 조를 내려, "올린 상표문을 보니 여러 생각이 들었다. 힘을 감당할 수 있는 정도에 따라 평상과 같이 봉사하도록 한다"라고 하였다.

이날, 5위 이상 및 발해번객에게 조당에서 연회를 베풀었다. 3종의 음악8)을 연주하였다. 萬福 등이 (조당원에) 들어와 자리에 나아가려고 할 때에 아뢰기를, "(앞서) 올린 표문이 상례에 어긋나기 때문에 표함과 信物이 반려되었다. 그런데 성조는 후히 은혜를 내리고 불쌍히 여기어 만복 등에게 외국사절로 예우하고, 거기에 위계와 봉록도 내려주었다. 뛸 듯이 기쁜 마음을 참을 수가 없어, 삼가 조정에 배례하는 바이다"라고 하였다. 대사 일만복에게 종3위를, 부사에게 정4위하를, 대판관에게 정5위상을, 소판관에게 정5위하를, 錄事9) 및 譯語에게 함께 종5위하를 내리고, 녹색10) 조복을 입는 품관11) 이하에게도 각각 차등있게 관위를 내렸다. (발해)국왕에게는 美濃産 비단 30필, 명주 30필, 명주실 200구, 調의 목면 300둔을 내리고, 대사 일만복 이하에게도 또한 각각 차등있게 내렸다.

무진(17일), 천황이 우대신12)의 사저에 행차하여, 정2위를 내리고, 그의 처 정5위하 多治比眞人古奈禰에게도 정5위상을 내렸다.

계유(22일), 이보다 앞서 종5위상 掃守王의 아들 小月王에게 勝間田의 성을 내리고, 信濃으로 유배보냈다. 이에 이르러 원래의 호적으로 되돌렸다.

을해(24일), 丹生川上神에게 흑모의 말을 바쳤다. 가뭄 때문이었다.

정묘13)(16일), 內豎省14) 및 外衛府15)를 폐지하였다. 그 舍人은 近衛, 中衛,

---

8) 天平寶字 7년 정월 조당에서 발해사를 위해 연회를 베풀 때 唐, 吐羅, 林邑, 東國, 隼人 등의 악을 연주한 바 있다. 여기서 3종의 악이란 唐樂, 高麗樂, 日本樂을 가리키는 것으로 보인다.

9) 기록관. 主典에 상당.

10) 「衣服令」5에는 朝服에 대해 6위는 深綠衣, 7위는 淺綠衣로 되어 있다.

11) 4등관 이하의 하급관인.

12) 大中臣淸麻呂.

13) 정미(16일)조는 무진(17일)조의 앞에 배열해야 한다.

14) 궁중의 잡무, 잡사를 담당하는 令外官으로 神護景雲 원년(767)에 설치하였다.

15) 천황의 친위군 조직. 天平寶字 8년(764) 藤原仲麻呂의 난 즈음 令外官으로 설치한

左右兵衛에 분산하여 배속시켰다. 종5위상 菅生王을 중무대보로 삼고 소납언과 信濃守는 종전대로 하였다. 中弁 종4위하 大伴宿禰家持에게 式部員外大輔를 겸직시키고, 종3위 藤原朝臣繼繩을 大藏卿으로 삼았다.

기묘(28일), (천황이) 발해왕에게 보내는 국서에서 말하기를, "천황이 삼가 고려국왕에게 문안드린다. 짐은 황위를 계승하여 천하에 (지배자로서) 군림하고 덕화의 은택을 (널리) 미치려고 생각하여, 백성을 구제하여 평안하게 하고자 한다. 그리하여 통솔하는 영토의 끝까지 덕화가 하나같이 되고, 천하에 걸친 은혜는 인국과 서로 다름이 없었다. 옛적 고구려가 융성할 때, 그 왕 高氏[16]는 시조로부터 대대로, 대해를 사이에 두고 있으면서 가깝기는 형제와 같았고, 의리로는 군신과 같았다.[17] 바다에는 돛을 달아 건너고, 산에는 사다리를 놓아 조공하기를 이어왔다. 말년에 이르러 고씨가 멸망하고, 그로부터 이후 소식이 끊어졌다. 天平神龜 4년(727)에 이르러, 왕[18]의 선친인 左金吾衛大將軍 渤海郡王[19]이 사자를 보내 내조하여 처음으로 조공을 하였다. 先朝[20]는 진심으로 기뻐하여 후히 예우하고 환대하였다. (발해)왕은 유풍을 이어 전대를 수호하고 성의를 다하여 교류하여, 일가의 명예를 실추하지 않았다. 지금 갖고 온 국서를 보니, 돌연 부왕의 도리를 고쳐, 날짜 밑에 관품과 성명을 기록하지 않았고, 국서의 말미에는 허위로 천손을 참칭하여 말하고 있다. 멀리 왕의 뜻을 헤아려 보면, 어떻게 이와 같은 일이 있을 것인가. 근자의 사정을 생각해 보아도 아마도 착오일 것이다. 그런 까닭에 관할 관사에 명하여 빈례를 중지하였다. 다만 사인 萬福 등은 앞의 허물을 깊이 후회하고 왕을 대신하여 사과하여 짐은 멀리서 온 것을 어여삐 여겨, 깨달아 고친 것을 받아들인다. 왕께서는 이 뜻을 헤아려 영구히 좋은 관계를 도모하고자 한다. 또 高氏의 치세에 병란이 끊이질 않았고, (일본) 조정의 위세를 빌리기 위해, 그쪽에서는 형제라고 칭했다. 바야흐로 지금 大氏(의

衛府의 하나이다. 기왕의 5衛府보다는 높고, 近衛府와 中衛府의 다음 자리에 위치했다.
16) 고구려 榮留王 高武.
17) 天平勝寶 5년 6월 정축조에도 발해의 상표문에, "族惟兄弟, 義則君臣"이라고 나와 있다.
18) 文王 大欽茂.
19) 武王 大武藝.
20) 聖武天皇의 조정.

시대)는 일찍이 (병란의) 일이 없는 까닭에 함부로 舅甥[21]의 관계라고 칭하고 있는데, 예의를 잃어버린 것이다. 금후의 사절에서는 다시 그렇게 해서는 안 된다. 만약 지난 일을 고쳐서 스스로 새롭게 한다면, 진실로 좋은 교류가 끝없이 계속되어 갈 것이다. 봄의 기운이 이제 온화해졌다. 생각하건대, 왕께서도 건강하시기를 바란다. 지금 돌아가는 사자에게 이 마음을 표시하고 아울러 보내는 물품은 별도로 (기록한) 바와 같다"라고 하였다.

경진(29일) 발해의 번객이 귀국하였다.

3월 계미(2일), 황후 井上內親王[22]이 저주의 죄로 폐위되었다.[23]

천황이 조를 내려 말하기를(宣命體), "천황의 어명으로 내린 말씀을 백관인들, 천하의 백성들에게 들으라고 분부하였다. 지금 裳咋足嶋[24]가 모반의 일을 자수하여 왔다. 신문해 보니, 그 일에 대해 자백한 바로는 (계획한 지가 이미) 연월이 지났다. 법에 비추어 보면, 足嶋도 죄가 있다.[25] 그러나 연월이 지났지만, 신하의 도리로서 자수하여 알린 것을 장려하기 위해 관위를 올려 예우한다고 한, 천황의 말씀을 모두 들으라고 하였다. 말을 바꾸어 말씀하기를, 모반의 일에 관여하고도 숨기고 자수하지 않은 자들, 粟田廣上, 安都堅石女

---

21) 발해는 일본과의 관계를 舅甥으로 설정하였다. 舅와 甥은 1세대의 차이가 나는 관계로서 이전에는 형제관계로 表現했던 점을 감안하면 서열 면에서 더 격차가 난다. 즉 발해는 일본 측이 인식한 형제관계를 역전시켜 발해를 우위에 두고 있다. 국서에서 발해왕은 스스로 天孫임을 과시하며 이를 대외적으로도 표출하는데 즉, 관품과 성명을 기재하지 않았다. 천손족이라고 하면서 唐으로부터 받은 관품을 기재한다면 서로 모순되는 일이므로 관품과 성명은 생략한 채 대일 국서를 작성했던 것으로 보인다.

22) 聖武天皇의 딸로 光仁天皇의 황후.

23) 이 사건은 음모론의 성격이 강하게 제기되고 있다. 우선 사건 과정을 보면, 光仁天皇이 寶龜 원년(770) 10월에 즉위하자 井上內親王이 황후가 되고, 이듬해 1월 그녀의 소생 他戶親王이 황태자가 된다. 그런데 井上內親王의 立后와 他戶親王의 立太子를 배후에서 기도한 좌대신 藤原永手가 寶龜 2년 2월에 사망하면서 藤原氏 내의 권력은 藤原北家에서 藤原式家로 넘어가게 된다. 寶龜 3년 3월 井上皇后가 光仁天皇을 저주했다고 하여 황후에서 폐위되고 他戶親王 역시 폐태자가 된다. 이 사건은 山部親王의 立太子를 기획한 藤原良継, 藤原百川 등 藤原式家 일파에 의한 소행으로 추정된다.

24) 尾張國 中嶋郡에 裳咋神社가 있다. 天應 원년 5월 정해조에 보이는 지역의 裳咋臣船主라는 인물은 현지 호족이다. 본문의 裳咋足嶋라는 인물도 이 지역 출신일 가능성이 있다.

25) 저주에 의한 모반죄는 참형에 해당한다. 「賊盜律」(第7-1)에는 참형에 해당하고, 父子, 家人, 資財, 田宅은 모두 관에서 몰수한다고 규정되어 있다.

는 법에 따라 참형죄에 처해야 한다. 그러나 생각하는 바가 있어 용서하고 감하여 遠流의 죄에 처한다고 한 천황의 말씀을 모두 듣도록 하라"고 분부하였다. 종7위상 裳咋臣足嶋에게 외종5위하를 내렸다.

갑신(3일), 靭負의 御井에서 연회를 열어 수행한 5위 이상 및 曲水[26]의 연회에서 시문을 지은 문사들에게 차등있게 물품을 내렸다.

정해(6일), 禪師 秀南, 廣達, 延秀, 延惠, 首勇, 淸淨, 法義, 尊敬, 永興, 光信은 계율을 가진 것만으로 충분히 칭찬해야 하고, 간병(승)으로도 저명하다. (천황은) 조를 내려, "의복과 식량 등을 보시하고 아울러 종신토록 보장하였다. 당시 이들을 十禪師라고 칭하였다. 그 후 결원이 있으면 청정한 자는 선택하여 보충하도록 한다"라고 하였다.

병신(15일), 처음으로 出羽國의 국사가 속한 戶의 잡요를 면제하였다.

하4월 계축(2일), 종5위하 淸原眞人淸貞, 무위 服部眞人眞福 등의 본성인 大原眞人으로 복원시켰다.

정사(6일), 下野國에서 언상하기를, "造(下野)藥野寺의 別當 道鏡이 죽었다. 속성은 弓削連이고 河內國 사람이다. 범문[27]을 대략 알고, 선의 수행으로 알려져 있었다. 이로부터 內道場[28]에 들어가 선사의 일원이 되었다. 寶字 5년(761)에 (孝謙上皇이) 保良宮에 순행할 때부터 간병을 위해 근시하여 점차 총애를 받았다. 廢帝[29]는 항상 이의를 말해 (효겸)천황과 더불어 일을 할 수가 없었다. 천황이 평성궁의 별궁으로 돌아와 거주하였다.[30] 天平寶字 8년(764), 大師는 藤原惠美仲麻呂가 모반을 일으켜 주살된 후, 도경을 태정대신

---

26) 「雜令」40에는 3월 3일을 節日로 기록하고 그날의 연회는 曲水의 宴이라고 한다. 술잔을 물 위에 올려 부정한 것을 없앴다는 제의에서 유래한 것으로 물가에 연회석을 설치하여 술잔을 띄우며 시를 짓는다. 평성경의 궁정 정원에서 8세기 曲水를 행한 蛇行의 못이 발견되었다.

27) 梵文은 산스크리스트어. 중국 당대에 인도, 서역과 교류가 이루어져 일본 유학승 중에는 당 장안에 머물면서 범문을 배운 자도 있었을 것이고, 도경의 스승인 義淵의 학문에도 梵文學이 있어서 사사했을 것으로 보인다.

28) 궁중에 설치된 불전.

29) 淳仁天皇.

30) 天平寶字 5년 10월 孝謙上皇은 淳仁天皇과 保良宮에 순행하였고, 평성궁으로 돌아온 후 淳仁은 中宮院, 孝謙은 法華寺에 거주하였다(天平寶字 6년 5월 신축조).

선사로 삼았다. 얼마 지나지 않아 (도경을) 공경하여 法王으로 삼고, 천자가
이용하는 가마를 타게 하였다. 의복과 식량도 천황에 준하게 하였고, 정무의
대소사에 관여하지 않은 바가 없었다. 그의 동생 淨人31)은 서인으로부터
천평승보 8년 중에 종2위 대납언에 이르고, 일문 중에 5위 이상자가 남녀
10인이나 되었다. 이때 大宰主神 習宜阿曾麻呂가 八幡神의 교시라고 사칭해서
도경을 속이고, 도경은 이를 믿고 황위를 엿보는 생각을 품었다. 이 내용은
高野天皇紀에 있다. 천황이 죽음에 이르러서도 여전히 권위는 자신으로부터
나온다고 요행을 바라고 장례가 끝나도 산릉을 지키고 있었다. 선제가 총애하
던 바도 있고 법에 따라 처벌할 수가 없어, 下野國의 造藥師寺 別當에 임명하여
驛家를 통해32) 보냈다. 사망시에는 서인으로 장례지냈다.

임술(11일), 무위 藤原朝臣刷雄의 본위 종5위하를 복위하였다.

무진(17일), 천하에 사면을 내렸다. 다만 팔학을 범한 자, 고의 살인, 사주전,
강도와 절도, 통상의 사면에서 면제되지 않는 자는 이 사면의 범위에 포함하지
않았다. 만약 사형죄에 들어간 자는 모두 1등 감했다.

경오(19일), 정4위하 藤原朝臣楓麻呂, 종4위하 藤原朝臣濱足을 함께 참의로
삼고, 종5위하 大中臣朝臣子老를 神祇大副로 삼고, 종5위하 布勢朝臣淸直을
소납언으로 삼고, 외종5위하 內藏忌寸全成33)을 大外記로 삼고, 종5위하 藤原朝
臣鷹取를 中務少輔로 삼고, 종5위하 多治比眞人蔵主를 員外少輔로 삼고, 외종5
위하 安都宿禰眞足을 大學助로 삼고, 大學頭 정5위상 淡海眞人三船에게 문장박
사를 겸직시켰다. 정5위하 大伴宿禰潔足을 治部大輔로 삼고, 종5위하 中臣朝臣

31) 弓削連淨人의 종2위 서위는 神護景雲 3년 10월이고, 대납언 임관은 동 2년 2월이다.
32) 원문의 遞送은 역마다 순차적으로 이송하는 것. 「獄令」14 「遞送」조에 죄인을 遞送하는
    규정이 있다.
33) 內藏氏는 坂上氏와 동족으로 阿知使主의 孫 爾波木直의 후예라는 전승을 갖는 백제계
    씨족. 씨명은 황실 재무를 담당하는 內藏의 직무에 기인한다. 天平寶字 3년(759)
    2월에 당에 체류중인 견당대사 藤原淸河를 귀국시키기 위해 발해를 통해 들어갔으나
    안사의 난으로 입당하지 못하고 귀국하였다. 寶龜 2년 외종5위하, 동 8년에 종5위하,
    동 10년에 정5위하에 서위되었다. 寶龜 5년과 동 10년에 일본에 온 신라사 일행의
    입국 사유를 알기 위해 대재부에 파견되기도 하였다. 이후 陸奧守, 鎭守副將軍, 大藏大輔,
    內藏頭, 讚岐守를 역임하였고, 蝦夷 정토의 공로로 정5위상으로 승서되었다. 延曆
    4년(785)에는 동족인 坂上苅田麻呂의 상주에 의해 坂上氏와 함께 忌寸에서 宿禰로
    개성되었다.

常을 玄蕃頭로 삼고, 종5위하 石上朝臣繼足을 主稅頭로 삼고, 정5위하 石川朝臣
垣守를 木工頭로 삼고, 伊豫守는 종전대로 하고, 종5위하 山口忌寸佐美麻呂를
(木工)助로 삼고, 종5위하 文室眞人水通을 典藥頭로 삼고, 종5위하 三嶋眞人安曇
을 主油正으로 삼고, 종4위하 藤原朝臣弟繩을 彈正尹으로 삼고, 종5위하 賀茂朝
臣大川을 (彈正)弼로 삼고, 외종5위하 大和宿禰西麻呂를 大和介로 삼고, 종5위
하 藤原朝臣鷲取를 伊勢介로 삼고, 외종5위하 縣造久太良을 志摩守로 삼고,
정5위하 多治比眞人長野를 參河守로 삼고, 종5위상 石川朝臣眞守를 遠江守로
삼고, 衛門佐 정5위하 粟田朝臣鷹守에게 甲斐守를 겸직시키고, 陰陽助 정5위하
山上朝臣船主에게 (陰陽)掾을 겸직시키고, 종5위하 安倍朝臣淨目을 武藏介로
삼고, 종5위하 佐伯宿禰藤麻呂를 (武藏)員外介로 삼고, 정4위하 田中朝臣多太麻
呂를 美濃守로 삼고, 종5위하 粟田朝臣鷹主를 陸奧員外介로 삼고, 內禮正 종5위
하 廣川王에게 丹波員外介를 겸직시키고, 종4위하 安倍朝臣息道를 但馬守로
삼고, 정5위상 船井王을 因幡守로 삼고, 종5위상 大原眞人繼麻呂를 (因幡)介로
삼고, 員外 右中弁 정5위상 安倍朝臣淨成에게 美作守를 겸직시키고, 종5위상
紀朝臣大純을 備前守로 삼고, 종5위하 藤原朝臣中男麻呂를 備中介로 삼고, 외종5
위하 英保首代作을 周防員外掾으로 삼고, 종5위하 大伴宿禰村上을 阿波守로
삼았다.

　정4위하 近衛員外中將 겸 安藝守 훈2등 坂上大忌寸苅田麻呂[34] 등이 아뢰기를,
"檜前忌寸이 大和國 高市郡의 郡司에 임명된 원래의 유래는, 선조인 阿智使主[35]

34) 坂上氏는 백제계 東漢氏의 阿知使主를 시조로 하는 도래씨족의 후예이다. 이 씨족은
　　대대로 궁마의 도를 세습한 무예에 능한 일족으로 조정 경비 등을 담당하였다.
　　延曆 4년(785) 6월 상표하여, 後漢 영제의 자손이라는 출자를 밝히고 개성을 청원하여
　　일족 11姓 16명이 忌寸에서 宿禰의 성으로 개성하였다. 후에 백제계에서 중국계로
　　출자를 개변하였다. 坂上大忌寸苅田麻呂는 天平寶字 연간에 授刀少尉, 동 8년에 종4위하
　　로 忌寸에서 大忌寸으로 개성하였다. 神護景雲 4년(770)에 정4위하 陸奧鎭守將軍이
　　되고, 寶龜 2년(771)에 中衛中將 겸 安藝守, 天應 원년(781)에 정4위상 右衛士督, 延曆
　　3년(784)에 伊予守 겸 備前守가 되었다.
35) 後漢 靈帝의 후손이라는 전승을 갖는 倭漢直의 조상. 『일본서기』應神紀 20년 9월조에는
　　"倭漢直祖阿知使主, 其子都加使主, 並率己之党類十七縣, 而來歸焉"이라 나오고,『古事記』
　　에는 阿知直으로 나온다. 『古語拾遺』應神天皇조에도 漢祖阿知使主가 17현의 민을
　　이끌고 내조했다고 전한다. 〈坂上系圖〉 소인의 姓氏錄 逸文에도 "阿智王譽田天皇〈諡應
　　神〉御世, 避本國亂, 率母並妻子, 母弟遷興德, 七姓漢人等歸化, …天皇矜其來志, 号阿智王爲
　　使主, 仍賜大和國檜隈郡鄕, 居之焉"이라고 기록되어 있다. 중국계로 되어 있는 阿知使主

가 輕嶋豊明宮36)에서 천하를 통치하신 천황37)의 치세에 17현의 인부를 데리고
귀화하였는데, 천황의 조가 내려져, 高市郡 檜前村의 땅을 받아 거주하게
되었다. 무릇 高市郡 내에 檜前忌寸 및 17현의 인부가 많이 거주하여 타성의
사람은 열에 하나, 둘에 불과하였다. 이에 天平 원년(729) 11월 15일에, 종5위상
民忌寸袁志比 등이 그 사유를 말하여, 천평 3년에, 內藏少屬 종8위상 藏垣忌寸家
麻呂가 소령에 임명되었고, 천평 11년에는 家麻呂가 대령으로 전임되었고,
외종8위하 蚊屋忌寸子虫이 소령에 임명되었고, 神護 원년(765)에 외정7위상
文山口忌寸公麻呂가 대령에 임명되었다. 지금 이 사람들이 郡司에 임명될
즈음해서는 (檜前忌寸의) 자손에게는 반드시 (郡司의 직이) 전해지고 있지
않다. 그러나 이들 3씨의 가문38)은 교대로 임명되어 지금까지 4세대에 이르고
있다39)"라고 하였다. (천황의) 칙을 받들어 군사로서의 계보를 조사하지
말고 (檜前忌寸의 일족을) 군사로 임명하도록 하였다.

정축(26일), 主殿頭 종5위하 美和眞人土生에게 伊勢員外介를 겸직시키고,
종5위상 石川朝臣眞守를 越中守로 삼았다.

기묘(28일), 西大寺의 서탑에 낙뢰가 있었다. 이를 점쳐 보니, 近江國 滋賀郡
의 小野社의 나무를 벌목하여 이 탑을 세웠기 때문에 재앙을 입었다고 한다.
이에 해당 군의 2호를 (神戸로) 충당하였다.

5월 경인(10일), 종5위하 文室眞人子老를 武藏員外介로 삼고, 종5위하 佐伯宿

의 선조는 5세기 후반 백제에서 이주한 倭漢氏(東漢氏)이고, 백제계 이주민들의 후예들
이다.

36) 輕嶋는 大和國 高市郡 久米鄕이고, 현재의 奈良縣 橿原市 大輕町 부근이다.

37) 應神天皇.

38) 藏垣忌寸, 蚊屋忌寸, 文山口忌寸 3氏.

39) 高市郡의 전신은 高市御縣이고, 高市縣主系가 상기 본문에서 말하는 계보상의 郡司였다.
한편『일본서기』欽明紀 7년 7월조에 今來郡이 보이고, 〈坂上系圖〉所引의『新撰姓氏錄』
逸文에는 "阿智王奏, 建今來郡, 後改号高市郡"이라고 나오듯이 오래 전부터 도래인들이
독자의 郡을 형성하고 있었다고 보인다. 이후 天武朝부터 高市縣主系가 郡司를 독점하
고, 天平 초년까지 郡領에 임명된 것으로 보인다. 이에 郡內의 다수의 도래계 사람들이
이의를 제기해 군령직을 요구하였다. 그런데 郡司의 직에 임명된 藏垣忌寸, 蚊屋忌寸,
文山口忌寸 3씨 역시 阿智使主를 조상으로 하는 도래계 씨족이다. 〈坂上系圖〉所引의
逸文에는 阿智使主의 아들 都賀使主는 山木直, 志努直, 爾波伎直이라는 세 아들을 두었는
데 모두 이들로부터 나온 씨족들이다. 따라서 郡司의 직을 둘러싼 분쟁은 분화된
일족 사이에 일어난 일임을 알 수 있다.

禰藤麻呂를 讚岐介로 삼았다.

을사(25일), 4품 難波內親王에게 3품을 내렸다.

병오(26일), 서북 공중에서 소리가 들렸다. 벼락과 같았다.

정미(27일), 폐황태자 他戸王을 서인으로 삼았다.[40]

천황이 조를 내려(宣命體), "천황의 어명으로 내린 말씀을 백관의 사람들, 천하의 백성들은 모두 들으라고 분부하였다. 지금, 황태자로 정해져 있는 他戸王의 모친 井上內親王은 저주로 대역모를 꾀한 일이 한두 번이 아니고 자주 발각되고 있다. 황위는 나 한 사람의 사적인 자리가 아니라고 생각한다. 따라서 황위 계승자로 정하려고 하는 황태자의 위에 모반과 대역자의 자식을 정해 둔다면, 공경들, 백관의 사람들, 천하의 백성들이 어떻게 생각하겠는가. 부끄럽고 두려운 일이다. 게다가 후세가 평안하고 오래도록 안전하게 있도록 하는 정치가 아니라고, 신으로서 생각하기 때문에, 他戸王 황태자를 폐위한다고 한 천황의 말씀을 모두 듣도록 하라"고 분부하였다.

6월 경술삭(1일), 일식이 있었다.

계축(4일), 參河國에서 흰 까마귀를 바쳤다.

을묘(6일), 종5위하 中臣習宜朝臣阿曾麻呂를 大隅守로 삼았다.

계해(14일), 讚岐國에 역병이 생겨 구휼하였다.

갑자(15일), 인왕회[41]를 궁중 및 경사의 대소 사원 및 기내, 7도 제국의 국분금광명사에서 열었다.

을축(16일), 무지개가 생겨 태양을 둘러쌌다.[42]

무진(19일), 운석이 자주 왕경 내에 떨어졌는데, 유자 열매와 같았다. 수일이 지나 멈추었다.

기사(20일), 야생 여우가 대안사의 강당 용마루 위에 웅크리고 있었다.[43]

---

40) 他戸親王의 폐태자는 藤原百川이 山部親王[桓武天皇]을 立太子하려는 계책 아래 이루어진 것으로 보인다. 『公卿補任』寶龜 2년조 所引의 「藤百川」전에는, "大臣素屬心於桓武天皇, 龍潜之日共結交情, 及寶龜天皇踐祚之日, 私計爲皇太子, 于時庶人他部在儲貳位, 公數出奇計, 遂廢他部, 桓武天皇爲太子"라고 하여 藤原百川의 의도가 기록되어 있다.

41) 천하태평, 진호국가를 기원하기 위해 仁王經을 강설하는 법회. 인왕반야바라밀경은 법화경, 금광명최승왕경과 함께 호국 3부경으로 알려져 있다.

42) 養老 5년 2월 계사조, 延曆 원년 3월 신묘조에도 나온다. 불길한 징조로 여겨졌다.

임신(23일), 기내의 여러 신사에 폐백을 바쳤다. 가뭄이 있었기 때문이다.

기묘(30일), 천황이 대장성에 행차하여 차등있게 물품을 내렸다.

추7월 신사(2일), (藤原)惠美刷雄 등 21인의 본성인 藤原朝臣을 복원하였다.[44]

무자(9일), 4품 衣縫內親王이 죽었다. 田原天皇[45]의 황녀이다. 종4위하 桑原王, 정5위상 柰癸王 등을 보내 장의를 감독하게 하였다.

병신(17일), 陸奧國 安積郡 사람 丈部繼守 등 13인에게 阿部安積臣의 성을 내렸다.

신축(22일), 上總國에서 말을 바쳤다. 앞발 2개의 굽이 마치 소와 비슷하였다. 상서로 인정했는데, 살펴보니, 사람이 교묘하게 깎은 것이다. 이에 국사인 (上總國)介 종5위하 巨勢朝臣馬主 이하 5인이 모두 연루되어 해임하였다. 그 (말)소유주인 天羽郡 사람 宗我部虫麻呂에게는 곤장 80대가 내려졌다.

8월 갑인(6일), 천황이 難波內親王[46]의 사저에 행차하였다. 이날, 이상 폭우가 내렸다. 수목이 뽑히고 가옥이 무너졌다. 이를 점을 쳐보니, 伊勢月讀神이 빌미가 되었다. 이에 매년 9월에 荒祭神에 준하여 말을 바치고, 또 荒御玉命, 伊佐奈伎命, 伊佐奈美命을 官社[47]에 편입하였다. 또 (伊勢國) 度會郡의 神宮寺를 飯高郡의 度瀨山房으로 옮겼다.

경신(12일), 태정관이 주상하기를, "지난 天平寶字 4년 3월 16일에 처음으로 신전을 발행하여 구전과 함께 유통하였다. 신전[48] 1을 구전[49] 10에 상당하게 하였다. 다만, 세월이 점차 지나 신전도 이미 가치가 떨어졌고, 格을 내릴 때의 가치를 고정해 놓는 것은 실로 온당하지 않다. 또한 백성들 사이에서는

---

43)「大安寺伽藍緣起幷流記資財帳」(『寧樂遺文』上)에 "一口講堂長十四丈六尺, 廣九丈二尺, 柱高一丈七尺"이라는 기록이 나온다.

44) 藤原仲麻呂의 난에 연좌되어 처벌받은 일족의 신분이 회복된 일. 惠美刷雄은 4월에 종5위하로 복위된 바 있다.

45) 志紀親王. 天智天皇의 제7황자.

46) 光仁天皇의 同母 누이.

47) 官에서 幣帛을 받을 수 있는 신사.

48) 이 해에 新錢으로서 銅錢은 萬年通寶, 銀錢은 大平元寶, 金錢은 開基勝寶가 새롭게 주조되었다.

49) 和銅開珍.

이전부터의 부채를 지불하는 데 가치가 하락하고 있을 때의 신전 1관을 높은 때의 구전 10관에 해당시키고 있다. 법령에 의거하면, 타당하지만, 가치를 계산하면 현격한 차이가 있다. 이로 인해 인심이 소란해지고, 잦은 소송에 이르게 되었다. 바라건대, 신구의 양전을 같은 가치로 통용시켰으면 한다"라고 하였다. 이 주상한 바를 허락하였다. 三長眞人藤野 등 9인의 원래의 호적을 부활시켰다.

갑자(16일), 息部息道의 본성인 阿倍朝臣, 乃呂志比良麻呂의 본성인 賀茂朝臣을 복원하였다.

병인(18일), 종5위하 三方王, 외종5위하 土師宿禰和麻呂 및 6위 이하 3인을 보내, 淡路에 있는 폐제의 묘를 개장하였다. 이에 현지의 승 60인을 불러 재회를 열어 行道를 하게 하였다. 또 현지의 연소의 정행자 2인을 출가시켜서 묘 옆의 막사에 상주하여 공덕을 올리게 하였다. 이날, 초하루부터 비가 내리고, 더욱이 대풍이 불었다. 河內國의 제방 茨田堤 6곳, 澁川堤 11곳, 志紀郡 5곳이 모두 붕괴되었다.

9월 경진(2일), 山背國에서 木連理[50]가 나왔다고 아뢰었다.

을유(7일), 정3위 중납언 겸 궁내경 右京大夫 石川朝臣豊成이 죽었다. 左大弁 종3위 石足의 아들이다. 사자를 보내 조문하고 부의물을 내렸다.

무술(20일), 尾張國에 기근이 들어 구휼하였다. 送渤海客使[51] 武生鳥守 등이 닻줄을 풀어 바다로 향했다. 돌연 폭풍을 만나 能登國에 표착하였다. 발해국 대사는 겨우 목숨을 건졌다. 이에 福良津[52]에 안치하였다.

경자(22일), 종5위상 大原眞人今城을 駿河守로 삼고, 종5위하 紀朝臣犬養을

---

50) 木連理는 連理木이라고도 하며 뿌리와 줄기가 다른 개개의 나무가 자연적으로 접목된 것이다. 『延喜式』 式部省式에는 祥瑞 중의 下瑞에 해당한다. 「儀制令」8 「祥瑞」조에는 "凡祥瑞應見, 若麟鳳龜龍之類, 依圖書合大瑞者, 隨卽表奏, … 治部若有不可獲, 及木連理之類, 不須送者, 所在官司, 案驗非 虛, 具畵圖上, 其饗賞者, 臨時聽勅"이라고 하여 왕경으로 보내기 어려운 連理木 등은 소관관사에서 도상으로 그려 보내도록 규정하고 있다.

51) 발해국사 壹萬福 일행의 귀국을 위한 送使.

52) 石川縣 羽咋郡 富來町에 있는 津. 『日本後紀』 延曆 23년 6월 경오조에도 나온다. 『三代實錄』 元慶 7년 10월 29일조에 보면, 발해사의 귀국선용 목재를 준비하기 위해 福良泊 산의 대목을 벌채하지 못하도록 금지하고 있다. 福良津은 선박의 건조와 수리, 발해로의 출항기지라는 성격을 갖추고 있다.

伊豆守로 삼고, 종5위하 笠朝臣乙麻呂를 上總介로 삼고, 종5위하 多治比眞人豊濱을 信濃守로 삼고, 雅樂頭 종5위상 當麻眞人得足에게 播磨員外介를 겸직시켰다.

계묘(25일), 종5위하 藤原朝臣鷹取를 동해도에, 종5위하 佐伯宿禰國益을 동산도에 외종5위하 日置造道形을 북륙도에, 외종5위하 內藏忌寸全成을 산음도에, 정5위하 大伴宿禰潔足을 산양도에, 종5위상 石上朝臣家成을 남해도에 보내, 각 방면으로 나누어 행정을 상세하게 조사시켰다. 도마다 판관 1인, 주전 1인을 두었다. 다만 서해도에 대해서는 편의에 따라 대재부에 위임하여 조사시켰다.

병오(28일), 정5위하 佐伯宿禰眞守를 병부소보로 삼고, 종4위하 佐伯宿禰三野를 우경대부로 삼고, 종5위상 上毛野朝臣稻人을 우경량으로 삼고, 종4위하 大伴宿禰駿河麻呂를 陸奧按察使로 삼았다. 이에 (천황은) 칙을 내려, "듣는 바로는, 그대 駿河麻呂宿禰는 연로하고 몸이 쇠하여 출사하기를 감당하기 어려워 사퇴하려고 한다. 그러나 이 (육오)국은 원래 사람을 택하여 그 임무를 주는 것이다. 그대 駿河麻呂宿禰는 오직 짐의 마음에 들고 있다. 이로서 안찰사에 임명하는 것이다. 부디 이를 이해하기 바란다"라고 하였다. (천황은) 당일 (大伴宿禰駿河麻呂에게) 정4위하를 내렸다.

동10월 임자(5일), 중무대보 종5위상 少納言 및 信濃守를 겸직한 菅生王이 小家內親王을 범한 죄로 제명되었다. 내친왕은 소속 호적에서 삭제되었다.[53]

정사(10일), 대재부에서 언상하기를, "지난 5월 23일, 豊後國 速見郡 獻見鄕에서 산사태가 일어나 하천을 덮쳐 물이 흐르지 않았다. 10여일 동안 쌓였다가 돌연 둑이 터져 백성 47인이 물살에 떠내려갔고, 가옥 43채가 매몰되었다"라고 하였다. 이에 조를 내려, 調, 庸을 면제하고, 더하여 구휼하였다.

무오(11일), 肥後國 葦北郡의 家部嶋吉, 八代郡의 高分部福那理가 각각 흰 거북을 바쳤다. 이들에게 비단 10필, 목면 20둔, 삼베 30단을 내렸다.

下野國에서 언상하기를, "관내의 백성이 陸奧國으로 도망쳐 들어간 자는, 그 국이 (太政)官符를 받아 (陸奧國에) 온다면 호적에 편입하고 있다. 이에 간교한 무리들이 다투어 과역을 피하여 이 사이에 도망간 자가 870인이다.

---

53) 「雜律」의 「姦」조에는 相姦, 强姦 모두 처벌받는다. 미혼녀를 범한 경우는 徒 1년, 유부녀일 경우에는 徒 2년이고, 강간일 경우에는 1등을 추가하였다.

국사는 이를 금지하고 있지만 끝내 멈추게 할 수가 없다. 사자를 보내 (도망자를) 확인시켰는데, 그 지역은 蝦夷에 가까운데다가 민심도 험악하고, 서로 은닉하는 것을 용인하여 나오지 않는다"라고 하였다. 이에 태정관이 판단을 내리고 陸奧國司와 함께 下野國司가 유의해서 조사를 행하고, 본향으로 돌아가게 하였다.

신유(14일), 이보다 앞서 天平寶字 5년 3월 10일의 格[54]에는 특별히 제국의 郡司로 소령 이상의 적자는 출사하게 하였고, 또 天平神護 원년[55]에는 이전에 개간한 것을 제외하고는 다른 전지의 개간은 금지하였다. 이에 이르러 이 제도를 모두 폐지하였다.

경오(23일), 左大舍人 종6위하 石川朝臣長繼 등이 外印[56]을 위조하여 사용하였다. 모두 법에 의거하여 유배보냈다.

11월 정축삭(1일), 외종5위하 堅部使主人主를 大外記로 삼고, 외종5위하 日下部直安提麻呂를 內匠員外助로 삼고, 정5위하 佐伯宿禰眞守를 병부대보 겸 造東大寺 차관으로 삼고, 종5위하 安倍朝臣家麻呂를 (병부)소보로 삼고, 종4위하 藤原朝臣濱成을 대장경으로 삼고, 종3위 藤原朝臣繼繩을 궁내경으로 삼고, 종5위하 淸原王을 大膳亮으로 삼고, 외종5위하 葛井連河守[57]를 木工助로 삼고, 종5위하 大中臣朝臣繼麻呂를 攝津亮으로 삼고, 종5위상 粟田朝臣公足을 造西大寺員外 차관으로 삼고, 외종5위하 輕間連鳥麻呂를 修理次官으로 삼고, 종5위하 粟田朝臣人成을 越後守로 삼고, 정5위상 豊野眞人奄智를 出雲守로 삼고, 종5위하 山口忌寸沙彌麻呂를 備後介로 삼고, 종5위하 大原眞人淸貞을 周防守로 삼았다.

경진(4일), 승 永嚴을 대율사로 삼고, 善榮을 중율사로 삼았다.

---

54) 天平寶字 5년 3월 병술삭조에 나오는 乾政官奏. 본문에 3월 10일의 격으로 되어 있는 것은 태정관부 日附이다.

55) 天平神護 원년 3월 병신조에 보이는 칙. 이 格은 道鏡의 시책으로 나온 것으로, 사원을 제외하고 墾田永世私財法을 정지하는 내용이다.

56) 太政官印.

57) 葛井連은 백제계 王辰爾의 일족으로 씨성은 養老 4년(720)에 白猪史에서 葛井連으로 개성하였다. 天平神護 원년(765) 정월에 정7위상에서 5단계 승진한 외종5위하에 서위되었고, 동년 2월에 右衛士少尉에 임명되었다. 天平神護 3년(767)에 伊賀守가 되었고, 神護景雲 3년(769)에는 遠江介, 寶龜 11년에는 외종5위하 參河介가 되었다.

을유(9일), 종5위상 安倍朝臣東人을 대장대보로 삼고, 종5위상 掃守王을 궁내대보로 삼았다.

병술(10일), (천황이) 조를 내려, "요즈음 풍우가 불순하여 연이어 기근이 계속되고 있다. 이 재난을 구하고자 하는데, 오직 부처의 도움에 의지할 뿐이다. 천하 제국의 국분사에서 매년 정월 7일간(8일~14일) 吉祥悔過58)를 행하고, 이를 항례로 하도록 한다"라고 하였다.

정해(11일), 지난 8일 대풍이 불어 생업이 끊기고 전국의 백성들이 많은 피해를 입었다. 조를 내려, 경기, 7도의 전조를 면제하였다.

기축(13일), 酒人內親王59)을 伊勢齋60)로 삼았다. (출발하기 전에) 임시로 春日의 재궁에 머물게 하였다.

계사(17일), 참의 종4위상 阿倍朝臣毛人이 죽었다.

신축(25일), 筑紫의 營大津城監61)을 폐지하였다.

병오(30일), 무위 安倍朝臣彌夫人은 天平寶字 8년(764)의 원흉62)이 주살되었다고 알려 사람들의 마음을 안심시켜 종4위하를 받았다. 神護景雲 3년(769)에 縣犬養姊女63)의 유배에 연좌되었는데, 이에 이르러 죄를 용서받아 낮추어 종5위하를 내렸다.64)

12월 임자(6일), 武藏國 入間郡 사람 矢田部黑麻呂는 지극한 효성으로 부모를 모셨다. 생전에는 안색을 살펴 효양하였고, 사후에는 심히 슬퍼하여 몸이 여위었다. 齋食65)한 지가 16년이 되었고 시종 결하지 않았다. 이에 그 戶의

---

58) 吉祥天을 본존으로 하고, 最勝王經을 읽고 죄과를 참회하여 그해의 오곡 풍요를 기원하는 법회.

59) 光仁天皇의 皇女.

60) 伊藏神宮에 봉사하는 皇女.

61) 筑紫의 營大津城監은 九州 북단의 博多大津에 있는 大津城의 축조를 담당한 관사. 이 城의 축조시기는 불명이다.

62) 藤原仲麻呂.

63) 天武天皇의 孫이자 1품 新田部親王의 아들인 鹽燒王의 아들 氷上志計志麻呂를 천황으로 옹립하기 위해 稱德天皇을 저주해서 죽이려 했다는 혐의를 받아 유형에 처해졌다. 그러나 寶龜 2년(771) 이 혐의는 丹比乙女의 모략에 의한 것임이 밝혀져 혐의를 벗었다. 다만 이 사건에 安倍朝臣彌夫人이 연루되었다는 사실은 보이지 않는다.

64) 원래의 관위인 종4위하로 복위시키지 않고 강등시켜 종5위하에 서위한 것이다.

65) 통상 佛家의 식사를 가리키지만, 여기서는 복상 기간중에 매우 적은 음식을 섭취하는

잡요를 면제하고[66] 효행을 현창하였다. 또 壹岐嶋 壹岐郡 사람 直玉主賣는 나이 15세에 남편을 잃었다. 스스로 (수절하기로) 맹서하여 마침내 개가하지 않는 지 30여 년이 지났다. 남편의 묘에 상을 차리는 것은 생전과 같이 하였다. 이에 관위 2계를 내렸다. 아울러 전조를 종신토록 면제하였다.

무오(12일), 廚眞人廚女[67]의 소속된 호적을 복원하였다.

기미(13일), 유성이 비와 같이 내렸다. 대재부에서 언상하기를, "壹岐嶋掾 종6위상 上村主墨繩 등이 대마도에 연간 식량을 운송할 때, 갑자기 역풍을 만나 배가 파손되고 사람들은 익사하였고, 선적한 곡물은 파도에 휩쓸려 유실되었다. 天平寶字 4년(760)의 格을 조사해 보니, 유실된 물자는 운송책임자의 공해전에서 보전하기로 되어 있다. 그러나 墨繩 등이 말하기를, '운송의 시기는 상례와 다르지 않다. 다만 풍파의 재난은 인력으로는 제어할 수가 없는 것이다. 배가 파손되고 사람이 익사한 것은 충분히 명증이 된다'라고 하였다. 대재부에서는 말한 바를 검토해 보면, 실로 묵살하기에는 어려운 점이 있다. 지금 이후로는 (그 말의) 허실과 (보전물을) 징수할지 면제할지를 평가하여 정했으면 한다[68]"라고 하였다. 이를 허락하였다.

기사(23일), 혜성이 남방에서 보였다. 승 100인을 불러 楊梅宮에서 재를 올렸다.[69]

신미(25일), 천황이 山背國 水雄岡에 순행하였다. (山背國司) 介 정6위상 大宅眞人眞木에게 종5위하를 내렸다.

을해(29일), 미치광이 말이 나타나, 的門[70]의 土牛와 偶人[71] 및 弁官의

___

것을 말한다.

66) 「賦役令」17 「孝子順孫」조에 "凡孝子, 順孫, 義夫, 節婦, 志行聞於國郡者, 申太政官奏聞, 表其門閭, 同籍悉免課沒, 有精誠通感者, 別加優賞"이라고 해서 과역 면제 등 다양한 우대조항이 있다. 여기서는 호의 잡역만을 면제하고 있다.

67) 縣犬養姉女와 新田部親王의 딸인 不破內親王. 稱德天皇을 저주로 죽이려고 했다는 사건에 연좌되어 內親王의 지위를 상실하고 廚眞人廚女로 개명당했다. 이 사건은 무고로 밝혀져 皇籍으로 복귀하였다.

68) 당시 해운으로 곡물을 운송할 때 재난 등의 사고로 유실되는 경우가 있는데, 사고로 위장한 관물의 횡령도 있었다.

69) 혜성 출현을 흉조로 여겨 재앙을 방지하기 위해 재를 올린 것이다.

70) 宮門 12문 중의 하나. 예로부터 的氏가 경비를 맡고 있었다고 한다.

71) 소와 동자상을 만들어 疫鬼, 재앙의 기운을 불식시키기 위해 문에 설치한 것. 『延喜式』

관사의 남문을 물어뜯어 부수었다.

○ 寶龜 4년(773) 춘정월 정축삭(1일), 천황이 대극전에 임하여 신년하례를 받았다. 문무백관 및 陸奧, 出羽의 夷俘[72]는 제각기 의례에 따라 배하하였다. 5위 이상에게 내리에서 연회를 베풀고, 침구를 지급하였다. 무위 不破內親王의 본위 4품을 복위하였다.

무진,[73] 종5위상 掃守王에게 정5위하를 내렸다.

기사,[74] 정5위상 奈癸王에게 종4위하를, 종5위하 大中臣朝臣子老에게 종5위상을 내렸다.

계미[75](7일), (천황이) 칙을 내려, "짐은 덕이 부족한 몸으로 황공하게도 황위를 계승하고 아직 교화를 두루 미치지 못했고, 항상 백성들에게 고통을 강요하고 있는 것은 아닌지 걱정이 깊다. 재앙의 조짐은 자주 나타나고 위기에 직면하는 생각으로 마음이 아프다. 신년의 정월을 맞이하여 온화한 (봄)바람이 만물을 출렁이게 하고, 천지는 자애를 베풀고, 동식물은 은택을 받고 있다. 시절에 순응한 政令에 따라 관대하게 용서하고자 한다. 이에 천하에 대사면을 내린다. 寶龜 4년 정월 7일 동트기 이전의 사형죄 이하는 죄의 경중을 묻지 않고, 이미 발각되었거나 발각되지 않았거나, 이미 판결이 났거나 심리중이거나, 현재 수감중인 자는 모두 사면한다. 다만 팔학, 강도와 절도, 사주전, 통상의 사면에서 면제되지 않는 자는 사면의 범위에 포함되지 않는다"라고 하였다.

陰陽寮式에는, "凡土牛童子等像〈請內匠寮〉, 大寒之日前夜半時, 立於諸門〈陽明, 待賢二門各靑色, 美福, 朱雀二門赤色. 郁芳, 皇嘉, 殷富, 達智四門黃色. 談天, 藻壁二門白色. 安嘉, 偉鑑二門黑色〉. 立春之日前夜半時, 乃撤"이라고 규정되어 있다. 平安宮의 上東, 上西 2문을 제외하고 동면의 제 문에서는 북으로부터 靑, 靑, 黃색으로, 남면의 제 문에서는 동으로부터 赤, 赤, 黃색으로, 서면의 제 문에서는 남으로부터 白, 白, 黃색으로, 북면의 제 문에서는 서로부터 黑, 黑, 黃색으로 칠한 토우와 동자상을 세운다. 제작에는 內藏寮가 담당하였다.

72) 중앙조정에 정복된 蝦夷 귀순자로 보인다.

73) 이달에 戊辰 日干支는 없다. 2월 23일이 戊辰에 해당한다.

74) 이달에 己巳 日干支는 없다.

75) 國史大系本에서는 原文의 辛未를 癸未로 수정하였다. 이달에 辛未 日干支는 보이지 않으며, 동년 정월 7일 기사에 따르면 癸未가 타당하다.

이날, 천황[76]이 중각의 中院에 임하였다. 종5위상 依智王에게 정5위하를 내리고, 종5위하 矢口王에게 종5위상을, 종4위상 藤原朝臣是公에게 정4위하를, 정5위하 紀朝臣廣庭에게 종4위하를, 종5위하 文室眞人高嶋·紀朝臣廣純·美和眞人土生·中臣朝臣常·當麻眞人永繼에게 함께 종5위상을, 종6위상 紀朝臣眞乙, 종6위하 藤原朝臣菅繼, 정6위상 石川朝臣在麻呂·多治比眞人林·田中朝臣廣根·安倍朝臣弟當에게 함께 종5위하를, 정6위상 志我戶造東人·上毛野公息麻呂에게 함께 외종5위하를 내렸다. 의례가 끝나고 5위 이상에게 연회를 베풀고 차등있게 물품을 지급하였다.

계유,[77] 외종5위하 上毛野坂本朝臣男嶋에게 종5위하를 내렸다.

무인(2일), 중무경 4품 諱[78]를 황태자로 삼았다.

(천황이) 조를 내려(宣命體), "明神으로서 대팔주를 통치하시는 和根子天皇[79]의 詔旨로 내리신 말씀을 친왕, 제왕, 제신, 백관의 사람들, 천하의 공민은 모두 들으라고 분부하였다. 법에 따라 행해야 할 정무로서 山部親王을 세워 황태자로 정한다. 그런 까닭에 이 상황을 깨닫고 백관의 사람들은 (황태자에게) 봉사하라고 한 천황의 말씀을 모두 들으라고 하였다. 천하에 대사면을 내린다. 다만 모의 살인, 고의 살인, 사주전, 강도와 절도 및 통상의 사면에서 면제되지 않는 자는 모두 사면의 범위에 포함되지 않는다. 또 1, 2인들에게 관위를 올려주려고 한다. 고령자, 빈궁자, 효행자, 절의를 지킨 사람들을 보살피고, 물품을 지급한다고 한 천황의 말씀을 모두 듣도록 하라"고 분부하였다.

경진(14일), 陸奧, 出羽의 蝦夷와 귀순한 蝦夷가 고향에 돌아갔다. (이들에게) 관위를 내리고 차등있게 녹을 지급하였다.

신묘(15일), 出羽國 사람 정6위상 吉彌侯部大町에게 외종5위하를 내렸다. 군량미를 지원했기 때문이다.

2월 병오삭(1일), 命婦[80] 종5위하 文室眞人布登吉에게 정5위하를 내렸다.

---

76) 重閣은 중층의 건물.
77) 이달의 癸酉 日干支는 없다.
78) 山部親王. 후의 桓武天皇. 천황 실명을 거론하지 않는 避諱 기사.
79) 光仁天皇, 和根子天皇은 앞에서는 倭根子天皇으로 표기하였다. 현재 재임하고 있는 천황이라는 의미로 쓰인다.
80) 內命婦. 5위 이상의 女官.

신해(6일), 下野國에 화재가 발생하여 정창 14동과 미곡, 건조미 23,400석이
소실되었다.

임자(7일), 志摩, 尾張 2국에 기근이 들어 함께 진휼하였다.

계축(8일), 下總國 猿嶋郡 사람 종8위상 日下部淨人에게 安倍猿嶋臣의 성을
내렸다.

기미(14일), 이보다 앞서 播磨國에서 아뢰기기를, "餝摩郡 草上驛의 驛戶가
경작하기에 편리한 전지는, 현재 태정관부에 따라 사천왕사에 희사되었고,
멀리 떨어진 인근 지역 군의 전지를 驛戶[81])에 지급하였다. 이에 따라 경작이
어렵게 되었고, 폐해가 점점 심해지고 있다"라고 하였다. 이에 이르러 칙을
내려 역호에 (원래의 전지를) 반급하였다.

임술(17일), 지진이 있었다.

을축(20일), 발해부사 정4위하 慕昌祿[82])이 죽었다. 사자를 보내 조문하였
다. 종3위에 추증하고 부의물은 슭의 규정대로 하였다.

병인(21일), 中臣朝臣鷹主[83])의 본위 종5위하를 복위하였다.

임신(27일), 처음으로 造宮卿[84]) 종3위 高麗朝臣福信[85])을 楊梅宮[86])의 조영에

---

81) 驛 근처에 설치된 驛戶의 구분전. 구분전은 거주지의 토지를 지급하는 것이 정상이지
   만, 경우에 따라서는 타 지역의 토지를 반급하는 일도 있다.

82) 발해대사 壹萬福와 함께 일본에 온 발해사절. 寶龜 3년 9월 무술조에 발해사의 귀국선이
   폭풍으로 能登에 표착한 기사가 나온다. 그는 이때 부상을 당하여 귀국하지 못한
   채 能登 현지에서 사망하였다.

83) 藤原仲麻呂의 난에 연좌된 것으로 보인다.

84) 슭外官인 造宮省의 장관. 平城京 천도가 본격화되는 和銅 원년(708) 3월에 대보령에서의
   造宮職을 造宮省으로 승격시켰다. 8성의 장관인 卿 중에서 中務卿이 정4위상으로
   가장 높은데 관위상당이 종2위로 되어 있다. 桓武天皇의 행정개혁과 長岡京 천도
   계획 하에 延曆 원년(782) 4월 勅旨省과 함께 폐지되었다.

85) 고구려계 후예씨족. 延歷 8년(789)의 高倉朝臣福信의 薨傳에 의하면, 그는 무장국
   고려군 사람으로 본성은 背奈이고 조부인 복덕이 당나라 장군 이세적이 평양성을
   함락했을 때 일본에 귀화하여 무장에 살게 되었다고 한다. 그의 출생은 고구려
   멸망 후 30년이 지난 화동 2년(708)으로 고구려 유민 3세에 해당된다. 背奈氏는
   양로 5년(721)을 하한으로 하는 시기에 背奈公으로 바뀌었고, 천평 19년(747)에 背奈王
   으로 개성되고, 천평승보 2년(750)에 高麗朝臣으로, 보귀 10년(779)에는 다시 高倉朝臣
   으로 개성되었다. 성무천황의 총애를 받아 천평승보(749~757) 초에는 종4위 紫微少弼
   에 이르렀고, 신호 원년(765)에 종3위로 造宮卿에 임명되어 武藏守, 近江守를 겸임하였
   다. 또한 천평승보 8세(756), 보귀 원년(770), 연력 2년(783) 등 3번에 걸쳐 무장국

전담시켰는데, 이에 이르러 궁이 완성되었다. 그 아들 (高麗朝臣)石麻呂에게 종5위하를 내렸다. 이날, 천황이 양매궁으로 거처를 옮겼다.

갑술(29일), 石川朝臣豊麻呂[87]의 본위 종5위하를 복위하였다. 종5위하 紀朝臣眞媼에게 종5위상을 내리고, 정6위상 石川朝臣毛比에게 종5위하를 내렸다.

을해(30일), 지진이 있었다.

3월 경진(5일), 칙을 내려, "궁인[88]으로 직사관의 계록은 관위에 비해서 높은 경우에는 관직에 따르고, 관위가 관직에 비해 높은 경우에는 관위에 따른다. 다만 산위로 5위 이상인 자에 대해서는 정6위 관직의 계록을 지급한다"라고 하였다. 近江, 飛驒, 出羽 3국에 대풍이 불어 사람들이 굶주렸다. 함께 구휼하였다.

갑신(9일), 川邊女王의 본위 종5위하를 복위하였다.

무자(13일), 丹生川上神에게 흑모 말을 바쳤다. 가뭄 때문이다.

기축(14일), 천하의 미곡의 가격이 폭등하여 백성들의 기근이 위급하였다. 구휼에 힘썼으나 아직 구제할 수가 없었다. 이에 태정관에서 심의하여 주상하기를, "미가를 안정시키는 일은 예로부터의 선정이다. 백성을 보살피고 긴급의 사태에 구제하는 데에는 이보다 좋은 것은 없다. 바라건대, 국의 대소에 따라 정세의 미곡을 가격이 쌀 때 빈민에게 내다 팔고, 얻어지는 대가의 물자는 모두 국아의 창고에 수납하여 가을에 되면 이를 팔아 영도[89]로 (교체)한다. 국사, 군사와 부유한 백성은 모두 구매할 수 없다. 만약 위반하는 자가 있다면, 蔭과 贖을 고려하지 않고,[90] 위칙의 죄로 처벌한다. 백성들 중에서 미가가 쌀 때에 개인 도곡을 내다 팔고, 그 수량이 1만속이 되는 자에게는 유위자, 백성을 막론하고 관위 1계를 내리고, 5천속을 증가할

장관인 무장수를 겸임하였다.

86) 光仁天皇 시대에 平城宮内에 조영된 離宮. 『속일본기』 光仁朝에는 寶龜 3년(772)에 혜성이 나타나자 楊梅宮에 승 100인을 불러 재회를 열었다는 것을 시작으로 5회 나온다.

87) 藤原仲麻呂의 난으로 연좌되어 관위를 박탈당했다.

88) 女官.

89) 穎稻. 탈곡하지 않은 벼이삭.

90) 蔭은 蔭敍制에 의해 감형, 면제되는 일. 贖은 일정액의 贖錢을 바치면 실형을 면제해 주는 일.

때마다 1계를 더하여 서위한다. 다만 5위 이상인 자는 이 범위에 포함되지 않는다"라고 하였다. (천황은) 이 주상을 허락하였다. 이에 사자를 7조 제국에 보내 각각 해당국의 미곡과 영도를 출하하여 아울러 기근의 백성들을 구휼하였다. 무위 飛鳥田女王의 본위 종4위하를 복위하였다.

임진(17일), 좌우경의 기근에 빠진 사람들을 구휼하였다. 參河國에 대풍이 불어 백성들이 굶주려 구휼하였다.

하4월 계축(9일), 山背國의 國分 2사에 입지가 좋은 전지 20정을 희사하였다.

임술(18일), (천황이) 칙을 내려, "짐은 사해에 군림하여 백성을 자식으로서 보살피고 있다. 덕을 존숭한 나머지 식사하는 일도 잊고, 형(의 집행)을 불쌍히 여긴 탓에 잠자리에 들 수도 없다. 그러나 덕화는 아직 두루 미치지 못했고, 재이는 자주 일어나고 있다. 이 일을 생각하고 스스로 돌아보면 부끄러운 일이 많다. 법을 제정하는 일은 형벌을 없애려고 하는 것인데, 죄과를 보면 여전히 눈물이 나온다. (만물이) 생성하는 계절에 널리 관용의 은택을 베풀어야 한다. 천하에 대사면을 내린다. 寶龜 4년 4월 17일 동트기 이전의 사형죄 이하는 죄의 경중을 묻지 않고, 이미 발각되었거나 발각되지 않았거나, 이미 판결이 났거나 심의중이거나, 현재 수감 중인 자, 통상의 사면에서 면제되지 않는 자 모두 사면한다. 天平寶字 원년(758)과 8년(765) 2번의 반역[91]으로 遠流, 近流에 처해진 자도 또한 석방해야 한다. 다만, 팔학 및 강도와 절도는 사면의 범위에 포함하지 않는다. 두루 원근의 지역에 고지하여 짐의 뜻을 알리도록 한다"라고 하였다.

정묘(23일), 丹生川上神에게 흑모 말을 바쳤다. 가뭄 때문이었다. 菅生王의 본위 종5위상을 복위하였다.

5월 을해삭(1일), 기내의 여러 신들에게 봉폐하였다. 가뭄이 있었기 때문이다.

병자(2일), 丹生川上神에게 神戸 4호를 충당하였다. 기다리던 비가 내렸기 때문이다.

신사(7일), 阿波國 勝浦郡 군령 長費人立이 아뢰어, "경오년(670)에 長直의 호적에는 모두 '費'자가 들어 있었다. 이 때문에 전 군령 長直救夫는 호소하여

---

91) 橘奈良麻呂의 반역음모 사건과 藤原仲麻呂의 반란 사건.

長直으로 고쳐서 주기하였다. (그런데) 天平寶字 2년(758)에 국사 종5위하 豊野眞人篠原이 증거가 되는 기록이 없다고 하여 다시 長費로 두었다"라고 하였다. 이에 태정관에서는 판단하여 경오년의 호적92)을 기준으로 하여 결정하기로 하였다. 또 천하의 씨성(의 표기)에 대해서, 靑衣를 采女라고 하고, 耳中을 紀라고 하고, 阿曾美93)를 朝臣이라고 하고, 足尼를 宿禰라고 하였다. 이와 같은 여러 종류에 대해서는 반드시 옛 관례에 따르지 않기로 하였다.

병술(12일), 4품 不破內親王에게 3품을 내렸다.

기축(15일), 伊賀國에 역병이 생겨 의사를 보내 치료하였다.

신묘(17일), 산위 종4위하 훈2등 日下部宿禰子麻呂가 죽었다.

계사(19일), 종5위하 上毛野坂本朝臣의 아들 嶋爲造酒正, 종5위하 石川朝臣豊麻呂를 左京亮으로 삼고, 종4위하 津連秋主94)를 造西大寺 차관으로 삼았다.

신축(27일), 유성이 나타나 남북으로 하나씩 떨어졌다. 그 크기가 옹기와 같았다.

6월 을사삭(1일), 일식이 있었다.

병오(2일), 장마가 계속되었다. 常陸國 鹿嶋神祠의 神賤95) 105인이 神護景雲 원년(767)의 제도를 세워96) 한곳에 안치하여, 양인과 혼인하는 것을 허락하지 않았다. 이에 이르러 원래의 곳으로 이주시키고, 또 다시 이동은 강제하지 않고 같은 신분끼리 결혼할 경우에는 오로지 이전의 예에 따르도록 하였다.97)

임자(8일), 上野國 綠野郡에 화재가 나서, 정창 8개동, 벼 32만 4천여속이

---

92) 天智 7년(670)에 만든 호적인 庚午年籍. 이후의 호적 내용은 이 호적을 기준으로 판별하였다.

93) 阿曾美(아소미)는 朝臣이 정해지기 이전의 표기의 하나.

94) 백제계 도래씨족의 후예. 右兵衛府 少直을 거쳐 天平 20년(748)에 외종5위하에 서위되었고, 天平寶字 2년(758)에 일족 34인과 함께 史에서 連으로 개성하였다. 동년 11월에 종5위하로 승서되었다. 天平寶字 7년(763)에 尾張介에 임명되었고, 동 8년에 정5위하로 승진되었다. 이어 尾張守에 서임되었고, 天平神護 2년(766)에 종4위하에 올랐다.

95) 신사에 속한 노비.

96) 神護景雲 원년 4월 경자조에 鹿嶋神賤 남녀 155인을 양인으로 했다는 기록이 있다.

97) 노비에서 양인으로 신분이 바뀌어도 양인과의 결혼은 불허하고, 이들을 분산시켜 놓으면 양인과 결혼할 가능성이 있어 한곳에 모여 거주하게 한 조치이다.

소실되었다.

병진(12일), 能登國에서 언상하기를, "발해국사 烏須弗 등이 승선한 배 1척이 관할 지역에 도착하였다. 사자를 보내 조사시켰다. 오수불이 서면으로 답하여 말하기를, '발해와 일본은 오랫동안 인국으로 좋은 관계를 맺어 왕래하고 조빙하는 일은 형제와 같았다. 근년 일본사절 內雄98) 등이 발해국에 머물며 음성을 배우고 본국으로 돌아갔다. 지금 10년이 지났는데 아직 안부를 알려오지 않았다. 이에 대사 壹萬福 등을 보내 일본국에 가서 조정에 배견하게 하였다. 대략 4년이 지났는데 아직 본국으로 돌아오지 않고 있다. 다시 대사 오수불 등 40인을 보내 직접 뵙고 (천황의) 말씀을 듣고자 할 뿐이고, 더욱이 다른 일은 없다. 가져온 물품과 표서는 함께 배 안에 있다'고 한다"라고 하였다.

무진(24일), (태정관에서) 사자를 보내 발해사 오수불에게 말하기를, "태정관은 (다음과 같이) 처분하였다. 전 사절 일만복 등이 바친 표문의 말이 교만하여, 이 때문에 그 상황을 알리고 이미 귀국시켰다. 그런데 지금 能登國司가 말하기를, '발해국사 烏須弗 등이 바친 바 표함에는 상례와 달리 무례하다'고 하였다. 이런 이유로 조정에 부르지 않고 본국으로 귀국시키고자 한다. 다만 표함이 상례와 다른 것은 사자의 잘못이 아니다. 바다 건너 멀리서 온 것은 마땅히 동정하는 바이다. 이에 물품 및 귀로의 식량을 지급하여 돌려보내기로 한다. 또 발해사가 이 길로 내조하는 것은 이전부터 금지하고 있다. 지금 이후로는 옛 관례에 따라 筑紫道99)로 내조하도록 한다"라고 하였

---

98) 일본의 발해사절 高內雄(高內弓)의 天平寶字 7년 10월 을해조에 가족과 함께 오른 귀국길 사정이 기록되어 있다.

99) 율령제에서 大宰府가 관할한 곳은 九州의 9國과 壹岐, 對馬 2도이다. 반면 발해사의 내착지인 北陸, 山陰 지방은 현지 國司, 郡司가 중앙에 보고하고 그 후의 절차를 거쳐 입경 여부를 판단한다. 발해사의 내항을 대재부로 할 경우, 발해사는 동해를 남하한 후, 對馬, 壹岐를 거쳐 博多灣으로 들어가는 코스가 된다. 여기에서 왕경으로 가려면 세토 내해를 장기간 항해하여 難波灣에 상륙해야 하는데, 이것은 거리상으로도 시간적으로도 매우 비효율적이다. 이로부터 3년 후인 寶龜 7년 12월 일본에 도착한 발해사는 북륙지방인 越前國 加賀郡에 표착하였다. 발해사의 말에 따르면, 남해부 吐号浦에서 출항하여 서쪽의 對馬嶋 竹室의 항구를 목표로 했으나 폭풍을 만나 이곳으로 오게 되었다고 한다. 그러나 발해사는 처음부터 이전부터의 내착지인 북륙지방을 향해 항해한 것으로 생각된다. 이후의 발해사는 모두 북륙, 산음지방에 내착하였고,

다.

추7월 계미(10일), 천하 제국에 疫神을 제사지내게 하였다.

경인(17일), 조를 내려 종4위하 紀益人을 해방하여 양인으로 하고, 田後部의 성을 내렸다. 또 지난 天平寶字 8년(974)에 방면한 紀寺의 천민 75인은 원래대로 노비로 하였다.[100] 단지 益人 한사람만 특별히 양인으로 하였다.

갑오(21일), 정4위하 大伴宿禰駿河麻呂를 육오국진수장군으로 삼고 안찰사 및 (陸奥)守는 종전과 같이 하였다.

경자(27일), (稱德天皇의 3)주기 재회에 봉사한 비구니승 및 女孺[101] 269인, 여러 관사의 사람들 1049인에게 각각 차등있게 물품을 내렸다.

8월 신해(8일), 장마가 계속되었다. 左兵庫助 외종5위하 荒木臣忍國은 養老 5년 이전의 호적에는 大荒木臣이었는데, 神龜 4년(727) 이래 '大'자를 붙이지 않았다. 이에 이르러 원래대로 '大'자를 붙이게 되었다.

경오(27일), 제국의 郡司가 관물[102]을 불태울 경우에는, 主帳 이상은 모두 해임한다. (다만) 정무를 위해 입경하거나 방화범을 잡는 데 공적이 있는 자는, 사정에 따라 처분한다. 또 대대로 군사를 역임한 자라도 딴 마음을 품고 고의로 방화에 이르게 한 자는 일체 (승진의) 전형도 받을 수 없다.[103] (결원이 생기면) 郡 내에 청렴결백하고 그때의 정무를 감당할 수 있는 자를 선발하여 적절히 임명한다. 해당 지역의 군단의 軍毅가 화재의 진화에 힘쓰지 않는 경우도 군사에 준하여 해임한다.[104]

임신(29일), 지진이 있었다.

일본 측에서도 별다른 문제를 제기하지 않았다. 따라서 사실상 대재부 내항 조치는 유명무실해졌다.

100) 이들이 사원 노비에서 양인이 된 것은 道鏡의 의지가 반영된 것인데, 도경이 몰락한 이후 다시 원래 신분으로 되돌아간 것이다. 도경시대의 불교, 신분 정책에 대한 반발에서 나온 것으로 보인다.

101) 後宮의 內侍司에 소속되어 청소, 잡사 등에 종사한 하급여관.

102) 正稅로 수납한 도곡 등 물품.

103) 고의 방화를 신의 노여움으로 인한 神火로 위장하는 경우가 있고, 국사의 실각을 노린 방화도 있다.

104) 이상의 조치는 神火로 추정되는 화재(동년 2월 신해조, 6월 임자조)에 대처하기 위한 格이다.

9월 경진(8일), 외종5위하 出雲臣國上을 國造로 삼았다.

정해(15일), 常陸國에서 흰 까마귀를 바쳤다.

임진(20일), 丹波國 天田郡 奄我社에 도둑이 들어와 공양으로 바친 음식을 먹고 신사 내에서 쓰러져 죽었다. 즉시 10장 정도 떨어진 곳에 새로 신사를 조영하였다.

기해(27일), 3품 難波內親王에게 2품을 내렸다.

기묘[105](7일), 정5위상 石川朝臣名足에게 종4위하를 내렸다.

동10월 계묘삭(1일), 지진이 있었다.

을사(3일), 정5위하 藤原朝臣子黑麻呂에게 종4위하를 내렸다.

병오(4일), 지진이 있었다.

무신(6일), 安宿王에게 高階眞人의 성을 내렸다.

을묘(13일), 壹萬福을 보내는 송사 정6위상 武生連鳥守[106]가 高麗에서 돌아왔다.

병진(14일), 2품 難波內親王이 죽었다. 천황의 同母 누이이다. 종4위하 桑原王, 정4위하 佐伯宿禰今毛人 등을 보내 장의를 감독시켰다. 또 종2위 대납언 겸 治部卿 文室眞人大市, 중납언 종2위 겸 式部卿 石上朝臣宅嗣를 보내 조문하였다.

신유(19일), 처음에 井上內親王이 저주한 죄로 폐위되었는데, 뒤에도 難波內親王을 저주하였다. 이날, 내친왕 및 他戶王을 大和國 宇智郡에 있는 관에서 몰수한 저택에 유폐시켰다.

11월 신묘(20일), (천황이) 칙을 내려, "고 대승정 行基法師는 持戒와 수행을 함께 갖추고 지덕을 겸비하고 있다. 선대로부터 추앙받아 후학들의 모범이 되고 있다. 그 수행하는 도장은 모두 40여곳인데, 혹은 선조의 때에 시입된 전지도 있고, 혹은 원래부터 소유한 전지와 원지도 있어, 공양하는 데에 충분하였다. 다만 그중에 6개 도장은 아직 시입되지 않았다. 이런 까닭에

---

105) 기묘(7일) 간지의 순서가 바뀌었다.

106) 武生連은 개성되기 이전의 성이 馬毘登[馬史]이었다. 백제 王仁의 후예라고 전해지는 西文氏의 일족이다. 天平神護 원년(765) 12월에 右京人 외종5위하 馬毘登國人, 河內國 古市郡 사람 정6위상 馬毘登盆人 등 44인에게 武生連의 성이 내려졌고, 武生連鳥守도 이때 개성되었다. 天應 원년 4월에 외종5위하로 승진한다.

절은 폐허가 되고 다시는 주지하는 승려도 없게 되었고, 정사는 황량해져 공허한 좌선의 흔적만 남기고 있다. 도를 널리 알리는 것은 인간이고 진실로 (수행을) 장려해야 한다. 이에 大和國의 菩提院, 登美院, 生馬院, 河內國의 石凝院, 和泉國의 高渚院 5개 도장에 각각 해당 군의 전지 3정을 희사하고, 河內國 山埼院에 2정을 희사한다. 이에 따라 진리를 전하는 방편이 되는 秘典이 영구히 널리 동방으로 퍼지고, 부처의 존엄한 보위는 항상 북극성과 같고, 풍우가 시절에 따라 곡물이 풍요롭게 여물기를 바라는 것이다"라고 하였다.

윤11월 을묘(15일), 造西大寺 차관 종4위하 훈6등 津連秋主[107]가 죽었다.

신유(21일), 조를 내려 승정에 대한 부의물을 종4위에 준하게 하고, 대소승도는 정5위에, 율사는 종5위에 준하게 하였다.

계해(23일), 산위 종4위하 百濟王元忠[108]이 죽었다.

갑자(24일), 승정 良弁이 죽었다. 사자를 보내 조문하였다.

정묘(27일), 무위 大原眞人室子에게 종5위하를 내렸다.

12월 계사(23일), 외종5위하 大和宿禰西麻呂를 主計助로 삼았다.

을미(25일), (천황이) 칙을 내려, "福田[109]을 증대시키는 것은 불교의 구제와 관련이 있고, 皇位를 빛내고 융성하게 하는 것은 부처의 훌륭한 공덕에 의한다. 이에 요즈음 『藥師經』[110]에 의해 현명한 승을 불러 재회를 열고 불도를 수행시키고자 한다. 그 경에서, '여러 종류의 생물을 방생해야 한다'라고 말한다. 짐은 여러 종류 중에서 인간을 가장 귀하게 삼는다. 방생에 이르러서는 반드시 도리로서 서두르는 바이다. 이에 더하여 양의 기운이

---

107) 백제계 씨족 王辰爾의 일족. 天平寶字 2년(758)에 秋主 등 일족 34인이 청원해서 津史에서 津連으로 개성하였다. 동 11월에는 종5위하로 승진하였다. 津連秋主의 관력을 보면, 右兵衛府少直을 거쳐 天平 20년(748)에 외종5위하에 서위되고, 天平寶字 7년(763)에 尾張介에 임명되고, 이해에 종5위상, 정5위하로 연속 승진하였다. 동년 10월에는 尾張守에 보임되고, 天平神護 원년(765)에 훈6등을 받고, 동 2년에 종4위하에 이른다.

108) 天平 20년(748)에 종5위하에 서위되고, 孝謙朝에서는 治部少輔로 재임하였다. 天平勝宝 3년(751)에 종5위상, 天平勝寶 9세(757)에 정5위하로 승진되고, 淳仁朝에서 大藏少輔를 역임하고, 天平寶字 8년(764)에 종4위하에 이른다.

109) 佛法의 福을 농작물을 얻는 田에 비유한 것.

110) 『藥師瑠璃光如來本願功德經』을 말한다. 약사여래의 本願과 그 공덕을 설명한 경전.

비로소 움직여 바야흐로 자애의 바람이 불려고 한다.[111] 이 시절에 감응한 제도에 따라 은택을 베풀고자 한다. 천하에 대사면을 내린다. 寶龜 4년 12월 25일 동트기 이전의 사형죄 이하는 죄의 경중을 묻지 않고, 이미 발각되었거나 발각되지 않았거나, 이미 판결이 났거나 아직 심의 중이거나, 현재 수감중인 자는 모두 사면한다. 다만 팔학을 범하거나 고의 살인, 사주전, 통상의 사면에서 면제되지 않는 자는 이 사면의 범위에 포함되지 않는다"라고 하였다. 備前國에서 木連理[112]가 발견되었다고 아뢰었다.

『속일본기』 권제32

---

111) 계절적으로 동지가 지나 따뜻한 봄기운이 불어오기 시작한다는 것이고, 이에 따라 죄가 있는 백성들에 대해 은혜를 베푼다는 말이다.
112) 2개의 나무의 가지가 자연적으로 접목되어 있는 형태를 말한다.

續日本紀卷第三十二

〈起寶龜三年正月, 盡四年十二月〉

右大臣從二位兼行皇太子傅中衛大將臣藤原朝臣繼繩等奉勅撰

天宗高紹天皇

○ **寶龜三年**正月壬午朔, 天皇御大極殿. 受朝, 文武百官, 渤海蕃客, 陸奧出羽蝦夷, 各依儀拜賀. 宴次侍從已上於內裏, 賜物有差. 甲申, 天皇臨軒. 渤海國使靑綬大夫壹萬福等貢方物. 復無位粟田朝臣深見本位從四位下. 授從五位上河內王正五位下, 從五位下大田王從五位上, 無位三方王, 宗形王並從五位下, 從五位上甘南備眞人伊香, 佐伯宿禰助, 佐伯宿禰眞守, 巨勢朝臣公成, 大藏忌寸麻呂, 佐伯宿禰三方並正五位下, 從五位下大伴宿禰不破麻呂, 石川朝臣名繼, 路眞人鷹養, 安曇宿禰石成, 大伴宿禰形見並從五位上, 無位山邊眞人笠, 正六位上石川朝臣名主, 安倍朝臣諸上, 多治比眞人歲主, 粟田朝臣鷹主, 藤原朝臣長繼, 石上朝臣繼足, 布勢朝臣淸直, 佐伯宿禰藤麻呂並從五位下, 正六位上伊福部宿禰毛人外從五位下. 己丑, 授正六位上安倍朝臣家麻呂從五位下, 外從五位下草鹿酒人宿禰水女從五位下. 庚寅, 授無位藤原朝臣巨曾子正四位上. 辛卯, 授從五位上長柄女王正五位下, 無位高嶋女王從五位下, 正五位上爲奈眞人玉足從四位下, 正五位下橘朝臣麻都我, 從五位上久米連若女並正五位上, 從五位上多治比眞人古奈禰正五位下, 從五位下橘宿禰御笠從五位上, 正六位上佐味朝臣眞宮, 無位縣犬養宿禰姉女, 正六位下縣犬養宿禰竈屋並從五位下, 正六位上若湯坐宿禰子虫外從五位下. 丁酉, 先是, 責問渤海王表無禮於壹萬福. 是日, 告壹萬福等曰, 萬福等, 實是渤海王使者, 所上之表, 豈違例無禮乎. 由茲不收其表, 萬福等言, 夫爲臣之道, 不違君命. 是以不誤封函, 輒用奉進. 今爲違例, 返却表函, 萬福等實深憂慄. 仍再拜據地而泣更申, 君者彼此一也. 臣等歸國必應有罪. 今已參渡在於聖朝, 罪之輕重無敢所避. 陸奧出羽蝦夷歸鄕, 賜爵及物有差. 庚子, 却付渤海國信物於

壹萬福. 乙巳, 信濃國水內郡人女孺外從五位下金刺舍人若嶋等八人賜姓連. 丙午,
授外從五位下昆解沙彌麻呂從五位下, 渤海使壹萬福等改修表文代王申謝. 丁未, 從
五位下長谷眞人於保賜姓文室眞人.

二月癸丑, 大納言從二位文室眞人大市上表乞骸骨曰, 臣大市言, 臣以愚質, 幸逢聖
朝. 拖紫懷金, 叨掌喉舌, 貪榮負貴, 戰過薄深. 臣之如斯, 不知所措. 伏惟陛下, 德洽仁
厚, 邦舊命新, 維城之遇千年, 終譽之儀一會. 今臣蒲柳向衰, 桑楡方晏, 病亦稍篤,
垂盡無期. 伏願, 辭官俊乂, 賜老丘園. 止足以送餘年, 返初而待終日, 則上有成物之主,
下無尸祿之臣矣. 矜老存疾有國嘉猷. 天鑑曲垂, 暫慰朽邁, 不任前路之至促謹詣朝
堂, 奉表陳乞以聞. 詔報, 省所上表, 感念兼懷. 宜隨力所堪, 如常仕奉. 是日, 饗五位已
上及渤海蕃客於朝堂, 賜三種之樂. 萬福等入欲就座言上曰, 所上表文緣乖常例, 返却
表函并信物訖. 而聖朝厚恩垂矜, 萬福等預於客例, 加賜爵祿. 不勝慶躍, 謹奉拜闕庭.
授大使壹萬福從三位, 副使正四位下, 大判官正五位上, 少判官正五位下, 錄事并譯語
並從五位下. 着綠品官已下各有差. 賜國王美濃絁三十疋, 絹三十疋, 絲二百絇, 調綿
三百屯, 大使壹萬福已下亦各有差. 戊辰, 幸右大臣第. 授正二位, 其室正五位下多治
比眞人古奈禰正五位上. 癸酉, 先是從五位上掃守王男小月王賜姓勝間田, 流信濃國.
至是復屬籍. 乙亥, 奉黑毛馬於丹生川上神, 旱也. 丁卯, 罷內豎省及外衛府. 其舍人者
分配近衛, 中衛, 左右兵衛. 以從五位上菅生王爲中務大輔, 少納言信濃守如故. 左中
弁從四位下大伴宿禰家持爲兼式部員外大輔, 從三位藤原朝臣繼繩爲大藏卿. 己卯,
賜渤海王書云, 天皇敬問高麗國王, 朕繼體承基臨馭區宇, 思覃德澤, 寧濟蒼生. 然則
率土之濱, 化有輯於同軌, 普天之下, 恩無隔於殊隣. 昔高麗全盛時, 其王高武, 祖宗奕
世, 介居瀛表, 親如兄弟, 義若君臣. 帆海梯山, 朝貢相續, 逮乎季歲, 高氏淪亡, 自爾以
來, 音問寂絶. 爰洎神龜四年, 王之先考左金吾衛大將軍渤海郡王遣使來朝, 始修職
貢. 先朝嘉其丹款, 寵待優隆, 王襲遺風, 纂修前業, 獻誠述職, 不墜家聲. 今省來書,
頓改父道, 日下不注官品姓名, 書尾虛陳天孫僭號. 遠度王意豈有是乎. 近慮事勢疑似
錯誤. 故仰有司, 停其賓禮. 但使人萬福等, 深悔前咎, 代王申謝. 朕矜遠來, 聽其悛改.
王悉此意, 永念良圖. 又高氏之世, 兵發無休, 爲假朝威, 彼稱兄弟, 方今大氏曾無事,
故妄稱舅甥, 於禮失矣. 後歲之使, 不可更然. 若能改往自新, 寔乃繼好無窮耳. 春景漸
和, 想王佳也. 今因廻使, 指此示懷, 并贈物如別. 庚辰, 渤海蕃客歸鄉.

三月癸未, 皇后井上內親王坐巫蠱廢, 詔曰, 天皇御命〈良麻止〉宣御命〈乎〉百官人等

天下百姓衆聞食〈倍止〉宣. 今裳咋足嶋謀反事自首〈之〉申〈世利〉, 勘問〈爾〉申事
〈波〉度年經月〈爾 計利〉. 法勘〈流爾〉足嶋〈毛〉罪在〈倍之〉. 然度年經月〈弖毛〉臣
〈奈何良〉自首〈之〉申〈良久乎〉勸賜〈比〉冠位上賜〈比〉治賜〈波久止〉. 宣天皇御命
〈乎〉衆聞食〈倍止〉宣. 辭別宣〈久〉謀反事〈爾〉預〈弖〉隱而申〈佐奴〉奴等粟田廣上
安都堅石女〈波〉隨法斬〈乃〉罪〈爾〉行賜〈倍之〉. 然思〈保須〉大御心坐〈爾〉依而免賜
〈比〉奈太每賜〈比弖〉遠流罪〈爾〉治賜〈波久止〉宣天皇御命〈乎〉衆聞食〈倍止〉宣.
授從七位上裳咋臣足嶋外從五位下. 甲申, 置酒靮負御井, 賜陪從五位已上, 及文士賦
曲水者祿有差. 丁亥, 禪師秀南, 廣達, 延秀, 延惠, 首勇, 淸淨, 法義, 尊敬, 永興,
光信, 或持戒足稱, 或看病著聲. 詔充供養, 並終其身, 當時稱爲十禪師. 其後有闕,
擇淸行者補之. 丙申, 始免出羽國司戶徭.

夏四月癸丑, 復從五位下淸原眞人淸貞, 無位服部眞人眞福等本姓大原眞人. 丁巳,
下野國言, 造藥師寺別當道鏡死. 道鏡, 俗姓弓削連, 河內人也. 略涉梵文, 以禪行聞.
由是入內道場列爲禪師. 寶字五年, 從幸保良, 時侍看病稍被寵幸. 廢帝常以爲言, 與
天皇不相中得. 天皇乃還平城別宮而居焉. 寶字八年大師惠美仲麻呂謀反伏誅. 以道
鏡爲太政大臣禪師. 居頃之, 崇以法王, 載以鸞輿. 衣服飮食一擬供御, 政之巨細莫不
取決. 其弟淨人, 自布衣, 八年中至從二位大納言, 一門五位者男女十人. 時大宰主神
習宜阿曾麻呂詐稱八幡神敎, 誑耀道鏡, 道鏡信之, 有覬覦神器之意, 語在高野天皇
紀, 泊于宮車晏駕. 猶以威福由己竊懷僥倖, 御葬禮畢, 奉守山陵, 以先帝所寵, 不忍致
法, 因爲造下野國藥師寺別當, 遞送之. 死以庶人葬之. 壬戌, 復無位藤原朝臣刷雄本
位從五位下. 戊辰, 赦天下. 但犯八虐, 及故殺人, 私鑄錢, 强竊二盜, 常赦所不免者,
不在赦限. 若入死罪者, 並減一等. 庚午, 以正四位下藤原朝臣楓麻呂, 從四位上藤原
朝臣濱足, 並爲參議. 以從五位下大中臣朝臣子老爲神祇大副, 從五位下布勢朝臣淸
直爲少納言, 外從五位下內藏忌寸全成爲大外記, 從五位下藤原朝臣鷹取爲中務少
輔, 從五位下多治比眞人歲主爲員外少輔, 外從五位下安都宿禰眞足爲大學助, 大學
頭正五位上淡海眞人三船爲兼文章博士, 正五位下大伴宿禰潔足爲治部大輔, 從五位
下中臣朝臣常爲玄蕃頭, 從五位下石上朝臣繼足爲主稅頭, 正五位下石川朝臣垣守爲
木工頭, 伊與守如故. 從五位下山口忌寸佐美麻呂爲助, 從五位下文室眞人水通爲典
藥頭, 從五位下三嶋眞人安曇爲主油正, 從四位下藤原朝臣弟繩爲彈正尹, 從五位下
賀茂朝臣大川爲弼, 外從五位下大和宿禰西麻呂爲大和介, 從五位下藤原朝臣鷲取爲

伊勢介, 外從五位下縣造久太良爲志摩守, 正五位下多治比眞人長野爲參河守, 從五
位上石川朝臣眞守爲遠江守, 衛門佐正五位下粟田朝臣鷹守爲兼甲斐守, 陰陽助從五
位下山上朝臣船主爲兼掾, 從五位下安倍朝臣淨目爲武藏介, 從五位下佐伯宿禰藤麻
呂爲員外介, 正四位下田中朝臣多太麻呂爲美濃守, 從五位下粟田朝臣鷹主爲陸奧員
外介, 內禮正從五位下廣川王爲兼丹波員外介, 從四位下安倍朝臣息道爲但馬守, 正
五位上船井王爲因幡守, 從五位上大原眞人繼麻呂爲介, 員外右中弁正五位上安倍朝
臣淨成爲兼美作守, 從五位上紀朝臣大純爲備前守, 從五位下藤原朝臣中男麻呂爲備
中介, 外從五位下英保首代作爲周防員外掾, 從五位下大伴宿禰村上爲阿波守. 正四
位下近衛員外中將兼安藝守勳二等坂上大忌寸苅田麻呂等言, 以檜前忌寸, 任大和國
高市郡司元由者, 先祖阿智使主, 輕嶋豊明宮馭宇天皇御世, 率十七縣人夫歸化. 詔賜
高市郡檜前村而居焉. 凡高市郡內者, 檜前忌寸及十七縣人夫滿地而居. 他姓者十而
一二焉. 是以天平元年十一月十五日, 從五位上民忌寸袁志比等申其所由. 天平三年,
以內藏少屬從八位上藏垣忌寸家麻呂任少領, 天平十一年, 家麻呂轉大領, 以外從八
位下蚊屋忌寸子虫任少領, 神護元年, 以外正七位上文山口忌寸公麻呂任大領, 今此
人等被任郡司, 不必傳子孫. 而三腹遞任, 四世于今. 奉勅, 宜莫勘譜第, 聽任郡司.
丁丑, 以主殿頭從五位下美和眞人土生爲兼伊勢員外介, 從五位上石川朝臣眞守爲越
中守. 己卯, 震西大寺西塔. 卜之, 採近江國滋賀郡小野社木, 搆塔爲祟. 充當郡戶二
烟.

五月庚寅, 以從五位下文室眞人子老爲武藏員外介, 從五位下佐伯宿禰藤麻呂爲讚岐
介. 乙巳, 授四品難波內親王三品. 丙午, 西北空中有聲, 如雷. 丁未, 廢皇太子他戶王
爲庶人. 詔曰, 天皇御命〈良麻止〉宣御命〈乎〉百官人等天下百姓衆聞食〈倍止〉宣.
今皇太子〈止〉定賜〈部流〉他戶王其母井上內親王〈乃〉魘魅大逆之事一二遍〈能昧仁〉不
在, 遍麻年〈久〉發覺〈奴〉. 其高御座天之日嗣座〈波〉非吾一人之私座〈止奈毛〉所思
行〈須〉. 故是以天之日嗣〈止〉定賜〈比〉儲賜〈部流〉皇太子位〈仁〉謀反大逆人之子
〈乎〉治賜〈部例婆〉卿等百官人等天下百姓〈能〉念〈良麻久毛〉恥〈志〉賀多自氣奈
〈志〉. 加以後世〈乃〉平〈久〉安長〈久〉全〈久〉可在〈伎〉政〈仁毛〉不在〈止〉神〈奈賀
良母〉所念行〈須仁〉依而〈奈母〉他戶王〈乎〉皇太子之位停賜〈比〉却賜〈布止〉宣天
皇御命〈乎〉衆聞食〈倍止〉宣.

六月庚戌朔, 日有蝕之. 癸丑, 參河國獻白烏. 乙卯, 以從五位下中臣習宜朝臣阿曾麻

呂爲大隅守. 癸亥, 讚岐國疫, 賑給之. 甲子, 設仁王會於宮中及京師大小諸寺, 幷畿內
七道諸國分金光明寺. 乙丑, 有虹, 繞日. 戊辰, 往往隕石於京師其大如柚子, 數日乃
止. 己巳, 有野狐, 踞于大安寺講堂之甍. 壬申, 奉幣帛於畿內群神, 旱也. 己卯, 幸大藏
省, 賜物有差.

秋七月辛巳, 復惠美刷雄等二十一人本姓藤原朝臣. 戊子, 四品衣縫內親王薨. 田原天
皇之皇女也. 遣從四位下桑原王, 正五位上奈癸王等, 監護喪事. 丙申, 陸奧國安積郡
人丈部繼守等十三人賜姓阿部安積臣. 辛丑, 上總國獻馬, 前二蹄似牛, 以爲祥瑞, 視
之人巧之所刻也, 國司介從五位下巨勢朝臣馬主已下五人, 並坐解任, 其本主天羽郡
人宗我部虫麻呂決杖八十.

八月甲寅, 幸難波內親王第. 是日異常風雨, 拔樹發屋, 卜之, 伊勢月讀神爲祟. 於是,
每年九月, 准荒祭神奉馬. 又荒御玉命, 伊佐奈伎命, 伊佐奈美命, 入於官社. 又徙度會
郡神宮寺於飯高郡度瀨山房. 庚申, 太政官奏, 去天平寶字四年三月十六日, 始造新錢
與舊並行, 以新錢之一當舊錢之十. 但以年序稍積, 新錢已賤, 限以格時, 良未安穩.
加以百姓之間, 償宿債者, 以賤日新錢一貫, 當貴時舊錢十貫. 依法雖相當, 計價有懸
隔. 因茲物情擾發, 多致誼訴. 望請, 新舊兩錢, 同價施行. 奏可. 三長眞人藤野等九人
復屬籍. 甲子, 復息部息道本姓阿倍朝臣. 乃呂志比良麻呂本姓賀茂朝臣. 丙寅, 遣從
五位下三方王, 外從五位下土師宿禰和麻呂, 及六位已下三人, 改葬廢帝於淡路. 乃屈
當界衆僧六十口, 設齋行道. 又度當處年少稍有淨行者二人, 常廬墓側, 令修功德. 是
月, 自朔日雨. 加以大風, 河內國茨田堤六處, 澁川堤十一處, 志紀郡五處並決.

九月庚辰, 山背國言, 木連理. 乙酉, 正三位中納言兼宮內卿右京大夫石川朝臣豊成
薨. 左大弁從三位石足之子也. 遣使弔賻之. 戊戌, 尾張國飢, 賑給之. 送渤海客使武生
鳥守等解纜入海, 忽遭暴風, 漂著能登國, 客主僅得免死, 便於福良津安置. 庚子, 以從
五位上大原眞人今城爲駿河守, 從五位下紀朝臣犬養爲伊豆守, 從五位下笠朝臣乙麻
呂爲上總介, 從五位下多治比眞人豊濱爲信濃守, 雅樂頭從五位上當麻眞人得足爲兼
播磨員外介. 癸卯, 遣從五位下藤原朝臣鷹取於東海道, 正五位下佐伯宿禰國益於東
山道, 外從五位下日置造道形於北陸道, 外從五位下內藏忌寸全成於山陰道, 正五位
下大伴宿禰潔足於山陽道, 從五位上石上朝臣家成於南海道. 分頭覆檢, 每道判官一
人, 主典一人. 但西海道者便委大宰府勘檢. 丙午, 以正五位下佐伯宿禰眞守爲兵部少
輔, 從四位下佐伯宿禰三野爲右京大夫, 從五位上上毛野朝臣稻人爲亮, 從四位下大

伴宿禰駿河麻呂爲陸奧按察使. 仍勅, 今聞, 汝駿河麻呂宿禰辭, 年老身衰, 不堪仕奉. 然此國者, 元來擇人, 以授其任. 駿河麻呂宿禰, 唯稱朕心. 是以任爲按察使. 宜知之, 卽日授正四位下.

冬十月壬子, 中務大輔從五位上兼少納言信濃守菅生王, 坐姦小家內親王除名, 內親王削屬籍. 丁巳, 大宰府言上, 去年五月二十三日, 豊後國速見郡敝見鄕, 山崩塡澗, 水爲不流, 積十餘日. 忽決漂沒百姓四十七人, 被埋家四十三區. 詔免其調庸, 加之賑給. 戊午, 肥後國葦北郡家部嶋吉, 八代郡高分部福那理, 各獻白龜, 賜絁人十疋, 綿二十屯, 布四十端. 下野國言, 管內百姓, 逃入陸奧國者, 彼國被官符, 隨至隨附. 因玆, 姦僞之徒, 爭避課役, 前後逃入者惣八百七十人, 國司禁之, 終不能止. 遣使令認, 彼土近夷, 民情險惡. 遞相容隱, 猶不肯出. 於是官判, 陸奧國司共下野國使, 存意檢括, 還却本鄕. 辛酉, 先是, 天平寶字五年三月十日格, 別聽諸國郡司少領已上嫡子出身. 又天平神護元年, 禁斷除前墾外天下開田. 至是並停此制. 庚午, 左大舍人從六位下石川朝臣長繼等, 僞造外印行用, 並依法配流.

十一月丁丑朔, 以外從五位下堅部使主人主爲大外記, 外從五位下日下部直安提麻呂爲內匠員外助, 正五位下佐伯宿禰眞守爲兵部大輔兼造東大寺次官, 從五位下安倍朝臣家麻呂爲少輔, 從四位上藤原朝臣濱成爲大藏卿, 從三位藤原朝臣繼繩爲宮內卿, 從五位下淸原王爲大膳亮, 外從五位下葛井連河守爲木工助, 從五位下大中臣朝臣繼麻呂爲攝津亮, 從五位上粟田朝臣公足爲造西大寺員外次官, 外從五位下輕間連鳥麻呂爲修理次官, 從五位下粟田朝臣人成爲越後守, 正五位上豊野眞人奄智爲出雲守, 從五位下山口忌寸沙彌麻呂爲備後介, 從五位下大原眞人淸貞爲周防守. 庚辰, 以僧永嚴爲大律師, 善榮爲中律師. 乙酉, 以從五位上安倍朝臣東人爲大藏大輔, 從五位上掃守王爲宮內大輔. 丙戌, 詔曰, 頃者風雨不調, 頻年飢荒, 欲救此禍, 唯憑冥助. 宜於天下諸國國分寺, 每年正月一七日之間, 行吉祥悔過, 以爲恒例. 丁亥, 去八月大風, 産業損壞, 率土百姓, 被害者衆. 詔免京畿七道田租. 己丑, 以酒人內親王爲伊勢齋, 權居春日齋宮. 癸巳, 參議從四位上阿倍朝臣毛人卒. 辛丑, 罷筑紫營大津城監. 丙午, 無位安倍朝臣彌夫人, 寶字八年告元凶伏誅, 以慰衆情. 因授從四位下, 景雲三年坐縣犬養姉女配流. 至是恩原罪, 降授從五位下.

十二月壬子, 武藏國入間郡人矢田部黑麻呂, 事父母至孝, 生盡色養, 死極哀毀, 齋食十六月, 終始不闕, 免其戶徭, 以旌孝行. 又壹岐嶋壹岐郡人直玉主賣, 年十五夫亡.

自誓遂不改嫁者三十餘年, 供承夫墓, 一如平生, 賜爵二級, 并免田租以終其身. 戊午, 復廚眞人廚女屬籍. 己未, 星隕如雨. 大宰府言, 壹岐嶋掾從六位上上村主墨繩等, 送年糧於對馬嶋, 急遭逆風, 船破人沒, 所載之穀, 隨復漂失. 謹檢天平寶字四年格, 漂失之物, 以部領使公廨塡備. 而墨繩等款云, 漕送之期不違常例. 但風波之災, 非力能制. 船破人沒足爲明證. 府量所申, 實難默止. 望請, 自今以後, 評定虛實徵免. 許之. 己巳, 彗星見南方, 屈僧一百口, 設齋於楊梅宮. 辛未, 幸山背國水雄岡, 授國司介正六位上大宅眞人眞木從五位下. 乙亥, 有狂馬, 喫破的門土牛偶人, 及弁官曹司南門限.

○ **四年**春正月丁丑朔, 御大極殿, 受朝. 文武百官, 及陸奧出羽夷俘, 各依儀拜賀. 宴五位已上於內裏賜被. 授無位不破內親王本位四品, 無位河內女王本位正三位. 戊辰, 授從五位上掃守王正五位下. 己巳, 授正五位上奈癸王從四位下, 從五位下大中臣朝臣子老從五位上. 癸未, 勅曰, 朕以寡薄忝承洪基, 風化未洽, 恒深納隍之懷, 災祥屢臻, 彌軫臨淵之念. 今者初陽啓曆, 和風扇物, 天地施仁, 動植仰澤, 思順時令, 式覃寬宥. 宜可大赦天下. 自寶龜四年正月七日昧爽已前大辟已下, 罪無輕重, 已發覺, 未發覺, 已結正, 未結正, 繫囚見徒, 咸皆赦除. 但八虐, 強竊二盜, 私鑄錢, 常赦所不免者, 不在赦限. 是日, 御重閣中院, 授從五位上依智王正五位下, 從五位下矢口王從五位上, 從四位上藤原朝臣是公正四位下, 正五位下紀朝臣廣庭從四位下, 從五位下文室眞人高嶋, 紀朝臣廣純, 美和眞人土生, 中臣朝臣常, 當麻眞人永繼並從五位上, 從六位上紀朝臣眞乙, 從六位下藤原朝臣菅繼, 正六位上石川朝臣在麻呂, 多治比眞人林, 田中朝臣廣根, 安倍朝臣弟當並從五位下, 正六位上志我戶造東人, 上毛野公息麻呂並外從五位下, 禮畢宴於五位已上, 賜物有差. 癸酉, 授外從五位下上毛野坂本朝臣男嶋從五位下. 戊寅, 立中務卿四品諱爲皇太子. 詔曰, 明神大八洲所知〈須〉和根子天皇詔旨勅命〈乎〉親王諸王諸臣百官人等天下公民衆聞食〈止〉宣. 隨法〈爾〉可有〈伎〉政〈止志弓〉山部親王立而皇太子〈止〉定賜〈布〉. 故此之狀悟〈天〉百官人等仕奉〈禮止〉詔天皇勅命〈乎〉衆聞食宣. 大赦天下. 但謀殺故殺, 私鑄錢, 強竊二盜, 及常赦所不免者, 並不在赦限. 又一二人等〈仁〉冠位上賜, 高年窮乏孝義人等養給〈久止〉勅天皇命〈乎〉衆聞食宣. 庚辰, 陸奧出羽蝦夷俘囚歸鄕, 鈦位賜祿有差. 辛卯, 授出羽國人正六位上吉彌侯部大町外從五位下, 以助軍粮也.

二月丙午朔, 授命婦從五位下文室眞人布登吉正五位下. 辛亥, 下野國災, 燒正倉十四

宇, 穀糒二萬三千四百餘斛. 壬子, 志摩, 尾張二國飢, 並賑給之. 癸丑, 下總國猿嶋郡
人從八位上日下部淨人賜姓安倍猿嶋臣. 己未, 先是播磨國言, 餝摩郡草上驛, 驛戶便
田. 今依官符捨四天王寺, 以比郡田遙授驛戶. 由是不能耕佃, 受弊彌甚. 至是勅班給
驛戶. 壬戌, 地動. 乙丑, 渤海副使正四位下慕昌祿卒. 遣使弔之. 贈從三位, 賻物如令.
丙寅, 復中臣朝臣鷹主本位從五位下. 壬申, 初造宮卿從三位高麗朝臣福信專知造作
楊梅宮. 至是宮成, 授其男石麻呂從五位下. 是日, 天皇徙居楊梅宮. 甲戌, 復石川朝臣
豊麻呂本位從五位下. 授從五位下紀朝臣眞媼從五位上, 正六位上石川朝臣毛比從五
位下. 乙亥, 地震.

三月庚辰, 勅, 宮人, 職事季祿者, 高官卑位依官, 高位卑官依位. 但散事五位已上者給
正六位官祿. 近江, 飛驒, 出羽三國大風人飢, 並賑給之. 甲申, 復川邊女王本位從五位
下. 戊子, 奉黑毛馬於丹生川上神, 旱也. 己丑, 天下穀價騰貴, 百姓飢急, 雖加賑恤,
猶未存濟. 於是官議奏曰, 常平之義, 古之善政, 養民救急, 莫尙於玆. 望請, 准國大小,
以正稅穀, 據賤時價, 糶與貧民, 所得價物全納國庫, 至於秋時, 賣成穎稻, 國郡司及殷
有百姓, 並不得賈. 如有違者, 不論蔭贖, 科違勅罪. 如百姓之間, 准賤時價, 出糶私稻,
滿一萬束者, 不論有位白丁, 敍位一階, 每加五千束, 進一階敍. 但五位已上不在此限.
奏可. 乃遣使於七道諸國, 各糶當國穀穎, 兼賑飢民. 復無位飛鳥田女王本位從四位
下. 壬辰, 賑給左右京飢人. 參河國大風, 民飢, 賑給之.

夏四月癸丑, 捨山背國國分二寺便田各二十町. 壬戌, 勅曰, 朕君臨四海, 子育兆民.
崇德忘湌, 恤刑廢寢. 而德化未洽, 災異屢臻. 興言念此, 自顧多慙. 設法雖期無刑,
觀辜猶有垂泣. 宜因生長之時式弘寬宥之澤. 可大赦天下, 自寶龜四年四月十七日昧
爽以前大辟罪已下罪, 罪無輕重, 已發覺, 未發覺, 已結正, 未結正, 繫囚見徒, 常赦所不
免者, 咸赦除之. 寶字元八兩度逆黨遠近配流, 亦宜放還. 但其八虐及强竊二盜不在赦
例. 普告遐邇知朕意焉. 丁卯, 奉黑毛馬於丹生川上神, 旱也. 復菅生王本位從五位上.
五月乙亥朔, 奉幣於畿內群神, 旱也. 丙子, 充丹生川上神戶四烟, 以得嘉注也. 辛巳,
阿波國勝浦郡領長費人立言. 庚午之年, 長直籍皆著費之字. 因玆, 前郡領長直救夫,
披訴改注長直. 天平寶字二年, 國司從五位下豊野眞人篠原, 以無記驗, 更爲長費. 官
判依庚午籍爲定. 又其天下氏姓靑衣爲采女, 耳中爲紀, 阿曾美爲朝臣足尼爲宿禰.
諸如此類, 不必從古. 丙戌, 授四品不破內親王三品. 己丑, 伊賀國疫, 遣醫療之. 辛卯,
散位從四位下勳二等日下部宿禰子麻呂卒. 癸巳, 以從五位下上毛野坂本朝臣男嶋爲

造酒正, 從五位下石川朝臣豊麻呂爲左京亮, 從四位下津連秋主爲造西大寺次官. 辛
丑, 有星隕南北各一, 其大如盆.

六月乙巳朔, 日有蝕之. 丙午, 霖雨. 常陸國鹿嶋神賤一百五人, 自神護景雲元年立制,
安置一處, 不許與良婚姻. 至是, 依舊居住. 更不移動, 其同類相婚, 一依前例. 壬子,
上野國綠野郡災, 燒正倉八間, 穀穎三十三萬四千餘束. 丙辰, 能登國言, 渤海國使烏
須弗等, 乘船一艘來著部下, 差使勘問. 烏須弗報書曰, 渤海日本, 久來好隣, 往來朝聘,
如兄如弟. 近年日本使內雄等, 住渤海國, 學問音聲, 却返本國. 今經十年, 未報安否.
由是, 差大使壹萬福等, 遣向日本國擬於朝參, 稍經四年, 未返本國. 更差大使烏須弗
等四十人, 面奉詔旨. 更無餘事, 所附進物及表書, 並在船內. 戊辰, 遣使宣告渤海使烏
須弗曰, 太政官處分, 前使壹萬福等所進表詞驕慢. 故告知其狀罷去已畢. 而今能登國
司言, 渤海國使烏須弗等所進表函, 違例無禮者, 由是不召朝廷, 返却本鄕. 但表函違
例者, 非使等之過也. 涉海遠來, 事須憐矜. 仍賜祿幷路粮放還. 又渤海使取此道來朝
者, 承前禁斷. 自今以後, 宜依舊例從筑紫道來朝.

秋七月癸未, 祭疫神於天下諸國. 庚寅, 詔免從四位下紀益人爲庶人, 賜姓田後部. 又
去寶字八年放免紀寺賤七十五人, 依舊爲寺奴婢. 但益人一身者特從良人. 甲午, 以正
四位下大伴宿禰駿河麻呂爲陸奧國鎭守將軍, 按察使及守如故. 庚子, 賜供奉周忌御
齋會尼及女孺二百六十九人, 雜色人一千四十九人物各有差.

八月辛亥, 霖雨. 左兵庫助外從五位下荒木臣忍國, 養老五年以往籍, 爲大荒木臣. 神
龜四年以來, 不著大字, 至是復着大字. 庚午, 諸國郡司, 燒官物者, 主帳已上皆解見任,
其從政入京, 及獲放火之賊, 功効可稱者, 量事處分. 又譜第之徒, 情挾覬覦, 事涉故燒
者, 一切勿得銓擬. 乃簡郡中明廉淸直堪時務者, 恣令任用. 當團軍毅不救火者, 亦准
郡司解却. 壬申, 地動.

九月庚辰, 以外從五位下出雲臣國上爲國造. 丁亥, 常陸國獻白烏. 壬辰, 丹波國天田
郡奄我社有盜, 喫供祭物斃社中, 卽去十許丈. 更立社焉. 己亥, 授三品難波內親王二
品. 己卯, 授正五位上石川朝臣名足從四位下.

冬十月癸卯朔, 地震. 乙巳, 授正五位下藤原朝臣子黑麻呂從四位下. 丙午, 地震. 戊
申, 安宿王賜姓高階眞人. 乙卯, 送壹萬福使正六位上武生連鳥守至自高麗. 丙辰, 二
品難波內親王薨. 天皇同母姉也. 遣從四位下桑原王, 正四位下佐伯宿禰今毛人等,
監護喪事. 又遣從二位大納言兼治部卿文室眞人大市, 中納言從三位兼式部卿石上朝

臣宅嗣, 弔之. 辛酉, 初井上內親王坐巫蠱廢, 後復厭魅難波內親王. 是日, 詔幽內親王
及他戶王于大和國宇智郡沒官之宅.

十一月辛卯, 勅, 故大僧正行基法師, 戒行具足, 智德兼備, 先代之所推仰, 後生以爲耳
目. 其修行之院, 惣四十餘處. 或先朝之日, 有施入田, 或本有田園, 供養得濟. 但其六
院未預施例. 由茲法藏湮廢, 無復住持之徒, 精舍荒涼, 空餘坐禪之跡. 弘道由人. 實合
獎勵. 宜大和國菩提, 登美, 生馬, 河內國石凝, 和泉國高渚五院, 各捨當郡田三町.
河內國山埼院二町, 所冀眞筌秘典, 永洽東流, 金輪寶位, 恒齊北極, 風雨順時, 年穀豊
稔.

閏十一月乙卯, 造西大寺次官從四位下勳六等津連秋主卒. 辛酉, 詔, 僧正購物准從四
位, 大少僧都准正五位, 律師准從五位. 癸亥, 散位從四位下百濟王元忠卒. 甲子, 僧正
良弁卒. 遣使弔之. 丁卯, 授無位大原眞人室子從五位下.

十二月癸巳, 以外從五位下大和宿禰西麻呂爲主計助. 乙未, 勅, 增益福田, 憑釋敎之
弘濟, 光隆國祚, 資大悲之神功. 是以, 比日之間, 依藥師經, 屈請賢僧, 設齋行道.
經云, 應放雜類衆生. 朕以, 雜類之中, 人最爲貴. 至于放生, 理必所急. 加以陽氣始動,
仁風將扇. 順此時令, 思施霈澤, 可大赦天下. 自寶龜四年十二月二十五日昧爽以前大
辟已下罪無輕重, 已發覺, 未發覺, 已結正, 未結正, 繫囚見徒, 咸皆赦除. 其犯八虐,
故殺人, 私鑄錢, 常赦所不免者, 不在赦例. 備前國言木連理.

續日本紀卷第三十二

『속일본기』 권제33

〈寶龜 5년(774) 정월부터 6년(775) 12월까지〉

우대신 종2위 겸 行皇太子傅 中衛大將
신 藤原朝臣繼繩 등이 칙을 받들어 편찬하다.

天宗高紹天皇[1]

○ 寶龜 5년(774), 춘정월 신축삭(1일), (천황이) 내리에서 5위 이상에게 연회를 베풀고 침구를 하사하였다.

임인(2일), 尚藏[2] 종3위 吉備朝臣由利가 죽었다.

갑진(4일), 무위 弓削女王에게 종5위하를 내렸다.

정미(7일), 천황이 궁전에 임하였다. 정3위 藤原朝臣良繼에게 종2위를, 종5위하 三關王·三方王에게 함께 종5위상을, 정4위하 藤原朝臣百川에게 정4위상을, 정5위하 巨勢朝臣公成·石川朝臣垣守·藤原朝臣雄依에게 함께 정5위상을, 종5위상 安倍朝臣三縣·石川朝臣豊人·多治比眞人木人·榎井朝臣子祖·大中臣朝臣子老에게 함께 정5위하를, 종5위하 石川朝臣眞永·小野朝臣石根·藤原朝臣種繼·佐伯禰久良麻呂에게 함께 종5위상을, 정6위상 紀朝臣本·多治比眞人黑麻呂, 정6위하 藤原朝臣黑麻呂·藤原朝臣眞葛에게 함께 종5위하를 내렸다. 의식이 끝나자 5위 이상에게 연회를 베풀고 차등있게 녹을 내렸다.

무신(8일), 정4위하 藤原朝臣楓麻呂에게 정4위상을 내렸다.

기유(9일), 정4위하 藤原朝臣濱成에게 정4위상을 내렸다.

신해(11일), 칙을 내려, "앞서 대신의 신분으로 2위인 자에게는 中紫[3]의

---

1) 光仁天皇.
2) 後宮 12司 중의 藏司의 차관.
3) 深紫와 淺紫의 중간. 「衣服令」4에는 1위는 深紫, 2, 3위는 淺紫로 규정되어 있다.

조복을 착용시켰다. 지금 이후로는 이를 항례로 한다"라고 하였다. 정5위상 置始女王에게 종4위하를 내렸다.

병진(16일), 5위 이상에게 楊梅宮[4]에서 연회를 베풀었다. 出羽의 蝦夷에게 조당에서 향응을 베풀고 관위를 내리고, 차등있게 녹을 내렸다.

경신(20일), 조를 내려 귀순한 하이가 조정에 배견하는 것을 중지시켰다.

을축(25일), 山背國에서 언상하기를, "작년 12월, 관내의 乙訓郡 乙訓社에 이리와 사슴이 많았고, 여우는 100마리 정도였다. 매일 밤 울부짖어 7일이 돼서야 멈추었다"라고 하였다.

2월 임신(3일), 천하 제국에 7일간 독경시켰다. 역병의 기운을 없애기 위해서였다.

임오(13일), 왕경에 기근이 들어 진휼하였다.

임진(23일), 因幡國 八上郡의 員外少領[5] 종8위상 國造寶頭에게 因幡國造의 성을 내렸다.

계사(24일), 대법사 鏡忍, 법사 賢憬을 율사로 삼았다.

병신(27일), 정7위상 平群朝臣野守에게 종5위하를 내렸다.

기해(30일), 尾張國에 기근이 들어 진휼하였다.

3월 계묘(4일), 讚岐國에 기근이 들어 진휼하였다. 但馬守 종4위하 安倍朝臣 息道가 죽었다.

이날, 신라국사 禮府卿[6] 사찬 金三玄 이하 235인이 대재부에 도착하여 머물고 있다. 河內守 종5위상 紀朝臣廣純, 大外記 외종5위하 內藏忌寸全成[7] 등을 보내 내조의 이유를 물었다. 三玄은 말하기를, "본국 왕의 교지를 받들어 예로부터의 우호관계를 닦고 항상 교빙하기를 청한다. 아울러 國信物[8] 및

---

4) 평성궁 내의 궁전.

5) 정원 외 관인.

6) 『三國史記』 직관지에 "禮部令二人眞平王八年置, 位與兵部令同, 卿二人眞德王二年〈一云五 年〉置, 文武王十五年加一人, 位與調府卿同"이라고 나온다. 禮部는 의례, 교육, 외교 등을 담당한 관부이고, 사찬의 관등은 신라 17관등의 8위이고, 禮部卿은 2등관인 차관급에 해당한다.

7) 권32, 寶龜 3년(772) 하4월조 59쪽 각주 33) 참조.

8) 신뢰하는 국가 상호간에 보내는 예물.

재당 대사 藤原河淸의 서신을 갖고 내조하였다"라고 하였다. (紀朝臣 등이
다음과 같이) 물었다. "무릇 예로부터의 우호관계를 닦아 항상 교빙한다고
청하는 것은 대등한 예의로 교류하는 인국과 같은 것이고, 조공하는 국이
취하는 것이 아니다. 또 貢調를 고쳐서 國信이라고 하여, 옛 관례를 변경하고
상례를 고쳤는데 그 뜻은 무엇인가"라고 하였다. 대답하여 말하기를, "본국의
上宰 金順貞[9]의 때에, 배와 노를 서로 이어서 항상 조공을 바쳐왔다. 지금
손인 (金)邕[10]이 (上宰의) 위를 이어서 집정하고 있다. (김옹은) 가문의 명예를
추구하여 공봉하고자 한다. 이에 옛 우호를 닦고 항상 교빙하기를 청하는
바이다. 또 三玄은 본래 貢調의 사절이 아니다. 본국의 사자로 온 기회에
사소하지만 土毛를 올리는 것이다. 따라서 調라고 칭하지 않았다. 감히 사절의
취지를 진술한다. 그 외에는 알지 못한다"라고 하였다. 이에 (천황은) 칙을
내려 신라의 입조 이유를 묻는 (紀朝臣 등의) 사자에게 말하기를, "신라는
원래 신으로 칭하고 조를 바친 것은 고금으로 알고 있는 바이다. 그런데
옛 규약에 따르지 않고 멋대로 새로운 생각을 세워 조를 信物이라고 칭하고
조공을 우호를 닦는다고 한다. 옛 일로서 지금의 일을 생각하면, 심히 예의가
없는 것이다. 마땅히 도해에 필요한 물품을 지급하여 조속히 돌려 보내도록
한다"라고 하였다.

　갑진(5일), 종5위하 池田朝臣眞枚를 소납언으로 삼고, 종5위상 小野朝臣石根
을 좌중변으로 삼고 중위소장은 종전대로 하였다. 종5위하 紀朝臣勝雄을

---

9) 神龜 3년 추7월 무자조에, 신라사 金泰勳으로부터 金順貞이 사망했다는 소식을 듣고,
　천황의 국서를 내어 그가 일본과의 우호관계를 유지한 사실과 賢臣으로 신라국을
　지켰다는 일을 말하고 애도하면서 부의물을 보내고 있다. 이 시기 김순정이 대일외교
　를 주도하면서 깊은 인상을 남겼다고 보인다.

10)『삼국사기』경덕왕 19년(760)에 이찬 金邕을 侍中으로 삼았다고 하고, 동 22년에는
　사직하였다. 大曆 6년(771)에 주조된 〈聖德大王神鍾銘〉에 주조 책임자로 大角干 金邕의
　관직명이 "檢校使 兵部令 殿中令 修城府令 監四天王寺府令 檢校眞智大王寺使 大角干 金邕"
　으로 나온다. 이 시점에서 신라의 국정 책임자로 있으면서 대일외교를 주도하였음을
　알 수 있다. 한편 天平寶字 8년(764) 7월 갑인조에 보이는 신라의 대당사은사인
　"本國謝恩使蘇判"으로 나오는 金容과 동일 인물이라는 견해도 있다. 金邕과 金容은
　일본음으로는 동음이고 동 시기의 인물이라는 점에서 가능한 추정이다. 다만 그의
　관위가 760년에 이찬인데, 764년에는 제3위인 蘇判(迊湌)으로 나와 부자연스럽다.
　이 경우에는 신라사의 구두에 의한 보고이고 일본측 소전의 오류일 가능성도 있어
　동일 인물로 봐도 무리가 없다고 생각한다.

좌소변으로 삼고 近江介는 종전대로 하였다. 대납언 종2위 文室眞人大市에게
중무경을 겸직시키고, 종5위하 藤原朝臣是人을 圖書頭로 삼고, 종5위하 阿倍朝
臣奈麻呂를 (圖書)助로 삼고, 정4위하 春宮大夫 및 좌위사독 藤原朝臣是公에게
식부대보를 겸직시키고, 종5위하 石川朝臣人麻呂를 (식부)소보로 삼고, 종5위
상 日置造蓑麻呂를 대학두로 삼고 동궁학사는 종전대로 하였다. 종4위하
藤原朝臣家依를 치부경으로 삼고, 종5위상 石川朝臣名繼를 (치부)소보로 삼고,
종5위하 山邊眞人笠을 현번두로 삼고, 종5위하 安倍朝臣弟當을 주세두로 삼고,
종4위하 紀朝臣廣庭을 병부대보로 삼고, 종5위하 紀朝臣門守를 兵馬正으로
삼고, 정4위하 藤原朝臣濱成을 형부경으로 삼고, 종5위하 石川朝臣在麻呂를
(병부)소보로 삼고, 종4위하 石上朝臣息繼를 대장경으로 삼고, 종5위상 中臣朝
臣常을 궁내대보로 삼고, 종5위하 大宅眞人眞木을 (궁내)소보로 삼고, 외종5위
하 船木直馬養을 園池正으로 삼고, 종5위하 大伴宿禰東人을 彈正弼로 삼고,
종4위하 百濟王理伯[11]을 우경대부로 삼고, 종5위상 笠朝臣道引을 (우경)량으
로 삼고, 정5위하 掃守王을 攝津大夫로 삼고, 종5위하 大原眞人淸貞을 (攝津)亮
으로 삼고, 정5위하 葛井連道依[12]를 勅旨少輔로 삼고, 종5위하 健部朝臣人上을
員外少輔로 삼고 伊豫介는 종전대로 하였다. 종5위상 文室眞人高嶋를 造宮大輔
로 삼고, 외종5위하 土師宿禰和麻呂를 大和介로 삼고, 종5위상 紀朝臣廣純을
河內守로 삼고, 종5위하 藤原朝臣鷲取를 伊勢守로 삼고, 종5위하 紀朝臣古佐美
를 (伊勢)介로 삼고, 종5위하 石川朝臣豊麻呂를 尾張守로 삼고, 中衛員外中將
종4위상 伊勢朝臣老人에게 遠江守를 겸직시키고, 內膳正 종5위하 山邊王에게
駿河守를 겸직시키고, 종5위하 安倍朝臣諸上을 (駿河)介로 삼았다. 외종5위하
村國連子老를 伊豆守로 삼고, 종4위하 大伴宿禰家持를 相摸守로 삼고, 형부경
정4위하 藤原朝臣濱成에게 武藏守를 겸직시키고, 종5위하 布勢朝臣淸直을 (武

---

11) 百濟王敬福의 아들. 天平勝寶 6년(754)에 종5위하 攝津亮에 서임되고, 天平寶字 6년(762)
　　에 肥後守에 임명되었다. 天平神護 2년(766)에 종5위상으로 승진되고, 동 5년에 정5위하
　　攝津大夫, 神護景雲 4년(770)에 종4위하에 올랐다.
12) 葛井連은 백제계 도래씨족. 天平寶字 8년(764)에 藤原仲麻呂의 난 때의 공로로 종5위하
　　에 서위되고, 동 2년에 종5위하, 이어서 종5위상으로 승진되고, 神護景雲 3년(769)에는
　　정5위하에 오른다. 관력을 보면, 勅旨少丞, 近江員外介, 勅旨大丞, 法王宮大進, 勅旨員外少
　　輔, 同少輔, 內匠頭, 右兵衛佐, 中衛少將, 甲斐守, 中宮亮, 越後守를 역임하였다. 延曆
　　10년 개성을 청원하여 葛井連道依 등 일족 8인이 宿禰 성을 사성받았다.

藏)介로 삼았다. 종5위하 藤原朝臣黑麻呂를 上總介로 삼고, 彈正尹 종4위하 藤原朝臣乙繩에게 下總守를 겸직시켰다. 외종5위하 秦忌寸伊波多氣를 飛驒守로 삼고, 종5위하 石川朝臣望足을 信濃守로 삼고, 종5위하 賀茂朝臣人麻呂를 上野介로 삼고, 종5위하 大中臣朝臣宿奈麻呂를 下野守로 삼고, 종5위상 上毛野朝臣稻人을 陸奧介로 삼고, 종5위하 百濟王武鏡[13]을 出羽守로 삼고, 외종5위하 下毛野朝臣根麻呂를 (出羽)介로 삼았다. 종5위하 多治比眞人名負를 能登守로 삼고, 종5위하 牟都伎王을 越中介로 삼고, 종5위하 紀朝臣犬養을 越後介로 삼고, 右兵衛督 종5위하 藤原朝臣宅美에게 丹波守를 겸직시키고, 외종5위하 日置造道形을 (丹波)介로 삼았다. 종5위하 藤原朝臣刷雄을 但馬介로 삼고, 외종5위하 六人部連廣道를 出雲介로 삼고, 종5위하 文室眞人眞老를 石見守로 삼고, 右衛士督 정5위상 藤原朝臣雄依에게 播磨守를 겸직시키고, 右大舍人頭 종4위하 神王에게 美作守를 겸직시키고, 종5위하 紀朝臣眞乙을 (美作)介로 삼았다. 종5위상 三方王을 備前守로 삼고, 외종5위하 秦忌寸眞成을 (備前)介로 삼고, 종5위하 大中臣朝臣繼麻呂를 備中守로 삼고, 종5위하 廣川王을 備後守로 삼고, 陰陽頭 종4위상 大津連大浦에게 安藝守를 겸직시키고, 외종5위하 安都宿禰眞足을 (安藝)介로 삼았다. 외종5위상 上毛野公息麻呂를 周防守로 삼고, 종5위하 大伴宿禰田麻呂를 土左守로 삼고, 종5위하 多治比眞人公子를 肥前守로 삼고, 종5위하 多治比眞人豊濱을 豊前守로 삼고, 외종5위하 秦忌寸養守를 日向守로 삼았다.

을사(6일), 외종5위하 長尾忌寸金村을 伊賀守로 삼았다.

병오(7일), 侍醫 외종5위하 淸岡連廣嶋에게 丹後介를 겸직시켰다. 大和國에 기근이 들어 구휼하였다.

무신(9일), 제국에서 사재 벼를 팔아 (기근을 도운) 7인에게 각가 관위 1계를 내렸다. 越前國 丹生郡의 雨夜神[14]에게 종5위하에 서위하였다. 參河國에 기근이 들어 구휼하였다.

---

13) 刑部卿 百濟王敬福의 子. 天平寶字 8년(764) 藤原仲麻呂의 난 후에 종5위하로 3단계 승서되었다. 寶龜 2년(771)에 主計頭, 동 7년에 종5위상에 서위되었다. 이어 天應 2년(782)에 大膳亮에 임명되고, 延曆 2년(783)에 정5위하에 올랐고, 동 3년에는 周防守 로서 근무하였다.

14) 『延喜式』 권제10 神祇10 神名帳下에 雨夜神社가 나온다.

갑인(15일), 무위 文室眞人古能可美에게 종5위하를 내렸다.

정사(18일), (천황이) 칙을 내려, "근년에 員外國司[15]는 그 수가 실로 많아져 공공연히 번잡해지고 우려되는 손실이 있고, 점점 간편화의 길에서 벗어나고 있다. 오랫동안 그 폐해를 말하자면, 도리로서는 이를 폐지하거나 혹은 축소해야 한다. 소관 관사에 명하여 역임한 지 5년 이상된 자는 일괄해서 모두 해임한다. 또 임기가 차지 않은 자도 만 5년이 될 때마다 해임하고 귀경시키도록 한다. (이 일에 대해서는) 반드시 태정관부를 기다리지 않아도 된다"라고 하였다.

신유(22일), 能登國에 기근이 생겨 진휼하였다.

무진(29일), 종5위하 藤原朝臣刷雄을 但馬守로 삼았다.

하4월 기묘(11일), (천황이) 칙을 내려, "듣는 바와 같이, 천하 제국에 역병에 걸린 자가 많다. 비록 의사가 치료해도 여전히 회복되지 않는다. 짐은 우주에 군림하고 백성들을 자식과 같이 보살피고 있다. 여기에 이 일을 생각하면, 자나 깨나 마음이 쓰인다. 그런데 '마하반야바라밀'은 제불의 어머니이다. 천자가 이를 생각하면, 병란과 재해는 국내에 들어오지 않고, 백성들이 이를 생각하면, 역병과 역병을 일으키는 신은 집안에 들어오지 않는다. 이 자비에 의지하여 일찍 요절하는 것을 구제하려고 한다. 천하제국에 고지하여 남녀노소 불문하고 앉아 있거나 서 있거나 걸을 때에도 모두 '마하반야바라밀'을 염송해야 한다. 문무백관들이 조정에 향할 때나 관사에 가는 도중에도, 공무 중의 휴식에도 항상 반드시 염송하도록 한다. 바라는 것은, 음양의 순서에 따라 온기와 한기가 조화를 이루고 국에도 역병의 재앙이 없어져 사람들은 마침내 천수를 누릴 것이다. 이를 두루 원근의 지역에 고지하여 짐의 뜻을 알리도록 한다"라고 하였다.

계미(15일), 무위 藤原朝臣仲繼에게 종5위하를 내렸다.

기축(21일), 美濃國에 기근이 들어 구휼하였다.

경인(22일), 흑모의 말을 丹生川上神에게 바쳤다. 가뭄 때문이었다.

임진(24일), 종5위하 相撲宿禰伊波를 尾張守로 삼고, 종5위하 石川朝臣豊麻呂를 美濃介로 삼고, 외종5위하 下毛野朝臣根麻呂를 下野介로 삼고, 종5위하

---

15) 정원 외 국사. 정규 국사에 준하는 공해전이 지급되어 재정상의 폐해가 적지 않았다.

宍人朝臣繼麻呂를 若狹守로 삼고, 종3위 藤原朝臣藏下麻呂를 大宰帥로 삼았다.

갑오(26일), 近江國에 기근이 있어 구휼하였다.

5월 경자(2일), 當麻眞人高庭의 본위 종5위하를 복위하였다.

임인(4일), 河內國에 기근이 들어 구휼하였다.

계묘(5일), 정4위상 藤原朝臣百川·藤原朝臣楓麻呂에게 함께 종3위를 내렸다. 종3위 藤原朝臣藏下麻呂, 정4위하 藤原朝臣是公에게 함께 참의로 삼았다. 무위 大原眞人宿奈麻呂의 본위 종5위하를 복위하였다.

을묘(17일), 대재부에 칙을 내려, "근년에 신라 번인이 빈번히 내착하고 있다. 그 사유를 물으니, 대다수는 귀화가 아니고 갑자기 바람에 표류해 와서, 돌아갈 방법이 없어 그대로 머물러 우리 백성이 되었다. 本主[16]는 어떻게 생각할 것인가. 지금 이후로는 이와 같은 유형은 마땅히 모두 돌려보내 널리 베푸는 마음을 보이도록 한다. 배가 파손되거나 식량이 떨어진 경우에는 소관 관사에서 사정을 헤아려 귀국의 계획을 세우도록 한다[17]"라고 하였다.

계해(25일), 산위 종4위하 大伴宿禰御依가 죽었다.

정묘(29일), 종5위하 坂上忌寸石楯을 中衛將監으로 삼았다.

6월 경오(2일), 처음으로 태정관의 좌우의 官掌[18]에게 홀[19]을 소지하게 하였다.

임신(4일), 山背國 乙訓郡의 乙訓社에 봉폐하였다. 들개와 이리의 행동이 괴이하기 때문이다. 흑모의 말을 丹生川上神에게 바쳤다. 가뭄 때문이었다.

---

16) 본국의 왕, 즉 신라왕.

17) 『類聚三代格』의 寶龜 5년 5월 17일付의 太政官符에도 동일한 내용이 나온다.
　　應大宰府放還流來新羅人事
　　右被內大臣(藤原良継)宜, 奉勅, 如聞, 新羅國人時有來着, 是歸化, 或是流來, 凡此流來非其本意, 宜每到放還以彰弘恕, 若駕船破損, 亦無資粮者, 量加修理給粮發遣, 但歸化來者, 依例申上, 自今以後, 立爲永例
　　寶龜五年五月十七日

18) 太政官의 좌우 弁官 밑에 2명씩 배속한 관인. 하급관인인 使部를 감독하고 관청 및 제반 설비를 관리, 정비하는 일을 담당한다.

19) 笏은 의복의 격식을 갖추고 위용있게 보이도록 만든 오른손에 손잡이가 있는 장방형 장식품. 중국에서는 관인이 비망의 기록을 써서 여기에 붙이고 다녔고, 일본에서도 이 영향을 받아 공무 시에 사용했던 것 같다. 후에는 국가의 중요한 神職 의례용으로 사용되었다.

신사(13일), 志摩國에 기근이 들어 진휼하였다.

을유(17일), 伊豫國에 기근이 들어 진휼하였다.

정해(19일), 飛驒國에 기근이 들어 진휼하였다.

경인(22일), 종5위하 紀朝臣犬養을 伊豆守로 삼고, 외종5위하 六人部連廣道를 越後介로 삼고, 외종5위하 村國連子老를 出雲介로 삼고, 종5위하 石川朝臣諸足을 備後介로 삼았다.

추7월 기해(2일), 女孺 무위 足羽臣黑葛의 본위 외종5위상을 복위하였다.

신축(4일), 若狹, 土左 2국에 기근이 들어 진휼하였다.

정미(10일), 上總國에서 흰 까마귀를 바쳤다.

무신(11일), 대납언 종2위 文室眞人大市[20]가 거듭 사직을 청했다. (천황이) 조를 내려, "경의 나이가 70세가 되었기 때문에 노년이 된 것을 고하여 물러난다고 아뢰었다.[21] 옛 사람이 말하기를, '족함을 알면 욕되지 않고, 그칠 줄 알면 위태롭지 않다'라고 한 것은 이것을 일컬음이다. 생각하건대, 그대로 머물기를 바라는 것은, 아마도 고령자를 우대하는 길이 아니다. 체력이 허락한다면, 시절에 따라 조정에 참석하도록 한다"라고 하였다. 이에 (천황이) 지팡이를 하사하였다.[22]

경술(13일), 內命婦 종5위하 紀朝臣方名에게 종4위하를 내렸다.

정사(20일), 陸奧國 行方郡에 화재가 발생하여 벼 25,400석이 소실되었다.

무오(21일), 尾張國에 기근이 들어 구휼하였다. 종5위하 紀朝臣本을 左少弁으로 삼고, 종5위상 佐伯宿禰久良麻呂를 近江介로 삼았다. 이날, 尙膳 종3위 藤原朝臣家子가 죽었다. 사자를 보내 조문과 부물을 내리고, 정3위로 추증하였다.

경신(23일), 河內守 종5위상 紀朝臣廣純에게 鎭守副將軍을 겸직시켰다.

---

20) 寶龜 3년 2월 계축조에 사직을 청했으나 허락하지 않았다. 고령으로 사직을 신청하는 경우에는, 표를 작성하여 中務省을 통해 주상한다.

21) 사직의 연령은 70세이다. 文室眞人大市의 사망 시 나이가 寶龜 11년에 77세로 되어 있어, 사직을 신청한 寶龜 5년의 나이는 71세이다.

22) 고령의 신하에게 지팡이를 내리는 사례는, 文武 4년 정월 계해조의 多治比嶋, 神龜 2년 11월 기축조의 多治比池守, 天平 13년 7월 신유조의 巨勢奈弖麻呂, 延曆 4년 2월 정미조의 高倉福信 등이 있다.

(천황은) 陸奧國按察使 겸 (陸奧)守 鎭守將軍 정4위하 大伴宿禰駿河麻呂 등에게 칙을 내려, "장군 등은 전일 蝦夷 정토에 대해 적절한 조치를 주상하기를, 하나는 정벌하지 말아야 한다는 것이고, 하나는 반드시 정벌해야 한다고 하였다. 짐은 백성의 노고를 생각하고 또한 만물을 품는 넓은 덕을 중시하고 있다. (그러나) 지금 장군들이 주상한 바를 보니, 어리석은 저 하이의 오랑캐들이 야심을 버리지 않고, 번번이 변경을 침범하고 감히 왕명을 거역하고 있다. 사태는 이제 중지할 수 없다. 오로지 보내온 주상에 따라 조속히 군을 동원하여 기회를 틈타 토벌하도록 한다"라고 하였다.

임술(25일), 陸奧國에서 언상하기를, "東海道의 하이는 갑자기 많은 무리를 동원하여 다리를 불지르고 도로를 차단하여 이미 왕래가 단절되었다. 桃生城을 침입하여 서쪽의 성곽을 부수고 성을 지키는 병사도 그 세력을 막을 수 없었다. 국사는 사태를 판단하여 군을 동원하여 이를 토벌하였다. 다만 그 싸움에서 (적의) 살상(자)에 대해서는 아직 모르겠다"라고 하였다.

8월 기사(2일), (천황이) 坂東 8국에 칙을 내려, "陸奧國에서 급히 알려 온다면, 국의 대소에 따라 원병 2천 이하 5백 이상을 징발하여 (육오국으로) 행군하면서 동시에 주상하고, 중요한 기회에 힘써나가도록 한다"라고 하였다.

경오(3일), 사자를 천하제국에 보내 부정을 씻도록 하였다. (이세대신궁의) 齋宮이 되는 內親王이 장차 伊勢로 향하기 때문이다.

임오(15일), 종5위상 廣上王을 齋宮 장관으로 삼았다.

갑신(17일), 칙을 내려, "기외의 5위 이상으로 임지에서 사망한 자에게는, 지금 이후로는 해당국의 정세(의 벼)를 분할하여 조의물로 지급한다"라고 하였다.

을유(18일), 上總守 종4위하 桑原王이 죽었다.

기축(22일), 천황이 新城宮[23]에 행차하였다. 別當[24] 종5위상 藤原朝臣諸姉에게 정5위하를, 외종5위하 刑部直外虫名에게 정5위하를 내렸다.

---

23) 神護景雲 3년 10월 을미삭조에 稱德天皇의 詔의 내용 중에, 和銅 3년에 新造한 평성경을 '新造의 大宮'이라고 하였다. 여기서 말하는 新城宮은 寶龜 4년 2월 임신조에 보이는 평성궁 내에 조영된 楊梅宮으로 보인다.

24) 新城宮의 일을 담당하기 위해 별도로 설치한 임시관.

　신묘(24일), 이보다 앞서 천황은 鎭守將軍 등의 요청으로 하이의 적을
정토시켰다. 이에 이르러 다시 아뢰기를, "신들이 생각하기에는 적들이 하는
행위는 개나 쥐가 숨어서 훔치는 것과 같다. 때때로 침략하고 있지만, 큰
피해는 미치지 않는다. 지금은 수풀이 무성하여 (이러한 시기에) 공격하는
것은 아마도 후회해도 소용없을 것이다"라고 하였다. 이에 천황은 (앞서
장군 등은) 군을 동원해야 한다고 쉽게 논했는데, (지금은) 앞뒤의 계략이
다르다. 칙을 내려 심하게 이를 질책하였다.

　9월 기해(3일), 齋宮의 내친왕이 伊勢로 향했다.

　경자(4일), 정6위상 尾張連豊人에게 외종5위하를 내리고, 종5위하 安倍朝臣
弟當을 소납언으로 삼고, 대납언 정3위 藤原朝臣魚名에게 중무경을 겸직시키
고, 종5위하 石川朝臣淨麻呂를 (중무)소보로 삼고, 종5위하 高麗朝臣石麻呂를
(中務)員外少輔로 삼고, 종5위하 藤原朝臣長道를 主稅頭로 삼고, 종3위 藤原朝臣
繼繩을 병부경으로 삼고 左兵衛督은 종전대로 하였다. 외종5위하 日置首若虫
을 漆部正으로 삼고, 종4위상 大伴宿禰伯麻呂를 궁내경으로 삼고, 종4위하
大伴宿禰家持를 좌경대부로 삼고, 종5위하 藤原朝臣鷹取를 (좌경)량으로 삼고,
종5위상 弓削宿禰塩麻呂를 우경량으로 삼고, 외종5위하 伊勢朝臣子老를 造宮少
輔로 삼고, 외종5위하 丹比宿禰眞繼를 鑄錢次官으로 삼고, 외종5위하 英保首代
作을 修理次官으로 삼고 周防掾은 종전대로 하였다. 종5위하 藤原朝臣菅繼를
常陸介로 삼고, 좌경대부 종4위하 大伴宿禰家持에게 上總守를 겸직시키고,
종5위하 巨勢朝臣馬主를 能登守로 삼고, 대외기 외종5위하 內藏忌寸全成에게
越後介를 겸직시키고, 종5위상 石川朝臣眞永을 大宰少貳로 삼았다.

　신축(5일), 內匠頭 종5위하 葛井連道依[25]에게 右兵衛佐를 겸직시키고, 丹波介
종5위하 廣川王에게 內兵庫正을 겸직시켰다.

　임인(6일), 천하 제국에 용수로와 못을 수리시켰다.

　계묘(7일), 사자를 보내 천하 제국의 실정을 거듭 조사시켰다.

---

25) 天平神護 원년(764)에 藤原仲麻呂의 난 때의 공로로 종5위하에 서위되고, 동 2년에
　　종5위상으로 승진되고, 神護景雲 3년(769)에는 정5위하에 오른다. 그의 관력을 보면,
　　勅旨少丞, 近江員外介, 勅旨大丞, 法王宮大進, 勅旨員外少輔, 同少輔, 內匠頭, 右兵衛佐,
　　中衛少將, 甲斐守, 中宮亮, 越後守를 역임하였다. 延曆 10년 개성을 청원하여 葛井連道依道
　　등 일족 8인이 宿禰의 성을 사성받았다.

무오(22일), 縣犬養宿禰內麻呂를 본위 종5위하로 복위시켰다.

신유(25일), 春宮員外大進 외종5위하 河內連三立麻呂에게 河內權介를 겸직시키고, 외종5위하 尾張連豊人을 山背權介로 삼고, 大監物 종5위하 礒部王에게 參河守를 겸직시키고, 종5위하 笶朝臣名麻呂를 임시26) (參河)介로 삼았다. 사자를 기내 5국에 보내어 제방과 못을 수리, 축조시켰다. 아울러 3위 이상의 관인을 국마다 1인씩 감독으로 삼았다.

갑자(28일), 종5위하 和氣宿禰淸麻呂廣虫에게 朝臣의 성을 내렸다.

동10월 기사(3일), 산위 종4위하 國中連公麻呂27)가 죽었다. 본래 백제국인이다. 그 조부 덕솔 國骨富는 近江朝庭28) 계해년29)에 본국이 멸망하는 전란을 당하여 귀화하였다. 天平 연중에 聖武皇帝가 널리 발원하여 노사나불 동상을 조영하려고 하였다. 그 크기는 5장으로 당시 주조 공인들은 감히 손을 대지 못했다. 公麻呂는 자못 기교를 고안해 내어 마침내 그 일을 성공시켰다. 그 노고로 드디어 4위가 내려지고, 관은 造東大寺 차관 겸 但馬員外介를 역임하였다. 寶字 2년(758)에 大和國 葛下郡 國中村에 거주하게 되어 지역명을 氏로 삼게 되었다.

경오(4일), 陸奧國 遠山村은 지세가 험하여 蝦夷가 의거하는 바가 되었다. 역대의 제장들은 일찍이 나아가 토벌하지 못했다. 그러나 안찰사 大伴宿禰駿河麻呂 등은 바로 직격하여 그 소굴을 전복시키고 마침내 적들을 궁지에 몰아 패주시켜 항복하는 자가 이어졌다. 이에 사자를 보내 (천황의) 칙을 고하여 위로하였고, 御服30)과 채색 비단을 내렸다.

11월 갑진(9일), 천황이 坂合部內親王의 사저에 행차하였다. 종2위 (文室眞人)大市에게 정2위를 내리고, 4품 坂合部內親王에게 3품을 내렸다.

을사(10일), 文室眞人大市의 후실 무위 錦部連針魚女에게 외종5위하를 내렸

---

26) 임시 관인은 정원 외 관인의 폐지에 대응한 조처로 보인다. 임시 국사인 權任國司가 이후에 산견되고 있다.

27) 원래 이름은 國君麻呂, 國公麻呂이다. 백제 8족 대성의 하나인 國氏이다.

28) 天智朝.

29) 天智 2년(663), 백강전투에서 나당연합군에 패해 백제부흥운동은 실패하고 부흥운동의 주역들은 일본 패잔병들과 함께 일본으로 망명하였다.

30) 천황이 착용하는 의복.

다. 陸奧國에서 언상하기를, "대재부와 육오국은 함께 예상할 수 없는 사태에 경계하고 있다. 비상시의 역마를 이용하는 주상에는 시각을 기록해야 한다. 그러나 대재부에는 물시계[31]가 있으나, 이 국에만 홀로 이 도구가 없다"라고 하였다. 사자를 보내 이를 설치하였다.

12월 무진(4일), 종5위상 山邊眞人笠[32]이 속한 원래의 호적을 복원하였다.

을유(21일), 우대신 종2위 훈4등 大中臣朝臣淸麻呂가 상표하여 거듭 사직을 청하였다. (천황은) 우대의 조를 내려 불허하였다.

정해(23일), 정3위 圓方女王이 죽었다. 평성조 좌대신 종1위 長屋王[33]의 딸이다.

○ 寶龜 6년(775), 춘정월 을미삭(1일), 5위 이상에게 내리에서 연회를 베풀고, 녹을 차등있게 지급하였다.

정유(3일), (천황은) 칙을 내려, "3춘[34]이 비로소 열려 만물이 새로워졌다. 천지는 인애를 베풀고, 동식물도 그 은혜를 받는다. 옛 명군들은 이 좋은 시절을 따라 반드시 은덕을 내리고, 널리 자애의 정사를 베풀어 왔다. 짐은 비록 재능과 덕이 부족하지만, 어떻게 (명군과 같은) 생각을 하지 않겠는가. 마땅히 천하에 대사면을 내린다. 보귀 6년 정월 3일 동트기 이전의 사형죄 이하는 죄의 경중을 묻지 않고, 이미 발각되었거나 아직 발각되지 않았거나, 이미 판결이 났거나 아직 심리 중이거나, 현재 수감 중인 자는 모두 사면한다. 팔학,[35] 고의 살인, 강도와 절도, 사주전, 통상의 사면에서 면제되지 않는

---

31) 「職員令」9 陰陽寮에는, 정원 2인의 漏剋博士가 守辰丁(20인)을 통솔하여 물시계를 경비하고 눈금을 재는 일을 담당한다고 규정되어 있다.

32) 寶龜 2년 9월 13일에 황족에서 臣籍으로 강등되었다.

33) 長屋王의 마지막 관위는 정2위이다. 종1위는 추증의 가능성이 있으나 기록에는 보이지 않는다.

34) 三春은 봄 3개월을 孟春, 仲春, 春季으로 시기 구분한 것으로, 봄의 시작인 孟春에 들어서 만물이 소생하는 시기와 더불어 천황의 은덕을 베푼다는 의미이다. 光仁朝에서는 寶龜 4년, 동 6년, 天應 원년 춘정월에 대사면을 내리고 있다.

35) 8虐은 唐律의 10惡의 영향이다. 당률의 10惡은 謀叛, 謀大逆, 謀反, 惡逆, 不道, 不大敬, 不孝, 不睦, 不義, 內亂 등 10종으로 국가, 사회에 대해 해악을 끼치는 범죄이다. 일본 大寶·養老律에서는 10惡에서 不睦과 內亂을 제외하고 8虐이라 하였다.

자는 이 사면의 범위에 포함되지 않는다. 다만 사형죄에 들어간 자는 모두 1등 감면한다. 이를 두루 원근의 지역에 고지하여 짐의 뜻을 알리도록 한다"라고 하였다.

　무술(4일), 무위 粟田朝臣廣刀에게 종5위하를 내렸다.

　신축(7일), 5위 이상에게 연회를 베풀고 침구를 하사하였다.

　기유(15일), 정4위하 大伴宿禰古慈斐에게 종3위를 내렸다.

　경술(16일), 종5위하 參河王·伊刀王·田上王에게 함께 종5위상을, 종4위상 藤原朝臣家依·大伴宿禰伯麻呂에게 함께 정4위하를, 정5위하 多治比眞人木人에게 정5위상을, 종5위하 高向朝臣家主·藤原朝臣鷲取·中臣習宜朝臣山守·佐伯宿禰國守에게 함께 종5위상을, 외종5위상 坂上忌寸老人,[36] 외종5위하 淨岡連廣嶋, 정6위상 百濟王玄鏡[37]·坂本朝臣繩麻呂·小治田朝臣諸成·田中朝臣難波麻呂·大伴宿禰上足에게 함께 종5위하를, 정6위상 高市連屋守·越智直入立에게 함께 외종5위하를 내렸다. 의식을 끝내고 5위 이상에게 연회를 베풀고, 차등있게 녹을 내렸다.

　경인,[38] 무위 津嶋朝臣小松에게 원래의 관위인 종5위하를 복위하였다.[39] 정6위상 伊蘇志臣總麻呂에게 외종5위하를 내렸다.

　신유(27일), 정6위상 陽疑造豊成女에게 외종5위하를 내렸다.

　2월 신미(8일), 지진이 있었다. 이보다 앞서, 天平寶字 8년(764), 弓削宿禰를 (弓削)御淸朝臣으로 하고, (弓削)連을 (弓削)宿禰로 하였다. 이에 이르러 모두

---

36) 坂上氏는 阿知使主를 조상으로 하는 백제계 東漢氏의 지족으로 天武 11년(682)에 坂上直으로부터 坂上連으로 개성하였고, 동 14년에는 坂上忌寸의 성을 받았다. 『日本三代實錄』 元慶 5년(881) 10월 계축조 坂上大宿禰瀧守의 卒年 기사에는 "瀧守者…幼好武藝, 便習弓馬, 尤善步射. 坂氏之先, 世傳將種, 瀧守幹略, 不墜家風"이라고 하여 坂上氏가 궁술, 騎射 등 무예를 가업으로 삼아 조정에 봉사한 씨족으로 기록되어 있다. 坂上忌寸老人은 天平勝寶 4년 10월 발해사를 위문하기 위해 越後國에 파견되었고, 天平寶字 5년 정월에 외종5위하로 서위되었고, 동 6년 4월에 山背介에 임명되었다.

37) 百濟王敬福의 아들. 桓武朝 延曆 2년(783)에 종5위상에 서위되고, 少納言, 右兵衛督을 거쳐 延曆 6년에 桓武天皇의 交野 순행 당시 일족이 백제악을 연주하였는데 이때 百濟王玄鏡은 정5위하에 서위되었다. 延曆 8년 上總守에 임명되고 동 16년에 종4위상, 동 18년에 刑部卿으로 승진하였다.

38) 이달에 庚寅의 日干支는 없다.

39) 藤原仲麻呂의 난에 연좌되어 강등되었다가 복위된 것으로 보인다.

본성으로 복위하였다.[40]

갑술(11일), 讚岐國에 기근이 들어 구휼하였다.

병자(13일), 사자를 伊勢에 보내 渡會郡의 제방과 용수로를 수리하게 하였다. 또 多氣, 渡會 2군에 농경에 적합한 땅을 시찰하게 하였다.

을유(22일), 무위 蘿田親王에게 4품을 내렸다.

3월 을미(2일), 처음으로 伊勢에 少目 2인을, 參河에 大少目 각 1인을, 遠江에 少目 2인을, 駿河에 大少目 1인을, 武藏, 下總에 각각 少目 2인을, 常陸에 少掾 2인, 少目 2인을, 美濃에 少目 2인을, 下野에 大少目 1인을, 陸奧, 越前에 少目 각각 2인을, 越中, 但馬, 因幡, 伯耆에 각각 大少目 1인을, 播磨에 少目 2인을, 美作, 備中, 阿波, 伊豫, 土左에 大少目 각 1인을, 肥後에 少目 2인을, 豊前에 大少目 1인을 두었다. 외종5위하 上總宿禰建麻呂를 隼人正으로 삼고, 종5위하 佐伯宿禰藤麻呂를 左衛士員外佐[41]로 삼고, 종5위하 大中臣朝臣繼麻呂를 右衛士員外佐로 삼았다.

신해(18일), 정4위하 藤原朝臣濱成을 정4위상을 내렸다.

병진(23일), 陸奧國의 蝦夷 적들의 소동이 있었다. 백성들이 모두 성채로 피신해 있었기 때문에 전답이 황폐해졌다. 조를 내려 당해년의 과역[42]과 전조를 면제하였다.

기미(26일), 田村舊宮[43]에서 주연을 열었다. 군신들이 잔을 올리며 장수를 축하하며 날이 저물도록 즐거움을 만끽하였다. (이어) 차등있게 녹을 내렸다.

---

40) 稱德天皇 때의 道鏡의 일족인 弓削氏에 대한 예우를 중지하고 원래의 성으로 되돌린 것. 天平寶字 8년 7월 신축조에 弓削連淨人에게 弓削宿禰를, 동 8년 을사조에 弓削宿禰淨人에게 弓削御淨朝臣을 사성한 기록이 있다.

41) 左衛士府의 정원 외 관인. 좌우 衛士府가 있고, 제 국의 군단에서 징발한 衛士 부대를 관할하고 궁중경호와 천황 순행 시 경호를 담당한다. 장관은 督이고, 그 밑에 佐, 大少尉, 大少志 등이 있다.

42) 課役은 調, 庸 및 雜徭.

43) 田村宮은 藤原仲麻呂의 구 저택. 大炊王이 藤原仲麻呂의 저택에 기거하던 중에 천황으로 옹립되어 淳仁天皇으로 즉위하였기 때문에 당시 천황의 離宮으로서 취급되었다. 이후 藤原仲麻呂의 난 후 접수되어 田村舊宮으로 불리게 되었다. 한편 여기에는 백제계 도래씨족의 신으로 桓武天皇의 모친 高野新笠의 일족인 高野朝臣(원 和史氏)의 조상신인 今木神에 대한 제사기록이 보이는데, 田村後宮의 今木大神에게 종4위하를 내렸다고 한다(延曆 원년 11월 정유조).

하4월 무진(6일), 정7위상 飯高公若舍人 등 11인에게 宿禰의 성을 내렸다.

기사(7일), 河內, 攝津 양국의 오곡 및 초목이 쥐떼들로 피해를 입었다. 사자를 보내 제국의 신사에 봉폐하였다.

신미(9일), 정5위하 佐伯宿禰助에게 종4위하를 내렸다.

경오(8일), 외종5위하 大隅忌寸三行을 隼人正[44]으로 삼았다.

임신(10일), 川部酒麻呂에게 외종5위하를 내렸다. 酒麻呂는 肥前國 松浦郡 사람이다. 天平勝寶 4년(752)에 견당사 제4선의 柂師[45]였다. 귀국하는 날, 해중에서 순풍이 세차게 불고 있을 때, 갑자기 선미에서 실수로 화재가 났다. 그 화염은 뱃머리를 휘몰아쳤다. 사람들은 모두 당황하여 어찌할 바를 몰랐다. 이때 (酒麻呂는) 키를 돌려 화염을 방출하였다. 그의 손은 비록 화상을 입었지만, 키를 잡고 놓지 않았다. 이로 인해 마침내 화재를 진압하여 사람과 물건은 무사하였다. 이 공으로 관위 10계를 내리고,[46] 해당군의 員外主帳[47]이 되었다. 이에 이르러 5위를 내렸다.

을해(13일), 近江國에서 적색 눈의 흰 거북을 바쳤다.

정축(15일), 山背國에서 흰 까마귀를 바쳤다.

정해(25일), 종5위하 藤原朝臣長繼를 內兵庫正[48]으로 삼았다.

기축(27일), 井上內親王, 他戶王이 동시에 죽었다.[49]

5월 계사삭(1일), 伊勢國 多氣郡 사람 외정5위하 敢礒部忍國 등 5인에게 敢臣의 성을 내렸다.

---

44) 九州 남단의 隼人이 畿內지역으로 이주하거나 조공해 오는 일을 관리하는 衛門府 소속의 隼人司의 장관.

45) 柂師는 배 조정의 책임자. 『延喜式』 권제30 大藏省, 「入諸蕃」 항목, 「入唐使」에는 絁師, 挾杪, 水手長, 水手, 「入新羅使」에는 絁師, 水手長, 狹杪, 水手, 「入渤海使」에는 挾杪, 水手 등의 명칭이 나온다.

46) 무위에서 10단계 올라가면 종7위상이다. 그 후 5위를 받았는데, 그 직전까지는 6위에 있었을 것이다. 그렇다면 견당사로 파견될 당시의 관위는 정8위상 이하였을 것으로 생각된다.

47) 主帳은 郡司의 4등관.

48) 천황의 의장용 무기. 실용무기의 제작과 보관을 담당하는 內兵庫 장관. 직원은 正, 佑, 令史 등이 있다.

49) 寶龜 4년 10월에 難破內親王을 저주하여 살해했다는 죄로 大和國 宇智郡에 유폐되었다. 모자가 같은 날 사망한 것으로 보아 독살 가능성이 있다.

병신(4일), 지진이 있었다.

계묘(11일), 備前國에 기근이 들어 구휼하였다.

을사(13일), 야생 여우가 대납언 藤原朝臣魚名의 조당원 좌석에 앉아 있었다.

병오(14일), 흰 무지개가 하늘에 나타났다.

기유(17일), 종4위상 陰陽頭 겸 安藝守 大津連大浦가 죽었다. 大浦는 대대로 음양학을 세습하여 배웠다. 仲滿[50]은 그를 매우 신임하여 일의 길흉을 물었다. 大浦는 그 의향이 역모에 관련되어 있음을 알고, 화가 자신에게 미칠 것을 두려워하여 그 일을 밀고하였다. 얼마 지나지 않아 仲滿이 과연 반역을 일으켰다. 그해[51] 종4위상에 서위되고, 宿禰의 성이 내려지고, 兵部大輔 겸 美作守에 보임되었다. 天平神護 원년(765)에 和氣王의 측근이라고 하여[52] 宿禰의 성이 삭제되고 日向守로 좌천되었다. 곧 현직에서 해임되어 그 국에 머물렀다. 寶龜 초에 사면이 내려져 입경하여 陰陽頭에 임명되었다가[53] 갑자기 安藝守를 겸직하게 되었는데,[54] 재직중에 사망하였다.

기미(27일), 왕경 창고의 목면 1만둔, 甲斐, 相摸 양국의 목면 5천둔을 (군복) 상의의 제작을 위해 陸奧國에 보냈다.

6월 계해삭(1일), 기내의 員外史生 이상을 해임하고 퇴거시켰다.[55]

병자(14일), 무위 藤原朝臣勤子에게 종5위하를 내렸다.

신사(19일), 정4위하 佐伯宿禰今毛人을 견당대사로 삼고, 정5위상 大伴宿禰益立, 종5위하 藤原朝臣鷹取를 부사로 삼고, 판관, 녹사 각 4인으로 하였다. 견당사선 4척은 安藝國에 건조시켰다.

갑신(22일), 사자를 보내 기내 제국에 疫神에게 제사지내게 하였다.

정해(25일), 흑마를 丹生川上神에게 바쳤다. 가뭄 때문이었다. 기내, 제국

---

50) 藤原仲麻呂.

51) 天平寶字 8년 9월 11일조, 정7위상에서 정4위상으로 9단계 상승한 관위를 받았다.

52) 天武天皇의 孫인 和氣王의 모반사건. 天平神護 원년 8월 경신조에 보인다.

53) 寶龜 2년 7월.

54) 寶龜 5년 3월에 安藝守 겸직.

55) 寶龜 5년 3월 정사조에도 재임한 지 5년 이상이 되는 정원 외 국사의 해임을 결정한 칙이 나온다. 여기서는 기내에 한해서 5년 이상 근무한 史生 이상의 정원 외 국사는 모두 없애도록 하였다.

중에서 구름과 비를 잘 일으키는 신사가 있다면, 또한 사자를 보내 봉폐하도록
하였다.

경인(28일), 정6위상 大原眞人美氣에게 종5위하를 내렸다.

추7월 임진삭(1일), 참의 大宰帥 종3위 훈2등 藤原朝臣藏下麻呂가 죽었다.
平城朝 참의 3위 式部卿 겸 大宰帥 馬養의 제9자이다. 內舍人에서 出雲介로
전임하였고, 寶字 7년(763) 종5위하에 서위되고, 소납언에 임명되었다. 동
8년의 난[56]에서, 적이 近江으로 도주할 때 관군이 추격하여 토벌하였다.
藏下麻呂는 병을 이끌고 바로 이르러 힘써 싸워 적을 패배시켰다. 이 공으로
종3위 훈2등이 수여되었고 近衛大將 겸 左京大夫, 伊豫國와 土左國 등의 안찰사
를 역임하였다. 寶龜 5년(761)에 병부경에서 大宰帥로 전임하였다. 사망시의
나이는 42세였다.

병신(5일), 參河, 信濃, 丹後 3국에 기근이 들어 함께 구휼하였다.

임인(11일), 종4위하 石川朝臣名足을 大宰大貳로 삼고, 종5위하 多治比眞人豊
濱을 少貳로 삼았다.

정미(16일), 下野國에서 언상하기를, "都賀郡에 검은쥐 수백마리가 나타나
수십리에 걸쳐 초목 뿌리를 갈아먹었다"라고 하였다.

경술(19일), 우박이 내렸다. 큰 것은 바둑알만 하였다.

병진(25일), 山背國 紀伊郡 사람 종8위상 金城史山守[57] 등 14인에게 眞城史의
성을 내렸다.

정사(26일), 정5위하 藤原朝臣諸姉에게 정5위상을 내렸다. 무위 藤原朝臣綿
手에게 종5위하를 내렸다.

8월 병인(5일), 和泉國에 기근이 들어 구휼하였다.

무진(7일), 야생 이리가 閤門[58]에 앉아 있었다. 종5위하 昆解沙彌麻呂[59]에게
宿禰의 성을 내렸다.

---

56) 藤原仲麻呂의 난.
57) 『신찬성씨록』 山城國諸蕃에 "眞城史는 신라국인 金氏尊으로부터 나왔다"라고 한다.
    金城史山守도 이 金氏尊의 후예이며, 원래는 金氏 성을 가진 일족이었을 것이다.
58) 內裏의 내곽의 문. 외곽의 궁문 내측에 있다.
59) 昆解氏는 백제로부터의 도래씨족. 권32 寶龜 3년 정월조 54쪽 각주 6) 참조.

신미(10일), 정5위하 百濟王明信[60]에게 정5위상을 내렸다.

계유(12일), 처음으로 蓮葉[61]의 연회를 열었다.

병자(15일), 정5위상 安倍朝臣子美奈에게 종4위하를 내렸다.

경진(19일), 태정관에서 주상하기를, "삼가 지난 7월 27일의 칙을 받았는데, '듣는 바와 같이 중앙의 관인은 녹봉이 박하여 기근과 추위의 고통을 면하지 못한다. (지방의) 국사는 이익이 두텁고 자체의 의식도 여유가 있다. 이로 인해 일반 관료들은 모두 지방관이 되기를 바라고, 많은 관인들은 전혀 부끄러워하는 마음이 없다고 한다. 짐은 천하에 군림하여 평등하게 분배하는 뜻을 갖고 있다. 제국의 公廨稻[62]를 할애하여 재경의 녹봉에 보태고자 한다. 경들은 상세히 논의해서 주상하도록 하라'고 하였다. 신들은 (夏殷周) 3대(의 정치)는 이완과 긴장이 교차하고 많은 왕들의 치세의 과정은 때에 따라 변화하는 일은 사람들의 이익을 위해서이다. 삼가 생각하건대, 폐하의 자애는 만물을 적시고, 덕화는 사방에까지 미치고 있다. 많은 관료들의 기근과 추위를 불쌍히 여겨 내외의 풍요와 빈곤을 균등하게 하고, 한편의 여유분을 줄여 부족한 곳에 보충한다면, 무릇 모든 동식물이 윤택을 받지 아니함이 없을 것이다. 신들은 성지를 받들어 기쁨은 평상의 마음의 백배나 된다. 신들이 생각하기에, 국마다 공해도 4분의 1을 할애하여 재경의 봉록을 늘이고자 한다"라고 하였다. (천황은) 주상한 바를 허락하였다.

계미(22일), 伊勢, 尾張, 美濃 3국에서 언상하기를, "9월[63]에 이상 풍우가 발생하여 백성 3백인, 우마 1천여마리가 물속으로 휩쓸려 들어갔고, 국분사 및 제사원의 탑 19기가 무너졌다. 관사와 개인의 가옥의 피해는 셀 수 없을 정도이다"라고 하였다. 이날, 기내 5국에서 疫神에게 제사지냈다.

---

60) 百濟王敬福의 孫이고 右京大夫 百濟王理伯의 딸, 우대신 藤原継縄의 처이다. 寶龜 원년 (770)에 정5위하, 동 11년에 종4위하, 天應 원년(781)에 종4위상, 延曆 2년(783)에 정4위상, 동 6년에 종3위에 이르고, 延曆 16년에는 尚侍에 임명되었다. 동 8년에 정3위로 승서되었다.

61) 연잎, 연꽃을 감상하며 시가를 짓는 연회.

62) 諸國에서 公田을 임대하여 얻은 수익과 수납한 정세의 도곡을 대여하여 얻은 이자 수익을 관사의 비용과 관인들의 봉록에 사용하고, 남은 것은 관인들의 지위에 따라 분배한다.

63) 新古典文學大系本에는 9月이 아니라 9日로 되어 있다.

경인(29일), 遣唐錄事 정7위상 羽栗翼에게 외종5위하를 내리고 准判官에 임명하였다.

신묘(30일), (부정을 씻는) 大祓을 행하였다. 伊勢, 美濃 등 제국에 풍우의 재난이 있었기 때문이다.

9월 갑진(13일), 정5위하 佐伯宿禰國益을 河內守로 삼고, 종5위상 石川朝臣在麻呂를 尾張介로 삼고, 종5위상 紀朝臣廣純을 陸奧介로 삼고 鎭守副將軍은 종전대로 하였다. 종5위하 縣犬養宿禰眞伯을 備後介로 삼고, 종5위하 石川朝臣諸足을 讚岐介로 삼고, 종5위상 高向朝臣家主를 筑後守로 삼고, 종5위상 弓削宿禰塩麻呂를 豊前守로 삼았다.

임인[64](11일), (천황은) 칙을 내려, "10월 13일은 바로 짐의 생일이다.[65] 이날에 이를 때마다 감격과 기쁨이 함께 몰려온다. 제사원의 승니에게 명하여 매년 이날에 轉讀과 行道[66]를 행하고, 아울러 도살을 금한다. 내외의 백관에게 는 (이날) 하루 연회를 베풀도록 한다. 그리고 이날을 天長節[67]이라고 칭한다. 바라건대 이 공덕을 돌려 삼가 돌아간 모친에게 바치고, 이 기쁨의 정을 두루 천하에 함께 하고자 한다"라고 하였다.

병오(15일), 河內國에서 흰 거북을 바쳤다.

신해(20일), 사자를 보내 丹生川上神, 기내의 제신들에게 백마와 폐백을 바치게 하였다. 장마 때문이었다.

무오(27일), 정4위하 大伴宿禰駿河麻呂, 종4위하 紀朝臣廣庭을 함께 참의로 삼고, 종5위상 藤原朝臣種繼를 近衛少將으로 삼고 山背守는 종전대로 하고, 종5위상 紀朝臣船守를 (近衛)員外少將으로 삼고 紀伊守는 종전대로 하였다.

동10월 신유삭(1일), 일식이 있었다.

임술(2일), 전 우대신 정2위 훈2등 吉備朝臣眞備가 죽었다. 右衛士少尉 下道朝臣國勝의 아들이다. 靈龜 2년(716) 나이 22세에 견당사를 따라 입당해서

---

64) 앞의 갑진(13일) 기사와 순서가 바뀌어 있다.

65) 이때 光仁天皇의 나이는 67세이다. 天應 원년782) 사망 시의 나이가 73세였기 때문에 출생은 和銅 원년 10월 3일이다.

66) 불상과 불당 주위를 돌면서 예배, 공양하는 일.

67) 唐『明皇實錄』開元 17년 추8월 玄宗 탄생일에 千秋節이 나오고, 天寶 7載 8월에 天長節로 개칭하였다. 상기 일본에서의 天長節은 중국의 영향을 받았고 기사로서는 최초이다.

유학하여 학업을 받았다. 경서와 사서를 연구하고 많은 학예 분야를 섭렵하였다. 우리 조정의 학생으로 당나라에 이름을 알린 것은 오직 대신과 朝衡[68] 2인뿐이다. 天平 7년(735)에 귀조하여 정6위하를 받고 大學助에 임명되었다. 高野天皇은 그를 스승으로 삼고, 『禮記』, 『漢書』를 수강하였다. (천황의) 총애가 대단히 두터웠고, 吉備朝臣의 성을 내렸다. 승진을 거듭하여 7년 안에 종4위상, 右京大夫 겸 右衛士督에 이르렀다. 天平 11년에 式部少輔 종5위하 藤原朝臣廣嗣는 玄昉法師와 사이가 벌어져 전출되어 大宰少貳가 되었다. 임지에 도착하자 바로 거병하여 반란을 일으켰는데, 玄昉과 眞備의 토벌을 이유로 삼았다. 비록 병사는 패하고 주살되었지만, 그의 원령은 아직 수습되지 않았다. 天平勝寶 2년(750) 筑前守로 좌천되었고, 갑자기 肥前守로 전출되었다. 천평승보 4년에 입당부사가 되었고, 돌아온 후에는 정4위하를 받고 大宰大貳에 임명되었다. (吉備朝臣은) 건의하여 筑前國 怡土城을 축조하였다. 天平寶字 7년(763)에 공사가 거의 끝났을 때, 造東大寺 장관으로 옮겼다. 동 8년에 仲滿[69]이 모반을 일으켰을 때, 대신은 반드시 도주할 것이라고 생각하여, 병력을 나누어 퇴로를 차단하였다. 이 지휘와 편대는 실로 우수한 전략이고 적은 마침내 책모에 걸려들어 열흘도 안 되어 모두 평정되었다.[70] 이 공으로 종3위 훈2등을 받고, 참위 中衛大將이 되었다. 天平神護 2년(766)에 중납언에 임명되었는데 갑자기 대납언으로 전임되었다. 다시 우대신에 보임되고 종2위가 내려졌다. 이보다 앞서 대학의 釋奠은 그 의식이 정비되지 않았다. 대신은 禮典으로부터 생각하여, 제기를 처음으로 정돈하여 의례의 모습도 볼 수 있게 되었다. 또 大藏省의 쌍창에서 불이 났을 때, 대신은 혼자서 조영을 구상하였는데, 지금도 남아있다. 寶龜 원년(770) 사직을 상신했으나 (천황은) 우대하는 조를 내려 허락하지 않았다. 다만 中衛大將은 사직하게 하였다. 동 2년 거듭 서계를 올려 사직을 구했기 때문에 이를 허락하였다. 사망시의 나이는 83세였다. 사자를 보내 조문하고 부의물을 내렸다.

---

68) 阿倍仲麻呂.

69) 藤原仲麻呂.

70) 藤原仲麻呂의 반란은 天平寶字 8년 9월 11일에 그 음모가 누설되고, 도주하여 주살된 18일까지 만 7일 만에 종식되었다.

병인(6일), 지진이 있었다.

신미(11일), 종5위하 笠朝臣名麻呂를 齋宮頭로 삼았다.

계유(13일), 出羽國에서 언상하기를, "蝦夷와의 (싸움의) 여진은 아직 진정되지 않았다. 3년간 진병 996인을 청하여 동시에 요해의 지를 진압하면서 또 國府를 옮기고자 한다"라고 하였다. 칙을 내려, 相摸, 武藏, 上野, 下野 4국의 병사를 징발하여 보냈다. 이날은 天長節이어서 크게 연회를 열었다. 군신들은 놀이물품과 술, 음식을 바쳤다. 연회가 끝나자 차등있게 녹을 내렸다.

을해(15일), 종5위하 文室眞人水通을 安藝守로 삼았다.

기묘(19일), 승 200인을 불러 내리와 조당에서 대반야경을 독송하게 하였다.

갑신(24일), 大祓을 행하였다. 풍우 및 지진이 있었다.

을유(25일), 이세대신궁에 봉폐하였다.

11월 병신(6일), 기내 5국에 사자를 보내 용수로와 못을 수리시켰다.

정유(7일), 대재부에서 "日向, 薩摩 양국에 풍우로 인해 뽕나무와 삼베가 전부 피해를 입었다"고 아뢰었다. 이에 조를 내려 사원과 신사의 봉호를 불문하고 모두 금년의 調, 庸을 면제하였다.

을사(15일), 陸奧國에 사자를 보내 조를 내렸다. (항복한) 蝦夷들은 갑자기 반역의 마음을 일으켜 桃生城을 침입했지만, 진수장군 大伴宿禰駿河麻呂 등은 조정의 위임을 받들어 목숨을 생각하지 않고 반란 적을 토벌하여 진압하였고, 회유하여 복속시켰다. 그 힘쓴 노고의 중대함은 실로 상을 내리기에 적합하다. 駿河麻呂 이하 1,790여 인에게 그 훈공에 따라 위계를 내린다. 정4위하 大伴宿禰 駿河麻呂에게 정4위상 훈3등을, 종5위상 紀朝臣廣純에게 정5위하 훈5등을, 종6위상 百濟王俊哲[71]에게 훈6등을 내리고 그 외는 각각 차등있게 위계를 내렸다. 그 공이 적어 서훈에 미치지 못하는 자는 물품을 차등있게 내렸다.

정사(27일), 참의 정3위 大藏卿藤原朝臣楓麻呂에게 攝津大夫를 겸직시키고,

---

71) 右京大夫 百濟王理伯의 아들이고, 百濟王敬福의 孫이다. 寶龜 9년(778)에 훈5등을 받고, 동 11년에 종5위하에 서위된 뒤 한 달 후 다시 종5위상을 받고, 이어 陸奧鎭守副將軍에 임명되었다. 天應 원년(781)에 정5위상으로 승진되었고 훈4등을 받았다. 延曆 6년(787) 무언가의 사건으로 日向權介로 좌천되었으나, 그의 무관의 능력을 높이 평가해 사면되었고, 또한 百濟王氏를 우대한 조정의 방침으로 下野守, 陸奧鎭守將軍에 임명되었다.

左少弁 종5위상 小野朝臣石根에게 中衛少將을 겸직시키고, 종4위하 大伴宿禰家持를 衛門督으로 삼았다.

12월 갑신(25일), 종3위 石上朝臣宅嗣에게 物部朝臣의 성을 내렸다. (이것은) 청원했기 때문이다.

『속일본기』 권제33

續日本紀卷第三十三

〈起寶龜五年正月, 盡六年十二月〉

右大臣從二位兼行皇太子傅中衛大將臣藤原朝臣繼繩等奉勅撰

天宗高紹天皇

○ **寶龜五年**春正月辛丑朔, 宴五位已上於內裏賜被. 壬寅, 尚藏從三位吉備朝臣由利薨. 甲辰, 授無位弓削女王從五位下. 丁未, 天皇臨軒, 授正三位藤原朝臣良繼從二位, 從五位下三關王, 三方王並從五位上, 正四位下藤原朝臣百川正四位上, 正五位下巨勢朝臣公成, 石川朝臣垣守, 藤原朝臣雄依並正五位上, 從五位上安倍朝臣三縣, 石川朝臣豊人, 多治比眞人木人, 榎井朝臣子祖, 大中臣朝臣子老並正五位下, 從五位下石川朝臣眞永, 小野朝臣石根, 藤原朝臣種繼, 佐伯禰久良麻呂並從五位上, 正六位上紀朝臣本, 多治比眞人黑麻呂, 正六位下藤原朝臣黑麻呂, 藤原朝臣眞葛並從五位下, 事畢宴於五位已上, 賜祿有差. 戊申, 授正四位下藤原朝臣楓麻呂正四位上. 己酉, 授從四位上藤原朝臣濱成正四位下. 辛亥, 勅, 先令大臣身帶二位者著中紫. 自今以後, 宜爲例行之. 授正五位上置始女王從四位下. 丙辰, 宴五位已上於楊梅宮, 饗出羽蝦夷俘囚於朝堂. 敍位賜祿有差. 庚申, 詔停蝦夷俘囚入朝. 乙丑, 山背國言, 去年十二月, 於管內乙訓郡乙訓社, 狼及鹿多, 野狐一百許, 每夜吠鳴, 七日乃止.

二月壬申, 一七日讀經於天下諸國, 攘疫氣也. 壬午, 京師飢, 賑給之. 壬辰, 因幡國八上郡員外少領從八位上國造寶頭賜姓因幡國造. 癸巳, 以大法師鏡忍, 法師賢憬, 並爲律師. 丙申, 授正七位上平群朝臣野守從五位下. 己亥, 尾張國飢, 賑給之. 癸卯, 讚岐國飢, 賑給之. 但馬守從四位下安倍朝臣息道卒. 是日, 新羅國使禮府卿沙湌金三玄已下二百三十五人, 到泊大宰府. 遣河內守從五位上紀朝臣廣純, 大外記外從五位下內藏忌寸全成等, 問其來朝之由. 三玄言曰, 奉本國王敎, 請修舊好每相聘問, 并將國信物及在唐大使藤原河淸書來朝. 問曰, 夫請修舊好每相聘問. 乃似亢禮之隣, 非是供職之國. 且改貢調稱爲國信, 變古改常, 其義如何. 對曰, 本國上宰金順貞之時, 舟楫相尋, 常脩職貢. 今其孫邕, 繼位執政, 追尋家聲, 係心供奉. 是以, 請修舊好每相聘問. 又三玄本非貢調之使, 本國便因使次, 聊進土毛. 故不稱御調. 敢陳便宜. 自外不知. 於是, 勅問新羅入朝由使等曰, 新羅元來稱臣貢調, 古今所知. 而不率舊章, 妄作新意, 調稱信物, 朝爲修好. 以昔准今, 殊無禮數. 宜給渡海料, 早速放還. 甲辰, 以從五位下池田朝臣眞枚爲少納言, 從五位上小野朝臣石根爲左中弁, 中衛少將如故, 從五位下紀朝臣勝雄爲左少弁, 近江介如故. 大納言從二位文室眞人大市爲兼中務卿, 從五位下藤原朝臣是人爲圖書頭, 從五位下阿倍朝臣爲奈麻呂爲助, 正四位下春宮大夫左衛士督藤原朝臣是公爲兼式部大輔, 從五位下石川朝臣人麻呂爲少輔, 從五位上日置造蓑麻呂爲大學頭, 東宮學士如故. 從四位上藤原朝臣家依爲治部卿, 從五位上石川朝臣名繼爲少輔, 從五位下山邊眞人笠爲玄蕃頭, 從五位下安倍朝臣弟當爲主稅頭, 從四位下紀朝臣廣庭爲兵部大輔, 從五位下紀朝臣門守爲兵馬正, 正四位下藤原朝臣濱成爲刑部卿, 從五位下石川朝臣在麻呂爲少輔, 從四位下石上朝臣息繼爲大藏卿, 從五位上中臣朝臣常爲宮內大輔, 從五位下大宅眞人眞木爲少輔, 外從五位下船木直馬養爲園池正, 從五位下大伴宿禰東人爲彈正弼, 從四位下百濟王理伯爲右京大夫, 從五位上笠朝臣道引爲亮, 正五位下掃守王爲攝津大夫, 從五位下大原眞人淸貞爲亮, 正五位下葛井連道依爲勅旨少輔, 從五位下健部朝臣人上爲員外少輔, 伊豫介如故. 從五位上文室眞人高嶋爲造宮大輔, 外從五位下土師宿禰和麻呂爲大和介, 從五位上紀朝臣廣純爲河內守, 從五位下藤原朝臣鷲取爲伊勢守, 從五位下紀朝臣古佐美爲介, 從五位下石川朝臣豊麻呂爲尾張守, 中衛員外中將從四位上伊勢朝臣老人爲兼遠江守, 內膳正從五位下山邊王爲兼駿河守, 從五位下安倍朝臣諸上爲介, 外從五位下村國連子老爲伊豆守, 從四位下大伴宿禰家持爲相摸守, 刑部卿正四位下藤原朝臣濱成爲兼武藏守, 從五位下布勢朝臣淸直爲介, 從五位下藤原朝臣黑麻呂爲上總介, 彈正尹從四位下藤原朝臣乙繩爲兼下總守, 外從五位下秦忌寸伊波多氣爲飛驒守, 從五位下石川朝臣望足爲信濃守, 從五位下賀茂朝臣人麻呂爲上野介, 從五位下大中臣朝臣宿奈麻呂爲下野守, 從五位上上毛野朝臣稻人爲陸奧介, 從五位下百濟王武鏡爲出羽守, 外從五位下下毛野朝臣根麻呂爲介, 從五位下多治比眞人名負爲能登守, 從五位下牟都伎王爲越中介, 從五位下紀朝臣犬養爲越後介, 右兵衛督從五位下藤原朝臣宅美爲兼丹波守, 外從五位下日置造道形爲介, 從五位下藤原朝臣刷雄爲但馬介, 外從五下六人部連廣道爲出雲介, 從五位下文室眞人眞老爲石見守, 右衛士督正五位上藤原朝臣雄依爲兼播磨守, 右大舍人頭從四位下神王爲兼美作守, 從五位下紀朝臣眞乙爲介, 從五位上三方王爲備前守, 外從五位下秦忌寸眞成爲介, 從五位下大中臣朝臣繼麻呂爲備中守, 從五位下廣川王爲備後守, 陰陽頭從四位上大津連大浦爲兼安藝守, 外從五位下安都宿禰眞足爲介, 外從五位下上毛野公息麻呂爲周防守, 從五位下大伴宿禰田麻呂爲土左守, 從五位下多治比眞人公子爲肥前守, 從五位下多治比眞人豊濱爲豊前守, 外從五位下秦忌寸襄守爲日向守. 乙巳, 以外從五位下長尾忌寸金村爲伊賀守. 丙午, 侍醫外從五位下淸岡連廣嶋爲兼丹後介. 大和國飢, 賑給之. 戊申, 賜諸國糶私稻者七人爵各一級. 紋越前國丹生郡雨夜神從五位下. 參河國飢, 賑給之.

三月甲寅, 授無位文室眞人古能可美從五位下. 丁巳, 勅, 比年, 員外國司, 其數寔繁. 徒有煩擾之損, 彌乖簡易之化. 永言其弊, 理合廢省. 宜仰所司, 歷任五年已上, 一皆解却. 其未秩滿者, 每滿五年, 解任放上, 不必待符. 辛酉, 能登國飢, 賑給之. 戊辰, 以從五位下藤原朝臣刷雄爲但馬守.

夏四月己卯, 勅曰, 如聞, 天下諸國疾疫者衆. 雖加醫療, 猶未平復. 朕君臨宇宙, 子育黎元. 興言念此, 寤寐爲勞. 其摩訶般若波羅蜜者, 諸佛之母也. 天子念之, 則兵革災害不入國中. 庶人念之, 則疾疫癘鬼不入家內. 思欲憑此慈悲, 救彼短折. 宜告天下諸國, 不論男女老少, 起坐行步, 咸令念誦摩訶般若波羅蜜. 其文武百官向朝赴曹, 道次之上, 及公務之餘, 常必念誦. 庶使陰陽叶序, 寒溫調氣, 國無疾疫之災, 人遂天年之壽. 普告遐邇, 知朕意焉. 癸未, 授無位藤原朝臣仲繼從五位下. 己丑, 美濃國飢, 賑給之. 庚寅, 奉黑毛馬於丹生川上神, 旱也. 壬辰, 以從五位下相摸宿禰伊波爲尾張守, 從五位下石川朝臣豊麻呂爲美濃介, 外從五位下下毛野朝臣根麻呂爲下野介, 從五位下宍人朝臣繼麻呂爲若狹守, 從三位藤原朝臣藏下麻呂爲大宰帥. 甲午, 近江國飢, 賑給之.

五月庚子, 復當麻眞人高庭本位從五位下. 壬寅, 河內國飢, 賑給之. 癸卯, 正四位上藤原朝臣百川, 藤原朝臣楓麻呂並授從三位. 以從三位藤原朝臣藏下麻呂, 正四位下藤原朝臣是公並爲參議, 復無位大原眞人宿奈麻呂本位從五位下. 乙卯, 勅大宰府曰, 比年新羅蕃人, 頻有來著, 尋其緣由, 多非投化, 忽被風漂, 無由引還留爲我民, 謂本主何. 自今以後, 如此之色. 宜皆放還以示弘恕, 如有船破及絶粮者, 所司量事, 令得歸計. 癸亥, 散位從四位下大伴宿禰御依卒. 丁卯, 以從五位下坂上忌寸石楯爲中衛將監.

六月庚午, 始令太政官左右官掌把笏. 壬申, 奉幣於山背國乙訓郡乙訓社, 以犲狼之怪
也. 奉黑毛馬於丹生川上神, 旱也. 辛巳, 志摩國飢, 賑給之. 乙酉, 伊豫國飢, 賑給之.
丁亥, 飛驒國飢, 賑給之. 庚寅, 以從五位下紀朝臣犬養爲伊豆守, 外從五位下六人部
連廣道爲越後介, 外從五位下村國連子老爲出雲介, 從五位下石川朝臣諸足爲備後
介.

秋七月己亥, 復女孺無位足羽臣黑葛本位外從五位上. 辛丑, 若狹, 土左二國飢, 賑給
之. 丁未, 上總國獻白烏. 戊申, 大納言從二位文室眞人大市重乞致仕. 詔, 卿年及懸
車, 告老言退. 古人所謂, 知足不辱, 知止不殆, 此之謂也. 思欲留連, 恐非優老之道.
體力如健, 隨時節朝參. 因賜御杖. 庚戌, 授命婦從五位下紀朝臣方名從四位下. 丁巳,
陸奧國行方郡災, 燒穀穎二萬五千四百餘斛. 戊午, 尾張國飢, 賑給之. 以從五位下紀
朝臣本爲左少弁, 從五位上佐伯宿禰久良麻呂爲近江介. 是日, 尙膳從三位藤原朝臣
家子薨, 遣使弔賻之贈正三位. 庚申, 以河內守從五位上紀朝臣廣純爲兼鎭守副將軍.
勅陸奧國按察使兼守鎭守將軍正四位下大伴宿禰駿河麻呂等曰, 將軍等, 前日奏征夷
便宜, 以爲, 一者不可伐, 一者必當伐. 朕爲其勞民, 且事含弘. 今得將軍等奏, 蠢彼蝦
狄, 不悛野心, 屢侵邊境, 敢拒王命. 事不獲已. 一依來奏. 宜早發軍, 應時討滅. 壬戌,
陸奧國言, 海道蝦夷, 忽發徒衆, 焚橋塞道, 旣絶往來. 侵桃生城, 敗其西郭. 鎭守之兵,
勢不能支, 國司量事, 興軍討之. 但未知其相戰而所殺傷.

八月己巳, 勅坂東八國曰, 陸奧國如有告急, 隨國大小, 差發援兵二千已下五百已上,
且行且奏, 務赴機要. 庚午, 遣使秡淨天下諸國, 以齋內親王將向伊勢也. 壬午, 以從五
位下廣上王爲齋宮長官. 甲申, 勅, 外國五位已上, 身亡本居者, 自今以後, 宜割當國正
稅給其賻物. 乙酉, 上總守從四位下桑原王卒. 己丑, 幸新城宮. 授別當從五位上藤原
朝臣諸姉正五位下, 外從五位下刑部直外虫名正五位下. 辛卯, 先是, 天皇依鎭守將軍
等所請, 令征蝦賊. 至是更言, 臣等計, 賊所爲, 旣是狗盜鼠竊. 雖時有侵掠, 而不致大
害. 今屬茂草攻之. 臣恐後悔無及. 天皇以其輕論軍興首尾異計, 下勅, 深譴責之.

九月己亥, 齋內親王向于伊勢. 庚子, 授正六位上尾張連豐人外從五位下, 以從五位下
安倍朝臣弟當爲少納言, 大納言正三位藤原朝臣魚名爲兼中務卿, 從五位下石川朝臣
淨麻呂爲少輔, 從五位下高麗朝臣石麻呂爲員外少輔, 從五位下藤原朝臣長道爲主稅
頭, 從三位藤原朝臣繼繩爲兵部卿, 左兵衛督如故. 外從五位下日置首若虫爲漆部正,

從四位上大伴宿禰伯麻呂爲宮內卿, 從四位下大伴宿禰家持爲左京大夫, 從五位下藤原朝臣鷹取爲亮, 從五位上弓削宿禰鹽麻呂爲右京亮, 外從五位下伊勢朝臣子老爲造宮少輔, 外從五位下丹比宿禰眞繼爲鑄錢次官, 外從五位下英保首代作爲修理次官, 周防掾如故, 從五位下藤原朝臣菅繼爲常陸介, 左京大夫從四位下大伴宿禰家持爲兼上總守, 從五位下巨勢朝臣馬主爲能登守, 大外記外從五位下內藏忌寸全成爲兼越後介, 從五位上石川朝臣眞永爲大宰少貳. 辛丑, 內匠頭正五位下葛井連道依爲兼右兵衛佐, 丹波介從五位下廣川王爲兼內兵庫正. 壬寅, 令天下諸國修造溝池. 癸卯, 遣使覆檢於天下諸國. 戊午, 復縣犬養宿禰內麻呂本位於五位下. 辛酉, 以春宮員外大進外從五位下河內連三立麻呂爲兼河內權介, 外從五位下尾張連豊人爲山背權介, 大監物從五位下礒部王爲兼參河守, 從五位下笠朝臣名麻呂爲權介. 遣使於五畿內, 修造陂池, 並差三位已上, 以爲檢校, 國一人. 甲子, 從五位下和氣禰淸麻呂廣虫, 賜姓朝臣. 冬十月己巳, 散位從四位下國中連公麻呂卒. 本是百濟國人也. 其祖父德率國骨富, 近江朝庭藏次癸亥屬本蕃喪亂歸化. 天平年中, 聖武皇帝發弘願, 造盧舍那銅像, 其長五丈, 當時鑄工無敢加手者, 公麻呂頗有巧思, 竟成其功. 以勞遂授四位, 官至造東大寺次官兼但馬員外介. 寶字二年, 以居大和國葛下郡國中村, 因地命氏焉. 庚午, 陸奧國遠山村者, 地之險阻, 夷俘所憑, 歷代諸將, 未嘗進討. 而按察使大伴宿禰駿河麻呂等, 直進擊之, 覆其巢穴, 遂使窮寇奔亡, 降者相望. 於是, 遣使宣慰, 賜以御服絲帛. 十一月甲辰, 幸坂合部內親王第, 授從二位文室眞人大市正二位, 四品坂合部內親王三品. 乙巳, 授大市妾無位錦部連針魚女外從五位下. 陸奧國言, 大宰, 陸奧, 同警不虞, 飛驛之奏, 當記時剋. 而大宰旣有漏剋, 此國獨無其器者. 遣使置之.
十二月戊辰, 復從五位下山邊眞人笠屬籍. 乙酉, 右大臣正二位勳四等大中臣朝臣淸麻呂上表重乞骸骨. 優詔不許. 丁亥, 正三位圓方女王薨. 平城朝左大臣從一位長屋王之女也.

○ 寶龜六年春正月乙未朔, 宴五位已上於內裏, 賜祿有差. 丁酉, 勅, 三春初啓, 萬物惟新, 天地行仁, 動植霑惠. 古之明主, 應此良辰, 必布恩德, 廣施慈命. 朕雖虛薄, 何不思齊. 宜可大赦天下. 自寶龜六年正月三日昧爽以前大辟罪已下, 罪無輕重, 已發覺, 未發覺, 已結正, 未結正, 繫囚見徒, 咸赦除之. 其八虐, 故殺人, 强盜竊盜, 私鑄錢, 常赦所不免者, 不在赦限. 但入死者皆減一等, 普告遐邇, 知朕意焉. 戊戌, 授無位粟田

朝臣廣刀自從五位下. 辛丑, 宴五位已上賜衾. 己酉, 授正四位下大伴宿禰古慈斐從三
位. 庚戌, 從五位下參河王, 伊刀王, 田上王並授從五位上, 從四位上藤原朝臣家依,
大伴宿禰伯麻呂並正四位下, 正五位下多治比眞人木人正五位上, 從五位下高向朝臣
家主, 藤原朝臣鷲取, 中臣習宜朝臣山守, 佐伯宿禰國守並從五位上, 外從五位上坂上
忌寸老人, 外從五位下淨岡連廣嶋, 正六位上百濟王玄鏡, 坂本朝臣繩麻呂, 小治田朝
臣諸成, 田中朝臣難波麻呂, 大伴宿禰上足並從五位下, 正六位上高市連屋守, 越智直
入立並外從五位下. 事畢宴於五位已上, 賜祿有差. 庚寅, 復無位津嶋朝臣小松本位從
五位下, 授正六位上伊蘇志臣總麻呂外從五位下. 辛酉, 授正六位上陽疑造豊成女外
從五位下.

二月辛未, 地震. 先是, 天平寶字八年, 以弓削宿禰爲御淸朝臣, 連爲宿禰. 至是皆復本
姓. 甲戌, 讚岐國飢, 賑給之. 丙子, 遣使於伊勢, 繕修渡會郡堰溝. 且令行視多氣渡會
二郡宜耕種地. 乙酉, 授無位稗親王四品. 乙未, 始置伊勢少目二員, 參河大少目員,
遠江少目二員, 駿河大少目員, 武藏下總少目二員, 常陸少掾二員, 少目二員, 美濃少
目二員, 下野大少目員, 陸奧越前少目二員, 越中, 但馬, 因幡, 伯耆大少目員, 播磨少目
二員, 美作, 備中, 阿波, 伊豫, 土左大少目員, 肥後少目二員, 豊前大少目員. 以外從五
位下上總宿禰建麻呂爲隼人正, 從五位下佐伯宿禰藤麻呂爲左衛士員外佐, 從五位下
大中臣朝臣繼麻呂爲右衛士員外佐. 辛亥, 授正四位下藤原朝臣濱成正四位上. 丙辰,
陸奧蝦賊騷動, 自夏涉秋, 民皆保塞, 田疇荒廢. 詔復當年課役田租. 己未, 置酒田村舊
宮, 群臣奉觴上壽, 極日盡歡, 賜祿有差.

夏四月戊辰, 正七位上飯高公若舍人等十一人賜姓宿禰. 己巳, 河內, 攝津兩國有鼠食
五穀及草木. 遣使奉幣於諸國群神. 辛未, 授正五位下佐伯宿禰助從四位下. 庚午,
外從五位下大隅忌寸三行爲隼人正. 壬申, 授川部酒麻呂外從五位下, 酒麻呂肥前國
松浦郡人也. 勝寶四年, 爲入唐使第四船柁師, 歸日海中順風盛扇, 忽於船尾失火. 其
炎覆艫而飛, 人皆惶遽不知爲計. 時酒麻呂廻柁, 火乃傍出, 手雖燒爛, 把柁不動. 因遂
撲滅, 以存人物, 以功授十階, 補當郡員外主帳. 至是授五位. 乙亥, 近江國獻白龜赤
眼. 丁丑, 山背國獻白雉. 丁亥, 以從五位下藤原朝臣長繼爲內兵庫正. 己丑, 井上內親
王, 他戶王並卒.

五月癸巳朔, 伊勢國多氣郡人外正五位下敢礒部忍國等五人賜姓敢臣. 丙申, 地震.
癸卯, 備前國飢, 賑給之. 乙巳, 有野狐, 居于大納言藤原朝臣魚名朝座. 丙午, 白虹竟

天. 己酉, 從四位上陰陽頭兼安藝守大津連大浦卒. 大浦者世習陰陽. 仲滿甚信之,
問以事之吉凶. 大浦知其指意涉於逆謀, 恐禍及己, 密告其事. 居未幾, 仲滿果反, 其年
授從四位上, 賜姓宿禰, 拜兵部大輔兼美作守. 神護元年, 以薰和氣王, 除宿禰姓, 左遷
日向守, 尋解見任, 卽留彼國. 寶龜初, 原罪在京, 任陰陽頭, 俄兼安藝守, 卒於官.
己未, 以京庫綿一萬屯. 甲斐, 相摸兩國綿五千屯, 造襖於陸奥國.

六月癸亥朔, 解却畿內員外史生巳上. 丙子, 授無位藤原朝臣勤子從五位下. 辛巳, 以
正四位下佐伯宿禰今毛人爲遣唐大使, 正五位上大伴宿禰益立, 從五位下藤原朝臣鷹
取爲副, 判官錄事各四人, 造使船四隻於安藝國. 甲申, 遣使祭疫神於畿內諸國. 丁亥,
奉黑毛馬於丹生川上神, 旱也. 其畿內諸國界, 有神社能興雲雨者. 亦遣使奉幣. 庚寅,
授正六位下大原眞人美氣從五位下.

秋七月壬辰朔, 參議大宰帥從三位勳二等藤原朝臣藏下麻呂薨. 平城朝參議正三位式
部卿大宰帥馬養之第九子也. 自內舍人, 遷出雲介. 寶字七年, 授從五位下, 任少納言.
八年之亂, 賊走近江, 官軍追討, 藏下麻呂將兵奄至, 力戰敗之. 以功授從三位勳二等,
歷近衛大將兼左京大夫伊豫土左等國按察使. 寶龜五年, 自兵部卿遷大宰帥. 薨年四
十二. 丙申, 參河, 信濃, 丹後三國飢, 並賑給之. 壬寅, 以從四位下石川朝臣名足爲大
宰大貳, 從五位下多治比眞人豐濱爲少貳. 丁未, 下野國言, 都賀郡有黑鼠數百許, 食
草木之根數十里所. 庚戌, 雨雹. 大者如碁子. 丙辰, 山背國紀伊郡人從八位上金城史
山守等十四人賜姓眞城史. 丁巳, 授正五位下藤原朝臣諸姉正五位上, 無位藤原朝臣
綿手從五位下.

八月丙寅, 和泉國飢, 賑給之. 戊辰, 有野狐, 踞于閤門. 從五位下昆解沙彌麻呂賜姓宿
禰. 辛未, 授正五位下百濟王明信正五位上. 癸酉, 始設蓮葉之宴. 丙子, 授正五位上安
倍朝臣子美奈從四位下. 庚辰, 太政官奏曰, 伏奉去七月二十七日勅, 如聞, 京官祿薄,
不免飢寒之苦. 國司利厚, 自有衣食之饒. 因茲, 庶僚咸望外任, 多士曾無廉恥. 朕君臨
區宇, 志在平分, 思欲割諸國之公廨, 加在京之俸祿. 卿等宜詳議奏聞者, 臣聞, 三代弛
張, 百王沿革, 隨時損益, 事在利人. 伏惟, 陛下仁霑品物, 化被群方, 愍庶僚之飢寒,
均內外之豐儉, 損彼有餘, 補此不足. 凡在動植, 莫不霑潤. 臣等承奉聖旨, 喜百恒情,
臣等商量, 每國割取公廨四分之一, 以益在京俸祿. 奏可. 癸未, 伊勢, 尾張, 美濃三國
言, 九月有異常風雨, 漂沒百姓三百餘人, 馬牛千餘, 及壞國分幷諸寺塔十九. 其官私
廬舍不可勝數, 遣使修理伊勢齋宮. 又分頭案檢諸國被害百姓. 是日, 祭疫神於五畿

內. 庚寅, 授遣唐錄事正七位上羽栗翼外從五位下, 爲准判官. 辛卯, 大祓. 以伊勢美濃等國風雨之災也.

九月甲辰, 以正五位下佐伯宿禰國益爲河內守, 從五位上石川朝臣在麻呂爲尾張介, 從五位上紀朝臣廣純爲陸奧介, 鎭守副將軍如故. 從五位下縣犬養宿禰眞伯爲備後介, 從五位下石川朝臣諸足爲讚岐介, 從五位上高向朝臣家主爲筑後守, 從五位上弓削宿禰鹽麻呂爲豊前守. 壬寅, 勅, 十月十三日, 是朕生日. 每至此辰, 感慶兼集. 宜令諸寺僧尼, 每年是日轉經行道. 海內諸國, 並宜斷屠. 內外百官, 賜酺宴一日. 仍名此日爲天長節. 庶使廻斯功德, 虔奉先慈, 以此慶情, 普被天下. 丙午, 河內國進白龜. 辛亥, 遣使奉白馬及幣於丹生川上, 畿內群神, 霖雨也. 戊午, 以正四位下大伴宿禰駿河麻呂, 從四位下紀朝臣廣庭, 並爲參議. 從五位上藤原朝臣種繼爲近衛少將, 山背守如故. 從五位上紀朝臣船守爲員外少將, 紀伊守如故.

冬十月辛酉朔, 日有蝕之. 壬戌, 前右大臣正二位勳二等吉備朝臣眞備薨. 右衛士少尉下道朝臣國勝之子也. 靈龜二年, 年二十二, 從使入唐, 留學受業, 硏覽經史, 該涉衆藝. 我朝學生播名唐國者. 唯大臣及朝衡二人而已. 天平七年歸朝, 授正六位下, 拜大學助. 高野天皇師之, 受禮記及漢書, 恩寵甚渥, 賜姓吉備朝臣. 累遷, 七歲中, 至從四位上右京大夫兼右衛士督. 十一年, 式部少輔從五位下藤原朝臣廣嗣, 與玄昉法師有隙, 出爲大宰少貳, 到任卽起兵反, 以討玄昉及眞備爲名. 雖兵敗伏誅, 逆魂未息. 勝寶二年左降筑前守, 俄遷肥前守, 勝寶四年爲入唐副使, 廻日授正四位下, 拜大宰大貳. 建議創作筑前國怡土城. 寶字七年, 功夫略畢, 遷造東大寺長官. 八年仲滿謀反, 大臣計其必走, 分兵遮之. 指麾部分甚有籌略, 賊遂陷謀中, 旬日悉平. 以功授從三位勳二等, 爲參議中衛大將. 神護二年, 任中納言, 俄轉大納言, 拜右大臣, 授從二位. 先是, 大學釋奠, 其儀未備, 大臣依稽禮典, 器物始修, 禮容可觀. 又大藏省雙倉被燒, 大臣私更營構, 于今存焉. 寶龜元年, 上啓致仕, 優詔不許. 唯罷中衛大將. 二年累抗啓乞骸骨, 許之. 薨時年八十三. 遣使弔賻之. 丙寅, 地震. 辛未, 以從五位下笠朝臣名麻呂爲齋宮頭. 癸酉, 出羽國言, 蝦夷餘燼, 猶未平殄. 三年之間, 請鎭兵九百九十六人. 且鎭要害, 且遷國府. 勅差相摸, 武藏, 上野, 下野四國兵士發遣. 是日天長. 大酺. 群臣獻觴好酒食, 宴畢賜祿有差. 乙亥, 以從五位下文室眞人水通爲安藝守. 己卯, 屈僧二百口, 讀大般若經於內裏及朝堂. 甲申, 大祓. 以風雨及地震也. 乙酉, 奉幣帛於伊勢太神宮. 十一月丙申, 遣使於五畿內, 修造溝池. 丁酉, 大宰府言, 日向薩摩兩國風雨, 桑麻損盡.

詔不問寺神之戶, 並免今年調庸. 乙巳, 遣使於陸奧國宣詔, 夷俘等忽發逆心, 侵桃生城, 鎭守將軍大伴宿禰駿河麻呂等, 奉承朝委, 不顧身命, 討治叛賊, 懷柔歸服, 勤勞之重, 實合嘉尙, 駿河麻呂已下一千七百九十餘人, 從其功勳加賜位階, 授正四位下大伴宿禰駿河麻呂正四位上勳三等, 從五位上紀朝臣廣純正五位下勳五等, 從六位上百濟王俊哲勳六等, 餘各有差. 其功卑不及敍勳者, 賜物有差. 丁巳, 以參議從三位大藏卿藤原朝臣楓麻呂爲兼攝津大夫, 左少弁從五位上小野朝臣石根爲兼中衛少將, 從四位下大伴宿禰家持爲衛門督.

十二月甲申, 從三位石上朝臣宅嗣賜姓物部朝臣, 以其情願也.

續日本紀卷第三十三

『속일본기』 권제34

〈寶龜 7년(776) 정월부터 8년(777) 12월까지〉

우대신 종2위 겸 行皇太子傅 中衛大將

신 藤原朝臣繼繩 등이 칙을 받들어 편찬하다.

天宗高紹天皇[1]

○ 寶龜 7년(776), 춘정월 경인삭(1일), (천황이) 5위 이상에게 前殿[2]에서 연회를 베풀었다. 정4위상 藤原朝臣濱成에게 종3위를 내리고, 5위 이상에게 차등있게 녹을 지급하였다. 이날, 처음으로 제왕의 장식말[3]에 蓋[4]를 부착하지 않은 자는 蓋가 있는 제신의 장식말 아래에 배열하였다.

병신(7일), 정5위하 掃守王에게 정5위상을, 종5위하 礒部王에게 종5위상을, 정6위상 楊胡王에게 종5위하를, 정4위하 藤原朝臣家依에게 정4위상을, 정5위상 石川朝臣垣守에게 종4위하를, 정5위하 多治比眞人長野·石川朝臣豊人·大中臣朝臣子老에게 함께 정5위상을, 종5위상 石上朝臣家成·石川朝臣眞永에게 함께 정5위하를, 종5위하 文室眞人水通·藤原朝臣宅美·巨勢朝臣苗麻呂·巨勢朝臣池長·石川朝臣清麻呂·百濟王利善[5]·紀朝臣家守·百濟王武鏡[6]·山上朝臣船主에

---

1) 光仁天皇의 國風 시호.

2) 內裏의 남부 중앙에 있는 궁전. 동서에 각각 작은 건물이 배치되고 전방에는 광장이 있다.

3) 장식말은 원단의 의례, 節會에 의장대 형식으로 정렬시켜 위용과 장엄을 연출하기 위한 장치로 쓰였다.

4) 신분이 높은 귀인들에게 햇빛 등을 가리기 위해 배후에서 받치는 일종의 장식 우산. 「儀制令」15에는 황태자 및 4품까지의 諸王과 4위까지의 관인들에게만 허용한다고 되어 있다. 신분에 따라 색채와 형태에도 차이가 있다. 신분에 따라 장식말에도 장식 蓋를 부착하는데, 諸王이라고 해도 장식말에 장식 蓋가 허용되지 않는 5위일 경우, 4위 이상 제신의 관인의 蓋를 부착한 장식말보다 하위에 자리하게 된다.

게 함께 종5위상을, 정6위상 藤原朝臣長山·大中臣朝臣諸魚·多治比眞人三上·紀朝臣難波麻呂·紀朝臣大宅·石川朝臣太禰·石川朝臣宿奈麻呂·大神朝臣末足·大野朝臣石主·中臣朝臣池守·佐味朝臣繼人·阿倍朝臣土作·安曇宿禰淸成·紀朝臣牛長에게 함께 종5위하를, 정6위상 刑部大山·道田連安麻呂·吉田連古麻呂[7]·高橋連鷹主에게 함께 외종5위하를, 4품 能登內親王에게 3품을, 무위 秋野王·美作王, 정5위상 多治比眞人古奈禰·橘朝臣眞都我·久米連若女에게 함께 종4위하를, 정5위하 巨勢朝臣諸主에게 정5위상을, 종5위하 紀朝臣宮子에게 정5위하를, 무위 平群朝臣邑刀自·藤原朝臣産子·藤原朝臣乙倉·藤原朝臣敎貴, 종5위하 飛鳥眞人御井·藤原朝臣今子·縣犬養宿禰酒女에게 함께 종5위상을, 무위 安曇宿禰刀自, 외종5위하 大鹿臣子虫에게 함께 종5위하를 내렸다. (관위수여) 행사가 끝나자 5위 이상에게 연회를 베풀고 차등있게 녹을 지급하였다.

무신(19일), 정5위하 大伴宿禰潔足을 東海道檢稅使[8]로 삼고, 정5위하 石上朝臣家成을 東山道使로 삼고, 종5위하 吉備朝臣眞事를 北陸道使로 삼고, 종5위상 當麻眞人永嗣를 山陰道使로 삼고, 정5위하 石川朝臣眞永을 山陽道使로 삼고, 종5위하 多治比眞人三上을 南海道使로 삼고, 종5위하 多朝臣犬養을 西海道使로 삼고, 道마다 판관, 주전 각 1인씩 두었다.

---

5) 百濟王敬福의 아들. 天平神護 원년(765)에 정6위상에서 종5위하로 승서되었고, 동 2년에 飛彈守에 보임되었다. 寶龜 2년(771)에 讚岐員外介, 동 10년에 정5위하, 天應 원년(781)에 정5위상 散位頭가 되었고, 延曆 2년(783)에 종4위하에 올랐다.

6) 百濟王敬福의 아들. 天平寶字 8년(764) 藤原仲麻呂의 난 후 종6위상에서 3단계 승진해서 종5위하에 서위되었다. 神護景雲 원년(767)에 但馬介에 임명되고, 寶龜 2년(771)에 主計頭, 동 5년에 出羽守를 역임하고 동 7년에 종5위상으로 승서하였다. 天應 원년(782)에는 大膳亮에 임명되고 延曆 2년(783)에 정5위하, 동 3년에 周防守로 임명되어 지방관으로 내려갔다.

7) 백제 멸망 직후 일본으로 망명한 吉大尚의 후손으로 의약 분야에서 고위관인을 배출하였다. 吉田連古麻呂는 吉大尚의 아들로 추정되는 典藥頭 吉宜의 아들이다. 『속일본기』 神龜 원년(724) 5월조에는 "從五位上吉宜, 從五位下吉智首並吉田連"이라고 하여 吉에서 吉田連으로의 사성 기록이 보인다. 『신찬성씨록』 좌경황별하 「吉田連」조에도 "故謂其苗裔之姓爲吉氏. 男從五位下知須等, … 神龜元年賜吉田連姓"이라고 하여 (吉)知須라는 인명이 나온다. 知須는 바로 『속일본기』에 나오는 吉智首이고 吉宜와 함께 신귀 원년에 吉田連의 성을 받는다. 吉田連古麻는 光仁朝에서 內藥佑를 지냈고, 寶龜 7년(776)에 외종5위하, 동 10년에 외정5위하, 天應 원년(781)에 종5위하에 서위되었다. 延曆 3년(784)에는 內藥正이 되었고, 얼마 안 지나 侍醫에 보임되었다.

8) 檢稅使는 제국의 正倉에 수납되어 있는 세금을 점검하기 위해 파견된 사자.

을묘(26일), 정5위상 多治比眞人若日女에게 종4위하를 내렸다.

2월 갑자(6일), 陸奧國에서 언상하기를, "오는 4월 상순을 기하여 군사 2만명을 동원하여 山海[9] 2도의 적을 토벌해야 한다"라고 하였다. 이에 出羽國에 칙을 내려, 군사 4천명을 동원하여 雄勝 방면에서 서변을 토벌하도록 하였다. 이날 밤, 유성이 있었다. 그 크기가 옹기와 같았다.

병인(8일), 천황이 남문에 임하였다. 大隅, 薩摩의 隼人이 향토의 기예를 선보였다.

무진(10일), 외종5위하 大住忌寸三行·大住直倭에게 함께 외종5위상을 내렸다. 외정6위상 薩摩公豊繼에게 외종5위하를 내렸다. 그 외 8인은 지위에 따라 각각 차등있게 내렸다.

3월 신묘[10](4일), 칙을 내려, "앞서 弓削宿禰의 성을 고쳐서 弓削連으로 되돌렸다.[11] 다만 고 종5위하 弓削宿禰薩摩[12]는 원래대로 고치지 않도록 한다"라고 하였다.

계사(6일), 종5위하 粟田朝臣人成을 우소변으로 삼고, 종5위상 石川朝臣眞守를 중무소보로 삼고, 종5위하 大原眞人美氣를 右大舍人助로 삼고, 음양두 종5위상 山上朝臣船主에게 천문박사를 겸직시키고, 종5위하 多朝臣犬養을 식부소보로 삼고, 종5위하 池原公禾守를 主計頭로 삼고, 외종5위하 道田連安麻呂를 主稅助로 삼고, 정5위하 豊野眞人奄智를 병부대보로 삼고, 종5위하 石川朝臣名主를 鼓吹正으로 삼고, 종5위하 紀朝臣難波麻呂를 형부소보로 삼고, 종5위하 廣川王을 대판사로 삼고, 종5위상 菅生王을 대장대보로 삼고, 종5위하 佐味朝臣繼人을 궁내소보로 삼고, 종5위하 安曇宿禰淨成을 內膳奉膳으로 삼고, 종5위하 淨上王을 造酒正으로 삼고, 외종5위하 高市連豊足을 內染正으로 삼고,

---

9) 陸奧國과 出羽國 지역에 거주하는 蝦夷를 진압하기 위한 鎭守府가 있는 多賀城에서 북으로 향하는 山道와 桃生城 방면으로 나가는 海道.

10) 日本古典文學大系本에는 己丑朔으로 수정하였다. 이하 이달의 일간지도 모두 동일하게 수정하였다.

11) 寶龜 6년 2월 신미조.

12) 道鏡의 종형제. 藤原仲麻呂의 난 때의 공로로 종5위하 下野員外介에 임명되었으나 부정행위로 고발당하여 직무정지 처분을 받았다. 후에 은사를 받아 陰陽助에 임명되었고, 神護景雲 3년(769)에 能登員外介가 되었다.

외종5위하 長瀨連廣足13)을 園池正으로 삼고, 정5위상 藤原朝臣雄依를 좌경대
부로 삼고, 외종5위하 高市連屋守를 西市正으로 삼고, 외종5위하 多治比眞人歲
主를 攝津亮으로 삼고, 종5위하 紀朝臣本을 春宮亮으로 삼고, 대외기 외종5위하
羽栗翼에게 勅旨大丞을 겸직시키고, 종5위상 藤原朝臣鷲取를 造宮少輔로 삼고,
종4위하 石上朝臣息嗣를 造東大寺 장관으로 삼고, 治部卿 정4위상 藤原朝臣家依
에게 衛門督을 겸직시키고, 종5위하 大中臣朝臣諸魚를 (衛門)員外佐로 삼고,
종4위하 藤原朝臣小黑麻呂를 右衛士督으로 삼고, 종5위상 巨勢朝臣池長을 (右衛
門)佐로 삼고, 종5위하 大原眞人淸貞을 (右衛門)員外佐로 삼고, 종5위하 大中臣
朝臣繼麻呂를 山背守로 삼고, 종4위하 大伴宿禰家持를 伊勢守로 삼고, 內匠助
외종5위하 松井連淨山에게 下總大掾을 겸직시키고, 造宮卿 종3위 高麗朝臣福
信14)에게 近江守를 겸직시키고, 종5위하 紀朝臣大宅을 飛驛守로 삼고, 종5위하

---

13) 고구려계 후예씨족인 狛連廣足. 天平寶字 2년(758) 6월조에 狛廣足, 狛淨成 등 4인에게
　　長背連(長瀨連)의 씨성을 주었다고 기록되어 있다. 장배련의 옛 성은 고구려를 의미하
　　는 狛이었다. 장배련의 일족으로는 천평보자 2년(758) 7월 5일부의 「千手千眼幷新羂索
　　藥師經經師等筆墨直充帳」(『大日本古文書』 13-357) 등 사경 관련 문서에 長背若萬呂라는
　　인명이 산견되고 있다. 한편 『일본삼대실록』 貞觀 18년(876) 6월조에는 흥복사 승
　　德操가 元 右京人 長背村主와 함께 사적으로 돈을 주조한 혐의로 유형에 처해진 기록이
　　보인다. 이때 장배촌주는 '元長背村主'라고 하듯이 連의 성에서 촌주로 강등된 것이
　　아닌가 생각된다. 『신찬성씨록』 우경제번하의 「長背連」조에는 "高麗國王 鄒牟〈일명
　　朱蒙이다.〉의 후손이다. 天國排開廣庭天皇〈시호는 欽明이다〉시대에 무리를 이끌고
　　투화하였다. 얼굴이 잘생기고 몸이 장대하고 키가 커서 長背王이라는 이름을 내렸다"
　　고 기록되어 있다. 長瀨連廣足은 寶龜 7년(776) 3월에 園池正, 同月에 西市正에 임명되었
　　다.

14) 延曆 8년(789)조 그의 薨傳 기사에 무장국 고려군 사람으로 본성은 背奈이고 조부인
　　福德이 당나라 장군 이세적이 평양성을 함락했을 때 일본에 귀화하여 무장에 살게
　　되었다고 한다. 이 씨족의 본성은 背奈로 되어 있는데, 고구려 5부의 消奴部에서
　　유래하는 '背奈'에서 나왔고 고구려 5부 중 소노부 출신으로 생각된다. 背奈氏는 양로
　　5년(721)을 하한으로 하는 시기에 背奈公으로 바뀌었고, 천평 19년(747)에 背奈王으로,
　　천평승보 2년(750)에 高麗朝으로, 寶龜 10년(779)에는 다시 高倉朝臣으로 개성되었
　　다. 『신찬성씨록』 좌경제번 「고려」조에는 "高麗朝臣은 고구려왕 好台 7세손 延典王으로
　　부터 나왔다"라고 기록되어 있다. 福信薨傳에 따르면 그는 백부 背奈公行文의 도움을
　　받아 궁중의 內竪所에서 정8위에 상당하는 右衛士大志로 출발하였고, 天平 연간에는
　　외종5위하를 받고 春宮亮에 임명되었다. 성무천황의 총애를 받아 天平勝寶(749-757)
　　초에는 종4위 紫微少弼에 이르렀고, 神護 원년(765)에 종3위로 造宮卿에 임명되어
　　武藏守, 近江守를 겸임하였다. 또한 천평승보 8세(756), 寶龜 원년(770), 延曆 2년(783)
　　등 3번에 걸쳐 무장국 장관인 무장수를 겸임하였다.

大伴宿禰上足을 上野介로 삼고, 종5위상 藤原朝臣宅美를 越前守로 삼고, 종5위상 石川朝臣淸麻呂를 (越前)介로 삼고, 종5위하 牟都伎王을 越中守로 삼고, 종5위하 小治田朝臣諸成을 (越中)介로 삼고, 종5위하 矢集宿禰大唐을 能登守로 삼고, 종5위하 石川朝臣宿奈麻呂를 越後守로 삼고, 종5위상 紀朝臣家守를 丹波守로 삼고, 종5위하 大原眞人宿奈麻呂를 伯耆守로 삼고, 정5위상 多治比眞人長野를 出雲守로 삼고, 종5위상 豊野眞人五十戶를 (出雲)介로 삼고, 內藥正 외종5위하 吉田連斐太麻呂[15]에게 (出雲)掾을 겸직시키고, 정5위하 大伴宿禰潔足을 播磨守로 삼고, 외종5위하 秦忌寸石竹을 (播磨)介로 삼고, 종5위하 大神朝臣末足을 備中守로 삼고, 종5위하 多治比眞人三上을 長門守로 삼고, 외종5위하 三嶋宿禰宗麻呂를 淡路守로 삼고, 종5위상 安倍朝臣東人을 豊後守로 삼았다.

병신(9일), 종4위하 石川朝臣垣守를 중무대보로 삼고, 종5위상 紀朝臣鯖麻呂를 목공두로 삼았다.

신해(24일), 종5위하 多朝臣犬養을 우소변으로 삼고, 종5위하 粟田朝臣人成을 中務少輔로 삼고, 조5위상 石川朝臣眞守를 식부소보로 삼고, 외종5위하 高市連屋守를 園池正으로 삼고, 외종5위하 長瀨連廣足을 西市正으로 삼고, 외종5위상 紀朝臣家守를 춘궁량으로 삼고 丹波守는 종전대로 하였다.

병진(29일), 종5위하 紀朝臣本을 尾張守로 삼았다.

하4월 무오삭(1일), 일식이 있었다.

기사(12일), 칙을 내려, "천지의 신을 제사지내는 것은 국가의 큰 의식이다. 만약 진심으로 공경하지 않는다면, 어떻게 복을 가져올 수 있겠는가. 듣는 바에 의하면, 제신사는 관리하고 있지 않아 인간과 가축에 의해 훼손되고 더럽혀지고 있다. 춘추의 제사도 또한 거의 행해지고 있지 않다. 이 때문에 축하의 상서가 내려지지 않고, 재이가 거듭해서 일어나고 있다. 이 일을

---

15) 吉田連은 天智 10년(671)에 백제 망명자들을 대상으로 한 관위수여식에서 소산하의 관위를 받은 吉大尙의 일족이다. 『文德實錄』 嘉祥 3년(850)의 興世朝臣書主의 「卒年」 기사에도 그의 本姓은 吉田連이고 선조의 출자에 대해 "其先出自百濟"라고 하여 백제국 출신임을 밝히고 있다. 吉田連斐太麻呂는 寶龜 2년(771)에 內藥正에 임명되고, 동 10년에는 종5위하, 天應 원년(781)에 종5위상에 서위되었다. 光仁朝에서는 시의도 겸하고 있었다. 이 씨족은 의약 분야에서 고위 관료를 배출했으며, 의약이 가업으로 계승되었다.

생각하면, 심히 부끄럽고 두려운 마음이다. 제국에 명하여 다시는 그렇게 해서는 안 된다"라고 하였다.

임신(15일), (천황)이 내리의 前殿에 임하여 견당사에게 節刀[16]를 내렸다. (천황이)조를 내려 말하였다.(宣命體)

"천황의 어명으로 견당사인에게 내린 말씀을 삼가 들으라고 분부하였다. 지금 말씀하기를, 佐伯今毛人宿禰, 大伴宿禰益立이여, 지금 그대 2인을 당에 보내는 것은 지금 처음이 아니다. 이전부터 조정의 사자를 그 국에 보내고, 그 국에서도 사자를 보내오고 있다. 이에 따라 사자를 다음의 사자로 보내는 것이다. 이 뜻을 깨닫고 그 국의 사람들이 온화하고 편안하도록 대화해야 한다. (상대를) 놀라게 하는 일은 해서는 안 된다. 또한 파견된 사신 중에 판관 이하의 자가 사형죄 이하의 죄를 범한다면, 그 죄에 따라서 처벌하도록 한다. 그런 까닭에 節刀를 내린다고 하신 말씀을 모두 들으라고 분부하였다".

이 일이 끝난 후에 대사와 부사에게 천황의 의복을 하사하였다.[17] (또) 앞서의 입당대사 藤原河淸에게 서신을 내려, "그대는 사신으로서 (명을) 받들어 먼 지역에 간 지, 오랜 세월이 지났다. 충성은 멀리서도 드러나고 있고, 소식도 듣고 있다. 따라서 지금 방문하는 조빙사에게 (그대를) 맞이하도록 하였다. 이에 비단 100필, 세포[18] 100단, 사금[19] 100량을 내린다. 잘 노력해서 사자와 함께 귀조하도록 한다. (그대를) 상견하는 날은 멀지 않아 많이는 언급하지 않겠다"라고 하였다.

병자(19일), 정4위하 飯高宿禰諸高에게 종3위를, 종5위상 因幡國造淨成女, 壬生宿禰小家主에게 함께 정5위하를, 정6위상 雀部朝臣廣持에게 종5위하를 내렸다.

---

16) 천황대권의 일부를 위임받아 사절단에 대해 군권을 행사할 수 있는 징표.

17) 외국에 파견되는 사절에게 천황이 의복 등을 하사하는 사례로,『日本後紀』弘仁 2년 (811) 4월 경인조에 견발해사에게 의복을,『續日本後紀』承和 3년(836) 4월 임진조, 정유조에도 견당대사 등에게 의복 및 금 등을 하사하였다. 천황의 의복과 같은 복장을 함으로써 일본 사절단의 위엄을 높이려는 의도가 있었다고 보인다.

18) 細布는 上總國에서 산출한 고급 삼베.

19) 기록상 일본에서 해외로 금을 보낸 첫 사례이다. 寶龜 8년(777) 5월 계유조에 일본에 온 발해사의 요청으로 황금을 준 예가 있다.

5월 무자(2일), 出羽國 志波村의 적[20]이 반역을 하여 (出羽)國과 싸웠다. 관군이 불리해져 下總, 下野, 常陸 등 제국의 기병을 동원하여 토벌하였다.

무술(12일), 近江介 종5위상 佐伯宿禰久良麻呂에게 陸奧鎭守 임시 부장군을 겸직하게 하였다.

기해(13일), 散事[21] 종4위하 佐味朝臣宮이 죽었다.

경자(14일), 정6위상 後部石嶋[22] 등 6인에게 出水連[23]의 성을 내렸다.

무신(22일), 무위 公子乎刀自에게 외종5위하를 내렸다.

을묘(29일), 大祓을 행하였다. 재해와 이변이 자주 나타났기 때문이다.

병진(30일), 승 600인을 초청하여 궁중 및 조당에서 대반야경을 독경시켰다.

6월 경신(4일), 금성이 낮에 보였다.[24]

계해(7일), 播磨國의 50호를 唐招提寺에 희사하였다.

갑자(8일), 近衛府의 대초위하 粟人道足 등 10인에게 粟直의 성을 내렸다.

기사(13일), 참의 종3위 大藏卿 겸 攝津大夫 藤原朝臣楓麻呂가 죽었다. 平城朝 증 태정대신 房前의 제7자이다.

임신(16일), 우경대부 종4위하 百濟王理伯[25]이 죽었다.

계유(17일), 무위 坂本王에게 종5위하를 내렸다.

갑술(18일), 경사 및 기내 제국에 大祓을 행하였다. 丹生川上神에게 흑모

---

20) 出羽國 志波村에 있던 중앙정권에 복속되지 않은 蝦夷.

21) 後宮 12司 등에 근무하는 부인으로 掌侍, 掌縫 이상을 職事라고 하고, 그 이하의 采女, 女嬬 등을 散事라고 하였다.

22) 後部는 고구려 5부의 하나로『후한서』고구려전에 등장하는 絶奴部에 해당하고 北部라고도 한다. 後部를 관칭하여 씨명으로 한 사례는 後部王, 後部高 등이 있다.

23) 『신찬성씨록』좌경제번하에, "出水連은 高麗國 사람 後部能鼓元으로부터 나왔다"고 한다. 出水連의 出水 씨명은 寶龜 원년(770) 12월 을미조에 보이는 山背國 相樂郡 出水鄕의 지명에서 유래한다.『일본서기』天武 5년(676) 11월조에 일본에 온 고구려 사인으로 後部主簿阿于라는 후부를 관칭한 인명이 보인다.

24) 『漢書』天文志에는 "太白晝見經天, 爲兵喪在大人"이라고 하고,『晉書』天文志에 "太白, … 晝見, 與日爭明, 强國弱, 小國强, 女王昌"이라고 나온다. 해석에 따라서는 吉弔 혹은 凶兆가 될 수 있다.

25) 百濟王敬福의 아들. 天平勝寶 6년(754)에 종5위하 攝津亮에 서임되고, 天平寶字 6년(762)에 肥後守에 임명되었다. 天平神護 2년(766)에 종5위상으로 승진되고, 동 5년에 정5위하 攝津大夫, 神護景雲 4년(770)에 종4위하에 올랐다. 이후 寶龜 5년(774)에 右京大夫가 되었다.

말을 바쳤다. 가뭄 때문이었다.

추7월 정해(2일), 종4위하 置始女王이 죽었다.

임진(7일), 참의 정4위상 陸奧按察使 겸 鎭守將軍 훈3등 大伴宿禰駿河麻呂가 죽었다. 종3위를 추증하고, 부의물 비단 30필, 삼베 100단을 내렸다.

기해(14일), 安房, 上總, 下總, 常陸 4국에 명하여 배 50척을 만들게 하였다.

경자(15일), 종5위하 石川朝臣人麻呂를 大和檢稅使로 삼고, 종5위하 多治比眞人乙安을 河內和泉使로 삼고, 종5위하 息長眞人道足을 攝津山背使로 삼았다.

갑진(19일), 西大寺 서탑이 낙뢰를 맞았다.

병오(11일), 종5위하 上毛野朝臣馬長을 出羽守로 삼았다.

8월 병진삭(1일), 사자를 천하 제신사에 보내 봉폐하였다. 천하의 제신사의 祝部 직에 있으면서 힘써 청소하지 않아 잡초가 무성하거나 지저분해지게 한 자는, 그 位記를 몰수하여 대신 (다른 사람에게) 주도록 하였다.

계해(8일), 山背國 乙訓郡 사람 외종5위하 羽栗翼에게 臣 성을 내렸다.

무진(13일), 대풍이 불었다.

경오(15일), 천하 제국에 황충의 피해가 있었다. 기내에서는 사자를 보내 순시하고, 그 외의 국에서는 국사가 처리하도록 하였다.

임오(27일), 정5위상 石川朝臣豊人에게 종4위하를 내렸다.

윤8월 경인(6일), 이보다 앞서, (難波에서 출항한) 견당사선이 肥前國 松浦郡 合蚕田浦에 도착하였다. 수개월이 지나도 순풍을 만나지 못하고, 이미 가을로 접어들어 점점 항해에 적합한 시기에서 벗어나고 있다. 이에 博多大津[26]으로 되돌아와 주상하기를, "지금은 이미 가을로 접어들어 매일 역풍이 불고 있다. 신들은 바라건대, 내년 여름을 기다려 도해하고자 한다"라고 하였다. 이날, (천황은) 칙을 내려, "내년 출발의 시기는 주상한대로 한다. 사자 및 수부는 함께 그곳에서 시기를 기다렸다가 출발하도록 한다"라고 하였다.[27]

갑진(20일), 右大舍人頭[28] 종4위하 神王에게 下總守를 겸직시키고, 彈正尹

---

[26] 현재의 九州 북단의 博多灣 항구. 다음 해 여름까지 大宰府에서 대기한 후에 출발하려는 것이다.

[27] 이때의 견당사의 출발은 寶龜 8년(777) 6월 24일이었다. 출발 기록은 견당사가 귀국한 寶龜 9년 10월 을미조에 보인다.

종4위하 藤原朝臣弟繩에게 美作守를 겸직시켰다.

임자(28일), 丹後國 与謝郡 사람 采女部宅刀自女가 한번에 3남을 낳았다. (母子의) 식료와 유모의 식료를 지급하였다. 壹伎嶋에 대풍이 불어 모종에 피해를 주었다. 이에 당해년의 調를 면제하였다.

9월 갑자(10일), 궁내경 정4위하 大伴宿禰伯麻呂에게 越前守를 겸직시켰다.

정묘(13일), 陸奧國의 귀순한 蝦夷 395인을 대재부 관내의 제국에 분배하였다.

경오(16일), 처음으로 越前國의 氣比神社에 宮司를 두었다. 종8위의 관에 준하도록 하였다.

갑술(20일), 천황이 大藏省에 행차하여 수행한 5위 이상에게 녹을 내렸다. 아울러 모두에게 넘치도록 주었다.

경진(26일), 山邊眞人何鹿, 山邊眞人猪名을 함께 원래의 (황족의) 호적으로 되돌렸다.

이달 매일 밤에 기와, 돌, 흙덩이가 內豎所[29]의 관사 및 왕경 내의 지붕 곳곳에 떨어졌다. 다음날 가서 보니, 그 물체가 있었다. 20여일이 지나자 이내 멈췄다.[30]

동10월 임진(8일), 美濃國의 菅田驛과 飛驒國 大野郡의 伴有驛이 서로 74리나 떨어져 있다. 바위가 많고 골짜기가 험하고 깊고, 특히 행로가 멀다. 그 중간에 거리를 헤아려 1개 역을 설치했는데, 이름을 下留라고 하였다.

계사(9일), 지진이 있었다.

을미(11일), 陸奧國은 자주 蝦夷 정토의 싸움이 있어 백성이 피폐해지고 있다. 이에 당해년의 전조를 면제하였다.

을사(21일), 종6위상 栗前連枝女에게 외종5위하를 내렸다.

정미(23일), 참의 종3위 藤原朝臣田麻呂를 攝津大夫로 삼았다.

11월 병진(2일), 지진이 있었다.

기사(15일), 견당대사 佐伯宿禰今毛人이 대재부에서 돌아와 節刀를 바쳤

---

28) 中務省의 피관인 좌우의 大舍人寮의 장관. 대사인은 천황에 봉사하며 숙직 등 잡무에 봉사하는 관직.

29) 궁중에서 잡무, 잡사에 근무하는 동자인 內豎를 관리하는 관사.

30) 유성의 낙하를 나타내는 기사로 보인다.

다.31) 부사 大伴宿禰益立, 판관 海上眞人三狩 등은 대재부에 머물러 대기하였다. 당시 사람들이 이를 잘했다고 하였다.

경진(26일), 陸奧國의 군사 3천인이 膽澤의 적을 토벌하였다.

계미(29일), 出羽國의 귀순한 蝦夷 358인을 대재부 관내 및 讚岐國에 분배하고, 78인은 제관사 및 참의 이상에게 주어 천민32)으로 하였다.

12월 정유(14일), 견당부사 大伴宿禰益立을 해임하고, 左中弁 및 中衛中將, 鑄錢司 장관을 겸직한 종5위상 小野朝臣石根, 備中守 종5위하 大神朝臣末足을 함께 부사로 삼았다. 陸奧國 제군의 백성으로부터 오지의 군을 지킬 자를 모집하여 바로 정착시키고, 3년간 과역을 면제하기로 하였다.

을사(22일), 발해국에서 獻可大夫 司賓少令 開國男 史都蒙33) 등 187인을 보내 우리 천황의 즉위를 축하하고, 아울러 그 나라 왕비34)의 상을 전하러 왔다. 우리 해안에 도착할 무렵, 갑자기 폭풍을 만나 배의 키가 부러지고 돛이 떨어져 익사한 사람이 많았다.35) 생존자를 헤아려보니 불과 46인이었다. 바로 越前國 加賀郡에 안치하여 물품을 지급하였다.

무신(25일), 좌경인 종6위하 秦忌寸長野36) 등 22인에게 奈良忌寸의 성을

---

31) 견당사의 출발이 다음 해로 늦춰지게 되자 견당대사가 받은 節刀를 천황에게 일단 반납한 것이다.

32) 관노비나 사노비로 삼았다는 의미이다.

33) 발해대사 史都蒙의 관직을 보면, 獻可大夫는 文散官으로 당의 5품 이상에 해당하고, 司賓少令은 외교사절을 영접하는 司賓司의 차관이고, 開國男은 당의 封爵 제9등에 해당하는 縣男과 동일하고 종5품에 상당한다.

34) 발해 文王(737~793) 大欽茂의 왕비. 당시의 황후는 孝懿皇后인데, 사망한 왕비와 동일 인물인지는 불명이다. 2004년 중국 吉林省 和龍市 발해고분군 유적인 龍頭山 고분군에서 孝懿皇后의 묘가 출토되었다.

35) 寶龜 9년 4월 을사조에는, 상기의 익사한 발해사 30명의 시신을 加賀郡, 江沼郡 양군에 매장했다고 한다.

36) 秦忌寸은 『일본서기』 應神紀 14년조에 백제로부터 귀화한 弓月君의 자손으로 전하고 있고, 『신찬성씨록』 山城國諸蕃의 「秦忌寸」조에는 중국 진시황의 후손인 弓月王이 應神朝에 내조했다는 전승을 전한다. 그러나 秦氏는 그 어원 등으로부터 추정하여 신라계일 가능성이 높다. 天武 12년 9월에 連 성을 받고 동 14년 9월에 忌寸으로 개성하여 秦忌寸이 된다. 『신찬성씨록』에는 左京, 右京, 山城國, 大和國, 攝津國, 河內國, 和泉國 등에 본거지를 갖고 있고 이후 전국적으로 지족이 퍼져 나갔다고 기록되어 있다. 이 시기가 되어 秦忌寸이 거주지명으로 개성한 것을 보면 점차 일본화되어 가고 있음을 알 수 있다.

내렸다. 山背國 葛野郡 사람 秦忌寸箕造 등 97인에게 朝原忌寸의 성을 내렸다.

경술(27일), 豊前國 京都 사람 정6위상 楷田勝愛比에게 大神楷田朝臣의 성을 내리고, 좌경인 소초위상 蓋田養에게 長丘連[37]의 성을 내렸다.

○ 寶龜 8년(777), 춘정월 갑인삭(1일), 5위 이상에게 내리의 前殿에서 연회를 베풀었다.

병진(3일), 內臣 종2위 藤原朝臣良繼를 內大臣으로 삼았다. 견당부사 左中弁 종5위상 小野朝臣石根에게 播磨守를 겸직시켰다.

정사(4일), 정3위 藤原朝臣魚名에게 종2위를, 정6위상 藤原朝臣長河·紀朝臣宮人에게 함께 종5위하를 내렸다.

무오(5일), 좌경인 종7위상 田邊史廣本[38] 등 54인에게 上毛野公의 성을 내렸다.

경신(7일), 종4위하 鴨王에게 종4위상을, 종5위상 三方王에게 정5위하를, 종5위하 東方王·山邊王·田中王에게 함께 종5위상을, 정4위하 藤原朝臣是公에게 정4위상을, 종4위하 大伴宿禰家持·石上朝臣息嗣에게 종4위상을, 정5위상 藤原朝臣雄依·大中臣朝臣子老에게 함께 종4위하를, 정5위하 甘南備眞人伊香·榎井朝臣子祖에게 함께 정5위상을, 종5위상 大原眞人繼麻呂·大伴宿禰不破麻呂에게 함께 정5위하를, 종5위하 田口朝臣大戶·上毛野朝臣馬長·石川朝臣人麻呂에게 함께 종5위상을, 외종5위하 大和宿禰西麻呂, 정6위상 文室眞人久賀麻呂·爲奈眞人豊人·田口朝臣祖人·百濟王仁貞[39]·紀朝臣豊庭·佐味朝臣山守·下毛野朝臣船足·波多朝臣百足·車持朝臣諸成·笠朝臣望足·縣犬養宿禰伯·當麻眞人枚人·高橋朝臣祖麻呂에게 함께 종5위하를, 정6위상 膳臣大丘에게 외종5위하를 내렸다.

---

37) 長丘連에 대해서는 神龜 원년 5월 계해조에 도래계 씨족에 대한 사성 기사에 정6위하 賓難大足에게 長丘連을 내린 내용이 나온다. 상기 본문의 長丘連을 사성받은 蓋田養도 도래계 인물일 가능성이 있다.

38) 田邊史氏는 河內國 安宿鄉의 田邊 지역을 본거지로 하는 백제계 도래씨족이다. 『新撰姓氏錄』 左京皇別에는 황족의 후예로 나와 있으나 후에 개변된 씨성이다.

39) 桓武朝인 天應 원년(781)에 近衛員外少將에 보임되고, 延曆 원년(782)에 播磨介로 전임되었고, 延曆 2년(783)에 종5위상 備前介가 되었고, 동 4년에 備前守로 승진하였다. 延曆 8년에는 中宮亮으로 京官으로 복귀하였고, 동 9년에 정5위상 左中弁, 동 10년에는 종4위하 弁官으로 발탁되었다.

계해(10일), 종5위상 藤原朝臣種繼에게 정5위하를, 정6위상 大伴宿禰眞綱, 외정6위상 中臣丸朝臣馬主에게 함께 종5위하를, 정4위상 藤原朝臣曹子에게 종3위를, 종4위상 伊福部女王에게 정4위상을, 정5위하 紀朝臣宮子, 종5위상 平群朝臣邑刀自·藤原朝臣産子·藤原朝臣敎貴·藤原朝臣諸姉에게 함께 종5위하를, 정5위하 文室眞人布止伎·藤原朝臣人數에게 함께 정5위상을, 종5위하 和氣朝臣廣虫·大野朝臣姉에게 함께 종5위상을, 외종5위하 足羽臣黑葛·金刺舍人連若嶋·水海連淨成40)에게 종5위하를, 정6위상 紀臣眞吉·岡上連綱, 종7위상 中臣葛野連廣江, 정6위상 忍海倉連甄, 종6위하 豊田造信女에게 함께 외종5위하를 내렸다.

기사(16일), 次侍從 이상에게 내리의 前殿에서 연회를 베풀고 그 외는 조당에서 술과 음식을 내렸다.

계유(20일), 사자를 보내, 발해사 史都蒙 등에게 물어 말하기를, "지난 寶龜 4년, 烏須弗이 본국으로 돌아갈 때, 태정관이 처분하기를 '발해의 입조사는 지금 이후로는 반드시 옛 관례에 의거하여 대재부로 향하도록 하고, 북로를 취해 와서는 안 된다'라고 하였다. 그런데, 지금 이 약속을 어겼는데, 어떻게 된 일인가"라고 하였다. (발해사가) 대답하기를, "烏須弗가 돌아오는 날에 실로 그 취지를 들었다. 이런 까닭에 都蒙 등은 발해의 남해부 吐号浦41)에서 출항하여 서쪽의 對馬嶋 竹室의 항구를 목표로 하였다. 그런데 해중에서 폭풍을 만나 금지된 지역에 도착하였다. 약속을 어긴 죄는 더욱이 피할 생각은 없다"라고 말하였다.

갑술(21일), 종3위 飯高宿禰諸高가 나이 80세에 달했다. 칙을 내려, 비단

---

40) 『신찬성씨록』 河內國諸蕃에 "水海連은 백제국 사람 努理使主로부터 나왔다"라고 한다. 水海의 씨명에 대해서는 어로를 업으로 하는 伴造씨족이라는 설이 있다. 수해련의 옛 성은 毗登(史)이다. 『속일본기』 天平神護 2년(766) 2월조에 "命婦 외종5위하 水海毗登淸成 등 5인에게 水海連의 성을 주었다"라고 한 데서 알 수 있듯이 수해비등청성 등은 수해련의 씨성으로 개성하였다.

41) 吐号浦는 발해 15府의 하나인 南海府에 속해 있는 항구이다. 『新唐書』 발해전에는 "龍原東南瀕海, 日本道也. 南海, 新羅道也"라고 하여 신라와 통하는 동해안의 新羅道의 출발지로 되어 있다. 남해부의 도성인 南京은 함흥, 경성으로 추정되며 이곳에서 동해를 횡단했다고 보인다. 이 지역은 도중에 울릉도, 독도라는 기항지가 있어 대일 교통로로서는 중요한 위치를 점한다. 이때의 발해사는 九州의 大宰府를 목표로 출항한 것이 아니라 직접 동해를 횡단했다고 보인다.

80필, 명주실 80구, 調의 삼베 80단, 庸의 삼베 80단을 내렸다.

　무인(25일), 종4위하 大中臣朝臣子老를 神祇伯으로 삼고, 종5위하 藤原朝臣大繼를 소납언으로 삼고, 종5위하 池田朝臣眞枚를 원외소납언으로 삼고, 主計頭 종5위하 池原公禾守에게 대외기를 겸직시키고, 정6위상 大伴宿禰益立을 權左中弁으로 삼고, 종5위상 菅生王을 중무대보로 삼고, 종5위하 文室眞人忍坂麻呂를 (중무)소보로 삼고, 종5위하 賀茂朝臣麻呂를 원외소보로 삼고, 종5위상 文室眞人高嶋를 內匠頭로 삼고, 정5위하 田口朝臣祖人을 內禮正으로 삼고, 종5위하 藤原朝臣眞葛을 대학두로 삼고, 외종5위하 膳臣大丘를 박사로 삼고, 종5위하 美和眞人土生을 산위두로 삼고, 종5위하 宍人朝臣繼麻呂를 主稅頭로 삼고, 종5위하 藤原朝臣菅繼를 병부소보로 삼고, 종5위하 下毛野朝臣船足을 鼓吹正으로 삼고, 정5위상 淡海眞人三船을 대판사로 삼고, 정5위하 大伴宿禰不破麻呂를 대장대보로 삼고, 종5위하 紀朝臣犬養을 (대장)소보로 삼고, 외종5위하 陽侯忌寸人麻呂를 東市正으로 삼고, 종4위하 石川朝臣垣守를 우경대부로 삼고, 종5위하 多治比眞人歲主를 攝津亮으로 삼고, 종5위상 藤原朝臣鷲取를 造宮大輔로 삼고, 종5위하 文室眞人子老를 (조궁)소보로 삼고, 종5위하 大野朝臣石主를 和泉守로 삼고, 종5위상 石川朝臣人麻呂를 伊豆守로 삼고, 종5위하 藤原朝臣黑麻呂를 上總守로 삼고, 종5위하 大伴宿禰眞綱을 陸奥介로 삼고, 종5위하 文室眞人於保를 若狹守로 삼고, 內藥佑 외종5위하 吉田連斐太麻呂[42]에게 伯耆介를 겸직시키고, 종5위하 大原眞人美氣를 美作介로 삼고, 외종5위하 堅部使主人主를 備前介로 삼고, 외종5위하 橘戸高志麻呂를 備後介로 삼고, 종5위하 多治比眞人黑麻呂를 周防守로 삼고, 종5위하 大中臣朝臣宿奈麻呂를 阿波守로 삼고, 近衛少將 종5위상 紀朝臣船守에게 土左守를 겸직시키고, 종5위하 藤原朝臣仲繼를 大宰少貳로 삼았다.

　기묘(26일), 종5위하 紀朝臣眞乙을 左兵衛員外佐로 삼았다.

　경진(27일), 종5위상 美和眞人土生을 員外左少弁으로 삼고, 종5위하 當麻眞人

---

42) 寶龜 원년 7월에 정6위상에서 외종5위하에 서위되었고, 동 2년에 內藥正에 임명되었다. 동 7년에는 出雲緣을 겸직하였고, 동 9년에는 伊勢介를 겸직하였다. 동 10년에 종5위하로 승서되었고, 동 11년에는 내약정으로 侍醫를 겸직하였다. 天應 원년(781)에 종5위상에 이르렀다.

枚人을 右大舍人助로 삼고, 정5위상 船井王을 縫殿頭로 삼고, 종5위하 安倍朝臣
常嶋를 治部少輔로 삼고, 정5위하 石城王을 造酒正으로 삼고, 종5위하 百濟王玄
鏡43)을 石見守로 삼았다.

2월 무자(6일), 견당사가 春日山44) 밑에서 천신지기에게 예배하였다. 작년
에는 풍파가 순조롭지 않아 도해할 수 없었다. 사인들 또한 자주 교체되었고,
이에 이르러 부사 小野朝臣石根이 거듭 제사지내게 되었다.

경인(8일), 정6위상 縣犬養宿禰庸子에게 종5위하를 내렸다.

병신(14일), 종5위상 田中王을 右大舍人頭로 삼고, 종5위상 上伊刀王을 諸陵
頭45)로 삼았다.

경자(18일), 정6위상 百濟王仙宗46)에게 종5위하를 내렸다.

임인(20일), 발해사 史都蒙 등 30인을 불러 입조시켰다. 이때 都蒙이 말하기
를, "都蒙 등 160여 인은 멀리서 천황의 즉위를 축하하기 위해 바다를 건너
내조하였다.47) 갑자기 폭풍을 만나 표류하여 120명이 사망하고, 다행히
목숨을 보전한 것은 불과 46인이다. 이러한 험난한 풍랑 속에서 만사일생한
것은 성조의 지극한 덕이 아니었으면 어떻게 혼자 힘으로 생존할 수 있었겠는
가. 하물며 특별히 왕경에 들어오는 것을 허락받아 천황의 궁정을 배견하도록
하였으니, 천하에 (이렇게) 행복한 사람이 어디에 또 있겠는가. 그러나 살아남
은 都蒙 등 40여 인은 일심동체로 고락을 함께 하기로 기약했는데, 16인은
별도로 처우를 받아 나누어 해안에 머물러 있어야 한다고 들었다. 이것은

43) 百濟王敬福의 아들. 寶龜 6년(775)에 종5위하에 서위되고, 延曆 2년(783)에 종5위상으로
  승서되었고, 동 4년에 少納言, 동 5년에 右兵衛督에 임명되었다. 이어 延曆 6년 桓武天皇
  이 交野에 순행할 때 일족과 함께 백제악을 연주하여 이때 百濟王玄鏡은 정5위하로
  승진되고, 이어 동8년에는 정5위상, 동 9년에 종4위하에 서위되었다. 이 시기에
  上總守가 되었고, 延曆 16년에는 종4위상, 2년 후에는 刑部卿에 이르렀다.
44) 春日大社가 진좌하고 있는 곳. 이 신사는 神護景雲 2년(768)에 平城京의 수호와 백성들의
  번영을 기원하기 위해 창건되었다.
45) 諸陵寮의 장관. 능묘 관리, 喪葬, 황족 장의의 의례를 담당하고, 陵戶의 명부를 관리한다.
46) 寶龜 8년 10월에 圖書助가 되고 동 10년에 安房守에 임명되었다. 宮內大輔 百濟王慈敬의
  아들. 百濟王子善光은 5대조.
47) 寶龜 7년 12월 을사조에는 발해사 일행이 187인으로 되어 있는데, 여기서는 생존자와
  사망자를 합쳐 166인이다. 발해사가 상륙 이후 추가로 사망자가 발생했을 가능성도
  있다.

비유한다면, 한몸을 자르고 등을 나누어 사지를 잃고 기어가는 것과 같다.
바라건대, (천자의) 빛나는 덕이 두루 미치어 함께 조정에 들어오는 것을
허락해 주었으면 한다"라고 하였다. (천황은) 이를 허락하였다.

계묘(21일), 讚岐國에 기근이 들어 구휼하였다.

갑진(22일), 무위 大野朝臣乎婆婆에게 종5위하를 내렸다.

경술(28일), 사자를 기내 5국에 보내 疫神을 제사지내게 하였다.

임자(30일) 그믐, 일식이 있었다.

3월 계축삭(1일), (천황이) 田村舊宮48)에서 주연을 열고 차등있게 녹을
내렸다. 외종5위하 內藏忌寸全成49)에게 종5위하를 내렸다.

을묘(3일), 次侍從50) 이상에게 內嶋院51)에서 연회를 베풀고, 문인들에게
曲水의 시를 짓게 하였다. 지위에 따라 녹을 내렸다.

임술(10일), 紀伊國 名草郡 사람 直乙麻呂 등 28인에게 紀神直의 성을 내리고,
直諸弟 등 23인에게는 紀名草直의 성을, 直秋人 등 109인에게는 紀忌垣直의
성을 내렸다.

무진(16일), (천황이) 대납언 藤原朝臣魚名의 曹司52)에 행차하였다. 수행한
관인에게 지위에 따라 물품을 하사하였다. (藤原朝臣魚名의) 아들 종6위상
藤原朝臣末茂에게 종5위하를 내렸다. 백제의 箜篌師53) 정6위상 難金信54)에게
외종5위하를 내렸다.

신미(19일), 大祓을 행하였다. 궁중에 자주 괴이한 일이 일어났기 때문이다.

---

48) 藤原仲麻呂의 구 저택.

49) 권32, 寶龜 3년(772) 하4월조 59쪽 각주 33) 참조.

50) 의식, 연회 등에서 천황에게 봉사하는 임시관으로 인원이 부족할 경우에 中納言
이상이 칙을 받들어 임명한다.

51) 못과 섬이 갖춰진 內裏 구역 내의 건물.

52) 曹司는 출사하여 근무하는 관사를 말하지만, 여기에서는 고위 관인이 숙박할 수
있는 관사 내의 시설을 말한다.

53) 하프 모양의 악기를 다루는 악사. 箜篌, 㽦篌라고도 한다. 이에 대해서는 『令集解』
「職員令」17에 「古記」에 인용된 「大屬尾張淨足說」에 백제악과 고려악에 㽦篌師가 보인
다.

54) 難氏 성을 가진 백제계 도래씨족의 후예. 天平 17년 정월조에 정6위상에서 외종5위하에
서위된 難福子가 있다. 正倉院文書에도 難君足(『大日本古文書』8-505), 難子公(『大日本古
文書』3-254), 難千依(『大日本古文書』14-405) 등이 나온다.

　계유(21일), 승 600인, 사미 100인을 불러 궁중에서 대반야경을 轉讀하게 하였다.

　을해(23일), 외종5위하 志我閇造東人에게 連 성을 내렸다.

　신사(29일), 종4위하 藤原朝臣小黑麻呂를 出雲守로 삼았다. 이달, 陸奧國 蝦夷의 투항자가 줄을 이었다.

　하4월 갑신(3일), 종5위상 日置造蓑麻呂 등 8인에게 榮井宿禰의 성을 내리고. 종6위상 日置造雄三成 등 4인에게 鳥井宿禰의 성을, 정8위하 日置造飯麻呂 등 2인에게 吉井宿禰의 성을 내렸다.

　병술(5일), 우박이 내렸다.

　경인(9일), 발해사 史都蒙 등이 입경하였다.

　신묘(10일), 태정관에서 사자를 보내 사도몽 등을 위문하였다.

　갑오(13일), 우박이 내렸다. 태정관, 내리의 청사에 낙뢰가 있었다.

　을미(14일), 우경인 종6위상 赤染國持 등 4인, 河內國 大縣郡 사람 정6위상 赤染人足 등 13인, 遠江國 蓁原郡 사람 외종8위하 赤染長濱, 因幡國 八上郡 사람 외종6위하 赤染帶繩 등 19인에게 常世連[55]의 성을 내렸다.

　무술(17일), 견당대사 佐伯宿禰今毛人 등이 (출항을 앞두고) 작별인사를 청하기 위해 (천황을) 배알하였다. 다만 대사 今毛人은 나성문까지 왔다가 병을 칭하고 (경내에) 머물렀다.

　계묘(22일), 발해사 사도몽 등이 방물을 바쳤다. 주상하여 말하기를, "발해 국왕은 먼 시대로부터 시작하여 끊이질 않고 봉사해 왔다. 또 국사 壹萬福이 귀국하여 성황이 새로 천하에 군림한다는 말을 듣고, 경사의 기쁨을 참을 수가 없었다. 즉시 獻可大夫 司賓少令 開國男 史都蒙[56]을 보내 입조하고 아울러

---

55)　『신찬성씨록』 좌경제번하에, "常世連은 燕國王 公孫淵으로부터 나왔다"라고 한다. 常世連의 常世 씨명은 바다 건너 피안에 있다고 하는 이상세계에 기초한 신선 사상 관념에서 나왔다는 설이 있다. 常世連의 이전 씨명은 赤染造이다. 『일본서기』 天武 원년(672) 6월조에 赤染造德足, 『속일본기』 天平 19년(747) 8월조에 赤染造廣足 등이 있고, 『정창원문서』 등 기타 사료에도 많은 인명이 보인다. 平野邦雄은 赤染에 대하여 신라와 가야계의 주술이라고 추정하고, 이는 常世 신앙의 모체이며 적염이 상세로 개성한 것도 이러한 신앙에 기초한다고 보았다.

56)　寶龜 7년 12월 을사에 일본에 도착하였다. 史都蒙의 관직인 獻可大夫의 관이면서, 司賓少令 및 開國男의 관을 겸직하였다. 司賓少令은 唐의 鴻臚寺에 상당하는 외교사절을

國信物을 갖고 와 삼가 천황의 조정에 바친다"라고 하였다.

(천황이) 조를 내려(宣命體), "現神으로 대팔주국을 통치하는 천황의 대명으로 내린 말씀을 들으라고 분부하였다. 먼 천황의 치세로부터 대대로 긴 세월을 끊이질 않고, 중단하는 일 없이 봉사해 온 과업이라고 생각한다. 또 황위에 오른 일에 대해 축하하여 송구스럽고 기쁘게 생각한다. 따라서 금후에도 오래도록 변치않고 은혜를 받아 평안하시기를, 그 나라 왕에게 전하라고 한 천황의 말씀을 듣도록 한다"라고 하였다.

이날, 견당대사 佐伯宿禰今毛人은 병든 몸을 가마에 태워서 출발하여 攝津職[57]에 도착하였다. 날이 지나도 차도가 없었다. 이에 칙을 내려 부사 石根에게 節刀를 주어 선발로 하고 대사를 대행하게 하였다. 순풍을 얻는다면, (대사를) 기다리지 말(고 출항하)라고 하였다. 右中弁 종4위하 石川朝臣豊을 보내 사절단에게 조를 내려, "판관 이하가 사형죄를 범한 경우에는 節刀를 가진 수석 사자가 전권으로 판결하는 것을 허락한다"라고 하였다.

정미(26일), 산위 종4위하 豊野眞人出雲이 죽었다.

무신(27일), 천황이 궁전에 임하여, 발해대사 獻可大夫 司賓少令 開國男 史都蒙에게 정3위를 내렸다. 대판관 高祿思, 소판관 高鬱琳에게 함께 정5위상을, 대록사 史遒仙에게 정5위하, 소록사 高珪宣에게 종5위하를 내리고, 그 외는 모두 지위에 따라 차등있게 내렸다. (발해)국왕에게 사여하는 녹에 대해서는 구체적으로 칙서[58]에 기록되어 있다. 史都蒙 이하에게도 각각 차등있게 녹을 내렸다.

5월 계축(3일), 정5위상 巨勢朝臣巨勢野에게 종5위하를 내렸다.

정사(7일), 천황이 重閣門[59]에 임하여 마상의 활쏘기를 관람하였다. 발해사 사도몽 등을 불러 활궁장에 참석시켰다. 5위 이상에게 장식말과 경주말을 바치게 하였다. 무대에서 田舞[60]를 행하였다. 번객도 역시 본국의 음악을

영접하는 직장으로 司賓寺 차관에 해당한다. 開國男은 당의 봉작으로 제9등의 縣男과 동일하고 종5품에 상당한다.

57) 攝津國에는 國司를 설치하지 않고 대신 攝津職을 두어 관할하였다. 관내의 難波京이 폐지되자 延曆 12년(793) 攝津職은 攝津國司로 바뀌었다.

58) 다음 5월 계유조에 나오는 발해왕에게 보내는 「渤海王書」.

59) 朝堂院 남문.

연주하였다. 일을 마치자 대사 都蒙 이하에게 각각 차등있게 채색비단을
내렸다.

경신(10일), 이보다 앞서 발해 판관 高淑源, 少錄事 1인은 우리 해안에
도착할 즈음에 배가 표류하여 익사하였다. 이에 이르러 淑源에게 정5위상을
추증하였다. 아울러 부의물은 슈의 규정대로 지급하였다.

계해(13일), 勅旨少錄 정6위상 丹比新家連稻長, 大膳膳部 대초위하 東麻呂에
게 丹比宿禰의 성을 내렸다. 丹生川上神에게 백마를 바쳤다. 장마 때문이었다.

을축(15일), 무위 春日朝臣方名에게 종5위하를 내렸다.

기사(19일), 寶字 8년(764)의 난 이래, 太政官印은 내리에 보관되어 매일
(태정관의) 청을 받아 반출했는데, 이에 이르러 태정관에 되돌려 놓았다.

계유(23일), 발해사 사도몽 등이 귀국하였다. 大學少允 정6위상 高麗朝臣殿
繼[61]를 송사로 삼았다. (천황이) 발해왕에게 보내는 국서에서 말하기를,
"천황이 삼가 발해국왕에게 문안드린다. 사자 사도몽 등은 멀리서 창파를
건너와 즉위를 축하해 주었다. 되돌아보면, 덕이 부족한데 함부로 황위를
이은 것을 부끄럽게 생각하고 있다. 마치 대하를 건너는데, 건너는 장소를
모르는 것과 같다. 왕은 옛 관례에 따라 조빙하고 새로 즉위한 일을 경하해
주었다. 깊은 정성은 참으로 아름다운 일이다. 다만 사도몽 등이 이 해안에
도착할 즈음에 갑작스런 폭풍을 만나 인명과 물자를 잃어버려 타고 돌아갈
배가 없어졌다. 그들을 생각하고 이 일을 들으면 또 마음이 아프고, 여기에
고향을 떠나온 것을 생각하면 슬픈 마음이 더해진다. 배를 만들어 사자를
(送使로) 임명하여 본국으로 보내려고 한다. 아울러 명주 50필, 비단 50필,
명주실 200구, 목면 300둔을 보낸다. 都蒙의 신청으로 황금 100小兩, 수은 100大兩,
금칠 1관, 칠 1관, 海石榴 기름 1통, 수정염주 4관, 檳榔扇 10매를 추가하였다.

---

60) 농경 습속에 뿌리를 둔 춤이다. 이것이 五節의 田儛로서 궁정의례에 채용되었고
　　이후 8세기 후반 여성들이 행하는 五節舞와 節舞로 분화되었다고 전해진다.

61) 고구려 멸망 직후 망명한 背奈福德의 후예씨족으로, 背奈公, 背奈王, 高麗朝臣, 高倉朝臣
　　으로 개성하였다. 『신찬성씨록』 좌경제번하에 "高麗朝臣은 고구려왕 好台의 7세손
　　延典王으로부터 나왔다"라고 하는 선조의 출자를 밝히고 있다. 高麗朝臣殿繼는 寶龜
　　9년(778) 9월에 귀국한 후, 동 10년에 종5위하에 서위되고, 高麗福信과 함께 高麗朝臣에
　　서 高倉朝臣으로 개성하였다. 高麗朝臣殿繼는 동 11년에 治部少輔에 임명되었고, 桓武朝
　　에서 大判事, 下總介, 玄蕃頭, 皇后宮亮, 大和介, 主計頭, 駿河守, 肥後守 등을 역임하였다.

도착하면 이를 받아주셨으면 한다. 여름 햇살이 매우 뜨거운데, 평안하시를
바란다"라고 하였다.

　또 발해국왕의 왕후의 상을 위문하여 말하기를, "재난과 사고는 늘상
같지가 않다. 사려깊은 왕비가 서거했다는 소식을 듣고, 애도하고 슬퍼하고
있다. 죽음은 어찌할 방도가 없다. (묘 위의) 소나무와 가래나무는 아직
무성해지지 않았는데,[62] 세월은 점점 지나간다. 길흉에는 제도가 있어 이에
따를 뿐이다. 지금 귀국하는 사자편에 명주 20필, 비단 20필, 목면 200둔을
보내니, 부디 받아주시기 바란다"라고 하였다.

　을해(25일), 相摸, 武藏, 下總, 下野, 越後의 제국에 명하여 갑옷 200벌을
出羽國의 鎭營에 보내게 하였다.

　정축(27일), 陸奧守 정5위하 紀朝臣廣純에게 안찰사를 겸직시켰다.

　무인(28일), 典侍 종3위 飯高宿禰諸高가 죽었다. 伊勢國 飯高郡 사람이다.
성격이 매우 청렴, 근면하고, 뜻이 곧고 정결하였다. 奈保山에 매장된 천황[63]
의 치세에 內敎坊[64]에 근무하고 마침내 본향인 飯高郡의 채녀로 임명되었다.
飯高氏가 채녀를 공상한 것은 이로부터 시작되었다. 4대의 천황에 봉사했는데
시종 실수하지 않았다. 사망시의 나이는 80세였다.

　6월 신사삭(1일), 견당부사 종5위상 小野朝臣石根, 종5위하 大神朝臣末足
등에게 칙을 내려, "대사 今毛人이 신병이 점점 위중하여 출발하기가 어렵다.
이 상황을 알고 당에 도착하여 첩장을 전하는 날, 만약 대사가 없다는 사실을
물으면, 사안을 판단하여 상세히 설명하도록 한다. 小野朝臣石根에게는 자
색[65] 의복을 착용하지만, 역시 부사라고 칭한다. 그 節刀를 갖고 행동하는
일은 오로지 앞서의 칙과 같이 한다"라고 하였다.

　을유(5일), 武藏國 入間郡 사람 大伴部直赤男이 神護景雲 3년에 西大寺에
商布[66] 1,500단, 벼 7만4천속, 간전 40정, 임야 10정을 바쳤다. 이에 이르러

---

62) 사람이 죽어 묻힌 지 얼마 지나지 않았다는 것.

63) 元正天皇.

64) 조정에서 여성에게 女樂, 踏歌 등을 교습시키는 곳. 節會나 조정 연회 등에 봉사한다.

65) 「衣服令」4에는 1위는 深紫, 2, 3위는 淺紫, 4위는 深緋, 5위는 淺緋의 옷을 입는다.
　　5위의 부사가 대사의 직무를 대행할 때에는 특별히 3위 이상의 복색을 허용하고
　　있다.

이미 사망했기 때문에 외종5위하를 추증하였다.

임진(12일), 참의 종4위하 美濃守 紀朝臣廣庭이 죽었다.

무술(18일), 楊梅宮 南池에서 연 한 줄기에서 2송이의 꽃이 피었다.

계묘(23일), 隱伎國에 기근이 들어 구휼하였다.

병오(26일), 외종5위하 栗原宿禰弟妹에게 종5위하를 내렸다.

추7월 신해(2일), 좌경인 정6위상 小塞連弓張 등 5인에게 宿禰의 성을 내렸다.

갑인(5일), 伯耆國에 기근이 들어 구휼하였다.

계해(14일), 但馬國 國分寺 탑에 낙뢰가 있었다.

갑자(15일), 좌경인 종6위하 楢日佐河內 등 3인에게 長岡忌寸[67]의 성을 내리고, 정6위상 山村許智大足 등 4인에게 山村忌寸의 성을 내렸다.

을축(16일), 내대신 종2위 藤原朝臣良繼가 병들어 그 氏神인 鹿嶋社를 정3위에, 香取神을 정4위상에 서위하였다.

8월 임오(4일), 외종5위하 伊勢朝臣子老에게 종5위하를 내렸다.

병술(8일), 백마를 丹生川上神에게 바쳤다. 장마 때문이었다.

기축(11일), 종3위 藤原朝臣曹司를 夫人[68]으로 삼았다.

계사(15일), 무위 坂上女王에게 종5위하를 내렸다. 上野國 群馬郡의 50호, 美作國 勝田郡의 50호를 妙見寺에 희사하였다.

정유(19일), 大和守 종3위 大伴宿禰古慈斐가 죽었다. 飛鳥朝[69] 常道頭[70] 증 大錦中[71] 小吹負의 손이고, 平城朝 越前按察使 종4위하 祖父麻呂의 아들이다.

---

66) 교역용 마포.

67) 『신찬성씨록』大和國諸蕃의 「長岡忌寸」조에 "長岡忌寸은 己智와 同祖이고 諸齒王의 후예이다"라고 한다. 동 「己智」조에는 "秦의 태자 胡亥로부터 나왔다"라고 하여 중국 출자를 밝히고 있다. 한편 己智의 씨명은 己智, 許智, 許知, 巨智 등 다양한 용례가 있다. 『일본서기』신공기 섭정전기에 微叱己知波珍干岐, 동 신공황후 섭정 5년 3월조에 微叱許智伐旱 등에 보이듯이 고대 한국어의 수장층을 의미하는 말에서 유래한다. 『일본서기』欽明紀 원년(540) 2월조에는 "백제인 己知部가 투화하였다. 왜국 添上郡 山村에 안치하였고, 지금의 山村己知部의 선조이다"라고 기록하고 있다. 상기 본문의 楢日佐河內 등의 원 출자는 한반도계일 가능성이 있다. 중국의 秦漢 왕조에 출자를 갖는 씨족은 대부분이 한반도계이다.

68) 光仁天皇의 부인. 부인은 천황의 배우자 중에서 제왕, 제신의 딸로 3위 이상인 자.

69) 天武朝.

70) 大寶令 이전의 常陸守.

어려서부터 재능이 있었다. 거의 전적을 섭렵하였다. 처음에 관도에 나갈 때, 大學允이 되었다. 증 태정대신 藤原朝臣不比等의 딸을 처로 삼았다. 天平勝寶 연중에 승진을 거듭하여 종4위상 衛門督이 되었다. 그런데 돌연 出雲守로 내려가 소외되고 나서, 마음이 항상 우울해졌다. 紫微內相 藤原仲滿[72]에게 그가 비방했다고 무고하여 土佐守로 좌천되었다. (藤原仲麻呂는 그를) 재촉하여 임지로 가게 하였다. 얼마 지나지 않아 天平勝寶 8세의 난[73] 때에 그대로 土佐國에 유배되었다. 천황은 죄를 용서하여 입경시켰다. 원로로서 (예우하여) 종3위를 내렸다. 사망시의 나이는 83세였다.

신축(23일), 정6위상 紀朝臣弟麻呂에게 종5위하를 내렸다.

9월 계해(15일), 陸奧國에서 언상하기를, "금년 4월 거국적으로 군을 동원하여 山海[74]의 양적을 토벌하였다. 이 때문에 국내는 혼란해지고 백성들은 힘든 고통을 받았다. 바라건대, 당해년의 調, 庸 및 전조를 면제해 백성들을 쉽게 해주었으면 한다"라고 하였다. (천황은) 이를 허락하였다.

을축(17일), 칙을 내려, "天平寶字 4년의 格[75]을 조사해 보면, 尙侍와 尙藏의 직무는 중요하기 때문에 諸人과는 봉호를 전액 지급한다고 되어 있다. 그렇다면 관위와 봉록도 이치로 보아 동등해야 한다. 尙侍는 尙藏에 준하고 典侍는 典藏에 준하게 한다"라고 하였다. 외종5위하 丹比宿禰眞淨을 山背介로 삼았다.

병인(18일), 내대신 훈4등 藤原朝臣良繼가 죽었다. 平城朝의 참의 정3위 式部卿 및 大宰帥를 역임한 馬養의 제2자이다. 天平 12년(740), 형 (藤原)廣嗣의 모반에 연좌되어 伊豆로 유배되었는데, 동 14년에 죄를 용서받아 소판사에 임명되었다. 동 18년에 종5위를 받았고,[76] 내외의 관직을 역임했는데, 어느 직에서도 실적은 없었다. 太師 (藤原惠美)押勝은 楊梅宮의 남측에 저택을 짓고, 그 동서에 높은 누각을 세웠는데 내리를 바라보고 있었으며, 남측의

---

71) 天智 3년 제정의 26계 관위의 제8위, 율령제 하에서 4위에 상당.

72) 藤原仲麻呂.

73) 橘奈良麻呂의 반란 음모사건. 이 난은 天平勝寶 9세에 일어났기 때문에 상기 본문의 天平勝寶 8세는 오류이다.

74) 山道와 海道의 蝦夷.

75) 天平寶字 4년 12월 무진조.

76) 『속일본기』 天平 14년 4월 23일조에 정6위하에서 종5위하에 서임되었다.

문은 그대로 망루와 같이 하였다. 사람들은 곁눈질하며 시기하였고, 불충의
신이라고 비난하는 자도 있었다. 이때 押勝의 세 아들 모두 참의에 임명되었다.
良繼의 위는 조카의 아래였기 때문에 점점 분노와 원한을 품었다. 그래서
종4위하 佐伯宿禰今毛人, 종5위상 石上朝臣宅嗣·大伴宿禰家持 등과 같이 모의
하여 太師를 살해하기로 하였다. 이에 右大舍人 弓削宿禰男廣은 이 계략을
알고 太師에게 밀고하였다. 즉 그들은 모두 체포되었고, (담당) 관리에게
보내 취조시켰다. (이에 대해) 良繼는 말하기를, "良繼가 혼자 주모자이고,
다른 사람은 사전에 알지 못했다"라고 답하였다. 이에 강하게 대불경죄를
적용해서 성을 없애고 위를 박탈하였다. 그로부터 2년이 지나 仲滿[77]이
모반하여 近江으로 도주하였다. 당일 (良繼는 천황의) 조를 받들어 병사
수백명을 이끌고 추격하여 토벌한 공으로 종4위하 훈4등을 받았다. 이어
참의에 보임되고[78] 종3위를 받았다. 寶龜 2년(771) 중납언으로부터 內臣이
되고, 직봉 1천호를 받았다. 정치는 독단하였고, 뜻한 바대로 승진과 강등도
마음대로 하였다. 寶龜 8년에 내대신에 임명되었다. 사망시의 나이는 62세였
다. 종1위를 추증하였다. 중납언 종3위 物部朝臣宅嗣, 종4위하 壹師濃王을
보내 조문하였다.

　동10월 신사(3일), 무위 紀朝臣虫女에게 종5위하를 내렸다.

　신묘(13일), 정4위상 藤原朝臣家依를 참의로 삼고, 정5위하 高賀茂朝臣諸雄
을 神祇大副로 삼고, 참의 정4위상 藤原朝臣是公에게 左大弁을 겸직시키고,
春宮大夫 및 左衛士督, 侍從은 종전대로 하였다. 정4위하 田中朝臣多太麻呂를
右大弁으로 삼고, 종5위상 美和眞人土生을 右少弁으로 삼고, 중납언 종3위
物部朝臣宅嗣에게 中務卿을 겸직시키고, 종4위하 鴨王을 左大舍人頭로 삼고,
종5위하 宗形王을 右大舍人頭로 삼고, 종5위하 藤原朝臣末茂를 圖書頭로 삼고,
종5위하 百済王仙宗을 (圖書)助로 삼고, 종5위하 賀茂朝臣大川을 內藏助로 삼고,
참의 종3위 藤原朝臣百川에게 式部卿을 겸직시키고 右兵衛督은 종전대로 하였
다. 神祇伯 종4위하 大中臣朝臣子老에게 (式部)大輔를 겸직시키고, 종5위하
藤原朝臣眞葛을 散位頭로 삼고, 종5위하 安倍朝臣謂奈麻呂를 治部少輔로 삼고,

77) 藤原惠美押勝[藤原仲麻呂].
78) 『속일본기』寶龜 원년 7월 20일조.

정5위상 多治比眞人長野를 民部大輔로 삼고, 종5위하 多朝臣犬養을 (民部)少輔
로 삼고, 종5위상 當麻眞人永嗣를 大判事로 삼고, 종4위하 神王을 大藏卿으로
삼고, 종5위하 安倍朝臣草麻呂를 齋宮長官으로 삼고, 종4위하 石川朝臣名足을
造東大寺 장관으로 삼고, 종5위하 紀朝臣門守를 鑄錢司 차관으로 삼고, 종5위하
藤原朝臣長河를 中衛少將으로 삼고, 종5위하 大中臣朝臣諸魚를 衛門佐로 삼고,
종5위하 百濟王仁貞을 (衛門)員外佐로 삼고, 종5위하 紀朝臣弟麻呂를 左衛士員
外佐로 삼고, 외종5위하 大荒木臣押國을 遠江介로 삼고, 참위 右衛士督 종4위하
藤原朝臣小黑麻呂에게 常陸守를 겸직시키고, 정5위하 粟田朝臣鷹守를 (狀陸)介
로 삼았다. 종5위상 紀朝臣家守를 美濃守로 삼고, 종5위하 安倍朝臣笠成을
越中守로 삼고, 종5위하 廣川王을 因幡守로 삼고, 右大弁 정4위하 田中朝臣多太
麻呂에게 出雲守를 겸직시키고, 종5위하 藤原朝臣仲繼를 播磨介로 삼고, 종5위
상 田中王을 伊豫守로 삼고, 대납언 近衛大將 종2위 藤原朝臣魚名에게 大宰帥를
겸직시키고, 종4위상 石上朝臣息嗣를 (大宰)大貳로 삼고, 종5위하 笠朝臣名麻呂
를 (大宰)少貳로 삼았다.

무신(30일), 천하에 대사면을 내렸다. 다만 팔학, 고의 살인, 사주전, 강도와
절도, 통상의 사면에서 면제되지 않는 자는 사면의 범위에 포함되지 않았다.
사형죄에 들어간 자는 모두 1등을 감했다.

11월 기유삭(1일), 천황이 병이 들었다.

병진(8일), 좌경인 정8위하 多藝連國足 등 2인에게 物部多藝宿禰의 성을
내렸다. 美濃國 多藝郡 사람 人物部坂麻呂 등 9인에게 物部多藝連의 성을 내렸다.

병인(18일), 長門國에서 흰 꿩을 바쳤다.

무진(20일), 무위 川村王에게 종5위하를 내렸다.

기사(21일), 무위 枚田女王에게 종4위하를, 무위 藤原朝臣眞男女에게 종5위
하를 내렸다.

12월 신묘(14일), 처음에 陸奧鎭守將軍 紀朝臣廣純이 아뢰기를, "(出羽國의)
志波村의 적이 개미처럼 모여 멋대로 해독을 끼쳤다. 出羽國의 군은 이들과
싸웠으나 패하여 퇴각하였다. 이에 近江介 종5위상 佐伯宿禰久良麻呂를 鎭守府
의 임시 부장군으로 삼고 出羽國을 진압시켰다"라고 하였다. 이에 이르러
정5위하 훈5등 紀朝臣廣純에게 종4위하 훈4등을 내리고, 종5위상 훈7등 佐伯宿

禰久良麻呂에게 정5위하 훈5등을, 외정6위상 吉彌侯伊佐西古, 제2등 伊治公呰麻
呂에게 함께 외종5위하를, 훈6등 百濟王俊哲[79]에게 훈5등을 내리고 그 외는
각각 지위에 따라 내렸다.

정유(20일), 中衛中將 정4위하 坂上大忌寸苅田麻呂에게 丹波守를 겸직시켰다.

임인(25일), 황태자가 병이 들어 사자를 기내 5국의 제신사에 보내
봉폐하였다.

계묘(26일), 出羽國의 蝦夷가 반역을 일으켰다. 관군이 불리해져 무기의
손실이 있었다. 외종5위상 桑原公足床에게 종5위상을 내렸다.

을사(28일), 井上內親王의 유해를 개장하였다. 그 분묘를 御墓라고 칭하고,
수묘 1호를 두었다.

이해 겨울 비가 내리지 않았다. 이 때문에 우물이 고갈되어 出水川, 宇治川
등은 걸어서 건너가게 되었다.

『속일본기』 권제34

---

79) 寶龜 6년(775)에 蝦夷 정토로 종6위하로 훈6등을 받았고, 동 11년에 종5위상 陸奧鎭守副
將軍에 임명되었다. 天應 원년(781)에는 정5위상 훈4등을 받았다. 延曆 14년(795)에
下野守, 陸奧鎭守將軍에 임명되었다.

續日本紀卷第三十四

〈起寶龜七年正月, 盡八年十二月〉

右大臣從二位兼行皇太子傳中衛大將臣藤原朝臣繼繩等奉勅撰」

天宗高紹天皇

○ **寶龜七年**正月庚寅朔, 宴五位已上於前殿. 授正四位上藤原朝臣濱成從三位, 賜五位已上祿有差. 是日, 始列諸王裝馬無盖者於諸臣有盖之下. 丙申, 授正五位下掃守王正五位上, 從五位下礒部王從五位上, 正六位上楊胡王從五位下, 正四位下藤原朝臣家依正四位上, 正五位上石川朝臣垣守從四位下, 正五位下多治比眞人長野, 石川朝臣豊人, 大中臣朝臣子老並正五位上, 從五位上石上朝臣家成, 石川朝臣眞永並正五位下, 從五位下文室眞人水通, 藤原朝臣宅美, 巨勢朝臣苗麻呂, 巨勢朝臣池長, 石川朝臣清麻呂, 百濟王利善, 紀朝臣家守, 百濟王武鏡, 山上朝臣船主並從五位上, 正六位上藤原朝臣長山, 大中臣朝臣諸魚, 多治比眞人三上, 紀朝臣難波麻呂, 紀朝臣大宅, 石川朝臣太禰, 石川朝臣宿奈麻呂, 大神朝臣末足, 大野朝臣石主, 中臣朝臣池守, 佐味朝臣繼人, 阿倍朝臣土作, 安曇宿禰清成, 紀朝臣牛長並從五位下, 正六位上刑部大山, 道田連安麻呂, 吉田連古麻呂, 高橋連鷹主並外從五位下, 四品能登內親王三品, 無位秋野王, 美作王, 正五位上多治比眞人古奈禰, 橘朝臣眞都我, 久米連若女並從四位下, 正五位下巨勢朝臣諸主正五位上, 從五位下紀朝臣宮子正五位下, 無位平群朝臣邑刀自, 藤原朝臣産子, 藤原朝臣乙倉, 藤原朝臣敎貴, 從五位下飛鳥眞人御井, 藤原朝臣今子, 縣犬養宿禰酒女並從五位上, 無位安曇宿禰刀自, 外從五位下大鹿臣子虫並從五位下, 事畢宴於五位已上, 賜祿有差. 戊申, 以正五位下大伴宿禰潔足爲東海道檢稅使, 正五位下石上朝臣家成爲東山道使, 從五位下吉備朝臣眞事爲北陸道使, 從五位上當麻眞人永嗣爲山陰道使, 正五位下石川朝臣眞永爲山陽道使, 從五位下多治比眞人三上爲南海道使, 從五位下多朝臣犬養爲西海道使, 每道判官主典各一人. 乙卯, 授正五位上多治比眞人若日女從四位下.

二月甲子, 陸奧國言, 取來四月上旬, 發軍士二萬人, 當伐山海二道賊. 於是, 勅出羽國, 發軍士四千人, 道自雄勝而伐其西邊. 是夜, 有流星, 其大如盆. 丙寅, 御南門. 大隅薩摩隼人奏俗伎. 戊辰, 外從五位下大住忌寸三行, 大住直倭並授外從五位上, 外正六位上薩摩公豊繼外從五位下, 自餘八人各有差.

三月辛卯, 勅, 前日改弓削宿禰, 復弓削連. 但故從五位下弓削宿禰薩摩, 依舊勿改. 癸巳, 以從五位下粟田朝臣人成爲右少弁, 從五位上石川朝臣眞守爲中務少輔, 從五位下大原眞人美氣爲右大舍人助, 陰陽頭從五位上山上朝臣船主爲兼天文博士, 從五位下多朝臣犬養爲式部少輔, 從五位下池原公禾守爲主計頭, 外從五位下道田連安麻呂爲主稅助, 正五位下豊野眞人奄智爲兵部大輔, 從五6位下石川朝臣名主爲鼓吹正, 從五位下紀朝臣難波麻呂爲刑部少輔, 從五位下廣川王爲大判事, 從五位上菅生王爲大藏大輔, 從五位下佐味朝臣繼人爲宮內少輔, 從五位下安曇宿禰淨成爲內膳奉膳, 從五位下淨上王爲造酒正, 外從五位下高市連豊足爲內染正, 外從五位下長瀨連廣足爲園池正, 正五位上藤原朝臣雄依爲左京大夫, 外從五位下高市連屋守爲西市正, 從五位下多治比眞人歲主爲攝津亮, 從五位下紀朝臣本爲春宮亮, 大外記外從五位下羽栗翼爲兼勅旨大丞, 從五位上藤原朝臣鷲取爲造宮少輔, 從四位下石上朝臣息嗣爲造東大寺長官, 治部卿正四位上藤原朝臣家依爲兼衛門督, 從五位下大中臣朝臣諸魚爲員外佐, 從四位下藤原朝臣小黑麻呂爲右衛士督, 從五位上巨勢朝臣池長爲佐, 從五位下大原眞人淸貞爲員外佐, 從五位下大中臣朝臣繼麻呂爲山背守, 從四位下大伴宿禰家持爲伊勢守, 內匠助外從五位下松井連淨山爲兼下總大掾, 造宮卿從三位高麗朝臣福信爲兼近江守, 從五位下紀朝臣大宅爲飛驒守, 從五位下大伴宿禰上足爲上野介, 從五位上藤原朝臣宅美爲越前守, 從五位上石川朝臣淸麻呂爲介, 從五位下牟都伎王爲越中守, 從五位下小治田朝臣諸成爲介, 從五位下矢集宿禰大唐爲能登守, 從五位下石川朝臣宿奈麻呂爲越後守, 從五位上紀朝臣家守爲丹波守, 從五位下大原眞人宿奈麻呂爲伯耆守, 正五位上多治比眞人長野爲出雲守, 從五位上豊野眞人五十戶爲介, 內藥正外從五位下吉田連斐太麻呂爲兼掾, 正五位下大伴宿禰潔足爲播磨守, 外從五位下秦忌寸石竹爲介, 從五位下大神朝臣末足爲備中守, 從五位下多治比眞人三上爲長門守, 外從五位下三嶋宿禰宗麻呂爲淡路守, 從五位上安倍朝臣東人爲豊後守. 丙申, 以從四位下石川朝臣垣守爲中務大輔, 從五位上紀朝臣鯖麻呂爲木工頭.

辛亥, 以從五位下多朝臣犬養爲右少弁, 從五位下粟田朝臣人成爲中務少輔, 從五位上石川朝臣眞守爲式部少輔, 外從五位下高市連屋守爲園池正, 外從五位下長瀨連廣足爲西市正, 從五位上紀朝臣家守爲春宮亮, 丹波守如故. 丙辰, 以從五位下紀朝臣本爲尾張守.

夏四月戊午朔, 日有蝕之. 己巳, 勅, 祭祀神祇, 國之大典. 若不誠敬, 何以致福. 如聞, 諸祀不修, 人畜損穢, 春秋之祀, 亦多怠慢. 因茲嘉祥弗降, 災異荐臻, 言念於斯, 情深懍惕. 宜仰諸國, 莫令更然. 壬申, 御前殿賜遣唐使節刀. 詔曰, 天皇〈我〉大命〈良麻等〉遣唐國使人〈爾〉詔大命〈乎〉聞食〈止〉宣. 今詔, 佐伯今毛人宿禰, 大伴宿禰益立二人, 今汝等二人〈乎〉遣唐國者今始〈弖〉遣物〈爾波〉不在. 本〈與利〉自朝使其國〈爾〉遣〈之〉其國〈與利〉進渡〈祁里〉, 依此〈弖〉使次〈止〉遣物〈曾〉, 悟此意〈弖〉其人等〈乃〉和〈美〉安〈美〉應爲〈久〉相言〈部〉驚〈呂〉驚〈呂之岐〉事行〈奈世曾〉. 亦所遣使人判官已下死罪已下有犯者順罪〈弖〉行〈止之弖〉節刀給〈久止〉詔大命〈乎〉聞食〈止〉宣. 事畢, 賜大使副使御服, 賜前入唐大使藤原河淸書曰, 汝奉使絶域, 久經年序, 忠誠遠著, 消息有聞. 故今因聘使, 便命迎之. 仍賜絁一百匹, 細布一百端, 砂金大一百兩. 宜能努力, 共使歸朝, 相見非賖, 指不多及. 丙子, 授正四位下飯高宿禰諸高從三位, 從五位上因幡國造淨成女, 壬生宿禰小家主並正五位下, 正六位上雀部朝臣廣持從五位下.

五月戊子, 出羽國志波村賊叛逆, 與國相戰, 官軍不利, 發下總下野常陸等國騎兵伐之. 戊戌, 以近江介從五位上佐伯宿禰久良麻呂爲兼陸奧鎭守權副將軍. 己亥, 散事從四位下伊味朝臣宮卒. 庚子, 正六位上後部石嶋等六人賜姓出水連. 戊申, 授無位公子乎刀自外從五位下. 乙卯, 大祓. 以災變屢見也. 丙辰, 屈僧六百, 讀大般若經於宮中及朝堂.

六月庚申, 太白晝見. 癸亥, 播磨國戶五十烟捨招提寺. 甲子, 近衛大初位下粟人道足等十人賜姓粟直. 己巳, 參議從三位大藏卿兼攝津大夫藤原朝臣楓麻呂薨. 平城朝贈太政大臣房前之第七子也. 壬申, 右京大夫從四位下百濟王理伯卒. 癸酉, 授無位坂本王從五位下. 甲戌, 大祓京師及畿內諸國, 奉黑毛馬丹生川上神, 旱也.

秋七月丁丑, 從四位下置始女王卒. 壬辰, 參議正四位上陸奧按察使兼鎭守將軍勳三等大伴宿禰駿河麻呂卒. 贈從三位, 賻絁三十疋, 布一百端. 己亥, 令造安房, 上總, 下總, 常陸四國船五十隻, 置陸奧國以備不虞. 庚子, 以從五位下石川朝臣人麻呂爲大

和檢稅使, 從五位下多治比眞人乙安爲河內和泉使, 從五位下息長眞人道足爲攝津山
背使. 甲辰, 震西大寺西塔. 丙午, 以從五位下上毛野朝臣馬長爲出羽守.

八月丙辰朔, 遣使奉幣於天下群神, 其天下諸社之祝, 不勤洒掃, 以致蕪穢者, 收其位
記, 與替. 癸亥, 山背國乙訓郡人外從五位下羽栗翼賜姓臣. 戊辰, 大風. 庚午, 天下諸
國蝗, 畿內者遣使巡視, 餘者令國司行事. 壬午, 授正五位上石川朝臣豊人從四位下.
閏八月庚寅, 先是, 遣唐使船到肥前國松浦郡合蚕田浦, 積月餘日, 不得信風. 旣入秋
節, 彌違水候, 乃引還於博多大津. 奏上曰, 今旣入於秋節, 逆風日扇, 臣等望, 待來年夏
月, 庶得渡海. 是日勅, 後年發期一依來奏, 其使及水手並宜在彼待期進途. 甲辰, 以右
大舍人頭從四位下神王爲兼下總守, 彈正尹從四位下藤原朝臣弟繩爲兼美作守. 壬
子, 丹後國與謝郡人采女部宅刀自女一産三男, 賜粮及乳母粮料. 壹伎嶋風, 損苗子,
免當年調.

九月甲子, 以宮內卿正四位下大伴宿禰伯麻呂爲兼越前守. 丁卯, 陸奧國俘囚三百九
十五人分配大宰管內諸國. 庚午, 始置越前國氣比神宮司, 准從八位官. 甲戌, 幸大藏
省, 賜陪從五位已上祿, 並皆盡重而出. 庚辰, 山邊眞人何鹿, 山邊眞人猪名, 並復屬籍.
是月, 每夜, 瓦石及塊自落內豎曹司及京中往往屋上, 明而視之. 其物見在, 經二十餘
日乃止.

冬十月壬辰, 美濃國菅田驛, 與飛驒國大野郡伴有驛, 相去七十四里, 巖谷險深, 行程
殊遠. 其中間量置一驛, 名曰下留. 癸巳, 地震. 乙未, 陸奧國頻經征戰, 百姓彫弊,
免當年田租. 乙巳, 授從六位上栗前連枝女外從五位下. 丁未, 以參議從三位藤原朝臣
田麻呂爲攝津大夫.

十一月丙辰, 地震. 己巳, 遣唐大使佐伯宿禰今毛人自大宰還而進節刀, 副使大伴宿禰
益立, 判官海上眞人三狩等, 留府待期, 時人善之. 庚辰, 發陸奧軍三千人伐膽澤賊.
癸未, 出羽國俘囚三百五十八人配大宰管內及讚岐國, 其七十八人班賜諸司及參議已
上爲賤.

十二月丁酉, 停遣唐副使大伴宿禰益立. 以左中弁兼中衛中將鑄錢長官從五位上小野
朝臣石根, 備中守從五位下大神朝臣末足並爲副使. 募陸奧國諸郡百姓戍奧郡者, 便
卽占著, 給復三年. 乙巳, 渤海國遣獻可大夫司賓少令開國男史都蒙等一百八十七人,
賀我卽位, 并赴彼國王妃之喪. 比着我岸, 忽遭惡風, 柂折帆落, 漂沒者多, 計其全存,
僅有四十六人, 便於越前國加賀郡安置供給 戊申, 左京人從六位下秦忌寸長野等二

十二人賜姓奈良忌寸, 山背國葛野郡人秦忌寸箕造等九十七人朝原忌寸. 庚戌, 豊前國京都人正六位上楷田勝愛比賜姓大神楷田朝臣, 左京人少初位上蓋田養長丘連.

○ **八年**春正月甲寅朔, 宴五位已上於前殿. 賜祿有差. 丙辰, 以內臣從二位藤原朝臣良繼爲內大臣, 遣唐副使左中弁從五位上小野朝臣石根爲兼播磨守. 丁巳, 授正三位藤原朝臣魚名從二位, 正六位上藤原朝臣長河, 紀朝宮人並從五位下, 戊午, 左京人從七位上田邊史廣本等五十四人賜姓上毛野公. 庚申, 授從四位下鴨王從四位上, 從五位上三方王正五位下, 從五位下東方王, 山邊王, 田中王並從五位上, 正四位下藤原朝臣是公正四位上, 從四位下大伴宿禰家持, 石上朝臣息嗣並從四位上, 正五位上藤原朝臣雄依, 大中臣朝臣子老並從四位下, 正五位下甘南備眞人伊香, 榎井朝臣子祖並正五位上, 從五位上大原眞人繼麻呂, 大伴宿禰不破麻呂並正五位下, 從五位下田口朝臣大戶, 上毛野朝臣馬長, 石川朝臣人麻呂並從五位上, 外從五位下大和宿禰西麻呂, 正六位上文室眞人久賀麻呂, 爲奈眞人豊人, 田口朝臣祖人, 百濟王仁貞, 紀朝臣豊庭, 佐味朝臣山守, 下毛野朝臣船足, 波多朝臣百足, 車持朝臣諸成, 笠朝臣望足, 縣犬養宿禰伯, 當麻眞人枚人, 高橋朝臣祖麻呂並從五位下, 正六位上膳臣大丘外從五位下. 癸亥, 授從五位上藤原朝臣種繼正五位下, 正六位上大伴宿禰眞綱, 外正六位上中臣丸朝臣馬主並從五位下, 正四位上藤原朝臣曹子從三位, 從四位上伊福部女王正四位上, 正五位下紀朝臣宮子, 從五位上平群朝臣邑刀自, 藤原朝臣産子, 藤原朝臣教貴, 藤原朝臣諸姉並從四位下, 正五位下文室眞人布止伎, 藤原朝臣人數並正五位上, 從五位下和氣朝臣廣虫, 大野朝臣姉並從五位上, 外從五位下足羽臣黑葛, 金刺舍人連若嶋, 水海連淨成並從五位下, 正六位上紀臣眞吉, 岡上連綱, 從七位上中臣葛野連廣江, 正六位上忍海倉連甄, 從六位下豊田造信女並外從五位下. 己巳, 宴次侍從巳上於前殿, 其餘者於朝堂賜饗. 癸酉, 遣使問渤海使史都蒙等曰, 去寶龜四年, 烏須弗歸本蕃日, 太政官處分, 渤海入朝使, 自今以後, 宜依古例向大宰府, 不得取北路來. 而今違此約束, 其事如何. 對曰, 烏須弗來歸之日, 實承此旨. 由是, 都蒙等發自弊邑南海府吐號浦, 西指對馬嶋竹室之津. 而海中遭風, 著此禁境, 失約之罪, 更無所避. 甲戌, 從三位飯高宿禰諸高, 年登八十. 勅賜絁八十疋, 絲八十絇, 調布八十端, 庸布八十段. 戊寅, 以從四位下大中臣朝臣子老爲神祇伯, 從五位下藤原朝臣大繼爲少納言, 從五位下池田朝臣眞枚爲員外少納言, 主計頭從五位下池原公禾守爲兼大外記, 正五位上大伴宿禰益立爲權左中弁, 從五位上菅生王爲中務大輔, 從五位下文室眞人忍坂麻呂爲少輔, 從五位下賀茂朝臣麻呂爲員外少輔, 從五位上文室眞人高嶋爲內匠頭, 正五位下田口朝臣祖人爲內禮正, 從五位下藤原朝臣眞葛爲大學頭, 外從五位下膳臣大丘爲博士, 從五位下美和眞人土生爲散位頭, 從五位下宍人朝臣繼麻呂爲主稅頭, 從五位下藤原朝臣菅繼爲兵部少輔, 從五位下下毛野朝臣船足爲鼓吹正, 正五位上淡海眞人三船爲大判事, 正五位下大伴宿禰不破麻呂爲大藏大輔, 從五位下紀朝臣犬養爲少輔, 外從五位下陽侯忌寸人麻呂爲東市正, 從四位下石川朝臣垣守爲右京大夫, 從五位下多治比眞人歲主爲攝津亮, 從五位上藤原朝臣鷲取爲造宮大輔, 從五位下文室眞人子老爲少輔, 從五位下大野朝臣石主爲和泉守, 從五位上石川朝臣人麻呂爲伊豆守, 從五位下藤原朝臣黑麻呂爲上總守, 從五位下大伴宿禰眞綱爲陸奧介, 從五位下文室眞人於保爲若狹守, 內藥佑外從五位下吉田連斐太麻呂爲兼伯耆介, 從五位下大原眞人美氣爲美作介, 外從五位下堅部使主人主爲備前介, 外從五位下橘戶高志麻呂爲備後介, 從五位下多治比眞人黑麻呂爲周防守, 從五位下大中臣朝臣宿奈麻呂爲阿波守, 近衛少將從五位上紀朝臣船守爲兼土左守, 從五位下藤原朝臣仲繼爲大宰少貳. 己卯, 從五位下紀朝臣眞乙爲左兵衛員外佐. 庚辰, 從五位上美和眞人土生爲員外左少弁, 從五位下當麻眞人枚人爲右大舍人助, 正五位上船井王爲縫殿頭, 從五位下安倍朝臣常嶋爲治部少輔, 正五位下石城王爲造酒正, 從五位下百濟王玄鏡爲石見守.

二月戊子, 遣唐使拜天神地祇於春日山下. 去年風波不調, 不得渡海, 使人亦復頻以相替. 至是副使小野朝臣石根重脩祭祀也. 庚寅, 授正六位上縣犬養宿禰庸子從五位下. 丙申, 從五位上田中王爲右大舍人頭, 從五位上伊刀王爲諸陵頭. 庚子, 授正六位上百濟王仙宗從五位下. 壬寅, 召渤海使史都蒙等三十人入朝. 時都蒙言曰, 都蒙等一百六十餘人, 遠賀皇祚, 航海來朝, 忽被風漂, 致死一百二十. 幸得存活, 纔四十六人. 旣是險浪之下, 萬死一生, 自非聖朝至德, 何以獨得存生. 況復殊蒙進入, 將拜天闕, 天下幸民, 何處亦有. 然死餘都蒙等四十餘人心同骨完, 期共苦樂, 今承, 十六人別被處置, 分留海岸, 譬猶割一身而分背, 失四體而匍匐. 仰望, 宸輝曲照, 聽同入朝. 許之. 癸卯, 讚岐國飢, 賑給之. 甲辰, 授無位大野朝臣乎婆婆從五位下. 庚戌, 遣使祭疫神於五畿內. 壬子晦, 日有蝕之.

三月癸丑朔, 置酒田村舊宮. 賜祿有差. 授外從五位下內藏忌寸全成從五位下. 乙卯,

宴次侍從已上於內嶋院. 令文人賦曲水, 賜祿有差. 壬戌, 紀伊國名草郡人直乙麻呂等
二十八人賜姓紀神直, 直諸弟等二十三人紀名草直, 直秋人等百九人紀忌垣直. 戊辰,
幸大納言藤原朝臣魚名曹司, 賜從官物有差. 授其男從六位上藤原朝臣末茂從五位
下, 百濟箄篌師正六位上難金信外從五位下. 辛未, 大祓. 爲宮中頻有妖怪也. 癸酉,
屈僧六百口, 沙彌一百口, 轉讀大般若經於宮中. 乙亥, 外從五位下志我閇造東人賜姓
連. 辛巳, 從四位下藤原朝臣小黑麻呂爲出雲守. 是月, 陸奧夷俘來降者, 相望於道.
夏四月甲申, 從五位上日置造養麻呂等八人賜姓榮井宿禰, 從六位上日置造雄三成等
四人鳥井宿禰, 正八位下日置造飯麻呂等二人吉井宿禰. 丙戌, 雨雹. 庚寅, 渤海使史
都蒙等入京. 辛卯, 太政官遣使慰問史都蒙等. 甲午, 雨氷. 震太政官內裏之廳. 乙未,
右京人從六位上赤染國持等四人, 河內國大縣郡人正六位上赤染人足等十三人, 遠江
國蓁原郡人外從八位下赤染長濱, 因幡國八上郡人外從六位下赤染帶繩等十九人賜
姓常世連. 戊戌, 遣唐大使佐伯宿禰今毛人等辭見. 但大使今毛人到羅城門, 稱病而
留. 癸卯, 渤海使史都蒙等貢方物. 奏曰, 渤海國王, 始自遠世供奉不絶. 又國使壹萬福
歸來. 承聞, 聖皇新臨天下, 不勝歡慶, 登時遣獻可大夫司賓少令開國男史都蒙入朝,
幷戴荷國信, 拜奉天闕. 詔曰, 現神〈止〉大八洲國所知〈須〉天皇大命〈良麻止〉詔大命
〈乎〉聞食〈止〉宣. 遠天皇御世御世年緒不落間〈牟〉事無〈久〉仕奉來〈流〉業〈止奈
毛〉所念行〈須〉. 又天津日嗣受賜〈禮流〉事〈乎左閇〉歡奉出〈禮波〉, 辱〈奈美〉歡
〈之美奈毛〉所聞行〈須〉. 故是以今〈毛〉今〈毛〉遠長〈久〉平〈久〉惠賜〈比〉安賜〈牟
止〉, 彼國〈乃〉王〈爾波〉語〈部止〉詔天皇大命〈乎〉聞食〈止〉宣. 是日, 遣唐大使佐伯
宿禰今毛人輿病進途, 到攝津職. 積日不損, 勅副使石根, 持節先發, 行大使事, 即得順
風, 不可相待. 遣右中弁從四位下石川朝臣豊人. 宣詔使下曰, 判官已下犯死罪者, 聽
持節使頭專恣科決. 丁未, 散位從四位下豊野眞人出雲卒. 戊申, 天皇臨軒. 授渤海大
使獻可大夫司賓少令開國男史都蒙正三位, 大判官高祿思, 少判官高鬱琳並正五位
上, 大錄事史遒仙正五位下, 少錄事高珪宣從五位下, 餘皆有差. 賜國王祿. 具載勅書,
史都蒙已下亦各有差.
五月癸丑, 授正五位下巨勢朝臣巨勢野從四位下. 丁巳, 天皇御重閣門. 觀射騎. 召渤
海使史都蒙等, 亦會射場. 令五位已上進裝馬及走馬, 作田舞於舞臺, 蕃客亦奏本國之
樂. 事畢賜大使都蒙已下綵帛各有差. 庚申, 先是渤海判官高淑源及少錄事一人, 比着
我岸. 船漂溺死. 至是贈淑源正五位上, 少錄事從五位下, 並賵物如令. 癸亥, 勅旨少錄

正六位上丹比新家連稻長, 大膳膳部大初位下東麻呂賜姓丹比宿禰. 奉白馬於丹生川
上神, 霖雨也. 乙丑, 授無位春日朝臣方名從五位下. 己巳, 自寶字八年發以來, 太政官
印收於內裏, 每日請進. 至是復置太政官. 癸酉, 渤海使史都蒙等歸蕃, 以大學少允正
六位上高麗朝臣殿繼爲送使. 賜渤海王書曰, 天皇敬問渤海國王. 使史都蒙等, 遠渡滄
溟, 來賀踐祚. 顧惟寡德叨嗣洪基. 若涉大川, 罔知攸濟. 王修朝聘於典故. 慶寶曆於惟
新. 勤懇之誠, 實有嘉尙. 但都蒙等比及此岸, 忽遇惡風, 有損人物. 無船駕去, 想彼聞
此, 復以傷懷. 言念越鄕, 倍加軫悼. 故造舟差使, 送至本鄕. 幷附絹五十疋, 絁五十疋,
絲二百絇, 綿三百屯. 又緣都蒙請, 加附黃金小一百兩, 水銀大一百兩, 金漆一缶, 漆一
缶, 海石榴油一缶, 水精念珠四貫, 檳榔扇十枝. 至宜領之, 夏景炎熱, 想平安和. 又弔
彼國王后喪曰, 禍故無常, 賢室殞逝. 聞以惻怛, 不淑如何. 雖松檟未茂. 而居諸稍改.
吉凶有制, 存之而已. 今因還使, 贈絹二十疋, 絁二十疋, 綿二百屯, 宜領之. 乙亥,
仰相摸, 武藏, 下總, 下野, 越後國, 送甲二百領于出羽國鎭戍. 丁丑, 陸奧守正五位下紀
朝臣廣純爲兼按察使. 戊寅, 典侍從三位飯高宿禰諸高薨. 伊勢國飯高郡人也. 性甚廉
謹, 志慕貞潔. 葬奈保山天皇御世, 直內敎坊, 遂補本郡采女, 飯高氏貢采女者, 自此始
矣. 歷仕四代, 終始無失. 薨時年八十.

六月辛巳朔, 勅遣唐副使從五位上小野朝臣石根, 從五位下大神朝臣末足等, 大使今
毛人, 身病彌重, 不堪進途. 宜知此狀到唐下牒之日, 如借問無大使者, 量事分疏, 其石
根者著紫. 猶稱副使, 其持節行事一如前勅. 乙酉, 武藏國入間郡人大伴部直赤男, 以
神護景雲三年, 獻西大寺商布一千五百段, 稻七萬四千束, 墾田四十町, 林六十町, 至
是其身已亡, 追贈外從五位下. 壬辰, 參議從四位下美濃守紀朝臣廣庭卒. 戊戌, 楊梅
宮南池生蓮, 一莖二花. 癸卯, 隱伎國飢, 賑給之. 丙午, 授外從五位下栗原宿禰弟妹從
五位下.

秋七月辛亥, 左京人正六位上小塞連弓張等五人賜姓宿禰. 甲寅, 伯耆國飢, 賑給之.
癸亥, 震但馬國國分寺塔. 甲子, 左京人從六位下楢曰佐河內等三人賜姓長岡忌寸,
正六位上山村許智大足等四人山村忌寸. 乙丑, 內大臣從二位藤原朝臣良繼病, 敍其
氏神鹿嶋社正三位, 香取神正四位上.

八月壬午, 授外從五位下伊勢朝臣子老從五位下. 丙戌, 奉白馬於丹生川上神, 霖雨
也. 己丑, 從三位藤原朝臣曹司爲夫人. 癸巳, 授無位坂上女王從五位下. 上野國群馬
郡戶五十烟, 美作國勝田郡五十烟捨妙見寺. 丁酉, 大和守從三位大伴宿禰古慈斐薨.

飛鳥朝常道頭贈大錦中小吹負之孫, 平城朝越前按察使從四位下祖父麻呂之子也. 少有才幹, 略涉書記, 起家大學大允, 贈太政大臣藤原朝臣不比等, 以女妻之. 勝寶年中, 累遷從四位上衛門督, 俄遷出雲守, 自見疎外, 意常鬱鬱, 紫微內相藤原仲滿, 誣以誹謗, 左降土佐守, 促令之任. 未幾, 勝寶八歲之亂, 便流土佐, 天皇宥罪入京. 以其舊老授從三位. 薨時年八十三. 辛丑, 授正六位上紀朝臣弟麻呂從五位下.

九月癸亥, 陸奧國言, 今年四月, 舉國發軍, 以討山海兩賊, 國中忽劇, 百姓艱辛. 望請復當年調庸幷田租, 以息百姓. 許之. 乙丑, 勅, 檢天平寶字四年格稱, 尙侍尙藏職掌旣重. 宜異諸人全賜封戶者, 然則官位祿賜, 理合同等, 宜尙侍准尙藏, 典侍准典藏. 外從五位下丹比宿禰眞淨爲山背介. 丙寅, 內大臣從二位勳四等藤原朝臣良繼薨. 平城朝參議正三位式部卿大宰帥馬養之第二子也. 天平十二年, 坐兄廣嗣謀反, 流于伊豆. 十四年, 免罪補少判事. 十八年授從五位, 歷職內外, 所在無績, 太師押勝起宅於楊梅宮南, 東西構樓, 高臨內裏, 南面之門便以爲櫓. 人士側目, 稍有不臣之譏. 于時押勝之男三人並任參議. 良繼位在子姪之下, 益懷忿怨. 乃與從四位下佐伯宿禰今毛人, 從五位上石上朝臣宅嗣, 大伴宿禰家持等, 同謀欲害太師. 於是, 右大舍人弓削宿禰男廣知計以告太師. 卽皆捕其身, 下吏驗之. 良繼對曰, 良繼獨爲謀首, 他人曾不預知. 於是, 强劾大不敬, 除姓奪位. 居二歲, 仲滿謀反, 走於近江. 卽日奉詔, 將兵數百, 追而討之. 授從四位下勳四等, 尋補參議, 授從三位. 寶龜二年, 自中納言拜內臣, 賜職封一千戶, 專政得志, 升降自由. 八年任內大臣, 薨時年六十二. 贈從一位, 遣中納言從三位物部朝臣宅嗣, 從四位下壹師濃王弔之.

冬十月辛巳, 授無位 紀朝臣虫女從五位下. 辛卯, 正四位上藤原朝臣家依爲參議, 正五位下高賀茂朝臣諸雄爲神祇大副, 參議正四位上藤原朝臣是公爲兼左大弁, 春宮大夫左衛士督侍從如故. 正四位下田中朝臣多太麻呂爲右大弁, 從五位上美和眞人土生爲右少弁, 中納言從三位物部朝臣宅嗣爲兼中務卿, 從四位下鴨王爲左大舍人頭, 從五位下宗形王爲右大舍人頭, 從五位下藤原朝臣末茂爲圖書頭, 從五位下百濟王仙宗爲助, 從五位下賀茂朝臣大川爲內藏助, 參議從三位藤原朝臣百川爲兼式部卿, 右兵衛督如故, 神祇伯從四位下大中臣朝臣子老爲兼大輔, 從五位下藤原朝臣眞葛爲散位頭, 從五位下安倍朝臣謂奈麻呂爲治部少輔, 正五位上多治比眞人長野爲民部大輔, 從五位下多朝臣犬養爲少輔, 從五位上當麻眞人永嗣爲大判事, 從四位下神王爲大藏卿, 從五位下安倍朝臣草麻呂爲齋宮長官, 從四位下石川朝臣名足爲造東大寺長官,從五位下紀朝臣門守爲鑄錢次官, 從五位下藤原朝臣長河爲中衛少將, 從五位下大中臣朝臣諸魚爲衛門佐, 從五位下百濟王仁貞爲員外佐, 從五位下紀朝臣弟麻呂爲左衛士員外佐, 外從五位下大荒木臣押國爲遠江介, 參議右衛士督從四位下藤原朝臣小黑麻呂爲兼常陸守, 正五位下粟田朝臣鷹守爲介, 從五位上紀朝臣家守爲美濃守, 從五位下安倍朝臣笠成爲越中守, 從五位下廣川王爲因幡守, 右大弁正四位下田中朝臣多太麻呂爲兼出雲守, 從五位下藤原朝臣仲繼爲播磨介, 從五位上田中王爲伊豫守, 大納言近衛大將從二位藤原朝臣魚名爲兼大宰帥, 從四位上石上朝臣息嗣爲大貳, 從五位下笠朝臣名麻呂爲少貳. 戊申, 大赦天下. 但八虐, 故殺人, 私鑄錢, 强竊二盜, 常赦所不免者, 不在赦限. 其入死者皆減一等.

十一月己酉朔, 天皇不豫. 丙辰, 左京人正八位下多藝連國足等二人賜姓物部多藝宿禰, 美濃國多藝郡人物部坂麻呂等九人物部多藝連. 丙寅, 長門國獻白雉. 戊辰, 授無位川村王從五位下. 己巳, 授無位枚田女王從四位下, 無位藤原朝臣眞男女從五位下. 十二月辛卯, 初陸奧鎭守將軍紀朝臣廣純言, 志波村賊, 蟻結肆毒, 出羽國軍與之相戰敗退. 於是, 以近江介從五位上佐伯宿禰久良麻呂爲鎭守權副將軍, 令鎭出羽國. 至是授正五位下勳五等紀朝臣廣純從四位下勳四等, 從五位上勳七等佐伯宿禰久良麻呂正五位下勳五等, 外正六位上吉彌侯伊佐西古第二等伊治公呰麻呂並外從五位下, 勳六等百濟王俊哲勳五等, 自餘各有差. 丁酉, 中衛中將正四位下坂上大忌寸苅田麻呂爲兼丹波守. 壬寅, 皇太子不悆, 遣使奉幣於五畿內諸社. 癸卯, 出羽國蝦賊叛逆, 官軍不利, 損失器仗. 授外從五位上桑原公足床從五位上. 乙巳, 改葬井上內親王, 其墳稱御墓, 置守冢一烟. 是年. 是冬, 不雨. 井水皆涸, 宇治等川並可揭厲.

續日本紀卷第三十四

『속일본기』 권제35[1]

〈寶龜 9년(778) 정월에서 10년(779) 12월까지〉

우대신 종2위[2] 겸 行皇太子傅 中衛大將
신 藤原朝臣繼繩 등이 칙을 받들어 편찬하다.

天宗高紹天皇

○ 寶龜 9년(778) 춘정월 무신삭(1일), 신년하례를 중지하였다. 황태자[3]의
건강이 불안정하기 때문이다. 이날, 次侍從[4] 이상에게 내리에서 연회를 베풀
고 차등있게 녹을 내렸다. 그 외 5위 이상에게는 조당에서 향응을 베풀었다.

갑인(7일), 시종 및 5위 이상에게 내리에서 연회를 베풀고 침구를 지급하였다.

병진(9일), 宮內卿 정4위하 겸 越前守 大伴宿禰伯麻呂를 참의로 삼았다.

무오(11일), 右大弁 정4위하 田中朝臣多太麻呂가 죽었다.

계해(16일), 5위 이상에게 연회를 베풀고, 그 의식을 상례와 같았다. 이날,
종5위상 矢口王·菅生王·三關王에게 함께 정5위하를 내리고, 종4위상 大伴宿禰
家持에게 정4위하를, 종4위하 藤原朝臣小黑麻呂·藤原朝臣乙繩에게 함께 종4위
상을, 정5위상 多治比眞人長野에게 종4위하를, 종5위하 藤原朝臣鷹取·大中臣朝
臣宿奈麻呂·紀朝臣犬養·藤原朝臣刷雄·石川朝臣豊麻呂·藤原朝臣黑麻呂에게 종

---

1) 권제35 이하 6권은 제21권에서 34권까지 총14권이 완성되어 찬진된 延曆 13년 8월
   이후에 편찬되었다. 대표편자는 藤原朝臣繼繩으로 되어 있으나 그는 연력 15년 7월에
   사망하였고, 실질적인 책임자는 菅野眞道였다.
2) 종2위는 정2위의 오기. 제35권 이후 찬진되었을 당시의 藤原朝臣繼繩의 관위는 정2위이
   다.
3) 光仁天皇의 제1자인 山背親王, 후에 桓武天皇으로 즉위한다. 황태자의 병으로 신년하례
   를 중지한 것은 처음이다.
4) 의식, 연회 등에 천황에게 봉사하는 임시관으로 인원이 부족할 경우에 中納言 이상이
   칙을 받들어 임명한다.

5위상을, 정6위상 多治比眞人人足·文室眞人八嶋·息長眞人長人·紀朝臣眞子·三嶋眞人大湯坐·路眞人石成·阿倍朝臣石行·大神朝臣人成·紀朝臣作良·大伴宿禰人足·阿倍朝臣船道·當麻眞人弟麻呂·大宅朝臣吉成·佐伯宿禰牛養·河邊朝臣嶋守, 종6위상 紀朝臣家繼에게 함께 종5위하를, 외종5위하 堅部使主人主에게 외종5위상을, 정6위상 阿倍志斐連東人·槻本公老에게 함께 외종5위하를 내렸다.

갑자(17일), 대법사 圓興을 소승도로 삼고, 정6위상 平群朝臣祐麻呂에 종5위하를, 무위 石川朝臣奴女, 藤原朝臣祖子에게 함께 종5위하를 내렸다.

정묘(20일), 종4위하 壹志濃王·石川朝臣垣守 등을 보내 2품 井上內親王의 유해를 개장하였다. 무위 縣犬養宿禰安提女에게 종5위하를 내렸다.

임신(25일), 女孺 무위 物部得麻呂에게 외종5위하를 내렸다.

병자(29일), 종4위하 高野朝臣[5]에게 종3위를 내렸다.

2월 신사(4일), 정4위상 左大弁 春宮大夫 左衛士督 藤原朝臣是公에게 大和守를 겸직시키고, 종5위하 廣田王을 伊賀守로 삼고, 內藥正 외종5위하 吉田連斐太麻呂[6]에게 伊勢介를 겸직시키고, 종5위상 美和眞人土生을 駿河守로 삼고, 左衛士員外佐 종5위하 紀朝臣乙麻呂에게 相摸介를 겸직시키고, 종5위하 高麗朝臣石麻呂[7]를 武藏介로 삼고, 近衛中將 정4위상 道嶋宿禰嶋足에게 下總守를 겸직시키고, 종5위상 中臣朝臣常을 近江介로 삼고, 종5위하 大原眞人淨貞을 信濃守로 삼고, 종5위하 大伴宿禰人足을 下野介로 삼고, 외종5위하 黃文連牟禰[8]를 佐渡守로 삼고, 종5위하 佐伯宿禰牛養을 丹後守로 삼고, 종5위상 田中王을 但馬守로 삼고, 종5위상 當麻眞人永繼를 出雲守로 삼고, 衛門佐 종5위하 大中臣朝臣諸魚

---

5) 高野朝臣新笠. 桓武天皇의 생모이기 때문에 실명을 피하고 씨성만 기재하였다.

6) 백제 망명관인 吉大尙의 후예. 吉田連斐太麻呂는 寶龜 2년(771)에 內藥正에 임명되고, 동 10년에는 종5위하, 天應 원년(781)에 종5위상에 서위되었다. 光仁朝에서는 시의도 겸하고 있었다. 이 씨족은 의약 분야에서 고위 관료를 배출하고 의약을 가업으로 계승하였다.

7) 고구려 멸망 직후 망명한 肖奈福德의 후예. 寶龜 4년(773)에 종5위하에 서위되고 동 5년에 中務員外少輔에 임명되었다. 상기 武藏介로 임명된 것은 일족의 본거지인 武藏國으로 회귀한 것이다. 동 10년에는 일족과 함께 高麗朝臣의 성에서 高倉朝臣으로 개성하였다. 延曆 4년(785)에 治部少輔가 되고 동 6년에 다시 中務少輔로 돌아온 후, 동 8년에 美作介로 근무하였다.

8) 고구려계 도래씨족의 후예. 寶龜 원년(770) 7월에 외종5위하에 서위되었다. 黃書는 黃文으로 특히 회화 분야에서 두각을 나타난 인물이 적지 않다.

에게 備前介를 겸직시키고, 종4위하 藤原朝臣雄依를 讚岐守로 삼고, 외종5위상 堅部使主人主를 (讚岐)介로 삼고, 종4위하 石川朝臣垣守를 伊豫守로 삼고, 종5위 하 當麻眞人乙麻呂를 筑後守로 삼고, 종5위하 三嶋眞人安曇을 肥前守로 삼고, 內藥佑 외종5위하 吉田連古麻呂9)에게 豊前介를 겸직시켰다.

을유(8일), 시종 종4위하 奈貴王이 죽었다.

병술(9일), 종5위하 藤原朝臣末茂를 美濃介로 삼았다.

계사(16일), 右衛士府生 소초위상 飯高公大人, 左兵衛 대초위하 飯高公諸丸 2인에게 宿禰의 성을 내렸다.

을미(18일), 종4위하 藤原朝臣雄依를 시종으로 삼고 讚岐守는 종전대로 하였다.

경자(23일), 종4위하 石川朝臣名足을 右大弁으로 삼고, 종5위하 豊野眞人奄智 를 右中弁으로 삼고, 종5위하 紀朝臣古佐美를 右少弁으로 삼고, 종5위상 藤原朝 臣鷲取를 中務大輔로 삼고, 종5위하 大宅朝臣吉成을 左大舍人助로 삼고, 종5위 하 藤原朝臣長山을 圖書頭로 삼고, 종5위하 笠王을 內藏頭로 삼고 武藏守는 종전대로 하였다. 외종5위하 高橋連鷹主를 畫工正으로 삼고, 정5위상 淡海眞人 三船10)을 대학두로 삼고 문장박사는 종전대로 하였다. 종5위상 袁晋卿11)을 현번두로 삼고, 외종5위하 阿倍志斐連東人을 主計頭로 삼고, 정5위하 高賀茂朝 臣諸魚를 병부대보로 삼고, 종5위하 紀朝臣眞子를 大藏少輔로 삼고, 정5위하 石上朝臣家成을 궁내대보로 삼고, 정5위하 菅生王을 大膳大夫로 삼고, 종5위하 乙訓王을 (大膳)亮으로 삼고, 종5위하 淸原王을 大炊頭로 삼고, 정5위하 藤原朝

---

9) 백제 망명관인 吉大尙의 후예. 권34, 寶龜 7년(776), 정월조 122쪽 각주 7) 참조.

10) 天智天皇의 현손, 大友皇子의 증손, 式部卿 葛野王의 손, 內匠頭 池邊辺王의 子이다. 루 연간에 출가하여 元開라는 법명을 받았다. 天平勝寶 3년(751)에 眞人 성을 받아 臣籍으로 降下되었으나 칙명으로 환속하여 御船王으로 되돌아간 후, 다시 淡海眞人의 성을 받고 淡海三船이라고 명명하였다. 天平寶字 5년에 駿河守, 동 8년에 美作守, 近江介, 天平神護 2년(766)에 東山道巡察使, 神護景雲 원년(767)에 大宰少貳, 寶龜 2년(771)에 刑部大輔를 비롯하여 상기 본문에 나오는 大學頭, 文章博士와 이후 大判事, 刑部卿 등을 역임하였다.

11) 寶龜 9년(778) 12월 경인조에는, 唐人으로 天平 7년(735)에 견당사를 따라 일본에 왔다고 한다. 文選, 爾雅의 음을 습득하고 대학의 音博士가 되었다. 이후 大學頭, 日向守, 玄蕃頭, 安房守 등을 역임하였고, 寶龜 9년 12월에 淸村宿禰로 개성하였다.

臣種繼를 左京大夫로 삼고, 종5위하 紀朝臣難波麻呂를 (右京)亮으로 삼고, 종5위상 佐伯宿禰久良麻呂를 春宮亮으로 삼고, 종5위상 紀朝臣犬養을 造宮大輔로 삼고, 종5위상 石川朝臣豊麻呂를 (造宮)少輔로 삼고, 종4위하 吉備朝臣泉을 造東大寺 장관으로 삼고, 종5위하 文室眞人眞老를 造西大寺 차관으로 삼고, 종5위상 紀朝臣船守를 近衛少將으로 삼고 內廐助 土左守는 종전대로 하였고, 종5위하 紀朝臣豊庭을 (近衛)員外少將으로 삼았다. 종3위 藤原朝臣百川을 중위 대장으로 삼고 식부경은 종전대로 하였다. 종5위하 紀朝臣家繼를 右衛士員外佐로 삼고, 정5위상 大伴宿禰益立을 우병위로 삼고, 종5위하 笠朝臣望足을 右馬頭로 삼고, 종4위하 石川朝臣豊人을 大和守로 삼고, 종5위하 紀朝臣宮人을 越中介로 삼고, 외종5위하 日置首若虫을 筑後介로 삼았다.

3월 기유(3일), 5위 이상에게 내리에서 연회를 베풀고, 문인에게 曲水의 시[12]를 짓게 하고 차등있게 녹을 내렸다. 이날, 대납언 종2위 藤原朝臣魚名을 내신으로 삼고 近衛大將 大宰帥는 종정대로 하였다. 土佐國에서 언상하기를, "작년 7월, 풍우가 대단히 심하여 4군의 백성이 생업에 피해를 입었다. 더하여 사람과 가축이 수몰되어 죽었고, 가옥은 파손되었다"라고 하였다. 조를 내려 구휼하였다.

병진(10일), 종5위상 藤原朝臣刷雄을 刑部大判事로 삼고, 종4위상 伊勢朝臣老人을 中衛中將으로 삼고 修理長官 遠江守는 종전대로 하였고, 정5위하 葛井連道依[13]를 (中衛)少將으로 삼고 勅旨少輔 甲斐守는 종전대로 하였고, 외종5위하 槻本公老를 右兵衛佐로 삼았다.

갑자(18일), 정7위하 伊福部妹女에게 종5위하를 내렸다.

병인(20일), 東大, 西大, 西隆 3사에서 독경하였다. 황태자의 건강이 악화되었기 때문이다.

기사(23일), 칙을 내려, 淡路親王墓를 山陵이라고 칭하고, 죽은 모친 當麻氏의 묘를 御墓라고 칭하고, 인근의 백성 1호를 충당하여 (陵戶로서) 지키게 하였다.

---

12) 「雜令」40에는 3월 3일을 節日로 기록하고 그날의 연회를 曲水의 宴이라고 하였다. 술잔을 물 위에 띄워 부정한 것을 없애는 제의에서 유래한 것으로, 물가에 연회석을 설치하고 술잔을 띄워 시를 짓는다.

13) 葛井連은 백제계 도래씨족. 권33, 寶龜 5년(774) 3월조 93쪽 각주 12) 참조.

경오(24일), (천황은) 칙을 내려, "요즈음 황태자의 병이 악화되어 편치 않은 지 수개월이 지났는데 의료를 다해도 여전히 차도가 없다. 듣는 바로는, '병을 구제하는 방도는 실로 덕정으로부터 오고, 연명의 술책은 자애의 心과 같은 것이 없다'고 한다. 천하에 대사면을 내린다. 寶龜 9년 3월 24일 동트기 이전의 사형죄 이하는 죄의 경중을 묻지 않고, 이미 발각되었거나 발각되지 않았거나, 아직 심리 중이거나 이미 판결이 났거나, 현재 수감 중인 자 모두 사면한다. 다만 팔학, 고의 살인, 사주전, 강도와 절도, 통상의 사면에서 면제되지 않는 자는 이 사면의 범위에 포함되지 않는다. 만약 사형죄에 들어갔다면, 1등을 감한다. 억지로 사면 대상이 되는 죄를 고발하는 자는 그 죄로서 처벌한다[14]"라고 하였다. 또 황태자를 위해 30인을 득도, 출가시켰다.

계유(27일), 大祓을 행하였다. 이세대신궁 및 천하의 제신사에 사자를 보내 봉폐하였다. 황태자의 건강이 좋지 않기 때문이다. 또 기내의 (畿外와의) 경계 지역의 疫神을 제사지냈다.

병자(30일), 내신 종2위 藤原朝臣魚名의 (관명인 內臣)을 고쳐서 忠臣이라고 하였다.[15]

하4월 갑신(8일), 칙을 내려, "지금 이후로는 5위 이상의 위전은 사망 이후에는 1년간 몰수하지 않는다"[16]라고 하였다. 攝津國에서 흰 쥐를 바쳤다.

경인(14일), 筑前國 宗形郡의 대령 외종8위상 宗形朝臣大德에게 외종5위하를 내렸다.

신묘(15일), 女孺 무위 國見眞人川田에게 종5위하를 내렸다.

갑오(18일), 천황이 우대신의 저택에 행차하여, 제6자 정6위상 今㕮呂에게 종5위하를 내리고, 그의 처 종4위하 多治比眞人古奈禰에게 종4위상을 내렸다.

무술(22일), 종5위하 石川朝臣毛比에게 정5위하를 내렸다.

경자(24일), 정6위상 紀朝臣伯麻呂에게 종5위하를 내렸다.

---

14) 天平 11년 2월 무자조에도 나오는데, 이때는 고발자에 대해 처벌을 정지한 바 있다.
15) 藤原朝臣魚名의 內臣을 보통명사인 忠臣의 의미가 아닌 관명으로 고친 것이다. 그는 寶龜 10년 정월에 內大臣이 된다.
16) 神龜 3년(726) 5월 경술에 내린 制에서 5위 이상의 位田은 본인이 사망하면 6년간 유예하도록 하였는데, 여기에 와서 1년으로 축소한 것이다.

　　병오(30일), 이보다 앞서 寶龜 7년(776), 고려사 일행 30인이 익사하고, 越前國 江沼, 加賀 2군에 표착하였다.[17] 이에 이르러 해당국에 명하여 매장하게 하였다.

　　5월 을묘(9일), 무위 伊勢朝臣淸刀自에게 종5위하를 내렸다.

　　정묘(21일), 인시[18]에 지진이 있었다.

　　신미(25일), 또 지진이 있었다. 종5위하 昆解宿禰佐美麻呂[19]를 駿河介로 삼았다.

　　계유(27일), 3품 坂合部內親王이 죽었다. 종4위하 壹志濃王 등을 보내 장의를 감독하게 하였다. 소요되는 물품은 관에서 지급하였다. 천황은 3일간 정무를 중지하였다. 내친왕은 天宗高紹天皇[20]의 異母의 누이이다.

　　6월 경자(25일), 陸奧, 出羽의 국사 이하로 (蝦夷) 정토의 싸움에 유공자 2,267인에게 위계를 내렸다. 안찰사 정5위하 훈5등 紀朝臣廣純에게 종4위하 훈4등을, 鎭守權副將軍 종5위상 훈7등 佐伯宿禰久良麻呂에게 정5위하 훈5등을, 외정6위상 吉彌侯伊佐西古, 제2등[21] 伊治公呰麻呂에게 함께 외종5위하를, 훈6등 百濟王俊哲[22]에게 훈5등을 내리고 그 외는 각각 차등있게 위를 내렸다. 위계를 받지 못한 자에게는 각각 차등있게 녹을 하사하였다.

　　신축(26일), 특별히 조를 내려, 참의 정4위상 左大弁 藤原朝臣是公, 肥後守 종5위하 藤原朝臣是人을 보내 廣瀬, 瀧田 2신사에 봉폐하였다. 풍우가 순조롭고 가을 추수의 풍작을 위해서였다.

　　추7월 정미(3일), 종5위하 佐味朝臣山守를 和泉守로 삼았다.

---

17) 寶龜 7년 12월 을사조에 나온다. 발해사 일행은 총 187인이고 생존자는 46인이라고 하였다.

18) 오전 3시에서 5시.

19) 昆解氏는 백제로부터의 도래씨족. 昆解宿禰沙彌麻呂는 延曆 4년(785) 5월 무술조에 鷹高宿禰의 성을 받아 개성하였다. 鷹高宿禰에 대해서는 『신찬성씨록』 우경제번하에 백제 貴首王으로부터 나왔다는 출자를 기록하고 있다. 한편, 『續日本後紀』 承和 2년 5월 계유조에 "右京人丹波權大目昆解宮繼, 內堅同姓河繼等賜姓廣野宿禰, 百濟國人夫子之後也"라고 하여 昆解宮繼, 昆解河繼 등에게 廣野宿禰의 성을 내렸다고 하고 이들은 백제국인 夫子의 후예라고 기록하고 있다.

20) 光仁天皇.

21) 蝦夷에게 내리는 위계. 靈龜 원년 10월 29일조에 제3등을 내린 사례가 나온다.

22) 권33, 寶龜 6년(775) 11월조 110쪽 각주 71) 참조.

무신(4일), 命婦[23] 종5위하 桑原公嶋主에게 종5위상을 내렸다. 女孺 무위 紀朝臣世根에게 종5위하를 내렸다.

계축(9일), 飛驒國에서 慶雲[24]이 보였다고 아뢰었다.

정묘(23일), 종5위하 宍人朝臣繼麻呂를 宮內少輔로 삼았다.

8월 갑술삭(1일), 일식이 있었다.

무자(15일), 정3위 藤原朝臣百能에게 종2위를 내렸다.

계사(20일), 종5위하 文室眞人眞老를 중무소보로 삼고, 종4위하 壹志濃王을 縫殿頭로 삼고, 종5위상 礒部王을 內匠頭로 삼고 參河守는 종전대로 하였다. 종5위상 上毛野朝臣稻人을 主稅頭로 삼고, 종5위하 阿倍朝臣石行을 형부소보로 삼고, 종5위하 多治比眞人人足을 대판사로 삼고, 종5위하 淨岡連廣嶋를 전약두로 삼고 시의는 종전대로 하였다. 종5위하 三嶋眞人大湯坐를 正親正으로 삼고, 종5위상 桑原公足床을 造西大寺司 차관으로 삼고, 종5위하 中臣朝臣池守를 尾張介로 삼고, 정5위하 大伴宿禰不破麻呂를 信濃守로 삼고, 종5위하 路眞人石成을 越中介로 삼고, 종5위하 大原眞人美氣를 美作守로 삼고, 종5위하 紀朝臣宮人을 (美作)介로 삼고, 외종5위하 阿倍志斐連東人을 備中介로 삼았다.

을미(22일), 정5위상 掃守王에게 종4위하를 내렸다.

9월 갑진(2일), 종3위 大野朝臣仲千에게 정3위를 내렸다.

계해(21일), 고려사를 송사한 정6위상 高麗朝臣殿嗣[25] 등이 越前國 坂井郡 三國湊에 내착하였다. 越前國에 칙을 내려, "(일본의) 견고려사 및 그 국의 송사를 편리한 곳에 숙사를 마련하고, 전례에 따라 물품을 공급한다. 다만 (高麗朝臣)殿嗣 1인은 조속히 입경시키도록 한다"라고 하였다.

정묘(25일), 조를 내려 橘宿禰綿裳, 三笠에게 朝臣의 성을 내렸다.

동10월 무인(6일), 정6위상 高麗朝臣殿嗣에게 종5위하를 내렸다.

신묘(19일), 陽侯忌寸令璆[26]의 본위 외종5위하를 복위하였다.

---

23) 5위 이상의 관위를 가진 여성을 內命婦라 하고, 5위 이상의 관인의 처를 外命婦라 칭한다.

24) 慶雲은 『延喜式』式部省式에는 大瑞로 나온다.

25) 권34, 寶龜 8년(777) 하4월 계해조 138쪽 각주 61) 참조. 高麗朝臣殿繼로 표기되어 있다.

26) 陽侯는 陽胡, 楊候, 楊胡, 陽候라고도 표기한다. 『신찬성씨록』좌경제번상에, 陽侯忌寸은 隋 양제의 자손인 達率 楊候阿子王의 후손이라고 출자를 밝히고 있다. 天平感寶 원년

계사(21일), 무위 藤原朝臣今女에게 종5위하를 내렸다.

을미(23일), 견당사 제3선이 肥前國 松浦郡의 橘浦[27]에 도착하여 정박하였다. 판관 勅旨大丞 정6위상 겸 下總權介 小野朝臣滋野가 상주하기를, "신 滋野 등은 지난 寶龜 8년 6월 24일, 순풍을 기다려 출항하였다. 7월 3일, 제1선과 함께 揚州의 海陵縣에 도착하고, 8월 29일, 양주대도독부에 도착하였다. 바로 정례의 방식에 따라 숙사와 의식을 공급받았다. 관찰사 겸 長史 陳少遊가 결정한 바에 의하면, 안록산의 난으로 통상의 관사가 피폐해지고, 입경하는 사인은 60인으로 제한한다고 하였다. 10월 15일, 신들 85인은 양주를 출발해서 입경하였다. 100여 리를 가니 갑자기 中書門下[28]의 첩에 의해 인원을 제약하여 20인으로 한정되었다. 신들은 청하여 다시 23인이 추가되었다. 持節副使[29] 小野朝臣石根, 부사 大神朝臣末足, 준판관 羽栗臣翼, 녹사 上毛野公大川·韓國連源 43인은 정월 13일, 長安城에 도착하였다. 바로 황성 밖의 숙사와 의식을 제공받았다. 특히 監使가 있는데, 사자의 숙박소를 담당하고 잘 대우해 주었고, (궁중에서 보낸) 中使도 빈번히 왔다. 15일, 宣政殿[30]에서 배견의 의례가 있었다. 천자는 나오지 않았다. 이날, 國信物과 별도의 공물 등을 바쳤다. 천자는 매우 즐거워하며 보았고, 군신들에게도 표시했다고 한다. 3월 22일, 延英殿[31]에서 (天子를) 대면하고 청한 바를 모두 윤허하였다. 바로 내리에서 연회가 열렸고, 관직과 상이 차등있게 내려졌다. 4월 19일, 監使 揚光耀가

---

(749) 東大寺 대불조영에 陽侯忌寸玲璆 등 형제 3인이 1천 관의 銅錢을 바쳤고, 이때 종8위상에서 외종5위하에 서위되었다. 天平寶字 3년(759)에 越後守에 임명되었고, 동 4년에 발해사 高南申을 송사하여 귀국시킨 공으로 종5위하의 내위에 서위되었고, 동 7년에 內匠助가 되었다. 神護景雲 2년(768)에 일족 64명과 함께 史[昆登] 성에서 忌寸으로 개성하였다. 寶龜 11년(780)에 尾張介, 天應 원년(781)에 尾張守, 동 2년에 豊後介를 역임하였다.

27) 圓仁의 『入唐求法巡禮行記』에도 귀국 도중에 기항한 장소로 나온다.

28) 唐에서는 中書, 門下 2省의 장관인 中書令, 侍中이 서로 만나 국정을 논의하는 시설인 政事堂은 원래 門下省 내에 있었는데, 후에 中書省으로 이전되어 開元 11년(723) 中書門下로 개칭되었다.

29) 節刀를 소유하고 대사의 직무를 대행한 부사. 寶龜 7년 12월에 大伴益立에 대신하여 부사로 임명되었고, 이듬해 4월에 대사 佐伯今毛人의 병으로 대사를 대행하게 되었다.

30) 大明宮의 중심인 숨元殿의 북쪽에 있고, 황제가 정무를 보는 殿舍.

31) 大明宮의 서쪽에 있고, 천자가 재상 등의 고관을 만나 정무를 심의하는 殿舍.

구두로 (천자의) 칙을 말하기를, '지금 中使 趙寶英 등을 보내 답례의 信物을 갖고 일본국에 돌아가게 한다. 승선할 배는 양주에서 만들게 한다. 경들은 이를 알고 있으라'고 하였다. 24일, (일본사절은) 일을 끝내고 작별의 인사를 하고, 주상하기를, '본국의 행로는 매우 멀어 풍파는 예측할 수 없다. 지금 中使가 출발하여 파도를 무릅쓰고 건너다가 만일 전복되면 왕명을 배반하는 것이 된다'라고 하였다. (황제가) 칙을 내려 답하기를, '짐에게는 약간의 답례의 信物이 있다. 지금 寶英 등을 보내 호송시킨다. 이것이 도의이지만, 위로는 되지 않는다'라고 하였다. 이어 은잔에 술을 주어 작별을 애석해 하였다. 6월 24일, 양주에 도착하였다. 中使도 같이 출발하려고 했으나, 배는 갑자기 만들기는 어려웠다.32) 사유를 (천자에게) 주상하여 바로 신들의 배에 동승해서 출발하였다. 제1선과 제2선은 함께 揚子33)의 부두에 있고, 제4선은 楚州의 鹽城縣34)에 있다. 9월 9일, 신들의 배는 정남풍을 받아 배를 출항시켜 바다로 들어갔다. 항해한 지 3일째, 돌연 역풍을 만나 배는 모래사장 으로 밀려가 파손된 부분이 많았다. 힘을 다해 수리하여 금월 16일에 배는 겨우 뜰 수가 있어 즉시 바다로 들어가 23일에 肥前國 松浦郡의 橘浦에 도착하였 다. 다만 지금 신을 따라 입조한 唐客을 영접하는 일은 蕃例35)와 같이 하고 있다. 신은 자세히 대재부에 알렸다. (조정에서) 명하여 기준을 정해 주었으면 한다. 당의 소식인데, 지금의 천자는 廣平王36)으로 이름은 迪이고 나이 53세이 다. 황태자는 雍王이고 이름은 适이다. 연호는 大曆 13년(778)이고, 寶龜 9년에 해당한다"라고 하였다.

정유(25일), 황태자가 伊勢로 향했다. 이보다 앞서 황태자는 병으로 오랫동 안 회복하지 못했는데, 이에 이르러 친히 신궁에 참배하였다. 이것은 쾌유를

---

32) 唐使 趙寶永 등이 승선할 배는 양주에 명하여 건조될 예정이었으나 완성되지 못했다는 것이다.

33) 揚子는 揚州의 남쪽에 위치한, 양자강에서 양주로 북상하는 운하의 하구 부근의 부두를 말한다.

34) 淮南道 楚州의 鹽城縣. 현재의 江蘇省 鹽性城縣.

35) 신라, 발해에 대한 빈례. 『令集解』「公式令」1「古記」에 "隣國者大唐, 蕃國者新羅也"라고 해석하고 있다.

36) 唐 代宗. 廣平王은 즉위하기 전 최초로 봉해진 郡名을 관칭한 王名.

빈 것에 대한 답례였다.

경자(28일), (천황은) 대재부에 칙을 내려, "금월 25일 주상한 문서를 받아 견당사 판관 (小野)滋野 등이 탄 배가 도착하여 정박해 있는 것을 알았다. 그 동승한 당사절에 대해 대재부에서는 또한 사자를 보내 위문하고, 판관 滋野는 조속히 입경하도록 한다"라고 하였다.

11월 병오(4일), 산위 종4위하 佐伯宿禰助가 죽었다.

임자(10일), 견당 제4선이 薩摩國 甑嶋郡에 정박하였다. 판관 海上眞人三狩 등이 耽羅嶋에 표착하여 섬사람들에게 약탈당하고 억류되었다. 다만 녹사 韓國連源[37] 등은 몰래 모의하여 닻줄을 풀어 떠나, 남아있던 40여 인을 데리고 돌아왔다.

을묘(13일), 제2선이 薩摩國 出水郡에 정박하였다. 또 제1선은 해중에서 가운데 부분이 절단되어 뱃머리와 배 후미[38]로 각각 분리되었다. 主神 津守宿 禰國麻呂 및 당의 판관 등 56인은 뱃머리를 타고 甑嶋郡에 도착하였고, 판관 大伴宿禰繼人과 전 입당대사 藤原朝臣河淸의 딸 喜娘 등 41인은 배 후미를 타고 肥後國 天草郡에 표착하였다.

(大伴宿禰)繼人 등이 상주하기를, "繼人 등은 지난 6월 24일 제4선으로 같이 바다로 나갔다. 7월 3일 양주 海陵縣에 도착하여 정박하였다. 8월 29일에 는 양주대도독부에 도착하였다. 곧 절도사 陳少遊가 상주해서 허가하여 65인이 입경하였다. 10월 16일, 上都[39]로 향해 출발하고, 高武縣에 이르렀을

---

37) 寶龜 6년(775) 6월 신사조에 遣唐錄事에 임명되었고, 견당사 제4선에 승선하여 귀국길에 올랐지만 도중에 탐라에 표착하였다. 判官 海上三狩 등은 현지에 억류되었다가 탈출하여 동 9년(778) 11월 薩摩國 甑嶋郡에 도착하였다. 延曆 8년 정월에 외종5위하에 서위되었다. 延曆 9년(790) 11월에 物部大連의 후예라고 주상하여 高原連을 사성받았다. 한편 韓國連은 『신찬성씨록』 和泉國神別에 "采女臣과 同祖이며, 武烈天皇 치세 때 韓國에 파견되었다가 귀국할 때 韓國連을 사성받았다"고 한다. 延曆 9년 11월 임신조에는 韓國連源이 "源 등의 선조인 鹽兒는 父祖가 사신으로 파견된 국명에 근거하여 물부련을 고쳐 한국련을 이름으로 사용했다"라고 하는 씨명의 기원 설화가 전한다. 이 설화에 나타난 씨명 설화는 일본의 씨명으로 개성하기 위한 근거를 주장한 것이고, 실제로는 도래계 씨족일 가능성이 높다. 대체로 이러한 주장이 받아들여져, 일본 고대의 씨족들은 높은 성을 하사받기 위한 수단으로 이용하였다.

38) 원문에는 舳艫. 舳은 배의 뒷부분, 艫는 배의 앞부분.

39) 長安.

때, 中書門下의 칙첩이 있어, 도중에는 마차가 부족하기 때문에 인원을 줄여서 20인으로 정했다. 정월 13일, 장안에 도착하였다. (당 조정에서는) 즉시 內使 趙寶英을 보내, 말을 갖고 맞이하여 황성 밖의 숙사에 머물게 하였다. 3월 24일, 천자를 대면하고 (사절의) 일에 대해 상주하였다. 4월 22일, 작별 인사를 하고 귀도에 올랐다. (천자는) 칙을 내려 內使 揚光耀에게 감독하여 보내게 하고, 양주에 이르러 출발하도록 하였다. 그래서 (귀국하는 일본의) 유학생을 통솔해서 왕경을 떠났다. 또 內使인 掖庭令[40] 趙寶英과 판관 4인을 보내, 국토의 보화를 갖고 (일본의) 사절을 따라 내조하게 하였다. 이것은 인국과 우호관계를 맺기 위해서였다. 6월 25일, 惟楊에 도착하였다. 9월 3일, 양자강구로부터 출발하여 蘇州 常耽縣에 도착하여 순풍을 기다렸다. 제3선은 海陵縣에 있고, 제4선은 楚州 鹽城縣에 있다. 모두 출발의 날짜를 모른다. 11월 5일, 순풍을 얻어, 제1, 제2선이 동시에 출발하여 바다로 나아갔 다. 바다 가운데 이를 즈음, 8일의 초경[41]에 바람이 세고 파도가 높아져 좌우의 뱃전 하부가 부서지고 바닷물이 배에 가득찼다. 갑판은 모두 떠내려갔 고 사람과 물품은 제각기 떠다녔다. 쌀 한톨, 물 한방울 남아있지 않았다. 부사 小野朝臣石根 등 38인, 당사 趙寶英 등 25인은 동시에 물에 빠져 구할 수가 없었다. 다만 신 혼자 헤엄쳐 배 후미를 붙잡고, 앞뒤를 보니 살아남을 길이 없었다. 11일 5경에 돛대가 배 바닥에 떨어져 절단되어 두 동강이 되었다. 절단된 선체는 각각 떠내려가 어디에 있는지 모른채, 40여 인은 사방 1장 크기의 후미에 매달렸는데, 선체가 수몰되려고 하였다. 이에 닻줄을 자르고 키를 버려서 조금이라도 뜨게 하였다. 옷을 벗어던지고 맨몸으로 매달렸다. 쌀, 물은 먹지도 못한 지 이미 6일이나 지났다. 13일 해시[42]에 肥後國 天草郡 西仲嶋에 표착하였다. 신이 다시 살아난 것은 하늘이 구해준 것이다. 더할 나위 없는 행운으로 (기쁨을) 참을 수가 없다. 삼가 표를 올린다" 라고 하였다.

정사(15일), 散事[43] 정4위상 伊福部女王이 죽었다.

---

40) 內侍省 掖庭局의 장관인 환관.

41) 오후 8시 전후.

42) 오후 10시 전후.

을미(17일), 종5위하 文室眞人久賀麻呂를 但馬介로 삼았다.

경신(18일), 배 2척을 安藝國에 만들게 하였다. 唐客을 보내기 위해서이다.

신유(19일), 左少弁 종5위상 藤原朝臣鷹取, 勅旨員外少輔 종5위하 健部朝臣人上을 보내 당사를 위문하였다.

12월 계미(11일), 대재부에서 붉은 눈의 흰 쥐를 바쳤다.

갑신(12일), 지난 天平神護 연중(765~767)에 大隅國 해중에 신이 만든 섬이 있다. 그 이름이 大穴持神[44]이라고 한다. 이에 이르러 官社로 하였다.

정해(15일), 좌우경에 명하여 6위 이하의 자손으로 기병을 해낼 수 있는 자 800인을 징발시켰다. 당객의 입조 때문이다. 女孺 정8위하 江沼臣麻蘇比에게 외종5위하를 내렸다.

기축(17일), 종5위하 布勢朝臣淸直을 送唐客使로 삼았다. 정6위상 甘南備眞人淸野, 종6위하 多治比眞人濱成을 판관으로 삼고, 정6위상 大網公廣道를 送高麗客使로 삼았다. (익사한) 당사절 趙寶英에게 비단 80필, 목면 200둔을 부의물로 내렸다.

경인(18일), 玄蕃頭 종5위상 袁晋卿에게 淸村宿禰의 성을 내렸다.[45] 晋卿은 唐人이다. 天平 7년(735) 우리 조정의 사자를 따라 귀조하였다. 이때의 나이는 18~19세로 『文選』, 『爾雅』의 음[46]을 배워 습득하고 대학의 음박사가 되었다. 후에 大學頭, 安房守를 역임하였다.

무술(26일), 陸奧, 出羽에 명하여 蝦夷 20인을 불렀다. 唐客이 조정에 배례할

---

43) 관위만 있고 관직이 없는 散位.

44) 大隅國 贈唹郡 大穴持神社.

45) 『신찬성씨록』 좌경제번상 「淨村宿禰」조에는 陳의 袁濤塗로부터 나왔다고 한다. 淨村은 淸村을 말한다. 袁晋卿의 직무인 현번두는 율령제에서 치부성에 소속된 현방료의 장관이다. 승니의 명적과 궁중의 불사법회를 관리하고 외국 사절을 접대하는 등의 업무에 종사하였다. 天平神護 2년(768) 10월에 불사리를 공양하는 법회에서 당악을 연주하였고, 神護景雲 원년(767) 2월에는 대학의 공자 제례식에서 音博士로 참여하여 종5위상으로 1등급 승진하고, 동 3년(769) 8월조에 日向守에 보임되었다. 원진경의 도래 사정에 대해서는, 天平 7년(735) 일본에서 파견한 견당대사 多治比眞人廣成 일행이 귀국할 때 따라왔으며 그때 나이가 18~19세였다고 한다. 일본에 온 후 대학의 음박사가 되고 이후 大學頭, 安房守를 역임하였다.

46) 「學令」8 「先讀經文」조에는 "凡學生, 先讀經文通熟, 然後講義"라고 하여 大學寮의 학습은 경문의 음독으로부터 시작한다. 爾雅는 중국 최고의 類語, 語釋 사전.

때 의장병으로 삼기 위해서이다.

경자(28일), 종5위상 藤原朝臣鷹取를 左中弁으로 삼고, 종5위하 賀茂朝臣人麻呂를 左少弁으로 삼았다. 정6위상 田邊史淨足47)에게 외종5위하를 내렸다.

○ 寶龜 10년(779) 춘정월 임인삭(1일), 천황이 대극전에 임하여 신년하례를 받았다. 발해국이 獻可大夫 司賓少令48) 張仙壽 등을 보내 조정의 하례에 참석하였다. 그 의례는 통상과 같았다. 忠臣 종2위 藤原朝臣魚名을 內大臣으로 삼고 近衛大將 大宰帥는 종전대로 하였다.

병오(5일), 발해사 張仙壽 등이 방물을 바쳤다. (발해사가) 주상하여 "발해국 왕께서 말하기를, 聖朝의 사자 高麗朝臣殿嗣 등이 길을 잃어 遠夷의 지역에 표착하였다. 탄 배는 파손되고 돌아갈 수 없어, 이에 배 2척을 건조하고 (張)仙壽 등을 보내 (高麗朝臣)殿嗣를 따라 입조시켰다. 아울러 헌상물을 적재해서 천조에 바친다"라고 하였다.

정미(6일), 무위 藤原朝臣友子에게 종5위하를 내렸다.

무신(7일), 5위 이상 및 발해사 張仙壽 등에게 조당에서 연회를 베풀고, 차등있게 녹을 내렸다. (천황은) 발해국사에게 조를 내려 말하기를, "발해왕사 仙壽 등이 내조하여 배견하였다. 짐은 기쁘게 여긴다. 이에 위계를 내리고 아울러 祿物을 하사한다"라고 하였다.

계축(12일), 무위 藤原朝臣園人에게 종5위하를 내렸다.

갑인(13일), 종5위하 紀朝臣船守에게 정5위상을, 종6위하 吉彌侯橫刀49)에게 외종5위하를 내렸다.

정사(16일), 5위 이상 및 발해사에게 조당에서 연회를 베풀고 녹을 내렸다.

---

47) 延曆 원년(782) 6월에 외종5위하 木工助에, 延曆 원년(782) 6월에 伊豆守에 임명되었다. 田邊史는 『신찬성씨록』 우경제번에 漢王의 후손인 知惣으로부터 나왔다고 되어 있으나 河內國 安宿郡 資母鄕 지역을 본거지로 하는 백제계 도래씨족이다.

48) 獻可大夫는 발해의 文散官으로 당의 5품 이상에 상당하고, 司賓少令은 당의 鴻臚寺에 상당하는 기구로 외교사절을 영접하는 직장인 司賓寺의 차관이며, 開國男은 당의 봉작으로 제9등에 상당하는 縣男이다.

49) 吉彌侯는 天平寶字 원년 3월 君子部의 성을 吉彌侯部로 개성하였다. 關東, 陸奧, 出羽 지역에 많이 거주한 지방호족이다.

기미(18일), 內射를 행하였다. 발해사도 射列에 자리하였다. 종4위하 紀朝臣 形名에게 정4위상을 내렸다.

경신(19일), 종6위상 大伴宿禰弟麻呂에게 종5위하를 내렸다.

신유(20일), 종5위하 內藏忌寸全成에게 정5위하를 내렸다.

계해(22일), 정6위상 酒部造上麻呂50)에게 외종5위하를 내렸다.

갑자(23일), 정4위상 藤原朝臣是公에게 종3위를, 정5위하 三方王에게 종4위 하를, 종5위하 飯野王에게 종5위상을, 정6위상 鹽屋王에게 종5위하를, 정5위하 豊野眞人奄智에게 정5위상을, 종5위상 安倍朝臣東人·百濟王利善51)·巨勢朝臣苗 麻呂에게 함께 정5위하를, 종5위하 安倍朝臣常嶋·大中臣朝臣繼麻呂·安倍朝臣 家麻呂·紀朝臣眞乙에게 함께 종5위상을, 정6위상 當麻人千嶋, 정6위상 多治比眞 人年持·田中朝臣飯麻呂·中臣朝臣松成·大伴宿禰中主·大神朝臣三友·甘南備眞人 豊次·縣犬養宿禰堅魚麻呂·紀朝臣白麻呂·采女朝臣宅守·石川朝臣美奈伎麻呂·藤 原朝臣弓主에게 함께 종5위하를, 정6위상 和連諸乙52)·葛井連根道53)·船連住麻 呂54)·土師宿禰古人에게 외종5위하를 내렸다.

병인(25일), 정6위상 山上王, 무위 氷上眞人川繼에게 함께 종5위하를 내렸다.

2월 계유(2일), 정6위상 佐伯宿禰瓜作에게 종5위하를, 정6위상 久米連眞上에 게 외종5위하를 내렸다. 발해사가 귀국하였다. 그 왕에게 새서55)를 주고, 아울러 信物을 부쳐 보냈다.

---

50) 酒部造는 酒部의 伴造 성으로 보인다. 「職員令」47 「造酒司」조에 "造酒司, 正一人.〈掌, 釀酒醴酢事.〉佑一人, 令史一人, 酒部六十人.〈掌, 供行觴〉使部十二人, 直丁一人, 酒戶"라고 하여 양조와 관련된 직무가 있다.

51) 刑部卿 百濟王敬福의 子. 寶龜 2년(771)에 讚岐員外介에 서임되었고, 동 7년에 정5위하, 天應 원년(781)에 정5위상, 延曆 2년(783)에 정4위하에 이르렀다.

52) 『신찬성씨록』大和國諸蕃에, "和連은 百濟國主 雄蘇利紀王으로부터 나왔다"라고 한다. 백제 무령왕에서 출자를 구하는 和史氏와의 관계는 알 수 없으나, 같은 和氏에서 분화된 동족으로 생각된다.

53) 葛井連의 이전 씨성은 白猪史로, 백제계 도래씨족인 王辰爾 일족이다. 葛井連根道는 孝謙朝에서 淳仁朝에 걸쳐 造東大寺主典 및 判官을 역임하고, 유배 이후 光仁朝末 寶龜 10년(779)에 외종5위하에 서위되고, 이듬해에 伊豆守로 임명되었다.

54) 船連氏는 백제 도래씨족인 王辰爾의 후예로 船史氏에서 天武 12년(683)에 連을 하사받았 다. 본거지는 河內國 丹比郡 野中鄕으로 野中寺는 이 씨족의 氏寺이다. 船連住麻呂는 寶龜 11년 3월에 官奴正에 임명되었다.

55) 천황의 어인을 날인한 國書.

을해(4일), 고 입당대사 종3위 藤原朝臣淸河를 종2위에 추증하고, 부사 종5위상 小野朝臣石根에게 종4위하를 내렸다. 淸河는 증 태정대신 (藤原)房前의 제4자이다. 天平勝寶 5년(753) 대사가 입당할 때, 돌아오는 날, 역풍을 만나 당 남변의 驪州에 표착하였다. 이때 현지인을 만나 배를 포함해 피해를 입었다. 淸河는 가까스로 죽음을 면했는데, 끝내 당국에 머물러 돌아올 수가 없었다. 그 후 10여 년이 지나 당에서 죽었다. (小野朝臣)石根은 大宰大貳 종4위하 (小野朝臣)老의 아들이다. 寶龜 8년(777), 부사로 임명되어 입당하였고, 일을 마치고 귀국 도중에 배가 두동강이 나서 石根 및 당의 송사 趙寶英 등 63인이 동시에 익사하였다. 따라서 이를 추증한 것이다. 정6위상 大原眞人 黑麻呂에게 종5위하를 내렸다.

정축(6일), 산위 종4위하 佐伯宿禰三野가 죽었다.

경진(9일), 외종5위하 吉田連斐太麻呂[56])에게 종5위하를 내리고, 종5위하 藤原朝臣末茂를 左衛士員外佐로 삼았다.

임오(11일), 외종5위하 吉田連古麻呂에게 외정5위하를 내렸다.

갑신(13일), 大宰少監 정6위상 下道朝臣長人을 견신라사로 삼았다. 견당판관 海上三狩[57]) 등을 맞이하기 위해서이다.

무자(17일), 命婦 종4위하 巨勢朝臣巨勢野에게 정4위하를 내렸다.

신묘(20일), 정6위상 土師宿禰虫麻呂에게 외종5위하를 내렸다.

갑오(23일), 종5위상 利波臣志留志를 伊賀守로 삼고, 종5위하 田口朝臣祖人을 尾張介로 삼고, 종5위하 藤原朝臣長山을 參河守로 삼고, 종5위상 當麻王을 遠江守로 삼고, 左衛士員外佐 종5위하 紀朝臣弟麻呂에게 相摸守를 겸직시켰다. 종5위하 百濟王仙宗[58])을 安房守로 삼고, 종5위상 紀朝臣眞乙을 上總守로 삼고, 종5위하 紀朝臣豊庭을 下總守로 삼고, 종5위하 藤原朝臣園人을 美濃介로 삼고, 中務大輔 종5위상 藤原朝臣鷲取에게 上野守를 겸직시켰다. 衛門佐 종5위하 大中臣朝臣諸魚에게 下野守를 겸직시키고, 외종5위하 久米連眞上을 (下野)介로

삼고, 종5위하 廣田王을 越後守로 삼고, 造宮大輔 종5위상 紀朝臣犬養에게 丹後守를 겸직시키고, 종5위하 廣河王을 因幡守로 삼고, 종5위하 藤原朝臣眞緣을 備前介로 삼고, 종5위하 氣多王을 安藝守로 삼고, 종5위하 紀朝臣難波麻呂를 周防守로 삼고, 종5위하 宗形王을 紀伊守로 삼고, 종5위하 藤原朝臣大繼를 伊豫介로 삼고, 외종5위하 賀禰公小津麻呂를 筑後介로 삼고, 종5위하 藤原朝臣末茂를 肥後守로 삼고, 대학박사 외종5위하 膳臣大丘에게 豊後介를 겸직시키고, 정6위상 上村主虫麻呂에게 외종5위하를 내렸다.

3월 갑진(3일), 5위 이상에게 연회를 베풀고 문인에게 曲水의 시를 짓게 하였다.[59] 차등있게 녹을 내렸다.

신해(10일), 견당부사 종5위하 大神朝臣末足 등이 당으로부터 돌아왔다.

정사(16일), 무위 久米連形名女에게 종5위하를 내렸다.

무오(17일), 종3위 高麗朝臣福信에게 高倉朝臣[60]의 성을 내렸다.

하4월 기축(19일), 밤에 폭풍우가 일어나 나무가 부러지고 가옥이 무너졌다.

신묘(21일), 당사절을 인도하는 사자가 주상하기를, "당사절의 행렬은 좌우에 기를 세우고, 또 무기를 차는 일이 있고, 행렬을 관장하는 관리는 전후에 기를 세우고 있다. 신들은 이를 옛 관례를 조사해 보니, 아직 이러한 의례는 보지 못했다. 금지해야 하는지 어떤지를 삼가 판단해 주기를 청한다"라고 하였다. 또 주상하기를, "옛적 견당사 粟田朝臣眞人 등이 楚州에서 출발하여 長樂驛에 이르렀을 때, 5품의 舍人이 (천자의) 칙지로 위문하였다. 이때에 격식있는 예의는 보지 못했다. 또 신라 조공사 왕자 (金)泰廉이 입경하는 날,[61] 태정관의 사자가 (천황의) 칙명을 말하고, (신라사를) 맞이하는 말을 주었다. 신라객들은 고삐를 잡고 말 위에서 답례하였다. 다만 발해국사는

---

59) 曲水의 宴은 물이 곡류하는 시설을 만들어 관인들이 각각 자리에 앉아 물에 띄운 술잔이 자신에게 돌아오면 마시고, 별당에서 시가를 읊는 행사. 流觴이라고도 칭하고, 간단히 水曲, 曲宴이라고도 한다. 奈良時代에는 매년 3월 3일에 행해졌고, 후반기에 성행하였다. 궁정에서 개최될 때에는 천황이 주최자가 되었다.

60) '高麗'를 '高倉'으로 개성한 것은 일본적인 씨로 바꾼 것으로 보인다. 그러나 高倉은 '고쿠라(こくら)', 즉 고구려를 의미하는 말이기도 하다.

61) 天平勝寶 4년 윤3월 22일에 일본에 온 신라사. 동년 6월 14일에 조정에 들어왔다.

모두 말에서 내려서 2번 배례하고 舞踏[62]을 하였다. 지금 당객의 인도는 어느 예식에 준거해야 하는가"라고 하였다. (이에 대해) "진퇴에 관한 의례와 행렬의 순서는 상세하게 별식으로 기록하고, 지금은 사자[63]가 있는 곳에서 내리게 하고, 이 법식에 따라 실수하여 어긋나는 일이 없도록 한다"라고 하였다. 견당부사 종5위하 大神朝臣末足에게 정5위하를, 판관 정6위상 小野朝臣滋野, 종6위상 大伴宿禰繼人에게 함께 종5위하를, 錄事 정6위상 上毛野公大川에게 외종5위하를 내렸다.

을미(25일), 女孺 무위 甘南備眞人久部에게 종5위하를 내렸다.

정유(27일), 외조5위하 羽栗臣翼에게 종5위하를, 정6위상 紀朝臣繼成에게 종5위하를 내렸다.

무술(28일), 散事 정4위하 紀朝臣形名이 죽었다.

경자(30일), 唐客이 입경하였다. 장군 등이 기병 200인, 蝦夷 20인을 통솔하고 경성문 밖 三橋에서 영접하였다.[64]

5월 계묘(3일), 당사 孫興進,[65] 秦怤期 등이 조정에서 (천황을) 배견하고 당조의 (국)서를 올리고 아울러 信物을 바쳤다. (천황이) 조를 내려, "짐은 당사가 올린 (국)서를 보았다. 단지 객들이 먼 곳에서 와서 행로에 힘들고 고생이 많았다. 아무쪼록 객관에 돌아가 쉬고 그 후에 상견했으면 한다"라고 하였다.

정사(17일), 조당에서 당사절에게 향응을 베풀었다. 중납언 종3위 物部朝臣宅嗣가 (천황의) 칙을 말하기를, "당조의 천자 및 공경, 국내의 백성은 평안하신가. 또 해로가 험난하여 1, 2인은 해중에서 표류하다 익사하였고, 혹은 탐라에서 약탈당하기도 하였다. 짐은 이를 들으니 마음이 슬프고 아프다. 또 객들은 내조의 도중에 國司의 접대는 법에 준하여 했는지 모르겠다"라고 하였다.

---

62) 舞踏은 손을 돌리면서 발을 구르는 모양으로 반가움의 배례를 표시하는 의례. 延曆 7년 4월 계사조에 "群臣, 莫不舞踏稱萬歲"라고 나온다.

63) 당의 사절을 맞이하는 일본의 사자, 唐領客使.

64) 和銅 7년 12월 을묘조에 신라사가 입경할 때도 기병 170인을 이끌고 羅城門 밖 三橋(三橋)에서 사절단을 맞이하였다.

65) 당사 趙寶永과 함께 파견된 4인의 판관 중 1인으로, 조보영의 사망으로 대사의 임무를 맡은 것으로 보인다.

당사 판관 孫興進 등은 말하기를, "신들이 올 때 본국의 천자 및 공경, 백성은 모두 평안하시다. 또 조정의 은혜가 멀리 미치고, 행로는 걱정이 없었다. 도중에 國司도 법과 같이 대접하였다"라고 하였다. 또 (천황은) 칙을 내려, "사신들은 요즈음 객관 중에 있어 울적한 마음이 있을 것이다. 그래서 향연을 베풀고, 위계를 수여하고 물품을 내리고자 한다. 경들은 이를 알아주기를 바란다"라고 하였다.

경신(20일), 우대신이 당객에게 사저에서 향응을 베풀었다. (천황은) 칙을 내려 목면 3천둔을 하사하였다.

신유(21일), 女嬬 정6위상 賀茂朝臣御笠에게 종5위하를 내렸다.

을축(25일), 당사 孫興進 등이 작별인사를 하였다. 중납언 종3위 物部朝臣宅嗣가 (천황의) 선칙을 말하기를, "경들이 여기에 이르러 아직 많은 일수가 지나지 않았는데, 돌아갈 기일이 불현듯 다가왔다. 도해에는 때가 있는 것이어서 (계속) 머무를 수는 없다. 지금 작별에 즈음해서 슬픈 생각뿐이다. 또 경들을 보내기 위해 새로 배 2척을 조영하고 아울러 (일본측) 사자로 하여금 信物을 갖고 경들과 함께 돌아가도록 하였다. 또 소관 관사에 명하여 송별의 술 한잔을 준비하고[66] 이와 함께 하사물도 있다. 경들의 잘 돌아가기를 바란다"라고 하였다. 孫興進 등이 주상하기를, "신들은 복이 많아 천황을 배알할 수가 있었다. 지금 갑자기 작별인사를 하게 되어, 슬프고 그리운 마음을 억누를 수가 없다"라고 하였다.

병인(26일), 전 유학생 阿倍朝臣仲麻呂[67]가 당에서 죽었다. 가족은 매우

---

66) 寶龜 9년 10월 을미조에도 당 황제가 일본 사절에게 "은잔에 술을 주어 작별을 애석해하였다"라고 한다. 당의 의례를 모방한 것으로 보인다.

67) 筑紫大宰帥였던 阿倍比羅夫의 孫이고, 中務大輔 阿倍船守의 아들이다. 養老 원년(717)에 견당사의 일원으로 당 장안에 유학하였다. 이때 함께 간 인물로 吉備眞備, 玄昉, 井眞成 등이 있다. 당 관인으로 등용되어 洛陽의 司經局校書로 일하였고, 문학 관련 직에 근무하여 李白, 王維, 儲光羲 등 당대의 유명 시인들과도 교유하여 『全唐詩』에도 그에 관한 당 시인의 작품이 남아 있다. 天平勝寶 4년(752) 藤原淸河를 대사로 하는 견당사 일행이 왔을 때 접대 역할을 맡으면서 일본 귀국을 청했으나 허락받지 못했다. 당에 체재한 지 35년의 세월이 흐른 때였다. 이듬해 다시 귀국을 요청하여 승선했으나, 阿倍仲麻呂와 藤原淸河가 탄 제1선이 安南에 표착한 후, 다시 탈출하여 天平勝寶 7년(755) 장안으로 되돌아왔다. 당시 안사의 난으로 당 국내가 불안한 가운데 귀국하지 못한 채 2인 모두 당에 체재하였다. 이후 阿倍仲麻呂는 天平寶字 4년(760) 左散騎常侍(종3품),

가난하여 장례도 제대로 행해지지 않았다.[68] 칙을 내려 비단 100필, 백색 목면 300둔을 내렸다.

정묘(27일), 唐使 孫興進 등이 귀국하였다.

기사(29일), 산위 정6위상 百濟王元德[69]에게 종5위하를 내렸다.

윤5월 갑신(15일), 고 河內守 정5위하 佐伯宿禰國益에게 정5위상을 추증하였다. 아울러 벼 1천속을 내렸다. 청렴하고 근면했기 때문이다.

병신(27일), 태정관에서 주상하기를, "삼가 令의 조문을 살펴보니, 국은 대소에 (관계)없이, 국마다 史生[70] 3인, 박사와 의사가 각 1인을 두고 있다. 神龜 5년 8월 9일의 格에는, 제국의 사생은 대국 4인, 상국 3인, 중하국 각 2인을 둔다. 다만 박사는 모두 3, 4국에 1인이고 의사는 국마다 1인이다. 또 天平神護 2년 4월 26일의 格에는, '박사가 (3, 4의) 국을 모두 담당하고 있는 것은 앞의 격에 의한다. 의사가 여러 국을 겸임하는 일은 새로 사례를 만든다. 사생은 박사, 의사가 겸임하고 있는 국에서는 국별로 格에서 정한 외에 2인을 추가로 둔다'라고 되어 있다. 그런데 지금 (史生을) 바라는 자가 많고 관의 정원은 여전히 적다. 이 때문에 국에서는 정한 기준이 없어 임용에 혼란이 있다. 신들은 헤아려 본바, 국의 대소에 따라 인원수를 증감하려고 한다. 대국은 5인, 상국은 4인, 중국은 3인, 하국은 2인으로 한다. 그 교체하는 시기의 법은 오로지 天平寶字 2년 10월 25일의 칙으로 한다. 박사, 의사가 여러 국을 겸임하는 것은, (관할범위가 넓어) 학생이 식량을 갖고 가기가 힘들고, 병자는 치료받는 데에 곤란함이 있다. 바라건대, 국마다 1인을 두고, 아울러 6년으로 교체하고 전임시켜서, 금후에는 항례의 방식으로 삼고자

鎭南都護 安南節度使(정3품)에 올랐고, 天平神護 2년(766)에는 安南節度使로 근무하였다. 寶龜 6년 10월 임술조 吉備朝臣眞備의 薨年 기사에, "우리 조정의 학생으로 唐國에 이름을 알린 것은 오직 대신과 朝衡 2인뿐이다"라고 하여 吉備朝臣眞備와 더불어 朝衡의 이름이 나오는데, 阿倍仲麻呂의 唐名이다.

68) 여기서는 일본에 남아 있는 가족을 말한다. 당에서도 결혼을 하여 가족을 두었던 것으로 나온다.

69) 延曆 2년 10월 천황이 백제왕씨의 본거지인 交野 지역에 순행할 때 행재소에서 봉사한 백제왕씨 일족에게 관위를 하사하였는데, 이때 百濟王元德은 종5위상에 서위되었다.

70) 율령제 하에서 관사의 4등관 밑에서 서기관을 담당하고 공문서를 작성하여 4등관의 서명을 받는다.

한다. 삼가 기록하여 주상하고 엎드려 천황의 재가를 청하고자 한다"라고
하였다. (천황은) 이 주상을 허락하였다.

6월 신해(13일), 종5위상 淸原王, 종5위하 池田朝臣眞枚을 함께 소납언으로
삼고, 종5위상 山邊王을 大膳大夫로 삼고, 종5위하 高橋朝臣祖麻呂를 內膳奉膳
으로 삼았다. 紀伊國 名草郡 사람 외소초위하 神奴百繼 등이 아뢰기를, "우리들
의 조부 㝹部支波美는 경오년으로부터 大寶 2년까지의 4회의 호적에는 모두
㝹部로 기록되어 있다. 그런데 和銅 원년의 造籍의 날에, 거주하는 里의 명칭을
따라 성을 神奴라고 기록하였다. 바라건대 본래대로 고쳐 바르게 하기를
청한다"라고 하였다. (천황은) 이를 허락하였다.

신유(23일), 周防國 周防郡 사람 외종5위상 周防凡直葦原의 노비 男公이
스스로 他戶皇子라고 칭하고 백성을 속여 혼란시켰다. 이에 伊豆國으로 유배보
냈다.

추7월 무진삭(1일), 일식이 있었다.

병자(9일), 참의 중위대장 겸 식부경 종3위 藤原朝臣百川이 죽었다. 大和守
종4위하 石川朝臣豊人, 治部少輔 종5위하 阿倍朝臣謂奈麻呂 등을 사저에 보내
(천황의) 선칙을 말했다. 종2위에 추증하고 장의에 소요되는 물품은 관에서
지급하고, 아울러 좌우경의 인부를 충당하였다. 百川은 平城朝 참의 정3위
式部卿 겸 大宰帥 (藤原)宇合의 제8자이다. 어려서부터 도량이 있고, 고위
요직을 역임하였다. 寶龜 9년에는 종3위 中衛大將 겸 式部卿에 이르렀다.
역임한 관직에서는 각각 성실하게 근무하였다. 천황은 그를 대단히 신임하여
복심의 신하로 위임하였다. 내외의 주요 정무를 관여하고 모르는 것이 없었다.
(今上)天皇[71]이 동궁으로 있을 때에 특히 마음을 기울였다. 어느 날, 上[72]이
병이 들어 이미 수개월이 지나도 (회복하지 않아), 百川의 근심하는 모습이
얼굴에 나타났다. 의약과 기도에 모든 마음을 다했다. 上[73]은 이로부터 그를
중시하였다. (百川이) 죽음에 이르자 심히 애통해 하였다. 이때의 나이는
48세였다. 延曆 2년에 천황은 생전의 노고를 추모하여 우대신으로 추증하였다.

---

71) 桓武天皇.
72) 光仁天皇.
73) 今上天皇[光仁].

정축(10일), 대재부에서 언상하기를, "견신라사 下道朝臣長人 등이 견당판관 海上眞人三狩[74] 등을 데리고 왔다"라고 하였다.

경인(23일), 駿河國에 기근이 들어 구휼하였다.

8월 기해(2일), 因幡國에서 언상하기를, "지난 6월 29일, 폭우로 산사태가 나고 물이 넘쳐흘러 하천의 둔치와 골짜기 주변의 토지가 유실되었다. 사람과 가축이 급류에 휩쓸려 갔고, 전지와 가옥이 피해를 입었다. 기근에 빠진 백성 1천여 인이었다"라고 하였다. 이에 사자를 보내 구휼하였다.

임자(15일), 칙을 내려, 지난 寶龜 3년 8월 12일, 태정관이 주상하기를, "영구히 구전[75]을 정지하고 모두 신전[76]을 통용하게 하였다. 지금 듣는 바로는, '백성이 의식적으로 축전해 놓은 옛 주화를 다시 사용할 수 없는 것은 아닌가 우려하고 있다'고 한다. (그래서) 신구전의 가치를 동일하게 해서 함께 사용할 수 있도록 청하고자 한다"라고 하였다.

병진(19일), 칙을 내려, "짐은 생각하는 바가 있어, 천하에 사면을 내린다. 寶龜 10년 8월 19일 동트기 이전의 사형죄 이하는 죄의 경중을 묻지 않고, 이미 발각되었거나 발각되지 않았거나, 이미 판결이 났거나 심리 중이거나, 현재 수감 중인 자는 모두 사면한다. 다만 팔학을 범한 자 및 고의 살인, 사주전, 강도와 절도, 통상의 사면에서 면제되지 않는 자는 사면의 범위에 포함되지 않는다. 만약 사형죄에 들어간 자는 아울러 1등을 감한다. 홀아비, 과부, 고아, 독거노인, 빈궁하고 늙고 병들어 자활할 수 없는 자는 또한 금년의 전조를 면제한다[77]"하고 하였다.

---

74) 견당사로 갔다가 귀국 도중에 탐라에 억류되었다. 하기 10월조에 보이는 신라사 金蘭蓀 일행과 함께 귀국하였다.

75) 天平寶字 4년(760) 3월 발행의 萬年通寶. 이때의 칙에서는 신전 만년통보 1에 구전 和銅開珍 10의 비율로 정했다.

76) 天平神護 원년(765) 9월 발행의 神功開寶와 구전인 萬年通寶를 병행 사용하게 하였다. 한편 『日本後紀』延曆 15년(796) 11월 을미조에 신전 발행의 칙에서는 이듬해부터 4년의 유예기간을 두어 구전을 사용케 하고 그 후에는 폐지한다고 기록되어 있다. 하지만 大同 3년(808) 5월 기축의 칙에서는 신구전의 병용을 그대로 인정하고 있다.

77) 「戶令」32 「鰥寡」조에는, "凡鰥寡, 孤獨, 貧窮, 老疾, 不能自存者, 令近親收養若無近親, 付坊里安, 如在路病患, 不能自勝者, 當界郡司, 收付村里安養, 仍加醫療幷勘問所由, 具注貫屬, 患損之日, 移送前所"라고 구휼 대상자에 대한 구제 조치 규정이 있다.

경신(23일), (천황이) 칙을 내리기를, "국사라는 자는 사자가 되어 입경하는 경우에, 返抄[78])도 없이 홀로 임지에 가기도 하고, 혹은 병을 빙자하여 경에서 시간을 허비하고 있고, 게다가 정례의 근무평정을 구하려고 하고 아울러 公廨를 얻기를 바라고 있다. 또 간사한 백성들은 법의 규정을 회피하려고 하고,[79]) 무책임한 관리들은 재촉하는 것을 잊고 공용비로서 오히려 정세를 소비하고 있다. 이치로서 생각해 보면, 심히 정치의 도리에 어긋나고 있다. 만약 이와 같은 자들이 있다면, 백성을 다스리는 일에 맡겨서는 안 된다. 국사는 급료를 박탈하고, 장부에 기록하여 보내고, 郡司는 해임하고 또한 일을 처리할 수 있는 자를 채용한다. 책임을 묻지않고 허용한 관인도 역시 이와 동일하게 처리한다"라고 하였다. 치부성이 주상하기를, "大寶 원년 이래 승니는 本籍이 있다고 해도, (그 후의) 생사에 대해서는 알 수가 없다. 이에 제국의 (승니의) 명적[80])을 대조할 근거가 없다. 바라건대, 거듭 소관 관사[81])에 명하여 주소에 거주 여부를 보고하도록 한다. 그렇게 하면 官僧의 (존망은) 명확해지고 사도승은 자연히 없어질 것이다"라고 하였다. 이에 제국에 명하여 치부성의 요청을 처리하도록 하였다.

계해(26일), 치부성이 언상하기를, "지금 승니의 본적에 따라 (왕경) 내외의 제사찰의 명부와 조사해 대조해 보니, 국분사의 승니는 京에 거주하는 자가 많다. 바라건대, 앞서의 (聖武天皇의) 誓願대로 본국으로 돌려보내고자 한다"라고 하였다. 태정관이 처분하기를, "智識과 수행을 모두 갖추고 있고, (왕경에서의) 임시 거주를 바라는 경우에는 원하는 대로 들어주기로 한다. 그 이외에는 모두 돌려보낸다"라고 하였다.

9월 경오(4일), 참의 종3위 藤原朝臣田麻呂를 중무경으로 삼고, 종5위하 佐伯宿禰瓜作을 近衛員外少將으로 삼고, 외종5위하 吉彌侯橫刀를 將監으로 삼고, 중납언 종3위 藤原朝臣繩麻呂에게 중위대장을 겸직하게 하고 勅旨卿 및

---

78) 제국에서 중앙으로 각종 물자를 보낸 후, 중앙에서 발행하는 수령증. 여기에는 납부 기일, 내용, 종류, 수량 등을 기록한다. 「公式令」81에 "凡諸使還日, 皆責返抄"라고 규정되어 있다.

79) 조용조 등 각종 과역을 회피하기 위해 도망치거나 하는 행위.

80) 매년 각 사원에서 三綱에 제출하는 승니의 명부. 僧尼帳, 綱帳이라고도 한다.

81) 京職과 國司.

시종을 종전대로 하였다. 종5위하 大中臣朝臣今麻呂를 左兵衛員外佐로 삼고,
시종 종5위하 石川朝臣彌奈支麻呂를 右兵衛佐로 삼고, 종5위하 正月王을 左馬頭
로 삼고, 종5위하 文室眞人八嶋를 內兵庫正으로 삼고, 정5위하 佐伯宿禰今毛人
을 大宰大貳로 삼았다.

계유(7일), 종5위하 大中臣朝臣諸魚를 中衛少將으로 삼고 下野守는 종전대로
하였다. 종5위하 藤原朝臣長河를 衛門佐로 삼고, 종5위하 藤原朝臣弓主를 右兵
衛員外佐로 삼았다.

기묘(13일), 刑部卿 종4위상 藤原朝臣弟繩을 참의로 삼았다.

경진(14일), (천황은) 칙을 내려, "발해 및 鐵利[82] 359인이 모화하여 입조하
였다. (지금) 出羽國에 있다. 관례에 따라 (필요한 물품을) 지급하도록 한다.
다만 사절의 신분이 낮아 빈례로 예우하기에는 부족하다. 지금 사자를 보내
향응을 베풀고 그들을 돌려보내도록 한다. 타고 온 배는 만약 파손된 부분이
있으면 또한 수리, 건조하도록 한다. 귀국하는 날이 지체되어서는 안 된다"라
고 하였다.

계미(17일), (천황이) 칙을 내려, "승니의 이름에는 죽은 자의 (이름을)
모칭하는 사례가 많다. 간사하고 거짓을 마음에 품고 법규를 위반하여 혼란시
키고 있다. 그 중에는 대단한 지행과 덕행을 갖춘 자도 있다. 만약 급하게
개혁한다면, 오히려 (올바른) 승려를 욕보이게 될 것이다. 그래서 현재의
인원을 조사해서 公驗[83]을 주어야 한다. 지금 이후로는 또한 그렇게 해서는
안 된다"라고 하였다.

갑신(18일), 종5위하 篠嶋王을 소납언으로 삼고, 종5위하 清原王을 越後守로
삼았다.

정해(21일), 정5위상 大伴宿禰益立을 우병위독으로 삼고, 종5위하 多治比眞
人乙安을 出羽守로 삼았다.

무자(22일), (천황이) 칙을 내려, "슦의 조문에 의하면,[84] (計帳을 만들

---

82) 중국 흑룡강 남부에서 연해주 남부에 거주하는 말갈족의 지족이다. 후에 발해의
지배하에 들어갔다. 天平 18년 12월에도 渤海人과 鐵利人 1,100여 인이 出羽國에 내착한
일이 있다.
83) 승니에게 교부되는 官僧 신분증명서.

때) 모든 호구가 향에 없다면, 옛 호적[85]에 의거하여 전사하고 아울러 부재의 이유를 명확히 한다. 그런데 京職은 계장을 진상하지 않는 호를 조사하여, 과역을 징수하지 않는 호와 과역을 징수하는 호를 구별하지 않고 모두 그 전지를 거둬들여 다 매각[86]하고 있다. 한번 거둬들인 후에는 다시 돌려주는 일이 없다. 백성을 구제하는 임무가 어찌 이와 같이 해서야 되겠는가. 또 잡요[87]에 백성을 사역시키는 데에는 균등하고 공평해야 한다. 이에 天平神護 연중의 格이 있는데, 경내에 호적이 있고 경외에 거주하는 사람에게는 徭錢[88]의 수취를 허락한다. 그런데 경직은 경내에서 많은 요전을 수취하고 있다.[89] 이로 인해 백성들이 곤궁하여 피폐해지고, 마침내 타향으로 숨어버린다. 백성에게 해가 되는 일이 이보다 큰 것은 없다. 더구나 빈번히 은사를 받아 그 죄를 묻지도 않는다. 지금 이후로는 엄중히 단속하도록 한다"라고 하였다.

임진(26일), 종5위하 山上王을 內禮正으로 삼았다.

계사(27일), 陸奧, 出羽 등 제국에 칙을 내려, 常陸國 調의 비단, 相摸國 庸의 목면, 陸奧國 稅의 삼베를 渤海와 鐵利 등의 녹으로 충당하게 하였다. 또 칙을 내려, "出羽國의 번인[90] 359인은 지금 심한 추위 속에 있고, 해로도 험난하다. 만약 금년에 머물기를 원하는 자는 모두 뜻대로 허락하도록 한다"라고 하였다.

갑오(28일), 종4위하 藤原朝臣雄依를 式部員外大輔로 삼고 시종과 讚岐守는

---

84) 「戶令」18 「造計帳」條, "凡造計帳, 每年六月三十日以前, 京國官司, 責所部手實, 具注家口年紀, 若全戶不在鄉者, 即依舊籍轉寫, 并顯不在所由收訖, 依式造帳, 連署, 八月三十日以前, 申送太政官". 조문에 따르면, 과역 대상자의 計帳은 호주가 작성한 장부에 입각하여 京, 國의 관사에서 작성하는데, 만약 호 전체가 어떠한 이유로 부재할 때는 이전 호적에 의거하여 계장을 만들며 8월 30일 이전에 태정관에 보고하라는 것이다.

85) 본문의 舊籍은 이전 호적 중에서 가장 최근의 것을 말한다.

86) 여기서 賣却의 의미는 전지를 대여하고 任租 수입을 얻는 것, 즉 구분전 소재의 국사를 매개로 하여 任租를 내고, 그 이자를 京職이 수납하는 형태로 생각된다.

87) 「賦役令」37 「雜徭」條에, "凡令條外雜徭者, 每人均使, 惣不得過六十日"이라고 규정하여 매년 사람마다 60일 이하의 노역에 봉사해야 한다.

88) 雜徭인 노역 대신에 수취하는 錢.

89) 徭錢의 수취는 경을 본관으로 하면서 경외에 거주하는 사람을 대상으로 하고 있는데, 이를 무시하고 경내에 있는 京戶에게도 요전을 징수하고 있어 문제가 되고 있다.

90) 9월 경진조에 나오는 발해, 鐵利의 사람들.

종전대로 하였다. 종5위하 紀朝臣作良을 民部少輔로 삼고, 종4위하 多治比眞人長野를 攝津大夫로 삼고, 종5위하 石川朝臣宿奈麻呂를 (攝津)亮으로 삼고, 정5위하 佐伯宿禰眞守를 河內守로 삼고, 종5위하 大伴宿禰繼人을 能登守로 삼고, 정5위상 佐味朝臣比奈麻呂에게 종5위하를 내렸다.

(천황이) 칙을 내려, "근년에 백성들이 다투어 이윤을 구하고 있고, 혹은 적은 돈을 대여하여 많은 이자를 얻으려고 한다. 혹은 (다액의) 무거운 계약91)을 맺어 강제로 저당한 재물을 취하기도 한다. 수개월이 지나지 않았는데 갑자기 이자는 원금과 같아진다. 궁핍한 백성은 이를 상환하느라고 점점 집안이 파산하게 된다. 지금 이후로는 令의 조문92)에 의거하여 이자는 (원금의) 1배 이상을 넘지 않도록 한다. 만약 마음을 고치지 않고 대여하는 자는 蔭贖93)을 묻지 않고 위칙의 죄로 처벌한다. 그 부정이익은 빼앗아 고발한 사람에게 준다. 저당물을 취한 자뿐 아니라 이를 타인에게 전매하는 자에게도 동일하게 (처벌)한다"라고 하였다.

동10월 기사(9일), 대재부에 칙을 내려, "신라사 金蘭孫 등은 멀리서 창파를 건너 신년 하례를 위해 調를 공상하였다.94) 諸蕃이 입조하는 것은 국에 항례가 있다. 비록 알고 있다고 해도 다시 반복해야 한다. 대재부는 (이

---

91) 「雜令」19 「公私以財物」條에, "凡公私以財物, 出擧者, 任依私契, 官不爲理"라고 하여, 公私의 계약은 私契에 의하고 관이 개입하지 않는다고 규정하고 있다.

92) 「雜令」19 「公私以財物」조에는 "凡公私以財物出擧者, 任依私契, 官不 爲理. 每六十日取利, 不得過八分之一, 雖過四百八十日, 不得過一倍, 家資盡者, 役身折酬. 不得廻利爲本. 若違法責利, 契外剝奪, 及非出息之債者, 官爲理. 其質者, 非對物主, 不得輒賣. 若計利過, 本不贖, 聽告所司, 對賣卽有. 乘還之. 如負債者逃避, 保人代償"이라고 규정되어 있다. 대강을 보면, 공사에 걸쳐 출거할 경우 60일마다 이자를 취하지만, 8분의 1을 넘을 수 없고, 480일을 넘겼더라도 1배를 넘을 수 없다고 되어 있다. 또 이자를 원금에 포함시켜 복리로 하는 것을 금하고 있다.

93) 蔭은 蔭敍制에 의해 감형, 면제되는 일. 贖은 일정액의 贖錢을 바치면 실형을 면제해 주는 일. 「名例律」에 상세하다.

94) 寶龜 11년 정월 신미조에도 "是以謹遣薩飡金蘭蓀, 級飡金巖等, 貢御調兼賀元正"이라고 하여 신년 하례를 겸하여 사신을 보낸 것으로 나온다. 다만 이 경우는 일본조정이 중국의 화이사상을 모방하여 신라, 발해사에 대해 이들 나라보다 위에 선 일본천황의 중화의식을 만족시키기 위한 의례이다. 이것은 신라, 발해의 의도와는 관계없는 일본 본위의 대외의식이다. 한편 이때의 신라 사절은 寶龜 11년 정월 신미조에 의하면, 탐라에 억류되어 있는 일본의 견당판관 海上三狩 등을 데리고 왔다.

일을) 숙지하여 내조의 사유를 묻고 아울러 표함95)이 (없으면) 질책하고,
표문이 있으면 발해의 번례에 의거하고, 표문을 서사하여 진상한다. 그
원본은 사자편에 보내고, (사인이) 가져온 소식은 역마96)로 주상하도록 한다"
라고 하였다.

기유(13일), 이날, 天長節97)에 해당한다. 군신들에게 연회를 베풀고 차등있
게 녹을 지급하였다. 또 조를 내려, 외조부 종5위상 紀朝臣諸人98)에게 종1위를
추증하였다.

임자(16일), 조를 내려, 소승도 弘耀法師를 대승도로 삼고, 惠忠法師를 소승
도로 삼았다.99) 또 高叡法師에게 봉호 30호를 시주하였다. 쌓은 덕에 대한
예우이다.

계축(17일), 대재부에 칙을 내려, 당객 高鶴林100) 등 5인과 신라 공조사를
함께 입경하도록 하였다.

병진(20일), 종5위상 藤原朝臣鷹取에게 정5위하를 내렸다.

정사(21일), 정5위하 등원조신응취에게 정5위상을 내렸다.

경신(24일), 命婦 정5위하 藤原朝臣元信에게 종4위하를 내렸다.

11월 무진(2일), 종4위하 阿倍朝臣古彌奈에게 정4위하를 내렸다.

기사(3일), 勅旨少輔 정5위하 內藏忌寸全成을 대재부에 보내 신라국사 薩湌
金蘭蓀의 입조의 사유를 물었다.

을해(9일), (천황이) 발해인을 조사하는 사자에게 칙을 내려, "押領101)
高洋粥 등이 올린 표문이 무례하여 진상시켜서는 안 된다. 또 筑紫를 통하지

---

95) 상표문, 국서를 담은 함.
96) 馳驛, 飛驛으로 역마를 이용하여 빨리 전하는 것.
97) 寶龜 6년 9월 임인조에 光仁天皇의 칙으로 천황 탄생일을 天長節로 정했다.
98) 光仁天皇의 모친인 紀緣姬의 아버지.
99) 『扶桑略記』寶龜 10년 10월 임자조에는 『延曆僧錄』을 인용하여, 弘耀法師와 惠忠法師에
    대해 "沙門弘耀住藥師寺, 通諭□經, 決擇去疑, 遂辭所帶, 入矢田寺, 修攝其心, 歸乎遷寂,
    春秋八十六, 沙門惠忠, 山背國人, 姓秦忌寸, 住藥師寺, 論義決擇, 窮理精微, 通經達論, 時偁智
    者, 後辭所住, 還山背國, 靜坐終焉, 年七十餘矣"라고 기록하고 있다. 특히 후자는 도래계
    씨족인 秦忌寸의 씨성을 갖고 있다.
100) 寶龜 9년 가을에 당에서 귀국하는 견당사절의 제4선에 승선했다가 탐라에 표착하여
    억류된 당의 판관의 1인이다. 寶龜 10년 7월 신라사와 함께 일본에 도착하였다.
101) 사절을 통솔하고 대표하는 사절단의 대사적 의미의 칭호.

않고 교묘한 말로서 편의를 구하고 있다. 죄상을 조사하여 다시는 그러한 일이 없도록 한다'라고 하였다.

병자(10일), 발해인을 조사하는 사자가 아뢰기를, "鐵利의 관인이 다투어 高說昌의 상석에 앉아 항상 능멸하는 마음을 갖고 있다'라고 하였다. 태정관이 처분하기를, "발해통사 종5위하 고설창은 멀리 창파를 건너 여러 차례나 입조하였다. 말과 생각이 충실하고, 높은 위계가 주어졌다.[102] 저 철리의 밑에 두는 것은 (천황이) 예우한 은총의 뜻에 어긋나는 것이다. 그 서열을 달리하여 위계에 어울리는 신분임을 명확히 해야 한다'라고 하였다.

신사(15일), 駿河國에서 언상하기를, "지난 7월 14일, 큰 비가 넘쳐 흘렀다. 2군의 제방이 무너져 백성의 가옥이 붕괴되었다. 또 구분전이 토사로 메워져 그 수가 매우 많다. 연인원 63,200여 인을 사역시켰으면 한다'라고 하였다. 이에 (노역자의) 식량을 지급하여 축조하게 하였다.[103]

갑신(18일), 중납언 종3위 物部朝臣宅嗣에게 칙을 내려, 物部朝臣을 고쳐서 石上大朝臣의 성을 내렸다.

을유(19일), 태정관이 주상하기를, "지난 寶龜 6년 8월 19일 格을 살펴보니, '京官의 녹이 적어 추위와 굶주림의 고통에서 벗어나기 어렵다. (반면) 국사는 이익이 많아 자연히 의식이 풍요롭다. 제국의 公廨를 할양하여 재경의 녹봉에 더하도록 한다'라고 되어 있다. 이 격이 나오고 나서 여러 세월이 지났다. 흠뻑 적시는 은혜는 공허하게 흘러가고, 예우의 포상의 기쁨은 아직 미흡하다. 무슨 이유인가 하면, 제국의 정세는 많이 부족하여 겨우 論定稻[104]를 대여하기도 하고 혹은 公廨가 없기 때문이다. 그래서 몰래 (별도의 도곡을) 출거함으로서 (관아 비용의) 4분의 1을 나누어 (경관에 보낼 분량을) 충당하고 있다. 지금 1년에 송납하는 물자를 계산해서 위계에 따라 배분하면, (京官) 개인의 소득은 1천전 이하 1백전 이상이다. 마침내 제국의 국사가 교체할 즈음에

---

102) 종5위하의 관위는 발해의 위계가 아니라 이전에 高說昌이 일본에 왔을 때 일본조정으로부터 받은 것이다.

103) 통상 요의 노역에서는 식량을 지급하지 않는 것이 원칙이지만, 제방 수리에 동원될 경우에는 지급하는 사례가 많다.

104) 국별로 정해진 일정수의 正稅(出擧稻)로 대여하여 얻은 이자인 利稻.

(일은) 번잡해지고, (경관의) 높은 봉록은 많은 현지의 관인들에게 부담이 된다. (따라서 이 新格은) 덧없이 고생과 혼란을 증가시킬 뿐이다. 신들이 바라건대 이 新格을 정지하고 종전대로 시행했으면 한다"라고 하였다. 이에 (천황은) 이를 허락하였다.

갑오(28일), 종5위하 川村王을 소납언으로 삼고, 참의 정4위하 大伴宿禰伯麻呂에게 좌대변을 겸직시키고, 종5위하 參河王을 縫殿頭로 삼고, 종5위상 文室眞人高嶋를 宮內大輔로 삼고, 종5위하 三嶋眞人嶋麻呂를 大膳亮으로 삼고, 종5위하 多治比眞人歲主를 木工頭로 삼고, 종5위상 紀朝臣佐婆麻呂를 大炊頭로 삼고, 종5위상 文室眞人水通을 彈正弼로 삼고, 종5위하 紀朝臣白麻呂를 造東大寺 차관으로 삼고, 종5위하 文室眞人忍坂麻呂를 上野守로 삼고, 종5위하 大伴宿禰淸麻呂를 紀伊守로 삼았다.

을미(29일), (천황이) 칙을 내리기를, "출거하는 官稻는 국마다 수량이 정해져 있다. 만약 위법이 있다면, 법에 정한 바에 따라 처벌한다. 근년 재외의 국사는 조정의 위임을 어기고 조금이라도 이윤을 꾀하려고 몰래 출거하는 일이 널리 시행되고 있는데, (국사가 대출금을) 징수함에 이르러서는 상환해야 할 물자가 없어 마침내 집을 팔고 전지를 팔아 타향으로 유랑하거나 도망가고 있다. 백성들이 받는 피해는 이보다 심한 것은 없다. 지금 이후로는 관도를 몰래 출거하는 자는 그 수량의 대소에 따라 처벌하고, 영원히 향리에 돌려보내고, 부정축재의 행위에 대해 징벌을 내린다. 또 調, 庸을 보내는 시기는 영의 조문[105]에 자세히 나타나 있다. 규제가 느슨해져 기한을 지키지 않는 일이 많다. 구차하게 일을 연체시키고 멋대로 지체하여 마침내 달을 넘기고 해가 바뀌어, 제사의 공물을 올리지 못하게 되고, 봄부터 여름에 걸쳐 사용해야 할 물자가 부족하게 된다. 지금 이후로는 또 위법하는 일이 있으면, 주전 이하는 소관 관사에서 죄과를 결정하고, 판관 이상은 이름을 기록하여 주상하도록 한다. 굽혀서 아첨하는 자는 그 태만을 용서해서

---

105) 「賦役令」3, 「調庸物」조에, "凡調庸物, 每年八月中旬起輸. 近國十月三十日, 中國十一月三十日, 遠國十二月三十日以前納訖. 其調糸七月三十日以前輸訖. 若調庸未 發本國間, 有身死者, 其物却還. 其運脚均出, 庸調之家, 皆國司領送. 不得勾隨, 便雇輸"라고 규정하고 있다. 이 조문에 의하면, 調·庸은 매년 8월 중순부터 시작하여 近國은 10월 30일까지, 中國은 11월 30일까지, 遠國은 12월 30일까지 납부한다고 되어 있다.

는 안 된다"라고 하였다.

12월 기유(13일), 중납언 종3위 겸 勅旨卿 겸 侍從 훈3등 藤原朝臣繩麻呂가 죽었다. 조를 내려, 大和守 종4위하 石川朝臣豊人, 治部大輔 종5위상 藤原朝臣刷雄 등을 사저에 보내, (천황의) 선지를 말하고, 종2위 대납언으로 추증하였다. 장의에 소요되는 물품은 관에서 지급하고 아울러 鼓吹司106)의 인부를 충당시켰다. 繩麻呂는 우대신 종1위 (藤原)豊成의 제4자이다. 대대로 명문가였기 때문에 두루 요직을 역임하였다. 神護景雲 2년에 종3위에 이르고, 寶龜 초에 중납언에 임명되고, 이어서 皇太子傅와 勅旨卿을 겸직하였다. 식부경 百川이 죽은 후에는 뒤를 이어서 일을 맡았다. 그로부터 얼마 지나지 않아 사망하였다. 당시 나이는 51세였다.

무오(22일), 발해인을 조사하는 사자가 아뢰기를, "발해사 押領 高洋弼 등이 간곡히 청하기를, 타고 온 배가 파손되어 돌아갈 방도가 없다. 조정의 은혜로 배 9척을 내려 본국에 도착할 수 있도록 해 주었으면 한다"라고 하였다. (천황은) 이를 허락하였다.

기미(23일), 칙을 내려, "內侍司107)는 많은 직원을 두고 있는데, 녹을 받는 등급은 인접의 관사에 비해 훨씬 떨어지고 있다. 지금 이후로는 藏司에 준하도록 한다"라고 하였다. 정3위 河內女王이 죽었다. 淨廣壹108) 高市皇子의 딸이다.

신유(25일), 中務卿 종3위 藤原朝臣田麻呂에게 中衛權大將을 겸직시켰다.

병인(30일), 右衛士督 종4위하 常陸守 藤原朝臣小黑麻呂를 참의로 삼았다.

『속일본기』 권제35

---

106) 兵部省 산하기관으로 鉦鼓·大角·小角을 훈련시키는 관사. 「喪葬令」에는 親王, 3위 이상의 귀족, 大納言 이상의 관인의 장송의례 시 징과 북을 사용하였다.
107) 後宮 12司의 하나. 女官만으로 구성되고 천황에 근시하며 奏請, 傳宣(內侍宣), 궁중 禮式 등을 담당한다.
108) 天武 14년에 시행된 淨御原令의 위계 12등 중의 제6등.

續日本紀卷第三十五

〈起寶龜九年正月, 盡十年十二月〉

右大臣從二位兼行皇太子傅中衛大將臣藤原朝臣繼繩等奉勅撰

天宗高紹天皇

○ **寶龜九年**正月戊申朔, 廢朝. 以皇太子枕席不安也. 是日, 宴次侍從已上於內裏, 賜祿有差. 自餘五位已上者, 於朝堂賜饗焉. 甲寅, 宴侍從五位已上於內裏, 賜被. 丙辰, 以宮內卿正四位下兼越前守大伴宿禰伯麻呂爲參議. 戊午, 右大弁正四位下田中朝臣多太麻呂卒. 癸亥, 宴五位已上, 其儀如常. 是日, 從五位上矢口王, 菅生王, 三關王並授正五位下, 從四位上大伴宿禰家持正四位下, 從四位下藤原朝臣小黑麻呂, 藤原朝臣乙繩並從四位上, 正五位上多治比眞人長野從四位下, 從五位下藤原朝臣鷹取, 大中臣朝臣宿奈麻呂, 紀朝臣犬養, 藤原朝臣刷雄, 石川朝臣豊麻呂, 藤原朝臣黑麻呂並從五位上, 正六位上多治比眞人人足, 文室眞人八嶋, 息長眞人長人, 紀朝臣眞子, 三嶋眞人大湯坐, 路眞人石成, 阿倍朝臣石行, 大神朝臣人成, 紀朝臣作良, 大伴宿禰人足, 阿倍朝臣船道, 當麻眞人弟麻呂, 大宅朝臣吉成, 佐伯宿禰牛養, 河邊朝臣嶋守, 從六位上紀朝臣家繼並從五位下, 外從五位下堅部使主人主外從五位上, 正六位上阿倍志斐連東人, 槻本公老並外從五位下. 甲子, 以大法師圓興爲少僧都. 授正六位上平群朝臣祐麻呂從五位下, 無位石川朝臣奴女, 藤原朝臣祖子並從五位下. 丁卯, 遣從四位下壹志濃王, 石川朝臣垣守等, 改葬故二品井上內親王. 授無位縣犬養宿禰安提女從五位下. 壬申, 授女孺無位物部得麻呂外從五位下. 丙子, 授從四位下高野朝臣從三位.

二月辛巳, 以正四位上左大弁春宮大夫左衛士督藤原朝臣是公爲兼大和守, 從五位下廣田王爲伊賀守, 內藥正外從五位下吉田連斐太麻呂爲兼伊勢介, 從五位上美和眞人土生爲駿河守, 左衛士員外佐從五位下紀朝臣乙麻呂爲兼相摸介, 從五位下高麗朝臣石麻呂爲武藏介, 近衛中將正四位上道嶋宿禰嶋足爲兼下總守, 從五位上中臣朝臣常爲近江介, 從五位下大原眞人淨貞爲信濃守, 從五位下大伴宿禰人足爲下野介, 外從五位下黃文連牟禰爲佐渡守, 從五位下佐伯宿禰牛養爲丹後守, 從五位上田中王爲但馬守, 從五位上當麻眞人永繼爲出雲介, 衛門佐從五位下大中臣朝臣諸魚爲兼備前介, 從四位下藤原朝臣雄依爲讚岐守, 外從五位上堅部使主人主爲介, 從四位下石川朝臣垣守爲伊豫守, 從五位下當麻眞人乙麻呂爲筑後守, 從五位下三嶋眞人安曇爲肥前守, 內藥佑外從五位下吉田連古麻呂爲兼豊前介. 乙酉, 侍從從四位下奈貴王卒. 丙戌, 以從五位下藤原朝臣末茂爲美濃介. 癸巳, 右衛士府生少初位上飯高公大人, 左兵衛大初位下飯高公諸丸二人, 賜姓宿禰. 乙未, 從四位下藤原朝臣雄依爲侍從, 讚岐守如故. 庚子, 以從四位下石川朝臣名足爲右大弁, 正五位下豊野眞人奄智爲右中弁, 從五位下紀朝臣古佐美爲右少弁, 從五位上藤原朝臣鷲取爲中務大輔, 從五位下大宅朝臣吉成爲左大舍人助, 從五位下藤原朝臣長山爲圖書頭, 從五位下笠王爲內藏頭, 武藏守如故. 外從五位下高橋連鷹主爲畫工正, 正五位上淡海眞人三船爲大學頭, 文章博士如故. 從五位上袁晋卿爲玄蕃頭, 外從五位下阿倍志斐連東人爲主計頭, 正五位下高賀茂朝臣諸魚爲兵部大輔, 從五位下紀朝臣眞子爲大藏少輔, 正五位下石上朝臣家成爲宮內大輔, 正五位下菅生王爲大膳大夫, 從五位下乙訓王爲亮, 從五位下淸原王爲大炊頭, 正五位下藤原朝臣種繼爲左京大夫, 從五位下紀朝臣難波麻呂爲亮, 從五位上佐伯宿禰久良麻呂爲春宮亮, 從五位上紀朝臣犬養爲造宮大輔, 從五位上石川朝臣豊麻呂爲少輔, 從四位下吉備朝臣泉爲造東大寺長官, 從五位下文室眞人眞老爲造西大寺次官, 從五位上紀朝臣船守爲近衛少將, 內廐助土左守如故. 從五位下紀朝臣豊庭爲員外少將, 從三位藤原朝臣百川爲中衛大將, 式部卿如故. 從五位下紀朝臣家繼爲右衛士員外佐, 正五位上大伴宿禰益立爲右兵衛督, 從五位下笠朝臣望足爲右馬頭, 從四位下石川朝臣豊人爲大和守, 從五位下紀朝臣宮人爲越中介, 外從五位下日置首若虫爲筑後介.

三月己酉, 宴五位已上於內裏. 令文人賦曲水, 賜祿有差. 是日, 以大納言從二位藤原朝臣魚名爲內臣, 近衛大將大宰帥如故. 土佐國言, 去年七月, 風雨大切, 四郡百姓, 産業損傷. 加以, 人畜流亡, 廬舍破壞. 詔加賑給焉. 丙辰, 從五位上藤原朝臣刷雄爲刑部大判事, 從四位上伊勢朝臣老人爲中衛中將, 修理長官遠江守如故. 正五位下葛井連道依爲少將, 勅旨少輔甲斐守如故. 外從五位下槻本公老爲右兵衛佐. 甲子, 授正七位下伊福部妹女從五位下. 丙寅, 誦經於東大西大西隆三寺, 以皇太子寢膳乖和也. 己巳, 勅, 淡路親王墓宜稱山陵. 其先妣當麻氏墓稱御墓, 充隨近百姓一戶守之. 庚午, 勅曰, 頃者, 皇太子沈病不安, 稍經數月, 雖加醫療, 猶未平復. 如聞, 救病之方, 實由德政, 延命之術, 莫如慈令. 宜可大赦天下. 自寶龜九年三月二十四日昧爽以前大辟已下, 罪無輕重, 未發覺, 已發覺, 未結正, 已結正, 繫囚見徒, 咸赦除之. 但八虐, 故殺人, 私鑄錢, 強竊二盜, 常赦所不免者, 不在赦限. 若入死者降一等, 敢以赦前事告言者, 以其罪罪之. 又爲皇太子, 令度三十人出家. 癸酉, 大祓. 遣使奉幣於伊勢大神宮及天下諸神, 以皇太子不平也. 又於畿內諸界祭疫神. 丙子, 內臣從二位藤原朝臣魚名改爲忠臣.

夏四月甲申, 勅, 自今以後, 五位已上位田, 薨卒之後, 一年莫收. 攝津國獻白鼠. 庚寅, 授筑前國宗形郡大領外從八位上宗形朝臣大德外從五位下. 辛卯, 授女孺無位國見眞人川田從五位下. 甲午, 幸右大臣第, 授第六息正六位上今麻呂從五位下, 其室從四位下多治比眞人古奈禰從四位上. 戊戌, 授從五位下石川朝臣毛比正五位下. 庚子, 授正六位上紀朝臣伯麻呂從五位下. 丙午, 先是, 寶龜七年, 高麗使輩三十人, 溺死漂着越前國江沼加賀二郡. 至是, 仰當國令加葬埋焉.

五月乙卯, 授無位伊勢朝臣淸刀自從五位下. 丁卯, 寅時地震. 辛未, 又震. 從五位下昆解宿禰佐美麻呂爲駿河介. 癸酉, 三品坂合部內親王薨. 遣從四位下壹志濃王等, 監護喪事. 所須並官給之. 天皇爲之廢朝三日, 內親王天宗高紹天皇異母姉也.

六月庚子, 賜陸奧出羽國司已下, 征戰有功者二千二百六十七人爵. 授按察使正五位下勳五等紀朝臣廣純從四位下勳四等, 鎭守權副將軍從五位上勳七等佐伯宿禰久良麻呂正五位下勳五等, 外正六位上吉彌侯伊佐西古, 第二等伊治公呰麻呂並外從五位下, 勳六等百濟王俊哲勳五等, 自餘各有差. 其不預賜爵者祿亦有差. 戰死父子亦依例敍焉. 辛丑, 特詔, 遣參議正四位上左大弁藤原朝臣是公, 肥後守從五位下藤原朝臣是人, 奉幣帛於廣瀨瀧田二社, 爲風雨調和, 秋稼豐稔也.

秋七月丁未, 從五位下佐味朝臣山守爲和泉守. 戊申, 授命婦從五位下桑原公嶋主從五位上, 女孺無位紀朝臣世根從五位下, 癸丑, 飛驒國言, 慶雲見. 丁卯, 以從五位下宍人朝臣繼麻呂爲宮內少輔.

八月甲戌朔, 日有蝕之. 戊子, 授正三位藤原朝臣百能從二位. 癸巳, 從五位下文室眞人眞老爲中務少輔, 從四位下壹志濃王爲縫殿頭, 從五位上礒部王爲內匠頭, 參河守如故, 從五位上上毛野朝臣稻人爲主稅頭, 從五位下阿倍朝臣石行爲刑部少輔, 從五位下多治比眞人人足爲大判事, 從五位下淨岡連廣嶋爲典藥頭, 侍醫如故. 從五位下三嶋眞人大湯坐爲正親正, 從五位上桑原公足床爲造西大寺司次官, 從五位下中臣朝臣池守爲尾張介, 正五位下大伴宿禰不破麻呂爲信濃守, 從五位下路眞人石成爲越中介, 從五位下大原眞人美氣爲美作守, 從五位下紀朝臣宮人爲介, 外從五位下阿倍志斐連東人爲備中介. 乙未, 授正五位上掃守王從四位下.

九月甲辰, 授從三位大野朝臣仲千正三位. 癸亥, 送高麗使正六位上高麗朝臣殿嗣等來着越前國坂井郡三國湊, 勅越前國, 遣高麗使幷彼國送使. 宜安置便處, 依例供給之. 但殿嗣一人早令入京. 丁卯, 詔賜橘宿禰綿裳, 三笠, 姓朝臣.

冬十月戊寅, 授正六位上高麗朝臣殿嗣從五位下. 辛卯, 復陽侯忌寸令璆本位外從五位下. 癸巳, 授無位藤原朝臣今女從五位下. 乙未, 遣唐使第三船到泊肥前國松浦郡橘浦. 判官勅旨大丞正六位上兼下總權介小野朝臣滋野上奏言, 臣滋野等, 去寶龜八年六月二十四日, 候風入海, 七月三日, 與第一船同到揚州海陵縣. 八月二十九日, 到揚州大都督府, 卽依式例安置供給, 得觀察使兼長史陳少遊處分, 屬祿山亂, 常館彫弊. 入京使人, 仰限六十人, 以來十月十五日. 臣等八十五人發州入京, 行百餘里, 忽據中書門下牒, 擯節人數, 限以二十人. 臣等請, 更加二十三人. 持節副使小野朝臣石根, 副使大神朝臣末足, 准判官羽栗臣翼, 錄事上毛野公大川, 韓國連源等四十三人, 正月十三日, 到長安城. 卽於外宅安置供給. 特有監使, 勾當使院, 頻有優厚. 中使不絶. 十五日, 於宣政殿禮見. 天子不衙. 是日, 進國信及別貢等物. 天子非分喜觀, 班示群臣. 三月二十二日, 於延英殿, 對見. 所請並允. 卽於內裏設宴. 官賞有差. 四月十九日, 監使揚光耀宣口勅云, 今遣中使趙寶英等, 將答信物, 往日本國. 其駕船者仰揚州造. 卿等知之. 二十四日, 事畢拜辭. 奏云, 本國行路遙遠, 風漂無准. 今中使云往, 冒涉波濤, 萬一顚躓, 恐乖王命. 勅答, 朕有少許答信物. 今差寶英等押送. 道義所在, 不以爲勞. 卽賜銀鋺酒, 以惜別也. 六月二十四日, 到揚州. 中使因欲進途. 船難卒成. 所由奏聞, 便寄乘臣等船發遣. 其第一第二船, 並在揚子塘頭, 第四船在楚州鹽城縣. 九月九日, 臣船得正南風, 發船入海. 行已三日, 忽遭逆風, 船著沙上, 損壞處多. 竭力修造. 今月十六日, 船僅得浮, 便卽入海. 二十三日, 到肥前國松浦郡橘浦. 但有唐客隨臣入朝, 迎接祗供, 令同蕃例. 臣具牒大宰府. 仰令准擬. 其唐消息, 今天子廣平王, 名迪, 年五十三, 皇太子雍王, 名适, 年號大曆十三年, 當寶龜九年. 丁酉, 皇太子向伊勢,先是, 皇太子寢疾久不平復. 至是親拜神宮, 所以賽宿禱也. 庚子, 勅大宰府, 得今月二十五日奏狀, 知遣唐使判官滋野等乘船到泊. 其寄乘唐使者, 府宜且遣使勞問, 判官滋野者速令入京.

十一月丙午, 散位從四位下佐伯宿禰助卒. 壬子, 遣唐第四船來泊薩摩國甑嶋郡. 其判官海上眞人三狩等漂着耽羅嶋, 被嶋人略留. 但錄事韓國連源等, 陰謀解纜而去, 率遺衆四十餘人而來歸. 乙卯, 第二船到泊薩摩國出水郡. 又第一船海中中斷, 舳艫各分. 主神津守宿禰國麻呂, 并唐判官等五十六人, 乘其艫而着甑嶋郡. 判官大伴宿禰繼人, 并前入唐大使藤原朝臣河清之女喜娘等四十一人, 乘其舳而着肥後國天草郡. 繼人等上奏言, 繼人等去年六月二十四日, 四船同入海, 七月三日着泊揚州海陵縣, 八月二十九日, 到揚州大都督府. 卽節度使陳少遊且奏且放, 六十五人入京. 十月十六日, 發赴上都, 至高武縣, 有中書門下勅牒, 爲路次乏車馬, 減却人數, 定二十人. 正月十三日, 到長安. 卽遣內使趙寶英, 將馬迎接, 安置外宅. 三月二十四日, 乃對龍顔奏事. 四月二十二日, 辭見首路. 勅令內使揚光耀監送, 至揚州發遣. 便領留學生起京. 又差內使掖庭令趙寶英, 判官四人, 賚國土寶貨, 隨使來朝, 以結隣好. 六月二十五日, 到惟揚. 九月三日, 發自揚子江口, 至蘇州常耽縣候風. 其第三船在海陵縣, 第四船在楚州鹽城縣. 並未知發日. 十一月五日, 得信風, 第一第二船同發入海, 比及海中. 八日初更, 風急波高, 打破左右棚根, 潮水滿船, 蓋板擧流, 人物隨漂, 無遺勺撮米水. 副使小野朝臣石根等三十八人, 唐使趙寶英等二十五人, 同時沒入, 不得相救. 但臣一人潛行著舳檻角, 顧眄前後, 生理絶路. 十一日五更, 帆檣倒於船底, 斷爲兩段. 舳艫各去未知所到, 四十餘人累居方丈之舳擧艫軸欲沒, 載纜枕柁, 得少浮上. 脫却衣裳, 裸身懸坐. 米水不入口, 已經六日. 以十三日亥時漂着肥後國天草郡西仲嶋. 臣之再生, 叡造所救. 不任歡幸之至. 謹奉表以聞. 丁巳, 散事正四位上伊福部女王卒. 己未, 以從五位下文室眞人久賀麻呂爲但馬介. 庚申, 造舶二艘於安藝國, 爲送唐客也. 辛酉, 遣左少弁從五位上藤原朝臣鷹取, 勅旨員外少輔從五位下健部朝臣人上, 勞問唐使.

十二月癸未, 大宰府獻白鼠赤眼. 甲申, 去神護中, 大隅國海中有神造嶋. 其名曰大穴持神. 至是爲官社. 丁亥, 仰左右京, 差發六位已下子孫, 堪騎兵者八百人, 爲唐客入朝也. 授女孺正八位下江沼臣麻蘇比外從五位下. 己丑, 以從五位下布勢朝臣清直爲送唐客使, 正六位上甘南備眞人清野, 從六位下多治比眞人濱成爲判官, 正六位上大網公廣道爲送高麗客使, 賻贈唐使趙寶英絁八十匹, 綿二百屯. 庚寅, 玄蕃頭從五位上袁晋卿賜姓清村宿禰, 晋卿唐人也. 天平七年隨我朝使歸朝, 時年十八九, 學得文選爾雅音, 爲大學音博士, 於後, 歷大學頭安房守. 戊戌, 仰陸奧出羽, 追蝦夷二十人, 爲擬唐客拜朝儀衛也. 庚子, 以從五位上藤原朝臣鷹取爲左中弁, 從五位下賀茂朝臣人麻呂爲左少弁. 授正六位上田邊史淨足外從五位下.

○ **十年**正月十年壬寅朔, 天皇御大極殿受朝. 渤海國遣獻可大夫司賓少令張仙壽等朝賀. 其儀如常. 以忠臣從二位藤原朝臣魚名爲內大臣, 近衛大將大宰帥如故. 丙午, 渤海使張仙壽等獻方物. 奏曰, 渤海國王言, 聖朝之使高麗朝臣殿嗣等失路漂着遠夷之境, 乘船破損, 歸去無由. 是以, 造船二艘, 差仙壽等, 隨殿嗣令入朝. 幷載荷獻物, 拜奉天朝. 丁未, 授無位藤原朝臣友子從五位下. 戊申, 宴五位以上及渤海使仙壽等於朝堂. 賜祿有差. 詔渤海國使曰, 渤海王使仙壽等來朝拜覲. 朕有嘉焉. 所以加授位階, 兼賜祿物. 癸丑, 授無位藤原朝臣園人從五位下. 甲寅, 授從五位上紀朝臣船守正五位上, 從六位下吉彌侯橫刀外從五位下. 丁巳, 宴五位已上及渤海使於朝堂賜祿. 己未, 內射. 渤海使亦在射列. 從四位下紀朝臣形名正四位上. 庚申, 授從六位上大伴宿禰弟麻呂從五位下. 辛酉, 授從五位下內藏忌寸全成正五位下. 癸亥, 授正六位上酒部造上麻呂外從五位下. 甲子, 授正四位上藤原朝臣是公從三位, 正五位下三方王從四位下, 從五位下飯野王從五位上, 正六位上鹽屋王從五位下, 正五位下豐野眞人奄智正五位上, 從五位上安倍朝臣東人, 百濟王利善, 巨勢朝臣苗麻呂並正五位下, 從五位下安倍朝臣常嶋, 大中臣朝臣繼麻呂, 安倍朝臣家麻呂, 紀朝臣眞乙並從五位上, 從六位上當麻人千嶋, 正六位上多治比眞人年持, 田中朝臣飯麻呂, 中臣朝臣松成, 大伴宿禰中主, 大神朝臣三友, 甘南備眞人豐次, 縣犬養宿禰堅魚麻呂, 紀朝臣白麻呂, 采女朝臣宅守, 石川朝臣美奈伎麻呂, 藤原朝臣弓主並從五位下, 正六位上和連諸乙, 葛井連根道, 船連住麻呂, 土師宿禰古人並外從五位下. 丙寅, 授正六位上山上王, 無位氷上眞人川繼並從五位下.
二月癸酉, 授正六位上佐伯宿禰瓜作從五位下, 正六位上久米連眞上外從五位下. 渤海使還國, 賜其王璽書, 幷附信物. 乙亥, 贈故入唐大使從三位藤原朝臣清河從二位, 副使從五位上小野朝臣石根從四位下, 清河贈太政大臣房前之第四子也. 勝寶五年, 爲大使入唐, 廻日遭逆風漂著唐國南邊驩州, 時遇土人, 及合船被害. 清河僅以身免, 遂留唐國. 不得歸朝. 於後十餘年, 薨於唐國. 石根大宰大貳從四位下老之子也. 寶龜八年, 任副使入唐, 事畢而歸. 海中船斷, 石根及唐送使趙寶英等六十三人, 同時沒死.
故並有此贈也. 授正六位上大原眞人黑麻呂從五位下. 丁丑, 散位從四位下佐伯宿禰
三野卒. 庚辰, 授外從五位下吉田連斐太麻呂從五位下. 從五位下藤原朝臣末茂爲左
衛士員外佐. 壬午, 授外從五位下吉田連古麻呂外正五位下. 甲申, 以大宰少監正六位
上下道朝臣長人爲遣新羅使, 爲迎遣唐判官海上三狩等也. 戊子, 授命婦從四位下巨
勢朝臣巨勢野正四位下. 辛卯, 授正六位上土師宿禰虫麻呂外從五位下. 甲午, 以從五
位上利波臣志留志爲伊賀守, 從五位下田口朝臣祖人爲尾張介, 從五位下藤原朝臣長
山爲參河守, 從五位上當麻王爲遠江守, 左衛士員外佐從五位下紀朝臣弟麻呂爲兼相
摸守, 從五位下百濟王仙宗爲安房守, 從五位上紀朝臣眞乙爲上總守, 從五位下紀朝
臣豊庭爲下總守, 從五位下藤原朝臣園人爲美濃介, 中務大輔從五位上藤原朝臣鷲取
爲兼上野守, 衛門佐從五位下大中臣朝臣諸魚爲兼下野守, 外從五位下久米連眞上爲
介, 從五位下廣田王爲越後守, 造宮大輔從五位上紀朝臣犬養爲兼丹後守, 從五位下
廣河王爲因幡守, 從五位下藤原朝臣眞縵爲備前介, 從五位下氣多王爲安藝守, 從五
位下紀朝臣難波麻呂爲周防守, 從五位下宗形王爲紀伊守, 從五位下藤原朝臣大繼爲
伊豫介, 外從五位下賀禰公小津麻呂爲筑後介, 從五位下藤原朝臣末茂爲肥後守, 大
學博士外從五位下膳臣大丘爲兼豊後介. 授正六位上上村主虫麻呂外從五位下.
三月甲辰, 宴五位已上, 令文人上曲水之詩, 賜祿有差. 辛亥, 遣唐副使從五位下大神
朝臣末足等自唐國至. 丁巳, 授無位久米連形名女從五位下. 戊午, 從三位高麗朝臣福
信賜姓高倉朝臣.
夏四月己丑, 夜暴風雨, 折木發屋. 辛卯, 領唐客使等奏言, 唐使之行, 左右建旗. 亦有
帶仗. 行官立旗前後. 臣等稽之古例, 未見斯儀. 禁不之旨, 伏請處分者. 唯聽帶仗,
勿令建旗. 又奏曰, 往時遣唐使粟田朝臣眞人等發從楚州, 到長樂驛, 五品舍人宣勅勞
問. 此時未見拜謝之禮. 又新羅朝貢使王子泰廉入京之日, 官使宣命, 賜以迎馬. 客徒
斂轡, 馬上答謝. 但渤海國使, 皆悉下馬, 再拜舞踏. 今領唐客, 准據何例者. 進退之禮,
行列之次, 具載別式. 今下使所. 宜據此式勿以違失. 授遣唐副使從五位下大神朝臣末
足正五位下, 判官正六位上小野朝臣滋野, 從六位上大伴宿禰繼人並從五位下, 錄事
正六位上上毛野公大川外從五位下. 乙未, 授女孺無位甘南備眞人久部從五位下. 丁
酉, 授外從五位下羽栗臣翼從五位下, 正六位上紀朝臣繼成從五位下. 戊戌, 散事正四
位下紀朝臣形名卒. 庚子, 唐客入京, 將軍等率騎兵二百, 蝦夷二十人, 迎接於京城門

外三橋.

五月癸卯, 唐使孫興進, 秦忩期等朝見. 上唐朝書, 并貢信物. 詔曰, 唐使上書, 朕見之. 唯客等遠來, 艱辛行路. 宜歸休於舘, 尋欲相見. 丁巳, 饗唐使於朝堂. 中納言從三位物部朝臣宅嗣宣勅曰, 唐朝天子及公卿, 國內百姓, 平安以不. 又海路難險, 一二使人, 或漂沒海中, 或被掠耽羅. 朕聞之悽愴於懷. 又客等來朝道次, 國宰祗供, 如法以不. 唐使判官孫興進等言, 臣等來時, 本國天子, 及公卿百姓, 並是平好. 又朝恩遐覃, 行路無恙, 路次國宰, 祗供如法. 又勅曰, 客等比在館中旅情愁鬱, 所以聊設宴饗. 加授位階, 兼賜祿物. 卿等宜知之. 庚申, 右大臣饗唐客於第, 勅賜綿三千屯. 辛酉, 授女孀正六位上賀茂朝臣御笠從五位下. 乙丑, 唐使孫興進等辭見, 中納言從三位物部朝臣宅嗣宣勅曰, 卿等到此, 未經多日. 還國之期, 忽然云至. 渡海有時, 不可停住. 今對分別, 悵望而已. 又爲送卿等, 新造船二艘, 并差使令賚信物, 領卿等遣廻. 又令所司置一盃別酒, 兼有賜物. 卿等好去. 孫興進等奏, 臣等多幸, 得謁天闕, 今乍拜辭, 不勝悵戀. 丙寅, 前學生阿倍朝臣仲麻呂在唐而亡. 家口偏乏, 葬禮有闕. 勅賜東絁一百疋, 白綿三百屯. 丁卯, 唐使孫興進等歸國. 己巳, 授散位正六位上百濟王元德從五位下.

閏五月甲申, 贈故河內守正五位下佐伯宿禰國益正五位上, 并賜稻千束, 褒廉勤也. 丙申, 太政官奏曰, 謹檢令條, 國無大小, 每國置史生三人, 博士醫師各一人. 神龜五年八月九日格, 諸國史生, 大國四人, 上國三人, 中下國各二人. 但博士者惣三四國一人, 醫師每國一人. 又天平神護二年四月二十六日格云, 博士惣國一依前格, 醫師惣任. 更建新例. 其史生者, 博士醫師兼任之國, 國別格外加置二人. 而今望者旣多, 官員猶少. 因茲, 國無定准, 任用淆雜. 臣等商量, 隨國大小, 增減員數, 大國五人, 上國四人, 中國三人, 下國二人, 其遷代法, 一依天平寶字二年十月二十五日勅, 以四歲爲限. 其博士醫師兼國者學生勞於賷粮, 病人困於救療. 望請, 每國各置一人, 並以六考遷替, 自今以後, 立爲恒式. 謹錄奏聞, 伏聽天裁者. 奏可之.

六月辛亥, 從五位下淸原王, 從五位下池田朝臣眞枚, 並爲少納言. 從五位上山邊王爲大膳大夫, 從五位下高橋朝臣祖麻呂爲內膳奉膳, 紀伊國名草郡人外少初位下神奴百繼等言, 己等祖父忌部支波美, 自庚午年, 至大寶二年四比之藉, 並注忌部. 而和銅元年造藉之日, 據居里名, 注姓神奴. 望請, 從本改正者. 許之. 辛酉, 周防國周防郡人外從五位上周防凡直葦原之賤男公自稱他戶皇子誑惑百姓, 配伊豆國.

秋七月戊辰朔, 日有蝕之. 丙子, 參議中衛大將兼式部卿從三位藤原朝臣百川薨. 詔遣

大和守從四位下石川朝臣豊人, 治部少輔從五位下阿倍朝臣謂奈痲呂等, 就第宣詔,
贈從二位, 葬事所須官給, 并充左右京夫. 百川平城朝參議正三位式部卿兼大宰帥宇
合之第八子也. 幼有器度, 歷位顯要, 寶龜九年, 至從三位中衛大將兼式部卿, 所歷之
職各爲勤恪. 天皇甚信任之, 委以腹心, 內外機務莫不關知. 今上之居東宮也. 特屬心
焉. 于時上不豫, 已經累月, 百川憂形於色, 醫藥祈禱, 備盡心力, 上由是重之, 及薨甚悼
惜焉. 時年四十八. 延曆二年追思前勞, 詔贈右大臣. 丁丑, 大宰府言, 遣新羅使下道朝
臣長人等, 率遣唐判官海上眞人三狩等來歸. 庚寅, 駿河國飢, 賑給之.

八月己亥, 因幡國言, 去六月二十九日暴雨, 山崩水溢, 岸谷失地, 人畜漂流, 田宅損害,
飢饉百姓三千餘人者. 遣使賑恤之. 壬子, 勅, 去寶龜三年八月十二日, 太政官奏, 永止
舊錢, 全用新錢. 今聞, 百姓徒蓄古錢, 還憂無施. 宜聽新舊同價並行. 丙辰, 勅, 朕有所
念, 可赦天下. 自寶龜十年八月十九日昧爽已前大辟已下, 罪無輕重, 已發覺, 未發覺,
已結正, 未結正, 繫囚見徒, 悉皆赦除. 但犯八虐, 及故殺人, 私鑄錢, 强竊二盜, 常赦所
不免者, 不在赦限. 若入死罪者, 並減一等, 鰥寡惸獨, 貧窮老疾, 不能自存者, 亦免其身
今年田租. 庚申, 勅, 牧宰之輩, 就使入京, 或無返抄, 獨歸任所, 或稱身病, 延日京下.
而求預考例, 兼得公廨. 又姦民規避, 拙吏忘催, 公用之日, 還費正稅, 於理商量, 甚乖治
道. 若有此類, 莫須預鬐務, 國司奪料, 附帳申送, 郡司解任, 更用幹了, 阿容之司,
亦同此例. 治部省奏曰, 大寶元年已降, 僧尼雖有本籍, 未知存亡, 是以, 諸國名帳,
無由計會. 望請, 重仰所由, 令陳住處在不之狀. 然則官僧已明, 私度自止. 於是下知諸
國, 令取治部處分焉. 癸亥, 治部省言, 今檢造僧尼本籍, 計會內外諸寺名帳, 國分僧尼,
住京者多. 望請, 任先御願, 皆歸本國者. 太政官處分, 智行具足, 情願借住. 宜依願聽,
以外悉還焉.

九月庚午, 以參議從三位藤原朝臣田痲呂爲中務卿, 從五位下佐伯宿禰瓜作爲近衛員
外少將, 外從五位下吉彌侯橫刀爲將監, 中納言從三位藤原朝臣繩痲呂爲兼中衛大
將, 勅旨卿侍從如故. 從五位下大中臣朝臣今痲呂爲左兵衛員外佐, 侍從從五位下石
川朝臣彌奈支痲呂爲右兵衛佐, 從五位下正月王爲左馬頭, 從五位下文室眞人八嶋爲
內兵庫正, 正四位下佐伯宿禰今毛人爲大宰大貳. 癸酉, 從五位下大中臣朝臣諸魚爲
中衛少將, 下野守如故. 從五位下藤原朝臣長河爲衛門佐, 從五位下藤原朝臣弓主爲
右兵衛員外佐. 己卯, 以刑部卿從四位上藤原朝臣弟繩爲參議. 庚辰, 勅, 渤海及鐵利
三百五十九人, 慕化入朝, 在出羽國. 宜依例供給之. 但來使輕微, 不足爲賓. 今欲遣使

給饗自彼放還, 其駕來船. 若有損壞, 亦宜修造, 歸蕃之日, 勿令留滯. 癸未, 勅, 僧尼之
名, 多冒死者, 心挾姦僞, 犯發憲章, 就中頗有智行之輩. 若頓改革, 還辱緇侶. 宜檢見
數一與公驗. 自今以後, 勿令更然. 甲申, 從五位下篠嶋王爲少納言, 從五位下清原王
爲越後守. 丁亥, 正五位上大伴宿禰益立爲右兵衛督, 從五位下多治比眞人乙安爲出
羽守. 戊子, 勅曰, 依令條, 全戶不在鄉, 依舊籍轉寫, 幷顯不在之由. 而職檢不進計帳
之戶, 無論不課及課戶之色, 惣取其田, 皆悉賣却. 一取之後, 更無改還. 濟民之務,
豈合如此. 又差使雜徭, 事須均平. 是以, 天平神護年中有格, 外居之人聽取徭錢. 而職
令京師多輸徭錢. 因茲百姓窮弊, 遂竄他鄉. 爲民之蠹莫大於斯. 而頻經恩降, 不論其
罪. 自今以後, 嚴加禁斷. 壬辰, 從五位下山上王爲內禮正. 癸巳, 勅陸奧出羽等國,
用常陸調絁, 相摸庸綿, 陸奧稅布, 充渤海鐵利等祿. 又勅, 在出羽國蕃人三百五十九
人, 今屬嚴寒, 海路艱險. 若情願今年留滯者, 宜悉聽之. 甲午, 以從四位下藤原朝臣雄
依爲式部員外大輔, 侍從讚岐守如故. 從五位下紀朝臣作良爲民部少輔, 從四位下多
治比眞人長野爲攝津大夫, 從五位下石川朝臣宿奈麻呂爲亮, 正五位下佐伯宿禰眞守
爲河內守, 從五位下大伴宿禰繼人爲能登守. 授正六位上佐味朝臣比奈麻呂從五位
下. 勅曰, 頃年百姓競求利潤, 或擧少錢貪得多利, 或期重契, 强責質財. 未經幾月,
忽然一倍, 窮民酬償, 彌致滅門. 自今以後, 宜據令條不得以過一倍之利, 若不悛心,
貸及與者, 不論蔭贖科違勅罪. 卽奪其臟以賜告人, 非對物主, 賣質亦同.

冬十月乙巳, 勅大宰府, 新羅使金蘭孫等, 遠涉滄波, 賀正貢調. 其諸蕃入朝, 國有恒例.
雖有通狀, 更宜反復. 府宜承知硏問來朝之由, 幷責表函. 如有表者, 准渤海蕃例, 寫案
進上. 其本者却付使人. 凡所有消息, 驛傳奏上. 己酉, 是日當天長節, 仍宴群臣賜祿,
有差. 又詔贈外祖父從五位上紀朝臣諸人從一位. 壬子, 詔以少僧都弘耀法師爲大僧
都, 惠忠法師爲少僧都. 又施高叡法師封三十戶, 優宿德也. 癸丑, 勅大宰府,唐客高鶴
林等五人, 與新羅貢朝使, 共令入京. 丙辰, 授從五位上藤原朝臣鷹取正五位下. 丁巳,
授正五位下藤原朝臣鷹取正五位上. 庚申, 授命婦正五位下藤原朝臣元信從四位下.
十一月戊辰, 授從四位下阿倍朝臣古彌奈正四位下. 己巳, 遣勅旨少輔正五位下內藏
忌寸全成於大宰府, 問新羅國使薩湌金蘭蓀入朝之由. 乙亥, 勅, 檢校渤海人使, 押領
高洋粥等, 進表無禮. 宜勿令進. 又不就筑紫, 巧言求便宜. 加勘當勿令更然. 丙子,
檢校渤海人使言, 鐵利官人爭坐說昌之上, 恒有凌侮之氣者. 太政官處分, 渤海通事從
五位下高說昌, 遠涉滄波數廻入朝. 言思忠勤, 授以高班. 次彼鐵利之下, 殊非優寵之

意. 宜異其例位以顯品秩. 辛巳, 駿河國言, 以去七月十四日, 大雨汎溢, 決二郡堤防, 壞百姓廬舍. 又口田流埋,其數居多. 應役單功六萬三千二百餘人者. 給粮修築之. 甲申, 勅, 中納言從三位物部朝臣宅嗣宜改物部朝臣賜石上大朝臣. 乙酉, 太政官奏稱, 謹檢去寶龜六年八月十九日格云, 京官祿薄不免飢寒之苦, 國司利厚自有衣食之饒. 宜割諸國之公廨, 以加在京之俸祿者. 立格以來, 年月稍積, 霈澤之恩虛流, 優賞之歡未洽. 何者諸國正稅略多欠負, 或僅擧論定或全無公廨. 而暗據出擧, 或令割四分之一. 今計一年送納之物, 作差處分, 每人所得, 仟錢已下佰錢已上. 然則諸國煩於交替, 厚秩負於多士, 徒增勞擾不穩於行. 臣等望請, 停此新格行彼舊例. 奏可之. 甲午, 以從五位下川村王爲少納言. 參議正四位下大伴宿禰伯麻呂爲兼左大弁, 從五位上參河王爲縫殿頭, 從五位上文室眞人高嶋爲宮內大輔, 從五位下三嶋眞人嶋麻呂爲大膳亮, 從五位下多治比眞人歲主爲木工頭, 從五位上紀朝臣佐婆麻呂爲大炊頭, 從五位上文室眞人水通爲彈正弼, 從五位下紀朝臣白麻呂爲造東大寺次官, 從五位下文室眞人忍坂麻呂爲上野守, 從五位下大伴宿禰淸麻呂爲紀伊守. 乙未, 勅曰, 出擧官稻, 每國有數, 如致違犯, 乃寘刑憲. 比年在外國司, 尚乖朝委, 苟規利潤, 廣擧隱截. 無知百姓爭感貸食, 屬其徵收無物可償. 遂乃賣家賣田, 浮逃他鄕. 民之受弊無甚於此. 自今以後, 隱截官稻者, 宜隨其多少科斷, 永歸里巷以懲贓汚. 又調庸發期, 具著令條. 比來寬縱多不依限. 苟事延引妄作逗留. 遂使隔月移年交闕祭祀之供, 自春旦夏旣乏支度之用. 自今以後, 更有違犯者, 主典已下所司科決, 判官以上錄名奏聞. 不得曲爲顏面容其怠慢. 十二月己酉, 中納言從三位兼勅旨卿侍從勳三等藤原朝臣繩麻呂薨. 詔遣大和守從四位下石川朝臣豊人, 治部大輔從五位上藤原朝臣刷雄等, 就第宣詔, 贈從二位大納言, 葬事所須官給幷充鼓吹司夫, 繩麻呂, 右大臣從一位豊成之第四子也. 以累世家門頻歷淸顯, 景雲二年至從三位. 寶龜初拜中納言, 尋兼皇太子傅勅旨卿, 式部卿百川薨後, 相繼用事, 未幾而薨. 時年五十一. 戊午, 檢校渤海人使言, 渤海使押領高洋弼等苦請云, 乘船損壞, 歸計無由. 伏望, 朝恩賜船九隻, 令達本蕃者. 許之. 己未, 勅, 內侍司多置職員, 給祿之品, 懸劣比司. 自今以後, 宜准藏司. 正三位河內女王薨. 淨廣壹高市皇子之女也. 辛酉, 以中務卿從三位藤原朝臣田麻呂爲兼中衛權大將. 丙寅, 以右衛士督從四位下常陸守藤原朝臣小黑麻呂爲參議.

續日本紀卷第三十五

『속일본기』 권제36

〈寶龜 11년(780) 정월부터 天應 원년(781) 12월까지〉

우대신 정2위[1] 겸 行皇太子傅 中衛大將

신 藤原朝臣繼繩 등이 칙을 받들어 편찬하다.

天宗高紹天皇[2]

○ 寶龜 11년(780), 춘정월 정묘삭(1일), 신년하례를 중지하였다. 비가 왔기 때문이다. 5위 이상에게 내리에서 연회를 베풀었다. 연회를 마치고 침구를 하사하였다.

　기사(2일), 천황이 대극전에서 하례를 받았다. 唐使 판관 高鶴林,[3] 신라사 살찬 金蘭蓀[4] 등이 각각 의례에 따라 배례하였다.

　신미(5일), 신라사가 방물을 바치고 주상하기를, "신라국왕[5]께서, 무릇 신라는 개국 이래 성조 대대의 천황을 우러러 은혜와 덕화에 의지하고, 배의 노가 마르는 일이 없이 조를 바친 지 오랜 세월이 되었다. 그러나 근년 이래 국내에 사악한 무리들이 침탈하여[6] (일본에) 입조할 수 없었다.

---

1) 제36권부터 제40권까지는 '우대신 정2위'로 되어 있다. 그 이전 21권부터 35권까지는 '우대신 종2위'이다. 藤原朝臣繼繩이 종2위에서 정2위로 승진한 것은 延曆 13년 10월 27일이고, 『속일본기』가 찬진된 당시의 관위이다.

2) 光仁天皇의 시호.

3) 寶龜 9년 7월 일본 견당사선의 제4선에 승선하여 도중에 탐라에 표착하여 억류되었다가, 견당사 판관 海上三狩와 함께 신라사의 인솔 하에 귀국하였다.

4) 전년도인 寶龜 10년 7월 정축조에 탐라에 억류되어 있던 일본의 견당사절 및 이들을 맞이하러 온 일본사절과 함께 일본에 온 신라사절. 동년 10월 기사조에 金蘭蓀이 나온다. 신라사절을 신년하례에 참석시킨 것은 신라에 대한 번국관을 실현하기 위한 정치적 태도로 보인다.

5) 신라 36대 惠恭王. 재위 765~780년.

6) 『삼국사기』 신라본기 혜공왕 4년(768)에 일길찬 大恭 형제의 모반사건, 동 6년에

이에 삼가 살찬 金蘭蓀, 급찬 金巖7) 등을 보내 조를 바치고 아울러 신년을 축하하는 바이다. 또 견당판관 海上三狩8) 등을 찾아내어 (신라)사절 편에 보낸다. 또 상례에 따라서 학어생9)을 보낸다"라고 말하였다.

참의 左大弁 정4위하 大伴宿禰伯麻呂가 (천황의) 선칙으로 말하기를, "무릇 신라국은 대대로 배의 노를 줄지어 (일본) 국가에 조공을 바친 지 오래되었다.10) 그러나 (金)泰廉 등이 귀국한 후, 상례의 조공을 하지 않고, 매사 무례하였다. 따라서 근년에 그 사자를 돌려보내고 응접하지 않았다. 다만 지금 짐의 시대에 사자를 보내 조공을 하고, 신년하례를 하였다. 또 海上三狩 등을 찾아서 (내조한) 사자에 동반시켜 보내왔다. 이 노고에 대해 짐은 기뻐하는 바이다. 지금 이후로는 이와 같이 봉사한다면, 후히 은혜를 베풀고 예우하여 통상의 예식으로 응접할 것이다. 이러한 상황을 그대의 국왕에게 알리도록 한다"라고 하였다.

이날, 조당에서 당 및 신라사에게 연회를 베풀고, 차등있게 녹을 내렸다. 女孺 무위 大伴宿禰義久에게 종5위하를 내렸다.

임신(6일), 신라사 살찬 金蘭蓀에게 정5품상을 내리고, 부사 급찬 金巖에게

대아찬 金融의 반란, 동 11년 6월 이찬 金隱居의 모반과 동년 8월의 이찬 廉相의 모반, 동 16년 정월에 이찬 金志貞의 반란 등 정국이 극히 혼란한 상황에 있었다. 특히 혜공왕 16년 정월에 일어난 김지정의 모반사건은 신라사 일행이 일본에 체재하던 중에 일어난 사건이었다.

7) 金巖은 『삼국사기』 金庾信傳 下에 김유신의 손자인 允中의 庶孫으로 나온다. 그의 인물상에 대해, 천성이 총민하고, 젊어서 이찬이 되어 당에 숙위하였으며, 방술학에 뛰어나 귀국 후 司天大博士가 되었다고 한다. 그 후 良州, 康州, 漢州 등 3주의 태수가 되었고, 집사시랑, 패강진두를 역임하였다. 또 同傳에는 大曆 14년(779, 혜공왕 15, 寶龜 9)에 金巖이 일본에 사신으로 파견되었을 당시, 그 국왕이 김암의 현명함을 알고 머무르게 하려 했으나, 마침 당사 高鶴林이 그를 만나 기뻐하는 모습을 보고 중국에까지 알려진 김암을 억류하지 못해 귀국시켰다고 전한다. 『東國通鑑』 혜공왕 15년 3월조에도 "遣金巖聘日本"이라 하여 일본 파견 기사가 나온다.

8) 일본의 견당사절 제4선에 승선하고 귀국 도중 탐라에 표착하여 억류되었다가 이번에 신라사와 함께 귀국한 것이다. 寶龜 9년 11월 임자조에 보인다.

9) 學語生은 일본어를 습득하기 위해 일본에 파견된 신라인 학생.

10) 이 내용은 『日本書紀』 神功皇后攝政前紀(仲哀天皇 9년)의 "不乾船柂", "新羅王常以八十船之調, 貢于日本國", 『古事記』 仲哀天皇段 3(神功皇后新羅征伐)의 "其國王畏惶奏言, 自今以後, … 每年雙船, 不乾船腹, 共與天地, 無退仕奉"이라고 하는 신공황후 신라정벌담에 연원을 두고 있다.

정5품하를, 대판관 한내마 薩仲業,[11] 소판관 내마 金貞樂, 대통사 한내마 金蘇忠 3인에게 각각 종5품하를 내렸다.[12] 그 외 6품 이하는 각각 지위에 따라 내렸다. 아울러 위계에 따른 色服[13]과 신발을 지급하였다.

계유(7일), 5위 이상 및 당사, 신라사에게 조당에서 연회를 베풀고, 차등있게 녹을 내렸다. 종5위상 田上王·山邊王에게 함께 정5위하를 내리고, 정5위하 安倍朝臣東人·大伴宿禰潔足에게 함께 정5위상을 내리고, 종5위상 石川朝臣眞守·大中臣朝臣宿奈麻呂에게 함께 정5위하를, 종5위하 紀朝臣古佐美에게 종5위상을, 정6위상 豊國眞人船城·八多眞人唐名·阿倍朝臣祖足·多治比眞人繼兄·文屋眞人與伎·路眞人玉守·紀朝臣眞人·藤原朝臣眞友·藤原朝臣宗嗣·巨勢朝臣廣山·佐伯宿禰鷹守·紀朝臣馬借에게 함께 종5위하를, 정6위상 縵連宇陀麻呂·小塞宿禰弓張에게 함께 외종5위하를 내렸다.

정축(11일), 종5위하 笠王에게 종5위상을 내렸다.

경진(14일), 큰 벼락이 쳐서 평성경 내의 여러 사원에 화재가 났다. 즉 新藥師寺[14]의 서탑, 葛城寺[15]의 탑 및 금당 등이 모두 전소되었다.

---

11) 元曉의 손자이자 薛聰의 아들이다. 『삼국사기』 설총전에는, 설중업이 일본에 사자로 갔을 때, 일본국 眞人이 쓴 〈贈新羅使薛判官詩〉의 서문에 "일찍이 원효거사가 지은 『금강삼매경론』을 보고 그 사람을 보지 못한 것이 깊은 한이 되었는데, 신라국의 사신 薛이 그 손자라 하니, 비록 그 조부는 보지 못하였으나 손자를 만난 것을 기뻐하여 지어준다. 다만 그의 이름은 알 수 없다"라고 기록되어 있다. 한편 〈高仙寺誓幢和尙塔碑〉에는 "大曆 연간(766~780) 봄에 대사의 후손인 (官은) 翰林, 字는 仲業이 사행으로 바다를 건너 일본에 갔다. 그 나라 上宰가 이야기하다가 그가 대사의 어진 후손임을 알고서, 서로 매우 기뻐하였다"라고 한다. 이 眞人과 上宰를 당대 한문학의 대가인 淡海眞人三船으로 보는 견해가 있고, 上宰에 대해서는 태정관의 공경의 지위에 있던 石上大朝臣宅嗣로 보기도 한다. 天應 원년 6월 을사조의 石上大朝臣宅嗣 薨傳에는 "天平寶字 이후 宅嗣 및 淡海眞人三船은 문인의 필두가 되었다. 저술한 시부는 수십 수이고, 세상에 전해져 대부분 음송되었다"라고 전하고 있다. 2인 모두 당대 최고의 문사로 일컬어지고 있었다.

12) 위계에 사용한 品位는 『속일본기』 편자가 중국식으로 표현한 것이다. 일본에서의 品位는 일반 관인이 아닌 왕족을 대상으로 하며 1품에서 4품까지로 되어 있다.

13) 「衣服令」5 「朝服」조에, "朝服, 一品以下, 五位以上. 並皂羅頭巾, 衣色同禮服牙笏, 白袴, 金銀裝腰帶, 白襪, 烏皮履. 六位, 深綠衣. 七位, 淺綠衣. 八位, 深縹衣, 初位, 淺縹衣. 並皂縵頭巾"이라고 하여 위계에 따른 색복의 규정이 나온다.

14) 奈良市 高畑町에 있는 화엄종 사원으로 본존은 약사여래이며, 창건의 시기와 사정에 대해서는 정사에 기록이 없다. 『東大寺要錄』에 의하면, 天平 19년(747) 光明皇后가 聖武天皇의 치유를 위해 건립하고, 7佛藥師像을 조영했다고 한다. 香藥寺라고도 한다.

임오(16일), 당 및 신라사를 위해 射16) 및 답가17)를 관람하게 하였다.

을유(19일), (천황이) 조를 내리기를, "사시에 따라 법을 시행하는 것은 성인의 훌륭한 가르침이다. (법의) 그물망 3면을 푸는 것은 현군의 깊은 자애이다. 짐은 천제의 명을 받아 천하에 군림하고 정치는 검약을 우선으로 하고, 장래를 걱정하여 힘쓰는 것을 (마음에) 두고 있다. 교화가 두루 미치지 않고, 공적이 날로 늘어나지 않음을 부끄러워하고 있다. 그러나 가까이는 (국내는) 안정되어 있고, 멀리서는 (외국사절들이) 오고, 세시로 곡물도 잘 여물고, 시절도 온화하다. 지금은 3元18)의 初曆이고 만물은 새로워지고 있다. 봄 기운에 따라 이 평화의 은택을 널리 미치고자 한다. 寶龜 11년 정월 19일 동트기 이전의 사형죄 이하의 죄의 경중을 묻지 않고, 이미 발각되었거나 발각되지 않았거나, 이미 판결이 났거나 심리 중이거나, 현재 수감 중인 자는 모두 다 사면한다. 다만 팔학을 범한 자, 고의 살인, 사주전, 강도와 절도 및 통상의 사면에서 면제되지 않는 자는 사면의 범위에 포함되지 않는다. 또 천하의 백성에게 금년의 전조를 면제한다. 보귀 10년 이래 흉작으로 태정관에 신고한 정세의 미납분을 면제한다. 신사, 사원의 (出擧)稻도 또한 이에 준한다"라고 하였다.

병술(20일), (천황이) 조를 내리기를, "짐은 생각하기에, 자애 깊은 왕이 曆을 잘 다스린다면, 불법의 날들은 항상 맑을 것이고, 불제자(인 군주)가 도를 넓히면 은혜의 바람은 오래도록 불 것이다. 마침내 사람과 하늘이 서로 감응해서 국가는 안정을 갖게 되고, 저승과 현세는 조화를 이루어 귀신이 어지럽히는 일은 없을 것이다. 요즈음 (하늘이) 질책을 알려 화재가 가람에 집중하고 있어, 이를 생각해 보면, 마음 깊이 두렵고 삼가고 있다. 짐의 부덕으로 이 질책을 받는데, 저 佛門의 사람에게도 어찌 부끄러움이 없겠는가. 듣는 바에 의하면, '승려의 행함은 속인과 다름이 없고, 위로는 더없는 자비의 가르침에 어긋나고, 밑으로는 국가의 법을 위반하고 있다'고

---

15) 聖德太子가 건립했다고 전한다. 葛木寺라고도 한다.
16) 조정에서 군신들의 활쏘기를 관람하는 尚武의 행사.
17) 踏歌는 행렬을 지어 발로 바닥을 구르며 박자를 맞춰 춤을 추는 집단가무.
18) 새해의 元年, 元月, 元日.

한다. 승강이 솔선해서 이를 바르게 하면, 누가 부정을 하겠는가. 또 제국의
國師와 제사원의 鎭,[19] 3綱[20] 및 강의와 복습을 받는 자는, 죄인가 복인가를
생각하지 않고 오로지 청탁을 일삼아 인원만 많아져 손해가 적지 않다.
이러한 일들은 더욱 그렇게 해서는 안 된다. 호국의 바른 법을 닦아 화를
전화하여 좋은 인연을 널리 펼쳐야 한다. 무릇 그 승도들에게 짐의 뜻을
알리도록 한다"라고 하였다.

경인(24일), 무위 矢野女王에게 종5위하를 내렸다.

2월 병신삭(1일), 중납언 종3위 石上大朝臣宅嗣를 대납언으로 삼고, 참의
종3위 藤原朝臣田麻呂, 참의 및 병부경 종3위 左兵衛督인 藤原朝臣繼繩을 함께
중납언으로 삼고 본래의 관은 종전대로 하였다. 伊勢守 정4위하 大伴宿禰家持,
右大弁 종4위하 石川朝臣名足, 陸奧按察使 겸 鎭守副將軍 종4위하 紀朝臣廣純을
함께 참의로 삼았다. 神祇官이 아뢰기를, "伊勢大神宮寺[21]는 앞서 재앙이
있어 다른 곳으로 옮겨 세웠다.[22] 그런데 지금 神郡에 가까워 그 재앙은
아직 멈추지 않았다. 이를 飯野郡 이외의 적당한 곳으로 옮겨 세웠으면
한다"라고 하였다. (천황은) 이를 허락하였다. 정6위상 藤原朝臣繼彦에게
종5위하를 내렸다.

정유(2일), 陸奧國에서 언상하기를, "뱃길을 통해 아직 남아있는 적을 토벌
해 없애고자 한다. 근년은 매우 춥고 그 강은 이미 얼어서 배로 갈 수 없다.
지금 적은 내침하는 일을 멈추지 않고 있다. 따라서 우선 침략로를 막아야
한다. 이에 군사 3천인을 징발하여 3, 4월에 눈이 녹고 빗물이 넘쳐흐를
때를 맞춰서 바로 적지로 진격하고, 覺鱉城을 강고하게 만들고자 한다"라고
하였다. 이에 (천황이) 칙을 내리기를, "연해 지역은 어느 정도 멀리 떨어져

---

19) 鎭은 사원을 관리하는 승직으로 사원을 鎭護한다는 의미이다. 「太政官式」에는 "凡諸寺
別堂, 鎭, 三綱幷定額僧等, 依官符補任之者"라고 되어 있다.

20) 사원을 관리하는 승직으로 上座, 寺主, 都維那를 말한다. 上座는 사원의 장로이고,
寺主는 사원의 운영, 都維那는 일체 사무를 담당한다.

21) 伊勢神宮의 神宮寺. 신궁사란 神佛習合 사상에 의거해 神社에 부속되어 조영된 불교사
원, 불당을 말한다. 別堂寺, 神護寺, 神願寺, 神供寺, 神宮院, 宮寺, 神宮禪院이라고도
한다.

22) 寶龜 3년 8월 갑인조에 이상 비바람으로 나무가 뽑히는 등의 일이 발생했는데, 이것은
伊勢大神宮 月讀神의 저주에 의한 것이라고 한다.

있어 내침하는 데에는 불편하다. 산간 지역의 적은 가까이 거주하고 있어 틈을 엿보고 침략한다. 끝내 토벌하여 없애지 않으면 그 세력은 더욱 강해진다. 마땅히 覺鼈城을 조영하고 (蝦夷의 거점인) 膽澤의 지를 획득해야 한다. 양국[23]의 안정은 이보다 좋은 것은 없다"라고 하였다.

갑진(9일), 참의 정4위하 大伴宿禰家持를 右大弁으로 삼고, 종4위하 藤原朝臣雄依를 宮內卿으로 삼고 讚岐守는 종전대로 하였다. 종5위하 藤原朝臣末茂를 左衛士員外佐로 삼고 肥後守는 종전대로 하였다. 참의 종4위하 石川朝臣名足을 伊勢守로 삼고, 內藥正 侍醫 종5위하 吉田連斐太麻呂[24]에게 相摸介를 겸직시키고, 종5위하 海上眞人三狩를 太宰少貳로 삼았다.

병오(11일), 陸奧國에서 언상하기를, "지난 정월 26일, 적이 長岡[25]에 침입하여 민가를 불태웠다. 관군이 추격하여 토벌했으나, 쌍방에 사자가 나왔다. 만약 지금 조속히 공격하여 토벌하지 않으면, 아마도 내침은 멈추지 않을 것이다. 3월 중순에 병을 동원하여 적을 토벌하고 아울러 覺鼈城을 쌓고 병사를 주둔시켜 지키고자 한다"라고 하였다. (천황이) 칙을 내려, "무릇 이리는 새끼라 하더라도 야성의 마음이 있어 은혜와 도리를 생각하지 않는다. 함부로 험한 지세를 믿고 자주 변경을 침입하고 있다. 비록 병은 흉기이지만, 이를 사용하는 일도 중지할 수가 없다. 3천의 병을 동원하여 (蝦夷의) 남은 무리들을 베어내고, 살아남은 여적들을 멸해야 한다. 무릇 군사작전은 상황에 따라 적절하게 대응하도록 한다"라고 하였다.

경술(15일), 命婦 정5위하 石川朝臣毛比에게 종4위하를 내렸다.

신라사[26]가 본국으로 돌아갔다. (천황이) 새서[27]에서 말하기를, "천황이 삼가 신라국왕에게 문안드린다. 짐은 덕이 부족한 몸으로 황위를 이어 받았다. 백성을 다스리고 (국가의) 내외를 편하게 막아내었다. 왕께서는 먼 선조대로

---

23) 陸奧國과 出羽國.

24) 백제 망명 관인 吉大尙의 후예. 吉田連斐太麻呂는 寶龜 2년(771)에 內藥正에 임명되고, 동 10년에는 종5위하, 天應 원년(781)에 종5위상에 서위되었다. 光仁朝에서는 시의도 겸하고 있었다.

25) 현재의 宮城縣 古川市 長岡.

26) 寶龜 10년 7월에 일본에 온 金蘭蓀 등 신라사절단.

27) 천황의 인을 날인한 조서, 국서.

부터 항상 해외에서 (일본에) 복속(하는 약속)을 지키고, 표를 올려 조를
바친 지 오래되었다.28) 요즈음 번국의 예의를 결하거나 어기고 여러 해나
조공하지 않았고, 신분이 낮은 사자를 보내도 표문은 주상하지 않았다.
이에 (金)泰廉29)이 돌아갈 때에 이미 구체적으로 약속하였고, (金)貞卷30)이
올 때도 재차 일깨워 알렸다. 그 후의 동류의 사자들도 받은 약속을 이행하지
않았다. 지금 (金)蘭蓀도 역시 구두로 주상하고 있다. 도리로서는 마땅히
전례에 따라 국경으로부터 돌려보내야 한다. 다만, (海上眞人)三狩 등을 보내
온 일은 가볍지 않다. 따라서 빈례로서 행하고 내조의 뜻에 답하였다. 왕께서
는 이를 잘 살펴보시기 바란다. 뒤에 오는 사자는 반드시 표문을 담은 함을
가져와 예를 갖추기 바란다.31) 지금 筑紫府32) 및 대마 등의 수비병에게
장자 표문을 지참하지 않은 사자는 입경시키지 말도록 칙을 내렸다. 이
일을 잘 알았으면 한다. 봄의 햇살은 아름답고 온화하다. 왕께서도 건강하시
길 바란다. 지금 돌아가는 사자에 답례의 信物을 보낸다. 보내는 서신에는
다하지 못한 바가 많다"라고 하였다.

임술(27일), 정5위상 淡海眞人三船에게 종4위하를 내렸다.

갑자(29일), (천황이) 칙을 내려, "지난 天平寶字 원년(757), 伊刀王33)이
살인에 연좌되어 陸奧國으로 유배되었다. 오랫동안 유배지에서 거주하였으
나 아직 은사를 받지 못했다. 이에 그 죄를 용서하여 입경시키도록 한다"라고
하였다.

---

28) 『일본서기』 신공기에 나오는 신공황후의 신라정벌담을 상기시킨다.
29) 天平勝寶 4년 윤3월에 김태렴 등 신라사 일행이 왔고, 동년 6월 임진조에는 신라사에게
　　상표문 지참을 강하게 요구하고 있다.
30) 天平寶字 4년 9월 계묘조에, 다음에 신라사신이 올 때는 책임을 질 수 있는 사람을
　　파견할 것 등 4개 조건을 내걸고 있다.
31) 天平勝寶 4년(752) 9월에 온 김태렴 일행에 대해, 일본천황은 조서에서 "自今以來,
　　國王親來, 宜以辭奏, 如遣餘人入朝, 必須令貴表文"이라고 하여 국왕이 親來한다면 口奏라
　　도 좋으나 그 외의 경우는 필히 表文을 지참할 것을 요구하고, 이후에도 지속적으로
　　국서를 요구하였으나, 공적 교류가 끝난 779년까지 신라사의 국서지참은 이루어지지
　　않았다. 국서를 통해 번국관을 실현하려 한 일본 측의 의도는 이루어지지 않은
　　것이다.
32) 大宰府.
33) 이 인물에 대해서는 해당 연도에 관련 기록이 없다.

3월 병인삭(1일), 命婦 정5위상 百濟王明信[34]에게 종4위하를 내렸다.

무진(3일), 出雲國에서 언상하기를, "금동주조의 불상 1개, 백동향로 1개 아울러 여러 기물이 해변에 표류해 왔다"라고 하였다.[35]

무인(13일), 무위 紀朝臣東女에게 정5위상을 내렸다.

기묘(14일), 종5위하 津守宿禰眞常에게 종5위상을 내렸다.

신사(16일), 종4위하 神王에게 정4위하를 내리고 참의로 삼았다.

태정관에서 주상하기를, "(직무에 따라) 관을 나누고 관직을 설치하는 것은 (일을) 번잡하게 하기 위해서가 아니다. 가르침을 전하고 백성을 이끌기 위해서는, 간단하고 요령있게 노력해야 한다. 이에 (大寶)令을 제정할 때에는, 관인의 인원을 제한해서 두고, 재능을 헤아려 능력있는 자에게 맡겨 직무가 지체되지 않았다. 지금의 관인은 많고 일은 증가하고 있는데, 누에가 (뽕잎을) 갉아먹듯이 (낭비)하는 자가 많다. 곡물과 견직물은 생산하기 어려운데 이를 절약해서 사용하지 않는다. 1년이라도 흉작이면 (백성은 굶주려) 안색은 푸르게 된다. 예전에는 사람은 많고 전지가 적었어도 저축이 있었던 것은 절약해서 사용했기 때문이다. 지금은 토지가 개간되고 호구가 감소했는데 부족함을 근심하는 것은 낭비를 하고 있기 때문이다. 신들이 생각하기에 지금의 당면한 급무는 관인을 줄이고 노역을 중지하여 상하가 한마음이 되어 오직 농경에 힘쓰는 일이다. 특별히 천황의 은혜를 받아 허락해 주었으면 한다. 신들이 (생각하기에) 병합하여 관원을 줄인다면, 곳간은 가득차고 예의가 행해지고, 국가의 재정은 풍족해져 물욕을 부끄러워하는 마음이 생길 것이다. 삼가 천황의 재가를 청하고자 한다"라고 하였다. (천황은) 이 주상을 허락하였다. 이에 관사마다 합병하여 각각 그 숫자를 줄이도록 하였다. 그 내용은 별식에 있다.

또 (태정관에서) 주상하기를, "세상을 구제하고 교화를 일으키는 것은 진실로 9공[36]이 필요하고, 죄지은 자를 토벌하고 변경의 백성을 두려워하게

---

34) 우경대부 百濟王理伯의 딸. 조부는 百濟王敬福. 寶龜 원년(770)에 정5위하, 동 6년에 정5위상, 延曆 2년(783)에 정4위상 동 6년에 종3위에 이른다. 延曆 16년에 常侍가 되었고, 동 18년에 정3위, 弘仁 6년(815)에 사망하여 종2위에 추증되었다. 桓武天皇은 백제계 도래씨족을 중용했는데, 특히 百濟王明信을 총애하였다.

35) 이 표류물은 신라에서 떠내려온 것으로 보인다.

하는 일은 또한 7개의 덕37)을 갖춰야 한다. 文武의 도는 하나가 결해도 이룰 수 없다. 다만 지금 제국의 병사는 대체로 유약한 자가 많다. 헛되게도 자신이 부담해야 할 용을 면제받아38) 국고에 납입하지 않는다. 國司와 軍毅39)은 스스로 멋대로 (병사를) 부려서 전혀 훈련이 되지 않을 뿐만 아니라, 궁마는 지급하지만 땔나무와 풀을 벨뿐이다. 가령 병사를 전장에 보내면 이들을 버리는 것과 같다. 신들은 생각하기에 3관의 국40)과 변경의 주요국41)을 제외하고 국의 대소에 따라 (할당 인원을) 정하고, 부유한 백성 중에서 궁마를 능히 할 수 있는 자를 선발하여 그 순번대로 오로지 무예를 습득시킨다면 징발이 있을 경우에 주저하는 일은 없을 것이다. 바라건대 고의로 면제받는 유약한 자는 권유해서 모두 농경에 나가도록 한다. 이것이 수비를 철저히 하고 불필요한 일은 없애는 길이다. 신들이 헤아려 정한 바를 자세히 상술하면 다음과 같다. 삼가 천황의 재가를 청하고자 한다".라고 하였다.

(천황은) 주상한 바를 허락하고, 국마다 각각 차등있게 (병사의 수를) 감원하였다. 이에 제관사의 仕丁,42) 駕輿丁,43) 厮丁44) 및 3衛府45)의 火頭46)

---

36) 九功은 『西經』에 나오는 禹 임금과 신하들의 문답 중에 나오는 내용이다. "禹曰, 於帝念哉, 德惟善政 政在養民, 水火金木土穀, 惟修, 正德利用厚生, 惟和九功, 惟敍, 九敍, 惟歌之用休, 董之用威, 勸之以九歌, 俾勿壞". 그 내용을 보면, 덕은 선정을 하는 것이고, 정사는 백성을 보살핌에 있으니, 水·火·木·金·土와 곡식이 제대로 되며, 正德·利用·厚生이 조화롭게 진행되며, 9공이 잘 펴져서 이를 노래로 찬양한다면, 경계를 하면서 아름답게 여기고 인도하기를 위엄을 갖고 하고, 격려하기를 9개 노래로 하여 허물어지지 않게 하라는 것이다.

37) 『左傳』宣公 12년조에, 武의 7가지 德을 기술하고 있는데, 주나라 무왕이 은나라를 칠 때 만들어진 것이다. 폭력을 금하고(禁暴), 전쟁을 멈추게 하고(戢兵), 큰 것을 지키며(保大), 공을 세우며(定功), 백성을 편안하게 하며(安民), 백성을 화합시키며(和衆), 물자를 풍요롭게 한다(豐財)가 그것이다.

38) 「賦役令」19에 따르면, 병사는 徭役이 면제된다.

39) 軍團의 장관.

40) 關所가 있는 伊勢國, 美濃國, 越前國.

41) 邊要는 왕경에서 멀리 떨어진 국방상의 중요 지역. 『延喜式』民部省式上에는 陸奧國, 出羽國, 佐渡國, 隱岐國, 壹岐嶋, 對馬嶋를 들고 있다. 이 4國 2島를 邊要로 삼는다고 규정하고 있다.

42) 3년 교대로 중앙관사에서 노역에 종사하는 잡역부.

43) 가마, 수레를 담당하는 하급직원.

44) 중앙관사의 잡역부.

등은 헛되게 庸, 調가 면제되어 국가에 무익할 뿐이고, 멀리 고향을 떠나 있어 대부분 생업에 지장을 초래하고 있다.[47] 따라서 본래의 신분에 따라서 농경에 나가도록 하였다.

임오(17일), 종5위하 藤原朝臣眞友를 소납언으로 삼고, 종5위하 石城王을 縫殿頭로 삼고, 종5위하 高倉朝臣殿嗣를 치부소보로 삼고, 종5위상 石川朝臣淸麻呂를 민부대보로 삼고, 종5위하 多治比眞人繼兄을 (민부)소보로 삼고, 외종5위하 榮井宿禰道形을 主計助로 삼고, 종5위하 豊國眞人船城을 大藏少輔로 삼고, 종5위상 參河王을 大膳大夫로 삼고, 외종5위하 船連住麻呂[48]를 官奴正[49]으로 삼고, 종5위하 大伴宿禰弟麻呂를 衛門佐로 삼고, 종5위하 藤原朝臣宗繼를 伊勢介로 삼고, 외종5위하 陽侯忌寸玲璆[50]를 尾張介로 삼고, 외종5위하 葛井連根道[51]를 伊豆守로 삼고, 음양두 천문박사 종5위상 山上朝臣船主에게 甲斐守를 겸직시키고, 종5위하 藤原朝臣長川을 相摸守로 삼고, 종5위상 藤原朝臣刷雄을 上總守로 삼고, 左京大夫 정5위하 藤原朝臣種繼에게 下總守를 겸직시키고, 외종5위하 上村主虫麻呂를 能登守로 삼고, 종5위하 紀朝臣作良을 丹波介로 삼고, 종5위하 阿倍朝臣謂奈麻呂를 但馬介로 삼고, 종5위하 紀朝臣白麻呂를 因幡介로 삼고, 종5위하 大伴宿禰繼人을 伯耆守로 삼고, 中衛中將 및 內廐頭 정4위상 道嶋宿禰嶋足에게 播磨守를 겸직시키고, 정5위하 山邊王을 備前守로 삼고, 종5위하 紀朝臣眞子를 備後守로 삼고, 종5위하 田中朝臣飯麻呂를 筑後守로 삼고, 종5위하 紀朝臣門守를 肥前守로 삼고, 종5위하 小野朝臣滋野를 豊前守로 삼고, 외종5위하 陽侯忌寸人麻呂[52]를 (豊前介)로 삼았다.

---

45) 左右衛士府와 衛門府.

46) 衛士의 취사를 돕는 인부.

47) 이들에게는 「賦役令」19 규정의 課役이 면제되어 있다.

48) 船連氏는 백제 도래씨족인 王辰爾의 후예로 船史氏에서 天武 12년(683) 連을 하사받았다. 본거지는 河內國 丹比郡 野中鄕으로 野中寺는 이 씨족의 氏寺이다.

49) 궁내성 소속 官奴司의 장관. 『職員令』 규정에는 관 소속의 천민인 官戶, 官奴婢를 관리·통할하고, 그 면적, 구분전을 관장한다.

50) 권35, 寶龜 9년(778) 10월조 161쪽 각주 26) 참조.

51) 葛井連의 이전 씨성은 白猪史로, 백제계 도래씨족인 王辰爾의 일족이다. 葛井連根道는 孝謙朝에서 淳仁朝에 걸쳐 造東大寺主典 및 判官을 역임하고, 寶龜 10년(779)에 외종5위하에 서위되었다.

을유(20일), 종5위하 池田朝臣眞枚를 長門守로 삼고, 외종5위하 葛井連河守[53]를 參河介로 삼았다. 정6위상 百濟王俊哲[54]에게 종5위하를 내렸다. 駿河國에 기근과 역병이 들어 사자를 보내 구휼하였다.

정해(22일), 陸奧國 上治郡의 대령 외종5위하 伊治公呰麻呂가 반란을 일으켜 무리를 이끌고 안찰사 및 참의 종4위하 紀朝臣廣純을 伊治城에서 살해하였다. 廣純은 대납언 겸 중무경 정3위 (紀朝臣)麻呂의 손이고, 左衛士督 종4위하 (紀朝臣)宇美의 아들이다. 寶龜 연중에 (지방관으로) 나와 陸奧守가 되고, 이어 안찰사로 전임되었다. 재직시에 정무를 보는 데에 유능하다고 칭송되었다. 伊治呰麻呂는 본래 복속한 蝦夷 종족이다. 처음에 이유가 있어 (紀朝臣廣純을) 싫어했지만, (伊治)呰麻呂는 원한을 숨기고 아첨하며 봉사하는 척하였다. 廣純은 이를 매우 신용하고 특별히 개의치 않았다. 또 牡鹿郡의 대령 道嶋大楯은 매사 呰麻呂를 능멸하였고 蝦夷로서 대우하였다. 呰麻呂는 이를 깊이 새기고 있었다. 이때 廣純은 覺鼈柵의 조영을 건의하고, 수비병을 멀리 (배치)하였다. 이어 하이의 (복속)군을 이끌고 (伊治城에) 들어갔을 때, 大楯과 呰麻呂는 함께 종군하였다. 이에 이르러 呰麻呂는 스스로 내응하여 하이군을 불러들여 반란을 일으켰다. 먼저 (道嶋)大楯을 죽이고, 무리를 이끌고 안찰사 廣純을 포위하고 공격하여 살해하였다. (陸奧)介 大伴宿禰眞綱 혼자만 불러 포위망의 일각을 열어 나가게 하고 多賀城까지 호위하여 보냈다. 그 성은 장년의 국사의 치소이고 병기와 식량이 셀 수 없을 정도로 축적되어 있었다. (이 때문에) 성 휘하의 백성들은 다투어 성 안으로 들어가 보호받고자 하였다. 그러나 (陸奧)介 眞綱, (陸奧)掾 石川淨足은 몰래 후문으로 나와 도주하였다.

---

52) 寶龜 8년(777) 정월에 東市正에 임명되었다. 陽侯忌寸은 백제계 도래씨족.

53) 葛井連은 백제계 王辰爾의 일족으로 養老 4년(720)에 白猪史에서 葛井連으로 개성하였다. 天平神護 원년(765) 정월에 정7위상에서 5단계 승진한 외종5위하에 서위되었고, 동년 2월에 右衛士少尉에 임명되었다. 天平神護 3년(767)에 伊賀守가 되었고, 神護景雲 3년(769)에 遠江介, 寶龜 3년(771)에 木工助로 근무하였다.

54) 右京大夫 百濟王理伯의 아들, 百濟王敬福의 孫이다. 寶龜 9년(778)에 勳5등을 받고, 동 11년에 종5위상에 서위되고 이어 陸奧鎭守副將軍에 임명되었다. 天應 원년(781)에 정5위상으로 승진되었고 훈4등을 받았다. 延曆 6년(787)에 무언가의 사건으로 日向權介로 좌천되었으나, 무관으로서의 그의 능력을 높이 평가해 사면되었다. 또한 百濟王氏를 우대한 조정의 방침으로 下野守, 陸奧鎭守將軍에 임명되었다.

백성들은 마침내 의지할 곳이 없어 한번에 흩어져 나갔다. 수일 후에, 적도들이 와서 다투어 府庫의 물자를 취하고 중요 물건을 모두 갖고 갔다. 남은 것은 불을 놓아 태워버렸다.

신묘(26일), 伊勢國 大目 정6위상 道祖首公麻呂, 白丁[55]인 (道祖首)杖足 등에게 三林公의 성을 내렸다.

계사(28일), 중납언 종3위 藤原朝臣繼繩을 征東大使[56]로 삼고, 정5위상 大伴宿禰益立, 종5위상 紀朝臣古佐美를 부사로 삼고, 판관과 주전을 각각 4인으로 하였다.

갑오(29일), 종5위하 大伴宿禰眞綱을 陸奧鎭守 부장군으로 삼고, 종5위상 安倍朝臣家麻呂를 出羽鎭狄將軍으로 삼고, 軍監, 軍曹는 각각 2인으로 하였다. 征東副使 정5위상 大伴宿禰益立에게 陸奧守를 겸직시켰다.

하4월 무술(4일), 정동부사 정5위상 大伴宿禰益立에게 종4위하를 내렸다.

신축(7일), 칙을 내려, 備前國 邑久郡 황폐전 100여정을 우대신 정2위 中臣朝臣淸麻呂에게 내렸다.

신해(17일), 造酒正 종5위하 中臣丸朝臣馬主에게 上總員外介를 겸직시켰다.

임자(18일), 좌경인 椋小長屋女가 한번에 3남을 낳았다. 이에 유모 1인과 곡물을 지급하였다.

갑인(20일), 종5위하 藤原朝臣黑麻呂를 治部大輔로 삼고, 정5위상 大伴宿禰潔足을 左兵衛督으로 삼았다.

경신(26일), 종5위하 百濟王俊哲에게 종5위상을 내렸다. 山背國 愛宕郡 사람 정6위상 鴨禰宜眞髮部津守 등 10인에게 賀茂縣主의 성을 내렸다.

신유(27일), 정6위상 多治比眞人宇美에게 종5위하를, 命婦 종5위상 橘朝臣御笠에게 정5위상을 내렸다. 종5위상 上毛野朝臣稻人을 越後員外守로 삼았다.

5월 신미(8일), 평성경의 수장고 및 제국에 있는 갑옷 600벌을 (出羽國의) 鎭狄將軍 앞으로 보내기로 하였다.

갑술(11일), 좌경인 종6위하 莫位百足 등 14인, 우경인 대초위하 莫位眞士麻

---

55) 관위가 없는 일반 백성.
56) 蝦夷와의 전쟁에 임명된 임시 관직. 征夷와 征東은 시기적으로 구분이 있고, 寶龜 10년(779) 이후에는 征東의 칭호로 나온다.

呂 등 16인에게 함께 淸津造의 성을 내리고, 좌경인 종6위상 斯臑行麻呂[57]에게
淸海造의 성을 내리고, 우경인 종7위하 燕乙麻呂 등 16인에게 함께 御山造의
성을 내리고, 정8위상 韓男成[58] 등 2인에게 廣海造의 성을 내리고, 武藏國
新羅郡 사람 沙良眞熊[59] 등 2인에게 廣岡造의 성을 내리고, 攝津國 豊嶋郡
사람 韓人稻村[60] 등 19인에게 豊津造의 성을 내렸다.

(천황이) 出羽國에 칙을 내려, "渡嶋[61]의 하이가 일찍이 성의를 다하여
내조하고 공물을 바친 지 오랜 날들이 지났다. 바야흐로 지금 귀순한 하이가
반역을 일으키고 변경의 백성을 침해하여 소란을 일으키고 있다. (出羽鎭狄)將
軍, (出羽)國司는 (渡嶋의 蝦夷에게) 향응을 베푸는 날, 마음을 써 회유하도록
한다"라고 하였다.

---

57) 天平寶字 5년 3월 경자조에 斯臑國造라는 인물이 靑海造를 사성받았다. 당시 이는
    도래인에 대한 사성이고, 백제계 씨족들과 함께 나오고 있어 백제계라고 생각된다.

58) 廣海造로 개성한 韓男成은 延曆 12년 6월 1일 「太政官牒」(『東南院』 1-127)에 '外從五位下行
    內藥侍医兼佑廣海連男成'으로 나온다. 延曆 12년 6월 11일부 「東大寺司解」(『平安遺文』
    8-3208)에는 외종5위하 行內藥侍醫 겸 훈11등 廣海連男成이라고 하여 훈11등이 추가되
    어 있다. 天平寶字 5년 3월 경자조의 도래인 사성 기사에도 백제계 씨족인 韓遠知
    등 4인에게 中山連의 성을 내리고 있는데, 동족으로 생각된다. 한편 『신찬성씨록』
    우경제번하에, "廣海連은 韓王信의 후손인 須敬으로부터 나왔다"라고 한다. 韓王信은
    진말에서 전한 초기의 무장이자 정치가이다. 그의 씨명은 韓信인데, 동시대 劉邦의
    신하였던 韓信과의 혼란을 피하기 위해 韓王信으로 호칭하였다. 『신찬성씨록』의 기록
    은 편찬국에 제출된 가전에 기초한 것이지만, 출자를 백제계에서 중국계로 개변한
    것으로 보인다.

59) 『文德實錄』 嘉祥 3년(850) 11월조의 興世朝臣書主 卒年 기사에 "新羅人沙良眞熊, 善彈新羅
    琴, 書主相隨傳習, 遂得秘道"라고 하여 신라인 沙良眞熊이 신라금에 능해 興世朝臣書主가
    이를 배워 秘道를 얻었다는 내용이 나온다. 또 동 天安 2년(858) 5월조의 高枝王
    薨傳에도 沙良眞熊의 琴調를 배웠다고 한다. 沙良眞熊은 沙良 지명에서 나온 성으로
    그는 신라계 도래인이다.

60) 『신찬성씨록』 섭진국제번에, "韓人은 豊津造와 같은 조상이며, 左李金(다른 이름은
    佐利己牟)의 후손이다"라고 하고, 동 豊津造는 任那國 사람 左李金으로부터 나왔다고
    한다. 韓人에 대해서는 『일본서기』 欽明紀 17년(556) 10월조에 "韓人이라 함은 백제이
    다"라고 한 것처럼 대부분 백제를 가리킨다. 다만 『신찬성씨록』의 韓人이 豊津造와
    같은 조상이며, 豊津造가 任那國 사람이라고 한 것은, 아마도 백제 영역에 들어간
    任那國을 말한 것으로 생각된다. 韓人氏 일족으로는 天平 5년(733) 「右計帳」(『大日本古
    文書』 1-488)에 韓人智努女, 천평 16년(744) 7월 12일부 「皇后宮職移」(『大日本古文書』
    2-352)에 韓人眞手, 大寶 2년(702)의 「御野國味蜂間郡春部里」(『大日本古文書』 1-8)의 호적
    에 韓人足奈賣 등이 나온다. 韓人은 사료상에 辛人으로도 나온다.

61) 津輕. 北海道.

을해(12일), 伊豆國에 역병과 가근이 들어 구휼하였다.

정축(14일), 칙을 내려, "군사상의 대비는 결해서는 안 된다. 마땅히 坂東諸國 및 能登, 越中, 越後에 명하여 말린 밥 3만석을 준비한다. 밥을 지어 말리는 데에는 한도가 있어 손실이 없도록 한다"라고 하였다.

기묘(16일), (천황은) 칙을 내려, "미친 도적이 (평온한) 일상을 혼란하게 하고, 변경을 침입하여 소요시키고 있다. (그러나) 봉수는 실수가 많아 척후병이 잘못 판단하고 있다. 지금 征東使 및 鎭狄將軍을 보내 길을 나누어 정토하려고 한다. 기일에 병력을 모으고, 마땅히 문관과 무관은 계책을 논의하고, 장수는 힘을 다하여 사악한 자를 베어 없애고 원흉을 주살해야 한다. 널리 지원자를 모집하여 조속히 군영에 보내고, 만약 기회를 얻는 일에 감격하여 충의와 용기로 분투하고 스스로 나가기를 원한다면, 특히 이름을 기록하여 올리도록 한다. 평정한 후에는 서열에 관계없이 발탁하도록 한다"라고 하였다. 河內國 高安郡 사람 대초위하 寺淨麻呂에게 高尾忌寸의 성을 내렸다.

임진(29일), 이세태신궁에 봉호 1,023호, 大安寺에 봉호 100호를 예전과 같이 복구시켰다. 무위 置始女王에게 종5위하를 내렸다.

6월 무술(5일), 칙을 내려, "봉호 100호를 秋篠寺[62)에 영구히 시입한다. 일시적으로 식봉을 시입하는 것에 대해서는 슈의 조문에 기한을 정하고 있다.[63) 근년의 행하는 바는 앞의 법전과 매우 다르다. 하늘과 땅은 영구하지만, 제위는 대대로 세습하는 것이다. 物은 천하의 것이고 (제왕) 1인이 사용하는 것이 아니다. 그러나 (짐이) 생각하는 바가 있어 영구히 해당 봉호를 시입한다. 지금 '영구히'라고 하는 것은, (천황) 1대 만이다. 지금 이후로는 정해서 항례로 삼는다. 이전에 시입한 것도 이후에도 오로지 이에 준한다."라고 하였다.

신축(8일), 종5위상 百濟王俊哲을 陸奧鎭守 부장군으로 삼고, 종5위하 多治比眞人宇佐美를 陸奧介로 삼았다.

---

62) 奈良市 秋藻町에 소재.
63) 「祿令」14 의 「寺不在食封之例」條에, "凡寺, 不在食封之例, 若以別勅權封者, 不拘此令〈權, 謂, 五年以下.〉"라고 규정하고 있듯이 사원에 식봉을 시입하는 것은 5년 이하로 기한을 한정하고 있다.

갑진(11일), 정6위상 內眞人石田에게 종5위하를 내렸다.

기미(26일), 산위 종4위하 久米連若女가 죽었다. 증 우대신 종2위 藤原朝臣百川의 모친이다.

신유(28일), 종5위상 紀朝臣佐婆麻呂에게 정5위하를 내리고, 무위 名繼女王에게 종5위하를 내렸다. 伊勢國에서, 금월 16일 기유 사시[64]에 鈴鹿關 서쪽 內城에서 대북이 한번 울렸다고 아뢰었다.

(천황이) 陸奧持節副將軍 大伴宿禰益立 등에게 칙을 내려, "장군 등은 지난 5월 8일에 서면으로 주상하기를, '병량을 준비하면서 동시에 적의 상황을 엿보고, 바야흐로 금월 하순에 國府[65]로 진입하고, 그 후에는 기회를 보고 혼란을 틈타서 삼가 천벌을 내리려고 한다'라고 하였다. 이미 2개월이 지났고 일수를 계산하여 노정을 생각하고, 포로를 바칠 것을 고대하고 있었다. 군이 출병하여 적을 토벌하는 일은 국가의 대사이다. 군의 (진퇴)와 동정을 계속해서 주상하도록 한다. 어떻게 수십일이 지나도 소식이 없는가. 상세히 보고하도록 한다. 만약 서면으로 뜻을 다할 수가 없으면, 軍監 이하로 상황을 설명할 수 있는 자 1인을 보내고 빠른 역마로 상신하도록 한다"라고 하였다.

추7월 신미(9일), 산위 종4위상 鴨王이 죽었다.

정축(15일), 칙을 내려, "평안할 때에 위험을 잊지 않는 것은 고금을 통한 법칙이다. 연해의 제국에 명하여 철저한 경계에 힘쓰도록 한다. 因幡, 伯耆, 出雲, 石見, 安藝, 周防, 長門 등 제국은 오로지 天平 4년의 (山陰道) 절도사 종3위 多治比眞人縣守 등의 때의 式에 의거하여 힘써 철저히 경계하고, 또 大宰府는 동년 절도사 종3위 藤原朝臣宇合의 때의 式에 의거하도록 한다"라고 하였다.

계미(21일), 征東使가 갑옷 1천벌을 청하였다. 尾張, 參河 등 5국에 명하여 군영으로 운반시켰다. 종8위하 韓眞成[66] 등 4인에게 廣海造의 성을 내렸다.

---

64) 오전 10시경.

65) 多賀城.

66) 韓氏는 도래계 씨족으로 일찍이 『일본서기』 孝德朝 白雉 5년(654) 2월조에 견당사로 파견된 韓智興이 있고, 이후 天平寶字 4년 정월 병인조의 鎭守軍曹 종8위상 韓袁哲, 동 5년 3월조에 韓遠知 등이 나온다. 이 시기까지 도래계 씨족의 성을 갖고 있었던 것으로 미루어 7세기 후반 이후에 망명, 이주한 씨족으로 보인다. 앞의 5월 신미조

갑신(22일), 征東使가 겹옷 4천벌을 청하였다. 동해, 동산 제국에 명하여 바로 이를 만들어 보내게 하였다.

(천황이) 칙을 내려, "지금 역도를 토벌하기 위해 坂東의 군사를 징발한다. 오는 9월 5일까지 모두 陸奧國 多賀城에 가서 모이고, 필요한 군량은 태정관에 신청해서 (多賀城에) 보내도록 한다. 병사가 모이는 데에는 시기가 있어 식량을 계속 보내기는 어렵다. 그래서 도로의 편의와 가까운 거리를 헤아려서 말린 밥을 下總國에서는 6천석, 常陸國에서는 1만석을 할당하여 오는 8월 20일 이전까지 군영으로 운송하도록 한다"라고 하였다. 伊豫國 越智郡 사람 越智直靜養女가 사재를 내어 궁핍한 백성 158인을 도와 부양하였다. 天平寶字 8년 3월 22일의 칙서에 의거하여 위계 2급을 내렸다.

무자(26일), (천황이) 칙을 내렸다.

"筑紫大宰는 서해에 치우쳐 있어 제번이 배와 노를 저어 조공해 오는 것을 서로 바라볼 수 있다. 이 때문에 병사와 말을 징발하여 훈련시키고 무장한 병사가 위세와 무력을 나타내어 비상의 사태에 대비하고 있다. 지금 北陸道도 역시 번객을 응접하고 있지만, 소속된 군병은 아직 훈련이 되어 있지 않고 사태에 직면하여 출진시키려 해도 전혀 감당할 수 있는 자가 없다. 평안할 때에 반드시 위험을 생각해야 하는데, 어떻게 이와 같을 수가 있겠는가. 大宰府의 式에 준해서 경계태세를 갖추도록 한다.

첫째, 연해의 촌읍에서는 적이 와서 상륙하는 것을 보면 즉시 사자를 보내 국에 신고하고 국에서는 적선임을 알면, 장관 이하(의 국사)는 급히 국아로 가서 사안에 따라 논의하여 결정을 내려 관내의 경계를 갖추고, (현장으로) 가고 동시에 주상하도록 한다.

둘째, 적선이 갑자기 우리 해안에 내착하면, 해당 지역의 백성은 몸에 적합한 병기를 들고 아울러 개인 식량을 소지하여 요소로 가서 죽을 각오로 싸우고, 반드시 구원병을 기다려 잠복해 있으면서 적이 공격할 틈을 주는 일이 없도록 한다.

셋째, 군대가 모인 장소에는 미리 표식을 세우고, 지세를 판단하여 근무하고

韓男成 각주 참조.

편의에 맞게 한다. 병사 이상 및 백성 중에 궁마를 할 수 있는 자는 거리의 원근을 생각하여 부대를 결성하고 나누어 배치한다. 사태에 임하여 서로 혼란을 일으키는 일이 없도록 한다.

넷째, 전사 이상은 명확히 적이 오는 것을 알면, 몸에 병기를 들고 아울러 식량을 준비해서 소재지로 출발하여 바로 본대로 가서 각각 부대명을 정하고 대오를 정비한다. 조용히 있으면서 적의 동향을 기다려 휴식을 취한 후에 적이 피로에 지친 곳을 공격한다.

다섯째, 기회가 와서 군이 출병할 경우에, 국사 이상은 모두 개인 말을 타도록 하고, 만약 부족하면 역마, 전마를 충당한다.

여섯째, 병사, 백정[67]이 전투에 나아가 진퇴의 지시를 기다리는 경우에는, 관에서 지급하는 식량은 날을 계산하여 집으로부터 출발한 지 5일째에 지급한다. (전투가 일어나지 않은) 한적한 곳에서는 쌀을 지급하고, 긴요한 곳에는 말린 밥을 지급하도록 한다".

8월 기해(7일), 외종5위하 栗前連枝女는 본래 종4위하 山前王의 딸이다. 그러나 모친의 성을 따라 아직 왕명을 받지 못했다. 이에 이르러 고쳐서 바르게 하여 池原女王으로 하였다.

임인(10일), 종6위하 紀朝臣眞木에게 종5위하를 내렸다.

병오(14일), 越前國 사람 종6위상 大荒木臣忍山에게 외종5위하를 내렸다. 군량을 운송했기 때문이다.

경술(18일), (천황이) 칙을 내려, "지금 듣는 바로는, '제국의 갑옷이 연수가 지나 모두 다 헐고 훼손되어 대부분 사용할 수 없다. 3년에 한 번 예를 세워 수리하도록 했는데, 수리하고 나면 또한 손상되어 공임과 노역이 매우 많이 든다'고 한다. 지금 가죽으로 갑옷을 만들면, 견고하여 오래가고, 착용해도 가볍고 편리하다. 화살을 맞아도 뚫기 어렵다. 공정을 계산하면 특히 또한 만들기 쉽다. 지금 이후로는 제국이 만드는 1년간의 소정의 갑옷과 투구는 모두 가죽을 이용하고, 전례에 따라 매년 견본을 진상한다. 다만 앞서 만든 철갑은 헛되게 썩히지 말고 3년을 경과할 때마다 종전과 같이

---

67) 관위가 없는 일반 백성.

수리하도록 한다"라고 하였다.

갑인(22일), 종5위상 安倍朝臣家麻呂에게 정5위상을 내렸다. 무위 安倍朝臣繼人에게 본위인 종5위하를 복위시켰다.

을묘(23일), 出羽國 鎭狄將軍 安倍朝臣家麻呂 등이, "이적 志良須와 복속한 蝦夷의 宇奈古 등이 말하기를, '우리들은 조정의 권위에 의지하여 오래도록 (秋田)城 관할하에 살고 있었는데, 지금 이 추전성을 끝내 영구히 포기할 것인가. (병사를) 교대로 근무시켜 구례에 따라 지켜야 되지 않느냐고 했다'라고 아뢰었다.

(이에 대해 조정에서) 답하기를, "무릇 추전성은 전대의 장군과 재상이 모여 서로 논의하여 세운 것이다. 적을 막고 백성을 보호하여 오랜 세월이 지났다. 한번 세운 것을 포기하는 것은 심히 좋은 계책이 아니다. 또한 얼마의 군사를 보내 주둔시켜 지키고 그들이 귀복한 마음을 배반하지 않도록 한다. 따라서 바로 사자 혹은 국사 1인을 보내 그 일을 전담하게 한다. 또 由理柵은 적의 요충지에 있고 추전성으로 길이 통하고 있다. 또한 (이곳에) 병을 파견해 서로 도와 방어하도록 한다. 다만 寶龜 초년에 (出羽)國司가 추전성은 보존하기 어렵고 河邊城은 다스리기 쉽다고 언상했기 때문에 당시의 논의에서는 하변성을 다스리기로 정했다. 그러나 지금 세월이 지났어도 여전히 (복속한 蝦夷의 백성들이) 이주하려고 하지 않는다. 이 일을 생각하면, 백성이 이주에 중압감을 느끼는 것은 명백하다. 이 마음을 규찰하여 귀순한 하이와 백성들에게 두루 물어 자세히 상호간의 이해를 (파악하여) 아뢰도록 한다"라고 하였다.

경신(28일), 태정관에서 주상하기를, "筑紫大宰는 멀리 변경의 요지에 있고 항상 예측할 수 없는 사태를 경계하고 아울러 번객을 접대하고 있다. 그 직장은 특히 제지역과 다르다. 그러나 관인의 교체는 4년을 기한으로 하고 있어 전임자를 보내고 신임자를 맞이하는 왕래가 빈번하다. 대재부와 (관할하의) 제국의 피폐는 오로지 이 때문이다. 이에 더하여 소요되는 주방의 식품은 그 수량이 너무 많지만, 매번 구례를 지키고 지급되어 번객을 위한 저장량은 부족하다. 이 일을 헤아려 보면, 심히 온당하지 않다. 신들은 바라건대, (국사의) 교체료[68]를 정지하고, 아울러 (대재부) 관인의 임기를 늘려 5년으로 하기를 청하고자 한다. 그렇게 하면 백성의 어깨도 가벼워지고 주방의 부족도 없어질 것이다. 삼가 천황의 재가를 받고자 한다"라고 하였다. 이에 (천황은) 이를 허가하였다.

9월 임술삭(1일), 종5위상 巨勢朝臣池長, 종5위하 藤原朝臣末茂에게 함께 中衛少將으로 삼고, 종5위하 阿倍朝臣祖足을 左衛士員外佐로 삼고, 종5위하 大中臣朝臣諸魚를 右衛士佐로 삼았다.

갑신(23일), 종4위상 藤原朝臣小黑麻呂에게 정4위하를 내리고 持節征東大使로 삼았다.

동10월 계사(3일), 左右兵庫의 북이 울렸다. 그 후 화살의 진동음이 들렸다. 그 울림은 內兵庫에까지 달했다.

정유(7일), 常陸國 鹿嶋神社의 祝 정6위상 中臣鹿嶋連大宗에게 외종5위하를 내렸다.

계묘(13일), 정5위상 藤原朝臣鷹取·紀朝臣船守에게 함께 종4위하를 내렸다.

임자(22일), 정5위하 因幡國造淨成女에게 정5위하를 내렸다.

갑인(24일), 典侍 종4위하 多可連淨日이 죽었다.

병진(26일) 伊勢國에서 언상하기를, "이 지역의 백성은 국내에 부랑하여 노역을 징발하는 날, 요역의 인부의 수가 적다. 상세히 조사한바, (과역을 피하여) 숨어있는 자가 많다. 아울러 모두 본적으로 편입하면, 호구가 1천인이나 늘어나 調, 庸이 증가할 것이다"라고 하였다. 이에 7도 제국에 명하여 오로지 伊勢國에 준하여 세심하게 조사하도록 하였다.

또 (천황이) 칙을 내려, "천하의 백성으로 과역을 기피하고, 타향으로 유랑하는 자는, 비록 고향으로 돌아가고자 하는 마음이 있어도, 끝내 법을 두려워하여 돌아가기를 잊어버리고, 주변에서도 이를 알면서도 서로 모르는 체 하고 있다.[69] 이로 인해 과역은 (납입하는) 사람이 적고, 관인으로 등용할

---

68) 국사 교체 시 임지에서 입경하는 국사에게 들어가는 식량·말·인부 등의 물자. 『令集解』 「賦役令」37의 「古記」에는 "長官馬 二十疋, 夫三十人, 以下節級給之"라고 규정되어 있고, 天平 5년 2월 을미조에는 "給四位守馬六疋, 五位五疋, 六位以下守四疋, 介掾各三疋, 目史生 各二疋"이라고 나온다.

69) 「戶令」10 「戶逃走」條에는, "凡戶逃走者, 令五保追訪, 三周不獲除帳, 其地還公, 未還之間, 五保及三等以上親, 均分佃食, 租調代輸.〈三等以上親, 謂, 同里居住者.〉戶內口逃者, 同戶代

때에도 시끄러운 하소연이 많고, 勘籍[70]의 날에도 심문과 조사가 더욱 번거롭다. 養老 3년의 格式에 의거하여 부랑민을 붙잡아 돌아갈 것인가 어떤가를 묻고, (현지에) 머물기를 원하는 자는 현지에 편호하고, 돌아가기를 원하는 자는 운송자를 보내 (본관지로) 돌려보내도록 한다. 만약 국사, 군사 및 백성이 사악한 마음을 품고 속이고, 이들을 숨기고 사역시킨다면, 관인은 현직을 해임하고, 백성은 곤장 100대에 처하고, 영구히 항례로 삼는다"라고 하였다.

　기미(29일), (천황은) 征東使에게 칙을 내려, "금월 22일의 주상을 보니, 정동사 등이 (정토를) 지연시켜 이미 적절한 시기를 놓친 것을 알았다. 장군이 정토에 나간 지 오랜 일월이 지났고, 결집한 보병, 기병은 수만여 인이다. 이에 더하여 적지에 들어가는 기일을 자주 상주하고 있고, 계획으로는 발진하여 공격해 들어가 미친 적들을 모조리 평정했을 것이다. 그러나 지금 상주한 바는, 금년은 정토할 수 없다고 하고, 여름에는 수풀이 무성하다고 하고, 겨울에는 (방한의) 상의가 부족하다고 하여, 멋대로 교묘하게 말하고 끝내 머무른 채로 있다. 병기를 정비하고 식량을 준비하는 것은 장군의 일이다. 그런데 병력을 집결하기 전에 준비를 행하지 않고, 도리어 성 안에 식량이 아직 축적되지 있지 않다고 말하고 있다. 그렇다면 몇월 몇일에 적을 주살하고 성을 회복할 것인가. 바야흐로 지금 장군은 적에게 속임을 당하고 있어 느슨하고 태만하여 이와 같이 체류하고 있는 것이다. 또 아직 11월이 되지 않았기 때문에 충분히 출병할 수가 있다. 그러나 (征東使는) 칙지를 어기고 여전히 (공격해) 들어가려고 하지 않는다. 인마는 모두 쇠약해져 무엇으로 대적할 것인가. 훌륭한 장수의 계책이 어떻게 이와 같아서야 되겠는가. 마땅히 가르치고 깨우쳐 정토의 의지를 가져야 할 것이다. 만약 금월 중에 적지에 들어가지 않으면, 多賀, 玉作 등의 성에 머물러 방어를 튼튼히 하고 아울러 전술을 연마하도록 한다"라고 하였다.

　　輪, 六年不獲亦除帳, 地准上法"이라고 규정되어 있다. 이 규정에 따르면, 호에서 도망자가 나오면 5호에서 잡게 하고, 같은 호에서 도망하면 대신 조세를 납부하도록 한다고 되어 있다.

70) 6년마다 만들어지는 호적의 수회분을 대조·조사하여 본인의 신분을 확인하는 작업.

11월 임술(2일), 이보다 앞서, 和銅 4년(711)의 格에는, "사주전을 한 자는 참형에 처하고, 종범은 몰관하고, 가족은 모두 유형에 처한다"라고 되어 있다. 天平勝寶 5년(753) 2월 15일의 格에는, "사주전을 한 사람은 죄가 참형에 이르면 지금 이후로는 1등을 감하여 遠流에 처한다"라고 되어 있다. 그런데 주범은 이미 감형되었는데, 종범과 가족들은 여전히 본래의 형에 있다. 주범과 종범에 관한 법에서는 (종범의) 죄는 감형에 맞춰야 하는데, 경중이 서로 역전되어 이치에 맞지 않는다. 이에 이르러 형부성에 칙을 내려 죄과를 정하게 하였다.

형부성에서 주상하기를, "삼가 賊盜律에서는, '모반자는 모두 참하고, 부자는 몰관하고, 조부모, 손, 형제는 遠流에 처한다'라고 하고, 名例律에서는, '죄를 범한 경우에는 주동자를 주범으로 하고, 종범은 1등을 감한다'라고 규정되어 있다. 또 (명례율)에서 말하기를, '(斬, 絞) 2종의 사형과 (遠中近) 3종의 流刑은 각각 동일하게 1등을 감한다'고 되어 있다. 지금의 경중을 비교해 보면, 종범은 주범의 (감한) 죄에서 1등을 감해서 徒刑 3년에 처하고, 가족은 종범의 (감한) 죄에서 1등을 감하여 도형 2년반에 처하도록 한다"라고 하였다. (천황은) 주상한 바를 허가하였다.

병술(26일), 당인 정6위상 沈惟岳[71])에게 종5위하를 내렸다.

정해(27일), 4품 彌努摩 내친왕에게 3품을 내렸다.

무자(28일), 전 대납언 정2위 文室眞人邑珍이 죽었다. 邑珍은 2품 長親王의 제7자이다. 天平 연중에 종4위하에 서위되고 형부경에 보임되었다. 天平勝寶 4세에 文室眞人의 성을 받았다. 천평승보 이후에 황실 및 그 일족으로 죄에 빠진 자가 많았다. 邑珍은 삭발하여 승려가 되어 스스로 안전을 도모하였다. 寶龜 초에 종2위 대납언에 이르렀고, 노년으로 인해 사직을 청했으나 (천황은) 칙을 내려 불허하였다. 보귀 5년에 거듭 사직을 청원하여 허락받았다. 다음에 정2위를 받았다. 사망시의 나이는 77세였다.

12월 갑오(4일), 당인 종5위하 沈惟岳에게 淸海宿禰의 성을 내리고, 좌경에

---

71) 天平寶字 5년(761)에 迎入唐大使 高元度 일행이 당에서 귀국할 때 押水手官으로 大宰府에 도착하였다. 그러나 沈惟岳 등의 당 사절은 당으로 돌아가지 못하고 전원 일본에 귀화·정주하였다. 沈惟岳은 延曆 8년(789)에 美作權掾에 임명되었다.

편적하였다. 무위 福當王에게 종4위하를 내렸다.

(천황이) 좌우경에 칙을 내려, "지금 듣는 바로는, 사원을 조영할 때에 모두 분묘를 훼손하여 그 돌을 채취해 이용하고 있다고 한다. 이것은 단지 사자를 침범하여 놀라게 하는 것만 아니라, 실로 또한 자손에게 걱정과 상처를 주는 일이다. 지금 이후로는 엄하게 금지한다"라고 하였다.

경자(10일), 征東使가 주상하기를, "벌레처럼 꿈틀거리는 蝦夷는 실로 많은 무리가 있고, 교묘한 말로써 주살될 죄를 피해가고 혹은 틈을 엿보고 해악을 멋대로 행하고 있다. 이에 2천의 병을 파견해 鷲座, 楯座, 石澤, 大菅屋, 柳澤 등 5도를 경략하고 나무를 베어 길을 막고, 도랑을 깊게 파서 위험을 만들어 역적이 형세를 엿보는 요충지를 차단하려고 한다"라고 하였다. 이에 (천황이) 칙을 내려, "듣는 바로는, 出羽國의 大室塞 등도 또한 적의 요충지이다. 매사 틈을 엿보고 빈번히 내침하여 노략질을 행하고 있다. 장군과 국사에 명하여 지세를 조사하여 비상사태에 대비하여 방어하도록 한다"라고 하였다.

신축(11일), 정5위하 藤原朝臣種繼에게 정5위상을 내렸다.

갑진(14일), 越前國 丹生郡의 大虫神, 越中國 射水郡의 二上神, 礪波郡 高瀨神에게 함께 종5위하에 서위하였다.

(천황이) 좌우경에 칙을 내려, "듣는 바로는, 요즈음 무지한 백성들이 남녀 무당들과 어울려 망령되게 음란한 제사를 존숭하고 건초로 만든 개를 늘어놓고 부적 등 많은 괴이한 것을 만들어 길거리에 가득 채워놓고 복을 구하는 일을 부탁하고 있는데, 오히려 저주와 주술과 관련되어 있다. (이것은) 단지 법률을 두려워하지 않을 뿐더러, 실로 오래도록 요망한 것을 키우는 것이다. 지금 이후로는 엄중히 금지한다. 만약 위법을 행한 자에 대해서는, 5위 이상은 이름을 기록하여 주상하고, 6위 이하는 관할 관사에서 처리한다. 다만, 병에 걸려 기도하여 제사지내는 자가 있으면, 경내에 거주자가 아닌 경우에 이를 허락한다[72]"라고 하였다.

경술(20일), 정6위상 紀朝臣常에게 종5위하를 내렸다.

신해(21일), 정6위상 川邊朝臣淨長에게 종5위하를 내렸다.

---

72) 이 칙에서 경내 거주자가 아닌 경우에 허락한다는 의미가 아니고, 좌우경 사람들이 경외에서 주술적인 행위를 하는 경우에는 허락한다는 의미로 해석된다.

임자(22일), 常陸國에서 언상하기를, "(호적에서) 누락되어 있는 신사에 속한 천민 774인을 神戶73)로 편입해 줄 것을 청한다"라고 하였다. (천황은) 이를 허락하였다. 다만 神司74)가 멋대로 양민임을 알면서 의도적으로 신사의 천민으로 하고, 기이한 신령에 가탁하여 조정의 규정을 침해하여 우려되고 있다. 지금 이후로는 다시는 신청할 수 없도록 하였다.

정사(27일), 陸奧鎭守副將軍 종5위상 百濟王俊哲75) 등이 아뢰기를, "우리들은 적에게 포위되어 병들은 지치고 화살도 소진되었다. 그런데 桃生郡, 白河郡 등의 11개 신사의 신에 기도한바, 이내 포위망을 무너트릴 수 있었다. 신력이 아니었다면 어떻게 군사를 보존할 수가 있었겠는가. (조정으로부터) 폐백을 받는 신사에 들어가기를 청한다"라고 하였다. (조정에서는) 이를 허락하였다.

○ 天應 원년(781), 춘정월 신유삭(1일), (천황이) 조를 내려, "하늘을 위대한 것으로 삼고, 이를 본받는 자는 성인이고, 백성의 마음을 (자신의 마음으로) 삼아 이를 보살피는 것은 자애로운 군주이다. 짐은 덕이 부족한데도 황공하게도 황위를 이었지만, 만민에게는 좋은 일을 베풀지도 못하고 헛되이 12년이 지나버렸다. 그러한 즉 은택은 막혀 (백성에게는) 미치지 못하고 있다. 근심과 두려움이 교차하고 점점 쌓이고 있다. 날마다 근신하고 자신의 부족함이 여기에 있다고 생각하고 있다. 요즈음 관인들이 주상하기를, '伊勢齋宮에 보이는 아름다운 구름은 바로 大瑞에 상당한다'고 한다. 이 신궁은 국가를 진호하는 곳이다. 하늘이 여기에 감응한 것이고, 길상으로 좋은 일임에 틀림없다. 대저 짐은 부덕한 몸인데, 이것은 짐 혼자 이루어내는 것이 아니고 바로 모든 백료가 서로 화합한 것에 (하늘이) 감응한 것임을 알 수 있다. 지금 정월 초하루의 曆의 시작을 알리고 길일이 비로소 열렸다. 이 좋은

---

73) 신사에 편입되어 건물의 조영, 제사 등에 종사하는 民戶.

74) 鹿島神宮의 神官.

75) 百濟王敬福의 孫이다. 寶龜 9년(778)에 훈5등을 받고, 동 11년에 종5위하에 서위되고 바로 종5위상을 받았다. 이어 陸奧鎭守副將軍에 임명되었다. 天應 원년(781)에 정5위상으로 승진되었고 훈4등을 받았다. 延曆 6년(787)에 무언가의 사건으로 日向權介로 좌천되었으나 무관으로서의 그의 능력을 높이 사서 사면되었고, 또 百濟王氏를 우대한 조정의 방침으로 下野守, 陸奧鎭守將軍에 임명되었다.

날에 대해서 훌륭한 상서를 함께 기뻐해야 할 것이다. 이에 천하에 대사면을 내린다. 연호를 고쳐 天應이라고 한다. 천응 원년 정월 1일의 동트기 이전의 사형죄 이하는 죄의 경중을 묻지 않고, 이미 발각되었거나 발각되지 않았거나, 아직 심의 중이거나 이미 판결이 났거나, 현재 수감 중인 자는 모두 사면한다. 다만 팔학을 범한 자, 고의 살인, 모의 살인, 사주전, 강도와 절도, 통상의 사면에서 면제되지 않는 자는 사면의 범위에 포함되지 않는다. 齋宮寮의 主典 이상 및 大神宮司,76) 아울러 禰宜, 大物忌, 內人과 多氣와 度會 2군의 郡司에게는 위계 2급을 더한다. 그 외의 교대근무의 관인 및 내외 문무관의 주전 이상에게는 관위 1급을 더한다. 다만 정6위 이상에게는 (승급의 자격을) 아들 1인에게 돌리고, 만약 아들이 없는 경우에는 헤아려 물품을 지급한다. 5위 이상의 자손으로 20세 이상인 자에게는 또한 음위로서 상당하는 위계를 내린다. 또 (伊治)呰麻呂 등에게 속아 (적에 가담했던) 백성 중에 적으로부터 도망쳐 돌아온 자에게는 3년의 과역을 면제한다. 陸奧, 出羽에 종군한 제국의 백성들은 오랜 병역으로 지치고, 집안의 생업이 파산된 자가 많다. 그래서 해당 호의 금년도 전조를 면제한다. 만약 파종할 종자가 없다면 관할 국사는 헤아려 대여한다. 또 작년에 은혜를 받아 면제된 신사와 사원의 봉호의 전조는 정세로써 이를 보전하도록 한다. 천하의 노인으로 100세 이상에게는 벼 3석을 내리고, 90세 이상은 2석을, 80세 이상은 1석을 내린다. 홀아비, 과부, 고아, 독거노인, 스스로 자활할 수 없는 자는 헤아려 진휼한다. 효자, 순손,77) 의부, 절부는 그 집의 문과 마을 입구에 그 취지를 표시하고, 종신 과역을 면제한다"라고 하였다.

계해(3일), 정5위하 佐伯宿禰久良麻呂에게 정5위상을 내렸다.

기사(9일), 정6위상 石淵王에게 종5위하를 내렸다.

경오(10일), 女孺 무위 縣犬養宿禰勇耳에게 종5위하를 내렸다. 참의 정4위하 藤原朝臣小黑麻呂에게 陸奧按察使를 겸직시키고 右衛士督 常陸守는 종전대로

---

76) 伊勢大神宮의 宮司. 황조신인 天照大神을 모시는 皇大神宮(內宮)과 의식주를 지키는 豊受大御神을 모시는 豊受大神宮(外宮) 2궁이 있다. 伊勢大神宮의 宮司는 내외궁의 신관을 통솔하여 제사를 지내고, 神郡·神戶의 행정사무를 관할한다.

77) 順孫. 손자가 조부모를 정성껏 보살피는 일.

하였다.

임신(12일), 종2위 藤原朝臣魚名에게 정2위를 내렸다.

을해(15일), 下總國 印幡郡의 大領 외종6위상 丈部直牛養, 常陸國 邪賀郡의 大領 외정7위하 宇治部全成에게 함께 외종5위하를 내렸다. 진군의 식량을 바쳤기 때문이다.

병자(16일), 정5위상 藤原朝臣種繼에게 종4위하를 내렸다.

기묘(19일), 下總國에 기근이 들어 진휼하였다.

경진(20일), 播磨國 사람 대초위하 佐伯直諸成에게 외종5위하를 내렸다. 造船瀨所78)에 도곡을 바쳤기 때문이다.

2월 경인삭(1일), 무위 磐田女王에게 종5위하를 내렸다.

임진(3일), 종6위하 安曇宿禰日女虫에게 종5위하를 내렸다.

을사(16일), 종5위하 阿倍朝臣祖足을 河內守로 삼았다.

병오(17일), 3품 能登內親王이 죽었다. 우대변 정4위하 大伴宿禰家持, 형부경 종4위하 石川朝臣豊人 등을 보내 장의를 감독시켰다. 소요되는 물품은 관에서 지급하였다.

참의 좌대변 정4위하 大伴宿禰伯麻呂를 사저에 보내 (천황이) 내린 詔를 말하기를(宣命體) "천황의 대명으로 能登內親王에게 고하라고 한 말씀을 전한다. '이 몇 개월 사이에 몸이 안좋다는 것을 듣고 언제 병이 나아 궁중에 와서 짐의 마음을 위로해 줄 것인가 하고, 오늘일까, 내일일까를 생각하며 기다리고 있는 사이에, 잠깐 한눈 파는 순간 갑자기 사람을 현혹시키는 거짓말은 아닌지, 나이든 짐을 두고79) 떠났다는 말을 듣고 놀라고 후회스런 마음이다. 이렇게 될 줄 알았다면 마음의 얘기도 하고 만나기도 했을텐데. 후회할 일이다. 슬픈 일이다. 무슨 말을 해야 좋을지 모르겠다. 짐은 너에 대한 애정을 잠시라도 잊을 수가 없어 비통하여 소리높여 울고 있다. 그래서 주려고 생각하고 있던 위계 1품을 내린다. 그 자식들에게는 2세왕으로 올려 예우한다. 뒤에 남은 자식들에 대해서는 심려하지 않기를 바란다. 물러나 가는 길이 편안하고 아무 일없이, 뒷일은 걱정하지 말고 마음 편안하게

---

78) 배가 정박하는 부두를 만드는 관사.

79) 이때 光仁天皇의 나이는 73세였다.

가라고 하신 천황의 말씀을 전한다"라고 하였다. (能登)내친왕은 천황의 딸이다. 정5위하 市原王에게 시집가 五百井女王, 五百枝王을 낳았다. 사망시의 나이는 49세였다. 종5위하 阿倍朝臣謂奈麻呂를 임시 右少弁으로 삼았다.

기미(30일), 相摸, 武藏, 安房, 上總, 下總, 常陸 등 제국에 명하여 곡물 10만석을 陸奥의 군영에 배로 운송시켰다.

3월 경신삭(1일), 采女 종6위상 牟義都公眞依, 정7위상 安邪公御室, 정8위상 久米直麻奈保에게 함께 종5위하를 내렸다.

을축(6일), 지진이 있었다.

무진(9일), 정6위하 珍努縣主諸上, 종6위상 生部直淸刀自, 종7위하 葛井連廣見, 종8위하 三笠連秋虫에게 함께 외종5위하를 내렸다.

기사(10일), 尙侍 겸 尙藏 정3위 大野朝臣仲仟이 죽었다. 종3위 (大野朝臣)東人의 딸이다.

계유(14일), 종5위상 和氣朝臣廣虫에게 정5위상을 내렸다.

신사(22일), 정6위상 酒部造家刀自, 종6위하 丸部臣須治女에게 함께 외종5위하를 내렸다.

임오(23일), 종6위하 紀朝臣安自可에게 종5위하를 내렸다.

갑신(25일), (천황은) 조를 내려, "짐은 잠자리가 편치 않은 지 1개월이 지났다. 치료를 하고 있지만, 아직 효과는 나타나고 있지 않다. 천하에 대사면을 내린다. 天應 원년 3월 25일 동트기 이전의 사형죄 이하는, 죄의 경중을 묻지 않고, 이미 발각되었거나 발각되지 않았거나, 이미 판결이 났거나 아직 심리중이거나, 현재 수감 중인 자는 모두 사면한다. 다만 팔학, 고의 살인, 모의 살인, 사주전, 강도와 절도, 통상의 사면에서 면제되지 않는 자는 사면의 범위에 포함되지 않는다"라고 하였다.

을유(26일), 금월 12일 미시 3점[80]에 苫田郡의 병기고가 소리를 내어 진동하였다. 또 4점에도 앞서와 같이 소리를 내어 진동하였다. 그 음향은 천둥이 점점 울려퍼지는 것과 같았다. 伊勢國에서 언상하기를, 금월 16일 오시[81]에 鈴鹿關 서쪽 중앙의 성문의 큰북이 자연히 3번 울렸다고 하였다.

---

80) 오후 3시.
81) 정오 전후.

하4월 기축삭(1일), 좌우병고의 병기가 스스로 울렸다. 그 소리는 큰 돌을 지면에 던지는 것과 같았다. 산위 종5위하 多治比眞人三上을 伊勢에, 伯耆守 종5위하 大伴宿禰繼人을 美濃에, 兵部少輔 종5위하 藤原朝臣菅繼를 越前에 보내 關을 굳건히 지키게 하였다. 천황이 위독하기 때문이었다.

신묘(3일), (천황이) 조를 내려(宣命體), "천황의 어명으로 내린 말씀을 친왕들, 제왕들, 제신들, 백관의 사람들, 천하의 공민들은 모두 들으라고 분부하였다. 짐은 덕이 부족한데도 황위를 이어받아 오랜 세월이 지났다. 그런데 선정은 자주 결하고 있어 천하를 잘 다스리지 못하고 있다. 이에 더하여 이전부터 風病[82]에 시달리고 있어 몸도 불안하다. 또 나이도 점점 고령이 되어 남은 목숨은 얼마 되지 않는다. 지금 생각하는 바가 있어, 이 황위를 떠나 잠시 몸을 쉬려고 한다. 이런 까닭에 황태자로 정한 山部親王에게 천하의 정무를 내려주려고 한다. 옛 사람의 말에, '자식을 아는 데에 부모만한 사람이 없다[83]'고 듣고 있다. 이 (산부친)왕은 유년시절부터 조석으로 짐을 따라 지금까지 태만함이 없이 봉사해 온 것을 보면, 인애와 효행이 깊은 왕임을 神으로서 (짐은) 알고 있다. 인애와 효행은 모든 행위의 기본이다. 대저 百足의 벌레는 죽음에 이르러도 뒤집혀지지 않는 것은 지탱하는 (발이) 많기 때문이라고 듣고 있다.[84] 모두 이와 같은 상황을 깨닫고 깨끗하고 정직한 마음으로 이 왕을 도와 인도하고 천하의 백성을 자애로 보살펴야 한다고 분부하였다. 또 말씀하기를, 이와 같은 때에는 사람들이 좋지 않은 음모를 품고 천하를 혼란시켜 자신의 일족, 가문을 멸망시키는 사람들도 많이 있다. 만약 이와 같은 사람이 있다면, 스스로를 깨우쳐 마음을 바꾸어, 각자의 선조로부터의 가문을 멸망시키는 일이 없도록 하고, 점점 더 봉사하여 계승하려는 생각을 깊게 하고, 청정하고 정직한 마음으로 봉사해야 할 것이라고 생각한다. 하늘은 높은 곳에 있지만, 낮은 (지상의 백성의) 소리도 듣고 있다고 한

---

82) 중추신경에 문제가 생겨 일어나는 병을 일컫는 말로서 현기증, 졸도, 경련 등이 있다. 감기에서 오는, 사악한 기운을 받아 걸리는 병이라는 의미도 있다.

83) 天平寶字 원년 4월 신사조에도 동일한 내용이 나온다. 『春秋左傳』, 『管子』, 『韓非子』 등에 나오는 "臣聞之知臣莫若君, 知子莫若父"라는 문구이다.

84) 『文選』 曹冏 六代論의 "故語曰, 百足之虫, 至死不僵, 扶之者衆也"로부터 인용한 것이다.

천황의 말씀을 모두 듣도록 하라"고 하였다. 이날, 황태자가 선양을 받아 즉위하였다.

임진(4일), 皇弟 早良親王[85]을 황태자로 삼았다. (천황이) 조를 내려(宣命體), "천황의 칙명으로 친왕, 제왕, 제신, 백관의 사람들, 천하의 공민들은 모두 들으라고 분부하였다. 법에 따라 행해야 할 정무로서 早良親王을 세워 황태자로 정한다. 따라서 이러한 상황을 깨닫고 백관의 사람들은 봉사하라고 하신 천황의 말씀을 모두 듣도록 하라"고 하였다.

병신(8일), 종5위하 大中臣朝臣今麻呂를 右大舍人助로 삼고, 종5위하 路眞人玉守를 右京亮으로 삼고, 종5위하 百濟王仁貞[86]을 近衛員外少將으로 삼고, 종5위하 藤原朝臣弓主를 左兵衛員外佐로 삼고, 종5위하 紀朝臣馬借를 右兵衛佐로 삼고, 외종5위하 久米連眞上을 大和介로 삼고, 종5위하 佐伯宿禰瓜作을 參河介로 삼고, 종5위하 石川朝臣美奈伎麻呂를 下野介로 삼았다.

기해(11일), 伊勢大神宮의 禰宜 정6위상 神主礒守에게 외종5위하를 내렸다. 伊勢大神宮에 사자를 보내 황태자의 즉위를 고하였다.

임인(14일), 중납언 종3위 藤原朝臣田麻呂에게 東宮傅를 겸직시키고, 우경대부 정4위하 大伴宿禰家持에게 春宮大夫를 겸직시키고, 종5위하 紀朝臣白麻呂를 (春宮)亮으로 삼았다.

계묘(15일), 천황이 대국전에 임하여 (다음과 같이) 조를 내렸다.(宣命體) "明神으로서 대팔주를 통치하는 천황의 詔旨로서 내린 말씀을 친왕, 제왕, 제신, 백관의 사람들, 천하의 공민들은 모두 들으라고 분부하였다. 말조차 꺼내기 황공한 現神이신 倭根子天皇[87]인 우리 대군이 황위계승의 과업을, 말조차 꺼내기 황공한 近江의 大津宮에서 천하를 통치한 천황이 처음으로 정하신 법에 따라, 이어받아 봉사하라고 (짐에게) 주시어 받들어 황공하고 두려워 어떻게 할 바를 모른채 다만 송구하다고 한 천황의 말씀을 모두

---

85) 光仁天皇의 황자. 모친은 백제계 도래씨족의 후손인 高野新笠. 桓武天皇의 同母弟.

86) 桓武朝인 天應 원년(781)에 近衛員外少將으로 보임되었고, 延曆 원년(782)에 播磨介, 동 2년(783)에 종5위상 備前介, 동 4년에 備前守, 동 8년에 中宮亮, 동 9년에 정5위상 左中弁 겸 木工頭가 되었다. 동 10년에는 종4위하로 중앙의 요직인 弁官에 임명되었다.

87) 光仁天皇.

들으라고 분부하였다. 그런데 천황으로서 천하를 통치하는 군주는 현명하고
유능한 신하를 얻어야 천하를 평안하게 다스릴 수 있다고 듣고 있다. 따라서
이것은 천황의 대명으로 분부하는 것인데, 짐은 능력이 부족하지만, 친왕을
비롯하여 제왕, 제신이 보좌하여 받들고 도와주어야 이 내려준 천하의 통치를
평안하게 봉사할 수 있다고 생각한다. 그래서 아첨하고 속이는 마음이 없고
충실하고 밝은 정성으로 (역대) 천황의 조정이 세워진 천하의 정치를 모두
도와 봉사하도록 하라는 천황의 말씀을 모두 들으라고 분부하였다.

　말을 바꾸어 말씀하기를, 짐 혼자 경하의 고귀한 말씀을 받아도 좋을
것인가. 무릇 사람의 아들로서 복을 받고자 하는 것은 부모를 위한 것이라고
듣고 있다. 따라서 짐의 모친 高野夫人을 皇太夫人으로 칭하고 위계를 올려
바치려고 한다. 또 봉사한 사람들 중에 그 근무 상황에 따라 1, 2인의 위계를
올리려고 한다. 또 이세대신궁을 비롯하여 제신사의 禰宜, 祝 등에게 관위
1계를 내린다. 또 승강을 비롯한 제사원의 지식, 덕행이 있는 자 및 나이
80세 이상인 승니에게 보시의 물품을 내린다. 또 고령자, 궁핍한 자. 효행,
의인 등에게 우대하고 보살핀다. 또 천하의 금년도 전조를 면제한다는 천황의
말씀을, 모두 들라고 분부하였다".

　4품 稗田親王에게 3품을, 종3위 石上大朝臣宅嗣·藤原朝臣田麻呂·藤原朝臣是
公에게 함께 정3위를, 종4위하 壹志濃王에게 종4위하를, 종5위하 石城王에게
종5위상을, 무위 淺井王에게 종5위하를, 정4위하 大伴宿禰伯麻呂·大伴宿禰家持
·佐伯宿禰今毛人·坂上大忌寸苅田麻呂에게 함께 정4위상을, 종4위하 石川朝臣
名足·藤原朝臣雄依·大中臣朝臣子老·藤原朝臣鷹取·紀朝臣船守·藤原朝臣種繼에
게 함께 종4위상을, 정5위상 豊野眞人奄智·安倍朝臣東人·佐伯宿禰久良麻呂에
게 함께 종5위하를, 정5위하 百濟王利善[88]에게 정5위상을, 종5위상 榮井宿禰蓑
麻呂·紀朝臣犬養·山上朝臣船主에게 함께 정5위하를, 종5위하 多治比眞人人足
에게 종5위상을, 외정5위하 吉田連古麻呂,[89] 정6위상 石川朝臣公足·紀朝臣千世

---

88) 刑部卿 百濟王敬福의 子. 寶龜 2년(771)에 讚岐員外介에 서임되고, 동 7년에 정5위하,
　　延曆 2년(783)에 정4위하에 이른다.

89) 백제 멸망 직후 일본으로 망명한 吉大尙의 후손으로 의약 분야에 고위 관인을 배출하였
　　다. 吉田連古麻呂는 吉大尙의 아들로 추정되는 典藥頭 吉宜의 아들이다. 光仁朝에서
　　內藥佑를 지냈고, 寶龜 7년(776) 외종5위하, 동 10년 외정5위하, 天應 원년(781) 종5위하

·大中臣朝臣安遊麻呂·安倍朝臣木屋麻呂에게 함께 종5위하를, 외종5위하 河內連三立麻呂에게 외종5위상을, 정6위상 船連田口[90]·和史國守[91]·伊勢朝臣水通·武生連鳥守[92]·上毛野公薩摩·土師宿禰道長, 정7위상 物部多藝宿禰國足에게 함께 외종5위하를 내렸다.

을사(17일), 종3위 藤原朝臣濱成을 大宰帥로 삼았다.

무신(20일), 賀茂神을 제사지내는 2신사에 명하여 禰宜, 祝 등에게 처음으로 笏[93]을 들게 하였다. 종4위하 多治比眞人長野를 伊勢守로 삼았다.

을묘(27일), 皇太夫人 종3위 高野朝臣[94]에게 정3위에 서위하였다.

무오(30일), 종6위상 三國眞人廣見에게 종5위하를 내렸다.

5월 임술(4일), 지진이 있었다.

계해(5일), 정6위상 大神朝臣船人에게 종5위하를 내렸다.

을축(7일), 정4위상 大伴宿禰家持를 좌대변으로 삼고 春宮大夫는 종전대로 하였다. 종5위상 紀朝臣家守를 좌중변으로 삼고, 참의 종4위상 石川朝臣名足에게 우대변을 겸직시키고, 중납언 종3위 藤原朝臣繼繩에게 중무경을 겸직시키고, 참의 陸奥按察使 정4위하 藤原朝臣小黑麻呂에게 병부경을 겸직시켰다. 종3위 高倉朝臣福信[95]을 彈正尹으로 삼고, 종4위상 藤原朝臣鷹取를 造宮卿으로

에 서위되었다. 延曆 3년(784)에 內藥正이 되었고, 얼마 안 지나 侍醫에 보임되었다.

90) 延曆 3년 5월에 천도를 위해 陰陽助 외종5위하 船連田口 등을 山背國에 보내 乙訓郡 長岡村의 땅을 보게 하였다. 船連氏는 백제 도래씨족인 王辰爾의 후예로 船史氏에서 天武 12년(683)에 連을 하사받았다. 본거지는 河內國 丹比郡 野中鄕이고, 野中寺가 이 씨족의 氏寺이다.

91) 和史氏는 『신찬성씨록』 左京諸蕃의 和朝臣 항목에 백제국 都慕王의 18세손 무령왕으로부터 나왔다고 한다. 桓武天皇의 생모인 高野新笠의 일족이다. 和史國守는 이해 10월에 造法華寺 차관이 되고, 延曆 원년 8월에는 園池正에 임명되었다. 동 2년 4월에 朝臣의 성으로 개성되었다. 동 3년 정월에 종5위하에 서위되고, 동 4년 정월에는 下野介에, 동 6년 2월에는 參河守에, 동 9년 3월에는 大藏少輔에 임명되었다. 동 10년 정월에는 종5위상으로 승서되었다.

92) 武生連은 개성되기 이전의 성이 馬毘登[馬史]이었다. 백제 王仁의 후예라고 전해지는 西文氏의 일족이다. 天平神護 원년(765) 12월에 右京人 외종5위하 馬毘登國人, 河內國 古市郡 사람 정6위상 馬毘登益人 등 44인에게 武生連의 성이 내려졌고, 武生連鳥守도 이때 개성되었다.

93) 笏은 의복의 격식을 갖추고 위용 있게 보이기 위해 만든 오른손에 손잡이가 있는 장방형 장식품.

94) 高野朝臣新笠. 桓武天皇의 생모이기 때문에 실명을 피하고 씨성만 기재하였다.

삼고 越前守는 종전대로 하였다. 종4위상 紀朝臣船守를 近衛員外中將으로 삼고 內廏助는 종전대로 하였고, 종5위하 大神朝臣船人을 (近衛員外)少將으로 삼았다. 종4위하 佐伯宿禰久良麻呂를 中衛中將으로 삼고, 참의 궁내경 정4위상 大伴宿禰伯麻呂에게 衛門督을 겸직시켰다. 정4위상 坂上大忌寸苅田麻呂를 右衛士督으로 삼고 丹波守는 종전대로 하였다. 종4위상 伊勢朝臣老人을 主馬頭로 삼고, 정6위상 佐伯部三國에게 외종5위하를 내렸다.

경오(12일), 무위 平群朝臣炊女에게 종5위하를 내렸다.

신미(13일), 지진이 있었다.

계유(15일), 정5위상 藤原朝臣人數에게 종4위하를 내렸다.

갑술(16일), 伊勢國에서 언상하기를, "鈴鹿關의 성문 및 守屋 4동에서 14일부터 15일까지 자연히 울림이 있었는데 멈추지 않았다. 그 소리가 마치 나무로 충격을 가하는 것과 같았다"라고 하였다.

을해(17일), 처음으로 中宮職[96]을 설치하였다. 참의 궁내경 정4위상 大伴宿禰伯麻呂에게 중궁대부를 겸직시키고 衛門督은 종전대로 하고, 종5위하 大伴宿禰弟麻呂를 (宮中)亮으로 삼고 左衛士佐는 종전대로 하고, 외종5위하 伊勢朝臣水通을 大進으로 삼고, 외종5위하 上毛野公薩摩, 외종5위하 物部多藝宿禰國足을 함께 少進으로 삼았다.

계미(25일), 종5위하 賀茂朝臣大川을 神祇大副로 삼고, 종5위상 石川朝臣淨麻呂를 少納言으로 삼고, 정5위하 大神朝臣末足을 左中弁으로 삼고, 종5위하 多治比眞人豊濱을 左少弁으로 삼고, 종5위상 紀朝臣家守를 右中弁으로 삼고,

95) 延歷 8년(789)의 高倉朝臣福信 薨傳에 의하면, 그는 무장국 고려군 사람으로 본성은 背奈이고 조부인 복덕이 당나라 장군 이세적이 평양성을 함락했을 때 일본에 귀화하여 무장에 살게 되었다고 한다. 背奈氏는 背奈公, 背奈王, 高麗朝臣, 高倉朝臣으로 개성되었다. 천평승보(749~757) 초에는 종4위 紫微少弼이 되었고, 신호 원년(765)에 종3위로 造宮卿에 임명되어 武藏守, 近江守를 겸임하였다. 또 고려복신은 천평승보 8세(756), 보귀 원년(770), 연력 2년(783) 등 세 번에 걸쳐 무장국 장관인 무장수를 겸임하였다.

96) 中宮職은 中務省의 피관으로 황후 등 천황의 후비 및 皇太后, 太皇太后 등의 서무를 관장한다. 장관인 大夫 1인, 차관 亮 1인 등 4등관이며, 하급직인 舍人 400인, 使部 30인 등으로 구성되어 있다. 대보령 시행 이후에는 오직 文武의 夫人 藤原宮子를 위한 관사였고, 藤原光明子가 聖武의 황후가 된 이후에는 光明子 부속의 令外官으로서의 皇后宮職으로 기능하게 된다. 본문의 중궁직은 桓武天皇의 생모인 高野新笠이 皇太夫人이 됨에 따라 여기에 부속되어 설치한 것이다.

종5위하 阿倍朝臣石行을 右少弁으로 삼고, 종5위하 紀朝臣眞人을 大學頭로 삼고, 정5위상 百濟王利善을 散位頭로 삼고, 종5위하 三嶋眞人大湯坐를 治部少輔로 삼고, 정5위하 石上朝臣家成을 民部大輔로 삼고, 종5위하 藤原朝臣菅嗣를 (民部)少輔로 삼았다. 종5위하 藤原朝臣繼彦을 兵部少輔로 삼고, 종5위하 石川朝臣垣守를 형부경으로 삼고 伊豫守는 종전대로 하고, 종5위상 當麻眞人永嗣를 (刑部)大輔로 삼고, 종5위하 文室眞人子老를 (刑部)少輔로 삼고, 종5위하 中臣朝臣鷹主·高倉朝臣殿繼를 함께 大判事로 삼고, 정5위하 大伴宿禰不破麻呂를 大藏大輔로 삼고, 정5위하 紀朝臣犬養을 宮內大輔로 삼고 丹後守는 종전대로 하였다. 종5위하 陽侯王을 大膳大夫로 삼고, 종5위하 石淵王을 正親正으로 삼고, 종5위하 巨勢朝臣廣山을 鍛冶正으로 삼고, 종5위하 三國眞人廣見을 主油正으로 삼고, 造宮卿 종4위상 藤原朝臣鷹取에게 左京大夫를 겸직시키고 越前守는 종전대로 하였다. 우대변 종4위상 石川朝臣名足에게 우경대부를 겸직시키고, 종4위하 豊野眞人奄智를 攝津大夫로 삼고, 종5위상 石川朝臣豊麻呂를 造宮大輔로 삼고, 종5위하 葛井連根主[97]를 (造宮)少輔로 삼고, 종5위하 桑原公足床을 造東大寺 차관으로 삼고, 종5위하 大中臣朝臣安遊麻呂를 中衛少將으로 삼고 播磨大掾은 종전대로 하였다. 종5위상 大中臣朝臣繼麻呂를 衛門佐로 삼고, 中宮亮 종5위하 大伴宿禰弟麻呂에게 左衛士佐를 겸직시키고, 左中弁 종5위상 紀朝臣家守에게 左兵衛督을 겸직시키고, 종5위하 藤原朝臣弓主를 (佐兵衛)佐로 삼고, 종5위하 安倍朝臣祖足을 主馬助로 삼고, 종5위상 多治比眞人人足을 山背守로 삼고, 大外記 외종5위하 上毛野公大川에게 (山背)介를 겸직시키고, 외종5위하 陽侯忌寸玲璆[98]에게 尾張守를 겸직시키고, 외종5위하 土師宿禰古人을 遠江介로 삼고, 式部少輔 정5위하 石川朝臣眞守에게 武藏守를 겸직시키고, 종5위상 巨勢朝臣池長을 (武藏)介로 삼고, 造酒正 종5위하 中臣丸朝臣馬主를 上總介로 삼고, 병부경 정4위상 藤原朝臣家依에게 下總守를 겸직시키고 시종은 종전대로 하였다. 종5위하 賀茂朝臣人麻呂를 常陸介로 삼고, 左衛士督 종4위상 藤原朝臣種繼에게

---

97) 葛井連은 백제계 도래씨족. 天平寶字 5년(761)에 외종5위하, 동 8년에 備中介를 역임하였고, 寶龜 2년(771)에 종5위하에 오르고, 延曆 원년(782)에 종5위상 木工頭에 임명되었다.

98) 권35, 寶龜 9년(778) 10월조 161쪽 각주 26) 참조.

近江守를 겸직시키고, 종5위하 大伴宿禰繼人을 (近江)介로 삼고, 정5위상 大伴宿禰潔足을 美濃守로 삼고, 종5위하 紀朝臣馬借를 (美濃)介로 삼고, 종5위하 紀朝臣家繼를 信濃守로 삼고, 정5위상 阿倍朝臣家麻呂를 上野守로 삼고, 외종5위하 船木直馬養을 若狹守로 삼고, 中宮少進 외종5위하 物部多藝宿禰國足에게 因幡介를 겸직시키고, 종5위하 篠嶋王을 伯耆守로 삼고, 종4위하 石川朝臣豊人을 出雲守로 삼고, 종5위하 藤原朝臣園人을 備中守로 삼고, 左兵衛佐 종5위하 藤原朝臣弓主에게 阿波守를 겸직시키고, 종5위하 正月王을 土左守로 삼고, 종5위하 多治比眞人繼兄을 豊後守로 삼았다.

을유(27일), 종5위상 紀朝臣古佐美를 陸奧守로 삼았다.

정해(29일), 尾張國 中嶋郡 사람 정8위상 裳咋臣船主가 아뢰기를, "우리들은 伊賀國의 敢朝臣과 같은 조상이다. 그래서 증조부 宇奈 이전에는 모두 敢臣이라고 하였다. 그런데 조부 得麻呂는 경오년적에 잘못하여 모친의 성을 따라 裳咋臣으로 기재되었다. 바라건대 개정해 주기를 청한다"라고 하였다. 이에 船主 등 8인에게 敢臣의 성을 내렸다.

6월 무자삭(1일), (천황이) 조를 내려, "생각해 보니, 왕이 백관을 둘 때에는 인재를 헤아려 능력있는 자를 임명하고 직원의 정원은 제한하였다. 그 후 사무가 점점 많아질 때에는, 일이 많은 관사를 헤아려 정원 외 직원을 두었다. 머지않은 시기부터 정원 외 직원의 흐름은 점점 늘고 있다. 비유하건대, 10마리의 양을 키우는 데 9명의 목동을 이용하는 것과 같다. 백성이 폐해를 받는 것은 실로 이 때문이다. 짐은 처음에 황위를 받고 천하에 군림할 때에, 여기에 백성의 마음을 헤아려 마음 속 깊이 자애로 보살피는 것을 생각하고 있었다. (백성의) 피해를 없애고 자애와 장수를 베풀고자 하였다. 그래서 내외 문무관의 정원 외 직원은 모두 다 해임한다. 다만 郡司, 軍毅는 이 한도에 포함되지 않는다. 또 재외의 국사는 대부분 조정의 위탁을 어기고, 정창의 도곡이 결핍되어 있는 것도 생각하지 않고, 동시에 公廨의 도곡을 사용하고 있다. 혹은 국법을 두려워하지 않고 멋대로 백성으로부터 이익을 빼앗고 있다. 이런 까닭에 지금 부정이 심한 자를 골라내어 비록 임기가 차지 않았더라도 사안에 따라 관위를 강등하고 퇴출시킨다. 지금 이후로는 내외의 관인은 처신이 청렴근면하고, 일처리에 공정한 자에게는 소관 관사에서 상세히 심사하여 높은 관직을 주도록 한다. (이에 대해) 재직하면서 탐욕이 심하고 근무상태를 흐리게 하고 마음대로 하는 자는 순찰사를 보내 조사하여 관위를 강등시킨다. 바라건대, 혼탁함을 제거하고 청신함을 고양시켜 인정이 경박한 풍속을 이전의 소박하게 바꾸어 국가를 걱정하고 백성을 위무하는 옛적의 순박한 풍속을 추구하고자 한다. 두루 원근의 지역에 고지하여 짐의 뜻을 알리도록 한다"라고 하였다. 和泉國 和泉郡 사람 坂本臣糸麻呂 등 64인에게 朝臣의 성을 내렸다.

(천황이) 참의 持節征東大使 兵部卿 정4위하 陸奥按察使, 常陸守를 겸직한 藤原朝臣小黑麻呂 등에게 칙을 내려, "지난 5월 24일부 상주문을 얻어 구체적인 소식을 알 수 있었다. 다만 저 蝦夷의 성질은 벌과 같이 떼지어 다니고 개미와 같이 군집을 이루어 소란의 단서가 되고 있다. 공격하면 산이나 덤불 속으로 도주하고, 방치해 두면, 성과 요새를 침략한다. 그러나 伊佐西古, 諸絞, 八十嶋, 乙代 등은 적 중에서 수령이고 1인으로 1천인에 필적한다. (그들의) 행적은 산야에 감추고 기회를 엿보고 틈을 노리는데, 아군의 위세를 두려워하여, 아직은 감히 멋대로 해독을 끼치지는 않는다. 지금 장군 등은 아직 (적의) 머리를 하나도 베지 못한 채, 먼저 군사를 해산하였다. 일은 이미 추진되었고 이를 어떻게 할 수도 없다. 다만 선과 후의 주상을 보면, 적의 무리는 4천여 인이고 벤 머리 수는 불과 70여 인이다. 남아있는 적이 여전히 많다. 어떻게 먼저 전과를 보고하고 빨리 왕경으로 들어오기를 청할 수 있겠는가. 설사 이전 사례가 있다고 해도 짐은 받아들이지 않는다. 이에 부사 內藏忌寸全成,[99] 多朝臣犬養 중에서 1인을 역마를 이용하여 입경시켜서 우선 군의 상황을 자세히 보고한다. 그 외의 일은 다음의 지시를 기다리도록 한다"라고 하였다.

계사(6일), 참의 종4위상 藤原朝臣乙繩이 죽었다. 우대신 종1위 豊成의 제3자이다.

갑오(7일), 종5위하 鹽屋王을 主殿頭로 삼고, 외종5위하 小塞宿禰弓張을 內掃部正으로 삼았다.

---

99) 권32, 寶龜 3년(772) 하4월조 59쪽 각주 33) 참조.

병신(9일), 정6위상 物部射園連老에게 외종5위하를 내렸다.

기해(12일), 지진이 있었다.

임인(15일), 命婦 종4위하 藤原朝臣敎貴에게 정4위하를 내렸다.

계묘(16일), 외종5위하 土師宿禰古人에게 종5위하를 내렸다. 大宰帥 종3위 藤原朝臣濱成을 員外帥[100]로 강등하였다. 儀仗[101]의 인원은 3인으로 제한하였다. 이에 대해 (천황은) (大宰)大貳 정4위상 佐伯宿禰今毛人 등에게 칙을 내려, "3년간의 근무평정에서 관위의 승진과 강등을 결정하는 것은 옛 제왕으로부터의 법칙이다.[102] 권선징악은 옛 성인의 가르침이다. (大宰)帥 참의 3위 겸 시종 藤原朝臣濱成은 역임한 관직에서 선정의 말을 듣지 못했다. 지금 원방의 정치를 위임받아 직무는 교화를 펼치는 일이다. 만약 (藤原朝臣濱成을) 징계하지 않으면 어떻게 금후의 효과를 얻을 수 있겠는가. 이에 그 맡은 직을 강등하여 員外帥에 보임하고, 사무를 행해서는 안 된다. 다만 公廨는 (정식) 大宰帥의 3분의 1을 지급한다. 대재부의 잡무는 무슨 일이든 (佐伯宿禰)今毛人 등이 행하도록 한다"라고 하였다.

을사(18일), 칙을 내려 "河內國 若江郡 사람 弓削淨人廣方, 廣田, 廣津 등은 지난 寶龜 원년(770)에 土左國으로 유배되었는데,[103] 그 죄를 용서받아 본향으로 귀환시켰다. 다만 경에 들어오지는 못하게 한다"라고 하였다.

기유(22일), 지진이 있었다. 외종5위하 珍努縣主諸上에게 외종5위상을 내렸다.

경술(23일), 무위 平群朝臣家刀自에게 종5위하를 내렸다. 우대신 정2위 大中臣朝臣清麻呂가 상표하여 사직을 청했다. (천황은) 조를 내려 허락하고 팔받침대와 지팡이를 내렸다.[104]

---

100) 정원 외의 大宰帥.

101) 儀仗은 호위관인. 大宰帥에게는 8인이 지급되는데, 원외국수가 되었기 때문에 줄여서 3인으로 한 것이다. 대신 대재부의 장관 역할은 차관인 佐伯宿禰今毛人이 맡도록 하였다.

102) 『書經』 舜典, "三載考績, 三考黜陟幽明, 庶績咸熙, 分北三苗".

103) 寶龜 원년 8월 22일조.

104) 『禮記』 曲禮上에 "大夫七十而致事, 若不得謝, 則必賜之几杖"이라고 기록되어 있다. 고령의 관인에게 내리는 예우이다. 几는 앉을 때 팔을 기대어 몸을 편하게 하는 것.

신해(24일), 당 사절을 귀국시키는 送使 종5위하 布勢朝臣清直 등이 당에서
돌아와, 사절의 節刀를 반납하였다. 금성이 낮에 보였다.

대납언 정3위 겸 식부경 石上大朝臣宅嗣가 죽었다. 정2위에 추증하였다.
宅嗣는 좌대신 종1위 麻呂의 손이고, 중납언 종3위 弟麻呂의 아들이다. 성품이
밝고 도리를 알고 자세가 반듯하였다. (일찍부터) 경서와 사서를 접해 섭렵한
바가 많다. 글쓰기를 좋아해 초서와 예서는 명필이었다. 天平勝寶 3년(751)에
종5위하를 받고 治部少輔에 임명되었고, 점차 文部大輔로 옮기고 내외의 관을
두루 역임하였다. 神護景雲 2년(768)에 참의 종3위에 이르렀다. 寶龜 초에
大宰帥에 출사하였고, 얼마 안지나 式部卿으로 전임되었고 中納言에 배임되었
다. 그 청원으로부터 物部朝臣의 성을 받았다. 다음에는 皇太子傅를 겸직하였
고 다시 성을 고쳐 石上大朝臣의 성을 받았다. (寶龜) 11년(780)에 大納言으로
전임되었고 바로 정3위에 서위되었다. 宅嗣는 말과 용모에 격조가 있어
당시 이름을 알렸다. 풍경, 산수를 접할 때마다 시류에 따라 붓을 잡고
주제로 삼았다. 天平寶字 이후 宅嗣 및 淡海眞人三船은 문인의 필두가 되었다.
저술한 시부는 수십 수이고, 세상에 전해져 대부분 음송되었다. 구 사저를
희사하여 阿閦寺[105]로 삼았다. 절 내의 한편에 특별히 外典[106]의 서각을
설치하여 이름을 藝亭이라 하였다. 만약 학문을 좋아하는 사람들이 와서
열람하고자 하면 자유롭게 허락하였다. 이 때문에 규칙을 기록하여 후세에
남겼다. 그 대략은 다음과 같다.

"불교와 유교는 그 근본은 일체이다. 점진과 급진의 차이는 있지만 잘
인도하면 다르지 않다. 사저를 희사하여 절로 삼았고, 불심에 귀의한 지
오래되었다. 불전의 (이해를) 돕기 위해 경서를 추가하여 둔다. 이곳은 가람이
고, 모름지기 모든 일에 금도를 지키고 경계해야 한다. 같은 뜻을 갖고
들어온 자는 현세를 초극하고 아울러 집착의 마음이 떠나야 한다. 후대에
오는 자도 속세의 노고에서 벗어나 깨달음의 경지로 들어오기를 바란다.
그 서각은 지금도 남아있다. 임종시에 장례를 간소하게 하도록 유훈을 남겼다.

---

105) 天平寶字 5년 10월에 견당부사로 임명된 石上宅嗣가 항해의 안전을 위해 사저를
　　　희사하여 佛寺로 하고 阿閦佛像을 모신 것이 기원이 되었다.

106) 유교의 경서류.

사망시의 나이는 53세였다. 당시의 사람들이 애도하였다".

임자(25일), 종5위하 勅旨大丞 羽栗臣翼을 難波에 보내 朴消[107]를 정제시켰다. 遠江介 종5위하 土師宿禰古人, 산위 외종5위하 土師宿禰道長 등 15인이 아뢰기를, "土師의 선조는 天穗日命으로부터 나왔고, 그 14세 손으로 이름은 野見宿禰이다. 옛적, 纏向珠城宮에서 천하를 통치하신 垂仁天皇의 치세에, 옛 풍습이 늘상 존재하여 장례는 예절이 없고, 흉사가 있을 때마다 순장하는 사례가 많았다. 당시 황후가 사망하여 뜰에 빈궁이 있었는데, 천황이 군신들을 보고, '妃의 장례는 어떻게 하는가'라고 물었다. 군신들은 대답하기를, '오로지 倭彦王子[108]의 고사를 따르고 있다'라고 하였다. 당시 臣[109]들의 먼 조상인 野見宿禰가 주상하기를, '신과 같이 우매한 의견으로는 순장의 예는 특히 자애의 정치에 어긋난다. 국의 이익이나 사람에게도 도움이 되는 길이 아니다'라고 하였다. 이에 土部[110] 300여 인을 이끌고 점토를 취하여 여러 사물의 형상을 만들어 바쳤다. 천황이 이를 보고 대단히 기뻐하였다. 이를 순장된 사람으로 대신하였다. 이름하여 埴輪이라 했는데, 이른바 立物이라는 것은 이것이다. 이는 즉 지난 제왕[111]의 인덕이고, 신의 선조[112]가 남긴 인애이다. 후세 사람들에게 은혜를 입게 한 것이고, 살아있는 백성은 그 은덕을 누리고 있다. 그래서 선조의 직무를 보면, 길사와 흉사가 서로 반반 있다. 만약 천황의 상장 시에는 흉사를 치르는 것이고, 제사 일에는 길사를 준비하는 것이다. 이와 같이 봉사해 온 일은 실로 통상의 관습과도 합치한다. 지금은 그러하지 않다. 오로지 흉의[113]만을 하고 있다. 선조의 직무를 되돌아보면 본뜻은 여기에 있는 것은 아니다. 바라건대 거주 지명에 따라 土師를 고쳐 菅原을 성으로 삼고자 한다"라고 하였다. (천황은) 칙을

---

107) 유황소다의 결정체로 소화제로 쓰이고, 우마의 가죽을 부드럽게 만드는 데 사용한다.

108) 崇神天皇의 아들. 『일본서기』 垂仁紀 18년 10월조에 나온다.

109) 土師氏.

110) 土師氏의 통솔 아래 토형 제작을 하는 부민. 『일본서기』 垂仁紀 32년 7월조에 "出雲國之土部壹伯人"이라는 기록이 있다.

111) 垂仁天皇.

112) 土師氏의 선조인 野見宿禰.

113) 凶儀는 葬儀을 말한다.

내려 청한대로 이를 허락하였다.

갑인(27일), 정2위 藤原朝臣魚名을 左大臣 겸 大宰帥로 삼았다. 정3위 藤原朝臣田麻呂를 대납언 겸 근위대장으로 삼았다. 정3위 藤原朝臣是公을 式部卿 겸 중위대장으로 삼았다. 종4위상 大中臣朝臣子老·紀朝臣船守를 함께 참의로 삼았다. 이날, 금성이 낮에 보였다.

추7월 임술(5일), (천황이) 조를 내려, "짐이 덕이 부족하여 음양이 조화롭지 않고, 천하에 두루 폭염과 가뭄이 달포를 지나고 있다. 백성은 탄식하고 있고, 전국이 원망하고 있다. 짐은 그들의 부모로서 이 하늘의 질책을 받고 있다. 비록 지성을 다해도 아직 하늘을 감응시켜 은혜의 비는 내리지 않고 있다. 죄수들을 생각하면, 특히 불쌍히 여겨 은혜를 베풀어야 한다. 이에 연민의 정을 느낀다. 이에 天應 원년 7월 5일 동트기 이전의 사형죄 이하는 죄의 경중을 묻지 않고, 이미 발각되었거나 아직 발각되지 않았거나, 이미 판결이 났거나 심의중이거나, 현재 수감중인 자는 모두 사면한다. 다만 팔학, 고의 살인, 사주전, 강도와 절도, 통상의 사면에서 면제되지 않는 자는 사면의 범위에 포함되지 않는다"라고 하였다.

계해(6일), 駿河國에서 언상하기를, "富士山 기슭에 화산재가 내려 재가 미친 지역의 나뭇잎이 시들어 버렸다"라고 하였다.

정묘(10일), 정4위하 藤原朝臣小黑麻呂를 民部卿으로 삼고, 陸奧按察使는 종전대로 하였다. 정4위상 藤原朝臣家依를 병부경으로 삼고, 시종과 下總守는 종전대로 하였다. 중납언 종3위 藤原朝臣繼繩에게 좌경대부를 겸직시키고, 종4위상 藤原朝臣種繼를 左衛士督으로 삼고 近江守는 종전대로 하였다. 造宮卿 종4위상 藤原朝臣鷹取에게 左兵衛督을 겸직시키고, 左中弁 종5위상 紀朝臣家守에게 右兵衛督을 겸직시키고, 近衛員外中將 종4위상 紀朝臣船守에게 內廐頭를 겸직시켰다.

계유(16일), 우경인 정6위상 栗原勝子公이 아뢰기를, "子公 등의 선조 伊賀都臣은 中臣의 먼 조상인 天御中主命 20세손인 意美佐夜麻의 아들이다. 伊賀都臣은 神功皇后의 치세에 백제에 사신으로 파견되어 현지 여자를 취하여 2남을 낳았는데, 이름은 本大臣, 小大臣이라고 한다. 멀리 본계를 찾아보니, 성조에 귀화하여 이때 美濃國 不破郡의 栗原을 땅을 받아 거주하였다. 그 후 거주명을 따라 씨명으로 명명하여 마침내 栗原勝의 성을 갖게 되었다. 바라건대 中臣栗原連[114]의 성을 받고자 한다"라고 하였다.[115] 이에 子公 등 남녀 18인에게 청한대로 고쳐서 성을 내렸다.

병자(19일), 河內國에서 언상하기를, "尺度池의 물이 금월 18일 사시에서 유시까지[116] 핏물 색으로 변하였다. 그 냄새는 누린내가 심하게 났고, 길이 2정, 넓이 3장이었다"라고 하였다.

갑신(27일), 典藏 종4위하 爲奈眞人玉足이 죽었다.

8월 정해삭(1일), 종5위하 吉田連斐太麻呂에게 종5위상을 내렸다.

갑오(8일), 정4위상 大伴宿禰家持를 左大弁 겸 春宮大夫로 삼았다. 이에 앞서 모친상을 당하여 해임되었다가 이에 이르러 복직하였다.[117]

무술(12일), 종5위상 紀朝臣家守에게 정5위상을 내리고, 종5위하 大伴宿禰弟麻呂에게 종5위상을 내렸다.

기해(13일), 종5위상 伴田朝臣仲刀自에게 정5위하를 내렸다.

신해(25일), 陸奥按察使 정4위하 藤原朝臣小黑麻呂가 (蝦夷) 정벌을 마치고 입조하였다. 특별히 정3위를 내렸다.

계축(27일), 무위 五百枝王·五百井女王에게 함께 종4위하를 내리고, 무위 藤原朝臣夜志芳古에게 종5위하를 내렸다.

---

114) 『新撰姓氏錄』 未定雜姓 右京에 "中臣栗原連은 天兒屋根命의 11세손 雷大臣의 후손"이라고 나와 있다.

115) 栗原勝子公의 선조로 나오는 伊賀都臣은 원래 도래계 씨족이지만 그의 후예들이 출자를 일본계로 바꾸기 위해 신공기의 한반도 제국 정벌기사를 근거로 조상의 유래를 윤색하였다. 조상을 한반도에 출병한 장군으로 기록하고 현지 여성과의 사이에서 태어나 후에 일본으로 이주했다는 전승은 『신찬성씨록』, 일본 정사에 산견된다. 『신찬성씨록』 미정잡성 하내국조에 "竹原連은 신라국 阿羅羅國主의 아우 伊賀都君의 후손이다"라고 하여 伊賀都君이라는 인물이 나오는데 伊賀都臣과의 연관성도 엿보인다.

116) 오전 10시에서 오후 6시까지.

117) 「假寧令」3 「職事官」조에는, "遭父母喪, 並解官"이라고 하여 부모상을 당했을 경우에는 관인은 해관한다. 「喪葬令」17 「服紀」條에는, "凡服紀者, 爲君, 父母, 及夫, 本主一年"이라고 하여 부모의 상복기간은 1년으로 규정되어 있는데, 大伴宿禰家持가 左大弁에 임명된 것은 이해 5월이고 3개월 만에 복직한 것이다. 이와 관련하여 「儀制令」20 「遭重服」條에는, "凡遭重服, 有奪情從職, 並終服, 不弔, 不賀, 不預宴"이라고 하여, 부모상중인데 직무를 해야 할 경우 경조사에 참여하지 않는다는 조건이 있다.

9월 무오(3일), (천황이) 5위 이상에게 내리에서 연회를 베풀었다. 종3위 藤原朝臣繼繩에게 정3위를 내리고, 정3위 藤原朝臣是公을 중납언으로 삼았다. 연회를 마치고 각각 차등있게 녹을 지급하였다.

기미(4일), 무위 忍坂女王에게 종5위하를 내렸다.

경신(5일), 정5위하 粟田朝臣鷹守를 左兵衛佐로 삼았다.

계해(8일), 정5위하 內藏忌寸全成[118]을 陸奥守로 삼았다. 좌경인 정7위하 善麻呂 등 3인에게 吉水連[119]의 성을 내리고, 종7위하 善三野麻呂 등 3인에게 吉水造의 성을 내렸다.

정묘(12일), 무위 百濟王淸刀自[120]에게 종5위하를 내렸다.

정축(22일), (천황이 征夷의 공로에 대한 서위의) 조를 내렸다. 종5위상 紀朝臣古佐美에게 종4위하 훈4등을, 종5위상 百濟王俊哲에게 정5위상 훈4등을, 정5위하 內藏忌寸全成에게 정5위상 훈5등을, 종5위하 多朝臣犬養에게 종5위상 훈5등을, 종5위하 多治比眞人海에게 종5위상을, 정6위상 紀朝臣木津魚·日下部宿禰雄道·百濟王英孫[121]에게 종5위하를, 정6위상 阿倍猿嶋朝臣墨繩에게 외종5위하 훈5등을, 入間宿禰廣成에게 외종5위하를 내렸다. 모두 征夷의 노고에 대한 포상이었다. 또 당 사절을 송사한 종5위하 布勢朝臣淸直에게 정5위하를, 판관 정6위상 多治比眞人濱成·甘南備眞人淨野에게 함께 종5위하를 내렸다.

신사(26일), 처음에 征東副使 大伴宿禰益立에게 출발할 즈음에 종4위하를 내렸다. 그러나 益立은 군영에 이르러서도 자주 정토의 시기를 파악하지 못하고 체류하며 진군하지 않고 헛되이 군량만 소비한 채 날짜만 보냈다. 이에 다시 대사 藤原朝臣小黑麻呂를 보내 도착한 즉시 진군하여 빼앗긴 성채를 되찾았다. 이에 천황은 조를 내려 益立이 진군하지 않은 것을 질책하고

---

118) 內藏氏는 백제계 도래씨족인 坂上氏와 동족으로 阿知使主의 孫으로 나오는 爾波木直의 후예로 전한다.

119) 『신찬성씨록』 좌경제번하에, "吉水連은 漢前의 魏郡 사람인 蓋寬饒로부터 나왔다"고 하여 중국계 도래씨족으로 나온다

120) 여기에만 보이는 인물이다.

121) 延曆 4년(785) 5월에 鎭守府權副將軍, 동 10월에 出羽守에 임명되었고, 동 10년에 종5위상에 서위되었다. 그 후 延曆 12년에서 동 13년에 걸쳐 征夷副使로 종군하였고, 동 16년에는 右兵衛督, 2년 후에는 右衛士督을 역임하였다.

종4위하를 박탈하였다.

갑신(29일), 종4위상 伊勢朝臣老人에게 정4위하를 내렸다.

동10월 무자(3일), 무위 山口王에게 종5위하를 내렸다.

기축(4일), 종4위하 五百枝王을 시종으로 삼고, 종4위하 淡海眞人三船을 대학두로 삼고, 정5위하 布勢朝臣淸直을 병부대보로 삼고, 종5위하 紀朝臣千世를 (병부)소보로 삼고, 종5위하 多治比眞人三上을 좌경량으로 삼고, 종5위하 紀朝臣眞人을 우경량으로 삼고, 종5위하 健部朝臣人上을 勅旨少輔로 삼고, 외종5위하 和史國守를 造法華寺 차관으로 삼았다.

을미(10일), 지진이 있었다.

무술(13일), 정4위상 藤原朝臣家依에게 종3위를 내리고, 무위 朝原首眞糸女에게 외종5위하를 내렸다.

신축(16일), 尾張, 相摸, 越後, 甲斐, 常陸 등 제국의 사람 총 12인이 사적인 역량으로 군량을 陸奧國에 운송하였다. 그 운송의 수량에 따라 위계를 내렸다. 또 군공이 있는 사람들에게 특등에는 훈6등을, 1등에는 훈8등을, 2등에는 훈9등을, 3등에는 훈10등을 내렸다.

무신(23일), 정6위상 藤原朝臣內麻呂에게 종5위하를 내렸다.

경술(25일), 下總國 葛餝郡 사람 孔王部美努久咩가 한번에 3아이를 낳았다. 이에 유모 1인과 식량을 지급하였다.

11월 정사(3일), 지진이 있었다.

임술(8일), 近江國에서 木連理[122]를 발견했다고 아뢰었다.

정묘(13일), (천황이) 태정관원[123]에 임하여 大嘗祭의 행사를 집행하였다.[124] 越前國을 由機로 삼고, 備前國을 須機로 삼았다.[125] 양국은 여러 종류의

---

122) 『延喜式』 권제21 治部省에, "木連理.〈仁木也, 異本同枝, 或枝旁出, 上更還合.〉"이라고 하여 뿌리가 다른 나무가 서로 합쳐서 같은 줄기가 되거나, 줄기가 서로 합쳐져 있는 나무를 말한다. 祥瑞 중의 下瑞에 해당한다.

123) 太政官院은 태정관 건물이 속한 전체 구역을 말한다.

124) 천황 즉위 후 처음으로 행하는 대상제는 『延喜式』 권제7 大嘗祭에는, "踐祚大嘗祭, 凡踐祚大嘗, 七月以前卽位者, 當年行事. 八月以後者, 明年行事.〔此據受讓卽位, 非謂諒闇登極.〕其年預令所司, 卜定悠紀, 主基國郡, 奏可訖卽下知, 依例准擬, 又定檢校行事"라고 규정되어 있다. 이에 따르면, 7월 이전에 즉위한 경우는 당해년에 거행하고, 8월 이후에 즉위하면 이듬해에 거행한다고 되어 있다. 이날의 대상제는 桓武天皇의 대상제이지만,

놀이 물품을 바치고 정원에서 향토의 가무를 선보였다.126) 5위 이상에게 차등있게 녹을 내렸다.

기사(15일), 5위 이상에게 연회를 베풀고 아악료의 음악과 大歌를 연주하였다. 정4위상 大伴宿禰家持에게 종3위를, 종5위상 當麻王에게 정5위하를, 종5위하 調使王·淨原王에게 함께 종5위상을, 무위 大伴王에게 종5위하를, 정5위하 石上朝臣家成에게 종4위하를, 정5위하 佐伯宿禰眞守에게 정5위상을, 종5위하 多治比眞人年主·紀朝臣難波麻呂에게 함께 종5위상을, 정6위상 中臣朝臣必登·藤原朝臣眞鷲·藤原朝臣淨岡에게 함께 종5위하를 내리고, 연회가 끝난 후에 각각 차등있게 녹을 지급하였다.

경오(16일), 3품 不破內親王에게 2품을 내리고, 종4위하 淨橋女王에게 종4위상을, 종5위하 垂水女王에게 종5위상을, 무위 小縵女王에게 종5위하를, 정4위하 安倍朝臣古美奈에게 정4위상을, 종4위하 藤原朝臣諸姉에게 종4위상을, 정5위상 和氣朝臣廣虫에게 종4위하를, 종5위하 安曇宿禰刀自에게 정5위하를, 종5위하 神服宿禰毛人女에게 종5위상을, 무위 藤原朝臣明子에게 종5위하를, 정6위상 嶋名古刀自에게 외종5위하를 내렸다. 또 정5위하 山邊王에게 정5위상을, 종4위상 藤原朝臣鷹取에게 정4위하를, 종5위하 藤原朝臣眞葛·紀朝臣伯麻呂에게 함께 종5위상을 내리고, 아울러 由機·須機의 국사로 삼았다. 정6위상 林忌寸稻麻呂·凡直黑鯛·朝原忌寸道永에게 함께 외종5위하를 내렸다.

신미(17일), 제관사의 주전 이상에게 향응을 베풀었다.

임신(18일), 종5위하 和氣朝臣淸麻呂에게 종4위하를 내렸다. 명경, 사서 및 음양가, 여러 재능을 가진 자에게 각각 명주실 10구를 지급하였다.

계유(19일), 정6위상 藤原朝臣根麻呂에게 종5위하를, 정7위하 酒人忌寸刀自古, 무위 佐和良臣靜女에게 함께 외종5위하를 내렸다.

갑술(20일), 정4위상 安倍朝臣古美奈에게 종3위를, 종4위하 橘朝臣眞都賀·百濟王明信127)에게 함께 종4위상을, 종5위하 藤原朝臣勤子에게 종5위상을 내렸다.

卯日 당일 행사인 由機와 須機를 담당하는 국을 지정한 것이다.
125) 由機와 須機는 대상제 때 新穀·酒料를 바치는 국·군이다. 由機는 齋忌, 悠紀라고도 표기하며, 須機는 次, 須伎主基로도 표기한다. 해당국은 점을 쳐서 선정한다.
126) 『延喜式』 권제7 大嘗祭, "就位奏古風. 悠紀國司引歌人入自同門, 就位奏國風".

병자(22일), 무위 藤原朝臣春蓮에게 종5위하를 내렸다.

신사(27일), 지진이 있었다.

12월 을유삭(1일), 陸奧守 정5위상 內藏忌寸全成에게 진수부장군을 겸직시
켰다.

신묘(7일), 종5위하 紀朝臣宮人에게 정5위하를 내렸다.

병신(12일), 지진이 있었다.

신축(17일), 3품 藕田親王이 죽었다. 종4위상 壹志濃王, 종4위하 紀朝臣古佐
美·石川朝臣垣守 등을 보내 장의를 감독하게 하였다. 친왕은 天宗高紹天皇[128]
의 제3황자이다. 사망시의 나이는 31세였다.

갑진(20일), (천황이) 조를 내려, "짐은 부덕한데도 황위를 잇고, 아침
일찍 일어나 밤 잠자리에 들 때까지 정치의 옳은 길을 구하려고 생각하고
있다. 자신을 극복하는 마음을 다하고 부모에게 효행과 공경하는 뜻을 갖고
있다. 그러나 정성을 다한 보람도 없이 아직 하늘의 감응을 얻지 못하고
있다. 요즈음 태상천황의 건강이 좋지 않다. 종묘사직에 정성을 다해 기도하
고, 계속해서 폐백을 바치는 사이에 일월이 지나갔는데 아직 효과는 나타나지
않는다. 되돌아보면, (덕이) 부족하고 책임은 짐 자신에게 있다. 일을 행함에
잘못은 없었던가를 생각하면, 부끄럽고 두려운 마음이다. 영혼이 있는 동물
중에 사람보다 중한 것은 없다. 형벌을 잘못 내리면, 바로 (하늘은) 억울한
죄에 감응한다. 은혜를 내려 태상천황이 회복하는 데 도움이 되고자 한다.
천하에 대사면을 내린다. 天應 원년 12월 20일 동트기 이전의 사형죄 이하는
죄의 경중을 묻지않고 이미 발각되었거나 발각되지 않았거나, 이미 판결이
났거나 심리중이거나, 현재 수감 중인 자, 사주전, 팔학, 고의 살인, 강도와
절도, 통사의 사면에서 면제되지 않는 자, 모두 사면한다"라고 하였다.

정미(23일), 태상천황이 붕어하였다. 춘추 73세였다. 천황은 슬피 통곡하였
고, 목이 메어 주체하지 못했다. 내외의 백료들이 여러 날을 곡하였다. (천황
이) 조를 내려, "짐은 정성을 다해도 (하늘은) 감응이 없고, 갑자기 사별하는

---

127) 우경대부 百濟王理伯의 딸. 조부는 百濟王敬福. 弘仁 6년(815)에 사망하여 종2위에
      추증되었다. 백제계 도래씨족을 중시했던 桓武天皇의 총애를 받았다.
128) 光仁天皇.

불행을 만났다. 쓰라린 아픔이 마음을 휘감고, 몸이 다하도록 근심은 영원히 얽매어 있다. 그래서 복상 기간은 3년으로 하고, 다함이 없는 은혜에 보답하고자 한다. 그런데 많은 공경, 관인들이 모두 함께 의견을 주상하여, '宗廟의 일은 가볍게 할 수는 없지만, 조정의 정무는 중요하고 하루라도 관을 소홀히 해서는 안 된다. 바라건대 後奈保山朝廷에 준해서129) 모든 정무는 오로지 평상과 같게 해야 한다'라고 하였다. 짐으로서는 슬픈 마음은 변하지 않고, 고통은 여전히 깊다. 먼저 吉禮를 따르는 것은 심히 臣子의 도리가 아니다. 천하가 상복을 입는 것은 6개월로 하고130) (기간이 지나면) 바로 벗도록 한다. 이에 금월 25일부터 시작하여 제국의 郡司는 3일간, 관의 청사 앞에서 3일간 애도한다. 만약 먼 지역의 경우에는 태정관부가 도착하는 날을 시작으로 시행한다. 의례는 1일에 3번 행하고, 초일에는 2번씩 재배한다. 다만 神郡131)에서는 이 범위에 포함되지 않는다"라고 하였다.

이날, 정3위 藤原朝臣小黑麻呂, 종3위 藤原朝臣家依, 정4위상 大伴宿禰伯麻呂, 종4위상 石川朝臣名足, 종4위하 淡海眞人三船·豊野眞人奄智, 정5위하 葛井連道依·紀朝臣鯖麻呂, 종5위하 文室眞人眞老·文室眞人与企·文室眞人於保·紀朝臣作良·紀朝臣本, 외종5위하 上毛野公大川를 御裝束司132)로 삼고, 6위 이하는 8인으로 구성하였다. 종3위 大伴宿禰家持·高倉朝臣福信, 종4위하 吉備朝臣泉·石川朝臣豊人, 정5위하 大神朝臣末足·紀朝臣犬養, 종5위상 文室眞人高嶋, 종5위하 文室眞人子老·紀朝臣繼成·多治比眞人濱成을 山作司133)로 삼고, 6위 이하는 9인으로 구성하였다. 종5위하 縣犬養宿禰堅魚麻呂, 외종5위하 榮井宿禰道形을 養役夫司134)로 삼고 6위 이하는 6인으로 구성하였다. 종4위하 石川朝臣垣守, 종5위하 文室眞人八嶋를 作方相司135)로 삼고 6위 이하는 2인으로 구성하였다. 종5위하

---

129) 養老 5년 12월 을유조에 元明太上天皇의 장례에 대한 유언에 보인다. 동년 10월 정해조에도 元正天皇이 조를 내려, "皇帝攝斷萬機, 一同平日"이라는 내용이 나온다.
130) 「喪葬令」17의 「服紀」條에는, "凡服紀者, 爲君, 父母, 及夫, 本主一年"이라고 하여 부모상은 복상기간이 1년으로 규정되어 있다.
131) 신사의 봉호로 지정된 군.
132) 천황의 수행, 葬儀, 대상제 등의 행사에 물품 등을 조달하고 준비하는 임시 관사.
133) 陵墓 조영을 위해 설치된 임시 관사.
134) 장의와 관련하여 노역자의 식량·노임을 담당하는 관사.
135) 造方相司. 악령을 물리치기 위해 4개의 눈을 가진 황금가면을 쓰고 손에는 창과

文室眞人忍坂麻呂, 종5위하 多治比眞人乙安을 作路司[136]로 삼고 6위 이하는 3인으로 구성하였다. 또 사자를 3關에 보내 군건히 지키게 하였다.

무신(24일), 지진이 있었다.

경술(26일), 兵庫司의 남쪽 지역의 東庫에서 소리가 울렸다.

신해(27일), (천황이) 칙을 내려, "앞서 경들이 와서 천하에 상복을 입는 것은 6개월을 기한으로 한다고 주상하였다. 다만 짐이 효성을 다하지 못하여 (망부로부터 받은) 자애깊은 은혜를 오래도록 배반하게 되었다. 사무치게 그리워해도 다시 얼굴을 뵐 날은 없다. 효행을 다하고 싶어도 끝내 볼 기회를 잃어버렸다. 몸이 다하도록 아픔은 언제나 깊어지고, 끝없는 그리움은 점점 절실하다. 앞서의 복상 기간을 고쳐서 1년을 기한으로 한다. 그 외의 행사는 오로지 앞의 칙에 따른다"라고 하였다.

계축(29일), 太行天皇[137]의 초7재가 되어 7대사에서 독경하게 하였다. 이후에는 7일마다 경내의 제사원에서 독경하게 하였다. 또 천하 제국에 칙을 내려, 49재는 국분사, 국분니사에서 현역의 승니에게 명하여 재회를 열어 명복을 빌게 하였다.

明年[138] 정월 기미(6일), 정3위 藤原朝臣小黑麻呂가 조문사를 이끌고 조사를 바치고, 시호를 헌정하여 天宗高紹天皇이라고 하였다.

경신(7일), 廣岡山陵[139]에 장례 지냈다. 천황이 즉위하기 전에는 사람들 사이에서 재능을 보이지 않았다. 즉위하여 백성을 통치함에 이르러서는 근본이 되는 것을 행하고 남의 결점은 엄하게 살피지는 않았다. 불필요한

방패를 들고 상여를 이끄는 역할을 담당하는 관사.

136) 천황의 능으로 가는 길을 조영하기 위해 설치한 임시 관사.

137) 光仁天皇. 太行[大行]天皇이란 천황 사후에 아직 시호가 정해지지 않은 동안 부르는 존칭. 『史記』孝景本紀 中元 6년 4월조 주석에, "服虔曰, 天子死未有諡, 稱大行"이라고 나온다. 『일본서기』持統 3년 5월조에도, "命土師宿禰根麻呂, 詔新羅弔使級飡金道那等曰, (中略) 遣田中朝臣法麻呂等, 相告大行天皇[天武喪]"이라고 하여 大行天皇 사례가 보인다.

138) 天應 원년 12월 계축(29일)조에 권37에 해당하는 天應 2년 기미(6일)조, 경신(7일)조의 내용을 실었다. 이것은 光仁天皇의 장례가 종료된 동년 정월 기사(16일)조부터 제37권으로 한 것인데, 아들로서 光仁天皇에 대한 효행을 나타내기 위한 의도가 있었다고 보인다.

139) 延曆 5년 10월에 大和國 田原陵으로 개장하였다.

관은 폐지하고 교화에는 청렴을 중시하였다. 寶龜 연간에 세상이 안정되고 형벌을 이용하는 것도 드물게 되어 두루 백성들이 기뻐하였다. 이윽고 건강이 악화되어 점차 길어지자 정무가 태만해질 것을 걱정하여 마침내 황위를 양위하여 이를 황태자에게 전했다. 아들의 현명함을 통찰하였고, 자손에게 남긴 업적은 점점 두루 미쳤다. 가히 관대하고 자애롭고 도량이 큰 인민의 군주로서 덕이 있는 인물이었다고 할 수 있다.

『속일본기』 권제36

續日本紀卷第三十六

〈起寶龜十一年正月, 盡天應元年十二月〉

右大臣正二位兼行皇太子傅中衛大將臣藤原朝臣繼繩等奉勅撰

天宗高紹天皇

○ **寶龜十一年**春正月丁卯朔, 廢朝. 雨也. 宴五位已上於內裏. 宴訖賜被. 已巳, 天皇御大極殿受朝. 唐使判官高鶴林, 新羅使薩飡金蘭蓀等, 各依儀拜賀. 辛未, 新羅使獻方物. 仍奏曰, 新羅國王言, 夫新羅者, 開國以降, 仰賴聖朝世世天皇恩化, 不乾舟楫, 貢奉御調年紀久矣. 然近代以來, 境內姦寇, 不獲入朝. 是以謹遣薩飡金蘭蓀, 級飡金巖等, 貢御調兼賀元正. 又訪得遣唐判官海上三狩等, 隨使進之. 又依常例進學語生. 參議左大弁正四位下大伴宿禰伯麻呂宣勅曰, 夫新羅國, 世連舟楫供奉國家, 其來久矣. 而泰廉等還國之後, 不修常貢, 每事無禮, 所以頃年返却彼使, 不加接遇. 但今朕時, 遣使修貢兼賀元正. 又捜求海上三狩等, 隨來使送來, 此之勤勞. 朕有嘉焉. 自今以後, 如是供奉, 厚加恩遇, 待以常禮. 宜以茲狀語汝國王. 是日宴唐及新羅使於朝堂, 賜祿有差. 授女孺無位大伴宿禰義久從五位下. 壬申, 授新羅使薩飡金蘭蓀正五品上, 副使級飡金巖正五品下, 大判官韓奈麻薩仲業, 少判官奈麻金貞樂, 大通事韓奈麻金蘇忠三人, 各從五品下, 自外六品已下各有差. 並賜當色幷履. 癸酉, 宴五位已上, 及唐新羅使於朝堂, 賜祿有差. 授從五位上田上王, 山邊王並正五位下, 正五位下安倍朝臣東人, 大伴宿禰潔足並正五位上, 從五位上石川朝臣眞守, 大中臣朝臣宿奈麻呂並正五位下, 從五位下紀朝臣古佐美從五位上, 正六位上豐國眞人船城, 八多眞人唐名, 阿倍朝臣祖足, 多治比眞人繼兄, 文屋眞人與伎, 路眞人玉守, 紀朝臣眞人, 藤原朝臣眞友, 藤原朝臣宗嗣, 巨勢朝臣廣山, 佐伯宿禰鷹守, 紀朝臣馬借並從五位下, 正六位上縵連宇陀麻呂, 小塞宿禰弓張並外從五位下. 丁丑, 授從五位下笠王從五位上. 庚辰, 大雷, 災於京中數寺, 其新藥師寺西塔, 葛城寺塔幷金堂等, 皆燒盡焉. 壬午, 賜唐及新羅使

射及踏歌. 乙酉, 詔曰, 令順四時聖人之茂典, 網解三面哲后之深仁. 朕錫命上玄君臨
下土. 政先儉約志在憂勤. 雖道謝潛通功慚日用, 而邇安遠至, 歲稔時邕. 今者, 三元初
曆, 萬物惟新. 宜順陽和播茲凱澤. 自寶龜十一年正月十九日昧爽已前大辟已下, 罪無
輕重, 已發覺, 未發覺, 已結正, 未結正, 繫囚見徒, 咸皆赦除. 但犯八虐, 故殺人,
私鑄錢, 强竊二盗, 及常赦所不免者, 不在赦限. 天下百姓宜免今年田租. 又免寶龜十
年以往遭年不登申官正稅未納. 神寺之稻亦宜准此. 丙戌, 詔曰, 朕以, 仁王御曆法日
恒澄, 佛子弘猷惠風長扇. 遂使人天合應邦家保安, 幽顯致和鬼神無爽. 頃者, 彼蒼告
譴災集伽藍, 眷言于茲, 情深悚悼. 於朕不德雖近此尤, 於彼桑門寧亦無愧, 如聞緇侶
行事與俗不別, 上違無上之慈敎, 下犯有國之道憲. 僧綱率而正之, 孰其不正乎. 又諸
國國師, 諸寺鎭三綱, 及受講復者, 不顧罪福專事請託. 員復居多侵損不少, 如斯等類
不可更然. 宜修護國之正法, 以弘轉禍之勝緣. 凡厥梵衆, 知朕意焉. 庚寅, 授無位矢野
女王從五位下.

二月丙申朔, 以中納言從三位石上大朝臣宅嗣爲大納言, 參議從三位藤原朝臣田麻
呂, 參議兵部卿從三位兼左兵衛督藤原朝臣繼繩, 並爲中納言. 本官如故. 伊勢守正四
位下大伴宿禰家持, 右大弁從四位下石川朝臣名足, 陸奥按察使兼鎭守副將軍從四位
下紀朝臣廣純, 並爲參議. 神祇官言, 伊勢大神宮寺, 先爲有祟遷建他處. 而今近神郡,
其祟未止, 除飯野郡之外移造便地者. 許之. 授正六位上藤原朝臣繼彦從五位下. 丁
酉, 陸奥國言, 欲取船路伐撥遺賊, 比年甚寒, 其河已凍, 不得通船. 今賊來犯不已.
故先可塞其寇道. 仍須差發軍士三千人, 取三四月雪消, 雨水汎溢之時, 直進賊地, 因
造覺鼈城. 於是下勅曰, 海道漸遠, 來犯無便, 山賊居近, 伺隙來犯. 遂不伐撥, 其勢更
强. 宜造覺鼈城碍膽澤之地, 兩國之息莫大於斯. 甲辰, 以參議正四位下大伴宿禰家持
爲右大弁, 從四位下藤原朝臣雄依爲宮內卿, 讚岐守如故. 從五位下藤原朝臣末茂爲
左衛士員外佐, 肥後守如故. 參議從四位下石川朝臣名足爲伊勢守, 內藥正侍醫從五
位下吉田連斐太麻呂爲兼相摸介, 從五位下海上眞人三狩爲太宰少貳. 丙午, 陸奥國
言, 去正月二十六日, 賊入長岡燒百姓家. 官軍追討彼此相殺. 若今不早攻伐, 恐來犯
不止. 請三月中旬發兵討賊, 并造覺鼈城置兵鎭戌. 勅曰, 夫狼子野心, 不顧恩義, 敢恃
險阻, 屢犯邊境. 兵雖凶器, 事不獲止. 宜發三千兵, 以刈遺孽, 以滅餘燼. 凡軍機動靜,
以便宜隨事. 庚戌, 授命婦正五位下石川朝臣毛比從四位下. 新羅使還蕃, 賜璽書曰,
天皇敬問新羅國王, 朕以寡薄, 纂業承基. 理育蒼生, 寧隔中外. 王自遠祖, 恒守海服,

上表貢調, 其來尚矣. 日者虧違蕃禮, 積歲不朝. 雖有輕使, 而無表奏. 由是泰廉還日,
已具約束, 貞卷來時, 更加諭告. 其後類使曾不承行. 今此蘭蓀猶陳口奏. 理須依例從
境放還. 但送三狩等來. 事旣不輕. 故修賓禮以答來意. 王宜察之. 後使必須令齎表函,
以禮進退. 今勅筑紫府及對馬等戍, 不將表使莫令入境. 宜知之, 春景韶和, 想王佳也.
今因還使附答信物. 遣書指不多及. 壬戌, 授正五位上淡海眞人三船從四位下. 甲子,
勅, 去天平寶字元年, 伊刀王坐殺人配陸奧國. 久住配處未蒙恩免. 宜宥其罪令得入
京.

三月丙寅朔, 授命婦正五位上百濟王明信從四位下. 戊辰, 出雲國言, 金銅鑄像一龕,
白銅香爐一口, 并種種器物漂着海濱. 戊寅, 授無位紀朝臣東女正五位上. 己卯, 授從
五位下津守宿禰眞常從五位上. 辛巳, 授從四位下神王正四位下爲參議. 太政官奏稱,
分官設職, 不在繁多. 宜風導民, 務於簡要. 是以制令之日, 限置官員, 量才授能, 職務不
滯. 今官衆事殷. 而蚕食者多. 穀帛難生而用之不節. 一歲不登, 便有菜色, 古者人稠田
少, 而有儲蓄, 由於節用也. 今者地闢戶減而患不足, 由於糜費也. 臣等以爲, 當今之急,
省官息役, 上下同心. 唯農是務. 特望, 天恩許之. 臣等并省官員, 則倉廩實而禮義行,
國用足而廉耻興矣. 伏聽聖裁者. 奏可之. 於是每司并省各有其數. 事在別式. 又奏稱,
濟世興化, 寔佇九功, 討罪威邊. 亦資七德, 文武之道廢一不可. 但今諸國兵士, 略多羸
弱, 徒免身庸, 不歸天府, 國司軍毅, 自恣駈役, 曾未貫習, 弓馬唯給, 採刈薪草, 縱使以
此赴戰, 謂之棄矣. 臣等以爲, 除三關邊要之外, 隨國大小以爲額, 仍點殷富百姓才堪
弓馬者, 每其當番, 專習武藝, 屬赴有徵發, 庶幾免稽廢, 其羸弱之徒勤皆令赴農, 此設
守備, 省不急之道也. 臣等商量所定, 具狀如左. 伏聽天裁者. 奏可之, 每國減省各有
差. 於是, 諸司仕丁駕輿丁等厮丁及三衛府火頭等, 徒免庸調, 無益公家. 遠離本鄉,
多破私業. 仍從本色以赴農畝焉. 壬午, 從五位下藤原朝臣眞友爲少納言, 從五位下石
城王爲縫殿頭, 從五位下高倉朝臣殿嗣爲治部少輔, 從五位上石川朝臣淸麻呂爲民部
大輔, 從五位下多治比眞人繼兄爲少輔, 外從五位下榮井宿禰道形爲主計助, 從五位
下豊國眞人船城爲大藏少輔, 從五位上參河王爲大膳大夫, 外從五位下船連住麻呂爲
官奴正, 從五位下大伴宿禰弟麻呂爲衛門佐, 從五位下藤原朝臣宗繼爲伊勢介, 外從
五位下陽侯忌寸玲璆爲尾張介, 外從五位下葛井連根道爲伊豆守, 陰陽頭天文博士從
五位上山上朝臣船主爲兼甲斐守, 從五位下藤原朝臣長川爲相摸守, 從五位上藤原朝
臣刷雄爲上總守, 左京大夫正五位下藤原朝臣種繼爲兼下總守, 外從五位下上村主虫

麻呂爲能登守, 從五位下紀朝臣作良爲丹波介, 從五位下阿倍朝臣謂奈麻呂爲但馬介, 從五位下紀朝臣白麻呂爲因幡介, 從五位下大伴宿禰繼人爲伯耆守, 中衛中將內廐頭正四位上道嶋宿禰嶋足爲兼播磨守, 正五位下山邊王爲備前守, 從五位下紀朝臣眞子爲備後守, 從五位下田中朝臣飯麻呂爲筑後守, 從五位下紀朝臣門守爲肥前守, 從五位下小野朝臣滋野爲豊前守, 外從五位下陽侯忌寸人麻呂爲介. 乙酉, 以從五位下池田朝臣眞枚爲長門守, 外從五位下葛井連河守爲參河介. 授正六位上百濟王俊哲從五位下. 駿河國飢疫, 遣使賑給之. 丁亥, 陸奧國上治郡大領外從五位下伊治公呰麻呂反. 率徒衆殺按察使參議從四位下紀朝臣廣純於伊治城. 廣純, 大納言兼中務卿正三位麻呂之孫, 左衛士督從四位下宇美之子也. 寶龜中出爲陸奧守, 尋轉按察使. 在職視事, 見稱幹濟. 伊治呰麻呂, 本是夷俘之種也. 初緣事有嫌, 而呰麻呂匿怨, 陽媚事之. 廣純甚信用, 殊不介意. 又牡鹿郡大領道嶋大楯, 每凌侮呰麻呂, 以夷俘遇焉. 呰麻呂深銜之, 時廣純建議造覺鼈柵, 以遠戍候, 因率俘軍入, 大楯呰麻呂並從, 至是呰麻呂自爲內應, 唱誘俘軍而反. 先殺大楯, 率衆圍按察使廣純, 攻而害之. 獨呼介大伴宿禰眞綱開圍一角而出, 護送多賀城. 其城久年國司治所兵器粮蓄不可勝計. 城下百姓競入欲保城中. 而介眞綱, 掾石川淨足, 潛出後門而走, 百姓遂無所據, 一時散去, 後數日, 賊徒乃至, 爭取府庫之物, 盡重而去. 其所遺者放火而燒焉. 辛卯, 伊勢國大目正六位上道祖首公麻呂白丁杖足等賜姓三林公. 癸巳, 以中納言從三位藤原朝臣繼繩爲征東大使, 正五位上大伴宿禰益立, 從五位上紀朝臣古佐美爲副使, 判官主典各四人. 甲午, 以從五位下大伴宿禰眞綱爲陸奧鎭守副將軍, 從五位上安倍朝臣家麻呂爲出羽鎭狄將軍, 軍監軍曹各二人, 以征東副使正五位上大伴宿禰益立爲兼陸奧守.

夏四月戊戌, 授征東副使正五位上大伴宿禰益立從四位下. 辛丑, 勅, 備前國邑久郡荒廢田一百餘町, 賜右大臣正二位大中臣朝臣淸麻呂. 辛亥, 造酒正從五位下中臣丸朝臣馬主爲兼上總員外介. 壬子, 左京人椋小長屋女一産三男, 賜乳母一人幷稻. 甲寅, 從五位上藤原朝臣黑麻呂爲治部大輔, 正五位上大伴宿禰潔足爲左兵衛督. 庚申, 授從五位下百濟王俊哲從五位上. 山背國愛宕郡人正六位上鴨禰宜眞髮部津守等一十人賜姓賀茂縣主. 辛酉, 授正六位上多治比眞人宇美從五位下, 命婦從五位上橘朝臣御笠正五位上. 以從五位上上毛野朝臣稻人爲越後員外守.

五月辛未, 以京庫及諸國甲六百領, 且送鎭狄將軍之所. 甲戌, 左京人從六位, 下莫位百足等一十四人, 右京人大初位下莫位眞士麻呂等一十六人並賜姓淸津造, 左京人從

六位上斯臑行麻呂賜姓淸海造, 右京人從七位下燕乙麻呂等一十六人並賜姓御山造,
正八位上韓男成等二人賜姓廣海造, 武藏國新羅郡人沙良眞熊等二人賜姓廣岡造, 攝
津國豊嶋郡人韓人稻村等一十八人賜姓豊津造. 勅出羽國曰, 渡嶋蝦狄早効丹心, 來
朝貢獻, 爲日稍久. 方今歸俘作逆, 侵擾邊民, 宜將軍國司賜饗之日, 存意慰喩焉. 乙亥,
伊豆國疫飢, 賑給之. 丁丑, 勅曰, 機要之備不可闕乏. 宜仰坂東諸國及能登, 越中,
越後, 令備糒三萬斛, 炊曝有數, 勿致損失. 己卯, 勅曰, 狂賊發常, 侵擾邊境, 烽燧多虞,
斥候失守, 今遣征東使并鎭狄將軍, 分道征討, 期日會衆, 事須文武盡謀, 將帥竭力,
刈夷姦軌, 誅戮元凶. 宜廣募進士, 早致軍所. 若感激風雲, 奮厲忠勇, 情願自効, 特錄
名貢, 平定之後, 擢以不次. 河內國高安郡人大初位下寺淨麻呂賜姓高尾忌寸. 壬辰,
伊勢太神宮封一千二十三戶, 大安寺封一百戶, 隨舊復之. 授無位置始女王從五位下.
六月戊戌, 勅, 封一百戶永施秋篠寺. 其權入食封, 限立令條. 比年所行甚違先典. 天長
地久, 帝者代襲. 物天下物非一人用. 然緣有所念, 永入件封. 今謂永者是一代耳. 自今
以後, 立爲恒例. 前後所施一准於此. 辛丑, 從五位上百濟王俊哲爲陸奧鎭守副將軍,
從五位下多治比眞人宇佐美爲陸奧介. 甲辰, 授正六位上內眞人石田從五位下. 己未,
散位從四位下久米連若女卒. 贈右大臣從二位藤原朝臣百川之母也. 辛酉, 授從五位
上紀朝臣佐婆麻呂正五位下, 無位名繼女王從五位下. 伊勢國言, 今月十六日己酉巳
時, 鈴鹿關西內城大鼓一鳴, 陸奧持節副將軍大伴宿禰益立等, 將軍等去五月八日奏
書云, 且備兵粮, 且伺賊機, 方以今月下旬進入國府, 然後候機乘變, 恭行天誅者. 既經
二月. 計日准程, 佇待獻俘. 其出軍討賊, 國之大事, 進退動靜, 續合奏聞. 何經數旬絶
無消息. 宜申委曲. 如書不盡意者, 差軍監已下堪辨者一人, 馳驛申上.
秋七月辛未, 散位從四位上鴨王卒. 丁丑, 勅, 安不忘危, 古今通典. 宜仰緣海諸國,
勤令警固. 其因幡, 伯耆, 出雲, 石見, 安藝, 周防, 長門等國, 一依天平四年節度使從三
位多治比眞人縣守等時式, 勤以警固焉. 又大宰宜依同年節度使從三位藤原朝臣宇合
時式. 癸未, 征東使請甲一千領, 仰尾張參河等五國, 令運軍所. 從八位下韓眞成等四
人賜姓廣海造. 甲申, 征東使請襖四千領, 仰東海東山諸國, 便造送之. 勅曰, 今爲討逆
虜, 調發坂東軍士. 限來九月五日, 並赴集陸奧國多賀城, 其所須軍粮, 宜申官送. 兵集
有期, 粮餽難繼. 仍量路便近, 割下總國糒六千斛, 常陸國一萬斛, 限來八月二十日以
前, 運輸軍所. 伊豫國越智郡人越智直靜養女, 以私物資養窮弊百姓一百五十八人,
依天平寶字八年三月二十二日勅書, 賜爵二級. 戊子, 勅曰, 筑紫大宰僻居西海, 諸蕃

朝貢舟楫相望. 由是, 簡練士馬, 精銳甲兵, 以示威武, 以備非常. 今北陸道亦供蕃客,
所有軍兵, 未曾敎習, 屬事徵發, 全無堪用. 安必思危, 豈合如此. 宜准大宰, 依式警虞.
事須緣海村邑見賊來過者, 當卽差使, 速申於國. 國知賊船者, 長官以下急向國衙, 應
事集議, 令管內警虞且行且奏〈其一〉, 賊船卒來着我邊岸者, 當界百姓執隨身兵, 幷齎
私糧走赴要處, 致死相戰, 必待救兵. 勿作逗留令賊乘間〈其二〉, 軍所集處, 預立標榜.
宜量地勢, 務得便宜. 兵士已上及百姓便弓馬者, 量程遠近結隊分配. 不得臨事彼此雜
發〈其三〉, 戰士已上, 明知賊來者, 執隨身兵, 兼佩飯帒, 發所在處, 直赴本軍, 各作軍
名, 排比隊伍, 以靜待動, 乘逸擊勞〈其四〉, 應機赴軍, 國司已上皆乘私馬. 若不足者,
卽以驛傳馬充之〈其五〉, 兵士白丁赴軍, 及待進止, 應給公粮者, 計自起家五日乃給.
其閑處者給米, 要處者給糒〈其六〉.

八月己亥, 外從五位下栗前連枝女, 本是從四位下山前王之女也. 而從母姓未蒙王名.
至是改正爲池原女王, 授從五位下. 壬寅, 授從六位下紀朝臣眞木從五位下. 丙午, 授
越前國人從六位上大荒木臣忍山外從五位下, 以運軍粮也. 庚戌, 勅, 今聞, 諸國甲胄
稍經年序, 悉皆澁綻, 多不中用. 三年一度立例修理, 隨修隨破, 極費功役. 今革之爲甲,
牢固經久, 擐躬輕便, 中箭難貫. 計其功程, 殊亦易成. 自今以後, 諸國所造年料甲胄,
皆宜用革. 卽依前例, 每年進樣. 但前造鐵甲不可徒爛. 每經三年依舊修之. 甲寅, 授從
五位上安倍朝臣家麻呂正五位上, 復無位安倍朝臣繼人本位從五位下. 乙卯, 出羽國
鎭狄將軍安倍朝臣家麻呂等言, 狄志良須俘囚宇奈古等款曰, 己等據憑官威, 久居城
下. 今此秋田城, 遂永所棄歟. 爲番依舊, 還保乎者. 下報曰, 夫秋田城者, 前代將相僉
議所建也, 禦敵保民, 久經歲序, 一旦舉而棄之, 甚非善計也, 宜且遣多少軍士, 爲之鎭
守. 勿令岨彼歸服之情. 仍卽差使若國司一人, 以爲專當. 又由理柵者, 居賊之要害,
承秋田之道. 亦宜遣兵相助防禦. 但以, 寶龜之初, 國司言, 秋田難保, 河邊易治者.
當時之議, 依治河邊. 然今積以歲月, 尙未移徙. 以此言之, 百姓重遷明矣. 宜存此情歷
問狄俘幷百姓等具言彼此利害. 庚申, 太政官奏曰, 筑紫大宰, 遠居邊要, 常警不虞,
兼待蕃客. 所有執掌, 殊異諸道. 而官人相替, 限以四年, 送故迎新, 相望道路. 府國困
弊, 職此之由. 加以所給廚物, 其數過多, 每守舊例充給. 或闕蕃客之儲, 於事商量,
甚不穩便, 臣等望請, 且停交替料, 兼官人歷任, 增爲五年. 然則百姓息肩, 庖廚無乏.
伏聽天裁. 奏可之.

九月壬戌朔, 從五位上巨勢朝臣池長, 從五位下藤原朝臣末茂並爲中衛少將, 從五位

下阿倍朝臣祖足爲左衛士員外佐, 從五位下大中臣朝臣諸魚爲右衛士佐. 甲申, 授從
四位上藤原朝臣小黑麻呂正四位下, 爲持節征東大使.

冬十月癸巳, 左右兵庫鼓鳴, 後聞箭動聲. 其響達內兵庫. 丁酉, 授常陸國鹿嶋神社祝
正六位上中臣鹿嶋連大宗外從五位下. 癸卯, 正五位上藤原朝臣鷹取, 紀朝臣船守並
授從四位下. 壬子, 授正五位下因幡國造淨成女正五位上. 甲寅, 典侍從四位下多可連
淨日卒. 丙辰, 伊勢國言, 當土之民, 浮宕部內, 差科之日, 徭夫數少. 精加檢括, 多獲隱
首. 並悉編附本籍, 益口且千. 調庸有增. 於是仰七道諸國, 存心檢括, 一准伊勢國.
又勅, 天下百姓, 規避課役, 流離他鄉. 雖有懷土之心, 逐懼法而忘返. 隣保知而相縱,
課役因此無人, 乃有臨得出身, 誼訴多緖, 勘籍之日, 更煩尋檢. 宜依養老三年格式,
能加捉搦, 委問歸不, 願留之輩, 編附當處, 願還之侶, 差綱遞送, 若國郡司及百姓,
情懷姦詐, 阿藏役使者, 官人解却見任, 百姓決杖一百, 永爲恒例焉. 己未, 勅征東使,
省今月二十二日奏狀知, 使等延遲, 旣失時宜. 將軍發赴, 久經日月, 所集步騎數萬餘
人. 加以入賊地期, 上奏多度. 計已發入, 平殄狂賊. 而今奏, 今年不可征討者. 夏稱草
茂, 冬言襖乏. 縱橫巧言, 逐成稽留. 整兵設糧, 將軍所爲. 而集兵之前, 不加辨備,
還云, 未儲城中之粮者. 然則何月何日, 誅賊復城, 方今將軍爲賊被欺. 所以緩怠致此
逗留. 又未及建子, 足以舉兵. 而乖勅旨, 尙不肯入. 人馬悉瘦, 何以對敵. 良將之策,
豈如此乎. 宜加敎喩, 存意征討. 若以今月, 不入賊地, 宜居多賀玉作等城, 能加防禦,
兼練戰術.

十一月壬戌, 先是, 和銅四年格云, 私鑄錢者斬, 從者沒官, 家口皆流者. 天平勝寶五年
二月十五日勅, 私鑄錢人, 罪致斬刑, 自今以後, 降一等處流者. 而首已會降, 從并家
口猶居本坐. 首從之法, 罪合減降, 輕重相倒, 理不可然. 至是勅刑部, 定其罪科, 刑部
省奏言, 謹案賊盜律云, 謀反者皆斬, 父子沒官, 祖孫兄弟遠流. 名例律云, 犯罪者以造
意爲首. 隨從減一等, 又云, 二死三流各同爲一減者. 今比校輕重, 仍從者減首一等,
處徒三年. 家口減從一等, 處徒二年半, 奏可之, 丙戌, 授唐人正六位上沈惟岳從五位
下, 丁亥, 授四品彌努摩內親王三品, 戊子, 前大納言正二位文室眞人邑珍薨, 邑珍, 二
品長親王之第七子也, 天平中授從四位下, 拜刑部卿, 勝寶四歲賜姓文室眞人, 勝寶以
後, 宗室枝族, 陷辜者衆. 邑珍削髮爲沙門, 以圖自全. 寶龜初至從二位大納言. 年老致
仕, 有詔不許. 五年重乞骸骨, 許之. 尋授正二位, 薨時年七十七.

十二月甲午, 唐人從五位下沈惟岳賜姓清海宿禰編附左京. 授無位福當王從四位下.

勅左右京, 今聞, 造寺悉壞墳墓, 採用其石, 非唯侵驚鬼神, 實亦憂傷子孫, 自今以後, 宜加禁斷. 越前國丹生郡小虫神爲幣社焉. 庚子, 征東使奏言, 蠢茲蝦虜, 寔繁有徒, 或巧言逋誅, 或窺隙肆毒, 是以遣二千兵, 經畧鷲座, 楯座, 石澤, 大菅屋, 柳澤等五道, 斬木塞徑, 深溝作險, 以斷逆賊首鼠之要害. 於是, 勅曰, 如聞, 出羽國大室塞等, 亦是賊之要害也. 每伺間隙, 頻來寇掠, 宜仰將軍及國司, 視量地勢, 防禦非常. 辛丑, 授正五位下藤原朝臣種繼正五位上. 甲辰, 越前國丹生郡大虫神, 越中國射水郡二上神, 礪波郡高瀬神並敍從五位下. 勅左右京, 如聞, 比來無知百姓, 搆合巫覡, 妄崇淫祀, 蒭狗之設, 符書之類, 百方作怪, 塡溢街路, 託事求福, 還涉厭魅, 非唯不畏朝憲, 誠亦長養妖妄. 自今以後, 宜嚴禁斷, 如有違犯者, 五位已上錄名奏聞, 六位已下所司科決. 但有患禱祀者, 非在京內者. 許之. 庚戌, 授正六位上紀朝臣常從五位下. 辛亥, 授正六位上川邊朝臣淨長從五位下. 壬子, 常陸國言, 脫漏神賤七百七十四人請編神戸. 許之. 但神司妄認良民, 規爲神賤, 假託靈異, 侵擾朝章. 自今以後, 更莫申請. 丁巳, 陸奧鎭守副將軍從五位上百濟王俊哲等言, 己等爲賊被圍, 兵疲矢盡, 而祈桃生白河等郡神一十一社, 乃得潰圍, 自非神力, 何存軍士, 請預幣社. 許之.

○ **天應元年**春正月辛酉朔, 詔曰, 以天爲大, 則之者聖人. 以民爲心, 育之者仁后. 朕以寡薄, 忝承寶基, 無善萬民, 空歷一紀. 然則惠澤壅而不流, 憂懼交而彌積. 日愼一日, 念茲在茲. 比有司奏, 伊勢齋宮所見美雲, 正合大瑞. 彼神宮者國家所鎭. 自天應之, 吉無不利. 抑是朕之不德, 非獨臻茲. 方知凡百之寮, 相諧攸感. 今者, 元正告曆, 吉日初開. 宜對良辰共悅嘉覬. 可大赦天下. 改元曰天應, 自天應元年正月一日昧爽以前, 大辟以下, 罪無輕重, 未發覺, 已發覺, 未結正, 已結正, 繫囚見徒, 咸皆赦除. 但犯八虐, 故殺, 謀殺, 私鑄錢, 强竊二盜, 常赦所不免者, 不在赦例. 其齋宮寮主典已上, 及大神宮司, 幷禰宜, 大物忌, 內人, 多氣度會二郡司, 加位二級. 自餘番上, 及內外文武官主典已上一級. 但正六位上者廻授一子, 如無子者, 宜量賜物. 其五位已上子孫, 年二十已上者, 亦敍當蔭之階. 又如有百姓爲告麻呂等被註誤, 而能弃賊來者, 給復三年. 其從軍入陸奧出羽諸國百姓, 久疲兵役, 多破家產. 宜免當戸今年田租. 如無種子者, 所司量貸. 又去年恩免神寺封租者, 宜以正稅塡償. 天下老人, 百歲已上賜粄三斛. 九十已上二斛, 八十已上一斛, 鰥寡孤獨不能自存者, 量加賑恤, 孝子順孫, 義夫節婦, 旌表門閭, 終身勿事. 癸亥, 授正五位下佐伯宿禰久良麻呂正五位上. 己巳, 授正

六位上石淵王從五位下. 庚午, 授女孺無位縣犬養宿禰勇耳從五位下. 參議正四位下
藤原朝臣小黑麻呂爲兼陸奧按察使, 右衛士督常陸守如故. 壬申, 授從二位藤原朝臣
魚名正二位. 乙亥, 下總國印幡郡大領外正六位上丈部直牛養, 常陸國那賀郡大領外
正七位下宇治部全成, 並授外從五位下. 以進軍粮也. 丙子, 授正五位上藤原朝臣種繼
從四位下. 己卯, 下總國飢, 賑給之. 庚辰, 授播磨國人大初位下佐伯直諸成外從五位
下, 以進稻於造船瀨所也.

二月庚寅朔, 授無位磐田女王從五位下. 壬辰, 授從六位下安曇宿禰日女虫從五位下.
乙巳, 從五位下阿倍朝臣祖足爲河內守. 丙午, 三品能登內親王薨. 遣右大弁正四位下
大伴宿禰家持, 刑部卿從四位下石川朝臣豊人等, 監護喪事, 所須官給. 遣參議左大弁
正四位下大伴宿禰伯麻呂, 就第宣詔曰, 天皇大命〈良麻止〉能登內親王〈爾〉告〈與
止〉詔大命〈乎〉宣. 此月頃間身勞〈須止〉聞食〈弖〉伊都〈之可〉病止〈弖〉參入〈岐〉. 朕
心〈毛〉慰〈米麻佐牟止〉今日〈加〉有〈牟〉明日〈加〉有〈牟止〉所念食〈都都〉待〈比〉
賜間〈爾〉安加良米佐〈須〉如事〈久〉於與豆禮〈加毛〉年〈毛〉高〈久〉成〈多流〉朕
〈乎〉置〈弖〉罷〈麻之奴止〉聞食〈弖奈毛〉驚賜〈比〉悔〈備〉賜〈比〉大坐〈須〉. 如此
在〈牟止〉知〈末世婆〉心置〈弖毛〉談〈比〉賜〈比〉相見〈弖末之〉物〈乎〉悔〈加毛〉哀
〈加毛〉云〈部〉不知戀〈毛之〉在〈加毛〉. 朕〈波〉汝〈乃〉志〈乎波〉暫〈久乃〉間〈毛〉忘
得〈末之自美奈毛〉悲〈備〉賜〈比〉之乃〈比〉賜〈比〉大御泣哭〈川川〉大坐〈麻須〉. 然
〈毛〉治賜〈牟止〉所念〈之之〉位〈止奈毛〉一品贈賜〈不〉. 子等〈乎婆〉二世王〈爾〉上
賜〈比〉治賜〈不〉勞〈久奈〉思〈麻之曾〉. 罷〈麻佐牟〉, 道〈波〉平幸〈久〉都都〈牟〉事無
〈久〉宇志呂〈毛〉輕〈久〉安〈久〉通〈良世止〉告〈與止〉詔天皇大命〈乎〉宣. 內親王,
天皇之女也. 適正五位下市原王, 生五百井女王, 五百枝王, 薨時年四十九. 以從五位
下阿倍朝臣謂奈麻呂爲權右少弁. 己未, 穀一十萬斛仰相摸, 武藏, 安房, 上總, 下總,
常陸等國, 令漕送陸奧軍所.

三月庚申朔, 授采女從六位上牟義都公員依, 正七位上安那公御室. 八位上久米直麻
奈保並外從五位下. 乙丑, 地震. 戊辰, 正六位下珍努縣主諸上, 從六位上生部直清刀
自, 從七位下葛井連廣見, 從八位下三笠連秋虫並授外從五位下. 己巳, 尙侍兼尙藏正
三位大野朝臣仲仟薨. 從三位東人之女也. 癸酉, 授從五位上和氣朝臣廣虫正五位上.
辛巳, 正六位上酒部造家刀自, 從六位下丸部臣須治女並授外從五位下. 壬午, 授從六
位下紀朝臣安自可從五位下. 甲申, 詔曰, 朕枕席不安, 稍移晦朔, 雖加醫療, 未有効驗.

可大赦天下. 自天應元年三月二十五日昧爽以前, 大辟以下, 罪無輕重, 已發覺, 未發覺, 已結正, 未結正, 繫囚見徒, 咸赦除之. 但八虐, 故殺, 謀殺人, 私鑄錢, 强竊二盜, 常赦所不免者, 不在赦限. 乙酉, 羨作國言, 今月十二日未三點, 苫田郡兵庫鳴動. 又四點鳴動如先. 其響如雷霆之漸動. 伊勢國言, 今月十六日午時, 鈴鹿關西中城門大鼓, 自鳴三聲.

夏四月己丑朔, 左右兵庫兵器自鳴, 其聲如以大石投地也. 遣散位從五位下多治比眞人三上於伊勢, 伯耆守從五位下大伴宿禰繼人於美濃, 兵部少輔從五位下藤原朝臣菅繼於越前, 以固關焉. 以天皇不豫也. 辛卯, 詔云, 天皇〈我〉御命〈良麻等〉詔大命〈乎〉親王等王等臣等百官〈乃〉人等天下公民衆聞食〈止〉宣. 朕以寡薄寶位〈乎〉受賜〈弖〉年久重〈奴〉. 而〈爾〉嘉政頻闕〈弖〉天下不得治成, 加以元來風病〈爾〉苦〈都〉身體不安復年〈毛〉彌高成〈爾弖〉餘命不幾. 今所念〈久〉, 此位〈波〉避〈天〉暫間〈毛〉御體欲養〈止奈毛〉所念〈須〉. 故是以皇太子〈止〉定賜〈留〉山部親王〈爾〉天下政〈波〉授賜〈布〉. 古人有言知子者親〈止〉云〈止奈母〉聞食, 此王〈波〉弱時〈余利〉朝夕〈止〉朕〈爾〉從〈天〉至今〈麻天〉怠事無〈久〉仕奉〈乎〉見〈波〉仁孝厚王〈爾〉在〈止奈毛〉神奈我良所知食. 其仁孝者百行之基〈奈利〉, 曾毛曾毛百足之虫〈乃〉至死不顚事〈波〉輔〈乎〉多〈美止奈毛〉聞食. 衆諸如此〈乃〉狀悟〈弖〉清直心〈乎毛知〉此王〈乎〉輔導〈天〉天下百姓〈乎〉可令撫育〈止〉宣. 又詔〈久〉, 如此時〈爾〉當〈都都〉人人不好謀〈乎〉懷〈弖〉天下〈乎毛〉亂己〈我〉氏門〈乎毛〉滅人等麻禰〈久〉在. 若如此有〈牟〉人〈乎婆〉己〈我〉敎諭訓直〈弖〉各各己〈我〉祖〈乃〉門不滅彌高〈爾〉仕奉彌繼〈爾〉將繼〈止〉思愼〈天〉清直〈伎〉心〈乎〉持〈弖〉仕奉〈倍之止奈毛〉所念〈須〉. 天高〈止毛〉聽卑物〈曾止〉詔天皇〈我〉御命〈乎〉衆聞食〈止〉宣. 是日, 皇太子受禪卽位. 壬辰, 立皇弟早良親王爲皇太子. 詔曰, 天皇勅命〈乎〉親王諸王諸臣百官人等天下公民衆聞食〈止〉宣. 隨法〈爾〉可有〈伎〉政〈止志弖〉早良親王立而皇太子〈止〉定賜〈布〉. 故此之狀悟〈天〉百官人等仕奉〈禮止〉詔天皇勅旨〈乎〉衆聞食宣. 丙申, 從五位下大中臣朝臣今麻呂爲右大舍人助, 從五位下路眞人玉守爲右京亮, 從五位下百濟王仁貞爲近衛員外少將, 從五位下藤原朝臣弓主爲左兵衛員外佐, 從五位下紀朝臣馬借爲右兵衛佐, 外從五位下久米連眞上爲大和介, 從五位下佐伯宿禰瓜作爲參河介, 從五位下石川朝臣美奈伎麻呂爲下野介. 己亥, 授伊勢大神宮禰宜正六位上神主礒守外從五位下. 遣使於伊勢大神宮告皇太子卽位也. 壬寅, 以中納言從三位藤原朝臣田麻呂爲兼東宮傅, 中務卿如故. 右京大夫正四位下大伴宿禰家持爲兼春宮大夫, 從五位下紀朝臣白麻呂爲亮. 癸卯, 天皇御大極殿. 詔曰, 明神〈止〉大八洲所知天皇詔旨〈良麻止〉宣勅親王諸王百官人等天下公民衆聞食宣. 挂畏現神坐倭根子天皇我皇此天日嗣高座之業〈乎〉掛畏近江大津〈乃〉宮〈爾〉御宇〈之〉天皇〈乃〉初賜〈比〉定賜〈部流〉法隨〈爾〉被賜〈弖〉仕奉〈止〉仰賜〈比〉授賜〈閇婆〉頂〈爾〉受賜〈利〉恐〈美〉受賜〈利〉攉進〈母〉不知〈爾〉退〈母〉不知〈爾〉恐〈美〉坐〈久止〉宣天皇勅衆聞食宣. 然皇坐〈弖〉天下治賜君者賢人〈乃〉能臣〈乎〉得〈弖之〉天下〈乎婆〉平〈久〉安〈久〉治物〈爾〉在〈良之止奈母〉聞行〈須〉. 故是以大命坐宣〈久〉. 朕雖拙劣親王始〈弖〉王臣等〈乃〉相穴〈奈比〉奉〈利〉相扶奉〈牟〉事依〈弖之〉此之仰賜〈比〉授賜〈夫〉食國天下之政者平〈久〉安〈久〉仕奉〈倍之止奈母〉所念行. 是以, 無諂欺之心以忠明之誠天皇朝廷〈乃〉立賜〈部流〉食國天下之政者衆助仕奉〈止〉宣天皇勅衆聞食宣. 辭別宣〈久〉, 朕一人〈乃未也〉慶〈之岐〉貴〈岐〉御命受賜〈牟〉. 凡人子〈乃〉蒙福〈麻久〉欲爲〈流〉事〈波〉於夜〈乃〉多米〈爾止奈母〉聞行〈須〉. 故是以朕親母高野夫人〈乎〉稱皇太夫人〈弖〉冠位上奉治奉〈流〉. 又仕奉人等中〈爾〉自何仕奉狀隨〈弖〉一二人等冠位上賜〈比〉治賜〈夫〉. 又大神宮〈乎〉始〈弖〉諸社禰宜祝等〈爾〉給位一階. 又僧綱〈乎〉始〈弖〉諸寺智行人及年八十巳上僧尼等〈爾〉物布施賜〈夫〉. 又高年窮乏孝義人等治賜養賜〈夫〉. 又天下今年田租免賜〈久止〉宣天皇勅衆聞食宣. 授四品蒔田親王三品, 從三位石上大朝臣宅嗣, 藤原朝臣田麻呂, 藤原朝臣是公並正三位, 從四位下壹志濃王從四位上, 從五位下石城王從五位上, 無位淺井王從五位下, 正四位下大伴宿禰伯麻呂, 大伴宿禰家持, 佐伯宿禰今毛人, 坂上大忌寸苅田麻呂並正四位上, 從四位下石川朝臣名足, 藤原朝臣雄依, 大中臣朝臣子老, 藤原朝臣鷹取, 紀朝臣船守, 藤原朝臣種繼並從四位上, 正五位上豊野眞人奄智, 安倍朝臣東人, 佐伯宿禰久良麻呂並從四位下, 正五位下百濟王利善正五位上, 從五位上榮井宿禰蓑麻呂, 紀朝臣犬養, 山上朝臣船主並正五位下, 從五位下多治比眞人人足從五位上, 外正五位下吉田連古麻呂, 正六位上石川朝臣公足, 紀朝臣千世, 大中臣朝臣安遊麻呂, 安倍朝臣木屋麻呂並從五位下, 外從五位下河內連三立麻呂外從五位上, 正六位上船連田口, 和史國守, 伊勢朝臣水通, 武生連鳥守, 上毛野公薩摩, 土師宿禰道長, 正七位上物部多藝宿禰國足並外從五位下. 乙巳, 從三位藤原朝臣濱成爲大宰帥. 戊申, 令賀茂神二社禰宜祝等始把笏. 以從四位下多治比眞人長野爲伊勢守. 乙卯, 皇太夫人從三位高野朝臣加正三位.

戊午, 授從六位上三國眞人廣見從五位下.

五月壬戌, 地震. 癸亥, 授正六位上大神朝臣船人從五位下. 乙丑, 正四位上大伴宿禰家持爲左大弁, 春宮大夫如故. 從五位上紀朝臣家守爲左中弁, 參議從四位上石川朝臣名足爲兼右大弁, 中納言從三位藤原朝臣繼繩爲兼中務卿, 參議陸奧按察使正四位下藤原朝臣小黑麻呂爲兼兵部卿, 從三位高倉朝臣福信爲彈正尹, 從四位上藤原朝臣鷹取爲造宮卿, 越前守如故. 從四位上紀朝臣船守爲近衛員外中將, 內廐助如故. 從五位下大神朝臣船人爲少將, 從四位下佐伯宿禰久良麻呂爲中衛中將, 參議宮內卿正四位上大伴宿禰伯麻呂爲兼衛門督, 正四位上坂上大忌寸苅田麻呂爲右衛士督, 丹波守如故. 從四位上伊勢朝臣老人爲主馬頭. 授正六位上佐伯部三國外從五位下. 庚午, 授無位平群朝臣炊女從五位下. 辛未, 地震. 癸酉, 授正五位上藤原朝臣人數從四位下. 甲戌, 伊勢國言, 鈴鹿關城門, 幷守屋四間, 始十四日至十五日, 自響不止. 其聲如以木衝之. 乙亥, 始置中宮職, 以參議宮內卿正四位上大伴宿禰伯麻呂爲兼中宮大夫, 衛門督如故, 從五位下大伴宿禰弟麻呂爲亮, 左衛士佐如故. 外從五位下伊勢朝臣水通爲大進, 外從五位下上毛野公薩摩, 外從五位下物部多藝宿禰國足, 並爲少進. 癸未, 以從五位下賀茂朝臣大川爲神祇大副, 從五位上石川朝臣淨麻呂爲少納言, 正五位下大神朝臣末足爲左中弁, 從五位下多治比眞人豊濱爲左少弁, 從五位上紀朝臣家守爲右中弁, 從五位下阿倍朝臣石行爲右少弁, 從五位下紀朝臣眞人爲大學頭, 正五位上百濟王利善爲散位頭, 從五位下三嶋眞人大湯坐爲治部少輔, 正五位下石上朝臣家成爲民部大輔, 從五位下藤原朝臣菅嗣爲少輔, 從五位下藤原朝臣繼彦爲兵部少輔, 從四位下石川朝臣垣守爲刑部卿, 伊豫守如故. 從五位上當麻眞人永嗣爲大輔, 從五位下文室眞人子老爲少輔, 從五位下中臣朝臣鷹主, 高倉朝臣殿繼並爲大判事, 正五位下大伴宿禰不破麻呂爲大藏大輔, 正五位下紀朝臣犬養爲宮內大輔, 丹後守如故, 從五位下陽侯王爲大膳大夫, 從五位下石淵王爲正親正, 從五位下巨勢朝臣廣山爲鍛冶正, 從五位下三國眞人廣見爲主油正, 造宮卿從四位上藤原朝臣鷹取爲兼左京大夫, 越前守如故. 右大弁從四位上石川朝臣名足爲兼右京大夫, 從四位下豊野眞人奄智爲攝津大夫, 從五位上石川朝臣豊麻呂爲造宮大輔, 從五位下葛井連根主爲少輔, 從五位下桑原公足床爲造東大寺次官, 從五位下大中臣朝臣安遊麻呂爲中衛少將, 播磨大掾如故, 從五位上大中臣朝臣繼麻呂爲衛門佐, 中宮亮從五位下大伴宿禰弟麻呂爲兼左衛士佐, 左中弁從五位上紀朝臣家守爲兼左兵衛督, 從五位下藤原朝臣

弓主爲佐, 從五位下安倍朝臣祖足爲主馬助, 從五位上多治比眞人人足爲山背守, 大
外記外從五位下上毛野公大川爲兼介, 外從五位下陽侯忌寸玲兼爲尾張守, 外從五位
下土師宿禰古人爲遠江介, 式部少輔正五位下石川朝臣眞守爲兼武藏守, 從五位上巨
勢朝臣池長爲介, 造酒正從五位下中臣丸朝臣馬主爲兼上總介, 兵部卿正四位上藤原
朝臣家依爲兼下總守, 侍從如故. 從五位下賀茂朝臣人麻呂爲常陸介, 左衛士督從四
位上藤原朝臣種繼爲兼近江守, 從五位下大伴宿禰繼人爲介, 正五位上大伴宿禰潔足
爲美濃守, 從五位下紀朝臣馬借爲介, 從五位下紀朝臣家繼爲信濃守, 正五位上阿倍
朝臣家麻呂爲上野守, 外從五位下船木直馬養爲若狹守, 中宮少進外從五位下物部多
藝宿禰國足爲兼因幡介, 從五位下篠嶋王爲伯耆守, 從四位下石川朝臣豊人爲出雲
守, 從五位下藤原朝臣園人爲備中守, 左兵衛佐從五位下藤原朝臣弓主爲兼阿波守,
從五位下正月王爲土左守, 從五位下多治比眞人繼兄爲豊後守. 乙酉, 以從五位上紀
朝臣古佐美爲陸奧守. 丁亥, 尾張國中嶋郡人外正八位上裳咋臣船主言, 己等與伊賀
國敢朝臣同祖也. 是以曾祖宇奈已上, 皆爲敢臣. 而祖父得麻呂, 庚午年籍, 謬從母姓,
爲裳咋臣. 伏望, 欲蒙改正. 於是, 船主等八人賜姓敢臣.

六月戊子朔, 詔曰, 惟王之置百官也. 量材授能, 職員有限. 自茲厥後, 事豫議務稍繁,
卽量劇官, 仍置員外. 近古因循, 其流益廣. 譬以十羊, 更成九牧. 民之受弊, 寔爲此焉.
朕肇膺寶曆, 君臨區夏. 言念生民, 情深撫育. 思欲除其殘害惠之仁壽. 宜內外文武官,
員外之任, 一皆解却. 但郡司軍毅不在此限. 又其在外國司, 多乖朝委. 或未知欠倉,
且用公廨, 或不畏憲網, 肆漁百姓. 故今擇其姦濫尤著者, 秩雖未滿, 隨事貶降. 自今以
後, 內外官人, 立身淸謹, 處事公正者, 所司審訪, 授以顯官. 其在職貪殘, 狀迹濁濫者,
宜遣巡察採訪黜降. 庶使激濁揚淸, 變澆俗於當年, 憂國撫民, 追淳風於往古. 普告遐
邇, 知朕意焉. 和泉國和泉郡人坂本臣糸麻呂等六十四人賜姓朝臣. 勅參議持節征東
大使兵部卿正四位下兼陸奧按察使常陸守藤原朝臣小黑麻呂等曰, 得去五月二十四
日奏狀, 具知消息. 但彼夷俘之爲性也, 蜂屯蟻聚, 首爲亂階. 攻則奔逃山藪, 放則侵掠
城塞. 而伊佐西古, 諸絞, 八十嶋, 乙代等, 賊中之首, 一以當千, 竄迹山野, 窺機伺隙,
畏我軍威, 未敢縱毒. 今將軍等, 未斬一級, 先解軍士. 事已行訖, 無如之何. 但見先後
奏狀, 賊衆四千餘人, 其所斬首級僅七十餘人, 則遺衆猶多. 何須先獻凱旋, 早請向京.
縱有舊例, 朕不取焉. 宜副使內藏忌寸全成, 多朝臣犬養等一人乘驛入京, 先申軍中委
曲, 其餘者待後處分. 癸巳, 參議從四位上藤原朝臣乙繩卒. 右大臣從一位豊成之第三

子也. 甲午, 從五位下鹽屋王爲主殿頭, 外從五位下小塞宿禰弓張爲內掃部正. 丙申, 授正六位上物部射園連老外從五位下. 己亥, 地動. 壬寅, 授命婦從四位下藤原朝臣敎貴正四位下. 癸卯, 授外從五位下土師宿禰古人從五位下. 降大宰帥從三位藤原朝臣濱成爲員外帥. 傔仗之員, 限以三人. 仍勅大貳正四位上佐伯宿禰今毛人等曰, 三考黜陟, 前王通典. 懲惡勸善, 往聖嘉訓. 帥參議從三位兼侍從藤原朝臣濱成, 所歷之職, 善政無聞. 今受委方牧, 寄在宣風. 若不懲肅, 何得後効. 仍貶其任, 補員外帥. 宜莫預釐務. 但公廨者賜帥三分之一. 府中雜務, 一事已上, 今毛人等行之. 乙巳, 勅, 河內國若江郡人弓削淨人廣方, 廣田, 廣津等, 去寶龜元年配土左國. 宜宥其罪放還本鄕. 但不得入京. 己酉, 地震. 授外從五位下珍努縣主諸上外從五位上. 庚戌, 授無位平群朝臣家刀自從五位下. 右大臣正二位大中臣朝臣清麻呂上表乞身. 詔許焉. 因賜几杖. 辛亥, 送唐客使從五位下布勢朝臣清直等自唐國至, 進使節刀. 大白晝見. 大納言正三位兼式部卿石上大朝臣宅嗣薨. 詔贈正二位,宅嗣左大臣從一位麻呂之孫, 中納言從三位弟麻呂之子也. 性朗悟有姿儀, 愛尙經史, 多所涉覽, 好屬文, 工草隷, 勝寶三年授從五位下, 任治部少輔, 稍遷文部大輔, 歷居內外. 景雲二年至參議從三位. 寶龜初, 出爲大宰帥. 居無幾遷式部卿, 拜中納言, 賜姓物部朝臣. 以其情願也. 尋兼皇太子傅, 改賜姓石上大朝臣. 十一年, 轉大納言, 俄加正三位. 宅嗣辭容閑雅. 有名於時. 每値風景山水, 時援筆而題之. 自寶字後, 宅嗣及淡海眞人三船爲文人之首. 所著詩賦數十首. 世多傳誦之. 捨其舊宅, 以爲阿閦寺. 寺內一隅, 特置外典之院, 名曰藝亭. 如有好學之徒, 欲就閱者恣聽之. 仍記條式, 以貽於後, 其略曰, 內外兩門本爲一體. 漸極似異, 善誘不殊. 僕捨家爲寺, 歸心久矣. 爲助內典, 加置外書. 地是伽藍, 事須禁戒. 庶以同志入者, 無滯空有, 兼忘物我, 異代來者, 超出塵勞, 歸於覺地矣. 其院今見存焉. 臨終遺敎薄葬. 薨時年五十三. 時人悼之. 壬子, 遣從五位下勅旨大丞羽栗臣翼於難波, 令練朴消, 遠江介從五位下土師宿禰古人, 散位外從五位下土師宿禰道長等一十五人言, 土師之先出自天穗日命, 其十四世孫, 名曰野見宿禰. 昔者纏向珠城宮御宇垂仁天皇世, 古風尙存, 葬禮無節, 每有凶事, 例多殉埋. 于時皇后薨. 梓宮在庭, 帝顧問群臣曰, 後宮葬禮, 爲之奈何. 群臣對曰, 一遵倭彦王子故事. 時臣等遠祖野見宿禰進奏曰, 如臣愚意, 殉埋之禮殊乖仁政. 非益國利人之道. 仍率土部三百餘人, 自領取埴造諸物象進之. 帝覽甚悅, 以代殉人. 號曰埴輪, 所謂立物是也. 此卽往帝之仁德, 先臣之遺愛, 垂裕後昆, 生民賴矣. 式觀祖業, 吉凶相半, 若其諱辰掌凶, 祭日預吉. 如此供奉,

允合通途. 今則不然. 專預凶儀. 尋念祖業, 意不在茲. 望請, 因居地名, 改土師以爲菅
原姓. 勅依請許之. 甲寅, 以正二位藤原朝臣魚名爲左大臣兼大宰帥, 正三位藤原朝臣
田麻呂爲大納言兼近衛大將, 正三位藤原朝臣是公爲式部卿兼中衛大將, 從四位上大
中臣朝臣子老, 紀朝臣船竝爲參議. 是月, 大白晝見.

秋七月壬戌, 詔曰, 朕以不德, 陰陽未和, 普天之下, 炎旱經月. 百姓興嗟, 九服懷怨.
朕爲其父母, 屬此靈譴. 雖竭至誠, 未感需澤. 顧念囚徒, 特宜矜愍. 其自天應元年七月
五日昧爽以前大辟已下, 罪無輕重, 已發覺, 未發覺, 已結正, 未結正, 繫囚見徒, 咸皆赦
除. 但八虐, 故殺人, 私鑄錢, 强竊二盜, 常赦所不免者, 不在赦限. 癸亥, 駿河國言,
富士山下雨灰, 灰之所及, 木葉彫萎. 丁卯, 正四位下藤原朝臣小黒麻呂爲民部卿, 陸
奧按察使如故. 正四位上藤原朝臣家依爲兵部卿, 侍從下總守如故. 中納言從三位藤
原朝臣繼繩爲兼左京大夫, 從四位上藤原朝臣種繼爲左衛士督, 近江守如故. 造宮卿
從四位上藤原朝臣鷹取爲兼左兵衛督, 左中弁從五位上紀朝臣家守爲兼右兵衛督, 近
衛員外中將從四位上紀朝臣船守爲兼內廐頭. 癸酉, 右京人正六位上栗原勝子公言,
子公等之先祖伊賀都臣. 是中臣遠祖天御中主命二十世之孫, 意美佐夜麻之子也. 伊
賀都臣, 神功皇后御世, 使於百濟, 便娶彼土女, 生二男, 名日本大臣, 小大臣. 遙尋本
系, 歸於聖朝, 時賜美濃國不破郡栗原地, 以居焉. 厥後因居命氏, 遂負栗原勝姓. 伏乞,
蒙賜中臣栗原連. 於是子公等男女十八人依請改賜之. 丙子, 河內國言, 尺度池水, 以
今月十八日, 自巳至酉, 變成血色, 其臭甚羶, 長可二町餘, 廣可三丈. 甲申, 典藏從四位
下爲奈眞人玉足卒.

八月丁亥朔, 授從五位下吉田連斐太麻呂從五位上. 甲午, 正四位上大伴宿禰家持爲
左大弁兼春宮大夫. 先是遭母憂解任, 至是復焉. 戊戌, 授從五位上紀朝臣家守正五位
上, 從五位下大伴宿禰弟麻呂從五位上. 己亥, 授從五位上伴田朝臣仲刀自正五位下.
辛亥, 陸奧按察使正四位下藤原朝臣小黒麻呂, 征伐事畢入朝. 特授正三位. 癸丑, 無
位五百枝王, 五百井女王竝授從四位下, 無位藤原朝臣夜志芳古從五位下.

九月戊午, 宴五位已上於內裏. 授從三位藤原朝臣繼繩正三位, 正三位藤原朝臣是公
拜中納言, 宴訖賜祿有差. 己未, 授無位忍坂女王從五位下. 庚申, 正五位下粟田朝臣
鷹守爲左兵衛佐. 癸亥, 正五位下內藏忌寸全成爲陸奧守. 左京人正七位下善麻呂等
三人賜姓吉水連, 從七位下善三野麻呂等三人吉水造. 丁卯, 授無位百濟王清刀自從
五位下. 丁丑, 詔授從五位上紀朝臣古佐美從四位下勳四等, 從五位上百濟王俊哲正

五位上勳四等, 正五位下內藏忌寸全成正五位上勳五等, 從五位下多朝臣犬養從五位
上勳五等, 從五位下多治比眞人海從五位上, 正六位上紀朝臣木津魚, 日下部宿禰雄
道, 百濟王英孫並從五位下, 正六位上阿倍猿嶋朝臣墨繩外從五位下勳五等, 入間宿
禰廣成外從五位下, 並賞征夷之勞也. 又授送唐客使從五位下布勢朝臣淸直正五位
下, 判官正六位上多治比眞人濱成, 甘南備眞人淨野並從五位下. 辛巳, 初征東副使大
伴宿禰益立, 臨發授從四位下. 而益立至軍, 數愆征期, 逗留不進, 徒費軍粮, 延引日月.
由是, 更遣大使藤原朝臣小黑麻呂, 到卽進軍, 復所亡諸塞. 於是, 詔責益立之不進,
奪其從四位下. 甲申, 授從四位上伊勢朝臣老人正四位下.

冬十月戊子, 授無位山口王從五位下. 己丑, 從四位下五百枝王爲侍從, 從四位下淡海
眞人三船爲大學頭, 正五位下布勢朝臣淸直爲兵部大輔, 從五位下紀朝臣千世爲少
輔, 從五位下多治比眞人三上爲左京亮, 從五位下紀朝臣眞人爲右京亮, 從五位下健
部朝臣人上爲勅旨少輔, 外從五位下和史國守爲造法華寺次官. 乙未, 地震. 戊戌, 授
正四位上藤原朝臣家依從三位, 無位朝原首眞糸女外從五位下. 辛丑, 尾張, 相摸, 越
後, 甲斐, 常陸等國人, 總十二人. 以私力運輸軍粮於陸奧, 隨其所運多少, 加授位階.
又軍功人殊等授勳六等一等, 勳八等二等, 勳九等三等, 勳十等, 四等. 戊申, 授正六位
上藤原朝臣內麻呂從五位下. 庚戌, 下總國葛餝郡人孔王部美努久咩一産三兒, 賜乳
母一人幷粮. 丁巳, 地震.

十一月壬戌, 近江國言, 木連理. 丁卯, 御太政官院. 行大嘗之事, 以越前國爲由機,
備前國爲須機. 兩國獻種種玩好之物. 奏土風歌舞於庭. 五位已上賜祿有差. 己巳,
宴五位已上奏雅樂寮樂. 及大歌於庭. 授正四位上大伴宿禰家持從三位, 從五位上當
麻王正五位下, 從五位下調使王, 淨原王並從五位上, 無位大伴王從五位下, 正五位下
石上朝臣家成從四位下, 正五位下佐伯宿禰眞守正五位上, 從五位下多治比眞人年
主,紀朝臣難波麻呂並從五位上, 正六位上中臣朝臣必登, 藤原朝臣眞鷲, 藤原朝臣淨
岡並從五位下, 宴訖賜祿各有差. 庚午, 授三品不破內親王二品, 從四位下淨橋女王從
四位上, 從五位下垂水女王從五位上, 無位小縵女王從五位下, 正四位下安倍朝臣古
美奈正四位上, 從四位下藤原朝臣諸姉從四位上, 正五位上和氣朝臣廣虫從四位下,
從五位下安曇宿禰刀自正五位下, 從五位下神服宿禰毛人女從五位上, 無位藤原朝臣
明子從五位下, 正六位上嶋名古刀自外從五位下. 又授正五位下山邊王正五位上, 從
四位上藤原朝臣鷹取正四位下, 從五位下藤原朝臣眞葛, 紀朝臣伯麻呂並從五位上,

並由機須機國司也. 正六位上林忌寸稻麻呂, 凡直黑鯛, 朝原忌寸道永並外從五位下.
辛未, 饗諸司主典已上, 賜祿有差. 壬申, 授從五位下和氣朝臣淸麻呂從四位下, 明經
紀傳及陰陽醫家, 諸才能之士, 賜絲各十絇. 癸酉, 授正六位上藤原朝臣根麻呂從五位
下, 從七位下酒人忌寸刀自古, 無位佐和良臣靜女並外從五位下. 甲戌, 授正四位上安
倍朝臣古美奈從三位, 從四位下橘朝臣眞都賀, 百濟王明信並從四位上, 從五位下藤
原朝臣勤子從五位上. 丙子, 授無位藤原朝臣春蓮從五位下. 辛巳, 地震.

十二月乙酉朔, 陸奧守正五位上內藏忌寸全成爲兼鎭守副將軍. 辛卯, 授從五位下紀
朝臣宮人正五位下. 丙申, 地震. 辛丑, 三品稗田親王薨. 遣從四位上壹志濃王, 從四位
下紀朝臣古佐美, 石川朝臣垣守等, 監護喪事. 親王天宗高紹天皇之第三皇子也. 薨時
年三十一. 甲辰, 詔曰, 朕以不德, 忝承洪基. 夙興夜寐, 思求政道. 剋己勞心, 志在孝敬.
而精誠徒切, 未能感天. 頃者, 太上天皇聖體不豫. 宗社盡禱, 珪幣相尋, 頻移晦朔,
未見効顯. 顧惟虛薄責在朕躬. 撫事思慮, 載懷慙惕, 有靈之類, 莫重於人. 刑罰或差,
乃致冤感. 思降惠澤, 式資聖躬. 可大赦天下, 自天應元年十二月二十日昧爽以前大辟
以下, 罪無輕重, 已發覺, 未發覺, 已結正, 未結正, 繫囚見徒, 私鑄錢, 八虐, 故殺,
强竊二盜常赦所不免者咸皆赦除. 丁未, 太上天皇崩. 春秋七十有三, 天皇哀號, 摧咽
不能自止, 百寮中外, 慟哭累日. 詔曰, 朕精誠無感, 奄及凶閔. 痛酷之情纏懷, 終身之
憂永結. 方欲諒闇三年以申罔極, 而群公卿士咸俱執奏, 宗廟不輕, 萬機是重. 不可一
日而曠官也. 伏乞准後奈保山朝廷, 總斷萬機一同平日者. 朕以, 霜露未變, 荼毒尙深,
一旦從吉甚非臣子. 宜天下著服六月乃釋. 仍從今月二十五日始, 諸國郡司於廳前擧
哀三日. 若遠道之處者以符到日爲始施行. 禮日三度. 初日再拜兩段. 但神郡者不在此
限. 是日, 以正三位藤原朝臣小黑麻呂, 從三位藤原朝臣家依, 正四位上大伴宿禰伯麻
呂, 從四位上石川朝臣名足, 從四位下淡海眞人三船, 豊野眞人奄智, 正五位下葛井連
道依, 紀朝臣鯖麻呂, 從五位下文室眞人眞老, 文室眞人與企, 文室眞人於保, 紀朝臣
作良, 紀朝臣本, 外從五位下上毛野公大川, 爲御裝束司. 六位已下八人. 從三位大伴
宿禰家持, 高倉朝臣福信, 從四位下吉備朝臣泉, 石川朝臣豊人, 正五位下大神朝臣末
足, 紀朝臣犬養, 從五位上文室眞人高嶋, 從五位下文室眞人子老, 紀朝臣繼成, 多治
比眞人濱成, 爲山作司. 六位已下九人. 從五位下縣犬養宿禰堅魚麻呂, 外從五位下榮
井宿禰道形, 爲養役夫司, 六位已下六人, 從四位下石川朝臣垣守, 從五位下文室眞人
八嶋爲作方相司. 六位已下二人. 從五位下文室眞人忍坂麻呂, 從五位下多治比眞人

乙安爲作路司. 六位已下三人. 又遣使固守三關. 戊申, 地震. 庚戌, 兵庫南院東庫鳴. 辛亥, 勅曰, 昨緣群卿來奏, 天下着服, 以六月爲限. 但朕孝誠無効, 慈蔭長違. 結慕霜葉, 無復承顔之日. 緬懷風枝, 終虧侍謁之期, 終身之痛每深, 罔極之懷彌切. 宜改前服期, 以一年爲限. 自餘行事, 一依前勅. 癸丑, 當太行天皇初七, 於七大寺誦經. 自是之後, 每値七日, 於京師諸寺誦經焉. 又勅天下諸國, 七七之日, 令國分二寺見僧尼奉爲設齋以追福焉. 明年正月己未, 正三位藤原朝臣小黑麻呂率誄人奉誄, 上尊謚曰天宗高紹天皇. 庚申, 葬於廣岡山陵. 天皇龍潛之日, 與物和光, 及正位南面臨馭億兆, 擧其大綱不在苛察. 官省無用, 化崇淸簡. 是以寶龜之中, 四海晏如, 刑罰罕用, 遐邇欣戴. 旣而不豫, 漸久慮怠萬機, 遂讓寶位, 傳之元儲. 知子之明載遠, 貽孫之業彌固. 可謂寬仁大度有君人之德者矣.

續日本紀卷第三十六

『속일본기』 권제37

〈延曆 원년(782) 정월부터 2년(783) 12월까지〉

우대신 정2위 겸 行皇太子傅 中衛大將
신 藤原朝臣繼繩 등이 칙을 받들어 편찬하다.

今皇帝 桓武天皇[1]

○ 延曆 원년(782) 춘정월 기사(16일), 종5위하 阿倍朝臣祖足을 駿河守로 삼고, 종5위하 阿倍朝臣石行을 大宰少貳로 삼고, 종5위하 氷上眞人川繼를 因幡守로 삼았다.

계유(20일), 종5위상 大中臣朝臣繼麻呂를 右少辨으로 삼았다.

계미(30일), 大秡[2]을 행하였다. 백관이 상복을 벗지 않았다.[3]

윤정월 갑자,[4] 因幡國守 종5위하 氷上眞人川繼[5]가 모반을 일으키고, 일이 노출되자 도주하였다. 이에 사자를 보내 3關[6]을 굳게 지키게 하였다. 또

---

1) 桓武天皇의 표기는 추기이다.
2) 부정한 것을 정화하는 의식으로 궁중과 신사에서 일상적으로 행해지는데, 특히 천하 만민의 罪穢를 씻는다는 의미에서 大祓이라고 한다.
3) 복상 기간에 생기는 부정을 씻기 위해 大祓을 행하는데, 상복을 벗지 않은 것은 고 光仁天皇에 대한 애도의 마음을 표시한 것이다.
4) 이달의 日干支 甲子는 없다.
5) 天武天皇의 황자인 新田部親王의 아들 鹽燒王과 聖武天皇의 딸 不破內親王(井上內親王과 는 동복자매) 사이에서 태어났다. 鹽燒王은 天平寶字 2년(758)에 氷上眞人의 성을 받아 臣籍으로 내려왔다. 그러나 부모 모두 天武系의 피를 이은 탓에 황위계승의 잠재적 후보군으로서 조정 측의 경계 대상이 되었다. 鹽燒王은 藤原仲麻呂의 난에서 천황으로 옹립하려는 시도가 있어 天平寶字 8년(764)에 살해되었고, 不破內親王도 稱德天皇을 저주했다는 혐의로 皇親 신분을 박탈당했다. 이 사건은 이러한 정치적인 상황 속에서 일어난 것이다.
6) 3關은 畿內 주변에 설치된 3개의 關所. 천황의 교대 등 정치적 불안 시에 교통을 차단할 목적으로 설치되었다. 여기에는 병기류를 상설 배치해 두고, 반드시 복수의

경기, 7도에 하달하여 그를 수색하여 체포하기 위해 종5위하 多治比眞人濱成을 左京亮으로 삼고, 종5위하 多治比眞人三上을 主馬頭로 삼고, 외종5위하 大荒木臣押國을 (主馬)助로 삼고, 종5위하 藤原朝臣眞友를 衛門佐로 삼았다.

　병신(13일), 지진이 있었다.

　정유(14일), 氷上川繼를 大和國 葛上郡에서 체포하였다. (천황이) 조를 내려, "빙상천계는 몰래 반역을 모의했으나 일이 이미 발각되었다. 법에 의거하여 처단하고, 죄는 극형에 해당한다.[7] 그의 모친 不破內親王[8]은 반역자의 근친으로 역시 중죄에 해당한다. 다만 복상기간이 시작되어 산릉이 아직 마르지 않았다. 애도하는 마음인데 형을 논하는 것은 견디기 어렵다. 이에 빙상천계는 사형죄를 면제하고 遠流로 하고 不破內親王 및 천계의 자매는 淡路國으로 이주시킨다"라고 하였다. 천계는 鹽燒王의 아들이다. 천계는 資人[9]인 大和乙人이 몰래 병기를 휴대하고 허가없이 궁중으로 들어갔다. 소관 관사에서 붙잡아 추문했는데, 대화을인이 말하기를, "천계가 몰래 음모를 꾸며 금월 10일 밤, 무리를 모아 북문으로 들어가 조정을 전복시키고자 하였다. 그래서 을인을 보내 동지인 宇治王을 불러내어 결행의 날에 합류시키려고 했다"라고 하였다. 이에 칙을 내려 사자를 보내 천계를 소환하였다. 천계는 칙사가 도착했다는 것을 듣고 몰래 후문으로 도주하였는데, 이에 이르러 체포되었다. (천황은) 조를 내려, 사형에서 1등 감하여 伊豆國의 三嶋로 유배보냈다.[10] 그의 처 藤原法壹도 또한 따라가게 하였다.

　무술(15일), 지진이 있었다.

　경자(17일), 종5위하 大中臣朝臣諸魚를 少納言으로 삼고, 외종5위하 朝原忌

　　4등관 국사가 상주하며 비상사태에 대비하였다. 위치는 不破關(美濃國, 岐阜縣 不破郡 關ヶ原町), 鈴鹿關(伊勢國, 三重縣 龜山市), 愛發關(越前國, 福井縣 敦賀市內) 3곳이다.

7) 「盜賊律」1에 모반 및 대역자는 모두 참한다고 되어 있다.

8) 聖武天皇의 딸. 鹽燒王의 부인.

9) 諸王·諸臣에게 사여되는 종자로 경호와 잡역 등에 종사한다. 親王에게 지급되는 帳內, 5위 이상의 유위자에게 지급되는 位分資人, 中納言 이상에게 지급되는 職分資人, 그리고 특별한 신분에게 지급되는 帶刀舍人이 있다.

10) 氷上川繼는 桓武朝 말기인 『日本後紀』延曆 24년(805) 3월에 사면되어 이듬해 3월에 본위인 종5위하를 회복하였다. 그 후 大同 4년(809)에 典藥頭, 弘仁 3년(812)에 伊豆守를 역임하였다.

寸道永을 大外記로 삼고, 종5위하 笠朝臣名麻呂를 近衛少將으로 삼고, 종5위하 藤原朝臣弓主를 右衛士佐로 삼고, 종4위하 紀朝臣古佐美를 左兵衛督으로 삼고, 종5위하 佐伯宿禰鷹守를 右兵衛佐로 삼고, 종5위하 文室眞人眞老를 攝津亮으로 삼고, 외종5위상 河內連三立麻呂를 和泉守로 사목, 외종5위하 佐伯部三國을 駿河介로 삼고, 종5위하 藤原朝臣內麻呂를 甲斐守로 삼고, 종5위하 安倍朝臣木屋麻呂를 相摸介로 삼고, 종5위상 文室眞人高嶋를 下野守로 삼고, 종5위하 鹽屋王을 若狹守로 삼고, 中宮少進 외종5위하 物部多藝宿禰國足에게 越中介를 겸직시키고, 종5위상 石城王을 因幡守로 삼고, 종5위하 安倍朝臣船道를 石見守로 삼고, 종5위하 百濟王仁貞[11]을 播磨介로 삼고, 시종 종4위하 五百枝王에게 美作守를 겸직시키고, 종5위하 大伴宿禰仲主를 紀伊守로 삼고, 종5위하 川村王을 阿波守로 삼고, 左大舍人頭 종4위상 壹志濃王에게 讚岐守를 겸직시키고, 종4위하 石上朝臣家成을 伊豫守로 삼고, 右衛士佐 종5위하 藤原朝臣弓主에게 (右衛士)介를 겸직시켰다.

신축(18일), 대재부에 칙을 내려, "氷上川繼는 모반으로 죄인이 되었다. (大宰)員外帥 藤原朝臣濱成의 딸은 川繼의 처이다. 생각해 보니 같은 일당이다. 이런 까닭에 濱成의 현직인 참의 및 시종을 해임한다. 다만 (大宰)員外帥는 종전대로 한다"라고 하였다. 정5위상 山上朝臣船主를 좌천시켜 隱伎介로 삼고, 종4위하 三方王을 日向介로 삼았다. 모두 川繼의 일당이었기 때문이다.

임인(19일), 左大弁 종3위 大伴宿禰家持, 右衛士督 정4위상 坂上大忌寸苅田麻呂, 산위 정4위하 伊勢朝臣老人, 종5위하 大原眞人美氣, 종5위하 藤原朝臣繼彦 등 5인에 대해서는, 관직에 있는 자는 현직을 해임하고, 산위의 자는 京外로 이주시켰다. 모두 川繼의 (반역모의) 사건에 연좌되었기 때문이다. 그 외의 일당은 모두 35인으로, 혹은 川繼의 인척이고 혹은 평생의 지인, 우인이다. 모두 또한 경외로 추방하였다.

2월 병진(3일), 참의 종3위 中宮大夫 겸 衛門督 大伴宿禰伯麻呂가 죽었다. 조부 馬來田는 (天武朝에서) 內大紫[12]를 추증받았고, 부 道足은 平城朝에서

---

11) 권34, 寶龜 8년(777) 춘정월조 131쪽 각주 39) 참조.
12) 大紫는 天智 3년에 제정된 관위 26계의 제5위. 『일본서기』 天武紀 12년 6월조에 馬來田에게 大紫位를 추증한 기사가 있다.

참의 정4위하의 지위에 있었다. 伯麻呂는 天平勝寶 초에 종5위하를 받고 上野守에 임명되었다. 여러 차례 전임되었다가 天平神護 연중에 종4위하 左中弁에 이르렀다. 寶龜 연중에 宮內卿으로 옮기고 이어서 참의에 보임되었다. 연회석상에서 음주와 담소를 즐겼고, 매우 품격과 절조가 있었다. 天宗高紹天皇이 그를 총애하여 이어서 정4위상을 내렸다. 左大弁, 衛門督, 中宮大夫를 역임하고 종3위에 제수되었다. 사망시의 나이는 65세였다.

경신(7일), 종5위하 當麻王을 中務大輔로 삼고 遠江守는 종전대로 하였고, 종5위하 文室眞人於保를 (遠江)少輔로 삼았다. 종5위하 大伴王을 大監物13)로 삼고, 종5위하 多治比眞人年持를 左大舍人助로 삼고, 종5위상 笠王을 右大舍人頭로 삼고, 종5위상 調使王을 內藏頭14)로 삼고, 종5위하 春階王을 縫殿頭15)로 삼고, 종5위하 紀朝臣本을 陰陽頭로 삼고, 정5위하 布勢朝臣淸直을 民部大輔로 삼고, 정5위하 巨勢朝臣苗麻呂를 兵部大輔로 삼고, 종4위하 安倍朝臣東人을 刑部大輔로 삼고, 종5위하 大中臣朝臣今麻呂를 大判事로 삼고, 정5위하 粟田朝臣鷹守를 大藏大輔로 삼고, 종5위하 甘南備眞人淨野를 宮內少輔로 삼고, 종5위상 百濟王武鏡을 大膳亮16)으로 삼고, 종5위하 縣犬養宿禰堅魚麻呂를 主殿頭17)로 삼고, 종5위하 中臣朝臣鷹主를 鑄錢長官으로 삼고, 종4위하 吉備朝臣泉을 造東大寺 장관으로 삼고, 외종5위하 林忌寸稻麻呂를 차관으로 삼았다. 정5위하 榮井宿禰蓑麻呂를 造法華寺 장관으로 삼고, 종5위하 紀朝臣作良을 尾張守로 삼고, 民部卿 정3위 藤原朝臣小黑麻呂에게 陸奧按察使를 겸직시키고, 中衛中將

---

13) 監物은 中務省 직속의 관으로 제 관사의 창고 열쇠를 관리하고 출납사무를 감찰한다. 中務省의 典鑰, 大藏省·內藏寮의 主鑰을 실질적으로 통솔한다. 직원은 大監物 1인(종5위하), 中監物(종6위하) 4인, 少監物(정7위하) 4인, 監物主典(정7위상), 史生 등으로 구성되어 있다. 후에 中監物은 폐지되고 監物主典으로 대체되었다.

14) 內藏頭는 中務省 산하의 內藏寮 장관. 內藏寮의 직무는 매년 궁중 운영을 위해 납입되는 金·銀·絹 등 황실의 재산 관리, 보물 보관, 관인에게 내리는 하사품 등 황실 관련 출납을 담당하고, 외국과의 교역품도 관리하고 있다. 또한 자체 관영공방에서 장식품 등을 만들기도 한다.

15) 縫殿頭는 縫殿寮의 장관. 궁중의 의복 제조를 감독하고 後宮 女官의 인사를 담당한다.

16) 大膳職 차관. 宮內省에 소속된 관사. 대보령 제정 시 천황의 식사를 담당하는 內膳司와 연회를 담당하는 大膳職으로 분리되어 있었다. 다만 연회 시의 주식은 大炊寮가 담당하고, 大膳職은 부식과 조미료 등의 조달·조리·공급 등을 담당하였다.

17) 主殿頭는 主殿寮의 장관. 內裏에서 사용되는 생활용품의 관리·공급을 담당한다.

종4위하 佐伯宿禰久良麻呂에게 丹波守를 겸직시키고, 종5위하 羽栗臣翼을 (丹波)介로 삼았다. 종5위하 三嶋眞人嶋麻呂를 丹後介로 삼고, 左兵衛督 종4위하 紀朝臣古佐에게 但馬守를 겸직시키고, 종5위하 紀朝臣眞木을 肥前守로 삼고, 외종5위하 陽侯忌寸玲珸[18]에게 豊後介를 겸직시켰다.

정묘(14일), 종4위상 壹志濃王을 治部卿으로 삼고 讚岐守는 종전대로 하였다. 외종5위하 尾張連豊人을 園池正으로 삼고, 외종5위하 林忌寸稻麻呂를 東宮學士로 삼고 造東大寺 차관은 종전대로 하였다. 종5위하 多治比眞人繼兄을 大宰少貳로 삼고, 종5위하 安倍朝臣石行을 豊後守로 삼았다.

신미(18일), 하늘에서 소리가 났는데, 천둥소리와 같았다.

임신(19일), 지진이 있었다.

3월 신묘(9일), 무지개가 태양의 주위를 둘러쌌다.

을미(13일), 武藏, 淡路, 土左 등의 제국이 기근이 들어 함께 구휼하였다.

무신(16일), 종4위하 三方王, 정5위하 山上朝臣船主, 정5위상 弓削女王 등 3인은 공모하여 천황을 저주하여 살해하려고 했다는 일에 연좌되었다. (천황은) 조를 내려 사형죄에서 1등 감하고, 三方, 弓削은 함께 日向國으로 유배되었고〈弓削은 三方의 처이다〉, 船主는 隱伎國으로 유배되었다. 그 외의 일당은 또한 법에 따라 처리되었다. 종4위상 藤原朝臣種繼를 참의로 삼았다.

신해(29일), 종5위하 高倉朝臣殿嗣[19]를 下總介로 삼았다.

하4월 경신(8일), 정5위상 紀朝臣家守에게 종4위하를 내렸다.

계해(11일), 우경인 소초위하 壹禮比福麻呂 등 15인에게 豊原連[20]의 성을

---

18) 권35, 寶龜 9년(778) 10월조 161쪽 각주 26) 참조.

19) 고구려 멸망 직후 망명한 背奈福德의 후예씨족. 背奈公, 背奈王, 高麗朝臣, 高倉朝臣으로 씨성 변화가 있다. 高倉朝臣殿嗣는 寶龜 8년(777)에 발해사의 送使에 임명되었다. 동 9년에 정5위하에 서위되었고, 동 10년에 일족과 함께 高麗朝臣에서 高倉朝臣으로 개성하였고, 동 11년에 治部少輔가 되었다. 이후 桓武朝 말에서 平城朝에 걸쳐 大判事, 下總介, 玄蕃頭, 皇后宮亮, 大和介, 主計頭, 駿河守, 肥後守 등을 역임하였다.

20) 『신찬성씨록』 우경제번하에, "豊原連은 신라국 사람 壹呂比麻呂의 후손이다"라고 나온다. 壹禮比福麻呂는 壹呂比麻呂의 후손으로 보이며 壹呂比[壹禮比]는 씨족의 씨명이다. 원래의 신라 씨명에서 1차적으로 개성한 것으로 생각된다. 한편 『신찬성씨록』 좌경제번하에는, "豊原連은 高麗國 사람 上部王虫麻呂로부터 나왔다"라는 기록도 있다. 아마도 의제적 동족관계를 맺었다고 보인다.

내렸다.

이날, (천황이) 조를 내려, "짐은 군주로서 천하에 군림하여 백성들을 위무하고 보살펴 왔는데, 관민 모두 피폐해져 실로 마음 속으로 걱정하고 있다. 바야흐로 (궁전 등의) 조영사업을 중지하고 농무에 힘쓰고, 정치는 검약에 따르고 재물을 곳간에 가득 채우고자 한다. 지금 궁실은 거주하기에 충분하고, 즐길 수 있는 용품21)도 충분하다. 또 불사의 조영도 끝나고 전화의 가치도 안정되고 있다. 또 造宮, 勅旨 2성과 法花, 鑄錢 양사22)를 폐지하고 관사의 재정을 충실히 하여 간소화를 중시하고자 한다. 다만, 조궁성, 칙지성의 여러 공인들은 그 능력에 따라 목공료, 내장료 등에 배속시키고 그 외는 각각 원래의 관사에 두도록 한다"라고 하였다.

을축(13일), 정6위상 文直人上에게 외종5위하를 내렸다. 重閣門에 흰 여우가 나타났다.

무진(16일), 기내에 사자를 보내 기우제를 지내게 하였다.

기사(17일), 尚侍 종2위 藤原朝臣百能이 죽었다. 병부경 종3위 (藤原朝臣)麻呂의 딸이다. 우대신 종1위 (藤原)豊成에게 시집갔다. 대신의 사후에는 오래도록 정절을 지키면서 후궁의 직에서 봉사하여 열녀로 칭송되었다. 사망시의 나이는 63세였다.

기묘(27일), 정4위상 佐伯宿禰今毛人을 左大弁으로 삼았다. 山背國에서 아뢰기를, "제국의 병사에게 庸은 면제하고 調는 납입시키고 있다. (그런데) 좌우경 병사에 대해서는 또한 그 조를 면제하고 있다. 지금 기내의 국들은 우대받은 바가 없고, 고락에도 차이가 없다. (기내 제국의 병사도) 京職과 같이 그 조를 면제해 주기를 청하고자 한다"라고 하였다. 이에 칙을 내려, 기내의 병사의 조를 면제하였다.

5월 을유(3일), 종5위하 海上眞人三狩에게 종5위상을 내렸다. 또 下野國安蘇郡의 主帳 외정6위하 若麻續部牛養, 陸奧國 사람 외대초위하 安倍信夫臣東麻

呂 등이 군량을 바쳤다. 이에 함께 외종5위하를 내렸다.

경인(8일), 제관사의 直丁23)으로 근무한 지 24년 이상된 자 8인에게 위계 1급을 내렸다.

갑오(12일), 陸奧國에서 근년 병란이 일어났다. 奧郡의 백성들이 아직 (자신의 주거지에) 돌아오지 않아 칙을 내려 과역을 3년간 면제하였다.

병신(14일), 종5위상 調使王을 少納言으로 삼았다.

정유(15일), 散事24) 종4위하 福當女王이 죽었다.

무술(16일), 정4위상 坂上大忌寸苅田麻呂25)를 右衛士督으로 삼았다.

기해(17일), 종5위하 笠朝臣名麻呂를 左少弁으로 삼고, 정4위하 藤原朝臣鷹取를 中宮大夫로 삼고, 시종 및 越前守는 종전대로 하였다. 종5위상 笠王을 左大舍人頭로 삼고, 종5위상 多治比眞人年主를 右大舍人頭로 삼고, 종4위하 紀朝臣家守를 內藏頭로 삼고 右兵衛督은 종전대로 하였다. 종5위하 藤原朝臣是人을 대판사로 삼고, 종5위하 葛井連根主26)를 木工助로 삼고, 참의 종3위

---

23) 直丁은 제 관사에 배속되어 잡역에 종사하는 仕丁을 말한다. 「職員令」에는 각 관사의 인원을 기록하고 있다. 天平神護 2년 7월에는 20년 이상 근무 경력이 있는 直丁에게 叙位하고 있는데, 이번에는 24년 이상 근무 경력이 있는 直丁을 대상으로 서위하고 있다.

24) 위계만 있고 관직이 없는 자. 散位, 혹은 後宮 12司에 봉사하는 女官 중에 女嬬, 采女 등 하급관인을 총칭하기도 한다.

25) 坂上忌寸은 阿知使主를 조상으로 하는 백제계 東漢氏의 지족. 天武 11년(678)에 坂上直에서 坂上連으로 개성하였고, 동 14년에는 坂上忌寸의 성을 받았다. 天平寶字 8년(764), 藤原仲麻呂의 난을 수습한 공로로 정6위상에서 5단계 승진한 종4위하에 서위되고, 大忌寸의 성을 하사받고 中衛少將 겸 甲斐守에 임명되고, 神護景雲 2년(768)에는 종4위상에 서위되었다. 寶龜 원년(770)에 光仁天皇이 즉위하면서 稱德朝에서 국정을 농단하던 道鏡을 배척한 공으로 정4위하 陸奧鎭守將軍에 임명되고, 中衛中將으로 근무하면서 安藝守·丹波守를 겸직하였다. 桓武朝에 들어 天應 원년(781)에 정4위상 右衛士督에 임명되었다. 延曆 원년(782) 정월에 氷上川継의 난에 연좌되어 해임되었으나 동년 5월에 右衛士督에 복직되었다. 이후 伊予守, 備前守, 下總守, 越前守 등 지방관을 역임하였다. 延曆 4년(785) 2월에는 종3위가 된 坂上苅田麻呂는 동년 6월에 상표하여 일족 16명이 忌寸에서 宿禰 성으로 개성하였는데, 적통의 坂上氏는 大宿禰였다. 延曆 5년(786) 1월에 향년 59세의 일기로 사망하였다. 일족 중 기마에 능숙한 무예 가문으로서 오랜 기간 조정에 봉사하였다.

26) 葛井連은 백제계 도래씨족. 天平寶字 5년(761)에 외종5위하에 서위되었고, 동 8년에 備中介, 阿波守를 역임하였다. 寶龜 2년(771)에 종5위하에 오르고, 延曆 원년(782) 6월에 木工頭에 임명되었다. 동 2년에 종5위상에 서위되었고, 동 4년에 伊豫守, 동

大伴宿禰家持를 春宮大夫로 삼고, 종5위하 多治比眞人豊濱을 參河守로 삼았다.

임인(20일), 陸奧國에서 언상하기를, "鹿嶋神에게 기도하여 흉적을 쳐서 없앴다. 신의 효험이 헛되지 않았다. 바라건대, 위봉의 은혜를 베풀어 주었으면 한다"라고 하였다. 외종5위하 榮井宿禰道形에게 종5위하를 내렸다.

계묘(21일), 少內記 정8위상 土師宿禰安人 등이 아뢰기를, "신들의 遠祖인 野見宿禰는 사물의 형상을 만들어 순장에 대신하였다. 후세 사람들에게 은혜를 입게 한 것이고, 살아있는 백성은 그 은덕을 누리고 있다. 그러나 그 후 자손들은 어쩌다 흉사인 장의에만 관여하게 되었다. 선조의 공적을 생각해 보면, 이것이 본래의 뜻이 아니다. 이에 土師宿禰古人 등은 전년에 거주지 명에 따라 菅原으로 개성하였다.[27] (그런데) 당시 (土師宿禰)安人은 임지가 원국에 있어 이 (개성하는) 예에 미치지 못했다. 바라건대, 土師의 글자를 고쳐서 秋篠로 개성하기를 원한다"라고 하였다. (천황은) 조를 내려 허락하였다. 이에 安人 형제 남녀 6인에게 秋篠의 성을 내렸다.

6월 경신(9일), 종4위하 飛鳥田女王이 죽었다.

을축(14일), 좌대신 정2위 겸 大宰帥 藤原朝臣魚名은 일에 연좌되어[28] 대신의 직에서 해임되었다. 그 아들 정4위하 鷹取는 石見介로 좌천되었고, 종5위하 末茂는 土左介로 좌천되었고, 종5위하 眞鷲은 아버지를 따라 (大宰府로) 가게 되었고, 모두 서둘러 임지로 가게 하였다. 完人建麻呂의 자식 神野眞人淨主, 眞依女 등 14인과 동생 宇智眞人豊公은 허위로 성을 고쳐서 眞人이라고 했는데, 원래의 성으로 따르게 하였다. 처음에 (完人)建麻呂는 仲江王을 모칭했는데, 일이 발각되자 자살하였다. 그 자식들 또한 허위로 眞人으로 칭했는데, 이에 이르러 이를 고쳐 바르게 하였다. 和泉國에 기근이 들어 구휼하였다. 이날, 지진이 있었다.

무진(17일), 종5위하 大原眞人室子에게 정5위하를 내리고, 春宮大夫 종3위

9년에 大膳亮이 되고, 동 10년에는 정5위하에 이르렀다.

27) 天應 원년 6월 25일조.

28) 天應 원년(781) 6월에 左大臣 겸 大宰帥에 임명되었는데, 이듬해 무언가의 사건에 연루되어 좌대신 직을 면직당하고 大宰府로 내려갔다. 좌천된 이유에 대해서는 정사에 보이지 않는다. 그러나 藤原朝臣魚名은 발병하여 곧 사망하였고, 그 아들들도 머지않아 직위가 복원되었다.

大伴宿禰家持를 陸奧按察使 진수장군으로 삼고, 외종5위하 入間宿禰廣成을 (陸奧)介로 삼고, 외종5위하 安倍猿嶋臣墨繩을 임시 (진수)부장군으로 삼았다. 散事 종4위하 多治比眞人若日이 죽었다.

신미(20일), 종5위하 巨勢朝臣廣山을 內藏助로 삼고, 외종5위하 安都宿禰眞足을 大學助로 삼고, 외종5위하 長尾忌寸金村을 博士로 삼고, 종5위하 葛井連根主를 木工頭로 삼고, 외종5위하 田邊史淨足²⁹⁾을 (木工)助로 삼고, 종4위하 佐伯宿禰久良麻呂를 衛門督으로 삼고 丹波守는 종전대로 하였다. 左大弁 정4위상 佐伯宿禰今毛人에게 大和守를 겸직시키고, 외종5위하 尾張連豊人을 (大和)介로 삼고, 종5위하 紀朝臣作良을 伊勢守로 삼고, 정5위하 高賀茂朝臣諸魚를 尾張守로 삼고, 종5위하 健部朝臣人上을 武藏介로 삼고, 近衛員外中將 종4위상 紀朝臣船守에게 常陸守를 겸직시키고 內廐頭는 종전대로 하고, 종5위상 大伴宿禰弟麻呂를 (常陸)介로 삼았다. 시종 종4위하 五百枝王에게 越前守를 겸직시키고, 종5위하 三國眞人廣見을 越後介로 삼고, 종4위하 吉備朝臣泉을 伊豫守로 삼고, 종4위하 石上朝臣家成을 大宰大貳로 삼았다.

임신(21일), (천황은) 조를 내려, "대납언 정3위 藤原朝臣田麻呂를 우대신으로 삼고, 중납언 정3위 藤原朝臣是公을 대납언으로 삼고, 종4위하 紀朝臣家守를 참의로 삼았다. 또 종4위하 紀朝臣家守를 中宮大夫로 삼고 內藏頭는 종전대로 하였다. 종5위하 佐伯宿禰鷹守를 左兵衛佐로 삼고, 종4위하 五百枝王을 右兵衛督로 삼고 시종 및 越前守는 종전대로 하고, 종5위하 紀朝臣木津魚를 (右兵衛)佐로 삼고, 종5위하 正月王을 備後守로 삼고, 종5위하 紀朝臣眞子를 土左守로 삼았다. 정4위상 佐伯宿禰今毛人에게 종3위를 내리고, 종4위상 石川朝臣名足·紀朝臣船守·藤原朝臣種繼에게 함께 정4위하를 내렸다.

무인(27일), 종4위하 紀朝臣古佐美를 左中弁으로 삼고 左兵衛督 및 但馬守는 종전대로 하였고, 종5위하 多治比眞人乙安을 右少弁으로 삼았다.

기묘(28일), 大宰帥 藤原朝臣魚名이 攝津國에 도착하여 발병하자 임지에 나아가지 못했다. 칙을 내려, 병이 치유되기를 기다린 후에 출발하도록

---

29) 延曆 원년(782) 6월에 伊豆守에 임명되었다. 田邊史에 대해서는『신찬성씨록』우경제번에 漢王의 후손인 知惣으로부터 나왔다고 되어 있으나 河內國 安宿郡 資母鄕 지역을 본거지로 하는 백제계 도래씨족이다.

하였다.

추7월 갑신(3일), 벼락이 치고 비가 내렸다. 大藏省 동쪽의 창고에서 화재가 발생해 內廐寮의 말 2마리가 낙뢰를 맞아 죽었다.

임진(11일), 칙을 내려 상근직 공인 54인을 해임하고 餅戶,[30] 散樂戶[31]를 폐지하였다.

임인(21일), 松尾山寺의 승 尊鏡은 나이가 101세였다. 내리에 초청하여 대법사에 서위하였다. 고령자를 우대하기 위해서이다.

병오(25일), (천황이) 칙을 내려, "짐은 부덕한데도, 천하에 군림하고 있다. 만백성들이 아직 평안하지 않음을 걱정하고 있고, 하나의 물건이라도 있어야 할 곳을 잃어버리면 불쌍히 여기고 있다. 하물며 작년에는 곡물이 여물지 않아 가난한 집이 점차 많아졌고. 금년에는 역병이 생겨 굶어 요절한 사람이 적지 않다. 짐은 백성의 부모로서 위무하고 보살피는 방법이 잘못되어 있다. 가만히 이 일을 생각하고 되돌아보면 마음이 부끄러워진다. 또 저 죄있는 자들을 생각해 보면, 책임은 심히 나에게 있다. 만약 이러한 죄를 씻어버리지 않는다면, 어떻게 스스로 새롭게 할 수 있겠는가. 천하에 대사면을 내린다. 天應 2년 7월 25일 동트기 이전의 사형죄 이하는 죄의 경중을 묻지 않고, 이미 발각되었거나 발각되지 않았거나, 이미 판결이 났거나 아직 심리중이거나, 현재 수감 중인 자는 모두 다 사면한다. 다만 팔학을 범한 자 및 고의 살인, 사주전, 강도와 절도, 통상의 사면에서 면제되지 않는 자는 이 사면의 범위에 포함되지 않는다. 만약, 사형죄에 들어간 자는 모두 1등 감형한다. 홀아비, 과부, 고아, 독거노인 및 빈궁자, 고령자, 병으로 자활할 수 없는 자는 헤아려 구휼한다"라고 하였다. 이날, 지진이 있었다.

정미(26일), 女孺 종7위상 山口忌寸家足, 정8위상 於保磐城臣御炊에게 함께 외종5위하를 내렸다.

무신(27일), 천황이 勅旨宮[32]으로 이주하였다.

---

30) 大膳職 소속의 雜戶.
31) 散樂은 雅樂에 대한 雜樂의 총칭으로 전래의 토속적인 음악을 비롯하여 무용, 곡예 등을 포함한다. 散樂戶는 이들 음악을 연주하고 교습시키기 위해 설치한 것이다.
32) 勅旨宮은 이미 폐지된 勅旨省의 건물을 말하는 것인지도 모르겠다. 이주의 이유

경술(29일), 우대신 이하 참의 이상이 함께 주상하기를, "요즈음 재해와 이변이 자주 일어나고 아울러 기묘한 조짐이 나타나고 있다. 이에 귀갑과 筮竹으로 점을 쳐 그 이유를 알아보게 하였다. 神祇官, 陰陽寮가 함께 아뢰기를, '국가의 통상의 제사는 항례에 따라 폐백을 올리고 있다. 그러나 천하는 (선제의 복상으로) 상복을 입고 있어 길례와 흉례가 혼재되어 있다. 이런 까닭에 이세대신궁 및 제신사에는 모두 재앙을 일으키게 된다'고 하였다. 만약 흉을 없애고 길로 나아가지 않으면 아마도 천황은 병이 날지도 모른다. 그러나 폐하는 정성을 다하는 성품으로 의연 복상의 기일을 마치려고 한다. 지금 (병이 들면) 치료를 하고 약을 먹어도 십수일은 걸린다. 神의 뜻을 속일 수 없는 것은 대저 이유가 있는 것이다. 삼가 바라건대, 曾閔[33])의 작은 효성을 참고 사직을 위한 임무를 중시하고, 이에 상복을 벗고 천신지기 (의 제사)로 나갔으면 한다"라고 하였다.

(천황이) 조를 내려, "짐은 부모를 잃은 슬픈 마음은 변함이 없다. 쓰라린 고통은 이전과 같다. 바야흐로 상복을 끝내고 다함이 없는 은혜에 보답하고자 한다. 그러나 경들이 재삼 간곡히 주상하여 종묘사직[34])에 제사지낼 것을 일깨웠다. 일은 방도가 없어 상주한 대로 하고자 한다. 제국에서 상복을 벗는 것은 부정을 씻는 사자가 오기를 기다려, 국내를 정결히 한 후에 벗도록 한다. 음주와 음악을 연주하거나 아울러 잡다한 채색 옷은 입지 않도록 한다"라고 하였다.

8월 신해삭(1일), 백관이 상복을 벗었다.

기미(9일), 治部卿 종4위상 壹志濃王, 左中弁 종4위하 紀朝臣古佐美, 治部大輔 종5위상 藤原朝臣黑麻呂, 主稅頭 종5위하 榮井宿禰道形, 陰陽頭 종5위하 紀朝臣本, 大外記 외종5위하 朝原忌寸道永 등 및 6위 이하 음양에 밝은 13인을 大和國에 보내, (각지에) 가서 산릉의 땅을 보게 하였다. 天宗高紹天皇[35])의 능을 개장하기 위해서이다.

등은 불명이다.
33) 공자의 제자인 曾參과 閔損. 효심으로 유명하다.
34) 종묘는 황조신, 사직은 천신지기를 말한다.
35) 光仁天皇.

경신(10일), 외종5위하 田邊史淨足[36)]을 伊豆守로 삼았다.

기사(19일), (천황이) 조를 내려, "은주 이래 아직 연호가 없었다. 한 무제 때에 처음으로 건원이라는 연호를 칭했다. 이로부터 이후 역대 (황제)는 전례에 따라 세웠다. 이에 대를 계승한 군주도, 양위받은 군주도 즉위하여 원호를 열었는데, 상서를 받으면 개원하지 아니한 적이 없었다. 짐은 덕이 부족한데도 황위를 계승하여 王公에 의지하여 천하에 군림한 지 이미 세월이 지났지만, 아직 새 연호를 시행하지 않았다. 지금 종묘사직에 영험이 내려와 현세와 명계와의 신들이 큰 복을 주어, 곡물이 풍성하게 익고, 상서의 표시가 나타났다. 모든 국들과 함께 이 즉위를 기뻐하고자 한다. 天應 2년을 고쳐 延曆 원년으로 삼고자 한다. 천하의 유위자 및 이세대신궁의 禰宜, 大物忌, 內人, 제신사의 禰宜, 祝 및 내외의 문무관으로 笏[37)]을 갖는 자에게 위계 1급을 내린다. 다만 6위 이상의 자는 아들 1명에게 대신 내리고, 외정6위상은 이 범위에 포함되지 않는다"라고 하였다.

을해(25일), 종5위상 安倍朝臣常嶋를 圖書頭로 삼고, 종5위하 八上王을 內禮正으로 삼고, 정5위하 石川朝臣眞守를 式部大輔로 삼고 武藏守는 종전대로 하였고, 종5위하 多治比眞人濱成을 (式部)少輔로 삼았다. 외종5위하 和史國守를 園池正으로 삼고, 종5위하 川邊朝臣淨長을 主油正으로 삼고, 종5위하 文室眞人忍坂麻呂를 左京亮으로 삼고, 左少弁 종5위하 笠朝臣名麻呂에게 近衛少將을 겸직시키고, 종5위하 多治比眞人三上을 左衛士佐로 삼고, 정5위하 粟田朝臣鷹守를 主馬頭로 삼고, 종5위하 石川朝臣美奈伎麻呂를 安房守로 삼고, 외종5위하 伊勢朝臣水通을 下野介로 삼고, 大學頭 종4위하 淡海眞人三船에게 因幡守를 겸직시키고 문장박사는 종전대로 하였고, 右大弁 정4위하 石川朝臣名足에게 美作守를 겸직시켰다.

병자(26일), 정5위상 因幡國造淨成女에게 종4위하를 내렸다.

9월 을유(6일), 종5위하 紀朝臣本을 肥後守로 삼았다.

---

36) 田邊史에 대해서는 『신찬성씨록』 우경제번에 漢王의 후손인 知惣으로부터 나왔다고 되어 있다. 그러나 河內國 安宿郡 資母鄕 지역을 본거지로 하는 백제계 도래씨족이다.
37) 위엄과 예의를 갖추기 위해 職事官에게 주어지는 손에 드는 장방형 의례 도구. 衣服令 규정에 따르면 5위 이상 관인은 牙笏, 6위 이상은 木笏을 갖는다.

무자(9일), 종5위상 藤原朝臣黑麻呂를 右中弁로 삼고, 종5위하 廣川王을 右大舍人頭로 삼고, 정5위하 榮井宿禰蓑麻呂를 陰陽頭로 삼고, 종5위상 大中臣朝臣繼麻呂를 治部大輔로 삼고, 종5위상 多治比眞人年主를 大藏大輔로 삼고, 神祇伯 종4위상 大中臣朝臣子老에게 右京大夫를 겸직시키고, 종5위하 積殖王을 右兵庫頭로 삼고, 종5위하 甘南備眞人淨野를 肥前守로 삼았다.

신해((13일), 內匠頭 정5위하 葛井連道依에게 中宮亮을 겸직시켰다.

동10월 경술삭(1일), 伊勢國 桑名郡의 多度神에게 종5위하를 서위하였다.

11월 신묘(13일), 빛이 있어 태양을 감싸고 있었고, 형태는 둥글고 색채는 무지개와 같았다. 태양 위에 또 빛이 있어 태양을 향하고 있었고 길이는 2장이었다.

정유(19일), 田村後宮의 今木大神[38]에게 종5위하를 내렸다.

정미(29일), 式部省 史生 정8위하 倭漢忌寸木津吉人 등이 아뢰기를, "吉人 등은 阿智使主[39]의 후손이다. 이에 忌寸의 성을 받았다. 倭漢木津忌寸이라고 표기해야 한다. 그런데 잘못해서 倭漢忌寸木津[40]이라고 표기하였다. 성의 글자가 번잡하고 많아 부르기에 온당하지 않다. 바라건대, 倭漢의 2자를 삭제하고 木津忌寸으로 했으면 한다"라고 하였다. (천황은) 이를 허락하였다.

12월 경술(2일), 內掃部正[41] 외종5위하 小塞宿禰弓張이 아뢰기를, "弓張

---

38) 桓武天皇의 생모인 백제계 도래씨족의 후예 高野新笠의 조상신으로, 今木은 今來·新來 의 의미이다. 高野新笠은 원래 和史氏로 백제 무령왕의 아들 純陀太子로부터 출자를 구하고 있다. 大和國 高市郡에 거주하던 和史氏 일족이 제사하다 高野新笠이 거주한 田村後宮에서 제사를 지냈고 平安京 천도와 함께 京都로 이전되어 平野神社가 되었다. 平野神社는 平安時代에 桓武朝 이래 황족에서 臣籍으로 내려온 황자들의 후예씨족들이 氏神으로 받들어 모시는 신사로도 알려져 있다.

39) 後漢 靈帝의 후손이라는 전승을 갖는 倭漢直의 조상. 『일본서기』 應神紀 20년 9월조에는 "倭漢直祖阿知使主, 其子都加使主, 並率己之党類十七縣, 而來歸焉"이라 나오고, 『古事記』 에는 阿知直으로 나온다. 『古語拾遺』 應神天皇조에도 漢直祖阿知使主가 17현의 민을 이끌고 내조했다고 전한다. 〈坂上系圖〉 소인의 姓氏錄 逸文에도 "阿智王譽田天皇〈謚應 神〉御世, 避本國亂, 率母並妻子, 母弟遷興德, 七姓漢人等歸化, … 天皇矜其來志, 号阿智王爲 使主, 仍賜大和國檜限郡鄕, 居之焉"이라고 기록되어 있다. 중국계로 되어 있는 阿知使主 의 선조는 5세기 후반 백제에서 이주한 倭漢氏(東漢氏)이고, 백제계 이주민들의 후예이 다.

40) 阿智使主를 조상으로 하는 백제계 도래씨족인 倭漢氏 일족은 天武 14년에 忌寸 성을 받아 개성하였다.

등의 22세 조상인 近之里는 경인년[42] 이래 거주지 명으로 小塞의 성을 따랐다. 바라건대, 경오년적[43]에 의거하여 小塞를 고쳐서 尾張[44]의 성을 받고 싶다"라고 하였다. (천황은) 이를 허락하였다.

임자(4일), (천황은) 칙을 내려, 태상천황의 1주기 재회는 금월 23일에 해당한다. 천하 제국의 국분사, 국분니사의 현역의 승니에게 태상천황을 위해 독경하게 하였다. 또 (천황은) 조를 내려, "公廨稻의 설치는 우선 (그것을 出擧하여 얻은 이자로 그 국의 正稅의) 결손을 보충하고, 다음에 국의 저장분을 분할한 연후에 (남은 것은 국사의 지위에 따라) 차등있게 분배하기 위한 것이다. 듣는 바에 의하면, 제국에서는 일찍부터 준수하여 이행하지 않았고, 소유하고 있는 공해도를 또 소비해 버리고, 정세장을 (태정관에) 진상할 때에는 허위로 미납이라고 기록하고 있다. 이런 까닭에 전임의 국사는 지체하고 있고, 후임의 국사는 解由[45]를 수령하는 데에 번거롭게 된다. 이 일을 잘 헤아려 보면, 심히 도리에 어긋난다. 또 4위 이상의 자는 위계가 이미 높아 봉록 또한 많다. (이들에게) 국사를 겸직시켜 선정의 평판을 듣기를 기다리고 있는데, 지금은 조금이라도 공해도를 탐하고 (이익을) 징수하려고 하는 일이 심하다. (국사의) 교체에 이르러서도 해유가 없는 경우가 많다. 이와 같은 상태를 질책하지 않으면 어떻게 국법이 있다고 할 수 있겠는가. 지금 이후로는 교체하는 국사가 120일이 되어도 해유를 받지 못하는 자는 위록과 식봉을 박탈하고, 장차 징계할 것이다"라고 하였다.

계해(15일), 近江國 坂田郡 사람 소초위상 比瑠臣麻呂 등이 본성을 고쳐 淨原臣의 성을 내렸다.

병인(18일), 散事 정4위하 巨勢朝臣巨勢野가 죽었다.

신미(23일), 이날은 태상천황의 1주기이다. 大安寺에서 재회를 열었다. 백관들이 참석하였고 각각의 일에 봉사하였다.

---

41) 內掃部司의 장관. 宮內省의 산하기관으로 궁중 물품을 조달·관리하고 청부를 담당한다.
42) 持統 4년(690).
43) 庚午年籍은 天智 9년(670)에 편찬된 호적.
44) 『和名類聚抄』 권6, 國郡部 제12에는 尾張國 中島郡의 小塞鄕이 있다.
45) 국사 교대 시에 후임자가 전임자에게 부정이 없음을 증명하는 서류. 전임자는 이것을 태정관으로 보내 재임중에 관물의 미납 등이 없었다는 증거로 삼았다.

임신(24일), (천황이) 조를 내려, "예제는 기한이 있는데, 1주기는 끝났다. 원단의 조정의 조하의례는 정월에 축하해야 한다. 다만 짐은 갑자기 상복기간을 끝냈지만, 애도하는 마음은 여전히 깊다. 한랭한 추위는 변했지만, 부모를 사모하는 마음은 증가하고, 풍경은 새로워졌지만, 부모를 섬기고자 하는 마음은 점점 절실해진다. 내년의 정월 원단의 하례는 정지하도록 한다"라고 하였다.

○ 延曆 2년(783) 춘정월 무인삭(1일), 신년하례를 중지하였다. 정6위상 阿倍朝臣眞黑麻呂에게 종5위하를 내렸다.

이날, (천황이) 칙을 내려, "내친왕 및 내외 명부의 복색46)에는 제한이 있다. 신분을 넘은 색은 사용할 수 없다. 요즈음 소관 관사에서는 관대하게 허용하여 일찍이 금지하지 않았다. 민간인과 저잣거리의 상인에 이르기까지 멋대로 금지된 복색을 입고, 이미 귀천의 구별이 없어져 버렸다. 또한 차등의 서열도 흐트러지고 있다. 지금 이후로는 엄하게 금단한다. 만약 위반하는 일이 있다면, 통상의 죄과로 처벌한다. 내용은 별식에 상세하다"라고 하였다.

신사(4일), 陰陽頭 정5위하 榮井宿禰蓑麻呂는 금년에 비로소 80세 되었다. (천황이) 조를 내려, 비단, 삼베, 쌀, 소금을 내렸다. 蓑麻呂는 경전에 밝고 수행에 힘쓰며, 청렴하고 절제함이 일찍부터 알려져 있고 후진들이 추천하는 바이다. 따라서 이 포상을 내리는 것이다"라고 하였다.

을유(8일), 정4위상 道嶋宿禰嶋足이 죽었다. 嶋足의 본성은 牡鹿連이고 陸奧國 牡鹿郡 사람이다. 체구와 용모가 크고 튼튼하며, 기상이 넘치고 용감하고, 천부적으로 기마와 궁술에 능하였다. 寶字 연중에 授刀將曹에 임명되었고, 동 8년 惠美訓儒麻呂47)가 위협할 때, 嶋足와 將監 坂上苅田麻呂는 칙을 받들어 말을 타고 질주하여 활을 쏘아 죽였다. 이 공으로 종4위하 훈2등을 받고

---

46) 「衣服令」8 「內親王」조에 內親王禮服과 「衣服令」10 「內命婦」조에 內命婦禮服에 관한 세부적인 규정이 있다.

47) 天平寶字 8년 9월 을사조에, "太師藤原惠美朝臣押勝逆謀頗泄, 高野天皇遣少納言山村王, 收中宮院鈴印, 押勝聞之, 令其男訓儒麻呂等邀而奪之, 天皇遣授刀少尉坂上苅田麻呂, 將曹牡鹿嶋足等, 射而殺之"라고 하여 藤原惠美朝臣押勝이 반란을 일으킬 당시 그의 아들 訓儒麻呂가 鈴印을 탈취하려 하자, 將曹 牡鹿嶋足 등이 살해했다는 내용을 말한다.

宿禰의 성이 내려졌다. 授刀少將 겸 相摸守에 보임되었고, 전임하여 (授刀)中將이 되었다. 본성을 고쳐 道嶋宿禰의 성을 받았다. 이어서 정4위상에 서위되었고 內廏頭, 下總守, 播磨守 등을 역임하였다.

무자(11일), 女孺 무위 和史家吉[48)]에게 외종5위하를 내렸다.

계사(16일), 천황이 대극전 閤門에 임하여 5위 이상에게 연회를 베풀었다. 종5위하 廣川王에게 종5위상을, 정6위상 伊香賀王에게 종5위하를, 정5위상 大伴宿禰潔足·佐伯宿禰眞守에게 함께 종4위하를, 정5위하 石川朝臣眞守·巨勢朝臣苗麻呂에게 함께 정5위상을, 종5위하 藤原朝臣菅繼·文室眞人与企·中臣朝臣鷹主·紀朝臣家繼에게 함께 종5위상을, 정6위상 大伴宿禰眞麻呂·藤原朝臣雄友·紀朝臣男仲·石川朝臣淨繼·高橋朝臣船麻呂·佐伯宿禰弟人·上毛野朝臣鷹養·田口朝臣大立·紀朝臣田長·穗積朝臣賀祐에게 종5위하를, 정6위상 土師宿禰公足·吉田連季元[49)]·麻田連眞淨[50)]에게 함께 외종5위하를 내렸다. 연회가 끝나고 차등있게 녹을 내렸다.

정유(20일), 紀朝臣木津魚, 吉彌侯橫刀 등 8인은 아침 일찍부터 밤늦게까지 조정에서 힘써 근무하고 태만하지 않았다.[51)] 이에 조를 내려 함께 위계를 높여 종5위하 紀朝臣木津魚에게 종5위상을, 외종5위하 吉彌侯橫刀, 정6위상 橘朝臣入居·三嶋眞人名繼에게 함께 종5위하를, 정6위상 出雲臣嶋成·嶋田臣宮成·筑紫史廣嶋·津連眞道에게 함께 외종5위하를 내렸다.

경자(23일), 정6위상 紀朝臣安提에게 종5위하를 내렸다. 이날, 지진이 있었다.

갑진(27일), 정6위상 大村直池麻呂에게 외종5위하를 내렸다.

---

48) 和史氏의 和의 씨명은 倭, 養德이라고도 표기한다. 大和國 城下郡 大和鄕의 지명에서 유래한다. 和史에서 和朝臣으로 개성하였고, 『신찬성씨록』 좌경제번에는 "和朝臣은 백제국 都慕王의 18세손 무령왕으로부터 나왔다"라고 하는 출자를 밝히고 있다.

49) 延曆 3년 8월에 伊豆守에 임명되었다. 백제 멸망 직후 일본으로 망명한 吉大尙의 후손으로, 神龜 원년(724) 5월에 吉에서 吉田連으로 개성한 기록이 보인다.

50) 麻田連氏는 天智 2년(663) 백강전투에서 패배해 일본으로 망명한 백제의 달솔 答㶱春初의 후손으로, 그 후예인 정7위상 答㶱陽春이 神龜 원년(724) 麻田連으로 개성하면서 그 일족은 麻田連의 성을 갖게 되었다. 麻田連眞淨은 天平神護 3년(767) 稱德天皇이 대학료에서 釋奠 의식을 행할 때 直講으로서 행사를 주관하여 종8위하에서 8단계 승진한 종6위하가 되었다. 主稅助를 거쳐 延曆 7년 대학박사에 임명되었다. 延曆 16년에는 종5위하로 승진하였다.

51) 「考課令」6 「善」조에, "恪勤匪懈者, 爲一善"이라고 하는 동일한 내용이 규정되어 있다.

　을사(28일), 조당에서 大隅·薩摩·隼人 등에게 향응을 베풀었다. 그 의례는 평상과 같았다. 천황이 閤門에 임하여 (그 모습을) 바라보았다. 조를 내려, 위계를 내리고, 각각 차등있게 물품을 지급하였다.

　2월 임자(5일), 천황이 대극전에 임하였다. (천황이) 조를 내려 고 式部卿 藤原朝臣百川을 우대신으로 추증하였다. 또 정5위하 當麻王에게 정5위상을, 무위 若江王에게 종5위하를, 종5위하 百濟王仁貞[52]·安倍朝臣謂奈麻呂에게 함께 종5위상을, 정6위상 忌部宿禰人上에게 외종5위하를, 종3위 藤原朝臣曹子, 무위 藤原朝臣乙牟漏에게 함께 정3위를, 무위 藤原朝臣吉子에게 종3위를, 종4위하 飽浪王·尾張王에게 함께 종4위상을, 무위 八上王·犬甘王에게 함께 종5위하를, 정4위하 藤原朝臣敎基·紀朝臣宮子·平群朝臣邑刀自·藤原朝臣彦子에게 함께 정4위상을, 종4위상 藤原朝臣諸姉에게 정4위하를, 정5위하 大原眞人室子에게 종4위하를, 종5위하 武藏宿禰家刀自·大宅朝臣宅女에게 함께 정5위하를, 종5위하 草鹿酒人宿禰水女·美努宿禰宅良·足羽臣眞橋에게 함께 종5위상을, 외종5위하 平群豊原朝臣靜子·若湯坐宿禰子虫, 무위 藤原朝臣甘刀自·紀朝臣須惠女·安倍朝臣黑女·藤原朝臣兄倉·坂上大忌寸又子·三嶋宿禰廣宅·山宿禰子虫에게 함께 종5위하를, 정7위상 他田舍人眞枚女에게 외종5위하를 내렸다.

　갑인(7일), 정3위 藤原朝臣乙牟漏, 종3위 藤原朝臣吉子를 夫人으로 삼았다.

　병진(9일), 정5위하 紀朝臣犬養에게 정5위상을 내렸다.

　계해(16일), 무위 安倍朝臣安倍刀自에게 종5위하를 내렸다.

　경오(23일), 丈部大麻呂의 본위 종5위하를 복위하였다.

　신미(24일), 종7위하 小治田朝臣古刀自에게 종5위하를 내렸다.

　임신(25일), 종5위하 春階王·藤原朝臣園人을 함께 少納言으로 삼고, 외종5위하 物部多藝宿禰國足을 中宮大進으로 삼고, 외종5위하 上毛野公薩摩를 內藏助로 삼고, 종5위하 巨勢朝臣廣山을 縫殿頭로 삼고, 종5위상 多治比眞人宇美를 民部少輔로 삼고, 종5위하 紀朝臣田長을 主計頭로 삼고, 종5위하 穗積朝臣賀에게 主稅頭를 겸직시키고, 정4위하 紀朝臣船守를 近衛中將으로 삼고 內廐頭 및 常陸守는 종전대로 하였다. 종5위하 紀朝臣千世를 中衛少將으로 삼고, 외종5위

52) 권34, 寶龜 8년(777) 춘정월조 131쪽 각주 39) 참조.

하 尾張宿禰弓張을 伊賀守로 삼고, 종5위상 文室眞人与企를 相摸介로 삼고, 종5위하 吉彌侯橫刀를 上野介로 삼고, 종5위상 調使王을 越中守로 삼고, 종5위 상 上毛野朝臣稻人을 越後守로 삼고, 종5위하 積殖王을 丹後守로 삼고, 종5위상 桑原公足床을 伯耆介로 삼고, 右大弁 정4위하 石川朝臣名足에게 播磨守를 겸직 시키고, 近衛將曹 외종5위하 筑紫史廣嶋에게 大掾을 겸직시키고, 종5위하 藤原 朝臣雄友를 美作守로 삼고, 東宮學士 외종5위하 林忌寸稻麻呂에게 (美作)介를 겸직시키고, 종5위하 甘南備眞人豊次를 備前介로 삼고, 종5위하 榮井宿禰道形 을 備中守로 삼고, 종5위하 陽侯王을 安藝守로 삼고, 종5위하 大伴宿禰眞麻呂를 大宰少貳로 삼고, 종5위하 奈眞人豊人을 筑後守로 삼았다.

병자(29일), 종5위하 宗形王을 종5위상으로 삼았다.

3월 무인삭(1일), 정6위상 下毛野朝臣年繼에게 종5위하를 내렸다.

기축(12일), 종4위하 豊野眞人奄智를 中務大輔로 삼고, 종5위하 伊賀香王을 雅樂頭로 삼고, 정5위상 當麻王을 大膳大夫로 삼고, 외종5위하 忌部宿禰人上을 主油正으로 삼고, 종5위하 紀朝臣安提를 左京亮으로 삼고, 종4위하 和氣朝臣淸 麻呂를 攝津大夫로 삼고, 종5위하 文室眞人忍坂麻呂를 造東大寺 차관으로 삼고, 종5위상 當麻眞人得足을 和泉守로 삼았다.

경인(13일), 丹後國 丹波郡 사람 정6위상 丹波直眞養을 國造[53]로 삼았다.

병신(19일), 우대신 종2위 겸 行近衛大將 및 皇太子傅인 藤原朝臣田麻呂가 죽었다. 田麻呂는 참의 式部卿 겸 大宰帥 정3위 (藤原)宇合의 제5자이다. 성품이 절제와 겸양심이 깊고 사물에 다툼이 없었다. 天平 12년(740), 兄 (藤原)廣嗣의 일에 연좌되어 隱伎로 유배되었다. 동 14년에 죄를 용서받아 (京으로) 부름을 받아 돌아왔는데, 蜷淵[54]의 산중에 은거하여 당시의 정치에는 관여하지 않았다. 불교에 뜻이 깊어 수행에 열심이었다. 寶字 연중에 종5위하를 받았고, 남해도절도사의 부사가 되었다. 美濃守, 陸奧按察使를 역임하였고, 차례로 전임하면서 天平神護 초에 종4위하를 받아 참의에 보임되었다. 外衛大將,

53) 율령제가 시행되기 이전, 특히 大化改新 이전에 國造는 지방의 행정·군사권을 장악한 지배자였지만, 율령체제가 확립된 이후에는 존속은 하되 주로 제사를 담당하는 세습적 명예직이었고 이는 과거 국조의 후예인 郡司가 겸임하였다.
54) 『大和志』에 高市郡 稻淵村이 소재하고, 현재의 奈良縣 高市郡 明日村 稻淵이다.

大宰大貳, 兵部卿을 거치면서 寶龜 초에 종3위에 오르고 중납언에 임명되고, 전임하여 대납언 겸 근위대장이 되고, 延曆 원년에 우대신으로 승진되고 종2위를 받고 이어서 정2위에 제수되었다. 사망시의 나이는 62세였다.

무술(21일), 종5위하 吉彌侯橫刀, 정8위하 吉彌侯夜須麻呂에게 下毛野朝臣의 성을 내리고, 외정8위상 吉彌侯間人, 같은 성인 總麻呂에게 함께 下毛野公의 성을 내렸다.

하4월 무신(2일), 우경인 종8위상 大石村主男足 등에게 大山忌寸의 성을 내렸다.

경신(14일), 칙을 내려, 小殿親王의 명을 고쳐서 安殿親王으로 하였다.

신유(15일), (천황이) 칙을 내려, "듣는 바와 같이, 근년 坂東 8국[55]은 穀[56]을 (陸奧國의) 군영에 보내고 있는데, (군영의) 관리들이 (사재의) 稻[57]를 穀으로 바꾸어, 이것으로 (삼베 등의) 가벼운 물건으로 교환하여 京(의 자택)으로 보내고 있다. 구차하게 이익을 얻어도 부끄러움이 없다. 또 멋대로 군영의 병사를 사역시키고, 많은 개인 전지를 개간하고 있다. 이런 까닭에 군영의 병사는 피폐해지고 전쟁이 나면 감당하기 어렵다. 이를 법전에 따라 생각하면, 심각한 죄과에 해당한다. 그러나 은사를 받아 또 관대하게 죄가 면제된다. 지금 이후로는 다시는 그렇게 해서는 안 된다. 만약 위법하는 경우에는 군법으로 죄를 묻는다. (관물을) 침해하여 사욕을 취하려는 자들이 멋대로 부정하지 못하도록 한다"라고 하였다.

갑자(18일), 조를 내려 정3위 藤原夫人을 황후로 삼았다. 이날, 근시하는 신하를 (내리로) 불러들여 주연을 베풀고 차등있게 녹을 내렸다. 정4위하 藤原朝臣種繼에게 종3위를, 종5위하 葛井連根主[58]에게 종5위상을, 정6위상

---

55) 坂은 駿河國과 相模國의 경계를 말하고, 『常陸國風土記』에도 "相模國 足柄의 坂으로부터 東"이라고 표현하고 있다. 相模, 武藏, 上總, 下總, 安房, 常陸, 上野, 下野 등 關東 8개 국을 말한다.

56) 탈곡하지 않은 벼. 籾米.

57) 벼이삭. 穎稻.

58) 葛井連의 이전 씨성은 白猪史이고, 백제계 도래씨족인 王辰爾 일족이다. 天平寶字 8년에 備中介, 阿波守를 역임하였다. 寶龜 2년(771)에 종5위하에 오르고, 延曆 원년(782)에 木工頭에 임명되었다. 동 4년에 伊豫守, 동 9년에 大膳亮이 되고, 동 10년에는 정5위하에 이르렀다.

飛鳥戶造弟見[59]에게 외종5위하를, 命婦 종5위하 藤原朝臣綿手에게 종5위상을
내렸다.

을축(19일), (천황이) 坂東 제국에 칙을 내리기를, "만이가 중화를 어지럽히
는 일은 예로부터 있었다. 무력을 취하지 않고는 어떻게 백성의 피해를
제거할 수 있겠는가. 이를 알고 (남방의) 만족을 정토하기도 하고, (북방의)
이적을 공격하는 등 옛적의 왕들의 용병술은 실로 까닭이 있다. 근년 蝦夷는
미친듯이 난폭하여 변경의 수비를 상실하였다.[60] 사정은 여의치 않아 자주
군대를 출동시키고 마침내 坂東의 지역은 항상 (병력, 물자의) 징발에 시달리
고, 농업에 종사하는 사람들을 오래도록 물자의 수송에 피로해 있다. 이들의
노고를 생각하면, 짐은 심히 연민의 정을 느낀다. 지금 사자를 보내 위로하고
곡창을 열어 후하게 지급한다. (백성을) 기쁘게 하면서 부리는 것은, 실로
현명한 왕의 백성을 사랑하는 것이라고 생각한다. 무릇 동국 지역에 모두
짐의 뜻을 알리도록 한다"라고 하였다.

병인(20일), 정6위상 贊田物部首年足에게 외종5위하를 내렸다. 越智池를
축조했기 때문이다. 左大弁 종3위 佐伯宿禰今毛人에게 황후궁대부를 겸직시키
고 大和守는 종전대로 하고, 근위소장 종5위하 笠朝臣名麻呂에게 (大和)亮을
겸직시켰다. 좌경인 외종5위하 和史國守[61] 등 35인에게 朝臣의 성을 내렸다.

---

59) 延曆 3년 4월에 飛彈守에 임명되었다. 河內國 安宿郡을 본거로 하는 백제계 도래씨족으
    로, 氏姓은 安宿公, 百濟濟安宿公, 安宿戶造 등으로도 쓴다. 백제 개로왕의 동생 昆支를
    선조로 한다. 『신찬성씨록』 우경제변하에는, 飛鳥戶造가 "백제국 比有王"으로부터
    나왔고, 동 河內國諸蕃에는 "백제국주 比有王의 아들 現伎王"으로부터 나왔다고 기록되
    어 있다. 大阪府 羽曳野市 飛鳥에 있는 飛鳥戶神社는 일족의 신사이다.

60) 寶龜 11년 3월에 伊治城을 빼앗기고, 동년 9월에 秋田城을 방치한 일을 말한다.

61) 和史氏의 和의 씨명은 倭, 養德이라고도 표기한다. 大和國 城下郡 大和鄕의 지명에서
    유래한다. 和史에서 和朝臣으로 개성된 이후, 『신찬성씨록』 좌경제변에는 "和朝臣은
    백제국 都慕王의 18세손 무령왕으로부터 나왔다"라고 출자를 밝히고 있다. 和史國守라
    는 인물은 『속일본기』에서 가장 먼저 나오는 화사씨이다. 그는 天應 원년(781) 4월
    계묘조에 정6위상에서 외종5위하로 승진하고, 10월에는 造法華寺 차관으로 임명되었
    다. 다음 해 延曆 원년(782) 8월에 園池正에 임명되었다. 연력 3년 정월에는 종5위하로
    승진하고 동 4년 정월에 下野介, 동 6년 2월에 參河守, 동 9년 3월에 大藏少輔를 역임하고,
    동 10년 정월에 종5위상으로 승진하였다. 화사국수 이외에 연력 2년 춘정월 무자조에
    등장하는 和史家刀도 있다. 그는 女孺로서 이날 무위에서 외종5위하의 관위를 받았다.
    후궁에서 황태후 高野新笠을 모시는 女官으로 근무하였을 것이다. 桓武天皇의 친모

임신(26일), 종5위하 大伴宿禰繼人을 左少弁으로 삼고, 종5위하 路眞人玉守를 大監物로 삼고, 종5위상 海上眞人三狩를 兵部大輔로 삼고, 종5위하 巨勢朝臣總成을 遠江介로 삼고, 정5위하 布勢朝臣淸直을 上總守로 삼았다.

갑술(28일), 정6위상 藤原朝臣繩主에게 종5위하를 내렸다. 이보다 앞서 지난 天平 13년 2월에 칙을 내려,[62] "국마다 僧寺를 조영하고, 반드시 20인의 승려를 둔다"라고 처분하였다. 그래서 수행에 정진하여 절조와 이력이 칭찬받을 만한 자를 취하여 득도시키는데, 반드시 수년간 그의 의지와 성격이 시종 변하지 않는지를 보고, 입도를 허락하도록 하였다.[63] 그러나 국사들은 시험을 철저하게 시행하지 않고 사망하거나 결원이 있을 때마다 멋대로 득도시키고 있다. 이에 이르러 칙을 내려, "국분사 승이 사망하거나 결원이 생길 때의 교체는, 현지의 승려로서 법사가 되기에 충분한 자로 충원하도록 한다. 지금 이후에는 새로 득도를 시켜서는 안 된다. 우선 결원이 생긴 사정을 신고하고, 답신을 기다린 후에 시행한다. 다만 비구니승은 구례에 따르도록 한다"라고 하였다.

5월 정해(11일), 태정관이 주상하기를, "外記[64]의 관은, 직무가 번잡하고 많다. 詔, 勅, 格, 令은 이로부터 나온다. 관직의 상당 위계에 대해서는 실로 승진시켜야 한다. 大外記 2인은 원래 정7위상의 관이지만, 지금은 정6위상의 관으로 하고, 少外記 2인은 원래 종7위상의 관이지만, 지금은 정7위상의 관으로 한다. 신들은 협의하여 규정을 개정하고자 한다. 삼가 천황의 재가를 받기를 청한다"라고 하였다. (천황은) 이 주상을 허락하였다.

이날, (천황은) 칙을 내려, "大宰帥 정2위 藤原朝臣魚名이 노환이 겹쳐 (대재부에 부임하는) 도중에 체류하고 있다. 경으로 돌아오게 하여 향리의 친족에게 의탁하도록 한다"라고 하였다.[65]

和新笠의 형제자매 역시 화사씨였는데, 이들은 환무천황으로부터 和朝臣의 씨성을 사여받았다.

62) 天平 13년 3월 24일조.

63) 天平 14년 5월 28일조에 인용된 『類聚三代格』延曆 2년 4월 18일 太政官符 참조.

64) 「職員令」2 「太政官」條에는, "太政官, 太政大臣一人, … 大外記二人.〈掌, 勘詔奏及讀, 申公文勘, 署文案, 檢出稽失〉, 少外記二人.〈掌同, 大外記.〉"이라고 규정되어 있다.

65) 동년 藤原朝臣魚名의 추7월 경자조 薨傳에는 체류중인 攝津國에서 치료받게 하였다.

기축(13일), 종5위하 多治比眞人三上에게 종5위상을 내렸다.

신묘(15일), 정5위상 石川朝臣眞守에게 종4위하를 내리고, 정5위상 巨勢朝臣苗麻呂를 左中弁으로 삼고, 종4위하 紀朝臣古佐美를 式部大輔로 삼고, 左兵衛督및 但馬守는 종전대로 하였다. 정5위상 大伴宿禰益立을 兵部大輔로 삼고, 종4위하 石上朝臣家成을 造東大寺 장관으로 삼고, 종5위하 橘朝臣入居를 近江介로삼고, 右衛士少尉 종5위하 津連眞道에게 (近江)大掾을 겸직시키고, 종4위하石川朝臣眞守를 大宰大貳로 삼고, 종5위하 賀茂朝臣人麻呂를 筑後守로 삼았다.

6월 병오삭(1일), 出羽國에서 언상하기를, "寶龜 11년(780)에 雄勝, 平鹿2군의 백성이 적에게 약탈당해 각각 생업을 잃어버려 생활이 심히 피폐해졌다. 다시 郡府를 세우고 흩어진 백성들을 불러 모아야 한다. 비록 구분전을지급하고 있지만, 아직 경황이 없어 調, 庸을 마련해 진상할 수 없었다.바라건대, 과역을 면제하여 피폐해진 백성에게 재기할 기회를 주었으면한다"라고 하였다. (천황은) 칙을 내려 3년간 과역을 면제하였다.

신해(6일), (천황이) 칙을 내리기를, "蝦夷는 평상을 어지럽히고 반항하는태도를 멈추지 않고 있다. 추격하면 새와 같이 흩어지고 방치하면 개미와같이 무리를 이룬다. 이를 위해서는 병졸을 훈련시키고 교육하여 그 침략에대비해야 한다. 지금 듣는 바로는, 坂東 제국(의 백성)은 군역이 있을 때마다대부분 허약하여 전혀 전투를 수행할 수가 없다고 한다. 그런데 여러 신분의부류, 부랑인 중에서 궁마에 능하고 전투를 수행할 수 있는 자가 있는데,(병사를) 징발하는 경우에, 아직 차출하지 않았다. 이들은 모두 황민인데어떻게 이와 같을 수가 있겠는가. 坂東 8국에 명하여 산위의 자, 郡司의자제 및 부랑인 등의 부류 중에서 신체가 군사에 감당할 수 있는 자를선발하여, 국의 대소에 따라 1천인 이하 5백인 이상을 차출하여 오로지병기의 사용 방법을 가르치고 아울러 무장시키도록 한다. 또한 관인이 될자격이 있는 사람에게는 편의에 따라 해당국에서 근무평정을 시행하고,무위의 백성들에게는 요역[66]을 면제한다. 그래서 직무를 감당할 수 있는국사 1인에게 명하여 전적으로 이를 담당시키고, 비상의 사태가 일어나면,

---

66) 庸과 雜徭.

즉시 통솔하여 빨리 출진하고, 일의 상황을 보고하도록 한다"라고 하였다.

을묘(10일), (천황이) 칙을 내려, "京畿의 정액의 제 사원67)은 그 수가 한정이 있다. 사사로이 (절을) 짓는 일에 대해 앞서 이미 제도를 세워 놓았다. 요즈음 소관 관사에서는 관대하게 허용하여 조금도 규찰하지 않았다. 만약 세월이 지나면 절이 아닌 토지는 없게 될 것이다. (이를) 엄하게 금지시켜야 한다. 지금 이후로는 사사로이 도장을 세우거나 전택과 원지를 희사하고 아울러 매매, 교환하여 절에 주는 일이 있다면, 주전 이상은 현직에서 해임하고, 그 외는 蔭, 贖68)을 묻지 않고 장 80대에 처한다. 관사에서는 이를 알면서 금하지 않는 자도 또한 같은 죄로 처벌한다"라고 하였다.

을축(20일), 우경인 외종5위하 佐伯部三國 등에게 佐伯沼田連의 성을 내렸다.

병인(21일), 종5위상 中臣朝臣鷹主를 神祇大副로 삼고, 종5위상 文室眞人波多麻呂를 雅樂頭로 삼고, 종5위상 多治比眞人宇美를 民部大輔로 삼고, 종5위하 紀朝臣豊庭을 (民部)少輔로 삼고, 종4위하 多治比眞人長野를 刑部卿으로 삼고, 종5위하 賀茂朝臣大川을 大藏少輔로 삼고, 종5위하 藤原朝臣繩主를 中衛少將으로 삼고, 彈正尹 종3위 高倉朝臣福信69)에게 武藏守를 겸직시키고, 종5위하 伊賀香王을 若狹守로 삼고, 종5위하 大中臣朝臣安遊麻呂를 播磨介로 삼고, 종5위상 百濟王仁貞을 備前介로 삼고, 외종5위하 尾張連豊人에게 종5위하를 내렸다.

추7월 계사(18일), 좌경인 산위 종6위상 金肆順70)에게 海原連의 성을 내리

---

67) 이른바 定額寺는 私寺의 난립을 방지하고 국가의 통제를 강화하기 위해 제정한 사원. 국가로부터 경제적 지원을 받고, 사원의 수 및 승려의 수를 제한한다. 정액사의 실체에 대해서는 설이 다양하다.

68) 蔭은 父와 祖父의 蔭으로 형을 면제받거나 감면되는 것. 贖은 일정액의 錢貨를 바치고 실형을 면제받는 것.

69) 延曆 8년(789) 10월 무인조에 高倉朝臣福信 薨傳 기사에 따르면, 무장국 고려군 사람으로 본성은 背奈이고 조부인 福德이 당나라 장군 이세적이 평양성을 함락했을 때 일본에 귀화하여 무장에 살게 되었다. 그는 백부 背奈公行文의 도움을 받아 궁중의 內竪所에서 정8위에 상당하는 右衛士大志로 출발하여 천평 연간에는 외종5위하를 받고 春宮亮에 임명되었다. 성무천황의 총애를 받아 천평승보(749~757) 초에는 종4위 紫微少弼에 이르렀고, 神護 원년(765)에 종3위로 造宮卿에 임명되어 武藏守, 近江守를 겸임하였다. 또한 天平勝寶 8세(756), 寶龜 원년(770)에 이어 상기 延曆 2년(783) 등 세 번에 걸쳐 고구려계 씨족의 본거지인 武藏守를 겸직하였다.

70) 신라계 도래씨족으로, 8세기 후반까지 본국의 씨명을 유지하다가 海原連으로 개성하였다. 적어도 7세기 말 이후에 이주한 씨족으로 생각된다.

고, 우경인 정6위상 金五百依[71]에게 海原造의 성을 내리고, 越前國 사람 외종7위상 秦人部武志麻呂의 청에 따라 본성인 車持의 성을 내렸다.

갑오(19일), 조를 내려, 대납언 종3위 藤原朝臣是公을 우대신으로 삼고 中衛大將은 종전대로 하였고, 종3위 大伴宿禰家持를 중납언으로 삼고 春宮大夫는 종전대로 하였다. 정4위하 石川朝臣名足·紀朝臣船守에게 함께 정4위상을, 종5위하 笠朝臣名麻呂에게 종5위상을, 정6위상 布勢朝臣大海에게 종5위하를 내렸다.

무술(23일), 칙을 내려, 石見國介 종4위하 藤原朝臣鷹取, 土左國介 종5위하 藤原朝臣末茂 등에게 입경을 허락하였다.

경자(25일), 종3위 藤原朝臣種繼를 式部卿 겸 近江按察使로 삼고 左衛士督은 종전대로 하였다. 종5위상 中臣朝臣常을 民部少輔로 삼고, 종5위상 藤原朝臣菅繼를 主計頭로 삼고, 종5위하 石川朝臣宿奈麻呂를 兵部少輔로 삼고, 종5위하 布勢朝臣大海를 典藥頭로 삼고, 참의 겸 民部卿 정3위 藤原朝臣小黑麻呂에게 左京大夫를 겸직시키고, 종5위하 紀朝臣田長을 伊豫介로 삼았다.

大宰帥 정2위 藤原朝臣魚名이 죽었다. 魚名은 정1위 증 태정대신 (藤原)房前의 제5자이다. 天平 말, 종5위하 시종에 보임되었고, 점차 전임되어 天平寶字 연중에는 종4위 宮內卿이 되었고, 天平神護 2년에 종3위를 받아 참의가 되었다. 寶龜 초에 대납언에 보임되었고, 이어서 중무경을 겸직하였다. 동 8년에는 나이가 이미 장로가 되어 이어서 천황의 정무를 보좌하게 되고 內臣에 임명되었다. 얼마 지나지 않아 칙이 내려져 (內臣을) 忠臣으로 호칭하였다. 동 10년에 진급하여 내대신이 되었다. 天應 원년에 정2위를 받고, 바로 좌대신 겸 대재부에 임명되었다. 延曆 원년에 어떤 사건에 연좌되어 좌대신의 직에서 해임되어 임지를 출발하여 攝津國에 이르러 발병하자 머물러 체류하였다.

---

71) 『신찬성씨록』 우경제번하에, "海原造는 新羅國 사람 進廣肆 金加志毛禮의 후손이다"라고 나온다. 海原造의 성을 언제 받았는지는 알 수 없지만, 기록상 이 성을 가진 인물로는 그가 유일하다. 海原造의 선조는 金加志毛禮이고 원래 金氏 성이다. 毛禮라는 이름에 대해서는 『삼국사기』 신라본기 법흥왕 15년(528)조에 고구려 승려인 묵호자가 毛禮의 집에서 묵었다는 전승이 전하고 있다. 『일본서기』 持統 7년(693) 2월조의 "표류해 온 신라인 牟自毛禮 등 37인을 憶德 등의 귀국길에 보냈다"라는 기록에도 모례가 보인다. 김가지모례가 언제 일본에 이주했는지는 알 수 없으나 천무조에서 그리 멀지않은 시기였을 것으로 생각된다.

칙이 내려져 그대로 (攝津의) 별도의 장소에서 치료받는 것을 허락받았다. 체류한 지 2년이 지나 경사의 부름을 받아 돌아왔다. 사망시의 나이는 63세였다. 조를 내려, 비단, 삼베, 쌀, 소금 및 인부 등을 지급하도록 하였다.

을사(30일), (천황이) 조를 내려, "공적에 보답하여 서위하는 것은 고전에 밝혀져 있고, 죄과를 사면하는 일은 옛 전적에도 나와 있다. 고 大宰帥 정2위 藤原朝臣魚名은 조부와 부 이래 대대로 훌륭한 공적이 있고, 충의를 다하여 군주를 섬기고, 풍속을 교화하고 도덕을 명시하며 봉사하였다. 여기에 이를 생각하면 잊을 수가 없다. 이에 지금 원래의 관을 다시 내려 앞서의 공적에 보답하려고 한다. 지난 延曆 원년 6월 14일 내린 조칙, 관부 등의 서류는 모두 다 소각하도록 한다"라고 하였다.

8월 신유(16일), 散事 종4위하 石川朝臣毛比가 죽었다.

임술(17일), 종7위하 上道臣千若女에게 외종5위하를 내렸다.

임신(27일), 외종5위하 和朝臣家吉[72]·眞神宿禰眞絲[73]에게 종5위하를 내렸다.

9월 병자(2일), 近江國에서 언상하기를, "王의 신분에서 臣籍으로 내려와 공민이 된 호가 5호이고, 호구 101인이다. 호주 槻村, 井上, 大岡, 大魚, 動神 등 5인은 모두 山村王[74]의 후손이다. 그 조부 山村王은 지난 養老 5년(721)에 이 관내의 호적에 편입되었다. 이로부터 이후 자손이 늘어나 혹은 7, 8세[75]로

---

72) 桓武天皇의 모친은 高野新笠의 일족인 백제계 和史氏. 그 일족은 史에서 朝臣으로 개성하였다.

73) 『신찬성씨록』 대화국제번에, "眞神宿禰는 漢 福德王으로부터 나왔다"라고 출자를 밝히고 있다. 한편 『일본서기』 雄略紀 7년(463) 시세조에 백제로부터 도래한 각종 기술자 등을 거주시킨 장소 중에 眞神原이 보이고, 동 崇峻紀 원년(588) 시세조에 법흥사를 지은 곳을 眞神原이라고 했다는 전승이 보인다. 현재의 奈良縣 高市郡 明日香村 飛鳥 지역이다. 상기 본문의 眞神宿禰眞絲는 그 후예씨족으로 보이며, 『類聚國史』99(敍位, 天長 10년 정월조)에도 일족인 眞神宿禰氏長이 있다. 이 씨족의 씨명은 『일본서기』 웅략기에 보이는 백제계 도래인 新來漢人 거주지의 하나인 진신원에 유래를 두며, 이때 이주한 사람들이 선조라고 생각된다. 또한 법흥사가 백제인들이 중심이 되어 조영한 사찰이고 이곳을 眞神原이라고 했다는 지명 설화에서도 알 수 있듯이, 진신숙녜 씨는 漢系가 아니고 백제계 씨족으로 보인다.

74) 神護景雲 원년 11월에 종3위 참의로 사망한 山村王이 있으나, 사망 시의 나이 46세를 역산하면 養老 6년에 출생했기 때문에 본문의 山村王과는 다른 인물이다.

75) 천황으로부터 계산하여 7세, 8세가 되는 계보의 사람들.

여러 호로 나뉘어졌다. 格에 의하면, 6세 이하는 적자의 계승자를 제외하고는
과역을 부과한다고 되어 있다. 바라건대, 적자를 계승하는 호는 京戶로 호적을
옮기고, 그 외는 성을 내려 과역을 부과했으면 한다"라고 하였다. 이에 소관
관사에 명하여 황친의 호적을 검토해 보니 山村王의 이름은 없었다. 이에
백성과 동일하게 하고, 眞人의 성을 내리지 않았다.

　동10월 을사삭76) 경술(6일), 治部省에서 언상하기를, "지난 寶龜 원년 이래
國師의 정원을 어느 국은 4인, 어느 국은 3인으로 늘려 왔다. 사안을 판단해
보면, 참으로 적절하지 않다. 바라건대, 지금 이후로는 전례에 의거하여,
대국, 상국에는 각각 大國師 1인, 少國師 1인을 임명하고, 중국, 하국에는
각각 국사 1인을 임명했으면 한다77)"라고 하였다. (천황은) 이를 허락하였다.

　무오(14일), (천황이) 交野78)에 순행하였다.

　경신(16일), 조를 내려, 해당군의 금년도 전조를 면제하도록 하였다. 아울러
수행한 제관사의 종자에게 각각 차등있게 물품을 지급하였다. 또 백제왕
등 행재소에서 봉사한 1, 2인에게 위계를 올려주었다. 百濟寺에 近江, 播磨
2국의 정세인 벼 각각 5천속을 희사하였다. 정5위상 百濟王利善에게 종4위상
을, 종5위상 百濟王武鏡에게 정5위하를, 종5위하 百濟王元德·百濟王玄鏡에게
함께 종5위상을, 종4위상 百濟王明信에게 종4위하를, 정6위상 百濟王眞善에게
종5위하를 내렸다.

　임술(18일), 천황이 교야에서 돌아왔다.

　11월 갑술삭(1일), 일식이 있었다.

---

76)　朔日 기사는 없다. 아마도 누락되었거나, 불필요한 삭일 간지를 기록한 것으로 보인다.
　　이러한 사례는 文武 2년 2월조 "壬辰朔甲午"에서도 보인다.

77)　大國과 上國에는 大國師·少國師 각각 1인을, 中國과 下國에는 國師 각각 1인을 임명했다
　　고 하는데, 이 경우 大國師가 國師보다 상위에 있는 것은 분명하고, 대국과 상국에
　　둔 少國師도 중국과 하국에 둔 國師보다 상위에 있다고 보이지만, 용어상으로는
　　이해가 되지 않는다. 아마도 國師의 상하 분류가 있었다고 하면, 중국과 하국에
　　中國師가 있었을 가능성이 있고, 본문의 국사는 中國師의 오기로 생각된다.

78)　交野는 河內國 交野郡으로 현재의 枚方市 일대이다. 延曆 6년 11월에는 天神 제사가
　　행해진 바 있다. 이 지역은 百濟王氏의 본거지로, 光仁天皇의 夫人이자 桓武天皇의
　　생모인 高野新笠이 百濟王의 씨족인 이유로 光仁·桓武 양 천황이 이곳을 순행하였을
　　것이다.

을유(12일), 종5위하 石淵王을 大監物로 삼고, 종5위상 藤原朝臣菅繼를 右大舍人頭로 삼고, 大外記 외종5위하 朝原忌寸道永에게 大學助를 겸직시키고, 종5위하 安倍朝臣草麻呂를 治部少輔로 삼고, 외종5위하 安都宿禰眞足을 主計頭로 삼고, 종5위하 三嶋眞人大湯坐를 宮內少輔로 삼고, 종5위하 大伴王을 正親正으로 삼고, 외종5위하 嶋田臣宮成을 上野介로 삼고, 常陸介 종5위상 大伴宿禰弟麻呂에게 征東副將軍을 겸직시켰다.

정유(24일), 정4위하 百濟王明信에게 정4위하를 내렸다.

12월 갑진(2일), 阿波國 사람 정6위상 粟凡直豊穗, 飛驒國 사람 종7위상 飛驒國造祖門을 함께 國造로 임명하였다.

무신(6일), 이보다 앞서 지난 天平勝寶 3년 9월, 태정관부에 말하기를, "풍요한 백성은 錢과 재물을 출거하여 (이익을 얻고), 빈궁한 백성은 (이를 빌리기 위해) 택지를 저당잡히고 있다. 상환할 시기가 다가오면, 자연히 그 저당물로 갚게 되어 이미 생업을 상실해 버려 다른 지역으로 도망가 흩어지게 된다. 지금 이후로는 모두 다 금지한다. 만약 계약이 있어 상환할 시기가 되어도 또한 희망대로 거주하게 하고, 서서히 변제하도록 한다."라고 하였다.

이에 이르러 (천황은) 칙을 내려, "앞서 금단의 명을 내렸는데, 아직도 개선되지 않았다. 지금 경내의 여러 사원에서는 이윤을 탐하여 집을 저당으로 잡고, 이자를 원금에 돌려 포함시키고 있다.[79] 단지 3綱이 법을 무시하는 것만 아니라, 관사 역시 부정을 용인하고 있다. 어떻게 관리된 자의 도리가 빈번히 국법을 어기고, 출가한 자들이 또한 속세와 결탁하고 있는가. (이자는) 비록 많은 해가 지난다고 해도, 1배를 초과해서는 안 된다. 이를 위반한 자는 위칙죄로 처벌하고, 관인은 현직을 해임하고, 재화는 관에서 몰수한다"라고 하였다.

정사(15일), 大和國 平群郡의 久度神에게 종5위하를 내리고 官社로 삼았다.

『속일본기』 권제37

---

79) 이자를 원금에 합산하여 추가된 원금을 복리로 계산하여 이익을 취한다는 것.

續日本紀卷第三十七

〈起延曆元年正月, 盡二年十二月〉

右大臣正二位兼行皇太子傅中衛大將臣藤原朝臣繼繩等奉勅撰

今皇帝

○ **延曆元年**春正月己巳, 以從五位下阿倍朝臣祖足爲駿河守, 從五位下阿倍朝臣石行爲大宰少貳, 從五位下氷上眞人川繼爲因幡守. 癸酉, 以從五位上大中臣朝臣繼麻呂爲右少辨. 癸未, 大秅, 百官不釋素服.

閏正月甲子, 因幡國守從五位下氷上眞人川繼謀反, 事露逃走. 於是遣使固守三關. 又下知京畿七道搜捕之. 以從五位下多治比眞人濱成爲左京亮, 從五位下多治比眞人三上爲主馬頭, 外從五位下大荒木臣押國爲助, 從五位下藤原朝臣眞友爲衛門佐. 丙申, 地震. 丁酉, 獲氷上川繼於大和國葛上郡. 詔曰, 氷上川繼潛謀逆發, 事旣發覺. 據法處斷, 罪合極刑. 其母不破內親王反逆近親. 亦合重罪. 但以諒闇之始山陵未乾, 哀惻之情未忍論刑, 其川繼者, 宜免其死處之遠流, 不破內親王幷川繼姉妹者, 移配淡路國, 川繼鹽燒王之子也. 初川繼資人大和乙人私帶兵仗闌入宮中. 所司獲而推問, 乙人款云, 川繼陰謀, 今月十日夜, 聚衆入自北門, 將傾朝廷, 仍遣乙人召將其黨宇治王以赴期日. 於是, 勅遣使追召川繼, 川繼聞勅使到, 潛出後門而逃走. 至是捉獲. 詔減死一等, 配伊豆國三嶋. 其妻藤原法壹亦相隨焉. 戊戌, 地震. 庚子, 以從五位下大中臣朝臣諸魚爲少納言, 外從五位下朝原忌寸道永爲大外記, 從五位下笠朝臣名麻呂爲近衛少將, 從五位下藤原朝臣弓主爲右衛士佐, 從四位下紀朝臣古佐美爲左兵衛督, 從五位下佐伯宿禰鷹守爲右兵衛佐, 從五位下文室眞人眞老爲攝津亮, 外從五位上河內連三立麻呂爲和泉守, 外從五位下佐伯部三國爲駿河介, 從五位下藤原朝臣內麻呂爲甲斐守, 從五位下安倍朝臣木屋麻呂爲相摸介, 從五位上文室眞人高嶋爲下野守, 從五位下鹽屋王爲若狹守, 中宮少進外從五位下物部多藝宿禰國足爲兼越中介, 從五位上石城王爲因幡守, 從五位下安倍朝臣船道爲石見守, 從五位下百濟王仁貞爲播磨介, 侍從從四位下五百枝王爲兼美作守, 從五位下大伴宿禰仲主爲紀伊守, 從五位下川村王爲阿波守, 左大舍人頭從四位上壹志濃王爲兼讚岐守, 從四位下石上朝臣家成爲伊豫守, 右衛士佐從五位下藤原朝臣弓主爲兼介. 辛丑, 勅大宰府, 氷上川繼謀反入罪, 員外帥藤原朝臣濱成之女爲川繼妻, 思爲與黨. 因茲解却濱成所帶參議幷侍從. 但員外帥如故. 左降正五位上山上朝臣船主爲隱伎介, 從四位下三方王爲日向介, 以並黨川繼也. 壬寅, 左大弁從三位大伴宿禰家持, 右衛士督正四位下坂上大忌寸苅田麻呂, 散位正四位下伊勢朝臣老人, 從五位下大原眞人美氣, 從五位下藤原朝臣繼彦等五人, 職事者解其見任, 散位者移京外, 並坐川繼事也. 自外黨與合三十五人. 或川繼姻戚, 或平生知友, 並亦出京外.

二月丙辰, 參議從三位中宮大夫兼衛門督大伴宿禰伯麻呂薨. 祖馬來田贈內大紫, 父道足平城朝參議正四位下. 伯麻呂, 勝寶初授從五位下, 除上野守. 累遷, 神護中至從四位下左中弁. 寶龜中遷宮內卿, 尋拜參議, 宴飮談話, 頗有風操. 天宗高紹天皇寵幸之. 尋授正四位上, 歷左大弁衛門督中宮大夫, 加從三位. 薨時年六十五. 庚申, 以正五位下當麻王爲中務大輔, 遠江守如故. 從五位下文室眞人於保爲少輔, 從五位下大伴王爲大監物, 從五位下多治比眞人年持爲左大舍人助, 從五位上笠王爲右大舍人頭, 從五位上調使王爲內藏頭, 從五位下春階王爲縫殿頭, 從五位下紀朝臣本爲陰陽頭, 正五位下布勢朝臣淸直爲民部大輔, 正五位下巨勢朝臣苗麻呂爲兵部大輔, 從四位下安倍朝臣東人爲刑部大輔, 從五位下大中臣朝臣今麻呂爲大判事, 正五位下粟田朝臣鷹守爲大藏大輔, 從五位下甘南備眞人淨野爲宮內少輔, 從五位上百濟王武鏡爲大膳亮, 從五位下縣犬養宿禰堅魚麻呂爲主殿頭, 從五位下中臣朝臣鷹主爲鑄錢長官, 從四位下吉備朝臣泉爲造東大寺長官, 外從五位下林忌寸稻麻呂爲次官, 正五位下榮井宿禰蓑麻呂爲造法華寺長官, 從五位下紀朝臣作良爲尾張守, 民部卿正三位藤原朝臣小黑麻呂爲兼陸奧按察使, 中衛中將從四位下佐伯宿禰久良麻呂爲兼丹波守, 從五位下羽栗臣翼爲介, 從五位下三嶋眞人嶋麻呂爲丹後介, 左兵衛督從四位下紀朝臣古佐爲兼但馬守, 從五位下紀朝臣眞木爲肥前守, 外從五位下陽侯忌寸玲兼爲豊後介. 丁卯, 以從四位上壹志濃王爲治部卿, 讚岐守如故. 外從五位下尾張連豊人爲園池正, 外從五位下林忌寸稻麻呂爲東宮學士, 造東大寺次官如故. 從五位下多治比眞人繼兄爲大宰少貳, 從五位下安倍朝臣石行爲豊後守. 辛未, 空中有聲, 如雷. 壬申, 地動.

三月辛卯, 有虹, 繞日. 乙未, 武藏, 淡路, 土左等國飢. 並賑給之. 戊申, 從四位下三方王, 正五位下山上朝臣船主, 正五位上弓削女王等三人, 坐同謀魘魅乘輿. 詔減死一等, 三方, 弓削, 並配日向國〈弓削三方之妻也〉, 船主配隱伎國, 自餘與黨亦據法處之. 以從四位上藤原朝臣種繼爲參議. 辛亥, 以從五位下高倉朝臣殿嗣爲下總介.

夏四月庚申, 授正五位上紀朝臣家守從四位下. 癸亥, 右京人少初位下壹禮比福麻呂等一十五人賜姓豊原連. 是日, 詔曰, 朕君臨區宇, 撫育生民, 公私彫弊, 情實憂之. 方欲屏此興作, 務茲稼穡, 政遵儉約, 財盈倉廩. 今者宮室堪居, 服翫足用, 佛廟云畢, 錢價既賤. 宜且罷造宮勅旨二省, 法花鑄錢兩司, 以充府庫之寶, 以崇簡易之化. 但造宮勅旨雜色匠手, 隨其才幹, 隷於木工內藏等寮, 餘者各配本司. 乙丑, 授正六位上文直人上外從五位下. 重閣門白狐見. 戊辰, 遣使畿內, 祈雨焉. 己巳, 尙侍從二位藤原朝臣百能薨. 兵部卿從三位麻呂之女也. 適右大臣從一位豊成, 大臣薨後, 守志年久. 供奉內職, 見稱貞固. 薨時年六十三. 己卯, 以正四位上佐伯宿禰今毛人爲左大弁. 山背國言, 諸國兵士免庸輸調, 至於左右京亦免其調, 今畿內之國曾無所優, 勞逸不同, 請同京職, 欲免其調. 於是, 勅免畿內兵士之調.

五月乙酉, 授從五位下海上眞人三狩從五位上. 又下野國安蘇郡主帳外正六位下若麻續部牛養, 陸奧國人外大初位下安倍信夫臣東麻呂等獻軍粮, 並授外從五位下. 庚寅, 諸司直丁, 勞二十四箇年已上者八人, 賜爵一級. 甲午, 陸奧國頃年兵發, 奧郡百姓並未來集. 勅給復三年. 丙申, 以從五位上調使王爲少納言. 丁酉, 散事從四位下福當女王卒. 戊戌, 以正四位上坂上大忌寸刈田麻呂爲右衛士督. 己亥, 以從五位下笠朝臣名麻呂爲左少弁, 正四位下藤原朝臣鷹取爲中宮大夫, 侍從越前守如故. 從五位上笠王爲左大舍人頭, 從五位上多治比眞人年主爲右大舍人頭, 從四位下紀朝臣家守爲內藏頭, 右兵衛督如故. 從五位下藤原朝臣是人爲大判事, 從五位下葛井連根主爲木工助, 參議從三位大伴宿禰家持爲春宮大夫, 從五位下多治比眞人豊濱爲參河守. 壬寅, 陸奧國言, 祈禱鹿嶋神, 討撥凶賊, 神驗非虛, 望賽位封. 勅奉授勳五等封二戶. 授外從五位下榮井宿禰道形從五位下. 癸卯, 少內記正八位上土師宿禰安人等言, 臣等遠祖野見宿禰, 造作物象, 以代殉人, 垂裕後昆, 生民賴之. 而其後子孫, 動預凶儀, 尋念祖業, 意不在茲. 是以土師宿禰古人等, 前年因居地名, 改姓菅原. 當時安人任在遠國, 不及預例. 望請, 土師之字改爲秋篠. 詔許之. 於是, 安人兄弟男女六人賜姓秋篠.

六月庚申, 從四位下飛鳥田女王卒. 乙丑, 左大臣正二位兼大宰帥藤原朝臣魚名, 坐事

免大臣. 其男正四位下鷹取左遷石見介, 從五位下末茂土左介, 從五位下眞驚從父並
促之任. 完人建麻呂之男女, 神野眞人淨主, 眞依女等十四人, 弟宇智眞人豊公, 改僞
眞人從本姓. 初建麻呂冒稱仲江王, 事發露而自經, 其男女亦僞爲眞人, 至是改正之.
和泉國飢, 賑給之. 是日, 地震. 戊辰, 授從五位下大原眞人室子正五位下, 春宮大夫從
三位大伴宿禰家持爲兼陸奧按察使鎮守將軍, 外從五位下入間宿禰廣成爲介, 外從五
位下安倍猿嶋臣墨繩爲權副將軍. 散事從四位下多治比眞人若日卒. 辛未, 從五位下巨勢
朝臣廣山爲內藏助, 外從五位下安都宿禰眞足爲大學助, 外從五位下長尾忌寸金村爲
博士, 從五位下葛井連根主爲木工頭, 外從五位下田邊史淨足爲助, 從四位下佐伯宿
禰久良麻呂爲衛門督, 丹波守如故. 左大弁正四位上佐伯宿禰今毛人爲兼大和守, 外
從五位下尾張連豊人爲介, 從五位下紀朝臣作良爲伊勢守, 正五位下高賀茂朝臣諸魚
爲尾張守, 從五位下健部朝臣人上爲武藏介, 近衛員外中將從四位上紀朝臣船守爲兼
常陸守, 內廐頭如故. 從五位上大伴宿禰弟麻呂爲介, 侍從從四位下五百枝王爲兼越
前守, 從五位下三國眞人廣見爲越後介, 從四位下吉備朝臣泉爲伊豫守, 從四位下石
上朝臣家成爲大宰大貳. 壬申, 詔以大納言正三位藤原朝臣田麻呂爲右大臣, 中納言
正三位藤原朝臣是公爲大納言, 從四位下紀朝臣家守爲參議. 又以從四位下紀朝臣家
守爲中宮大夫, 內藏頭如故. 從五位下佐伯宿禰鷹守爲左兵衛佐, 從四位下五百枝王
爲右兵衛督, 侍從越前守如故. 從五位下紀朝臣木津魚爲佐, 從五位下正月王爲備後
守, 從五位下紀朝臣眞子爲土左守. 授正四位上佐伯宿禰今毛人從三位, 從四位上石
川朝臣名足, 紀朝臣船守, 藤原朝臣種繼並正四位下. 戊寅, 以從四位下紀朝臣古佐美
爲左中弁, 左兵衛督但馬守如故. 從五位下多治比眞人乙安爲右少弁. 己卯, 大宰帥藤
原朝臣魚名到攝津國, 病發不堪進途. 勅, 宜待病愈然後發進.
秋七月甲申, 雷雨. 大藏東長藏災, 內廐寮馬二疋震死. 壬辰, 勅解却雜色長上五十四
人, 廢餅戶, 散樂戶. 壬寅, 松尾山寺僧尊鏡, 生年百一歲, 請入內裏, 敍位大法師.
優高年也. 丙午, 詔曰, 朕以不德, 臨馭寶區, 憂萬姓之未康, 愍一物之失所. 況復去歲
無稔, 縣磬之室稍多, 今年有疫, 夭殀之徒不少. 朕爲民父母, 撫育乖術, 靜言於此,
還慙於懷. 又顧彼有罪, 責深在予, 若非滌蕩, 何令自新. 宜可大赦天下. 自天應二年七
月二十五日昧爽已前大辟已下, 罪無輕重, 已發覺, 未發覺, 已結正, 未結正, 繋囚見徒,
悉皆赦除. 但犯八虐, 及故殺人, 私鑄錢, 强竊二盜, 常赦所不免者, 不在赦限. 若入死
罪者, 並減一等. 鰥寡惸獨, 貧窮老疾, 不能自存者, 量加賑恤. 是日, 地震. 丁未,

授女孺從七位上山口忌寸家足, 正八位上於保磐城臣御炊並外從五位下. 戊申, 天皇移御勅旨宮. 庚戌, 右大臣已下, 參議已上, 共奏稱. 頃者災異荐臻, 妖徵並見. 仍命龜筮, 占求其由. 神祇官陰陽寮並言, 雖國家恒祀依例奠幣. 而天下縞素, 吉凶混雜. 因茲, 伊勢大神, 及諸神社, 悉皆爲祟. 如不除凶就吉, 恐致聖體不豫歟. 而陛下因心至性, 尙終孝期. 今乃醫藥在御, 延引旬日. 神道難誣, 抑有由焉. 伏乞, 忍曾閔之小孝, 以社稷爲重任, 仍除凶服以充神祇. 詔報曰, 朕以, 霜露未變, 茶毒如昨. 方遂諒闇, 以申罔極. 而羣卿再三執奏, 以宗廟社稷爲喩. 事不獲已, 一依來奏. 其諸國釋服者, 待秡使到, 秡潔國內. 然後乃釋. 不得飮酒作樂, 并著雜彩.

八月辛亥朔, 百官釋服. 己未, 遣治部卿從四位上壹志濃王, 左中弁從四位下紀朝臣古佐美, 治部大輔從五位上藤原朝臣黑麻呂, 主稅頭從五位下榮井宿禰道形, 陰陽頭從五位下紀朝臣本, 大外記外從五位下朝原忌寸道永等, 六位已下解陰陽者合一十三人於大和國, 行相山陵之地. 爲改葬天宗高紹天皇也. 庚申, 以外從五位下田邊史淨足爲伊豆守. 己巳, 詔曰, 殷周以前, 未有年號, 至于漢武始稱建元, 自茲厥後, 歷代因循. 是以, 繼體之君, 受禪之主, 莫不登祚開元, 錫瑞改號. 朕以寡德, 纂承洪基, 託于王公之上, 君臨寰宇. 旣經歲月, 未施新號, 今者宗社降靈, 幽顯介福, 年穀豐稔, 徵祥仍臻. 思與萬國, 嘉此休祚. 改天應二年, 曰延曆元年. 其天下有位, 及伊勢大神宮禰宜大物忌內人, 諸社禰宜祝. 幷內外文武官把笏者, 賜爵一級. 但正六位上者廻授一子, 其外正六位上者不在此限. 乙亥, 以從五位上安倍朝臣常嶋爲圖書頭, 從五位下八上王爲內禮正, 正五位下石川朝臣眞守爲式部大輔, 武藏守如故, 從五位下多治比眞人濱成爲少輔, 外從五位下和史國守爲園池正, 從五位下川邊朝臣淨長爲主油正, 從五位下文室眞人忍坂麻呂爲左京亮, 左少弁從五位下笠朝臣名麻呂爲兼近衛少將, 從五位下多治比眞人三上爲左衛士佐, 正五位下粟田朝臣鷹守爲主馬頭, 從五位下石川朝臣美奈伎麻呂爲安房守, 外從五位下伊勢朝臣水通爲下野介, 大學頭從四位下淡海眞人三船爲兼因幡守, 文章博士如故, 右大弁正四位下石川朝臣名足爲兼美作守. 丙子, 授正五位上因幡國造淨成女從四位下.

九月乙酉, 以從五位下紀朝臣本爲肥後守. 戊子, 以從五位上藤原朝臣黑麻呂爲右中弁, 從五位下廣川王爲右大舍人頭, 正五位下榮井宿禰養麻呂爲陰陽頭, 從五位上大中臣朝臣繼麻呂爲治部大輔, 從五位上多治比眞人年主爲大藏大輔, 神祇伯從四位上大中臣朝臣子老爲兼右京大夫, 從五位下積殖王爲右兵庫頭, 從五位下甘南備眞人淨野爲肥前守. 辛亥, 以內匠頭正五位下葛井連道依爲兼中宮亮.

冬十月庚戌朔, 敍伊勢國桑名郡多度神從五位下.

十一月辛卯, 有光挾日, 其形圓而色似虹, 日上復有光向日, 長可二丈. 丁酉, 敍田村後宮今木大神從四位上. 丁未, 式部史生正八位下倭漢忌寸木津吉人等八人言, 吉人等是阿智使主之後也. 是以蒙賜忌寸之姓, 可注倭漢木津忌寸. 而誤記倭漢忌寸木津, 姓字繁多, 唱薄不穩, 望請, 除倭漢二字, 爲木津忌寸. 許之.

十二月庚戌, 內掃部正外從五位下小塞宿禰弓張言, 弓張等二世祖近之里. 庚寅歲以降, 因居地名, 從小塞姓. 望請, 依庚午年籍, 改換小塞, 蒙賜尾張姓. 許之. 壬子, 勅, 太上天皇周忌御齋, 當今月二十三日. 宜令天下諸國國分二寺見僧尼奉爲誦經焉. 又詔曰, 公廨之設, 先補欠負, 次割國儲, 然後作差處分. 如聞, 諸國曾不遵行, 所有公廨, 且以費用, 至進稅帳, 詐注未納. 因茲, 前人滯於解由, 後人煩於受領, 於事商量, 甚乖道理. 又其四位已上者, 冠蓋既貴, 榮祿亦重. 授以兼國, 佇聞善政. 今乃苟貪公廨, 徵求以甚. 至于遷替, 多無解由. 如此不責, 豈曰皇憲. 自今以後, 遷替國司, 滿百二十日, 未得解由者, 宜奪位祿食封以懲將來. 癸亥, 近江國坂田郡人少初位上比瑠臣麻呂等, 改本姓賜淨原臣. 丙寅, 散事正四位下巨勢朝臣巨勢野卒. 辛未, 是日, 太上天皇周忌也. 於大安寺設齋焉. 百官參會, 各供其事. 壬申, 詔曰, 禮制有限, 周忌云畢. 元會之旦, 事須賀正. 但朕乍除諒闇, 哀感尚深. 霜露既變, 更增陟岵之悲, 風景惟新, 彌切循陔之戀. 來年元正, 宜停賀禮焉.

○ **二年**春正月戊寅朔, 廢朝也. 授正六位上阿倍朝臣眞黑麻呂從五位下. 是日, 勅, 內親王及內外命婦, 服色有限, 不得僭差. 比來所司寬容, 曾不禁制. 至于閭閻肆塵, 恣着禁色, 既無貴賤之殊, 亦虧等差之序. 自今以後, 宜嚴禁斷, 如有違越, 寘以常科. 事具別式. 辛巳, 陰陽頭正五位下榮井宿禰蓑麻呂, 今年始登八十. 詔, 賜絁布米鹽, 蓑麻呂, 經明行修, 淸愼夙着, 後進之輩所推挹也. 故有此賞. 乙酉, 正四位上道嶋宿禰嶋足卒. 嶋足本姓牡鹿連, 陸奧國牡鹿郡人也. 體貌雄壯, 志氣驍武, 素善馳射. 寶字中, 任授刀將曹. 八年惠美訓儒麻呂之劫勅使也. 嶋足與將監坂上刈田麻呂, 奉詔疾馳, 射而殺之. 以功擢授從四位下勳二等, 賜姓宿禰. 補授刀少將兼相摸守, 轉中將, 改本姓賜道嶋宿禰. 尋加正四位上, 歷內廐頭下總播磨等守. 戊子, 授女孺無位和史家吉外從五位下. 癸巳, 天皇御大極殿閤門, 賜宴於五位已上. 授從五位下廣川王從五位上, 正六位上伊香賀王從五位下, 正五位上大伴宿禰潔足, 佐伯宿禰眞守並從四位下, 正五位下石川朝臣眞守, 巨勢朝臣苗麻呂並正五位上, 從五位下藤原朝臣菅繼, 文室眞人與企, 中臣朝臣鷹主, 紀朝臣家繼並從五位上, 正六位上大伴宿禰眞麻呂, 藤原朝臣雄友, 紀朝臣男仲, 石川朝臣淨繼, 高橋朝臣船麻呂, 佐伯宿禰弟人, 上毛野朝臣鷹養, 田口朝臣大立, 紀朝臣田長, 穗積朝臣賀祐並從五位下, 正六位上土師宿禰公足, 吉田連季元, 麻田連眞淨並外從五位下. 宴訖賜祿有差. 丁酉, 紀朝臣木津魚, 吉彌侯橫刀等八人, 夙夜在公, 恪勤匪懈. 於是, 有詔, 並進其爵. 授從五位下紀朝臣木津魚從五位上, 外從五位下吉彌侯橫刀, 正六位上橘朝臣入居, 三嶋眞人名繼並從五位下, 正六位上出雲臣嶋成, 嶋田臣宮成, 筑紫史廣嶋, 津連眞道並外從五位下. 庚子, 授正六位上紀朝臣安提從五位下. 是日, 地震. 甲辰, 授正六位上大村直池麻呂外從五位下. 乙巳, 饗大隅薩摩隼人等於朝堂, 其儀如常. 天皇御閣門而臨觀. 詔進階賜物各有差. 二月壬子, 天皇御大極殿, 詔贈故式部卿藤原朝臣百川右大臣. 又授正五位下當麻王正五位上, 無位若江王從五位下, 從五位下百濟王仁貞, 安倍朝臣謂奈麻呂並從五位上, 正六位上忌部宿禰人上外從五位下, 從三位藤原朝臣曹子, 無位藤原朝臣乙牟漏並正三位, 無位藤原朝臣吉子從三位, 從四位下鮑浪王, 尾張王並從四位上, 無位八上王, 犬甘王並從五位下, 正四位下藤原朝臣敎基, 紀朝臣宮子, 平群朝臣邑刀自, 藤原朝臣彥子並正四位上, 從四位上藤原朝臣諸姉正四位下, 正五位下大原眞人室子從四位下, 從五位下武藏宿禰家刀自, 大宅朝臣宅女並正五位下, 從五位下草鹿酒人宿禰水女, 美努宿禰宅良, 足羽臣眞橋並從五位上, 外從五位下平群豐原朝臣靜女, 若湯坐宿禰子虫, 無位藤原朝臣甘刀自, 紀朝臣須惠女, 安倍朝臣黑女, 藤原朝臣兄 倉, 坂上大忌寸又子, 三嶋宿禰廣宅, 山宿禰子虫並從五位下, 正七位上他田舍人眞枚女外從五位下. 甲寅, 正三位藤原朝臣乙牟漏, 從三位藤原朝臣吉子並爲夫人. 丙辰, 授正五位下紀朝臣犬養正五位上. 癸亥, 授無位安倍朝臣安倍刀自從五位下. 庚午, 復丈部大麻呂本位從五位下. 辛未, 授從七位下小治田朝臣古刀自從五位下. 壬申, 以從五位下春階王, 藤原朝臣園人, 並爲少納言. 外從五位下物部多藝宿禰國足爲中宮大進, 外從五位下上毛野公薩摩爲內藏助, 從五位下巨勢朝臣廣山爲縫殿頭, 從五位上多治比眞人宇美爲民部少輔, 從五位下紀朝臣田長爲主計頭, 從五位下穗積朝臣賀兼爲主稅頭, 正四位下紀朝臣船守爲近衛中將, 內廐頭常陸守如故. 從五位下紀朝臣千世爲中衛少將, 外從五位下尾張宿禰弓張爲伊賀守, 從五位上文室眞人與企爲相摸介, 從五位下吉彌侯橫刀爲上野介, 從五位上調使王爲越中守, 從五位上上毛野朝臣稻人爲越後守, 從五位下積殖王爲丹後守, 從五位上桑原公足床爲伯耆介, 右大弁正四位下石川朝臣名足爲兼播磨守, 近衛將曹外從五位下筑紫史廣嶋爲兼大掾, 從五位下藤原朝臣雄友爲美作守, 東宮學士外從五位下林忌寸稻麻呂爲兼介, 從五位下甘南備眞人豊次爲備前介, 從五位下榮井宿禰道形爲備中守, 從五位下陽侯王爲安藝守, 從五位下大伴宿禰眞麻呂爲大宰少貳, 從五位下爲奈眞人豊人爲筑後守. 丙子, 授從五位下宗形王從五位上.

三月戊寅朔, 授正六位上下毛野朝臣年繼從五位下. 己丑, 以從四位下豊野眞人奄智爲中務大輔, 從五位下伊賀香王爲雅樂頭, 正五位上當麻王爲大膳大夫, 外從五位下忌部宿禰人上爲主油正, 從五位下紀朝臣安提爲左京亮, 從四位下和氣朝臣淸麻呂爲攝津大夫, 從五位下文室眞人忍坂麻呂爲造東大寺次官, 從五位上當麻眞人得足爲和泉守. 庚寅, 丹後國丹波郡人正六位上丹波直眞養任國造. 丙申, 右大臣從二位兼行近衛大將皇太子傳藤原朝臣田麻呂薨. 田麻呂, 參議式部卿兼大宰帥正三位宇合之第五子也. 性恭謙無競於物. 天平十二年, 坐兄廣嗣事, 流於隱伎. 十四年有罪徵還隱居蜷淵山中, 不預時事, 敦志釋典, 脩行爲務. 寶字中授從五位下, 爲南海道節度使副, 歷美濃守, 陸奧按察使. 稍遷, 神護初授從四位下, 拜參議. 歷外衛大將, 大宰大貳, 兵部卿. 寶龜初授從三位, 拜中納言. 轉大納言兼近衛大將. 延曆元年, 進爲右大臣, 授從二位, 尋加正二位. 薨時年六十二. 戊戌, 從五位下吉彌侯橫刀, 正八位下吉彌侯夜須麻呂, 並賜姓下毛野朝臣. 外正八位上吉彌侯間人, 同姓總麻呂, 並賜下毛野公.

夏四月戊申, 右京人從八位上大石村主男足等賜姓大山忌寸. 庚申, 勅改小殿親王名, 爲安殿親王. 辛酉, 勅曰, 如聞, 比年坂東八國, 運穀鎭所. 而將史等, 以稻相換, 其穀代者, 輕物送京, 苟得無恥. 又濫役鎭兵, 多營私田. 因茲, 鎭兵疲弊, 不任干戈, 稽之憲典, 深合罪罰. 而會恩蕩. 且從寬宥. 自今以後, 不得更然. 如有違犯, 以軍法罪之. 宜加捉搦, 勿令侵漁之徒肆濁濫. 甲子, 詔, 立正三位藤原夫人爲皇后. 是日引侍臣宴飮, 賜祿有差. 授正四位下藤原朝臣種繼從三位, 從五位下葛井連根主從五位上, 正六位上飛鳥戶造弟見外從五位下, 命婦從五位下藤原朝臣綿手從五位上. 乙丑, 勅坂東諸國曰, 蠻夷猾夏, 自古有之. 非資干戈, 何除民害. 是知, 加岨征於有苗, 奮薄伐於獫狁, 前王用兵, 良有以也. 自頃年夷俘猖狂, 邊垂失守. 事不獲已, 頻動軍旅. 遂使坂東之境恒疲調發, 播殖之輩久倦轉輸. 念茲勞弊, 朕甚愍之. 今遣使存慰, 開倉優給. 悅而使之者,

寔惟哲王之愛民乎. 凡厥東土, 悉知朕意焉. 丙寅, 授正六位上贄田物部首年足外從五
位下, 以築越智池也. 左大弁從三位佐伯宿禰今毛人爲兼皇后宮大夫, 大和守如故,
近衛少將從五位下笠朝臣名麻呂爲兼亮. 左京人外從五位下和史國守等三十五人賜
姓朝臣. 壬申, 從五位下大伴宿禰繼人爲左少弁, 從五位下路眞人玉守爲大監物, 從五
位上海上眞人三狩爲兵部大輔, 從五位下巨勢朝臣總成爲遠江介, 正五位下布勢朝臣
清直爲上總守. 甲戌, 授正六位上藤原朝臣繩主從五位下. 先是, 去天平十三年二月,
勅處分, 每國造僧寺, 必合有二十僧者. 仍取精進練行, 操履可稱者度之, 必須數歲之
間, 觀彼志性始終無變. 乃聽入道. 而國司等不精試練, 每有死闕, 妄令得度. 至是勅,
國分寺僧, 死闕之替, 宜以當土之僧堪爲法師者補之. 自今以後, 不得新度. 仍先申闕
狀, 待報施行. 但尼依舊.

五月丁亥, 太政官奏稱, 外記之官, 職務繁多. 詔勅格令, 自此而出, 至於官品, 實合昇
進, 其大外記二人, 元正七位上官, 今爲正六位上官, 少外記二人元從七位上官. 今爲
正七位上官. 臣等商量改張, 伏聽天裁. 奏可之. 是日, 勅, 大宰帥正二位藤原朝臣魚名
老病相仍, 留滯中路. 宜令還京詫其鄉親. 己丑, 授從五位下多治比眞人三上從五位
上. 辛卯, 授正五位上石川朝臣眞守從四位下, 以正五位上巨勢朝臣苗麻呂爲左中弁,
從四位下紀朝臣古佐美爲式部大輔, 左兵衛督但馬守如故. 正五位上大伴宿禰益立爲
兵部大輔, 從四位下石上朝臣家成爲造東大寺長官, 從五位下橘朝臣入居爲近江介,
右衛士少尉外從五位下津連眞道爲兼大掾, 從四位下石川朝臣眞守爲大宰大貳, 從五
位下賀茂朝臣人麻呂爲筑後守.

六月丙午朔, 出羽國言, 寶龜十一年雄勝平鹿二郡百姓, 爲賊所略. 各失本業, 彫弊殊
甚. 更建郡府, 招集散民, 雖給口田, 未得休息. 因茲不堪備進調庸. 望請, 蒙給優復,
將息弊民. 勅給復三年. 辛亥, 勅曰, 夷虜發常, 爲梗未已. 追則鳥散, 捨則蟻結. 事須練
兵教, 卒備其寇掠. 今聞, 坂東諸國, 屬有軍役, 每多尫弱全不堪戰. 卽有雜色之輩,
浮宕之類, 或便弓馬, 或堪戰陣. 每有徵發, 未嘗差點, 同曰皇民, 豈合如此. 宜仰坂東
八國, 簡取所有散位子, 郡司子弟, 及浮宕等類, 身堪軍士者隨國大小, 一千已下, 五百
已上. 專習用兵之道, 並備身裝. 卽入色之人, 便考當國白丁, 免徭. 仍勅堪事國司一
人, 專知勾當. 如有非常. 便卽押領奔赴, 可告事機. 乙卯, 勅曰, 京畿定額諸寺, 其數有
限, 私自營作, 先旣立制. 比來, 所司寬縱, 曾不糺察. 如經年代, 無地不寺. 宜嚴加禁斷.
自今以後, 私立道場, 及將田宅園地捨施, 幷賣易與寺, 主典已上解却見任. 自餘不論

蔭贖, 決杖八十. 官司知而不禁者, 亦與同罪. 乙丑, 右京人外從五位下佐伯部三國等
賜姓佐伯沼田連. 丙寅, 從五位上中臣朝臣鷹主爲神祇大副, 從五位上文室眞人波多
麻呂爲雅樂頭, 從五位上多治比眞人宇美爲民部大輔, 從五位下紀朝臣豊庭爲少輔,
從四位下多治比眞人長野爲刑部卿, 從五位下賀茂朝臣大川爲大藏少輔, 從五位下藤
原朝臣繩主爲中衛少將, 彈正尹從三位高倉朝臣福信爲兼武藏守, 從五位下伊賀香王
爲若狹守, 從五位下大中臣朝臣安遊麻呂爲播磨介, 從五位上百濟王仁貞爲備前介.
授外從五位下尾張連豊人從五位下.

秋七月癸巳, 左京人散位從六位上金肆順賜姓海原連, 右京人正六位上金五百依海原
造, 越前國人外正七位上秦人部武志麻呂依請賜本姓車持. 甲午, 詔以大納言正三位
藤原朝臣是公爲右大臣, 中衛大將如故. 中納言正三位藤原朝臣繼繩爲大納言, 中務
卿如故. 從三位大伴宿禰家持爲中納言, 春宮大夫如故. 正四位下石川朝臣名足, 紀朝
臣船守並授正四位上, 從五位下笠朝臣名麻呂從五位上, 正六位上布勢朝臣大海從五
位下. 戊戌, 勅石見國介正四位下藤原朝臣鷹取, 土左國介從五位下藤原朝臣末茂等,
令得入京. 庚子, 從三位藤原朝臣種繼爲式部卿兼近江按察使, 左衛士督如故. 從五位
上中臣朝臣常爲民部少輔, 從五位上藤原朝臣菅繼爲主計頭, 從五位下石川朝臣宿奈
麻呂爲兵部少輔, 從五位下布勢朝臣大海爲典藥頭, 參議民部卿正三位藤原朝臣小黑
麻呂爲兼左京大夫, 從五位下紀朝臣田長爲伊豫介. 大宰帥正二位藤原朝臣魚名薨,
魚名贈正一位太政大臣房前之第五子也. 天平末, 授從五位下補侍從. 稍遷, 寶字中至
從四位宮內卿. 神護二年, 授從三位, 爲參議. 寶龜初, 加正三位, 拜大納言, 尋兼中務
卿. 八年授從二位, 年已長老, 次當輔政, 拜爲內臣. 未幾有勅, 改號忠臣. 十年進爲內
大臣. 天應元年, 授正二位, 俄拜左大臣兼大宰帥. 延曆元年, 坐事免大臣. 出之任所,
至攝津國. 病發留連, 有勅聽便留別業以加療焉. 居二年, 召還京師. 薨時年六十三,
詔別賜絁布米鹽及役夫等. 乙巳, 詔曰, 疇庸敍功, 彰于舊典, 赦過有罪, 著自前經.
故大宰帥正二位藤原朝臣魚名, 乃祖乃父, 世著茂功. 或盡忠義而事君, 或宣風猷以伏
時. 言念於此, 無忘于懷. 今故贈以本官, 酬其先功. 宜去延曆元年六月十四日所下詔
勅官符等類, 悉皆燒却焉.

八月辛酉, 散事從四位下石川朝臣毛比卒. 壬戌, 授從七位下上道臣千若女外從五位
下. 壬申, 授外從五位下和朝臣家吉, 眞神宿禰眞絲並從五位下.

九月丙子, 近江國言, 除王姓從百姓戶五烟, 口一百一人, 戶主槻村, 井上, 大岡, 大魚,

動神等五人, 並山村王之孫也. 其祖父山村王, 以去養老五年, 編附此部, 自爾以來, 子孫蕃息, 或七八世, 分爲數烟. 依格, 六世以下, 除承嫡者之外, 可科課役. 望請, 承嫡之戶, 遷附京戶, 自餘與姓科課. 於是下所司, 檢皇親籍, 無山村王之名, 仍從百姓之例. 但不與眞人之姓.

冬十月庚戌, 治部省言, 去寶龜元年以降, 增加國師員. 或國四人, 或國三人, 於事准量, 深匪允愜. 望請, 自今以後, 依承前例. 大上國各任大國師一人, 少國師一人, 中下國各任國師一人. 許之. 戊午, 行幸交野. 放鷹遊獵. 庚申, 詔免當郡今年田租,國郡司及行宮側近高年. 并諸司陪從者, 賜物各有差. 又百濟王等供奉行在所者一兩人, 進階加爵, 施百濟寺近江播磨二國正稅各五千束. 授正五位上百濟王利善從四位下, 從五位上百濟王武鏡正五位下, 從五位下百濟王元德, 百濟王玄鏡並從五位上, 從四位上百濟王明信正四位下, 正六位上百濟王眞善從五位下. 壬戌, 車駕至自交野.

十一月甲戌朔, 日有蝕之. 乙酉, 以從五位下石淵王爲大監物, 從五位上藤原朝臣菅繼爲右大舍人頭, 大外記外從五位下朝原忌寸道永爲兼大學助, 從五位下安倍朝臣草麻呂爲治部少輔, 外從五位下安都宿禰眞足爲主計頭, 從五位下三嶋眞人大湯坐爲宮內少輔, 從五位下大伴王爲正親正, 外從五位下嶋田臣宮成爲上野介, 常陸介從五位上大伴宿禰弟麻呂爲兼征東副將軍. 丁酉, 授正四位下百濟王明信正四位上.

十二月甲辰, 阿波國人正六位上粟凡直豊穗, 飛驒國人從七位上飛驒國造祖門並任國造. 戊申, 先是, 去天平勝寶三年九月, 太政官符稱, 豊富百姓, 出擧錢財. 貧乏之民, 宅地爲質, 至於迫徵, 自償其質, 旣失本業, 迸散他國. 自今以後, 皆悉禁止. 若有約契, 雖至償期, 猶任住居, 令漸酬償. 至是, 勅, 先有禁斷, 曾未懲革. 而今京內諸寺, 貪求利潤, 以宅取質, 廻利爲本. 非只綱維越法, 抑亦官司阿容. 何其爲吏之道, 輒違王憲, 出塵之輩. 更結俗網. 宜其雖經多歲, 勿過一倍. 如有犯者, 科違勅罪. 官人解其見任, 財貨沒官. 丁巳, 大和國平羣郡久度神敍從五位下爲官社.

續日本紀卷第三十七

『속일본기』 권제38

〈延曆 3년(784) 정월부터 4년(785) 12월까지〉

우대신 정2위 겸 行皇太子傳 中衛大將
신 藤原朝臣繼繩 등이 칙을 받들어 편찬하다.

今皇帝[1]

○ 延曆 3년(784), 춘정월 기묘(7일), (천황이) 5위 이상에게 연회를 베풀었다. 무위 小倉王·石浦王에게 함께 종5위하를 내리고, 종4위하 多治比眞人長野·紀朝臣家守에게 함께 종5위상을, 정5위하 紀朝臣鯖麻呂[2]에게 정5위상을, 종5위하 大中臣朝臣諸魚에게 종5위상을, 외종5위하 和朝臣國守[3]·安都宿禰眞足, 정6위상 文室眞人眞屋麻呂·藤原朝臣眞作·大伴宿禰永主·大原眞人越智麻呂·和朝臣三具足[4]·石川朝臣魚麻呂·巨勢朝臣家成·大春日朝臣諸公·安倍朝臣廣津麻呂·坂本朝臣大足·田口朝臣清麻呂·笠朝臣小宗·三方宿禰廣名·紀朝臣兄原·佐伯宿禰老에게 함께 종5위하를, 정6위하 下道朝臣長人·丹比宿禰稻長·船連稻船[5]·秦忌寸長足에게 함께 외종5위하를 내렸다. 연회를 베풀고 각각 차등있게 녹을 내렸다.

---

1) 桓武天皇.
2) 이달의 辛巳의 日干支는 없다.
3) 백제계 씨족인 和氏의 후예. 和史에서 和朝臣으로 개성되었다. 권36, 天應 원년(781) 4월조 224쪽 각주 91) 참조.
4) 백제계 씨족인 和氏의 후예. 和史, 和朝臣으로 씨성의 변화가 있다. 『신찬성씨록』 좌경제번하에 백제국 都慕王의 18세손인 무령왕으로부터 나왔다는 시조 전승이 있다. 延曆 4년에 上總介에 임명되었고, 동 10년 정월에 종5위상에 서위되었다.
5) 이해 4월에 主計助에 임명되었다. 『日本書紀』 欽明紀 14년(553) 7월조에 보면, 蘇我大臣이 천황의 칙을 받들어 백제 도래씨족인 王辰爾를 파견하여 선박 관련 일을 기록하게 하였다. 이때 왕진이는 船司로서 船史의 씨성을 받았다. 船史氏는 天武 12년(683)에 連을 하사받아 船連氏가 되었다. 본거지는 河內國 丹比郡 野中鄕으로 현재의 大阪府 藤井寺市 野中 및 羽曳野市이다. 野中寺는 이 씨족의 氏寺이다.

신사(9일), 종5위하 文室眞人子老에게 종5위하를, 정6위상 平群朝臣牛養에게 종5위하를 내렸다. 또 女孺 무위 藤原朝臣宇都都古禰·大原眞人明에게 함께 종5위하를 내렸다.

정해(15일), 외종5위하 伊勢朝臣水通에게 종5위하를 내렸다.

무자(16일), 내리에서 5위 이상에게 연회를 베풀고, 백관의 주전 이상에게 조당에서 향응을 베풀었다. 차등있게 녹을 내렸다. 우대신 정3위 藤原朝臣是公에게 종2위를 내리고, 정5위하 大伴宿禰不破麻呂에게 정5위상을, 종5위하 紀朝臣白麻呂·健部朝臣人上에게 함께 종5위상을 내렸다. 정3위 藤原朝臣小黑麻呂, 종3위 藤原朝臣種繼를 함께 中納言으로 삼았다.

2월 신사,[6] 女孺 무위 百濟王眞德[7]에게 종5위하를 내렸다.

기축,[8] 종3위 大伴宿禰家持를 持節征東將軍[9]으로 삼고, 종5위상 文室眞人与企를 부장군으로 삼고, 외종5위하 入間宿禰廣成, 외종5위하 阿倍猿嶋臣墨繩을 함께 軍監으로 삼았다.

3월 갑술(3일), 5위 이상에게 연회를 베풀고, 문인에게 명하여 曲水의 시를 짓게 하였다. 차등있게 녹을 내렸다.

을해(4일), 외정6위상 丸子連石虫에게 외종5위하를 내렸다. 군량을 바쳤기 때문이다.

병신(25일), 이보다 앞서 伊豫國守 吉備朝臣泉이 동료[10]와 충돌이 있어 자주 고소를 당했다. 조정에서 사자를 보내 조사했더니, 불경스러운 언사가 있었는데, 승복하려고 하지 않았다.

이날, (천황은) 칙을 내리기를, "伊豫國守 종4위하 吉備朝臣泉은 정치적인 공적은 들은 바 없고, 범한 죄상은 명백하다. 이를 국법에 비추어 보면, 정해진 법령에 처해야 한다. 그러나 부친 고 우대신[11]은 (唐에) 건너가

---

6) 이달의 壬寅 日干支는 없다.
7) 이 인물은 여기에만 나온다.
8) 이달의 己丑의 日干支는 없다.
9) 持節征東將軍은 천황으로부터 節刀를 받은 征東將軍으로 정토군의 최고 책임자.
10) 國守 吉備朝臣泉과 의견이 충돌한 동료는 그 휘하의 부하 국사들이고, 아마도 공사에 걸쳐 함부로 대한 것으로 생각된다.
11) 吉備朝臣眞備.

많은 학문을 배우고 돌아와 풍속을 가르치고 도덕을 널리 알려 마침내 재상의
지위에 올라, 천황의 정치를 도왔다. 그러한 즉, 부친의 훌륭한 뜻을 또한
잊어서는 안 된다. 그의 아들의 잘못을 어떻게 불쌍히 여겨 용서하지 않을
수 있겠는가. (吉備朝臣)泉의 허물을 용서하고 후에 바른 생각을 갖도록
해야 한다. 다만 현직을 해임하여 이전의 해악을 징계하도록 한다"라고
하였다.

을유(14일), 외종5위하 筑紫史廣嶋를 近衛將監으로 삼고 播磨大掾은 종전대
로 하였다. 외종5위하 下道朝臣長人을 大和介로 삼고, 종4위상 多治比眞人長野
를 伊勢守로 삼고, 종5위하 藤原朝臣繩主를 (伊豫)介로 삼고, 정5위상 紀朝臣鯖麻
呂를 尾張守로 삼고, 종5위상 藤原朝臣黑麻呂를 遠江守로 삼고, 종5위상 文室眞
人与企를 相摸守로 삼고, 近衛將監 종5위하 佐伯宿禰老를 (相摸)介로 삼고,
종5위하 三國眞人廣見을 能登守로 삼고, 大外記 외종5위하 朝原忌寸道永에게
越後介를 겸직시키고, 외종5위하 上毛野公薩摩를 但馬介로 삼고, 中宮大夫
및 藏頭 종4위상 紀朝臣家守에게 備前守를 겸직시키고, 종5위하 文室眞人於保
를 備後守로 삼고, 정5위하 百濟王武鏡12)을 周防守로 삼고, 종5위하 石川朝臣淨
繼를 讚岐介로 삼고, 右衛士督 정4위상 坂上大忌寸苅田麻呂에게 伊豫守를 겸직
시키고, 종5위하 多治比眞人乙安을 肥後守로 삼았다.

정해(16일), 종3위 氣太神13)을 정3위에 서위하였다.

하4월 임인(2일), 정6위상 上毛野公我人에게 외종5위하를 내렸다. 외종5위
하 忌部宿禰人上을 神祇大祐로 삼고, 종5위상 海上眞人三狩를 右中辨으로 삼고,
종5위하 藤原朝臣是人을 中務少輔로 삼고, 종5위하 石川朝臣魚麻呂를 左大舍人
助로 삼고, 종5위상 藤原朝臣菅繼를 治部大輔로 삼고, 종5위상 大中臣朝臣諸魚
를 兵部大輔로 삼고 少納言은 종전대로 하였다. 종4위하 淡海眞人三船14)을
刑部卿으로 삼고 大學頭 및 因幡守는 종전대로 하였다. 종5위상 橘朝臣綿裳을
大判事로 삼고, 참의 정4위하 神王에게 大藏卿을 겸직시키고, 종5위하 安倍朝臣
弟當을 (大藏)少輔로 삼았다. 종5위하 紀朝臣繼成을 大膳亮으로 삼고, 종5위상

---

12) 권34, 寶龜 7년 정월조 121쪽 각주 5) 참조.
13) 能登國 羽咋郡의 氣多神社. 氣多神이라고도 한다.
14) 권35, 寶龜 9년 2월조 157쪽 각주 10) 참조.

宗形王을 大炊頭로 삼고, 종5위하 山口王을 鍛冶正으로 삼고, 종5위하 川邊朝臣
淨長을 主油正으로 삼고, 외종5위하 丹比宿禰眞淨을 內掃部正으로 삼고, 정4위
하 藤原朝臣鷹取를 左京大夫로 삼고, 종5위하 田口朝臣淸麻呂를 右京亮으로
삼고, 외종5위하 上毛野公我人을 衛門大尉로 삼고, 종5위하 大原眞人越智麻呂를
隼人正으로 삼고, 외종5위하 津連眞道[15]를 右衛士大尉로 삼고 近江大掾을 종전
대로 하였다. 종5위하 紀朝臣眞人을 攝津亮으로 삼고, 종5위하 和朝臣三具足을
上總介로 삼고, 외종5위하 飛鳥戶造弟見[16]을 飛彈守로 삼고, 종5위하 路眞人玉
守를 上野介로 삼고, 종5위하 文室眞人眞老를 長門守로 삼고, 종5위하 正月王을
土左守로 삼고, 종5위하 大春日朝臣諸公을 防人正으로 삼고, 종5위하 多治比眞
人年持를 日向守로 삼았다.

정미(7일), 종5위하 巨勢朝臣家成을 大監物로 삼고, 종5위하 吉田連古麻呂[17]
를 內藥正으로 삼고 시의는 종전대로 하였다. 외종5위하 出雲臣嶋成을 시의로
삼고, 종5위상 藤原朝臣眞葛을 右大舍人頭로 삼고, 외종5위하 丹比宿禰稻長을
內藏助로 삼고, 종5위하 笠朝臣雄宗을 中衛少將으로 삼고, 종5위하 藤原朝臣眞
友를 越前介로 삼았다.

신해(11일), 대승도 弘耀法師가 상표하여 사임하였다. 조를 내려 이를 허락
하였다. 이에 팔반침대와 지팡이를 내렸다.

기미(19일), 참의 겸 中宮大夫 종4위상 紀朝臣家守가 죽었다. 家守는 대납언
겸 중무경 정3위 (紀朝臣)麻呂의 손이고, 大宰大貳 정4위하 (紀朝臣)男人의
아들이다.

경오(30일), 종5위하 紀朝臣作良을 右少弁으로 삼고, 외종5위하 船連稻船[18]
을 主計助로 삼고, 종5위하 安倍朝臣眞黑麻呂를 宮內少輔로 삼고, 종5위하

---

15) 『日本書紀』敏達紀 3년조에 나오는 백제계 王辰爾 일족의 후예씨족. 일족 중에 津史에서
   津連, 津宿禰로의 개성이 있었고, 延曆 9년(790) 津連眞道 등이 개성을 청원하여 朝의
   성을 받아 菅野朝臣의 씨성이 된다. 권40 延曆 9년 추7월 신사조 및 해당 각주 참조.
16) 河內國 安宿郡을 본거로 하는 백제계 도래씨족. 권37, 延曆 2년(783) 하4월조 278쪽
   각주 59) 참조.
17) 백제 멸망 직후 일본으로 망명한 吉大尙의 후손으로 의약 분야에 고위 관인을 배출하였
   다. 吉田連古麻呂는 吉大尙의 아들로 추정되는 典藥頭 吉宜의 아들이다. 권34, 寶龜
   7년(776), 정월조 122쪽 각주 7) 참조.
18) 권38, 앞의 동년 춘정월 신사조 각주 5) 참조.

藤原朝臣內麻呂를 右衛士佐로 삼고, 종5위하 紀朝臣豊庭을 甲斐守로 삼고, 정5위상 巨勢朝臣苗麻呂를 信濃守로 삼고, 종5위하 三嶋眞人大湯坐를 因幡介로 삼고, 종5위하 御方宿禰廣名을 筑後守로 삼았다.

5월 신미삭(1일), (천황이) 칙을 내려, "요즈음 國師[19]의 교체를 오로지 세속의 관직과 같이 하여 전임을 보내고 후임을 맞이할 때, 특히 수고와 번거로움이 많다. (짐의) 교도가 아직 베풀어지지 않았고, 널리 도움이 되기에는 부족함이 있다. 오래도록 그 폐해가 지속될 것을 생각하면, 도리로서 개혁해야 한다. 지금 이후로는 지식을 갖추고 수행을 쌓아 많은 승려가 우러러보는 자를 추천하여 선택하여 임명하도록 한다. 임기는 6년을 한도로 한다. 만약 사망하거나 심성이 추악하여 백성에게 고통이 되는 자는 즉시 교체한다"라고 하였다.

경진(10일), 左京大夫 정4위하 藤原朝臣鷹取가 죽었다.

계미(13일), 攝津職에서 언상하기를, "금월 7일 묘시[20]에, 길이 4분 정도의 검은 반점이 있는 두꺼비[21] 2만여마리가 難波의 官市 南道를 따라 남쪽에 있는 연못에서 3町 정도 이어진 길을 따라 남행하여 사천왕사의 경내로 들어갔는데, 오시[22]가 되자 모두 흩어져 버렸다.[23]

병술(16일), 칙을 내려, 중납언 정3위 藤原朝臣小黑麻呂, 종3위 藤原朝臣種繼, 左大弁 종3위 佐伯宿禰今毛人, 참의 근위중장 정4위상 紀朝臣船守, 참의 겸 神祇伯 종3위상 大中臣朝臣子老, 右衛士督 정4위상 坂上大忌寸苅田麻呂, 衛門督 종4위상 佐伯宿禰久良麻呂, 陰陽助 외종5위하 船連田口[24] 등을 山背國에 보내 乙訓郡 長岡村의 땅을 보게 하였다. 천도를 하기 위해서였다.

기축(19일), 정6위상 藤原朝臣乙叡에게 종5위하를 내렸다.

---

19) 諸國에 설치된 僧官.

20) 오전 6시 전후.

21) 神護景雲 2년 7월 경인조에도 大宰府에서 두꺼비의 이동을 보고한 일이 있다.

22) 오전 12시 전후.

23) 동물의 이동이 천도와 관련되어 나온 기록으로는, 『일본서기』 大化 원년 12월조에 쥐가 難波로 향한 것은 도읍을 옮기는 징조라고 하고, 白雉 5년 12월조에도 쥐의 이동을 천도의 전조로 기록하고 있다.

24) 船連氏는 백제 도래씨족인 王辰爾의 후예로 船史氏에서 天武 12년(683) 連을 하사받았다. 본거지는 河內國 丹比郡 野中鄕이고, 野中寺는 이 씨족의 氏寺이다.

갑오(24일), 攝津職 史生 정8위하 武生連佐比乎[25]가 흰 제비 한 마리를 바쳤다. 이에 위계 2급 및 해당국 정세의 벼 5백속을 내렸다. 散位頭 종4위하 百濟王利善[26]이 죽었다.

6월 신축(2일), 唐人 賜綠[27]인 晏子欽,[28] 賜綠인 徐公卿 등에게 榮山忌寸[29]의 성을 내렸다. 이날, 정3위 住吉神에게 훈3등을 서위하였다.

갑진(5일), 中務大輔 종4위하 豊野眞人奄智가 죽었다.

무신(9일), 조를 내려, 賢璟法師를 대승도로 삼고, 行賀法師를 소승도로 삼고, 善上法師·玄憐法師를 함께 율사로 삼았다.

기유(10일), 중납언 종3위 藤原朝臣種繼, 左大弁 종3위 佐伯宿禰今毛人, 참의 근위중장 정4위상 紀朝臣船守, 산위 종4위하 石川朝臣垣守, 右中弁 종5위상 海上眞人三狩, 병부대보 종5위상 大中臣朝臣諸魚, 造東大寺 차관 종5위하 文室眞人忍坂麻呂, 산위 종5위하 日下部宿禰雄道, 종5위하 丈部大麻呂, 외종5위하 丹比宿禰眞淨 등을 造長岡宮使[30]로 삼고, 그 외 6위 관인은 8인이었다. 이에 도성의 공사가 시작되고 궁전을 조영하였다.

신해(12일), 普光寺[31] 승 勤韓이 붉은 까마귀를 포획했기 때문에 대법사를

---

25) 여기에만 나오는 인물이다. 武生連은 河內國을 본거로 하는 백제계 도래씨족. 개성 이전의 성은 馬史(馬毘登)이다. 王仁의 후예씨족인 西文氏의 일족이다.

26) 刑部卿 百濟王敬福의 子. 寶龜 2년(771)에 讚岐員外介에 서임되고, 동 7년에 정5위하, 天應 원년(781)에 정5위상, 延曆 2년(783)에 정4위하에 이른다.

27) 『구당서』興服志에 貞觀 4년(630)의 제도로서 6품, 7품의 服綠인 자가 綠色의 조복을 입는 규정이 있다.

28) 晏子欽은 天平寶字 6년(762) 5월조에 당 사절의 일행 중 1인인 '司兵晏子欽'으로 나온다. 그는 대사인 沈惟岳에 대하여 뇌물을 받아 부정을 저질러 사절을 통솔할 자격이 없다고 고발한 바 있다. 이 사절단 일행이 당으로 귀국하려 했지만 풍랑 등으로 일본에 체류하던 중에 정주했다고 보인다.

29) 『신찬성씨록』좌경제번에, "榮山忌寸은 唐人 정6위상〈본 國岳에게 綠을 주었다.〉晏子欽이 입조하였다. 沈惟岳과 같은 시기였다"라고 기록되어 있다. 심유악 일행은 天平寶字 5년(761)에 迎唐大使 高元度 등 제13차 견당사절이 당에서 일본으로 귀국할 때 水夫의 감독관인 押水手官으로서 동행하여 그해 8월 大宰府에 도착하였다. 그러나 동 8년 정월에 발해사 王新福을 통해 安祿山의 난에 대한 소식을 듣고 귀국이 어렵다고 판단하여 그대로 대재부에 머물렀다. 이후 심유악을 비롯한 상기 본문의 晏子欽, 徐公卿 등 당 사절은 모두 일본으로 귀화하였다.

30) 長岡宮 조영을 위해 설치된 임시의 令外官.

31) 『東大寺要錄』6에 聖武天皇의 부인인 橘古那可智가 성무를 위해 天平勝寶 5년 8월에

내리고, 아울러 벼 1천속을 시주하였다.

임자(13일), 참의 近衛中將 정4위상 紀朝臣船守를 賀茂大神社에 보내 봉폐하였다. 천도의 사정을 고하기 위해서였다. 또 금년도 調, 庸 및 궁을 조영하는 공인, 인부가 필요로 하는 물자를 제국에 명하여 長岡宮에 진상하도록 하였다.

계축(14일), 당인 정6위상 孟惠芝,[32] 정6위상 張道光[33] 등에게 嵩山忌寸의 성을 내리고, 정6위하 吾稅兒[34]에게 永國忌寸의 성을 내렸다.

임술(23일), (천황의) 칙이 있어, 新京의 주택을 조영하기 위해, 제국의 정세의 벼 68만속을 우대신 이하 참의 이상, 내친왕, (천황의) 夫人, 尚侍 등에게 각각 차등있게 지급하였다.[35]

정묘(28일), 백성의 사택으로 新京의 궁내에 들어간 57정을 해당국[36] 정세의 벼 4만3천여속을 그 주인에게 지급하였다.[37]

추7월 계유(4일), 阿波, 讚岐, 伊豫 3국[38]에 명하여 山埼橋[39]의 조영에 목재를

건립한 것으로 나오고, 天平寶字 4년 3월에 국가로부터 지원을 받는 定額寺가 되었다. 大和國 添上郡 廣光村에 소재한다.

32) 『신찬성씨록』 좌경제번상에, "嵩山忌寸은 唐人 정6위상〈본 丑倉에게 내렸다.〉 孟惠芝가 입조하였다. 沈惟岳과 같은 시기였다"라고 나온다.

33) 『신찬성씨록』 좌경제번상에, "嵩山忌寸은 唐人 외종5위하〈船典에게 綠을 주었다.〉 張道光이 입조하였다. 沈惟岳과 같은 시기였다"라고 나온다. 嵩山의 씨명은 중국 하남성 북부에 소재하는 산 이름에서 유래하며, 산은 낙양 남동쪽, 정주의 서쪽에 위치한다.

34) 『신찬성씨록』 좌경제번상에, "長國忌寸은 唐人 정6위상〈大押官에게 綠을 주었다.〉 五稅兒가 입조하였다. 沈惟岳과 같은 시기였다"라고 나온다.

35) 內親王, 夫人, 尚侍 등의 여성이 저택지를 소유하는 것은 당시 일반적이었다고 보인다. 본문은 新京의 조영으로 택지를 지급하는 내용인데, 天平 17년 5월 무진조에도 光明子가 父 藤原不比等의 평성경 저택을 물려받았고, 天平寶字 5년 10월 임술조의 保良京 천도 시에도 井上內親王·飛鳥田內親王·縣犬養夫人·粟田女王·陽侯女王에게 稻를 내리고 있다. 平安京 천도 시에도 延曆 13년 7월에 百濟王明信·五百井女王·置始女王·和氣廣虫·因幡國 國國造淨成女 등 15인의 여성에게 "爲作新京家"에 山背, 河內, 攝津, 播磨 등의 제 국의 벼 1만1천 속을 내린 바 있다(『類聚國史』賞賜). 桓武天皇은 왕권의 안정을 꾀하기 위해 많은 씨족의 여성을 후궁으로 맞이하였다.

36) 山背國.

37) 慶雲 원년 11월 임인조에도 藤原宮 조영 시에 택지가 궁내에 들어간 백성 1505호에게 布를 지급한 바 있다.

38) 阿波·讚岐·伊豫 3국은 南海道에서 세토 내해 등의 수운을 이용할 수 있는 국으로, 세토 내해로부터 淀川을 거슬러 올라가면 목재를 운송할 수 있다.

39) 山埼橋는 行基年譜에 의하면, 神龜 2년(『扶桑略記』에는 3년)에 行基가 세웠다고 한다.

진상하게 하였다.

임오(13일), 정5위상 當麻王을 中務大輔로 삼고, 종5위하 藤原朝臣乙叡를 시종으로 삼고, 근위중장 정4위상 紀朝臣船守에게 中宮大夫를 겸직시키고 內廐頭 및 常陸守는 종전대로 하였다. 종5위하 文室眞人久賀麻呂를 左大舍人頭로 삼고, 종4위하 石上朝臣家成을 內藏頭로 삼고, 종5위하 穗積朝臣賀祐를 散位頭로 삼고, 외종5위하 大村直池麻呂를 主計助로 삼고, 종5위하 石川朝臣宿奈麻呂를 主稅頭로 삼고, 종5위하 大伴宿禰眞麻呂를 兵部大輔로 삼고, 종5위상 笠王을 大膳大夫로 삼고, 종5위하 石川朝臣垣守를 左京大夫로 삼고, 종5위하 鹽屋王을 若狹守로 삼고, 右衛士督 정4위상 坂上大忌寸苅田麻呂에게 備前守를 겸직시키고, 종5위하 藤原朝臣末茂를 伊豫守로 삼고, 종5위상 藤原朝臣菅繼를 大宰少貳로 삼았다.

계미(14일), 右少史 정6위상 高宮村主田使 및 高宮村主眞木山 등에게 春原連의 성을 내렸다.

8월 임인(3일), 近江國 高嶋郡의 尾神에게 종5위하를 서위하였다.

무오(19일), 左少史 정6위상 衣枳首廣浪 등에게 高篠連의 성을 내렸다.

을축(26일), 외종6위하 吉田連季元[40]을 伊豆守로 삼았다.

9월 경오(2일), 命婦 외정5위하 刑部直虫名에게 종5위하를 내렸다.

계유(5일), 京中에 큰 비가 내려 백성의 가옥이 무너졌다. 사자를 동서의 경에 보내 구휼하였다.

경진(12일), 伊豫守 종5위하 藤原朝臣末茂가 어떤 사건에 연좌되어[41] 日向介로 좌천되었다.

을미(27일), 금성이 낮에 보였다.

윤9월 무신(10일), 河內國 茨田郡[42]의 제방 15곳이 무너져 연인원 6만4천인

이 다리는 淀川을 건너기 위한 것으로 특히 長岡京 조영 시에 중요한 역할을 했다고 보인다.

40) 延曆 3년 8월에 伊豆守에 임명되었다. 백제 멸망 직후 일본으로 망명한 吉大尙의 후손으로, 神龜 원년(724) 5월에 됴에서 吉田連으로의 사성기록이 보인다.

41) 사건의 내용은 불명이다.

42) 현재의 大阪府 門眞市, 守口市, 枚方市, 寢屋川市, 大東市, 大阪市의 각 일부 지역. 淀川 하류역의 충적지 남쪽에 위치한다. 『일본서기』 仁德紀 11년 10월조에 茨田堤 축조기사

에게 식량을 주어 축조시켰다.

을묘(17일), 천황이 우대신43) 田村44) 저택에 행차하여 주연을 열고, 그의 3자 弟友에게 종5위하를 내렸다.

동10월 경오(3일), 칙을 내려, 備前國 兒嶋郡 小豆嶋에 방목한 官牛가 백성의 농작물에 피해를 주었다. 이를 長嶋로 옮기고, 小豆嶋에는 백성들에게 맡겨 경작하게 하였다.

임신(5일), 御裝束司45) 및 前後次第司46)를 임명하였다. 長岡宮으로 순행하기 위해서였다.

갑술(7일), (순행에) 수행한 친왕 이하 5위 이상에게 裝束의 물품을 각각 차등있게 내렸다.

무자(21일), 越後國에서 언상하기를, "蒲原郡 사람 三宅連笠雄麻呂가 벼 10만 속을 저축하여 쌓아두고 자주 베풀었다. 추위에 떨고 있는 자에게 의복을 주고, 굶주린 자에게 식량을 주었다. 아울러 도로와 다리를 설치하여 험난한 곳의 통행을 편리하게 하였다. 이런 일이 쌓여 여러 해가 지났다. 등용해야 마땅하다"라고 하였다. 이에 종8위상을 내렸다.

계사(26일), 종5위하 石川朝臣公足을 主計頭로 삼고, 종5위하 大伴宿禰永主를 右京亮으로 삼았다. 또 左右鎭京使47) 각 5위 2인, 6위 2인을 임명하였다. 장차 長岡宮으로 순행하기 위해서이다.

을미(28일), 尙藏 겸 尙侍48) 종3위 阿倍朝臣古美奈가 죽었다. 左大弁 겸 황후궁대부 종3위 佐伯宿禰今毛人, 산위 종5위상 當麻眞人永繼, 외종5위하 松井連淨山 등을 보내 장의를 감독시켰다.49) (阿倍朝臣)古美奈는 중무대보

기 있고, 行基年譜에는 行基가 茨田郡에 관개시설을 축조했다고 나온다.

43) 藤原是公. 유년기의 이름은 藤原黑麻呂. 藤原南家의 武部卿 藤原乙麻呂의 장남.

44) 藤原仲麻呂가 소유한 저택인 田村第와 동일한지에 대해서는 불명이다.

45) 조정의 의식 및 천황 순행 시의 衣裝, 설비 등을 담당하는 관직.

46) 천황 순행 시에 천황이 탄 거마의 전후에서 수행하며 행렬의 권위를 나타나고 정렬을 호위하는 관직.

47) 長岡京으로의 천도를 앞두고 平城京의 치안유지를 위해 좌우경에 설치한 임시 令外官.

48) 尙藏은 후궁 12사의 하나인 藏司의 장관이고, 尙侍는 內侍司의 장관이다. 이 시기에는 유력 귀족들이 後宮을 장악하기 위해 그들의 딸을 후궁으로 출사시키고 있다.

49) 「喪葬令」4에 황친 및 관인의 장례에 관한 규정이 나온다.

종5위상 (阿倍朝臣)粳虫의 딸이다. 내대신 증 종1위 藤原朝臣良繼에게 시집가서 딸을 낳았는데, 즉 그 딸이 황후[50]이다.

정유(30일), (천황이) 칙을 내려, "듣는 바로는, 요즈음 왕경 내에 도적이 점점 많아져, 도로에서 재물을 약탈하거나 민가를 방화하고 있다고 한다. 관할 관사[51]에서는 엄하게 단속하지 않기 때문에 그 흉악한 무리들이 도적이 되어 피해를 주고 있다. 지금 이후로는 隣保[52]를 만들어 비위를 검찰하고, 오로지 令의 규정에 따른다. 무위도식하는 자, 도박을 하는 자들은 蔭, 贖[53]을 묻지 않고 장 100대에 처하고, 방화, 약탈의 부류는 반드시 법에 구애받지 않고 살인죄로 징벌하도록 하고, 체포에 힘을 다하여 간악한 자들을 근절시켜야 한다"라고 하였다.

11월 무술삭(1일), 칙을 내려, "11월 1일이 동지가 되는 것은, 이것은 역대에서도 드물게 만나는 현상이고,[54] 王者의 상서로운 표시이다. 짐은 부덕하여 지금에야 길상을 얻었다. 축하 선물을 내리고 함께 이 상서를 기뻐하고자 한다. 王公 이하에게 물품을 내리고, 경기 지역의 당해년 전조를 모두 면제한다"라고 하였다.

경자(3일), (천황이) 조를 내려, "백성은 국가의 근본이다. 근본이 굳건해야 국가가 평안해진다.[55] 백성을 돕는 데에는 농업과 양잠이 중요하다. 그런데 요즈음 제국사들은 이러한 정무를 도외시하는 일이 많고, 백성을 위무하고 다스리는 길에 어긋나도 부끄러워하지 않는다. 단지 백성으로부터 수탈하는 행위가 능숙하지 않음을 걱정하고 있다. 혹은 넓은 임야를 점유하여 백성의 생업을 빼앗기도 하고, 혹은 많은 전지와 원지를 경영하여 백성의 생업을 방해하고 있다. 백성이 피폐해지는 것은 여기에 연유한다. 마땅히 금지하고,

---

50) 藤原乙牟漏.
51) 左京職, 右京職.
52) 「戶令」9에는, "凡戶, 皆五家相保, 一人爲長, 以相檢察, 勿造非違"를 말한다. 5家를 保로 하여 상호 감시하는 제도.
53) 蔭은 부, 조부의 고위관인이 받는 蔭으로 감형, 면제를 받는 것이고, 贖은 錢貨를 지불하고 실형을 면제받는 것.
54) 역법상으로는 19년에 1회로 돌아온다.
55) 『書經』 夏書 五子之歌에 있는 "民惟邦本, 本固國寧"이다.

탐하여 혼탁하게 하는 일은 징계하고 개혁해야 한다. 지금 이후로는 국사들은 公廨田 이외의 水田을 운영해서는 안 된다. 또 사사로운 탐욕으로 개간하여 백성의 농잠에 필요한 땅을 침범해서는 안 된다. 만약 위법자가 있다면, 수확물과 개간한 전지는 모두 관에서 몰수하고 즉시 현직에서 해임하고 위칙죄로 처벌한다. 그 동료 및 郡司들은 서로 알면서 용인하고 은폐한다면 또한 같은 죄에 처한다. 만약 위반 행위를 고발한 자가 있다면, 그 전지의 작물을 고발자에게 준다"라고 하였다.

계묘(6일), 종5위하 佐伯宿禰鷹守를 左衛士佐로 삼고, 외종5위하 秦造子嶋를 右衛士大尉로 삼고, 외종5위하 津連眞道를 左兵衛佐로 삼았다.

무신(11일), 천황이 (平城京으로부터) 長岡宮으로 이주하였다.

갑인(17일), 이보다 앞서 황후56)는 모친57) 상을 당하여 천황의 이주에 함께 가지 않았다. 中宮58) 또한 평성경에 체류하였다.

이날, 出雲守 종4위하 石川朝臣豊人, 攝津大夫 종4위하 和氣朝臣淸麻呂 등을 (平城京에) 보내 前後次第司로 삼고 (황후와 중궁을) 맞이하게 하였다.

정사(20일), 근위중장 정4위상 紀朝臣船守를 보내, 賀茂의 상하 2신사59)를 종2위에 서위하였다. 또 병부대보 종5위상 中臣朝臣諸魚를 보내 松尾,60) 乙訓61) 2신을 종5위하에 서위하였다. 이것은 천도62)하기 때문이었다.

무오(21일), 武藏介 종5위상 建部朝臣人上 등이 아뢰기를, "신들의 시조

---

56) 藤原乙牟漏.

57) 阿倍朝臣古美奈.

58) 高野新笠.

59) 上賀茂神社, 下賀茂神社.

60) 山背國 葛野郡에 있는 유력 신사. 현재의 京都市에 있는 松尾神社.

61) 현재의 長岡京市에 있는 角宮神社.

62) 長岡京은 桓武天皇의 칙명으로 평성경에서 북으로 40킬로미터 떨어진 長岡에 조영하였다. 長岡京 근처에는 桂川, 宇治川 등 3개 하천이 淀川과 합류한다. 물자의 수송과 항만의 조건 등이 구비되어 직접 왕경으로 들어갈 수 있다. 長岡京은 延曆 3년 11월에 平城京에서 천도하여 동 13년 平安京으로 천도할 때까지 궁도였다. 平城京에서 長岡京으로의 천도는 왕통이 天武系에서 天智系로 바뀌는 신왕조의 왕도 건설이기도 하였다. 桓武의 율령제 재건정책에 비판적이었던 구세력 및 평성경에 뿌리박은 불교세력을 배제하고, 秦氏 등 山背의 도래계 씨족의 경제력을 이용하는 등 여러 정황이 포착되고 있다.

息速別皇子는 伊賀國 阿保村에 가서 거주하였다. 먼 明日香朝廷[63]에 이르러, 조가 내려져 황자의 4세손 須禰都斗王에게 이 지명에 따라 阿保君의 성을 내렸다. 그 자손인 意保賀斯는 무예가 뛰어나 후대에도 족적을 남겼다. 이에 長谷旦倉朝廷[64]에서는 새로 健部君의 성을 내렸다. 이것은 공적을 표창하는 은혜의 의미이고, 하사받은 토지의 통상의 명칭이 아니다. 원래로 돌아가 바른 명칭인 阿保朝臣의 성을 내려주었으면 한다"라고 하였다. 조를 내려 이를 허락하였다. 이에 (建部朝臣)人上 등은 阿保朝臣의 성을 받고, 健部君黑麻呂 등은 阿保公을 받았다.

신유(24일), 중궁, 황후는 함께 평성경에서 (長岡京에) 도착하였다.

을축(28일), 사자를 修理, 賀茂 상하 2사 및 松尾, 乙訓 신사에 보내 수리하게 하였다. 종4위하 五百枝王·五百井女王에게 함께 종4위상을 내렸다.

12월 기사(2일), 조를 내려, 궁을 조영하는 데 공로가 있는 자에게 위계를 주도록 하였다. 또 인부를 보낸 국의 금년도 전조를 면제하였다. 종3위 藤原朝臣種繼에게 정3위를 내렸다. 정4위상 石川朝臣名足·紀朝臣船守에게 함께 종3위를, 종5위하 氣太王·山口王·小倉王에게 종5위상을, 종4위하 石川朝臣垣守·和氣朝臣淸麻呂에게 종4위상을, 종5위상 多治比眞人人足·大中臣朝臣諸魚에게 함께 정5위하를, 종5위하 文室眞人忍坂麻呂·多治比眞人濱成·日下部宿禰雄道·三嶋眞人名繼·丈部大麻呂에게 함께 종5위상을, 외종5위하 丹比宿禰眞淸에게 외정5위하를. 외종5위하 上毛野公大川에게 외종5위상을, 정6위상 佐伯宿禰葛城에게 종5위하를, 정6위상 奈良忌寸長野·大神楉田朝臣愛比·三使朝臣淸足·麻田連畋賦[65]·高篠連廣浪에게 함께 외종5위하를 내렸다. 또 左大弁 종3위 겸 황후궁 대부 및 大和守인 佐伯宿禰今毛人을 참의로 삼았다.

계유(6일), 사자를 기내, 7도에 보내 천신지기에 봉폐하고 大祓을 행하였다.

---

63) 允恭天皇의 치세.

64) 雄略天皇의 치세.

65) 麻田連畋賦는 天智 2년(663) 백강전투에서 패배해 일본으로 망명한 백제의 달솔 答㶱春初의 후손. 그 후예인 정7위상 答㶱陽春은 神龜 원년(724)에 麻田連으로 개성하여 그 일족은 麻田連의 성을 갖게 되었다. 延曆 4년 추7월에 외종5위하 麻田連畋賦를 左大史로 삼았다고 하고, 동년 11월에 典藥頭에 임명되었다. 한편 『신찬성씨록』 우경제번에 "麻田連은 百濟國人 朝鮮王 准로부터 나왔다"는 전승도 있다.

경진(13일), 조를 내려, "산과 하천, 못 등의 이익은 관민이 함께 공유하는
것임은 슈文[66]에 상세하다. 듣는 바로는, 요즈음 王臣家 및 제관사와 사원은
산림을 둘러쳐 영유하고 그 이익을 독점하고 있다. 이를 금지하지 않으면
백성을 어떻게 구제할 수 있겠는가. 마땅히 금지하여 관민이 함께 이용해야
할 것이다. 만약 위법자가 있다면, 위칙죄로 처벌한다. 소관 관사에서 위법을
묵인한다면 또한 같은 죄를 묻는다. 제씨의 크고 작은 묘지[67]는 오로지 옛
경계를 따르고 수목을 베어내서 손상시켜서는 안 된다"라고 하였다.

을유(18일), 山背國 葛野郡 사람 외정8위하 秦忌寸足長이 궁성을 축조했기
때문에 종5위상을 내리고, 외종5위하 栗前連廣耳가 인부들에게 식량을 제공하
여 종5위하를 내렸다. 但馬國 氣多 군단의 장 외종6위상 川人部廣井이 사재를
바쳐 공적인 용도를 도운 까닭에 외종5위하를 내렸다.

병신(29일), 住吉神을 종2위에 서위하였다. 造長岡宮 주전 이상 및 제관사의
여러 공인 등에게 그 공로에 따라 위계를 올려 차등있게 관위를 내려 주었다.

○ 延曆 4년(785) 춘정월 정유삭(1일), 천황이 대극전에 임하여 신년하례를
받았다. 그 의례는 통상과 같았다. 石上, 榎井 2씨가 각각 창과 방패를 세웠
다.[68] 처음으로 兵衛가 (경비하는 문에서) 소리를 내는 (주술적인) 의식을
정지하였다. 이날, 5위 이상에게 내리에서 연회를 베풀고 각각 차등있게
녹을 내렸다.

계묘(7일), 5위 이상에게 연회를 베풀었다. 조를 내려, 정6위상 多賀王에게
종5위하를, 종4위상 多治比眞人長野에게 정4위상을, 종5위상 文室眞人高嶋에
게 정5위하를, 종5위하 藤原朝臣眞友·文室眞人於保·紀朝臣作良에게 함께 종5

---

66) 「雜令」9 「國內」條, "凡國內有出銅鐵處, 官未採者, 聽百姓私採, 若納銅鐵折, 充庸調者聽,
　　自余非禁處者, 山川藪澤之利, 公私共之"라고 하는 규정이 있다. 여기에 따르면, 나라
　　안의 구리와 철은 아직 관이 채굴하지 않으면 백성이 사사로이 채굴할 수 있으며,
　　또 금지된 곳이 아니면 山川水澤은 公私가 이익을 공유할 수 있다.

67) 각 씨족의 공동묘지, 그 묘역.

68) 『延喜式』 권7의 大嘗祭式에는 "佐伯氏各二人開大嘗宮南門, 衛門府開朝堂院南門"이라고
　　규정되어 있다. 大伴·佐伯 양씨가 宮門의 개폐를 담당한 것은 궁문 守衛를 담당한
　　것에서 유래한다. 고대일본에서의 盾은 권력자의 묘나 건물, 궁문에 세워 악령으로부
　　터 지키고자 하는 수호신적인 신앙관에서 생겼다고 생각된다.

위상을, 정6위상 藤原朝臣葛野麻呂·甘南備眞人繼人·平群朝臣淸麻呂·阿倍朝臣
枚麻呂·佐伯宿禰繼成·小野朝臣河根·雀部朝臣虫麻呂·縣犬養宿禰繼麻呂·大宅朝
臣廣江·高橋朝臣三坂·安曇宿禰廣吉·文室眞人大原·大伴宿禰蓑麻呂·紀朝臣廣足
·紀朝臣咋麻呂에게 함께 종5위하를, 내렸다. 秦忌寸馬長·白鳥村主元麻呂·伊蘇
志臣眞成에게 함께 외종5위하를 내렸다.[69]

을사(9일), 종5위상 川邊女王에게 정5위하를, 종5위하 三嶋女王에게 종5위
상을, 무위 八千代女王에게 종5위하를, 종4위상 橘朝臣眞都賀, 정4위하 藤原朝
臣諸姉·百濟王明信에게 함께 정4위상을, 종4위하 藤原朝臣延福·藤原朝臣人數·
和氣朝臣廣虫·因幡國造淨成에게 함께 종4위상을, 종5위상 藤原朝臣綿手, 정5위
하 武藏宿禰家刀自에게 함께 정5위상을, 종5위하 藤原朝臣春蓮, 종5위상 藤原朝
臣勤子·田中朝臣吉備에게 함께 정5위하를, 종5위하 藤原朝臣祖子에게 종5위상
을, 무위 平群朝臣竈屋·藤原朝臣慈雲·藤原朝臣家野·多治比眞人豊繼, 외종5위하
葛井連廣見에게 함께 외종5위하를, 외종5위하 豊田造信女에게 외종5위상을,
무위 道田連桑田에게 외종5위하를 내렸다. 또 종5위상 三嶋女王에게 정5위하
를 내렸다.

경술(14일), 사자를 보내 攝津國의 神下, 梓江, 鯵生野를 파서 三國川으로
통하게 하였다[70].

신해(15일), 종5위하 藤原朝臣弟友를 侍從으로 삼고, 종5위하 高橋朝臣御坂
을 陰陽頭로 삼고, 종5위하 伊勢朝臣水通을 內匠頭로 삼고, 종5위하 藤原朝臣仲
繼를 大學頭로 삼고, 종5위상 中臣朝臣常을 治部大輔로 삼고, 종5위하 縣犬養宿
禰伯麻呂를 玄蕃頭로 삼고, 종5위하 淺井王을 諸陵頭로 삼고, 종5위하 粟田朝臣
鷹守를 民部大輔로 삼고, 종5위하 紀朝臣千世를 (民部)少輔로 삼았다. 외종5위
하 奈良忌寸長野를 主稅助로 삼고, 종4위하 大伴宿禰潔足을 兵部大輔로 삼고,
종5위하 藤原朝臣雄友를 (兵部)少輔로 삼고 美作守는 종전대로 하였다. 종5위
상 丈部大麻呂를 織部正으로 삼고, 종5위상 文室眞人忍坂麻呂를 木工頭로 삼고,

---

69) 秦忌寸馬長 등 3인의 본위가 생략되어 있는데, 앞에 나오는 정6위상 藤原朝臣葛野麻呂
등으로 시작되는 연속문으로도 생각할 수 있다.

70) 淀川이 있는 3지역을 파서 지류를 만들어 淀川의 수해를 방지하고 淀川과 三國川을
통하게 하는 수로공사.

종5위하 布勢朝臣大海를 主殿頭로 삼고, 종5위하 平群朝臣淸麻呂를 典樂頭로
삼고, 종4위하 佐伯宿禰眞守를 造東大寺 장관으로 삼고, 외종5위하 林忌寸稻麻
呂를 (造東大寺) 차관으로 삼고 東宮學士는 종전대로 하였다. 종3위 紀朝臣船守
를 근위대장으로 삼고, 중궁대부 및 常陸守는 종전대로 하였고, 종5위하
佐伯宿禰老를 근위소장으로 삼고 相摸介는 종전대로 하였다. 종4위하 紀朝臣古
佐美를 중위중장으로 삼고, 式部大輔 및 但馬守는 종전대로 하였고, 종5위하
藤原朝臣宗繼를 중위소장으로 삼았다. 종5위하 紀朝臣廣足을 衛門佐로 삼고,
종5위하 縣犬養宿禰堅魚麻呂를 左衛士佐로 삼고, 정5위상 安倍朝臣家麻呂를
左兵衛督으로 삼고, 종5위하 文室眞人大原을 右兵衛佐로 삼고, 종5위상 三嶋眞
人名繼를 內廐頭로 삼고, 정5위하 多治比眞人人足을 主馬頭로 삼고, 정5위상
巨勢朝臣苗麻呂를 河內守로 삼고, 종5위하 大伴宿禰蓑麻呂를 (河內)介로 삼았
다. 少納言 정5위하 大中臣朝臣諸魚에게 山背守를 겸직시키고, 內廐頭 종5위상
三嶋眞人名繼에게 (山背)介를 겸직시켰다. 종5위하 紀朝臣咠麻呂를 伊勢介로
삼고, 종5위상 淨村宿禰晋卿을 安房守로 삼고, 右衛士督 정4위상 坂上大忌寸苅田
麻呂에게 下總守를 겸직시키고, 皇后宮大進 종5위하 安倍朝臣廣津麻呂에게
常陸大掾을 겸직시켰다. 종5위상 紀朝臣木津魚를 美濃守로 삼고, 종5위하 藤原
朝臣繩主를 (美濃)介로 삼고, 종5위하 大神朝臣船人을 上野守로 삼고, 종5위하
和朝臣國守71)를 下野介로 삼고, 종5위상 多治比眞人宇美를 陸奧守로 삼고, 종5
위하 佐伯宿禰鷹守를 越中介로 삼고, 정5위하 葛井連道依72)를 越後守로 삼고,
春宮亮 종5위상 紀朝臣白麻呂에게 伯耆守를 겸직시키고, 종5위상 多治比眞人年
主를 出雲守로 삼고, 近衛將監 외종5위하 筑紫史廣嶋에게 播磨大掾을 겸직시키
고, 종5위하 笠朝臣雄宗을 美作介로 삼고, 종5위상 百濟王仁貞을 備前守로

---

71) 백제계 도래씨족. 『新撰姓氏錄』에 武寧王으로부터 출자를 구하고 있다. 和氏는 史
성 씨족으로, 和乙継의 딸 和新笠이 白壁王에게 출가하였는데, 남편 백벽왕이 황위에
올라 光仁天皇으로 즉위한 寶龜 연간에 和乙継와 和新笠에게 高野朝臣의 성을 내렸다.
그 일족인 乙継의 아들 國守 등은 일족과 함께 延曆 2년(783)에 史 성에서 朝臣의
성으로 개성하였다. 和朝臣國守는 天應 원년(781) 4월에 桓武天皇의 즉위와 함께 외종5
위하에 서위되고, 동년 10월에는 造法華寺 차관에 임명되었다. 이후 園池正을 거쳐
延曆 3년에 종5위하를 받고, 동 6년에 參河守, 동 9년에 大藏少輔를 역임하였다. 延曆
10년에는 종5위상에 이르렀다.

72) 권33, 寶龜 5년 2월조 93쪽 각주 12) 참조.

삼고, 동궁학사 외종5위하 林忌寸稻麻呂에게 (美作)介를 겸직키기고, 造東大寺 차관은 종전대로 하였다. 종5위상 葛井連根主를 伊豫守로 삼고, 외종5위하 秦忌寸長足을 豊前介로 삼았다.

무오(22일), 安房國에서 언상하기를, "금월 19일, 관내 해변에서 대어 500여 마리가 밀려들어왔다. 길이는 각각 1장 5척 이하, 1장 3척 이상이다. 노인들에게 전해지는 말에는, 諸泊魚[73]라고 한다.

계해(27일), 攝津國 能勢郡의 대령 외정6위상 神人爲奈麻呂, 近江國 蒲生郡의 大領 외종6위상 佐佐貴山公由氣比, 丹波國 天田郡의 대령 외종6위하 丹波直廣麻呂, 豊後國 海部郡의 大領 외정6위상 海部公常山 등이 직무에 있으면서 태만하지 않고 바른 방법으로 백성을 위무하고 다스렸다. 이에 조를 내려, 함께 외종5위하를 내렸다. 또 정6위하 海上國造[74] 他田日奉直德刀自에게 외종5위하를 내렸다. 종5위상 小倉王·百濟王玄鏡을 함께 少納言으로 삼고, 종5위하 藤原朝臣乙叡를 임시 少納言으로 삼고, 정5위하 大中臣朝臣諸魚를 左中弁으로 삼고, 山背守는 종전대로 하였다. 종5위하 藤原朝臣園人을 右少弁으로 삼고, 종5위상 紀朝臣作良을 大藏大輔로 삼고, 외종5위하 佐伯直諸成을 園池正으로 삼고, 종5위상 弓削宿禰大成을 西市正으로 삼고, 종5위상 中臣朝臣鷹主를 信濃守로 사고, 종5위상 日下部宿禰雄道를 豊前守로 삼았다.

2월 정묘(2일), 近衛將監 외종5위하 筑紫史廣嶋에게 野上連의 성을 내렸다.

임신(7일), 陸奧國 小田郡의 大領 정6위상 丸子部勝麻呂에게 외종5위를 내렸다. (蝦夷) 정토 전쟁에 나갔기 때문이다.

갑술(9일), 但馬國 氣多郡 사람 외종5위하 川人部廣井의 본성을 고쳐 高田臣의 성을 내렸다.

정축(12일), 종5위상 多治比眞人宇美를 陸奧按察使 겸 鎭守副將軍으로 삼고 (陸奧)國守는 종전대로 하였다. 정4위상 坂上大忌寸苅田麻呂[75]에게 종3위를 내렸다.

계미(18일), 出雲國 國造 외정8위상 出雲臣國成 등은 神吉事[76]를 주상하고

---

73) 어종은 무엇인지 불명이다.

74) 下總國 海上郡의 國造.

75) 권32, 寶龜 3년 하4월조 60쪽 각주 34) 참조.

의식은 통상과 같았다. 國成에게 외종5위하를 내렸다. 그 외 祝 등에게는 각각 차등있게 위계를 올렸다.

정미,77) 彈正尹 종3위 겸 武藏守 高倉朝臣福信78)이 상표하여 사직을 청했다. (천황은) 예우의 조를 내려 이를 허락하고 손수 지팡이와 침구를 하사하였다.

3월 무술(3일), 천황이 嶋院79)에 임하여 5위 이상에게 연회를 베풀었다. 문인을 불러 曲水의 시를 짓게 하고 각각 녹을 차등있게 내렸다.

갑진(9일), 陸奧按察使 종5위상 多治比眞人宇美에게 정5위하를 내리고, 또 채색비단 10필, 비단 10필, 목면 200둔을 지급하였다.

병오(11일), 종5위하 安倍朝臣草麻呂를 神祇大副로 삼고, 종5위하 高倉朝臣石麻呂를 治部少輔로 삼고, 종5위하 佐伯宿禰葛城을 中衛少將으로 삼았다.

갑인(19일), 정6위상 春原連田使, 종7위하 (春原連)眞木山 등의 성 春原連을 고쳐서 高村忌寸80)을 내렸다.

하4월 을축삭(1일), 정6위상 丸部臣董神에게 외종5위하를 내렸다.

신미(7일), 中納言 종3위 겸 춘궁대부 및 陸奧按察使 鎭守將軍인 大伴宿禰家持 등이 아뢰기를, "名取郡81) 이남의 14개 군은 산과 바다에 치우쳐 있어 多賀城으로부터 너무 멀리 떨어져 있다. (백성을) 징발하여 출동하려고 해도 긴급의 사태에 대응하기 어렵다. 이런 까닭에 임시로 多賀, 階上 2군을 설치하여 백성을 모집하고, 일반인과 병사는 (陸奧)國府에 집결시켜 동서를 방어하는

---

76) 神賀事, 神賀詞라고도 한다. 出雲國造가 바뀔 때마다 신임 국조가 상경하여 천황의 치세에 대해 出雲 神들의 축하하는 말을 주상하는데, 이때의 壽詞를 가리킨다. 六國史 등에는 靈龜 2년(716)에서 天長 10년(833)까지 15회 확인된다.

77) 이달의 日干支 丁未는 없다.

78) 背奈氏는 고구려 멸망 직후에 망명한 씨족으로, 背奈씨에서 시작하여 背奈公, 背奈王, 高麗朝臣, 高倉朝臣으로의 씨성의 변천이 있다. 권40, 延曆 8년(789) 동10월 무인조의 高倉朝臣福信 薨傳 기사 참조.

79) 연못, 인공섬을 갖추고 연회의 장소로 사용할 수 있는 정원.

80) 『신찬성씨록』 우경제번상에, "高村宿禰는 魯恭王의 후손인 靑州刺史 劉琮王으로부터 나왔다"라고 출자를 기록하고 있다. 魯恭王은 前漢의 孝景皇帝(景帝)의 아들이다. 高村宿禰의 이전의 성은 高宮村主이고, 延曆 3년(784) 7월 계미조에 高宮村主使, 眞木山 등이 春原連의 성을 받고, 상기 본문의 동 4년 3월에 高村忌寸의 씨성을 받았다. 이후 『일본후기』 弘仁 2년(811) 윤12월 정사조에 숙녜의 성으로 개성되었다.

81) 多賀城의 남서 방향에 위치. 현재의 宮城縣 名取市, 岩沼市, 名取郡 및 仙台市 남부 지역.

시설을 설치하였다. 이것은 사전에 불의의 사태에 대비하고 선봉을 먼 곳까지 나아가게 한 것이다. 다만, 생각하기에 허울뿐인 군의 개설이고 아직 통솔하는 관인은 임명하지 않아, 백성들이 주위를 돌아봐도 마음을 둘 곳이 없다. 바라건대, 정식으로 군을 세워 관원을 배치했으면 한다. 그렇게 하면 백성들은 통솔의 귀속을 알고, 적들이 염탐하는 노림수를 없앨 수 있다'라고 하였다. (천황은) 이 주상을 허락하였다.

기묘(15일), 대초위하 日下部連國益에게 외종5위하를 내렸다. 벼를 선착장 조영을 위한 경비로 바쳤기 때문이다.

정해(23일), 종5위상 紀朝臣作良을 造齋宮 장관에 임명하였다.

계사(29일), 宮內卿 종4위상 石川朝臣垣守에게 武藏守를 겸직시켰다.

5월 을미삭(1일), 좌경인 종6위하 丑山甘次猪養[82)]에게 湯原造의 성을 내렸다.

정유(3일), (천황이) 조를 내려, "春秋에는 부모는 자식으로 인해 고귀하게 된다고 한다.[83)] 이것은 즉 경전에 나오는 모범이고, 고금으로 변하지 않는 것이다. 짐은 사해에 군림하여 5년이 되었는데, (조상을) 존숭하여 존호를 추증하는 예를 행하지 않았다. 이 일을 생각하면 마음 깊이 송구스럽다. 이에 짐의 외증조 증 종1위 紀朝臣[84)]에게 정1위 태정대신으로 추증한다. 또 증조모인 道氏[85)]를 추증하여 태황부인으로 칭하고, (道氏의 姓인) 公 성을 고쳐서 朝臣으로 한다. 또 신하는 반드시 군주의 실명인 諱를 피하는 것이 예이지만, 요즈음 선제의 御名 및 짐의 諱를 공사 모두 사용하여 범하고 있다. 역시 이를 듣고 참을 수 없다. 지금 이후로는 모두 고쳐서 피하도록 한다"라고 하였다. 이에 白髮部의 성을 고쳐서 眞髮部로 하고, 山部는 山으로 하였다.[86)]

---

82) 丑山甘次猪養의 씨명은 丑山甘次.

83) 『春秋』公羊傳의 隱公 원년 정월조에 "子以母貴, 母以子貴"라고 하여, 부모는 자식에 의해 귀하게 된다는 말이 있다. 天平寶字 4년 8월 갑자의 칙에, "子以祖爲尊, 祖以子亦貴, 此則不易之彝式, 聖主之善行也"라는 내용이 나온다. 桓武天皇 즉위 10년째 되는 해인 延曆 9년 12월 임진삭 조에도 "春秋之義, 祖以子貴, 此則, 禮敎之垂典, 帝王之恒範也"라고 하여 동일한 문장이 기록되어 있다.

84) 紀諸人. 光仁天皇의 모친인 紀橡姬의 父. 寶龜 10년 10월 기유조에 광인천황은 외조부 종5위상 紀朝臣諸人에게 종1위를 서위하였다.

85) 光仁天皇의 모친인 紀橡姬의 母. 즉 桓武天皇의 외증조모.

무술(4일), 우경인 종5위하 昆解宿禰沙彌麻呂 등에게 본성을 고쳐서 鷹高宿
禰의 성을 내렸다.

계축(19일), 이보다 앞서 황후궁에 붉은 참새가 나타났다.

이날, (천황이) 조를 내려, "짐은 군주로서 제위에 임하여 백성을 자식으로
서 보살펴 왔지만, 정치는 아직 남쪽으로부터의 훈풍과 같이 퍼지지 않았고,
덕화는 또한 東戶[87]에 미치지 못하였다. 참의 종3위 行左大弁 겸 황후궁대부
및 大和守 佐伯宿禰今毛人 등이 주상하기를, '지난 4월 그믐날에 붉은 참새
1마리가 황후궁에 와서, 혹은 날아올라 청사 위에 머물기도 하고 혹은 뜰
안으로 내려오기도 하였다. 그 모습이 매우 여유로워 보였고 색 또한 기이하였
다. 조석으로 있으면서 10여일 동안 돌아가지 않았다'고 하였다. 이에 소관
관사에 명하여 圖牒을 조사해 보니, 『孫氏瑞應圖』에 '붉은 참새는 상서로운
새이다. 왕자가 몸소 검약에 힘쓰고, 그 움직임은 하늘이 감응할 때 나타난다'
라고 하였다. 짐은 재능이 없고 부족한데 어떻게 상서로운 일이 미칠 수
있겠는가. 이것은 宗社[88]가 쌓은 덕이고 그 외의 축복이 미친 일이라는
것을 알았다. 이미 옛 전적에 나오는 上瑞에 부합하고, 이 새로운 도읍[89]을
축하한 상서의 표시이다. 하늘로부터 칭찬을 받아 더욱 황송하고, 영험의
상서를 받아 점점 두려워진다. 백성에게 돈독하고 널리 은혜를 베풀어 하늘의
축하에 보답하고자 한다. 천하의 유위자 및 내외의 문무관에게 홀[90]을 소지하
게 하고, 위계 1급을 내린다. 다만, 음위에 해당하는 자는 각각 본래의 음위에
따라서 수여한다. (皇親의) 4세, 5세의 왕과 적계로서 6세 이하의 왕으로[91]

---

86) 白髮部의 白은 光仁天皇의 諱인 白璧王의 白이고, 山部는 桓武天皇의 諱인 山背親王의
　　山背이다.

87) 『淮南子』 권10 繆稱訓, "昔東戶季子之世, 道路不拾遺, 耒耜餘量, 宿諸畝首, 使君子小人,
　　各得其宜也. 故一人有慶, 兆民賴之". 이 내용을 보면, 옛 東戶季子 세상에 길가에 떨어진
　　물건을 줍는 일도 있고, 쟁기나 농기구, 남은 양식은 묵혀 두고, 군자와 소인도
　　마땅함을 얻었으니, (군주) 1인의 경사가 있으면 백성이 의지한다고 하여 태평성대를
　　말하고 있다.

88) 宗廟社稷. 선조가 쌓은 덕.

89) 원문에는 '新色'으로 나와 있으나, 新古典文學大系本에서는 '新邑'으로 보고, 신 도읍
　　즉, 長岡京을 가리킨다고 하였다. 이 해석이 정합적이다.

90) 笏은 의복의 격식을 갖추고 위용있게 보이기 위해 만든 오른손에 손잡이가 있는
　　장방형의 장식품. 원래는 5위 이상의 직사관이 갖는 특권이다.

나이 20세 이상에게는,[92] 모두 6위에 서위한다.[93] 또 5위 이상의 자손으로 나이 20세 이상인 자에게는 해당의 음위에 서위한다.[94] 정6위상인 자에게는 해당 호의 금년도 전조를 면제한다. 山背國은 (이때) 처음으로 황도가 놓여졌는데, 이미 천자의 도읍이 되었기 때문에, 축하의 상을 받는 것은 평상과 달라야 한다. 이에 금년도 (山背國의) 금년도 전조를 특별히 모두 면제한다. 또 長岡村[95] 백성의 가옥이 왕궁터에 들어간 자에게는 京戶와 동일하게 취급한다"라고 하였다.

갑인(20일), 종5위상 淨原王을 右大舍人頭로 삼고, 종4위상 藤原朝臣雄依를 大藏卿으로 삼고, 종4위상 大中臣朝臣子老를 宮內卿으로 삼고 神祇伯은 종전대로 하였다. 정4위하 神王을 彈正尹으로 삼고, 종5위상 海上眞人三狩를 大宰少貳로 삼고, 종5위하 百濟王英孫을 陸奧鎭守權 부장군으로 삼았다.

무오(24일), (천황은) 칙을 내려, "調, 庸을 공진하는 것은 법식에 상세히 나와 있다. 그런데 遠江國이 공진한 조, 용은 거칠고 지저분하여 관용으로 쓸 수가 없다. 무릇 근년에 제국의 공진물은 조악한 것이 많아 사용하기에 적합하지 않다. 그 상태를 헤아려 법에 따라 죄를 묻는다. 지금 이후로는 이와 같은 일이 있다면 전담한 국사는 현직을 해임하고 영원히 임용하지 않도록 한다. 그 외의 관사의 관인은 그 등급을 매겨 따라 처벌한다"라고

---

91) 「繼嗣令」1에는, "自親王五世, 難得王名, 不在皇親之限"이라고 규정되어 있다. 한편 慶雲 3년 2월 경인의 制에서는 5세왕도 皇親이 되고, 게다가 嫡系의 6세 이하의 왕도 왕명을 칭할 수 있게 되었다.

92) 「選敍令」34 「授位」條, "凡授位者, 皆限年廿五以上, 唯以蔭出身, 皆限年廿一以上". 본문에서는 음위로 서위받을 수 있는 연령을 20세로 하여 한 살 빠르게 되어 있다.

93) 「選敍令」35 「蔭皇親」條, "凡蔭皇親者, 親王子從四位下, 諸王子從五位下, 其五世王者, 從五位下, 子降一階, 庶子又降一階, 唯別勅處分, 不拘此令". 본문에서는 율령의 규정과는 달리, 5세왕 및 6세 이하의 왕에 대해 모두 6위에 서위한다고 되어 있다. 율령 조문에서는 5세왕은 종5위하, 그 아들은 정6위상이고, 서자에 대해서도 정6위하에 서위한다고 규정되어 있다.

94) 「選敍令」38 「五位以上子」條, "凡五位以上子出身者, 一位嫡子從五位下, 庶子正六位上, 二位嫡子正六位下, 庶子及三位嫡子從六位上, 庶子從六位下, 正四位嫡子正七位下, 庶子及從四位嫡子從七位上, 庶子從七位下, 正五位嫡子正八位下, 庶子及從五位嫡子從八位上, 庶子從八位下, 三位以上蔭及孫, 降子一等〈外位蔭准, 內位〉, 其五位以上, 帶勳位高者, 卽依当勳階, 同官位蔭四位降一等, 五位降 二等".

95) 山背國 乙訓郡의 長岡村이 長岡京이 되었다.

하였다.

기미(25일), (천황은) 칙을 내려, "출가한 사람의 본래의 일은 불도의 수행이다. 지금 많은 승려들을 보건대, 법96)의 뜻에 어긋나는 일이 많다. 혹은 사사로이 檀越97)을 정하여 속계에 출입하고, 혹은 불교의 영험이라고 사칭하여 어리석은 백성을 속이고 있다. 단지 비구승이 교의와 계율에 힘쓰지 않은 것만이 아니다. 무릇 이것은 소관 관사98)가 체포하려고 노력하지 않기 때문이다. 엄중히 금지하지 않으면, 어떻게 승려의 기강을 바로잡을 수 있겠는가. 지금 이후로는 이와 같은 일이 있다면, 畿內 밖으로 쫓아내고, 定額寺99)에 머무르게 한다"라고 하였다.

경신(26일), 사자를 기내 5국에 보내 기우제를 올렸다.

신유(27일), 지진이 있었다. 周防國에 기근과 역병이 들어 진휼하였다.

임술(28일), 정6위상 百濟王元基100)에게 종5위하를 내렸다.

6월 을축(2일), 出羽國, 丹波國에 곡물이 여물지 않아 백성이 기근에 빠졌다. 함께 구휼하였다.

계유(10일), (천황이) 칙을 내려, "지난 5월 19일, 황후궁에 붉은 참새가 나타난 상서가 있어 천하의 유위자에게 두루 관위 1급을 내렸다. 다만 (황후) 궁사는 이 상서가 나온 곳이다. 포상을 내려 이 영험에 보답하고자 한다. 황후궁사의 주전 이상에게 6위,101) 5위를 묻지 않고 위계 1급을 올려준다"라고 하였다.

右衛士督 종3위 겸 下總守 坂上大忌寸苅田麻呂102) 등이 상표하였다.

---

96) 僧尼令의 규정.

97) 불가에 재물을 보시하고 경영을 돕는 신자.

98) 玄蕃寮, 治部省.

99) 조정에서 그 수를 정하여 官寺에 준해서 경제적 지원을 한 사원. 私寺의 난립을 통제하기 위해 제정하였다.

100) 百濟王敬福의 孫, 刑部卿 百濟王玄鏡의 아들이다. 그 외에는 기록이 보이지 않는다.

101) 정6위상의 관인의 경우는 1급 승진되면 5위 귀족의 반열에 올라간다. 5위 이상은 음위제 등 특별 취급을 받기 때문에 좀처럼 오르기 어려운 제한이 있다. 여기서는 이를 묻지 않고 승진시킨다는 것이다.

102) 坂上氏는 백제계 東漢氏(倭漢氏)의 일 지족. 東漢氏에 대해서는 『일본서기』 應神紀 20년 추9월조에 "倭漢直의 선조 阿知使主와 그의 자 都加使主가 黨類 17현을 이끌고 내귀하였다"라고 하여 아지사주와 함께 그의 아들 都加使主의 이름이 등장한다. 동

　"신들은 본래 후한 靈帝의 증손 阿智王의 후손이다. (後)漢 천자의 위가 魏로 바뀔 때, 阿智王은 神牛[103]의 가르침에 따라 (고향을) 떠나 帶方의 땅으로 갔다. 寶帶[104]의 상서를 얻었는데, 그 형상은 궁성과 같았다. 이에 국읍을 세우고 백성들을 보살폈다. 그 후 (阿智王은) 父, 兄을 불러 고하기를, '우리들은 동국에 성인의 군주가 있다고 들었는데, 어떻게 따라가지 않겠는가. 만약 이곳에 오래도록 있으면 아마도 멸망해 버릴 것이다'라고 하였다. 이에 同母弟 迂興德 및 7姓의 民을 데리고 (천황의) 덕화에 귀의하러 내조하였다.[105] 이는 바로 譽田天皇[106]이 천하를 통치하던 시대이다. 이에 阿智王은 주상하여 청하기를, '신이 옛적 거주하던 대방에는 인민의 남녀 모두가 기예를 갖고 있다. 근자에 백제, 고구려의 중간에 머물면서 주저하는 마음으로 아직 거취를 정하지 못하고 있다. 삼가 천은을 내려 사자를 보내 이들을 불러왔으면 한다'라고 하였다. 이에 칙을 내려 신하를 (아지왕의) 8개의 지족[107]에게 나누어 보내 출발시켰다. 그 인민의 남녀는 촌락을 들어 사자를 따라 모두 내조하고 영구히 공민이 되었다. 해가 거듭하여 여러 대가 지나 지금에 이르렀다. 지금 제국에 있는 漢人은 또한 그 후예이다. 신 (坂上大忌寸)苅田麻呂

　　37년에 阿知使主의 통솔 아래 이주했다는 전승이 있다. 한편 동 응신기 37년조에 阿知使主와 都加使主를 吳에 파견하여 縫工女를 구했는데 吳王이 兄媛·弟媛·吳織·穴織의 4부녀를 주었다고 하는 기사는 응략기에 身狹村主靑과 檜隈民使博德을 吳에 보내 毛末才伎 漢織工, 吳織工, 衣縫의 兄媛, 弟媛을 데리고 왔다는 전승과 일치한다. 이 전승에서 都加使主라는 인물은 응략기 7년 시세조에 新來漢人 今來才伎인 新漢陶部高貴, 鞍部堅貴, 畫部因斯羅我, 錦部定安那錦, 譯語卯安那 등을 上桃原, 下桃原, 眞神原 3곳에 안치시켰다는 東漢直掬과 동일인이다. 『속일본기』의 판상씨를 후한 영제의 후손이라고 한 阿智王 전승은 백제계 씨족이 후에 중국계로 시조를 개변한 것이다. 坂上大忌寸苅田麻呂는 백제계 후예씨족이다.

103) 신의 교시를 받은 牛.

104) 寶帶는 요대와 같은 보물 혹은 帶方이라는 보물의 의미로도 볼 수 있다.

105) 『신찬성씨록』 逸文에, "姓氏錄第卅三卷曰, 阿智王, 譽田天皇〈諡應神.〉御世, 避本國亂, 率母竝妻子, 母弟遷興德, 七姓漢人等歸化, 七姓者第一段, 〈古記段光公, 字偪等, 一云員姓.〉是高向村主, (中略) 天皇矜其來志, 號阿智王爲使主, 仍賜大和國檜前郡鄕居之焉. 于時阿智使主奏言, 臣入朝之時, 本鄕人民往離散, 今聞徧在高麗百濟新羅等國, 望請遣使喚來, 天皇卽遣使喚之, 大鷦鷯天皇[諡仁德.]御世, 擧落隨來"라고 하여 관련 기록이 상세히 나와 있다.

106) 應神天皇.

107) 이와 유사한 표현으로, 『일본서기』 推古紀 20년 2월조에 "大臣引率八服臣等", 『日本三代實錄』 貞觀 3년 9월 26일조에도 "文雅一祖之裔, 八服之支別"이라고 나온다.

등은 선조인 왕족(의 성)을 잃어버리고 하인의 비천한 성을 받고 있다.
바라건대, 천은으로 불쌍히 여겨 살펴주셨으면 한다. 만약 성은을 내려
허락해 주신다면, 소위 차가운 재가 따뜻해지고 시들은 나무가 다시 무성해질
것이다. 신 苅田麻呂 등은 지극히 소망하는 정성을 억누를 수가 없다. 이에
상표문을 올려 말씀드리는 것이다". (천황은) 조를 내려 이를 허락하였다.
坂上, 內藏, 平田, 大藏, 文, 調, 文部, 谷, 民, 佐太, 山口 등 息寸 11성 16인에게
宿禰의 성을 내렸다.

　신사(18일), 우대신 종2위 겸 중위대장인 신 藤原朝臣是公 등은 백관을
이끌고 상서의 출현을 축하하는 표문을 올렸다. 그 내용에는 (다음과 같이)
말하고 있다.

　"삼가 지난 5월 19일의 칙을 받든바, (거기에는) '근자에 붉은 참새가
황후궁에 머물러 있었는데, 이미 옛 전적에 上瑞에 부합하고, 새 도읍을
축하하는 祥瑞의 표시이다. 생각하건대, 천하와 더불어 이 영험을 기뻐해야
한다'라고 하였다. 신들은 좋은 때를 만나 태어나서 빈번히 천자의 은택을
받고, 기쁜 마음은 실로 평상의 배에 달한다. 신이 듣건대, '덕화가 천지를
움직일 때에는 멀리 미치지 않음이 없고, 지성이 (천지에) 감응하면, 숨어있어
도 표시는 반드시 나타난다'고 한다. 삼가 생각하건대, 황제 폐하는 (정치의)
도는 천지의 법칙에 따르고, 은혜는 동식물을 윤택하게 하고, 정치의 교화는
두루 미쳐 만물이 모두 입고 있다. 황후 전하[108]는 娥英을 능가하고, 그
공은 姙姒보다 훌륭하고,[109] (백성의) 어머니로서 모습을 보였고, 대지가
떠받듯이 큰 덕을 갖추고 있다. 따라서 음양의 덕이 합해지고 많은 영령들이
효험을 내리는 것이다. 흰 제비는 기내에서 태어나 덕화에 순응하였고,[110]
붉은 참새는 황궁에 날아와 행복을 표시하고 있다. (이것을) 圖牒에 비추어
생각해 보면, 모두 하늘로부터의 상서의 표시라고 한다. 이것은 실로 전례가
없는 특별한 선물이고, 지금의 축하의 상서이다. 나라에 손뼉치고 춤을
추며 행복해 하지 않음이 없다. 신 (藤原朝臣)是公 등은 뛸듯한 기쁨을 이길

---

108) 藤原乙牟漏.
109) 중국고대 순임금의 비인 娥皇과 女英.
110) 延曆 3년 5월 갑오조에, 攝津職 史生이 白燕을 공진한 사실을 말한다.

수가 없어, 삼가 조당에 이르러 상표문을 올리는 바이다".

(천황이) 답하여 조를 내리기를, "천지가 선물을 내려, 축하의 상서가 자주 나타나고 있다. 흰 제비는 지난 봄에 둥지를 만들었고, 붉은 참새는 이번 여름에 날아왔다. 이것은 실로 종묘사직이 내린 축복이고, 여러 공경들이 합심한 결과이다. 짐은 재능이 없고 부족한데 어떻게 보답할 수 있을까. 다만 경들과 더불어 덕화의 정치에 힘쓰고, 위로는 하늘에 보답해야 한다. (경들이) 축하해 올린 상표를 생각하며 아울러 두려워하는 마음을 갖게 된다"라고 하였다.

이날, 황후궁대부 종3위 佐伯宿禰今毛人에게 정3위를, (皇后宮)亮 종5위상 笠朝臣名末呂에게 정5위하를, (皇后宮)大進 종5위하 藤原朝臣眞作, 少進 종5위하 安倍朝臣廣津麻呂에게 함께 종5위상을, 大屬 정6위상 阿閇間人臣人足, 少屬 정6위상 林連浦海에게 함께 외종5위하를 내렸다.

계미(20일), 참의 병부경 종3위 겸 시종 및 下總守 藤原朝臣家依가 죽었다. 증 태정대신 정1위 (藤原朝臣)永手의 제1자이다.

추7월 기해(6일), 참의 종3위 石川朝臣名足을 좌대변으로 삼고 播磨守는 종전대로 하였다. 참의 종4위상 大中臣朝臣子老를 우대변으로 삼고 神祇伯은 종전대로 하였다. 외종5위하 麻田連畋賦[111]를 左大史로 삼고, 중납언 정3위 藤原朝臣小黑麻呂에게 中務卿을 겸직시키고, 참의 정3위 佐伯宿禰今毛人을 민부경으로 삼고 황후궁대부 및 大和守는 종전대로 하고, 종5위하 紀朝臣安提를 (民部)少輔로 삼았다. 종5위상 紀朝臣作良을 병부대보로 삼고, 정5위상 內藏宿禰全成을 大藏大輔로 삼고, 종4위상 石川朝臣垣守를 宮內卿으로 삼고 武藏守는 종전대로 하였다. 종3위 坂上大宿禰刈田麻呂를 좌경대부로 삼고, 右衛士督 및 下總守는 종전대로 하고, 종5위하 賀茂朝臣人麻呂를 (右京)亮으로 삼았다. 종4위하 石川朝臣豊人을 우경대부로 삼고, 대납언 정3위 藤原朝臣繼繩에게 大宰帥를 겸직시켰다. 종5위하 紀朝臣千世를 豊後守로 삼고, 左中弁 종5위하 大中臣朝臣諸魚에게 左兵衛督을 겸직시키고 山背守는 종전대로 하였다.

기유(16일), 외종5위하 秦忌寸馬長을 土佐守로 삼았다.

---

111) 권38, 앞의 연력 3년 12월조 308쪽 각주 65) 참조.

경술(17일), 형부경 종4위하 겸 因幡守 淡海眞人三船이 죽었다. 三船은 大友親王의 증손이고, 조부는 葛野王 정4위상 式部卿이고, 부는 池邊王 종5위상 內匠頭이다. 三船은 자질이 총명, 영민하여 여러 서적을 섭렵하였고, 무엇보다 글쓰기를 즐겨하였다. 寶字 원년(757)에 淡海眞人의 성을 받았고, 관도에 나아가 처음으로 式部少丞에 임명되었다. 여러 차례 전임하여 寶字 연중에 종5위하를 받았고, 式部少輔, 參河守, 美作守를 역임하였다. 동 8년에 造池使에 임명되어 近江國으로 가서 저수지를 수리, 조영하였다. 이때 惠美仲麻呂가 宇治로부터 도주하여 近江으로 달려가 근거지로 삼았는데, 먼저 사자를 보내 병마를 징발하였다. 三船은 勢多에서 (造池)使의 판관 佐伯宿禰三野와 함께 적의 사자 및 그 악의 무리들을 체포하고, 이어서 장군 日下部宿禰子麻呂, 佐伯宿禰伊達 등이 수백의 기병을 이끌고 도착하여 勢多橋를 불을 질러 차단하였다. 이런 까닭에 적은 강을 건널 수 없어 高嶋郡으로 도주하였다. 이 공으로 정5위상 훈3등을 받고 近江介에 임명되었다. 전임하여 중무대보 겸 시종을 역임하였고, 다음에는 東山道巡察使에 임명되었다. (東山道에) 나아가 탐방하여 순찰의 일을 끝내고 그 보고를 주상한바, (현지관인에 대한) 평가를 공정하게 하지 않아[112] 조정이 뜻에 매우 어긋났다고 하여, 칙에 따라 견책당하여 大宰少貳로 전출되었다. 나와서 형부대보로 옮기고, 대판사, 대학두 겸 문장박사를 역임하였다. 寶龜 말, 종4위하 형부경 겸 因幡守에 임명되었다. 사망시의 나이는 64세였다.

계축(20일), (천황이) 칙을 내려, "석가의 가르침은 깊고 영원하며 그 도를 전하는 것은 승려이다. 천하가 평안한 것은 또한 모두 이 신비로운 힘에서 나온다. 그렇기 때문에 비구승이든 비구니이든 덕을 쌓고 수행에 힘쓰는 자를 포상하여 현창하지 않으면 무엇으로 불도를 널리 알릴 수가 있겠는가. 소관 관사에 명하여 나태하지 않고 수행하면서 불법을 스승으로부터 받아 제자에게 전하는 자를 선발하여, 그 업적, 나이, 이름을 상세히 적어 송부하도록 한다"라고 하였다. 또 칙을 내려, "(長岡)宮의 조영 사업은 하지 않으면

---

112) 東山道巡察使로서 神護景雲 원년 6월 계미조에 보이는 下野介 弓削薩摩의 정무를 정지시킨 일을 말한다. 당시 실권을 잡고 있던 道鏡의 일족인 弓削薩摩의 직무를 정지시킨 것에 대한 보복인사로 보인다.

안 되는 일이기 때문에, 사역하는 인부에게는 그 공임을 지급해야 한다. 이에 제국의 백성 31만 4천인에게 자율적으로 고용하게 한다"라고 하였다.[113]

갑인(21일), 종5위하 賀茂朝臣人麻呂를 齋宮頭로 삼았다.

정사(24일), (천황) 칙을 내려, "무릇 正稅는 국가의 재원이고, 수해와 가뭄에 대비해야 한다. 그런데 근년 국사는 한때의 이윤을 탐하여 소비하여 이용하는 자가 많다. 관물이 감소하고 있고, 미곡 창고가 부실한 것은 여기에서 연유한다. 지금 이후로는 엄하게 금지한다. 만약 국사 1인이라도 (정세를) 불법으로 이용한다면, 그 외의 관인도 동일하게 연좌하여 함께 현직을 해임하고, 영구히 임용해서는 안 된다. 장물은 모두 반납한다. 사망에 의한 면제 혹은 은사를 받아도 허용해서는 안 된다. (국사들은) 서로 검찰하고 위반해서는 안 된다. 그 郡司가 동조해서 (위반을) 허락하는 경우에도 또한 국사와 같은 죄로 한다"라고 하였다.

신유(28일), 土左國에서 공진된 調 기일이 잘못되어 있고, 그 물품 또한 조악하였다. 칙을 내려 국사의 目[114] 이상의 현직을 함께 해임하였다.

임술(29일), 외종5위하 高篠連廣浪을 左大史로 삼고, 종5위하 藤原朝臣眞鷲를 大學頭로 삼고, 외종5위하 井上直牛養을 主計助로 삼고, 외종5위하 伊蘇志臣眞成을 主船으로 삼고, 종4위하 安倍朝臣東人을 刑部卿으로 삼고, 종5위상 多朝臣犬養을 (刑部)大輔로 삼고, 종5위하 巨勢朝臣家成을 主殿頭로 삼고, 종5위하 坂本朝臣大足을 官奴正으로 삼고, 종5위하 甘南備眞人繼成을 右京亮으로 삼고, 종5위하 石浦王을 主馬頭로 삼고, 종5위하 三嶋眞人大湯坐를 參河介로 삼고, 종5위하 笠朝臣雄宗을 能登守로 삼고, 종5위하 藤原朝臣宗繼를 因幡守로 삼고, 외종5위하 大村直池麻呂를 (因幡)介로 삼고, 종5위하 布勢朝臣大海를 美作介로 삼았다. 정8위하 三野臣廣主에게 외종5위하를 내렸다. (조정에) 물품을 바쳤기 때문이다.

8월 계해삭(1일), 우경인 土師宿禰淡과 그 누이 諸主 등에게 본성을 고쳐서

---

113) 「營繕令」2, 「有所營造」條에, "凡有所營造, 及和雇造作之類, 所司皆先錄, 所須摠數, 申太政官"이라는 규정이 있다. 본문에서 말하는 '和雇'를 통해 사역하는 경우에는 강제노역이 아닌 임금을 받고 고용되는 일종의 계약 형식이다.

114) 국사의 4등관.

秋篠宿禰의 성을 내렸다.

기사(7일), 종4위상 藤原朝臣雄依에게 정4위하를, 종4위하 石川朝臣豊人·安倍朝臣東人·佐伯宿禰久良麻呂에게 함께 종4위상을, 종5위하 藤原朝臣是人·藤原朝臣雄友·藤原朝臣內麻呂에게 함께 종5위상을, 외종5위하 朝原忌寸道永, 정6위상 多治比眞人國成·笠朝臣江人에게 함께 종5위하를 내렸다.

병자(14일), 종5위상 多治比眞人濱成을 우중변으로 삼고, 종5위상 安倍朝臣廣津麻呂를 皇后宮大進으로 삼고, 외종5위하 阿閇間人臣人足을 (皇后宮)少進으로 삼고, 외종5위하 林連浦海를 (皇后宮)大屬으로 삼았다. 종5위하 笠朝臣江人을 式部少輔로 삼고, 종5위하 大伴宿禰眞麻呂를 主稅頭로 삼고, 종5위하 下毛野朝臣年繼를 內掃部正으로 삼고, 종4위하 大伴宿禰潔足을 근위중장으로 삼고, 종5위상 藤原朝臣內麻呂를 중위소장으로 삼고, 외정5위하 丹比宿禰眞淨을 右衛士佐로 삼고, 종5위상 藤原朝臣眞作을 石見守로 삼고, 종5위하 石川朝臣宿奈麻呂를 周防守로 삼았다. 종5위하 羽栗臣翼에게 종5위상을 내리고, 정6위상 多治比眞人屋嗣에게 종5위하를, 정6위하 國中連三成,[115] 외정6위상 丹波直人足에게 함께 외종5위하를 내렸다.

을유(23일), 종7위상 大秦公忌寸宅守에게 종5위하를 내렸다. 太政官院의 담을 축조했기 때문이다. 외종5위하 土師宿禰公足을 隱岐守로 삼았다.

병술(24일), 천황이 평성경을 순행하였다. 이보다 앞서 朝原內親王이 평성궁에 거주하면서 부정을 씻어내기 위한 의식을 했는데, 이에 이르러 潔齋의 기한이 이미 끝나 이세신궁으로 출발하려던 참이었다. 따라서 천황이 친히 임하게 되어 출발하였다.

경인(28일), 중납언 종3위 大伴宿禰家持가 죽었다. 조부는 대납언 증 종2위 (大伴宿禰)安麻呂이고, 부는 대납언 종2위 (大伴宿禰)旅人이다. 家持는 天平 17년(745)에 종5위하를 받아 宮內少輔에 임명되었고, 내외의 관을 두루 역임하고 寶龜 초에 종4위하 左中弁 겸 式部員外大輔에 임명되었다. 동 11년에 참의에 보임되고, 左右大弁을 역임한 후, 다음에 종3위를 받았다. 氷上川繼의 모반사건에 연좌되었는데,[116] 면관되어 京外로 이주되었다. 조가 내려져 죄를 용서받

---

115) 백제 멸망 후인 天智 2년(663)에 망명한 백제관인 德率 國骨富의 후예. 延曆 5년 정월에 木工助에 임명되었다.

아 참의 및 춘궁대부로 복귀하였다. 본관을 유지한 채 경을 나와 陸奧按察使에 임명되었다. 얼마 지나지 않아 중납언에 임명되었고 춘궁대부는 종전대로 유지하였다. 사후 20여일이 지나 그 시신이 매장되지 않은 사이에, 大伴繼人, (大伴)竹良 등이 (藤原)種繼를 살해한 일이 발각되어 하옥되었는데, 이를 조사한 결과, 이 사건에 家持 등이 연루되어 있었다. 이에 소급하여 제명하였고, 그 아들 永主 등은 모두 유형에 처해졌다.

9월 을미(3일), 지진이 있었다.

기해(7일), 齋宮이 되는 내친왕이 이세태신궁으로 출발하자 백관들이 수행하여 大和國 경계에 이르자 돌아왔다.

경자(8일), 천황이 水雄岡[117]에 순행하여 사냥을 즐겼다. 정6위상 巨勢朝臣嶋人에게 종5위하를, 정6위상 池原公繩主에게 외종5위하를 내렸다.

임인(10일), 河內國에서 언상하기를, "홍수가 범람하여 백성들이 물살에 휩쓸렸고, 혹은 배를 타거나 혹은 둑 위에 피해 있었다. 식량이 부족하여 고통이 매우 심하다"라고 하였다. 이에 사자를 보내 조사하고 아울러 물품을 지급하여 진휼하였다.

을묘(23일), 중납언 정3위 겸 式部卿 藤原朝臣種繼가 적에게 화살을 맞아 사망하였다.[118]

병진(24일), 천황이 평성경에서 돌아왔다. 大伴繼人, 大伴竹良 및 일당 수십 인을 체포하여 심문한바, 모두 죄를 인정하여 법에 따라 판결하여 처단하였다. 혹은 참형에 혹은 유형에 처했다.[119] 藤原朝臣種繼는 참의, 式部卿 겸 大宰帥 정3위 (藤原朝臣)宇合의 손이다. 天平神護 2년(766) 종5위하를 받았고, 美作守에 임명되었다. 얼마 지나지 않아 寶龜 말에, 左京大夫 겸 下總守에 임명되었고,

---

116) 延曆 원년 윤정월 임인조.

117) 丹波國 桑田郡 水尾村. 지금의 京都市 左京區 嵯峨水尾.

118) 『日本紀略』 延曆 4년 9월 을묘조에는 "被賊襲射, 兩箭貫身"이라고 나온다.

119) 이 사건은 桓武天皇이 순행으로 부재중이던 長岡京에서 벌어진 사건. 암살범으로 大伴竹良이 체포되고 취조 결과 大伴繼人, 佐伯高成 등 십수 명이 체포되어 참수되었다. 사건 직후인 8월 28일에는 사망한 大伴家持가 주모자로서 관적에서 제명되었고, 사건에 연루된 인물도 五百枝王, 藤原雄依, 紀白麻呂, 大伴永主 등 다수에 이르렀다. 그 후 이 사건은 桓武天皇의 황태자였던 早良親王의 폐태자 유배, 분사, 怨靈에 의한 사건으로 발전한다.

바로 종4위하에 승서되어 佐衛士督 겸 近江按察使로 전임되었다. 延曆 초에
종3위가 되었고, 중납언에 임명되고 식부경을 겸직하였고, 동 3년에 정3위를
받았다. 천황의 신임이 매우 두터워 내외의 일을 모두 결정하였다. 처음에
(藤原朝臣種繼가) 건의하여 長岡으로 천도하였다. 궁실은 조영하기 시작했지
만, 관사는 아직 미완성이었다. 기술인력, 인부들은 밤낮으로 작업을 하였다.
천황이 평성경으로 순행하게 되자, 황태자[120] 및 우대신 藤原朝臣是公, 중납언
種繼 등은 함께 (長岡京에) 留守官이 되었다. 횃불을 비추며 공사를 재촉하며
감독 중에 불빛 아래에서 상해를 당해 이튿날 자택에서 사망하였다. 이때의
나이는 49세였다. 천황이 매우 애도하고 슬퍼하였다. 조를 내려 정1위 좌대신
으로 추증하였다.

기미(27일), 造東大寺 장관 겸 內藏頭 종4위하 石上朝臣家成을 檢衛門權督으로
삼고, 兵部少輔 겸 美作守 정5위상 藤原朝臣雄友에게 左衛士權督을 겸직시켰다.

신유(29일), 종5위하 佐伯宿禰葛城을 左少辨으로 삼고, 종5위하 百濟王英
孫[121]을 出羽守로 삼고, 近衛少將 종5위하 紀朝臣兄原을 檢備前介로 삼았다.

동10월 갑자(2일), 종4위하 吉備朝臣泉을 佐渡權守로 좌천시켰고, 종5위하
藤原朝臣園人을 安藝守로 삼았다.

을축(3일), 종5위상 藤原朝臣是人을 長門守로 삼았다.

병인(4일), 사자를 기내 5국에 보내 수전을 조사시켰다. (구분전의) 반전수
수를 위해서였다.

경오(8일), 중납언 정3위 藤原朝臣小黑麻呂, 大膳大夫 종5위상 笠王을 山科의
산릉[122]에 보내고, 治部卿 종4위상 壹志濃王, 산위 종5위하 紀朝臣馬守를 田原
의 산릉[123]에 보내고, 中務大輔 정5위상 當麻王, 중위중장 종4위하 紀朝臣古佐

---

120)　早良親王. 桓武天皇의 동복동생.

121)　寶龜 11년(780)에 陸奧國 上治郡의 蝦夷 족장이었던 伊治呰麻呂가 반란사건을 일으키자
　　　원정군으로 종군하여 天應 원년(781) 반란 진압 후, 공로로 훈4등, 종5위하를 받았다.
　　　그 후 延曆 4년(785) 5월에 鎭守府權副將軍에 임명되었고, 동 10월에는 상기 본문에서
　　　보듯이 出羽守가 되어 蝦夷征討에 종사하였다. 延曆 10년에는 종5위상, 이어 종4위하에
　　　서위되었고, 동 16년에 右兵衛督, 동 18년에는 右衛士督이 되었다.

122)　天智天皇陵.

123)　光仁天皇陵.

美를 後佐保의 산릉124)에 보내 황태자를 폐위하는 상황을 보고하였다.

임신(10일), 遠江, 下總, 常陸, 能登 등 제국은 지난 7, 8월에 대풍으로 오곡이 피해를 입어 백성들이 기근에 빠졌다. 함께 사자를 보내 구휼하였다.

갑술(12일), 中衛中將 종4위하 겸 式部大輔 및 但馬守 紀朝臣古佐美를 참의로 삼고, 종5위하 紀朝臣馬守를 中務少輔로 삼고, 종5위하 下毛野朝臣年繼를 大監物로 삼고, 종5위상 文室眞人子老를 玄蕃頭로 삼고, 종5위상 秦忌寸足長을 主計頭로 삼고, 종5위하 石川朝臣公足을 主稅頭로 삼고, 종5위하 縣犬養宿禰伯을 刑部少輔로 삼고, 종4위하 大伴宿禰潔足을 大藏卿으로 삼고, 외종5위하 嶋田臣宮成을 右京亮으로 삼고, 종5위상 弓削宿禰塩麻呂를 造東大寺 차관으로 삼고, 종5위하 紀朝臣兄原을 근위소장으로 삼고 備前介는 종전대로 하였다. 외종5위하 池原公繩主를 將監으로 삼고, 종5위하 橘朝臣入居를 中衛少將으로 삼고 近江介는 종전대로 하였다. 정5위하 笠朝臣名末呂를 右兵衛督으로 삼고 皇后宮亮은 종전대로 하였다. 외종5위하 白鳥村主元麻呂를 武藏大掾으로 삼고, 종5위상 藤原朝臣眞友를 下總守로 삼고, 左京大夫 겸 右衛士督 종3위 坂上大宿禰刈田麻呂에게 越前守를 겸직시키고, 종5위상 藤原朝臣內麻呂를 (越前)介로 삼고, 종5위하 川邊朝臣淨長을 安藝介로 삼았다.

경진(18일), 善藻法師를 율사로 삼았다.

신사(19일), 종5위하 春階王을 遠江守로 삼고, 종5위하 紀朝臣繼成을 讚岐介로 삼았다.

기축(27일), 河內國에 제방 30곳이 붕괴되었다. 연인원 30만 7천여 인에게 식량을 주어 수리시켜 축조하였다.

11월 계사삭(1일), 종4위상 石川朝臣垣守에게 정4위상을 내렸다.

경자(8일), 能登守 종5위하 三國眞人廣見이 (고의로) 무고한 일에 연좌되어 참형에 해당하지만,125) 사형죄 1등을 감형받아 佐渡國으로 유배되었다.

임인(10일), 交野의 柏原에서 천신에게 제사지냈다.126) 그 동안의 기원에

---

124) 聖武天皇陵.

125) 「鬪訟律」30의 逸文에, "誣告謀反及大逆者斬"이라고 규정되어 있다.

126) 天神은 昊天上帝. 천자가 동지에 왕도 남쪽 교외의 天壇에서 천신에게 제사지내는 중국식 천신의례이다. 桓武天皇은 延曆 6년 11월 갑인조에서도 大納言 藤原繼繩을

보답하는 의식이었다.

갑진(12일), 종5위하 平群朝臣淸廉呂를 大膳亮으로 삼고, 외종5위하 廐田連

畋賦127)를 典藥頭로 삼았다.

병진(24일), 무위 藤原朝臣旅子에게 종3위를, 종5위상 笶女王에게 정5위하

를 내렸다.

정사(25일), (천황이) 조를 내려, 安殿親王을 세워 황태자로 삼았다. 천하에

대사면을 내렸다. 고령자, 효행자, 절의를 지킨 자 및 홀아비, 과부, 고아,

독거노인으로 자활할 수 없는 자를 함께 구휼하였다.

이날, 종4위하 紀朝臣古佐美에게 종4위상을, 정5위하 大中臣朝臣諸魚·笠朝臣

名末呂에게 함께 정5위상을, 종5위상 文室眞人水通에게 정5위하를, 종5위하

佐伯宿禰老에게 종5위상을, 외종5위하 津連眞道, 정6위상 藤原朝臣仲成·藤原朝

臣縵麻呂·紀朝臣楫長·坂上大宿禰田村麻呂에게 함께 종5위하를, 외종5위하 上

毛野公我人·池原公繩主에게 함께 외종5위상을 내렸다.

또 右大弁 종3위 겸 播磨守 石川朝臣名足, 近衛大將 종3위 겸 中宮大夫 및

常陸守 紀朝臣船守를 중납언으로 삼았다. 대납언 겸 중무경 정3위 藤原朝臣繼繩

에게 皇太子傅를 겸직시켰다. 大外記 종5위하 朝原忌寸道永, 左兵衛佐 종5위하

津連眞道를 함께 學士로 삼았다. 참의 종4위상 紀朝臣古佐美를 春宮大夫로

삼고, 中衛中將과 式部大輔 및 但馬守는 종전대로 하였고, 종5위상 安倍朝臣廣津

麻呂를 (春宮)亮으로 삼고 皇后宮少進 및 常陸大掾은 종전대로 하였다.

경자,128) 조를 내려 賀茂 상하의 신사129)에 愛宕郡의 봉호 10호를 충당하였다.

12월 신미(10일), 近江國 사람 종7위하 勝首益麻呂130)가 지난 2월부터 10월

交野에 보내 천신을 제사한 바 있고, 『文德實錄』 齊衡 3년 11월 임술조에도 文德天皇이
大納言 藤原良相을 交野로 보내 昊天祭를 지냈다.

127) 앞의 延曆 3년 12월조 308쪽 각주 65) 참조.

128) 앞서 11월 경자(8일)조가 있어, 동일 간지의 중복이라고도 생각되지만, 庚申(28일)조라
고 하면 日干支의 배열 순서가 맞는다.

129) 賀茂御祖神社(下鴨神社)와 賀茂別雷神社(上賀茂神社).

130) 勝은 村主와 같이 '스구리'로 읽는다. 촌을 한국어로 '시골'이라 하는데 이 '시골'에서
'스구리'가 나왔다고 생각한다. 즉 '스구리'는 한국 고대어에 기원을 두고 있다. 勝氏
일족으로는 『일본서기』 舒明紀 4년(632) 7월조에 견당사로 파견되었다가 귀국한
勝鳥養이 보인다. 그는 이른 시기에 이주한 백제계 후손으로 생각된다. 『신찬성씨록』

까지 인부 총 36,000인을 진상하고 사재 양곡으로 지불하였다. 이에 그 공로로 외종5위하를 내렸는데, 그의 부 眞公에게 양보하였다. 칙을 내려 이를 허락하였다.

　갑신(23일), 고 遠江介 종5위하 菅原宿禰古人의 아들 4인에게 의복과 식량을 지급하여 학업에 힘쓰게 하였다. 그들 부친이 천황에 근시하며 강의한 공로가 있었기 때문이었다.

　　　　　　　　　　　　　　　　　　　　　　　『속일본기』 권제38

山城國諸蕃에 "勝은 上勝과 조상이 같으며, 百濟國人 多利須須의 후손이다"라고 나온다. 정창원문서에도 勝子僧(『대일본고문서』 3-366), 勝廣埼(『대일본고문서』 2-2), 勝玉虫 (『대일본고문서』 12-265), 勝馬手(『大日本古文書』 15-100) 등이 보이고, 『일본후기』 연력 16년(797) 2월조에 中務史生 대초위하 勝繼成에게 관위 1계를 승진시켰다는 기록도 있다. 한편 『平安遺文』(2-700, 2-701)「山城國紀伊郡司解」에 郡司로서 上勝의 씨명이 보이는데, 上勝氏의 거주지가 山城國이었음을 알 수 있다.

續日本紀卷第三十八

〈起延曆三年正月, 盡四年十二月〉

右大臣正二位兼行皇太子傅中衛大將臣藤原朝臣繼繩等奉勅撰

今皇帝

○ **延曆三年**春正月己卯, 宴五位巳上. 授無位小倉王, 石浦王並從五位下, 從四位下多治比眞人長野, 紀朝臣家守並從四位上, 正五位下紀朝臣鯖麻呂正五位上, 從五位下大中臣朝臣諸魚從五位上, 外從五位下和朝臣國守, 安都宿禰眞足, 正六位上文室眞人眞屋麻呂, 藤原朝臣眞作, 大伴宿禰永主, 大原眞人越智麻呂, 和朝臣三具足, 石川朝臣魚麻呂, 巨勢朝臣家成, 大春日朝臣諸公, 安倍朝臣廣津麻呂, 坂本朝臣大足, 田口朝臣清麻呂, 笠朝臣小宗, 三方宿禰廣名, 紀朝臣兄原, 佐伯宿禰老並從五位下, 正六位上下道朝臣長人, 丹比宿禰稻長, 船連稻船, 秦忌寸長足並外從五位下, 宴訖賜祿各有差. 辛巳, 授從五位下文室眞人子老從五位上, 正六位上平群朝臣牛養從五位下. 又授女孺無位藤原朝臣宇都都古, 大原眞人明並從五位下. 丁亥, 授外從五位下伊勢朝臣水通從五位下. 戊子, 宴五位巳上於內裏, 饗百官主典巳上於朝堂, 賜祿各有差, 授右大臣正三位藤原朝臣是公從二位, 正五位下大伴宿禰不破麻呂正五位上, 從五位下紀朝臣白麻呂, 健部朝臣人上並從五位上, 以正三位藤原朝臣小黑麻呂, 從三位藤原朝臣種繼, 並爲中納言.

二月辛巳, 授女孺無位百濟王眞德從五位下. 己丑, 從三位大伴宿禰家持爲持節征東將軍, 從五位上文室眞人與企爲副將軍, 外從五位下入間宿禰廣成, 外從五位下阿倍猿嶋臣墨繩, 並爲軍監. 甲戌, 宴五位巳上, 令文人賦曲水, 賜祿有差. 乙亥, 授外正六位上丸子連石虫外從五位下, 以獻軍粮也. 丙申, 先是, 伊豫國守吉備朝臣泉, 與同僚不恊, 頻被告訴. 朝庭遣使勘問, 辭泄不敬, 不肯承伏. 是日下勅曰, 伊豫國守從四位下吉備朝臣泉, 政跡無聞, 犯狀有着. 稽之國典, 容寘恒科. 而父故右大臣, 往學盈歸,

播風弘道, 遂登端揆, 式翼皇猷. 然則伊父美志, 猶不可忘. 其子愆尤. 何無矜恕. 宜有
泉辜令思後善. 但解見任以懲前惡. 乙酉, 以外從五位下筑紫史廣嶋爲近衛將監, 播磨
大掾如故. 外從五位下多道朝臣長人爲大和介, 從四位上多治比眞人長野爲伊勢守,
從五位下藤原朝臣繩主爲介, 正五位上紀朝臣鯖麻呂爲尾張守, 從五位上藤原朝臣黑
麻呂爲遠江守, 從五位上文室眞人與企爲相摸守, 近衛將監從五位下佐伯宿禰老爲兼
介, 從五位下三國眞人廣見爲能登守, 大外記外從五位下朝原忌寸道永爲兼越後介,
外從五位下上毛野公薩摩爲但馬介, 中宮大夫內藏頭從四位上紀朝臣家守爲兼備前
守, 從五位下文室眞人於保爲備後守, 正五位下百濟王武鏡爲周防守, 從五位下石川
朝臣淨繼爲讚岐介, 右衛士督正四位上坂上大忌寸苅田麻呂爲兼伊豫守, 從五位下多
治比眞人乙安爲肥後守. 丁亥, 敍從三位氣太神正三位.

夏四月壬寅, 授正六位上上毛野公我人外從五位下. 以外從五位下忌部宿禰人上爲神
祇大祐, 從五位上海上眞人三狩爲右中辨, 從五位下藤原朝臣是人爲中務少輔, 從五
位下石川朝臣魚麻呂爲左大舍人助, 從五位上藤原朝臣菅繼爲治部大輔, 從五位上大
中臣朝臣諸魚爲兵部大輔, 少納言如故, 從四位下淡海眞人三船爲刑部卿, 大學頭因
幡守如故, 從五位上橘朝臣綿裳爲大判事, 參議正四位下神王爲兼大藏卿, 從五位下
安倍朝臣弟當爲少輔, 從五位下紀朝臣繼成爲大膳亮, 從五位上宗形王爲大炊頭, 從
五位下山口王爲鍛冶正, 從五位下川邊朝臣淨長爲主油正, 外從五位下丹比宿禰眞淨
爲內掃部正, 正四位下藤原朝臣鷹取爲左京大夫, 從五位下田口朝臣清麻呂爲右京
亮, 外從五位下上毛野公我人爲衛門大尉, 從五位下大原眞人越智麻呂爲隼人正, 外
從五位下津連眞道爲右衛士大尉, 近江大掾如故. 從五位下紀朝臣眞人爲攝津亮, 從
五位下和朝臣三具足爲上總介, 外從五位下飛鳥戶造弟見爲飛驒守, 從五位下路眞人
玉守爲上野介, 從五位下文室眞人眞老爲長門守, 從五位下正月王爲土左守, 從五位
下大春日朝臣諸公爲防人正, 從五位下多治比眞人年持爲日向守. 丁未, 以從五位下
巨勢朝臣家成爲大監物, 從五位下吉田連古麻呂爲內藥正, 侍醫如故. 外從五位下出
雲臣嶋成爲侍醫, 從五位上藤原朝臣眞葛爲右大舍人頭, 外從五位下丹比宿禰稻長爲
內藏助, 從五位下笠朝臣雄宗爲中衛少將, 從五位下藤原朝臣眞友爲越前介. 辛亥,
大僧都弘耀法師上表辭任. 詔許之. 因施几杖. 己未, 參議中宮大夫從四位上紀朝臣家
守卒. 家守大納言兼中務卿正三位麻呂之孫, 大宰大貳正四位下男人之子也. 庚午,
以從五位下紀朝臣作良爲右少弁, 外從五位下船連稻船爲主計助, 從五位下安倍朝臣

眞黑麻呂爲宮內少輔, 從五位下藤原朝臣內麻呂爲右衛士佐, 從五位下紀朝臣豊庭爲
甲斐守, 正五位上巨勢朝臣苗麻呂爲信濃守, 從五位下三嶋眞人大湯坐爲因幡介, 從
五位下御方宿禰廣名爲筑後守.

五月辛未朔, 勅曰, 比年, 國師遷替, 一同俗官, 送故迎新, 殊多勞擾, 敎導未宣. 弘益有
虧, 永言其弊, 理須改革. 自今以後, 宜擇有智有行爲衆推仰者補之. 其秩滿之期, 六年
爲限. 如有身死及心性麤惡爲民所苦者, 隨卽與替. 庚辰, 左京大夫正四位下藤原朝臣
鷹取卒. 癸未, 攝津職言, 今月七日卯時, 蝦蟆二萬許, 長可四分, 其色黑斑, 從難波市南
道, 南行池列可三町, 隨道南行, 入四天王寺內. 至於午時, 皆悉散去. 丙戌, 勅遣中納
言正三位藤原朝臣小黑麻呂, 從三位藤原朝臣種繼, 左大弁從三位佐伯宿禰今毛人,
參議近衛中將正四位上紀朝臣船守, 參議神祇伯從四位上大中臣朝臣子老, 右衛士督
正四位上坂上大忌寸苅田麻呂, 衛門督從四位上佐伯宿禰久良麻呂, 陰陽助外從五位
下船連田口等於山背國, 相乙訓郡長岡村之地, 爲遷都也. 己丑, 授正六位上藤原朝臣
乙叡從五位下. 甲午, 攝津職史生正八位下武生連佐比乎貢白燕一. 賜爵二級幷當國
正稅五百束. 散位頭從四位下百濟王利善卒.

六月辛丑, 唐人賜綠晏子欽, 賜綠徐公卿等賜姓榮山忌寸. 是日, 敍正三位住吉神勳三
等. 甲辰, 中務大輔從四位下豊野眞人奄智卒. 戊申, 詔以賢璟法師, 爲大僧都, 行賀法
師爲少僧都, 善上法師, 玄憐法師, 並爲律師. 己酉, 以中納言從三位藤原朝臣種繼,
左大弁從三位佐伯宿禰今毛人, 參議近衛中將正四位上紀朝臣船守, 散位從四位下石
川朝臣垣守, 右中弁從五位上海上眞人三狩, 兵部大輔從五位上大中臣朝臣諸魚, 造
東大寺次官從五位下文室眞人忍坂麻呂, 散位從五位下日下部宿禰雄道, 從五位下丈
部大麻呂, 外從五位下丹比宿禰眞淨等, 爲造長岡宮使, 六位官八人. 於是, 經始都城,
營作宮殿. 辛亥, 普光寺僧勤韓獲赤烏, 授大法師, 幷施稻一千束. 壬子, 遣參議近衛中
將正四位上紀朝臣船守於賀茂大神社, 奉幣. 以告遷都之由焉. 又今年調庸, 幷造宮工
夫用度物, 仰下諸國, 令進於長岡宮. 癸丑, 唐人正六位上孟惠芝, 正六位上張道光等,
賜姓嵩山忌寸, 正六位下吾稅兒賜永國忌寸. 壬戌, 有勅, 爲造新京之宅, 以諸國正稅
六十八萬束, 賜右大臣以下, 參議已上, 及內親王, 夫人, 尙侍等, 各有差. 丁卯, 百姓私
宅, 入新京宮內五十七町, 以當國正稅四萬三千餘束, 賜其主.

秋七月癸酉, 仰阿波, 讚岐, 伊豫三國, 令進造山埼橋料材. 壬午, 以正五位上當麻王爲
中務大輔, 從五位下藤原朝臣乙叡爲侍從, 近衛中將正四位上紀朝臣船守爲兼中宮大

夫, 內廐頭, 常陸守如故. 從五位下文室眞人久賀麻呂爲左大舍人頭, 從四位下石上朝
臣家成爲內藏頭, 從五位下穗積朝臣賀祐爲散位頭, 外從五位下大村直池麻呂爲主計
助, 從五位下石川朝臣宿奈麻呂爲主稅頭, 從五位下大伴宿禰眞麻呂爲兵部大輔, 從
五位上笠王爲大膳大夫, 從四位下石川朝臣垣守爲左京大夫, 從五位下鹽屋王爲若狹
守, 右衛士督正四位上坂上大忌寸苅田麻呂爲兼備前守, 從五位下藤原朝臣末茂爲伊
豫守, 從五位上藤原朝臣菅繼爲大宰少貳. 癸未, 右少史正六位上高宮村主田使, 及同
眞木山等, 賜姓春原連.

八月壬寅, 敍近江國高嶋郡三尾神從五位下. 戊午, 左少史正六位上衣枳首廣浪等賜
姓高篠連. 乙丑, 以外從五位下吉田連季元爲伊豆守.

九月庚午, 授命婦外正五位下刑部直虫名從五位下. 癸酉, 京中大雨, 壞百姓廬舍, 詔
遣使東西京賑給之. 庚辰, 伊豫守從五位下藤原朝臣末茂, 坐事左降日向介. 乙未, 太
白晝見.

閏九月戊申, 河內國茨田郡堤, 決一十五處, 單功六萬四千餘人, 給粮築之. 乙卯, 天皇
幸右大臣田村第宴飮, 授其第三男弟友從五位下.

冬十月庚午, 勅, 備前國兒嶋郡小豆嶋所放官牛, 有損民産, 宜遷長嶋, 其小豆嶋者住
民耕作之. 壬申, 任御裝束司幷前後次第司, 爲幸長岡宮也. 甲戌, 賜陪從親王已下五
位已上裝束物各有差. 戊子, 越後國言, 蒲原郡人三宅連笠雄麻呂, 蓄稻十萬束, 積而
能施. 寒者與衣, 飢者與食, 兼以修造道橋, 通利艱險, 積行經年, 誠合擧用. 授從八位
上. 癸巳, 以從五位下石川朝臣公足爲主計頭, 從五位下大伴宿禰永主爲右京亮. 又任
左右鎭京使, 各五位二人, 六位二人, 以將幸長岡宮也. 乙未, 尙藏兼尙侍從三位阿倍
朝臣古美奈薨, 遣左大弁兼皇后宮大夫從三位佐伯宿禰今毛人, 散位從五位上當麻眞
人永繼, 外從五位下松井連淨山等, 監護喪事, 古美奈中務大輔從五位上梗虫之女也.
適內大臣贈從一位藤原朝臣良繼生女, 卽是皇后也. 丁酉, 勅曰, 如聞, 比來, 京中盜賊
稍多, 掠物街路, 放火人家. 良由職司不能肅淸, 令彼凶徒生茲賊害. 自今以後, 宜作鄰
保檢察非違, 一如令條. 其遊食博戲之徒, 不論蔭贖, 決杖一百. 放火刦略之類, 不必拘
法, 懲以殺罰, 勤加捉搦, 遏絶奸宄.

十一月戊戌朔, 勅曰, 十一月朔旦冬至者, 是歷代之希遇, 而王者之休祥也. 朕之不德,
得値於今. 思行慶賞, 共悅嘉辰. 王公已下, 宜加賞賜. 京畿當年田租並免之. 庚子,
詔曰, 民惟邦本, 本固國寧, 民之所資, 農桑是切, 比者諸國司等, 厥政多僻, 不愧撫道之

乖方, 唯恐侵漁之未巧. 或廣占林野, 奪蒼生之便要, 或多營田園, 妨黔黎之産業. 百姓彫幣, 職此之由. 宜加禁制, 懲革貪濁. 自今以後, 國司等不得公廨田外更營水田. 又不得私貪墾闢侵百姓農桑地, 如有違犯者, 收獲之實, 墾闢之田, 並皆沒官, 卽解見任, 科違勅之罪. 夫同僚幷郡司等, 相知容隱, 亦與同罪. 若有人糺告者, 以其苗子, 與糺告人. 癸卯, 以從五位下佐伯宿禰鷹守爲左衛士佐, 外從五位下秦造子嶋爲右衛士大尉, 外從五位下津連眞道爲左兵衛佐. 戊申, 天皇移幸長岡宮. 甲寅, 先是, 皇后遭母氏憂, 不從車駕, 中宮復留在平城. 是日, 遣出雲守從四位下石川朝臣豊人, 攝津大夫從四位下和氣朝臣淸麻呂等, 爲前後次第司, 奉迎焉. 丁巳, 遣近衛中將正四位上紀朝臣船守, 敍賀茂上下二社從二位. 又遣兵部大輔從五位上大中臣朝臣諸魚, 敍松尾乙訓二神從五位下, 以遷都也. 戊午, 武藏介從五位上建部朝臣人上等言, 臣等始祖息速別皇子, 就伊賀國阿保村居焉. 逮於遠明日香朝廷, 詔皇子四世孫須禰都斗王, 由地錫阿保君之姓, 其胤子意保賀斯, 武藝超倫, 足示後代. 是以長谷旦倉朝廷改賜健部君, 是旌庸恩意, 非胙土彛倫. 望請, 返本正名蒙賜阿保朝臣之姓. 詔許之. 於是, 人上等賜阿保朝臣, 健部君黑麻呂等阿保公. 辛酉, 中宮皇后並自平城至. 乙丑, 遣使修理賀茂上下二社及松尾乙訓社. 從四位下五百枝王, 五百井女王, 並授從四位上.

十二月己巳, 詔賜造宮有勞者爵. 又免進役夫國今年田租. 授從三位藤原朝臣種繼正三位, 正四位上石川朝臣名足, 紀朝臣船守並從三位, 從五位下氣太王, 山口王, 小倉王並從五位上, 從四位下石川朝臣垣守, 和氣朝臣淸麻呂並從四位上, 從五位上多治比眞人人足, 大中臣朝臣諸魚並正五位下, 從五位下文室眞人忍坂麻呂, 多治比眞人濱成, 日下部宿禰雄道, 三嶋眞人名繼, 丈部大麻呂並從五位上, 外從五位下丹比宿禰眞淸外正五位下, 外從五位下上毛野公大川外從五位上, 正六位上佐伯宿禰葛城從五位下, 正六位上奈良忌寸長野, 大神楉田朝臣愛比, 三使朝臣淸足, 麻田連畋賦, 高篠連廣浪並外從五位下. 又以左大弁從三位兼皇后宮大夫大和守佐伯宿禰今毛人爲參議. 癸酉, 遣使畿內七道, 大祓奉幣於天神地祇. 庚辰, 詔曰, 山川藪澤之利, 公私共之, 具有令文. 如聞, 比來, 或王臣家, 及諸司寺家, 包幷山林, 獨專其利. 是而不禁, 百姓何濟. 宜加禁斷, 公私共之. 如有違犯者, 科違勅罪. 所司阿縱, 亦與同罪. 其諸氏家墓者, 一依舊界, 不得斫損. 乙酉, 山背國葛野郡人外正八位下秦忌寸足長築宮城, 授從五位上, 外從五位下栗前連廣耳飼養役夫, 授從五位下. 但馬國氣多團毅外從六位上川人部廣井, 進私物助公用授外從五位下. 丙申, 敍住吉神從二位, 預造長岡宮主典已上,及諸司雜色人等, 隨其勞効, 進階賜爵各有差.

○ **四年**正月丁酉朔, 天皇御大極殿受朝, 其儀如常. 石上, 榎井二氏, 各堅桙楯焉. 始停兵衛叫閤之儀. 是日, 宴五位已上於內裏. 賜祿有差. 癸卯, 宴五位已上. 詔授正六位上多賀王從五位下, 從四位上多治比眞人長野正四位上, 從五位上文室眞人高嶋正五位下, 從五位下藤原朝臣眞友, 文室眞人於保, 紀朝臣作良並從五位上, 正六位上藤原朝臣葛野麻呂, 甘南備眞人繼人, 平群朝臣淸麻呂, 阿倍朝臣枚麻呂, 佐伯宿禰繼成, 小野朝臣河根, 雀部朝臣虫麻呂, 縣犬養宿禰繼麻呂, 大宅朝臣廣江, 高橋朝臣三坂, 安曇宿禰廣吉, 文室眞人大原, 大伴宿禰蓑麻呂, 紀朝臣廣足, 紀朝臣呰麻呂並從五位下. 秦忌寸馬長, 白鳥村主元麻呂, 伊蘇志臣眞成並外從五位下. 乙巳, 授從五位上川邊女王正五位下, 從五位下三嶋女王從五位上, 無位八千代女王從五位下, 從四位上橘朝臣眞都賀, 正四位下藤原朝臣諸姉, 百濟王明信並正四位上, 從四位下藤原朝臣延福, 藤原朝臣人數, 和氣朝臣廣虫, 因幡國造淨成並從四位上, 從五位上藤原朝臣綿手, 正五位下武藏宿禰家刀自並正五位上, 從五位下藤原朝臣春蓮, 從五位上藤原朝臣勤子, 田中朝臣吉備並正五位下, 從五位下藤原朝臣祖子從五位上, 無位平群朝臣竈屋, 藤原朝臣慈雲, 藤原朝臣家野, 多治比眞人豊繼, 外從五位下葛井連廣見並從五位下, 外從五位下豊田造信女外從五位上, 無位道田連桑田外從五位下. 又授從五位上三嶋女王正五位下. 庚戌, 遣使堀攝津國神下, 梓江, 鯵生野, 通于三國川. 辛亥, 以從五位下藤原朝臣弟友爲侍從, 從五位下高橋朝臣御坂爲陰陽頭, 從五位下伊勢朝臣水通爲內匠頭, 從五位下藤原朝臣仲繼爲大學頭, 從五位上中臣朝臣常爲治部大輔, 從五位下縣犬養宿禰伯麻呂爲玄蕃頭, 從五位下淺井王爲諸陵頭, 正五位下粟田朝臣鷹守爲民部大輔, 從五位下紀朝臣千世爲少輔, 外從五位下奈良忌寸長野爲主稅助, 從四位下大伴宿禰潔足爲兵部大輔, 從五位下藤原朝臣雄友爲少輔, 美作守如舊. 從五位上丈部大麻呂爲織部正, 從五位上文室眞人忍坂麻呂爲木工頭, 從五位下布勢朝臣大海爲主殿頭, 從五位下平群朝臣淸麻呂爲典樂頭, 從四位下佐伯宿禰眞守爲造東大寺長官, 外從五位下林忌寸稻麻呂爲次官, 東宮學士如舊. 從三位紀朝臣船守爲近衛大將, 中宮大夫常陸守如故, 從五位下佐伯宿禰老爲少將, 相摸介如故, 從四位下紀朝臣古佐美爲中衛中將, 式部大輔但馬守如故. 從五位下藤原朝臣宗繼爲少將, 從五位下紀朝臣廣足爲衛門佐, 從五位下縣犬養宿禰堅魚麻呂爲左衛士佐, 正五位上安

倍朝臣家麻呂爲左兵衛督, 從五位下文室眞人大原爲右兵衛佐, 從

五位上三嶋眞人名繼爲內廐頭, 正五位下多治比眞人人足爲主馬頭, 正五位上巨勢朝臣苗麻呂爲河內

守, 從五位下大伴宿禰養麻呂爲介, 少納言正五位下大中臣朝臣諸魚爲兼山背守, 內

廐頭從五位上三嶋眞人名繼爲兼介, 從五位下紀朝臣呰麻呂爲伊勢介, 從五位上淨村

宿禰晋卿爲安房守, 右衛士督正四位上坂上大忌寸苅田麻呂爲兼下總守, 皇后宮大進

從五位下安倍朝臣廣津麻呂爲兼常陸大掾, 從五位上紀朝臣木津魚爲美濃守, 從五位

下藤原朝臣繩主爲介, 從五位下大神朝臣船人爲上野守, 從五位下和朝臣國守爲下野

介, 從五位上多治比眞人宇美爲陸奧守, 從五位下佐伯宿禰鷹守爲越中介, 正五位下

葛井連道依爲越後守, 春宮亮從五位上紀朝臣白麻呂爲兼伯耆守, 從五位上多治比眞

人年主爲出雲守, 近衛將監外從五位下筑紫史廣嶋爲兼播磨大掾, 從五位下笠朝臣雄

宗爲美作介, 從五位上百濟王仁貞爲備前守, 東宮學士外從五位下林忌寸稻麻呂爲兼

介, 造東大寺次官如故. 從五位上葛井連根主爲伊豫守, 外從五位下秦忌寸長足爲豊

前介. 戊午, 安房國言, 以今月十九日, 部內海邊,漂着大魚五百餘, 長各一丈五尺以下,

一丈三尺以上. 古老相傳云, 諸泊魚. 癸亥, 攝津國能勢郡大領外正六位上神人爲奈麻

呂, 近江國蒲生郡大領外從六位上佐佐貴山公由氣比, 丹波國天田郡大領外從六位下

丹波直廣麻呂, 豊後國海部郡大領外正六位上海部公常山等, 居職匪懈, 撫民有方.

於是, 詔並授外從五位下. 又授正六位下海上國造他田日奉直德刀自外從五位下. 以

從五位上小倉王, 百濟王玄鏡, 並爲少納言, 從五位下藤原朝臣乙叡爲權少納言, 正五

位下大中臣朝臣諸魚爲左中弁, 山背守如故. 從五位下藤原朝臣園人爲右少弁, 從五

位上紀朝臣作良爲大藏大輔, 外從五位下佐伯直諸成爲園池正, 從五位上弓削宿禰大

成爲西市正, 從五位上中臣朝臣鷹主爲信濃守, 從五位上日下部宿禰雄道爲豊前守.

二月丁卯, 近衛將監外從五位下筑紫史廣嶋賜姓野上連. 壬申, 授陸奧國小田郡大領

正六位上丸子部勝麻呂外從五位下, 以經征戰也. 甲戌, 但馬國氣多郡人外從五位下

川人部廣井改本姓, 賜高田臣. 丁丑, 從五位上多治比眞人宇美爲陸奧按察使兼鎭守

副將軍, 國守如故. 授正四位上坂上大忌寸苅田麻呂從三位. 癸未, 出雲國國造外正八

位上出雲臣國成等奏神吉事, 其儀如常. 授國成外從五位下, 自外祝等, 進階各有差.

丁未, 彈正尹從三位兼武藏守高倉朝臣福信, 上表乞身, 優詔許之. 賜御杖幷衾.

三月戊戌, 御嶋院. 宴五位已上. 召文人令賦曲水, 賜祿各有差. 甲辰, 授陸奧按察使從

五位上多治比眞人宇美正五位下. 又賜彩帛十疋, 絁十疋, 綿二百屯. 丙午, 以從五位

下安倍朝臣草廠呂爲神祇大副, 從五位下高倉朝臣石廠呂爲治部少輔, 從五位下佐伯宿禰葛城爲中衛少將. 甲寅, 正六位上春原連田使, 從七位下眞木山等, 改春原連, 賜高村忌寸.

夏四月乙丑朔, 授正六位上臣丸部臣董神外從五位下. 辛未, 中納言從三位兼春宮大夫陸奥按察使鎭守將軍大伴宿禰家持等言, 名取以南一十四郡, 僻在山海, 去塞懸遠. 屬有徵發, 不會機急. 由是權置多賀, 階上二郡, 募集百姓, 足人兵於國府, 設防禦於東西. 誠是備預不虞, 推鋒萬里者也. 但以, 徒有開設之名, 未任統領之人. 百姓顧望, 無所係心. 望請, 建爲眞郡, 備置官員. 然則民知統攝之歸, 賊絶窺窬之望. 許之. 己卯, 授大初位下日下部連國益外從五位下, 以獻稻船瀨也. 丁亥, 從五位上紀朝臣作良爲造齋宮長官. 癸巳, 宮內卿從四位上石川朝臣垣守爲兼武藏守.

五月乙未朔, 左京人從六位下丑山甘次猪養賜姓湯原造. 丁酉, 詔曰, 春秋之義, 祖以子貴. 此則典經之垂範, 古今之不易也. 朕君臨四海, 于茲五載. 追尊之典, 或猶未崇. 興念及此, 深以懼焉. 宜追贈朕外曾祖贈從一位紀朝臣正一位太政大臣. 又尊曾祖姚道氏曰太皇大夫人, 仍改公姓爲朝臣. 又臣子之禮, 必避君諱. 比者, 先帝御名及朕之諱, 公私觸犯. 猶不忍聞. 自今以後, 宜並改避. 於是改姓白髮部爲眞髮部, 山部爲山. 戊戌, 右京人從五位下昆解宿禰沙彌廠呂等, 改本姓賜鴈高宿禰. 癸丑, 先是, 皇后宮赤雀見. 是日, 詔曰, 朕君臨紫極, 子育蒼生. 政未洽於南薰, 化猶闕於東户. 粤得參議從三位行左大弁兼皇后宮大夫大和守佐伯宿禰今毛人等奏云, 去四月晦日, 有赤雀一隻, 集于皇后宮. 或翔止廳上, 或跳梁庭中. 皃甚閑逸. 色亦奇異. 晨夕栖息, 旬日不去者. 仍下所司. 令檢圖牒, 孫氏瑞應圖曰, 赤雀者瑞鳥也. 王者奉己儉約, 動作應天時則見, 是知, 朕之庸虛, 豈致此覬, 良由宗社積德, 餘慶所覃. 旣叶舊典之上瑞. 式表新色之嘉祥, 奉天休而倍惕, 荷靈眖以逾兢. 思敦弘澤以答上玄. 宜天下有位, 及內外文武官把笏者賜爵一級. 但有蔭者, 各依本蔭. 四世五世, 及承嫡六世已下王年二十以上, 並敍六位. 又五位已上子孫年二十已上, 敍當蔭階, 正六位上者免當户今年租. 其山背國者, 皇都初建旣爲輦下, 慶賞所被, 合殊常倫, 今年田租, 特宜全免. 又長岡村百姓家入大宮處者, 一同京户之例. 甲寅, 從五位上淨原王爲右大舍人頭, 從四位上藤原朝臣雄依爲大藏卿, 從四位上大中臣朝臣子老爲宮內卿, 神祇伯如故. 正四位下神王爲彈正尹, 從五位上海上眞人三狩爲大宰少貳, 從五位下百濟王英孫爲陸奥鎭守權副將軍. 戊午, 勅曰, 貢進調庸, 具著法式. 而遠江國所進調庸, 濫穢不堪官用. 凡頃年之間,

諸國貢物, 麤惡多不中用. 准量其狀, 依法可坐. 自今以後, 有如此類, 專當國司, 解却見任,
永不任用. 自餘官司, 節級科罪, 其郡司者加決罰以解見任, 兼斷譜第. 己未, 勅曰,
出家之人本事行道. 今見衆僧, 多乖法旨. 或私定檀越, 出入閭巷, 或詐稱佛驗, 詿誤愚
民. 非唯比丘之不愼敎律, 抑是所司之不勤捉搦也. 不加嚴禁, 何整緇徒. 自今以後, 如有
此類, 擯出外國, 安置定額寺. 庚申, 遣使五畿內祈雨焉. 辛酉, 地震. 周防國飢疫, 賑給之.
壬戌, 授正六位上百濟王元基從五位下.

六月乙丑, 出羽, 丹波, 年穀不登, 百姓飢饉. 並賑給之. 癸酉, 勅曰, 去五月十九日,
緣皇后宮有赤雀之瑞, 普賜天下有位爵一級. 但宮司者是祥瑞出處也. 當加褒賞以答
靈貺. 宜宮司主典已上不論六位五位進爵一級. 右衛士督從三位兼下總守坂上大忌
寸苅田麻呂等上表言, 臣等本是後漢靈帝之曾孫阿智王之後也. 漢祚遷魏, 阿智王因
神牛敎, 出行帶方, 忽得寶帶瑞. 其像似宮城. 爰建國邑, 育其人庶. 後召父兄告曰,
吾聞, 東國有聖主. 何不歸從乎. 若久居此處, 恐取覆滅. 卽携母弟迁興德, 及七姓民,
歸化來朝. 是則譽田天皇治天下之御世也. 於是阿智王奏請曰, 臣舊居在於帶方. 人民
男女皆有才藝, 近者寓於百濟高麗之間. 心懷猶豫未知去就. 伏願, 天恩遣使追召之.
乃勅遣臣八腹氏, 分頭發遣, 其人民男女, 擧落隨使盡來, 永爲公民. 積年累代, 以至于
今. 今在諸國漢人亦是其後也. 臣苅田麻呂等, 失先祖之王族, 蒙下人之卑姓. 望請,
改忌寸蒙賜宿禰姓. 伏願, 天恩矜察, 儻垂聖聽, 所謂寒灰更煖, 枯樹復榮也. 臣苅田麻
呂等, 不勝至望之誠, 輒奉表以聞. 詔許之. 坂上, 內藏, 平田, 大藏, 文, 調, 文部,
谷, 民, 佐太, 山口等忌寸十一姓十六人賜姓宿禰. 辛巳, 右大臣從二位兼中衛大將臣
藤原朝臣是公等, 率百官上慶瑞表. 其詞曰, 伏奉去五月十九日勅, 比者, 赤雀戾止椒
庭. 旣叶舊典之上瑞, 式表新色之嘉祥. 思與天下喜此靈貺者, 臣等生逢明時, 頻沐天
渙. 欣悅之情, 實倍恒品. 臣聞, 德動天地, 無遠不臻, 至誠有感, 在幽必達. 伏惟,
皇帝陛下, 道格乾坤, 澤沾動植, 政化以洽, 品物咸亨. 皇后殿下, 德超娥英, 功軼姙姒.
母儀方闡, 厚載旣隆. 故能兩儀合德, 百靈效祉. 白燕産帝畿以馴化, 赤雀翔皇宮而表
禎. 稽驗圖牒, 僉曰, 休徵. 斯實曠古殊貺, 當今嘉祥. 率土抃舞, 莫不幸甚. 臣是公等不
勝踴躍之至, 謹詣朝堂, 奉表以聞. 詔報曰, 乾坤表貺, 休瑞荐彰. 白燕搆巢於前春,
赤雀來儀於後夏. 寔惟宗祏攸祉, 群卿所諧, 朕之庸虛何應於此. 但當與卿等, 勉理政
化, 上答天休. 省所來賀, 祗懼兼懷. 是日, 授皇后宮大夫從三位佐伯宿禰今毛人正三
位, 亮從五位上笠朝臣名末呂正五位下, 大進從五位下藤原朝臣眞作, 少進從五位下

安倍朝臣廣津麻呂並從五位上, 大屬正六位上阿閇間人臣人足, 少屬正六位上林連浦海並外從五位下. 癸未, 參議兵部卿從三位兼侍從下總守藤原朝臣家依薨. 贈太政大臣正一位永手之第一子也.

秋七月己亥, 參議從三位石川朝臣名足爲左大弁, 播磨守如故, 參議從四位上大中臣朝臣子老爲右大弁, 神祇伯如故. 外從五位下麻田連畋賦爲左大史, 中納言正三位藤原朝臣小黑麻呂爲兼中務卿, 參議正三位佐伯宿禰今毛人爲民部卿, 皇后宮大夫大和守如故. 從五位下紀朝臣安提爲少輔, 從五位上紀朝臣作良爲兵部大輔, 正五位上內藏宿禰全成爲大藏大輔, 從四位上石川朝臣垣守爲宮內卿, 武藏守如故. 從三位坂上大宿禰苅田麻呂爲左京大夫, 右衛士督下總守如故, 從五位下賀茂朝臣人麻呂爲亮, 從四位下石川朝臣豊人爲右京大夫, 大納言正三位藤原朝臣繼繩爲兼大宰帥, 從五位下紀朝臣千世爲豊後守, 左中弁正五位下大中臣朝臣諸魚爲兼左兵衛督, 山背守如故. 己酉, 外從五位下秦忌寸馬長爲土佐守. 庚戌, 刑部卿從四位下兼因幡守淡海眞人三船卒, 三船大友親王之曾孫也. 祖葛野王正四位上式部卿, 父池邊王從五位上內匠頭, 三船性識聰敏, 涉覽群書, 尤好筆札. 寶字元年, 賜姓淡海眞人, 起家拜式部少丞. 累遷, 寶字中授從五位下, 歷式部少輔參河美作守. 八年被充造池使, 往近江國修造陂池. 時惠美仲麻呂遁自宇治, 走據近江, 先遣使者調發兵馬. 三船在勢多, 與使判官佐伯宿禰三野, 共捉縛賊使及同惡之徒. 尋將軍日下部宿禰子麻呂, 佐伯宿禰伊達等率數百騎而至, 燒斷勢多橋. 以故賊不得渡江, 奔高嶋郡. 以功授正五位上勳三等, 除近江介. 遷中務大輔兼侍從, 尋補東山道巡察使, 出而採訪, 事畢復奏, 昇降不愜頗乖朝旨. 有勅譴責之, 出爲大宰少貳, 遷刑部大輔, 歷大判事大學頭兼文章博士. 寶龜末, 授從四位下拜刑部卿兼因幡守. 卒時年六十四. 癸丑, 勅曰, 釋敎深遠, 傳其道者, 緇徒是也. 天下安寧盖亦由其神力矣. 然則, 僧惟尼, 有德有行, 自非哀顯, 何以弘道. 宜仰所司, 擇其修行傳燈無厭倦者, 景迹齒名, 具注申送. 又勅, 造宮之務, 事弗獲已, 所役之夫, 宜給其功. 於是和雇諸國百姓三十一萬四千人. 甲寅, 從五位下賀茂朝臣人麻呂爲齋宮頭. 丁巳, 勅曰, 夫正稅者, 國家之資, 水旱之備也. 而比年, 國司苟貪利潤, 費用者衆. 官物減耗, 倉廩不實, 職此之由. 宜自今已後, 嚴加禁止. 其國司如有一人犯用. 餘官同坐, 並解見任, 永不敍用. 贓物令共塡納, 不在免死逢赦之限. 遞相檢察, 勿爲違犯, 其郡司和許, 亦同國司. 辛酉, 土左國貢調愆期, 其物亦惡. 勅國司目已上, 並解見任. 壬戌, 外從五位下高篠連廣浪爲左大史, 從五位下藤原朝臣眞鷲爲大學頭, 外從五位下井上直牛養爲主計助, 外從五位下伊蘇志臣眞成爲主船正, 從四位下安倍朝臣東人爲刑部卿, 從五位上多朝臣犬養爲大輔, 從五位下巨勢朝臣家成爲主殿頭, 從五位下坂本朝臣大足爲官奴正, 從五位下甘南備眞人繼成爲右京亮, 從五位下石浦王爲主馬頭, 從五位下三嶋眞人大湯坐爲參河介, 從五位下笠朝臣雄宗爲能登守, 從五位下藤原朝臣宗繼爲因幡守, 外從五位下大村直池麻呂爲介, 從五位下布勢朝臣大海爲美作介. 授正八位下三野臣廣主外從五位下. 以貢獻也.

八月癸亥朔, 右京人土師宿禰淡海, 其姉諸主等, 改本姓賜秋篠宿禰. 己巳, 授從四位上藤原朝臣雄依正四位下, 從四位下石川朝臣豊人, 安倍朝臣東人, 佐伯宿禰久良麻呂並從四位上, 從五位下藤原朝臣是人, 藤原朝臣雄友, 藤原朝臣內麻呂並從五位上, 外從五位下朝原忌寸道永, 正六位上多治比眞人國成, 笠朝臣江人並從五位下. 丙子, 從五位上多治比眞人濱成爲右中弁, 從五位上安倍朝臣廣津麻呂爲皇后宮大進, 外從五位下阿閇間人臣人足爲少進, 外從五位下林連浦海爲大屬, 從五位下笠朝臣江人爲式部少輔, 從五位下大伴宿禰眞麻呂爲主稅頭, 從五位下下毛野朝臣年繼爲內掃部正, 從四位下大伴宿禰潔足爲近衛中將, 從五位上藤原朝臣內麻呂爲中衛少將, 外正五位下丹比宿禰眞淨爲右衛士佐, 從五位上藤原朝臣眞作爲石見守, 從五位下石川朝臣宿奈麻呂爲周防守. 授從五位下羽栗臣翼從五位上, 正六位上多治比眞人屋嗣從五位下, 正六位上國中連三成, 外正六位上丹波直人足並外從五位下. 乙酉, 授從七位上大秦公忌寸宅守從五位下, 以築太政官院垣也. 外從五位下土師宿禰公足爲隱岐守. 丙戌, 天皇行幸平城宮. 先是, 朝原內親王齋居平城, 至是齋期既竟, 將向伊勢神宮, 故車駕親臨發入. 庚寅, 中納言從三位大伴宿禰家持死, 祖父大納言贈從二位安麻呂, 父大納言從二位旅人, 家持天平十七年授從五位下, 補宮內少輔, 歷任內外. 寶龜初, 至從四位下左中弁兼式部員外大輔. 十一年拜參議, 歷左右大弁, 尋授從三位, 坐氷上川繼反事, 免移京外, 有詔宥罪, 復參議春宮大夫, 以本官出爲陸奧按察使, 居無幾拜中納言, 春宮大夫如故. 死後二十餘日, 其屍未葬. 大伴繼人, 竹良等殺種繼, 事發覺下獄. 案驗之, 事連家持等. 由是, 追除名. 其息永主等並處流焉.

九月乙未, 地震. 己亥, 齋內親王向伊勢太神宮, 百官陪從, 至大和國堺而還. 庚子, 行幸水雄岡遊獵. 授正六位上巨勢朝臣嶋人從五位下, 正六位上池原公繩主外從五位下. 壬寅, 河內國言, 洪水汎溢, 百姓漂蕩或乘船, 或寓堤上, 粮食絶乏, 艱苦良深. 於是, 遣使監巡, 兼加賑給焉. 乙卯, 中納言正三位兼式部卿藤原朝臣種繼被賊射薨.

丙辰, 車駕至自平城, 捕獲大伴繼人, 同竹良幷黨與數十人. 推鞫之, 並皆承伏. 依法推
斷, 或斬或流, 其種繼參議式部卿兼大宰帥正三位宇合之孫也. 神護二年, 授從五位
下, 除美作守, 稍遷, 寶龜末, 補左京大夫兼下總守, 俄加從四位下, 遷佐衛士督兼近江
按察使. 延曆初, 授從三位, 拜中納言, 兼式部卿. 三年授正三位, 天皇甚委任之. 中外
之事皆取決焉. 初首建議, 遷都長岡, 宮室草創, 百官未就, 匠手役夫, 日夜兼作, 至於行
幸平城, 太子及右大臣藤原朝臣是公, 中納言種繼等, 並爲留守. 照炬催檢, 燭下被傷.
明日薨於第. 時年四十九. 天皇甚悼惜之. 詔贈正一位左大臣. 己未, 造東大寺長官內
藏頭從四位下石上朝臣家成爲檢衛門權督, 兵部少輔美作守正五位上藤原朝臣雄友
爲兼左衛士權督. 辛酉, 以從五位下佐伯宿禰葛城爲左少辨, 從五位下百濟王英孫爲
出羽守, 近衛少將從五位下紀朝臣兄原爲檢備前介.

冬十月甲子, 左降從四位下吉備朝臣泉佐渡權守, 從五位下藤原朝臣園人爲安藝守.
乙丑, 從五位上藤原朝臣是人爲長門守. 丙寅, 遣使五畿內檢田, 爲班授也. 庚午, 遣中
納言正三位藤原朝臣小黑麻呂, 大膳大夫從五位上笠王於山科山陵, 治部卿從四位上
壹志濃王, 散位從五位下紀朝臣馬守於田原山陵, 中務大輔正五位上當麻王, 中衛中
將從四位下紀朝臣古佐美於後佐保山陵以告廢皇太子之狀. 壬申, 遠江, 下總, 常陸,
能登等國, 去七八月大風, 五穀損傷, 百姓飢饉, 並遣使賑給之. 甲戌, 中衛中將從四位
下兼式部大輔但馬守紀朝臣古佐美爲參議, 從五位下紀朝臣馬守爲中務少輔, 從五位
下下毛野朝臣年繼爲大監物, 從五位上文室眞人子老爲玄蕃頭, 從五位上秦忌寸足長
爲主計頭, 從五位下石川朝臣公足爲主稅頭, 從五位下縣犬養宿禰伯爲刑部少輔, 從
四位下大伴宿禰潔足爲大藏卿, 外從五位下嶋田臣宮成爲右京亮, 從五位上弓削宿禰
鹽麻呂爲造東大寺次官, 從五位下紀朝臣兄原爲近衛少將, 備前介如故, 外從五位下
池原公繩主爲將監, 從五位下橘朝臣入居爲中衛少將, 近江介如故. 正五位下笠朝臣
名末呂爲右兵衛督, 皇后宮亮如故. 外從五位下白鳥村主元麻呂爲武藏大掾, 從五位
上藤原朝臣眞友爲下總守, 左京大夫右衛士督從三位坂上大宿禰刈田麻呂爲兼越前
守, 從五位上藤原朝臣內麻呂爲介, 從五位下川邊朝臣淨長爲安藝介. 庚辰, 以善藻法
師爲律師. 辛巳, 從五位下春階王爲遠江守, 從五位下紀朝臣繼成爲讚岐介. 己丑, 河
內國破壞堤防三十處, 單功三十萬七千餘人, 給粮修築之.

十一月癸巳朔, 授從四位上石川朝臣垣守正四位上. 庚子, 能登守從五位下三國眞人
廣見, 坐誣告謀反, 合斬, 減死一等配佐渡國. 壬寅, 祀天神於交野柏原, 賽宿禱也.

甲辰, 從五位下平群朝臣淸麻呂爲大膳亮, 外從五位下麻田連畋賦爲典藥頭. 丙辰,
授無位藤原朝臣旅子從三位, 從五位上笠女王正五位下. 丁巳, 詔立安殿親王爲皇太
子, 大赦天下. 高年孝義及鰥寡孤獨不能自存者, 並加賑恤焉. 是日, 授從四位下紀朝
臣古佐美從四位上, 正五位下大中臣朝臣諸魚, 笠朝臣名末呂並正五位上, 從五位上
文室眞人水通正五位下, 從五位下佐伯宿禰老從五位上, 外從五位下津連眞道, 正六
位上藤原朝臣仲成, 藤原朝臣縵麻呂, 紀朝臣楫長, 坂上大宿禰田村麻呂並從五位下,
外從五位下上毛野公我人, 池原公繩主並外從五位上. 又以右大弁從三位兼播磨守石
川朝臣名足, 近衛大將從三位兼中宮大夫常陸守紀朝臣船守, 並爲中納言. 大納言中
務卿正三位藤原朝臣繼繩爲兼皇太子傅, 大外記從五位下朝原忌寸道永, 左兵衛佐從
五位下津連眞道並爲學士, 參議從四位上紀朝臣古佐美爲春宮大夫, 中衛中將式部大
輔但馬守如故. 從五位上安倍朝臣廣津麻呂爲亮, 皇后宮少進常陸大掾如故. 庚子,
詔賀茂上下神社充愛宕郡封各十戶.
十二月辛未, 近江國人從七位下勝首益麻呂, 起去二月, 迄十月, 所進役夫惣三萬六千
餘人, 以私粮給之. 以勞授外從五位下, 而讓其父眞公. 有勅許之. 甲申, 故遠江介從五
位下菅原宿禰古人男四人給衣粮令勤學業, 以其父侍讀之勞也.

續日本紀卷第三十八

『속일본기』 권제39

〈延曆 5년(786) 정월부터 7년(788) 12월까지〉

우대신 정2위 겸 行皇太子傅 中衛大將

신 藤原朝臣繼繩 등이 칙을 받들어 편찬하다.

今皇帝1)

○ 延曆 5년(786), 춘정월 임신삭(1일), 5위 이상에게 연회를 베풀고 차등있게 녹을 내렸다.

　을미(4일), 무위 長津王에게 종5위하를 내렸다.

　무술(7일), 5위 이상에게 연회를 베풀었다. 정4위하 神王에게 정4위상을, 종4위상 壹志濃王에게 정4위하를, 종5위하 篠嶋王에게 종5위상을, 종4위상 大中臣朝臣子老에게 정4위하를, 정5위상 紀朝臣犬養에게 종4위하를, 정5위하 文室眞人高嶋, 종5위상 藤原朝臣雄友·藤原朝臣內麻呂에게 함께 정5위상을, 종5위상 藤原朝臣菅繼에게 정5위하를, 종5위하 藤原朝臣乙叡에게 종5위상을, 외종5위하 長尾忌寸金村·物部多藝宿禰國足, 외정5위하 丹比宿禰眞淨, 외종5위상 上毛野公大川, 정6위상 佐伯宿禰志賀麻呂·阿倍朝臣名繼, 종7위상 和朝臣家麻呂,2) 정6위상 多治比眞人賀智·紀朝臣楫人·藤原朝臣淸主·百濟王孝德3)에게 함

---

1) 桓武天皇.

2) 和史氏의 和의 씨명은 倭, 養德이라고도 표기한다. 大和國 城下郡 大和鄕의 지명에서 유래한다. 和史에서 和朝臣으로 개성된 이후, 『신찬성씨록』 좌경제번상에는 "和朝臣은 백제국 都慕王의 18세손 무령왕으로부터 나왔다"라고 하는 출자를 밝히고 있다. 和朝臣家麻呂는 延曆 5년(786)에 종7위상에서 7단계 승진한 종5위하에 서위되어 伊勢大掾에 임명되었다. 그 후 造兵正, 內廐助, 治部大輔를 역임하였고, 동 11년에 종5위상, 이듬해에 정5위하, 종4위하로 승진하여 천황의 종형제가 되는 외척으로서 고위직에 올랐다. 延曆 15년에는 정4위하 참의에 보임되었고 도래계 씨족으로는 처음 공경의 지위에 올랐다. 延曆 17년에는 종3위 중납언이 되었고, 이어 우대신, 神王, 大納言,

게 종5위하를 내리고, 연회를 마치고 차등있게 녹을 지급하였다.

좌경대부 종3위 겸 右衛士督 및 下總守 坂上大宿禰苅田麻呂[4]가 죽었다. 苅田麻呂는 정4위상 犬養의 아들이다. 天平寶字 연중에 授刀少尉에 임명되었다. 동 8년 惠美仲麻呂[5]가 반역했을 때, 우선 그의 아들 息訓儒麻呂[6]를 (平城宮에) 보내 驛鈴과 印을 빼앗았다. 苅田麻呂는 將曹 牡鹿嶋足과 함께 (천황의) 조를 받들어 바로 말을 타고 달려가 訓儒麻呂를 쏘아 죽였다. 이 공으로 종4위하 훈2등을 받고, 大忌寸의 성이 내려졌다.[7] 中衛少將에 보임되었고, 甲斐守를 겸하였다. 그 내용은 廢帝紀[8]에 있다. 寶龜 초에 정4위하에 서위되었고, 전출되어 陸奧鎭守將軍이 되었다. 얼마 지나지 않아 소환되어 (왕경으로) 들어와 近衛員外中將, 丹波國 및 伊豫國 등의 국수가 되었다. 天應 원년(781)에 정4위상을 받아 右衛士督으로 전임되었다. 苅田麻呂의 가문은 대대로 궁마의 직에 종사하였고, 기마 궁술에 뛰어났다. 궁중에서 호위하는 임무를 맡았고, 여러 대의 조정에서 봉사하였다. 천황은 그를 총애하고 우대하여 별도로 봉호 50호를 내렸다. 延曆 4년(785)에 종3위에 서위되었고, 左京大夫에 임명되었으며 右衛士督 및 下總守는 종전과 같았다. 사망시의 나이는 59세였다.

을사(14일), 정4위상 紀朝臣宮子·橘朝臣眞都賀·藤原朝臣諸姉에게 함께 종3위를, 종4위하 美作女王에게 종4위상을, 종5위하 八上女王에게 정5위하를, 종5위하 忍坂女王·置始女王에게 함께 종5위상을, 종4위상 多治比眞人古奈禰에게 정4위하를, 정5위상 武藏宿禰家刀自에게 종4위하를, 정5위하 藤原朝臣春蓮·藤原朝臣勤子에게 함께 정5위상을, 종5위하 坂上大宿禰又子·藤原朝臣明子·三

壹志濃王, 中務卿, 宮內卿을 역임하였다. 사후에 종2위 大納言으로 추증되었다.

3) 延曆 7년 2월 병오조에 나오는 百濟王敎德과 동일 인물일 가능성이 있다. 그 밖에는 기록이 없다.

4) 坂上氏는 백제계 東漢氏의 阿知使主를 시조로 하는 백제계 도래씨족의 후예이다. 이 씨족은 대대로 궁마의 도를 세습한 무예에 능한 일족으로 조정의 경비 등을 담당하였다. 판상씨는 延曆 4년(785) 6월에 상표하여, 後漢 영제의 자손이라는 출자를 밝히고 개성을 청원하여 일족 11개 姓의 16명이 忌寸에서 宿禰의 성으로 개성하였다.

5) 藤原仲麻呂.

6) 藤原仲麻呂의 아들.

7) 天平寶字 8년 9월의 일이다.

8) 『續日本紀』의 淳仁天皇紀.

嶋宿禰廣宅에게 함께 정5위하를, 종5위하 安倍朝臣黑女에게 종5위상을, 외종5
위하 山口宿禰家足, 무위 紀朝臣古刀自·藤原朝臣姉·藤原朝臣鷹子, 정6위상 賀茂
朝臣三月, 무위 錦部連姉繼에게 함께 종5위하를 내렸다.

무신(17일), 종3위 藤原朝臣旅子를 夫人[9]으로 삼았다.

임자(21일), 近江國 滋賀郡에 처음으로 梵釋寺[10]를 조영하였다.

을묘(24일), 종5위하 藤原朝臣宗嗣를 伊勢守로 삼고, 종5위하 和朝臣家麻呂[11]
를 (伊勢)大掾으로 삼고, 외종5위하 井上直牛養을 尾張介로 삼고, 종5위하
紀朝臣廣足을 駿河守로 삼고, 內藥正 겸 侍醫 종5위하 吉田連古麻呂[12]에게
常陸大掾을 겸직시켰다. 정4위하 多治比眞人長野를 近江守로 삼고, 종5위하
紀朝臣楫長을 (近江)介로 삼고, 종5위하 多治比眞人賀智를 信濃介로 삼고, 종5위
상 藤原朝臣內麻呂를 越前守로 삼고, 春宮亮 종5위상 安倍朝臣廣津麻呂에게
(越前)介를 겸직시켰다. 종5위상 文室眞人忍坂麻呂를 因幡守로 삼고, 종5위하
藤原朝臣眞鷲를 伯耆守로 삼고, 式部少輔 종5위하 笠朝臣江人에게 播磨大掾을
겸직시키고, 종5위하 伊勢朝臣水通를 紀伊守로 삼았다.

기미(28일), 지진이 있었다. 종5위하 安倍朝臣枚麻呂를 大監物로 삼고, 종5위
하 藤原朝臣縵麻呂를 皇后宮大進으로 삼고, 정5위상 安倍朝臣家麻呂를 左大舍人
頭로 삼고, 종5위하 安倍朝臣名繼를 右大舍人助로 삼고, 종5위상 紀朝臣作良을
大學頭로 삼고, 종5위하 縣犬養宿禰繼麻呂를 散位助로 삼고, 외종5위하 林連浦
海를 主計助[13]로 삼고, 종5위하 藤原朝臣乙友를 宮內少輔로 삼고, 종5위하

---

9) 천황의 배우자 신분의 하나. 皇后, 妃, 夫人, 嬪이 있다.
10) 桓武天皇이 長岡京의 완성과 증조부 天智天皇의 명복을 빌기 위해 近江의 大津宮 부근에
  건립한 사찰. 桓武 자신이 天智系 왕통을 의식한 것으로 보인다.
11) 앞의 延曆 5년(786) 춘정월조 각주 2) 참조.
12) 백제 멸망 직후 일본으로 망명한 吉大尙의 후손으로, 吉田連古麻呂는 吉大尙의 아들로
  추정되는 典藥頭 吉宜의 아들이다. 『속일본기』 神龜 원년(724) 5월조에는 "從五位上吉宜,
  從五位下吉智首并吉田連"이라고 하여 吉에서 吉田連으로의 사성기록이 보인다. 『신찬
  성씨록』 좌경황별하 「吉田連」조에도 "故謂其苗裔之姓爲吉氏. 男從五位下知須等 … 神龜元
  年賜吉田連姓"이라고 하여 (吉)知須라는 인명이 나온다. 知須는 바로 『속일본기』에
  나오는 吉智首이고 吉宜와 함께 신귀 원년에 吉田連의 성을 받는다. 吉田連古麻
  는 光仁朝에서 內藥佑를 지냈고, 寶龜 7년(776) 외종5위하, 동 10년에 외정5위하, 天應
  원년(781)에 종5위하에 서위되었다. 延曆 3년(784)에는 內藥正이 되었고, 얼마 지나지
  않아 侍醫에 보임되었다.

文室眞人久賀麻呂를 木工頭로 삼고, 외종5위하 國中連三成[14)을 (木工)助로 삼고, 외종5위하 上村主虫麻呂를 官奴正[15)으로 삼고, 종4위상 佐伯宿禰久良麻呂를 좌경대부로 삼고, 종5위하 藤原朝臣繩主를 중위소장으로 삼고, 종5위하 藤原朝臣仲成을 衛門佐로 삼고, 皇后宮亮 정5위상 笠朝臣名末呂에게 右衛士督을 겸직시키고, 종5위상 百濟王玄鏡[16)을 右兵衛督으로 삼고, 종5위하 文室眞人大原을 (右兵衛)佐로 삼고, 종5위하 大宅朝臣廣江을 美濃介로 삼고, 종5위하 安倍朝臣眞黑麻呂를 出雲介로 삼았다.

2월 기사(9일), 出雲國 국조인 出雲臣國成이 神吉事[17)를 주상하였다. 그 의식은 종전과 같았다. 國成 및 祝部에게 물품을 차등있게 내렸다.

정축(17일), 종4위상 紀朝臣古佐美를 右大弁으로 삼고, 春宮大夫 및 中衛中將, 但馬守는 종전대로 하였다. 중납언 종3위 石川朝臣名足에게 中宮大夫를 겸직시키고 左大弁 및 播磨守는 종전대로 하였다. 정5위상 內藏宿禰全成을 內藏頭로 삼고, 중납언 및 근위대장 종3위 紀朝臣船守에게 式部卿을 겸직시키고 常陸守는 종전대로 하였다. 정5위상 大中臣朝臣諸魚를 式(部)大輔로 삼고 左兵衛督은 종전대로 하였다. 정4위하 大中臣朝臣子老를 병부경으로 삼고 神祇伯은 종전대로 하였고, 정5위상 藤原朝臣雄友를 (兵部)大輔로 삼았다. 정5위하 文室眞人水通을 大藏大輔로 삼고, 종5위하 大原眞人美氣를 彈正弼로 삼고, 종4위하 石上朝臣家成을 衛門督으로 삼고, 병부대보 정5위상 藤原朝臣雄友에게 左衛士督을 겸직시키고, 內廐頭 종5위상 三嶋眞人名繼에게 山背守를 겸직시키고,

---

13) 主計寮의 차관. 主計寮는 稅收(주로 調)의 파악, 즉 租稅의 양을 계산하고 이것이 규정된 양에 맞는지를 감독한다. 한편 이와 유사한 일을 하는 主稅寮는 田租와 出擧의 장부를 대조하여 지방재정을 관할한다. 여기에서는 수학을 하는 算博士가 중요하여, 이들이 主計寮나 主稅寮의 장차관이 겸직하는 경우가 많다.

14) 백제 멸망 후인 天智 2년(663)에 망명한 백제 관인 德率 國骨富의 후예. 延曆 4년 8월에 정6위상에서 종5위하로 서위되었다.

15) 宮內省 소속의 官奴司의 장관. 직무는 官戶·官奴婢를 관리·통솔하고, 이들의 名籍·구분전 등을 관장한다.

16) 百濟王敬福의 아들. 寶龜 6년(775)에 종5위하, 延曆 2년(783)에 종5위상에 서위된다. 少納言, 右兵衛督를 거쳐 延曆 6년에 정5위하, 동 8년에 上總守에 보임되었다. 연력 16년에 종4위하로 승진하였고, 동 18년에는 형부경에 임명되었다.

17) 出雲國造는 바뀔 때마다 신임 국조가 상경하여 천황의 치세에 대해 出雲 神들의 축하하는 말을 주상한다. 이때 올리는 壽詞를 神賀詞라고 한다.

외종5위하 御使朝臣淨足을 美濃介로 삼고, 종5위하 大宅朝臣廣江을 丹後介로 삼았다.

하4월 경오(1일), (천황이) 조를 내려, "제국에서 공진한 용, 조 및 연간 소요되는 물자[18] 등은 매번 미납분이 있고, 국가의 용도에 부족을 초래하고 있다. 누적되어 습관화된 지 점차 오래되어 그 폐해가 이미 심각해졌다. 실로 국사와 군사가 서로 태만한 데에 원인이 있고, 종국에는 물자를 민간으로 빼돌려, 관의 창고를 결핍시키고 있다. 또 정치에 임하여 백성을 다스리는 일이 조정에서 위임한 취지에 어긋나고 있다. 청렴하고 공평하게 직무를 수행하는 자는 백에 하나도 듣지 못했다. 타인의 재물을 침해하여 사욕을 채우는 자가 열 중의 아홉은 있다. 부끄럽게도 官司라고 칭하면서 어떻게 이와 같이 할 수 있겠는가. 그 행적을 조사하여 사안에 따라 해임이나 강등시키도록 한다. 그 정치적인 치적에 평판이 있고, 직무에 부패하지 않은 자는 또한 명확히 기록하여 영예로운 지위로 발탁한다. 소관 관사에서는 상세하고 확실하게 條文의 서식으로 작성하여 주상하도록 한다"라고 하였다.

이에 태정관에서는 논의하여 조례를 주상하기를, "(백성을) 위무하고 보살피는 데에 방책을 세워 호구를 증가시킬 것, 농업과 양잠을 장려하고 (세금을) 부과하여 창고를 충실히 채울 것, 각종 물자를 공진하는 데에 기한에 따라 운송하여 납입할 것, 관내를 엄하게 단속하여 도적이 발생하지 않도록 할 것, (소송의) 판결이 이치에 맞고 재판에 억울함이 없도록 할 것, 직무에 공평하고 처신을 청렴하고 신중하게 할 것, 방비하면서 동시에 경작하고 군량을 비축해 둘 것, 변경을 평온하게 다스리고 성과 해자를 수리하는 일 등이다. 만약 국사, 군사 및 진장 등 변경을 지키는 관인이 임지에 이르러 3년 이내에 정치에 실적을 내고, 앞의 2개조 이상에 해당하는 자에게는, 5위 이상은 행적을 헤아려 진급시키고, 6위 이하의 자는 서열에 관계없이 발탁하여 5위를 수여하도록 한다.

(이와는 반대로) 관에 재임 중에 탐욕스럽고 부패하여 일 처리에 공평하지

---

18) 원문의 支度는 국가예산[國用]을 입안하여 배분하는 물품. 「職員令」22 「主計寮」條에, "主計寮, 頭一人, 〈掌, 計納調及雜物, 支度國用, 勘勾用度事.〉". 주계료 장관은 국가예산을 감독하여 계산하고 적발한다.

않은 일, 멋대로 간교한 일을 행하며 명예를 추구하는 일, 사냥을 제한없이 행하여 백성들의 생활을 어지럽히는 일, 술을 좋아하고 빠져들어 공무를 지체시키고, 공무에 절조가 있다는 평판이 없으면서 청탁이 날로 늘어나는 일, 방종한 자제가 공공연히 청탁을 행하는 일, (관내의 백성이) 도망하여 유실됨이 많은데 붙잡은 인원은 적은 일, 통솔의 방법이 부적절하여 수비의 병졸이 명령을 위반하는 일이다. (이 중에서) 만약 앞의 관인들이 직무를 충실히 하지 않고 앞의 1개 조항 이상 해당하는 자는 (그 저촉한) 연도의 기한에 관계없이 현직을 해임한다. (백성을) 위무하고 보살펴 (생업을) 장려하고 (세금을) 할당시키는 조항을 위반하는 자는, 또한 이에 준하여 시행하고자 한다"라고 하였다. (천황은) 이 주상을 허락하였다.

정3위 藤原朝臣繼繩에게 종2위를 내리고, 종4위상 石川朝臣豊人을 중궁대부로 삼고, 중납언 및 좌대변 종3위 石川朝臣名足에게 황후궁대부를 겸직시키고 播磨守는 종전대로 하였다. 대납언 종2위 藤原朝臣繼繩에게 民部卿을 겸직시키고 東宮傳는 종전대로 하였다. 참의 정3위 佐伯宿禰今毛人을 大宰帥로 삼았다.

을해(16일), 좌경인 정7위하 維敬宗 등에게 長井忌寸의 성을 내렸다. 播磨國에서 언상하기를, "사천왕사의 餝磨郡의 수전 80정은 원래 백성의 구분전이다. 그러나 태정관부에 의해 사원에 들어가 버렸다. 이로 인해 백성들의 구분전은 인근의 다른 군에서 받아 경작할 때에 불편하여 실로 폐해가 심하다. 그 印南郡은 호구가 극히 적고 전지의 수는 대단히 많다. 지금 구분전의 반급할 시기를 맞이하여, 餝磨郡의 (사천왕사) 전지를 옮겨서 인남군에 두었으면 한다"라고 하였다. (천황은) 이를 허락하였다.

무인(19일), 式部大輔 정5위상 大中臣朝臣諸魚에게 右京大夫를 겸직시키고 左兵衛督은 종전대로 하였다. 종5위상 大中臣朝臣繼麻呂를 大和守로 삼았다.

5월 신묘(3일), 새로 도읍을 옮겨 관민 모두 초창기이고 백성은 이주하여, 아직 생활이 여유롭지 못한 점이 많다. 이에 조를 내려, 좌우의 경 및 동서의 시19)의 사람들에게 각각 차등있게 물품을 지급하였다.

계사(5일), 궁내경 정4위상 石川朝臣垣守가 죽었다.

---

19) 長岡京의 左右의 京 및 東西의 市.

경자(12일), 정4위하 伊勢朝臣老人을 縫殿頭로 삼고, 종5위하 巨勢朝臣廣山을 大和介로 삼았다.

6월 기미삭(1일), 이보다 앞서, 지난 寶龜 3년(772)에 制가 내려졌는데, "제국의 公廨(稻)의 분배방식에 대해, 전임자가 출거하고 후임자가 수납하는 경우에 서로 공이 있는데, 받을 지분이 없어서는 안 된다. 전임과 후임의 국사는 각각 균등하게 나누도록 한다"라고 하였다. 이에 이르러, (천황은) 칙을 내려 "출거와 수납은 그 노고가 동일하지 않다. 마땅히 전례를 개혁하여, 오로지 天平寶字 원년(757) 10월 1일의 式에 의거하여, 수납 이전의 공해는 후임자의 것으로 하고, 수납 후의 공해는 전임자의 것으로 한다"라고 하였다.

또 (천황은 다음과 같이) 칙을 내려, "백성을 위무하고 보살펴 국내의 비위를 규찰하는 일은 국의 관사나 군의 관사 모두 동일한 직무이다. 그렇기 때문에 국사와 군사의 공적과 과실은 함께 관여하고 책임도 있다. 그런데 근년에 正倉에 화재가 발생했을 때, 군사 홀로 처벌받고 국사는 죄를 묻지 않았다. 이 일은 다소 도리에 어긋난다. 어떻게 법의 취지에 부합할 수 있겠는가. 지금 이후로는 국사들의 公廨를 몰수하여 소실된 관물을 보전하고, 그 (화재가 난 郡의) 군사는 사면의 범위에 포함되지 않도록 한다"라고 하였다.

정묘(9일), 종5위상 藤原朝臣乙叡, 종5위하 文室眞人眞屋麻呂를 함께 少納言으로 삼고, 우대변 종4위상 紀朝臣古佐美를 좌대변으로 삼고, 춘궁대부 겸 중위중장, 但馬守는 종전대로 하였다. 종5위하 阿倍朝臣弟當을 右少弁으로 삼고, 종5위하 上毛野公大川을 主計頭로 삼고, 大外記는 종전대로 하였다. 중납언 종3위 石川朝臣名足에게 병부경을 겸직시키고, 皇后宮大夫 및 播磨守는 종전대로 하였다. 종5위하 多治比眞人公子를 大藏少輔로 삼고, 정4위하 大中臣朝臣子老를 宮內卿으로 삼고 神祇伯은 종전대로 하였다. 대납언 종2위 藤原朝臣繼繩에게 造東大寺 장관을 겸직시키고 東宮傅 및 民部卿은 종전대로 하였다.

정해(29일), 尙縫[20] 종3위 藤原朝臣諸姉가 죽었다. 내대신 종1위 (藤原朝臣) 良繼의 딸이다. 증 우대신 百川에게 시집가 낳은 딸이다. 이것이 妃로 추증된

---

20) 「後宮職員令」15 「縫司」條에, "縫司, 尙縫一人.〈掌, 裁縫衣服, 纂組之事, 兼知, 女功及朝參〉" 이라고 규정되어 있다. 궁중에서 소요되는 제반 의복을 만들고, 아울러 女官의 출사, 朝參에 관한 일을 담당한다.

여성이다.

추7월 임인(15일), 정5위하 羽栗臣翼을 內藥正 겸 시의로 삼았다.

병오(19일), 太政官院이 완성되어 백관이 처음으로 조당의 좌석에 자리하였다.

8월 갑자(8일), 종4위하 巨勢朝臣苗麻呂를 左中弁으로 삼고, 河內守는 종전대로 하였다. 종4위상 和氣朝臣淸麻呂를 民部大輔로 삼고, 攝津大夫는 종전대로 하였다. 종5위하 中臣朝臣必登을 參河介로 삼고, 종5위상 阿保朝臣人上을 武藏守로 삼고, 종5위하 紀朝臣楫人을 (武藏)介로 삼고 종5위하 文室眞人大原을 下總介로 삼고, 中宮大進 종5위하 物部多藝宿禰國足에게 常陸大掾을 겸직시키고, 정5위하 栗田朝臣鷹守를 上野守로 삼았다. 종5위하 佐伯宿禰葛城을 동해도에, 종5위하 紀朝臣楫長을 동산도에 파견하고, 도별로 판관 1인, 주전 1인씩을 두고, 군단의 병사를 선발해 검열하고, 아울러 무기를 점검시켰다. 蝦夷를 정벌하기 위해서였다.

(천황이) 칙을 내려, "정창에 화재가 난 것은, 반드시 신으로부터 연유한 것은 아니다. 왜냐하면, 郡司에 임용될 자격이 있는 집안의 자들이 관할 인물들을 음해하기 위해 불을 놓거나, 관할하는 관사가 허위 납부를 숨기기 위해 방화하고 있기 때문이다. 지금 이후로는 신에 의한 화재인가 사람에 의한 방화인가를 묻지 않고,[21] 당시 국사, 군사가 이를 보전하도록 한다. 이 때문에 현직의 관인을 해임하거나 군사가 될 자격이 있는 가문을 단절시켜서는 안 된다"라고 하였다.

무인(22일), 唐人 盧如津에게 淸川忌寸[22]의 성을 내렸다.

9월 갑진(18일), 出羽國에서 언상하기를, "발해국사 대사 李元泰 이하 65인이

---

21) 神火는 神罰, 天災라는 인식이 있었지만, 상대를 함정에 빠트리는 정치적인 사건과 연계된 방화사건인 경우가 많다.

22) 『신찬성씨록』좌경제번상에, 淸川忌寸은 唐人으로 정6위상 盧如津으로, 沈惟岳과 같은 시기에 입조했다고 한다. 『類聚國史』78(賞賜) 延曆 17년(798) 6월 무술조에 "唐人 외종5위하 嵩山忌寸道光, 大炊權大屬 정6위상 淸川忌寸麻呂가 本蕃을 떠나 국가에 귀화하였다"라고 하여 일본 귀화 사실을 기록하고 있다. 즉 심유악과 마찬가지로 天平寶字 5년(761) 8월 일본의 견당사 일행과 함께 일본에 왔다가 정주한 것이다. 여기에 나오는 淸河忌寸麻呂는 盧如津과 동일 인물로 추정된다. 『일본후기』延曆 4년(785) 11월조에도 동일 인물인 淸河忌寸斯麻呂가 보인다.

배 1척에 승선하여 관할 지역에 표착하였다. 蝦夷에게 습격받아 끌려간 사람은 12인이고, 현재 무사한 사람은 41인이다"라고 하였다.

정미(21일), 攝津職에서 언상하기를, "제국의 驛戶[23]는 庸을 면제하고 調를 납입하고 있다. 기내 (驛戶)는 원래 용을 납부하지 않는다. 畿外의 (역호의) 백성과 비교해 부담이 동일하지 않다. (畿內의) 驛子가 도망가는 것을 금지하기 어려운 것은 실로 이것이 원인이다. 역자의 조를 면제해 줄 것을 청한다"라고 하였다. (천황은) 이를 허락하였다. 그 외의 기내의 국도 또한 이 사례에 준하도록 하였다.

을묘(29일), 정4위상 神王을 大和國 班田使 좌장관으로 삼고, 종5위하 石川朝臣魚麻呂를 차관으로 삼았다. 종4위상 佐伯宿禰久良麻呂를 班田使[24] 우장관으로 삼고, 외종5위하 嶋田臣宮成을 차관으로 삼았다. 종4위하 巨勢朝臣苗麻呂를 河內, 和泉의 2국의 (반전사) 장관으로 삼고, 종5위상 紀朝臣作良을 차관으로 삼았다. 종4위상 和氣朝臣淸麻呂를 攝津職의 (반전사) 장관으로 삼고, 종5위하 藤原朝臣葛野麻呂를 차관으로 삼았다. 정4위하 壹志濃王을 山背國의 (반전사) 장관으로 삼고, 종5위하 多治比眞人繼兄을 차관으로 삼았다. 班田使 별로 판관 2인 주전 2인을 두었다.

동10월 갑자(8일), 외종5위하 忌部宿禰人上을 神祗少副로 삼고, 정5위하 高賀茂朝臣諸魚를 中宮亮으로 삼고, 종5위하 文室眞人眞屋麻呂를 右大舍人頭로 삼고, 종5위하 高倉朝臣殿嗣[25]를 玄蕃頭로 삼고, 종5위하 淺井王을 內匠頭로 삼고, 정5위하 廣上王을 內禮正으로 삼고, 종5위하 八上王을 諸陵頭로 삼고, 외종5위하 息長眞人淸繼를 木工助로 삼고, 衛門大尉 외종5위상 上毛野公我人에게 西市正을 겸직시키고, 종5위상 文室眞人子老를 尾張守로 삼고, 종5위하

---

23) 역마 사용과 관련된 일을 맡는 驛子를 내고 驛馬·驛田을 유지하기 위해 설치한 호.

24) 왕경, 기내 지역에 구분전의 班田授受를 행하기 위해 임명된 관인. 왕경, 기내 지역 이외의 제국은 해당 국사가 담당한다.

25) 고구려 멸망 직후 망명한 背奈福德의 후예씨족. 背奈公, 背奈王, 高麗朝臣, 高倉朝臣으로 씨성의 변화가 있다. 高倉朝臣殿嗣는 寶龜 8년(777)에 발해사의 送使에 임명되었다. 이때의 관위는 정6위상, 관직은 大學少允이었다. 동 9년에 정5위하에 서위되었고, 동 10년에 일족과 함께 高麗朝臣에서 高倉朝臣으로 개성하였다. 동 11년에 治部少輔가 되었고, 이후 桓武朝 말에서 平城朝에 걸쳐 大判事, 下總介, 玄蕃頭, 皇后宮亮, 大和介, 主計頭, 駿河守, 肥後守 등을 역임하였다.

縣犬養宿禰堅魚麻呂를 信濃守로 삼고, 종5위하 阿倍朝臣草麻呂를 豊前守로 삼았다.

정축(21일), 常陸國 信太郡의 大領 외정6위상 物部志太連大成이 사재를 내어 위급한 백성을 구했기 때문에 외종5위하를 내렸다.

무인(22일), 종7위상 大津連廣刀自에게 외종5위하를 내렸다.

경진(24일), 采女 정6위상 三野臣淨日女에게 외종5위하를 내렸다.

신사(25일), 정6위상 中臣栗原連子公에게 외종5위하를 내렸다.

갑신(28일), 태상천황[26]을 大和國 田原陵으로 개장하였다.

11월 정미(22일), 종5위하 巨勢朝臣總成을 遠江守로 삼았다.

12월 을묘(16일), 陰陽助 정6위상 路三野眞人石守가 아뢰기를, "나의 父 馬養에게는 '路'자의 성이 없다. 그런데 지금 (본인) 石守 홀로 '路'자를 쓰고 있다. 이를 삭제해 주었으면 한다"라고 하였다. 이를 허락하였다.

신사(26일), 종5위하 松尾神에게 종4위하를 서위하였다.

○ 延曆 6년(787) 춘정월, 임진(7일), 정4위하 多治比眞人長野에게 종3위를, 무위 矢庭王·大庭王, 정6위상 岡田王에게 함께 종5위하를, 정4위하 大伴宿禰潔足에게 종4위상을, 종5위상 文室眞人波多麻呂·安倍朝臣常嶋·藤原朝臣眞友에게 함께 정5위하를, 종5위하 文室眞人久賀麻呂·阿倍朝臣弟當·藤原朝臣宗嗣·紀朝臣眞子에게 함께 종5위상을, 정6위상 大原眞人長濱·橘朝臣安麻呂·藤原朝臣今川·百濟王玄風,[27] 정6위하 紀朝臣全繼, 종6위상 巨勢朝臣人公, 정6위상 石川朝臣永成에게 함께 종5위하를 내렸다.

2월 경신(5일), (천황이) 칙을 내려, 諸勝[28]에게 廣根朝臣의 성을, 岡成[29]에게

---

26) 光仁天皇.

27) 延曆 6년 3월에 美濃介에 서임되었고, 동 10년 10월에 종5위하에 서위되었다. 『日本文德實錄』齊衡 2년 7월 무인조에, "從三位百濟王勝義薨, 從四位下元忠之孫, 從五位下玄風之子"라고 하는 계보가 실려 있다.

28) 桓武天皇의 황자. 이후 廣根朝臣諸勝으로 나온다. 『신찬성씨록』좌경황별상에, "廣根朝臣 정6위상 廣根朝臣諸勝은 光仁天皇이 천황이 되기 전에 女嬬 종5위하 縣犬養宿禰勇耳가 받들어 태어났다. 桓武天皇 延曆 6년(787)에 특별히 廣根朝臣을 내렸다. 『속일본기』와 합치한다"라고 되어 있다.

29) 桓武天皇의 황자. 이후 長岡朝臣岡成으로 나온다. 『신찬성씨록』좌경황별상에 "長岡朝

長岡朝臣의 성을 내렸다. 종5위하 高倉朝臣石麻呂30)를 中務少輔로 삼고, 종5위하 中臣朝臣比登을 和泉守로 삼고, 종5위하 甘南備眞人繼成을 伊賀守로 삼고, 외종5위하 御使朝臣淨足을 參河介로 삼고, 近衛少將 종5위상 佐伯宿禰老에게 相摸守를 겸직시키고, 少納言은 종전대로 하였다. 종5위하 紀朝臣眞人을 (相摸) 介로 삼고, 종5위하 百濟王玄風31)을 美濃介로 삼고, 종5위하 佐伯宿禰葛城을 陸奧介로 삼고, 종5위하 石淵王을 若狹守로 삼고, 종5위하 紀朝臣馬守를 越中守로 삼고, 종5위하 丹比宿禰眞淨을 丹波介로 삼고, 종5위하 大宅朝臣廣江을 丹後守로 삼고, 외종5위하 丹比宿禰稻長을 伯耆介로 삼고, 중납언 종3위 藤原朝臣小黑麻呂에게 美作守를 겸직시키고 中務卿은 종정대로 하였다. 종5위하 紀朝臣安提를 備中守로 삼고, 종5위상 雄倉王을 阿波守로 삼고, 정5위상 內藏宿禰全成을 讚岐守로 삼고, 陸奧介 종5위하 佐伯宿禰葛城에게 鎭守副將軍을 겸직시켰다.

계해(8일), 종5위하 石浦王을 少納言으로 삼고, 종5위하 石川朝臣永成을 左大舍人助로 삼고, 종5위하 榮井宿禰道形을 內藏助로 삼고, 종5위하 橘朝臣安麻呂를 雅樂助로 삼고, 종5위하 巨勢朝臣人公을 民部少輔로 삼고, 외종5위하 麻田連眞淨32)을 主税助로 삼고, 외종5위하 奈良忌寸長野33)를 鼓吹正으로 삼고, 종5위하 阿倍朝臣祖足을 左京亮으로 삼고, 종5위하 石川朝臣魚麻呂를 攝津亮으

臣 정6위상 長岡朝臣岡成은 皇統彌照天皇〈시호는 桓武〉이 東宮일 때, 多治比眞人豐繼가 女嬬가 되어 받들어 태어났다. 延曆 6년에 특별히 長岡朝臣이라는 성을 내리고 右京에 편제하였다. 『속일본기』와 합치한다"라고 되어 있다.

30) 고구려 멸망 직후 망명한 후예씨족. 寶龜 4년(773)에 父 高麗福信이 造宮卿으로서 楊梅宮을 완성시키자 그 포상으로서 아들인 石麻呂는 종5위하에 서위되었다. 石麻呂는 동 5년 中務員外少輔에 보임되고, 동 9년에는 武藏介에 임명되어 일족의 본거지인 武藏에 부임하였다. 동 10년에 일족과 함께 高麗朝臣에서 高倉朝臣으로 개성하였다. 延曆 4년(785)에 治部少輔가 되었고, 동 8년에 美作介가 되었다.

31) 延曆 6년에 美濃介에 임명되었고, 동 10년에 종5위하로 승서되었다. 『文德實錄』 齊衡 2년 7월 무인조에 "從三位百濟王勝義麁, 從四位下元忠之孫, 從五位下玄風之子"라고 하여 百濟王玄風의 이름이 나오고, 그의 아들이 종3위 百濟王勝義임을 알 수 있다.

32) 권37, 延曆 2년 춘정월조 274쪽 각주 50) 참조.

33) 寶龜 7년 12월 무신조에 "좌경인 종6위하 秦忌寸長野 등 22인에게 奈良忌寸의 성을 내렸다. 山背國 葛野郡 사람 秦忌寸箕造 등 97인에게 朝原忌寸의 성을 내렸다"라는 기사가 보인다. 개성 이전의 씨성은 秦忌寸으로 한반도계 씨족이다. 奈良忌寸長野는 延曆 3년 12월에 외종5위하에 서위되고, 그 후 主税助, 遠江介 등을 역임하였다.

로 삼고, 종5위하 藤原朝臣繩主를 右衛士佐로 삼고, 종5위하 大伴王을 主馬頭로 삼았다.

갑술(19일), 발해사 李元泰 등이 아뢰기를, "元泰 등이 입조할 때, 梅師, 挾杪 등이 적을 만난 날에 함께 납치되어[34] 살해당하여 귀국할 방법이 없어졌다"라고 하였다. 이에 越後國에 명하여 배 1척과 梅師, 挾杪,[35] 수부를 지원하여 출발시켰다.

경진(25일), 종5위상 大伴宿禰弟麻呂를 右中弁으로 삼고, 종5위상 文室眞人久賀麻呂를 攝津亮으로 삼고, 종5위하 和朝臣國守[36]를 參河守로 삼고, 종5위상 多治比眞人濱成을 常陸介로 삼고, 종5위하 佐伯宿禰葛城을 下野守로 삼고, 종5위하 藤原朝臣葛野麻呂를 陸奧介로 삼고, 종5위하 石川朝臣魚麻呂를 丹後守로 삼고, 종5위하 池田朝臣眞枚를 진수부장군으로 삼았다.

3월 정해(3일), (천황이) 5위 이상에게 내리에서 연회를 베풀었다. 문인을 불러 曲水의 시를 짓게 하였다. 연회가 끝나고 각각 차등있게 녹을 내렸다.

기해(15일), 散事 종4위상 飽波女王이 죽었다.

갑진(20일), (천황이) 조를 내려, "노인을 공양하는 일의 의의는 옛 현자로부터 명확하고, 역대 천황은 이 도에 따라 왔다. 바야흐로 지금은 봄의 농경의 시기이다. 사람들은 논밭으로 나아가고, 이에 백성들을 돌아보며 마음 깊이 보살피고자 한다. 좌우의 경, 기내 5국, 7도 제국의 100세 이상에게 각각 미곡 2석을 내리고, 90세 이상에게는 1석, 80세 이상에게는 5두를 내린다. 홀아비, 과부, 고아, 독거노인 및 병으로 고통받는 자에게는 그 나이를 헤아려 3두 이하 1두 이상을 내린다. 그래서 해당 국의 장관은 직접 마을마다 방문하여 마음을 담아 구휼하도록 한다"라고 하였다.

병오(22일), 종5위상 中臣朝臣常을 神祇大副로 삼고, 종5위하 藤原朝臣繩主

---

34) 延曆 5년 9월 갑진조에, 발해사 일행 중 蝦夷에게 습격당해 12명이 납치되었다는 出羽國의 보고가 있었다.

35) 梅師·挾杪·水手에 대해서는 『延喜式』 권제30 大藏省, 「入諸蕃」 항목에, 「入唐使」에는 綰師·挾杪·水手長·水手, 「入新羅使」에는 綰師·水手長·狹杪·水手, 「入渤海使」에는 挾杪·水手 등의 명칭이 나온다. 배열 순서는 신분의 서열이다. 梅師는 綰師에 해당하며 배의 운항 책임자이고, 狹杪는 배를 조종하는 조타수로 항해사에 해당한다.

36) 권38, 延曆 4년 춘정월조 311쪽 각주 71) 참조.

를 少納言으로 삼고, 종5위상 阿倍朝臣弟當을 左少弁으로 삼고, 종5위하 笠朝臣 江人을 右少弁으로 삼고 播磨大掾은 종전대로 하였다. 정5위하 藤原朝臣眞友를 右大舍人頭[37]로 삼고 下總守는 종전대로 하였다. 근위장감 종5위하 坂上大宿禰 田村麻呂에게 內匠助를 겸직시키고, 종5위상 安倍朝臣廣津麻呂를 式部少輔로 삼고, 春宮亮 및 越前介는 종전대로 하였다. 종5위하 朝原忌寸道永을 大學頭로 삼고, 동궁학사 및 문장박사, 越後介는 종전대로 하였다. 종5위상 紀朝臣作良을 治部大輔로 삼고, 종5위하 文室眞人眞屋麻呂를 (治部)少輔로 삼고, 종5위하 文室眞人八嶋를 正親正[38]으로 삼고, 종5위하 廣田王을 鍛冶正[39]으로 삼고, 종5위상 藤原朝臣乙叡를 右衛士佐로 삼았다.

하4월 을묘삭(1일), 唐人 王維倩, 朱政 등에게 榮山忌寸[40]의 성을 내렸다.

을축(11일), 武藏國 足立郡의 采女인 掌侍[41] 겸 典掃[42] 종4위하 武藏宿禰家刀自가 죽었다.

경오(16일), 山背國에서 흰 꿩을 바쳤다.

무인(24일), 蒲生郡 (출신)의 采女 종7위하 佐佐貴山公賀比에게 외종5위하를 내렸다.

5월 기축(6일), 칙이 내려져, 황태자[43]에게 검을 차게 하였다. 이때 태자는

---

37) 中務省 산하 左右 大舍人寮의 각각의 장관. 大同 3년(808) 左右 大舍人寮는 大舍人寮로 통합된다. 직무는 大舍人의 명부 관리, 숙직 등 천황에 근시하며 봉사한다. 규정에 따르면 大舍人은 5위 이상의 자손, 또는 6위 이하 8위 이상의 적자 중에서 우수한 자를 선발한다.

38) 궁내성 소속 正親司의 장관. 황족의 호적과 급여(系祿·時服)에 관한 사무를 맡는다.

39) 鍛冶司의 장관. 宮內省 산하 관부로 철·동 등의 잡기류를 제작한다. 大同 3년(808) 木工寮에 병합되었다.

40) 『신찬성씨록』 좌경제번상에, "榮山忌寸 唐人 정6위상〈본 國岳에게 綠을 주었다.〉 晏子欽이 입조하였다. 沈惟岳과 같은 시기였다"라고 기록되어 있다. 본문의 唐人 王維倩, 朱政도 天平寶字 5년 8월 갑자조에 심유악과 같이 당 사절로 일본에 왔다가 귀국하지 못하고 귀화한 인물이다.

41) 內侍司의 판관으로, 후에는 尙侍, 典侍와 함께 후궁 전체를 관할하였다. 「後宮職員令」4 「內侍司」條, "內侍司, 尙侍二人.〈掌, 供奉常侍, 奏請, 宣傳檢校女孺, 兼知內外命婦朝參, 及禁內禮礼之事.〉典侍四人.〈掌同, 尙侍 唯不得奏請, 宣傳, 若無尙侍者, 得奏請, 宣傳.〉掌侍四人.〈掌同, 典侍, 唯不得奏請, 宣傳 〉女孺一百人".

42) 後宮 內侍司 소속의 女官으로 청소와 시설 관리를 담당한다. 「後宮職員令」11 「掃司」條, "掃司, 尙掃一人.〈掌, 供奉牀席, 灑掃, 鋪設之事.〉典掃二人.〈掌同, 尙掃〉 女孺十人".

43) 安殿親王. 延曆 4년 11월 정사에 立太子한 후의 平城天皇.

아직 元服44)을 하지 않았다.

무술(15일), 典藥寮에서 언상하기를, "蘇敬45)이 주석한 新修本草를 陶隱居46)가 本草集注와 서로 대조해 보니, 100여조가 늘어나 있다. 또한 지금 채취해서 이용하고 있는 약초는 이미 蘇敬의 설과 합치하고 있다. 이 (新修本草)를 사용하고자 한다"라고 하였다. (천황은) 허락하였다.

임인(19일), 종4위상 紀朝臣古佐美에게 정4위상을, 종5위상 大中臣朝臣諸魚·笠朝臣名末呂·藤原朝臣雄友·藤原朝臣內麻呂에게 함께 종4위하를 내렸다.

을사(22일), 정6위상 忍海原連魚養에게 외종5위하를 내렸다.

무신(25일), 종5위하 多治比眞人豊長을 內藏助로 삼고 春宮少進은 종전대로 하였다. 외종5위하 榮井宿禰道形을 造兵正47)으로 삼고, 외종5위하 中臣栗原連子公을 大炊助로 삼고, 종5위상 藤原朝臣乙叡를 中衛少將으로 삼고, 少納言 종5위하 藤原朝臣繩主에게 右衛士佐를 겸직시키고, 종5위하 山上王을 內兵庫正48)으로 삼았다.

윤5월 정사(5일), 陸奧鎭守將軍 정5위상 百濟王俊哲49)이 어떤 일에 연좌되어50) 日向權介로 좌천되었다.

계해(11일), 좌우경 두 京職이 담당하는 調, 租 등의 물자는 그 종류와 수량이 동일하지 않다. 혹은 징수에 힘쓰지 않아 미납분이 많고, 혹은 그 물자를 유용하기도 하여 국사의 교체 시기에 후임자에게 누를 끼치고 있다. 이에 처음으로 攝津職에 준하여, 解由51)를 주어 떠나도록 하였다.

무인(26일), 외종5위하 白鳥村主元麻呂를 織部正52)으로 삼고, 종5위상 丈部

---

44) 남자의 성인의식으로 12세에서 16세 사이에 행한다. 머리를 묶고 冠을 쓰고, 성인 복장을 한다.

45) 唐人. 顯慶 2년(657)에 陶弘敬이 편찬한 本草書를 교정·보완하여 高宗에게 채용할 것을 청원하였다.

46) 陶弘敬.

47) 兵部省 소속의 병기를 제작하고 병기제조를 위한 기술자집단을 관리하는 造兵司의 장관.

48) 천황이 의식을 치를 때 사용하는 무기를 보관·관리하는 內兵庫 장관.

49) 권33, 寶龜 6년(775) 11월조 110쪽 각주 71) 참조.

50) 연좌된 사정을 알 수 없다.

51) 국사 교체 시에 후임자가 전임자에게 인수인계가 완료되었다고 인정한 증명서.

大麻呂를 隱伎國守로 삼고, 종5위상 文室眞人於保를 備後守로 삼았다.

기묘(27일), 左中弁 겸 河內守 종4위하 巨勢朝臣苗麻呂가 죽었다.

6월 신축(20일), 정6위상 平田忌寸杖麻呂[53]·路忌寸泉麻呂,[54] 종7위하 蚊屋忌寸淨足,[55] 종8위상 於忌寸弟麻呂[56] 등 4인에게 함께 忌寸을 고쳐서 宿禰의 성을 내렸다.

임인(21일), 河內國志 紀郡 사람 林臣海主野守 등에게 臣 성을 고쳐서 朝臣의 성을 내렸다.

추7월 기미(8일), 금성이 낮에 보였다.

무진(17일), 우경인 정6위상 大友村主廣道, 近江國 野洲郡 사람 정6위상 大友民日佐龍人, 淺井郡 사람 종6위상 錦日佐周興, 蒲生郡 사람 종8위상 錦日佐名吉, 坂田郡 사람 대초위하 穴太村主眞廣 등에게 본성을 고쳐 志賀忌寸의 성을 내렸다.

병자(25일), 이보다 앞서 지난 寶龜 10년(779)에 제도를 세워, "국사, 군사는 사자로서 입경할 때, 혹은 返抄[57]를 받지 않고 임지로 돌아가기도 하고, 혹은 병을 칭하여 경에 올라가 머물면서 근무평정을 받아 승진의 자격을 얻고, 아울러 公廨稻를 받으려고 한다. 이와 같은 부류에게는 직무를 맡겨서는

---

52) 織部司 장관. 大藏省 소속의 염직기술을 갖고 고급 직조물을 생산한다.

53) 平田忌寸은 倭漢氏를 선조로 하는 坂上氏 계열의 백제계 씨족이다.

54) 路氏는 『신찬성씨록』 우경제번상에, "路宿禰는 坂上大宿禰와 같은 조상이다"라고 되어 있다. 〈판상계도〉에 인용된 『신찬성씨록』 일문에는 "阿智使主의 아들 都賀使主가 大泊瀨稚武天皇〈시호는 雄略〉 치세에 使主라는 성을 直으로 고쳤다. 자손들이 이를 성으로 삼았다. 아들 山木直은 兄腹의 조상이다"라고 하고, "山木直은 民忌寸, … 路忌寸, 路宿禰 등 25성의 조상이다"라고 기록하고 있다. 즉 路宿禰씨는 도하사주의 아들인 산목직을 시조로 하고 있다. 路宿禰 역시 백제계 도래씨족이다.

55) 『類聚國史』 大同 4년 4월에 종5위하에 서위되었다. 蚊屋氏는 『신찬성씨록』 逸文에, "姓氏錄에 이르기를, 駒子直의 둘째 아들 糠手直은 蚊屋宿禰, 蚊屋忌寸 등 2성의 조상이다"라고 나온다. 이 일문은 〈坂上系圖〉「糠手直」조에 인용된 것으로, 『신찬성씨록』 우경제 번상 「坂上大宿禰」조의 일문이다. 현재 초략본의 해당 조에는 後漢 靈帝의 아들 延王에서 나왔다고 하였다. 坂上氏는 백제계 씨족의 후예로서 그 일족인 蚊屋氏 역시 백제계로 보인다. 한편 蚊屋은 '가야'로 읽어 가야계와도 관련이 있다고 여겨진다.

56) 於忌寸은 〈판상계도〉에 인용된 『신찬성씨록』 일문에는 志多直을 조상으로 하는 출자가 나온다. 이 씨족도 백제계 씨족의 후예이다.

57) 지방 국사가 납입한 조세를 중앙에서 수령했음을 증명한 문서.

안 된다. 국사는 급료를 몰수하고 군사는 해임하도록 한다. 이를 용인한
관사 역시 동일한 대상으로 (처분)한다"라고 하였다. 그러나 이후에도 준수하
는 일은 드물었다. 이에 거듭 명령을 내려, "諸國이 이전의 과오를 고치지
않고 여전히 태만하게 한다면, 위칙의 죄로 처벌하도록 한다"라고 하였다.

8월 병신(16일), 治部卿 정4위하 壹志濃王을 참의로 삼았다.

갑진(24일), (천황이) 高椅津58)을 순행하였다. 돌아오는 길에 대납언 종2위
藤原朝臣繼繩의 저택에 들려 그 부인 정4위상 百濟王明信59)에게 종3위를
내렸다.

9월 정묘(17일), 近衛少將 종5위하 紀朝臣兄原에게 少納言을 겸직시키고,
종5위상 大伴宿禰弟麻呂를 左中弁으로 삼고, 종5위상 文室眞人与企를 右中弁으
로 삼고, 中納言 종3위 石川朝臣名足에게 左京大夫를 겸직시키고, 兵部卿 및
황후궁대부는 종전대로 하였다. 종5위하 高倉朝臣殿嗣를 (左京)亮으로 삼고,
종4위하 坂上大宿禰田村麻呂를 近衛少將으로 삼고 內匠助는 종전대로 하였고,
종5위하 采女朝臣宅守60)를 日向守로 삼았다.

정축(27일), 이보다 앞서 증 좌대신 藤原朝臣種繼의 아들 湯守에게 과오가
있어 호적에서 삭제하였다. 이에 이르러 井手宿禰의 성을 내렸다.

동10월 정해(8일), (천황이) 조를 내려, "짐은 사해에 군림한 지 7년이
되었다. 백성들에게 함께 덕화를 베풀고, 국토 내 전체를 잘 다스리지는
못했다. 재능이 없고 덕이 부족함을 생각해 보면, 참으로 부끄러울 뿐이다.
그런데 천하의 제국은 금년에 풍작을 이루었다. (하늘로부터) 이 큰 선물을
받았는데, 어떻게 나 홀로 누릴 것인가. 백성과 함께 이해의 풍작을 기뻐하고
자 한다. 천하의 고령자 100세 이상에게 사람마다 미곡 3석을 내리고, 90세

---

58) 京都府 乙訓郡 大山崎町. 淀川에 면한 수륙교통의 요지이다.

59) 우경대부 百濟王理伯의 딸. 조부는 百濟王敬福. 寶龜 원년(770)에 정5위하, 동 6년에
    정5위상, 동11년에 종4위하, 延曆 2년(783)에 정4위상에 이르렀다. 延曆 16년 常侍가
    되었고, 동 18년에 정3위, 弘仁 6년(815)에 사망하여 종2위에 추증되었다. 桓武天皇은
    백제계 도래씨족을 중요시했는데, 특히 百濟王明信을 총애한 것으로 알려져 있다.

60) 采女氏는 采女를 씨명으로 한 씨족으로, 『신찬성씨록』 우경신별 천신에, "采女朝臣은
    石上朝臣과 조상이 같고, 神饒速日命의 6세손 大水口宿禰의 후예이다"라고 되어 있다.
    天武 13년(684)에 臣에서 朝臣으로 개성하였다.

이상에게는 2석을, 80세 이상에게는 1석을 내린다. 홀아비, 과부, 고아, 독거노
인, 질병으로 자활할 수 없는 자에게는 소관 관사에서 전례에 준하여 구휼한
다. 그래서 해당국의 차관 이상은 관할 지역을 두루 방문하여 직접 미곡을
지급하도록 한다. 또 짐이 수륙의 편리함을 고려하여 이 읍으로 천도하였는
데,[61] 거주하는 백성들을 생각하면, 어떻게 불만이 없다고 말할 수 있을까.
마땅히 乙訓郡의 延曆 3년의 출거의 미납분을 면제하고, 그 郡司의 主帳 이상에
게는 위계 1급을 내리도록 한다"라고 하였다.

　병신(17일), 천황이 交野에 순행하여 매를 이용해 사냥을 즐겼다. 대납언
종2위 藤原朝臣繼繩의 별장을 행궁으로 삼았다.

　기해(20일), (별장의) 주인은 百濟王氏들을 이끌고 여러 음악을 연주하였다.
종5위하 百濟王玄鏡·藤原朝臣乙叡에게 함께 정5위하를 내리고, 정6위상 百濟王
元眞·善貞·忠信에게 함께 종5위하를, 종5위하 藤原朝臣明子에게 정5위상을,
종5위하 藤原朝臣家野에게 종5위상을, 무위 百濟王明本에게 종5위하를 내렸
다. 이날, 천황이 환궁하였다.

　계묘(24일), 종5위하 佐伯宿禰葛城을 民部少輔로 삼고 下野守는 종전대로
하였다.

　갑진(25일), 右衛士督 종4위하 겸 皇后宮亮, 丹波守 훈11등 笠朝臣名末呂가
죽었다.

　11월 갑인(5일), 交野에서 천신에게 제사지냈다.[62] 그 제문에서 말하기를,
"延曆 6년 세차가 정묘의 해이고 11월 삭일이 경술이고 갑인의 날(5일)에,
(천명으로) 천자를 계승한 臣 諱[桓武]는 종2위 대납언 겸 민부경, 조동대사
장관 藤原朝臣繼繩을 보내, 감히 분명하게 昊天上帝[63]에게 아뢴다. 신은 황공
하게도 자애심이 깊은 (光仁의) 뜻을 받아 황위를 계승하여 지켜왔다. 다행히
도 하늘이 상서를 내리어, 만물을 감싸고 보살피는 표시를 나타내어 천하는

---

61) 延曆 3년 11월 무신조에, "天皇移行長岡宮"이라고 하여 長岡京으로 천도한 사실이
　　나온다.
62) 延曆 4년 11월 임인조에도 交野의 柏原에서 天神에게 제사지냈다는 것이 보인다.
　　이때의 천신은 일본 고유의 천신이 아닌, 중국적 사상에 기초한 천신이다.
63) 天帝.

평안하고 만백성은 즐거움을 누리고 있다. 바야흐로 태양이 가장 남으로 내려와 긴 그림자가 처음으로 늘어져 있다.[64] 경건하게 燔祀[65]의 예로서 은덕에 보답하고자 한다. 이에 삼가 옥과 비단, 희생물, 여러 곡물 등을 갖추고 화톳불을 지펴 청결한 정성을 올리고자 한다. 또 高紹天皇[66]을 호천상제와 합사하여 제사를 지내고자 하니, 부디 받아 (보살펴) 주시옵소서"라고 하였다.

또 (光仁天皇의 제문에서) 말하기를,[67] "延曆 6년 세차가 정묘의 해이고 11월 삭일이 경술인 갑인의 날(5일)에, 효자 황제인 臣 諱(山部, 桓武)가 삼가 종2위 行大納言 겸 민부경, 조동대사사 장관 藤原朝臣繼繩을 보내, 감히 분명하게 高紹天皇[68]에게 아뢴다. 신은 재능이 없고 덕이 부족한데도 황공하게도 황위를 계승하였다. 하늘로부터 복을 받아 온 나라의 백성이 마음을 의지하고 있다. 바야흐로 지금 동지가 시작되고 있어 삼가 교외에서 제사지내고 제물을 바쳐 호천상제에 제사지낸다. 高紹天皇이 내린 축복은 長發과 같이 두루 미치고, 그 덕은 思文보다도 높다.[69] 하늘의 신령을 받들고 영원히 천명에 부합하고자 한다. 삼가 폐백과 희생물, 여러 곡물 등 음식을 준비하여 제사의 공물을 올리고자 한다. 호천상제와 합사하여 제사지내고자 하니, 부디 받아 (보살펴) 주시옵소서"라고 하였다.

12월 경진삭(1일), 외정7위하 朝倉公家長에게 외종5위하를 내렸다. 陸奧國에 군량을 바쳤기 때문이다.

○ 延曆 7년(788), 춘정월 계해(14일), 종5위하 巨勢朝臣家成을 和泉守로 삼았다.

---

64) 冬至의 시작을 의미한다.
65) 제사의 희생물을 태워 바치는 것.
66) 光仁天皇.
67) 昊天上帝와 光仁天皇을 합사한 것은 光仁天皇이 천명을 받아 天智系의 신왕조를 창조한 시조라고 생각한 결과이다. 桓武天皇은 종전과는 다른 제사의례를 통해 왕통의 전환점이 되는 父 光仁天皇이 새로운 왕조의 창시자이며 자신은 그 후계자임을 명확히 하여 앞으로 이 혈통이 日本國을 지배할 것이라고 선언한 것이다.
68) 光仁天皇.
69) 앞부분은『詩經』商頌篇에서 殷 先后의 덕을 술하고, 殷이 천하를 얻은 일을 노래한 내용이고, 뒷부분은『詩經』周頌篇에서 后稷의 덕이 천하에 두루 퍼진 것을 노래한 내용을 말한다.

갑자(15일), 황태자가 元服을 행하였다. 그 의식에 천황, 황후가 함께 내리의 정전에 임하였다. 대납언 종2위 겸 皇太子傅 藤原朝臣繼繩, 중납언 종3위 紀朝臣船守 2인에게 명하여, 손으로 (황태자의 머리에) 관을 씌웠다. 의식을 마친 후, 홀[70]을 들고 (황태자에게) 배례하였다. 칙이 내려져 황태자에게 중궁[71]에 가도록 하였다. 이에 천하에 대사면을 내렸다. 조를 내려, 왕경의 제관사의 관인 및 고령의 승니, 아울러 신사의 神祝 등에게 각각 차등있게 녹을 내렸다. 또 노인으로 100세 이상에게는 미곡 5석을 내리고, 90세 이상에게는 3석을, 80세 이상에게는 1석을 내리고, 효자, 順孫,[72] 義夫, 節婦는 집문과 마을 입구에 그 뜻을 표시하고, 종신토록 과역을 면제하였다.[73] 홀아비, 과부, 고아, 독거노인, 질병으로 자활할 수 없는 자는 함께 구휼하도록 하였다. 이날, 군신들을 데리고 殿上에서 주연을 베풀고 차등있게 녹을 내렸다.

2월 신사(3일), 종5위하 錦部連姉繼[74]에게 종5위상을, 무위 安倍小殿朝臣堺·武生連朔[75]에게 함께 종5위하를 내렸다. 모두 황태자의 유모였기 때문이다.

갑신(6일), 중납언 겸 병부경 종3위 石川朝臣名足에게 大和守를 겸직시키고,

---

70) 의복의 격식을 갖추고 위용있게 보이도록 만든 오른손에 손잡이가 있는 장방형 장식품. 중요한 국가의례용으로 사용되었다.

71) 황태자의 친모 高野新笠.

72) 順孫은 조부모를 잘 모시는 손자.

73) 「賦役令」17에는 "무릇 孝子, 順孫, 義父, 節婦의 뜻과 행동이 國, 郡에 알려졌다면 태정관에 보고하여 천황에게 아뢰고 그 門閭에 표시한다. 같은 호적에 있는 사람들은 모두 과역을 면제한다. 정성이 두루 감복할 만하면 별도로 우대하여 상을 내린다"라고 규정되어 있다. 이들에게 내려진 과역 면제는 같은 戶에 속한 사람들에게도 미치고 있어 특별 대우를 한 것을 알 수 있다.

74) 『新撰姓氏錄』 하내국제번에, "錦部連은 三善宿禰와 조상이 같으며, 백제국 速古大王의 후손이다"라고 하듯이 백제계 도래씨족의 후손이다. 錦部의 씨명은 錦織이라고도 쓴다. 비단을 짜는 品部인 錦部(錦織部)의 伴造씨족에서 유래하며, 씨족의 본거지는 하내국 錦部郡과 동 若江郡 錦部鄕 지역이다. 錦部連姉繼는 女官으로, 桓武朝 延曆 5년 (786) 정월에 무위에서 종5위하에 서위되고, 동 7년 2월에는 종5위로 승진되었다. 平城天皇으로 즉위하는 安殿親王의 유모였다. 『後宮職員令』에는, 親王 및 그 아들에게 모두 유모가 지급되는데, 親王에게는 3인, 그 아들에게는 2인으로 되어 있다.

75) 武生氏는 應神朝에 백제에서 도래했다는 王仁의 후예로 전하는 西文氏 계열의 씨족이다. 원래의 성은 馬史[馬毗登]. 天平神護 원년(765) 12월에 우경인 종5위하 馬毗登國人, 河內國 古市郡의 정6위상 馬毗登益人 등 44인이 武生連으로 개성하였다. 武生連朔은 그 일족으로 황태자의 유모였다.

종5위하 高倉朝臣殿嗣를 (大和)介로 삼고, 종5위하 大伴宿禰養麻呂를 河內守로 삼고, 종5위하 百濟王善貞76)을 (河內)介로 삼았다. 정4위하 伊勢朝臣老人을 遠江守로 삼고, 종5위하 縣犬養宿禰繼麻呂를 伊豆守로 삼고, 종5위하 紀朝臣眞人을 相摸守로 삼고, 종5위하 藤原朝臣綬麻呂를 (相摸)介로 삼고, 중궁대부 종4위상 石川朝臣豊人에게 武藏守를 겸직시키고, 中衛少將 정5위하 藤原朝臣乙叡에게 下總을 겸직시키고, 종5위하 中臣丸朝臣馬主를 上野介로 삼고, 종5위하 淺井王을 丹波守로 삼고, 종5위상 大中臣朝臣繼麻呂를 但馬守로 삼고, 式部大輔 겸 左兵衛督 종4위하 大中臣朝臣諸魚에게 播磨守를 겸직시키고, 종5위하 笠朝臣江人을 (播磨)介로 삼고, 외종5위하 忍海原連魚養을 (播磨)大掾으로 삼았다. 정5위상 當麻王을 備前守로 삼고, 少納言 종5위하 藤原朝臣繩主에게 (備前)介를 겸직시키고, 右衛士佐는 종전대로 하였다. 종5위하 下毛野朝臣年繼를 備中介로 삼고, 외종5위하 忌部宿禰人上을 安藝介로 삼고, 동궁학사 겸 左兵衛佐 종5위하 津連眞道77)에게 伊豫介를 겸직시키고, 종5위상 紀朝臣伯麻呂를 大宰少貳로 삼고, 종5위하 石川朝臣多禰를 肥前守로 삼았다.

임진(14일), 외종5위하 入間宿禰廣成을 近衛將監으로 삼았다.

경자(22일), 정6위상 紀朝臣永名에게 종5위하를 내렸다.

병오(28일), 종5위하 多治比眞人繼兄을 右少弁으로 삼고, 정5위하 藤原朝臣眞友를 中務大輔로 삼고, 종5위상 山口王을 大監物로 삼고, 종4위상 和氣朝臣淸麻呂를 중궁대부로 삼고, 民部大輔 및 攝津大夫는 종전대로 하였다. 左中弁 종5위상 大伴宿禰弟麻呂에게 皇后宮亮을 겸직시키고, 외종5위하 阿閇間人臣人足을 (皇后宮)大進으로 삼고, 종5위하 川村王을 右大舍人頭로 삼고, 종5위하 廣田王을 縫殿頭로 삼고, 主稅助 외종5위하 麻田連眞淨78)에게 대학박사를 겸직

---

76) 延曆 10년 10월 정유조에 종5위하에서 종5위상으로 서위되었다. 종4위하 左中弁, 木工頭를 역임한 百濟王仁貞의 아들이다.

77) 『日本書紀』 敏達紀 3년조에 나오는 백제계 王辰爾 일족의 후예씨족. 일족 중에 津史에서 津連, 津宿禰로의 개성이 있었고, 延曆 9년(790) 津連眞道 등이 개성을 청원하여 朝臣의 성을 받아 菅野朝臣의 씨성이 된다. 권40, 延曆 9년 추7월 신사조 및 「菅野朝臣」 각주 참조.

78) 백제 멸망 후 도래한 答㶱春初의 후예인 백제계 씨족. 天平神護 3년(767) 종8위하에서 8단계 승진한 종6위하가 되었다. 延曆 2년(783)에 외종5위하에 서위되었고, 主稅助를 거쳐 동 7년에 대학박사에 임명되었다. 延曆 16년에는 종5위하로 승진하였다.

시키고, 종5위하 大原眞人長濱을 散位助로 삼고, 외종5위하 中臣栗原連子公을 大炊助로 삼고, 종5위하 大宅朝臣廣江을 主殿頭로 삼고, 종5위하 和朝臣家麻呂79)를 造酒正으로 삼고, 종5위하 長津王을 鍛冶正으로 삼고, 종5위하 百濟王敎德80)을 右兵庫頭로 삼고, 외종5위하 林連浦海를 安藝介로 삼고, 陸奧按察使守 정5위하 多治比眞人宇美에게 鎭守將軍을 겸직시키고, 외종5위하 安倍猿嶋臣墨繩을 부장군으로 삼았다.

3월 경술(2일), 군량 35,000여 석을 陸奧國에 명하여, 多賀城으로 운송하여 수납하게 하였다. 또 말린 밥 23,000여 석 및 소금을 東海, 東山, 北陸 등 제국에 명하여 7월 이전을 기한으로 陸奧國으로 옮기도록 하였다. 모두 내년의 蝦夷 정토를 위해서이다.

신해(3일), (천황이) 칙을 내려, "東海, 東山, 坂東 제국의 보병과 기병 52,800인을 징발해서, 내년 3월을 기한으로 陸奧國 多賀城에 집결한다. 그 병사의 선발은 우선 전회에 종군하여 실전을 경험하고, 훈위에 서위된 자 및 常陸國의 신사에 속한 천민81)은 모두 징발하고, 그 후에 여타의 사람 중에서 궁술과 기마에 능숙한 자를 선발하도록 한다"라고 하였다. 거듭 칙을 내려, "근년에 국사들은 공무에 힘쓰는 마음이 없고, 매사 대충하거나 태만하여 자주 (蝦夷 정토의) 계획이 잘못되고 있다. 적어도 관인이라고 하면, 어떻게 이와 같이 할 수 있겠는가. 만약 또다시 이런 일이 있다면, 반드시 軍興律82)에 따라 처벌한다"라고 하였다.

갑자(16일), 중궁대부 종4위상 겸 民部大輔 및 攝津大夫인 和氣朝臣淸麻呂가

---

79) 和史氏는 和朝臣으로 개성하고, 『신찬성씨록』 좌경제번상에 "和朝臣은 백제국 都慕王의 18세손 무령왕으로부터 나왔다"라고 출자를 밝히고 있다. 和朝臣家麻呂는 延曆 5년(786)에 종7위상에서 종5위하에 서위되고 伊勢大掾에 임명된 후, 造兵正, 內廐助, 治部大輔를 역임하였고, 동 12년에 정5위하, 종4위하, 동 15년에는 정4위하 참의에 보임되었다. 延曆 17년 종3위 중납언에 임명된 데 이어 우대신, 神王, 大納言, 壹志濃王, 中務卿, 宮內卿을 역임하였다.

80) 陸奧鎭守將軍 百濟王俊哲의 아들. 종5위하로 시작하여 延曆 8년(789)에 讚岐介에 임명되고, 동 18년에 上總守, 大同 3년(808)에 宮內大輔가 되었다. 弘仁 3년(812)에 종4위하에 서위되었고, 동 5년에 治部大輔가 되었고, 동 7년에 종4위상에 올랐다.

81) 鹿島神社. 천민으로부터 병사를 징발하는 사례는 鹿島神社 외에는 보이지 않는다.

82) 군사행동의 준비와 군용물자의 징발을 태만히 할 경우 처벌하는 규정. 「養老律」 逸文에는 참형에 처한다고 되어 있다.

아뢰기를, "河內, 攝津 양국의 경계에 하천을 파고 제방을 축조하여, 荒陵의 남쪽으로부터 河內川의 서쪽으로 수로를 만들면 바다로 통한다. 그렇게 하면, 비옥한 토지가 점점 넓어져서 간척지로 쓸 수 있다"라고 하였다. 이에 (和氣)淸麻呂를 이 일을 맡기고 연인원 23만여 인에게 식량을 지급하여 (공사에) 종사시켰다.

기사(21일), 외종5위하 嶋田臣宮成에게 종5위하를 내리고, 종5위하 藤原朝臣 末茂를 內匠頭로 삼고, 종5위하 粟田朝臣鷹守를 治部大輔로 삼고, 종5위하 紀朝臣永名을 兵部少輔로 삼았다. 종4위상 石川朝臣豊人을 大藏卿으로 삼고, 중궁대부 및 武藏守는 종전대로 하였고, 종5위하 大宅朝臣廣江을 (大藏)少輔로 삼았다. 종5위하 岡田王을 主殿頭[83]로 삼고, 종5위상 羽栗臣翼을 左京亮으로 삼고, 內藥正 및 시의는 종전대로 하였다. 외종5위하 麻田連畋賦[84]를 右京亮으로 삼고, 종5위상 大伴宿禰潔足을 衛門督으로 삼고, 종4위하 石上朝臣家成을 右衛士督으로 삼고, 종5위상 紀朝臣作良을 上野守로 삼고, 종5위하 嶋田臣宮成을 周防守로 삼고, 종5위상 多治比眞人濱成, 종5위하 紀朝臣眞人·佐伯宿禰葛城, 외종5위하 入間宿禰廣成을 함께 征東副使로 삼았다.

하4월 경진(3일), 사자를 기내에 보내 기우제를 지내게 하였다.

정해(10일), 흑마를 丹生川上神에 바쳤다.[85] 비가 오기를 기원하기 위해서이다.

무자(11일), 기내 5국에 칙을 내려, "요즈음 극심한 가뭄이 수개월째 계속되고 있다. 용수지, 못의 물은 말라가고, 백성들은 묘종을 심을 수가 없다.

---

83) 宮內省 소속 主殿寮의 장관. 직무는 內裏에서 사용되는 소모품의 관리와 공급을 담당하였다. 大同 3년(808) 官奴司를 병합하면서 官奴婢와 官戶의 관리도 담당하였다.

84) 天智 2년(663) 백강전투에서 패배해 일본으로 망명한 백제의 달솔 答㶱春初의 후손. 答㶱春初의 후예인 정7위상 答㶱陽春이 神龜 원년(724) 麻田連으로 개성하여 그 일족이 麻田連의 성을 갖게 되었다. 麻田連畋賦는 延曆 4년 추7월 외종5위하로 左大史가 되고, 동년 11월 典藥頭에 임명되었다. 한편『신찬성씨록』우경제번에는 "麻田連은 百濟國人 朝鮮王 淮로부터 나왔다"는 전승도 실려 있다.

85)『延喜式』권제3, 神祇3 臨時祭, "丹生川上社, 貴布禰社, 各加黑毛馬一疋. 自餘社加庸布一段. 其霖雨不止祭料亦同, 但馬用白毛". 이 규정에 따르면 기우에는 黑毛馬를 사용하고, 止雨에는 白毛馬를 바친다. 이때 봉헌되는 말은 도살된 것이 아닌 살아있는 말이다. 불교의 살해금지 사상이 국가사상으로 수렴되면서 도살 우마의 봉헌이 금지되었다고 보인다. 기우에 관한 최초의 기록은 天平寶字 7년(763) 5월 경오조에 나온다.

소관 관사에서는 왕신가를 불문하고 전지에 물이 있는 곳이 있으면 백성들에게 자유롭게 맡겨 파종하여 농사의 때를 놓치지 않도록 한다"라고 하였다.

계사(16일), 지난 겨울부터 비가 오지 않았다. 이미 5개월이 지나 관개는 이미 고갈되어 관민 모두가 희망을 잃어버렸다. 이날, 아침 일찍 천황이 목욕 재개하고 친히 뜰에 나와 기도하였다. 잠시 후에 하늘이 어두워지면서 구름이 모여들어 비가 퍼붓기 시작하였다. 군신들이 발을 구르며 춤추고, 만세를 외치지 않은 자가 없었다. 이에 5위 이상에게 침구와 의복을 내렸다. 모두가 성스러운 덕과 지극한 정성으로 기도하여 청했기 때문에 (하늘이) 감응한 것이라고 하였다.

5월 기유(2일), (천황이) 군신들에게 조를 내려, 사자를 이세신궁86) 및 7도 명신에게 기우제를 지내게 하였다. 이날 저녁 큰 비가 내렸다. 그 후에도 비가 많이 내려 원근에 두루 미쳤고, 마침내 모내기를 할 수 있었다.

신해(4일), 夫人 종3위 藤原朝臣旅子가 죽었다. 조를 내려, 중납언 종3위 겸 중무경 藤原朝臣小黑麻呂, 참의 치부경 정4위하 壹志濃王 등을 보내 장의를 감독시켰다. 또 중납언 종3위 겸 병부경, 황후궁대부 石川朝臣名足, 참의 좌대변 정4위하 겸 춘궁대부, 中衛中將인 紀朝臣古佐美를 자택에 보내 妃(의 신분) 및 정1위를 추증하였다. 비는 우대신 종2위 藤原朝臣百川의 딸이다. 延曆 초에 후궁으로 들어가, 이어 종3위가 내려졌고, 동 5년에 夫人으로 승격되었고, 大伴親王87)을 낳았다. 사망 시의 나이는 30세였다.

정사(10일), 唐人 馬清朝에게 新長忌寸88)의 성을 내렸다.

경오(23일), 中務大錄 정6위하 中臣丸連淨兄이 관인을 위조한 문서로 창고의 관물을 청하여 받은 일이 지금까지 한번이 아니었다.89) 일이 발각되어 심문을

---

86) 기우제와 관련하여 이세신궁에 사자를 보내 기도를 올린 예는『속일본기』에서는 유일하다.『續日本後紀』承和 6년 4월 임신조, 동 7년 6월 기미조에도 나온다.

87) 桓武天皇의 황자. 후의 淸和天皇.

88)『신찬성씨록』좌경제번상에, "新長忌寸은 唐人 정6위상 馬清朝의 후손이다"라고 나온다. 馬清朝는『속일본기』天平寶字 5년(761) 8월조에 기록되어 있는 심유악 일행 9인 중 마지막 1인으로 보는 견해도 있다. 동 우경제번상「淨山忌寸」조에 보이는 '唐人賜綠沈清朝'와 동일인으로 추정하는 견해도 있다.

89)『延喜式』권제20, 中務省 監物에, "監物命曰, 開之. … 其出納鐵鍬等類, 及自餘諸司物者, 官史一人, 三省錄各一人, 監物及主計屬各一人.… 俱會出納"이라고 하는 규정이 있다.

시작하려고 하자, 이를 듣고 목매 자결하였다.

6월 계미(7일), 美作, 備前 2국의 國造인 중궁대부 종4위상 겸 攝津大夫, 民部大輔인 和氣朝臣淸麻呂가 아뢰기를, "備前國 和氣郡의 河西의 백성 170여 인이 아뢰기를, '우리들은 원래 赤坂, 上道 2군의 동변에 거주하는 민이다. 지난 天平神護 2년에 분할된 和氣郡에 속하게 되었다. 지금 이 郡治는 藤野鄕에 있다. 중간에 큰 강이 있어 매사 비가 내려 물이 불어나면 公私에 통행하기 어렵다'고 한다. 이로 인해 河西의 백성은 자주 공무를 보지 못했다. 청하는 바는, 河東을 구례에 따라 和氣郡에 속하게 하고, 河西에는 磐梨郡을 세웠으면 한다. 또 그 藤野驛家는 河西로 옮겨 설치하여, 수해를 피하고 아울러 부담을 공평하게 했으면 한다"라고 하였다. (천황은) 이를 허락하였다.

갑신(8일), 종5위하 藤原朝臣根麻呂를 左大舍人助로 삼고, 동궁학사 및 左兵衛佐 종5위하 津連眞道에게 圖書助를 겸직시키고, 종5위상 藤原朝臣刷雄을 大學頭로 삼았다.

을유(9일), 下總, 越前 2국의 봉호 각 50호를 梵釋寺에 시입하였다.

병술(10일), 중납언 종3위 겸 병부경, 황후궁(대부), 좌경대부, 大和守인 石川朝臣名足이 죽었다. 名足은 어사대부[90] 정3위 (石川朝臣)年足의 아들이다. 天平寶字 연중에 종5위하를 받았고 伊勢守에 제수되었다. 점차 전임되어 寶龜 초에 처음으로 병부대보에 임용되었고, 민부대보로 옮겼다. 종4위하가 내려지고 전출되어 大宰大貳가 되었다. 재임한 지 2년에 부름을 받아 左右大弁을 역임하고 이어 참의 겸 우경대부에 임명되었다. 名足은 보고들은 많은 것을 마음속에 기억하였고, 더하여 임기응변에 능하여 시비곡절을 바로 지체없이 판단하였다. 그러나 성격은 매우 편향되고 급해서 걸핏하면 사람들의 잘못을 추궁하였고, 관인들이 정무를 보고할 때, 취지에 맞지 않으면 즉시 그 사람에게 극언하고 질책하였다. 이로 인해 제관사의 관인으로 태정관 청사를 방문하는 자는, 名足이 정무를 듣는 일을 만나면, 몸을 조아리고

관물의 출납에는 官史 1인, 3省의 錄 각 1인, 監物 및 主計屬 각 1인이 함께 모여 일하도록 되어 있다. 中臣丸連淨兄 사건은 中務省 大錄의 직책의 관리책임자가 자신의 지위를 이용하여 문서를 조작한 것이다.

90) 御史大夫는 大納言을 말한다.

슬금슬금 피하는 일이 많았다. 延曆 초에 중납언에 임명되었고, 병부경 및 황후궁대부, 좌경대부를 겸직하였다. 사망시의 나이는 61세였다.

신축(25일), 외종6위하 武藏宿禰弟總, 외정8위상 多米連福雄에게 함께 외종5위하를 내렸다. (국가에 사재를) 바쳤기 때문이다.

임인(26일), 정4위하 伊勢朝臣老人을 木工頭로 삼고, 종5위하 橘朝臣入居를 遠江守로 삼고, 近衛少將 종5위하 坂上大宿禰田村麻呂에게 越後介를 겸직시키고, 內匠助[91]는 종전대로 하였고, 종5위하 紀朝臣兄原을 出雲守로 삼았다.

추7월 기유(4일), 대재부에서 언상하기를, "지난 3월 4일 술시[92]에, 大隅國 贈於郡의 曾乃峯[93] 위에서 화염이 크게 뿜고, 음향이 천둥소리와 같았다. 해시[94]에 이르러 불길이 점차 잦아졌는데, 다만 검은 연기가 보였다. 그 후에 모래가 쏟아져 내려 봉우리 아래 5, 6리에 모래와 돌이 쌓였는데, 그 색깔은 흑색이었다.

신해(6일), 참의 및 좌대변 정4위하 겸 춘궁대부, 중위중장 紀朝臣古佐美를 征東大使[95]로 삼았다.

경오(25일), 종5위하 正月王을 소납언으로 삼고, 중납언 정3위 藤原朝臣小黑麻呂에게 황후궁대부를 겸직시키고, 중무경 및 美作守는 종전대로 하였다. 종5위하 大秦公忌寸宅守를 主計助로 삼고, 종3위 多治比眞人長野를 병부경으로 삼고 近江守는 종전대로 하였다. 종5위하 爲奈眞人豊人을 造兵正[96]으로 삼고, 종5위하 多治比眞人屋嗣를 主鷹正으로 삼고, 외종5위하 忍海原連魚養을 典藥頭로 삼고 播磨大掾은 종전대로 하였다. 병부대보 종4위하 藤原朝臣雄友에게

---

91) 中務省 산하 內匠寮의 차관. 장관은 內匠正. 궁중의 기물, 의식도구, 건물의 장식 등을 담당한다.

92) 오후 8시 전후.

93) 九州南部의 宮崎縣과 鹿兒島縣 경계에 있는 霧島山의 분화를 말한다.

94) 오후 10시경.

95) 蝦夷와의 전쟁을 위해 임명된 임시 관직. 征夷와 征東은 시기적으로 구분이 있고, 寶龜 11년(780) 이후에 征東의 칭호가 나오다가 延曆 12년(793)부터는 다시 征夷로 나온다.

96) 兵部省에 소속되어 병기제조 등을 담당한 造兵司의 장관. 造兵司는 天平 14년(744)에 일시 폐지되었으나, 天平寶字 2년(758) 이전의 어느 시기에 부활되었고, 寬平 8년(896)에 신설된 兵庫寮에 통합되었다.

좌경대부를 겸직시키고 左衛士督은 종전대로 하였다. 종5위하 藤原朝臣繩主를
近衛少將으로 삼고 소납언은 종전대로 하였다. 종5위상 阿倍朝臣廣津麻呂를
중위소장으로 삼고 式部少輔 및 春宮亮은 종전대로 하였다. 春宮少進 종5위하
多治比眞人豊長에게 右衛士佐를 겸직시키고, 春宮大夫 및 중위중장 정4위하
紀朝臣古佐美에게 大和守를 겸직시키고, 종5위하 三嶋眞人大湯坐를 駿河守로
삼았다.

계유(28일), 전 우대신 정2위 大中臣朝臣淸麻呂가 죽었다. 증조부 (中臣)國子
는 小治田朝[97]의 小德冠[98]이고, 부 意美麻呂는 중납언 정4위상이었다. 淸麻呂
는 天平 말에 종5위하를 받았고, 神祇大副에 보임되었다. 左中弁 및 文部大輔,
尾張守를 역임하였다. 寶字 연간에, 종4위상 참의, 좌대변 겸 神祇伯을 겸직하
였다. 주요 직책을 역임하였고, 충직한 근무는 칭송받았다. 天平神護 원년
(765)의 仲滿[99]의 반란 후에, 훈4등이 더해졌다. 그해 11월, 高野天皇[100]이
재차 대상제를 거행했는데, 淸麻呂는 그때 신기백으로 그 일에 봉사하였다.
천황은 그가 누차 神祇官에 임명되어 청렴하고 절조있게 자신을 지키는
것을 가상히 여겨 특별히 종3위를 내렸다. 神護景雲 2년(768)에 중납언에
임명되었고, 우대하는 조를 내려, 大中臣의 성을 주었다. 天宗高紹天皇[101]이
즉위하자 종3위가 내려져, 전임하여 대납언 겸 東宮傅가 되었다. 寶龜 2년(771)
에 우대신에 보임되었고 종2위를 받았고, 이어 정2위로 승진되었다. 淸麻呂는
여러 대의 조정[102]에 봉사하여 국가의 옛 일을 잘 아는 老臣이었다. 조정의
의식, 국가의 법전을 기억하고 노련하였다. 재임 중에 정무를 볼 때에도
노년이라고 하여 정성을 다해 근무하고 태만하지 않았다. 나이 70에 이르러
상표하여 사직을 청했으나, 우대하는 조가 내려져, 허락하지 않았다. 今上[103]
이 즉위하자 거듭 사직을 청하였다. (천황이) 조를 내려 허락하였다. 사망

97) 推古朝.

98) 推古朝 12계 관위의 제2위.

99) 藤原仲麻呂.

100) 稱德天皇.

101) 光仁天皇.

102) 聖武天皇에서 桓武天皇에 이르는 6대 조정.

103) 桓武天皇.

시의 나이는 87세였다.

8월 무자(13일), 對馬嶋守 정6위상 穴咋咋麻呂에게 秦忌寸의 성을 내렸다. 잘못하여 모친의 성을 따랐기 때문이다.

9월 정미(3일), 美濃國 厚見郡 사람 羿鹵濱倉에게 羹見造[104]의 성을 내렸다.

경오(26일), (천황이) 조를 내려, "짐은 작은 몸으로 황공하게도 제왕의 업을 이어받아[105] 수륙에 편리한 長岡에 도읍을 세웠다. 그러나 아직 궁실이 완성되지 않았다. 조영의 작업은 점점 많아지고, 징발된 백성의 고생이 매우 심하다. 이에 노동과 물자를 충분히 투입하여 노고에 번뇌가 없도록 한다. 지금 듣는 바로는, 조영에 징발된 노역자는 조악한 옷을 입고, 그들 대부분은 여위고 쇠약해 있다고 한다. 내심 이 말을 들으니, 마음 깊이 아픔을 느낀다. 그래서 노역자를 낸 제국의 금년도 출거는 正稅稻, 公廨稻를 묻지 않고 모두 그 이자를 감하기로 한다. 예를 들어, 벼 10속을 대여하면 그 이자는 5속이지만, 2속은 백성에게 돌려주고, 3속은 국가에 납입한다. 이 칙이 내려지기 전에 징수하고 납입한 경우에는 또한 반환하도록 한다"라고 하였다.

동10월 병자(2일), 천둥과 폭풍우로 백성의 가옥이 무너졌다.

11월 정미(4일), 참의 정4위하 大中臣朝臣子老를 宮內卿으로 삼고 神祇伯은 종전대로 하였다.

경술(7일), 播磨國 揖保郡 사람 외종5위하 佐伯直諸成이 延曆 원년(782)의 호적에 모칭하여 連 성으로 기록하였다.[106] 이에 이르러 사실이 밝혀져 원래의 성으로 고쳤다.

---

104) 상기 본문의 羹見造는 〈新古典文學大系本〉에 美見造로 표기되어 있다. 『續日本後紀』 承和 3년(836) 윤5월 을묘조에, "美濃國人主殿寮少屬美見造貞繼, 改本居貫附左京六條二 坊, 其先百濟國人也"라고 하여 미농국 사람 美見造貞繼라는 인물의 선조가 백제인이라고 하였다. 美見造가 美濃國 厚見郡에 본관을 둔 백제계 도래씨족의 후예임을 알 수 있다.

105) 『漢書』武帝紀에 "詔曰, 朕以眇身, 承至尊, 兢兢焉"이라고 내용이 나온다. '朕以眇身'은 천자의 겸칭으로 사용되었다.

106) 6년마다 호적을 다시 작성하기 때문에 이해 11월 造籍으로 확인된 것이다. 「戶令」19 「造戶籍」條에, "凡戶籍, 六年一造, 起十一月上旬, 依式勘造, 里別爲卷, 惣寫三通, 其縫皆注, 其國其郡其里其年籍, 五月三十日內訖, 二通申, 送太政官, 一通留國"이라는 규정이 있다.

　무진(25일), 5위 이상에게 연회를 베풀었다. 종5위상 中臣朝臣常·大伴宿禰弟麻呂에게 함께 정5위하를 내리고, 종5위하 紀朝臣田長에게 종5위상을, 정6위상 中臣朝臣弟成·小野朝臣澤守·田中朝臣淨人에게 함께 종5위하를 내렸다.

　12월 경진(7일), 정동대장군 紀朝臣古佐美가 (임지로 떠나면서) 고별인사를 하였다. (천황은) 조를 내려 殿上으로 불러 節刀를 하사하였다. 이에 칙서를 주며 말하기를, "무릇 날을 택하여 장군에 임명하는 것은 실로 천황의 명령에 의한다. (그러나) 출진해서 원정길에 오르면 오로지 장군에게 맡긴다. 듣는 바에 의하면, '이제까지의 別將들은 군령을 지키지 않고, (진군하지 않고) 머물러 있거나 잘못을 저지르는 일이 많다'고 한다. 그 이유를 물어보니, 바로 법을 가볍게 적용하는 데에 있다. 만약 부장군이 사형죄를 범했다면, 구금하고 주상하도록 한다. 軍監 이하는 법에 따라 참형에 처한다. 坂東의 안위는 이 일에 달려있다. 장군은 힘쓰도록 한다. 이에 천황의 의복 2벌, 채색견 30필, 목면 300둔을 내린다"라고 하였다.

『속일본기』 권제39

續日本紀卷第三十九

〈起延曆五年正月, 盡七年十二月〉

右大臣正二位兼行皇太子傅中衛大將臣藤原朝臣繼繩等奉勅撰

今皇帝

○ **延曆五年**春正月壬辰朔, 宴五位已上, 賜祿有差. 乙未, 授無位長津王從五位下. 戊戌, 宴五位已上, 授正四位下神王正四位上, 從四位上壹志濃王正四位下, 從五位下篠嶋王從五位上, 從四位上大中臣朝臣子老正四位下, 正五位上紀朝臣犬養從四位下, 正五位下文室眞人高嶋, 從五位上藤原朝臣雄友, 藤原朝臣內麻呂並正五位上, 從五位上藤原朝臣菅繼正五位下, 從五位上藤原朝臣乙叡從五位上, 外從五位下長尾忌寸金村, 物部多藝宿禰國足, 外正五位下丹比宿禰眞淨, 外從五位上上毛野公大川, 正六位上佐伯宿禰志賀麻呂, 阿倍朝臣名繼, 從七位上和朝臣家麻呂, 正六位上多治比眞人賀智, 紀朝臣楫人, 藤原朝臣淸主, 百濟王孝德並從五位下, 宴訖賜祿有差. 左京大夫從三位兼右衛士督下總守坂上大宿禰苅田麻呂薨. 苅田麻呂, 正四位上犬養之子也. 寶字中任授刀少尉. 八年, 惠美仲麻呂作逆, 先遣其息訓儒麻呂, 邀奪鈴印. 苅田麻呂與將曹牡鹿嶋足, 共奉詔載馳, 射訓儒麻呂而殺之. 以功授從四位下勳二等賜姓大忌寸, 補中衛少將, 兼甲斐守. 語在廢帝紀. 寶龜初, 加正四位下, 出爲陸奧鎭守將軍, 居無幾, 徵入歷近衛員外中將丹波伊豫等國守. 天應元年, 授正四位上, 遷右衛士督. 苅田麻呂家世事弓馬善馳射, 宿衛宮掖, 歷事數朝, 天皇寵遇優厚, 別賜封五十戶. 延曆四年, 授從三位, 拜左京大夫, 右衛士督下總守如故. 薨時年五十九. 乙巳, 授正四位上紀朝臣宮子, 橘朝臣眞都賀, 藤原朝臣諸姊並從三位, 從四位下美作女王從四位上, 從五位下八上女王正五位下, 從五位下忍坂女王, 置始女王並從五位上, 從四位上多治比眞人古奈禰正四位下, 正五位上武藏宿禰家刀自從四位下, 正五位下藤原朝臣春蓮, 藤原朝臣勤子並正五位上, 從五位下坂上大宿禰又子, 藤原朝臣明子, 三嶋宿禰廣宅並正五位下, 從五位下安倍朝臣黑女從五位上, 外從五位下山口宿禰家足, 無位紀朝臣古刀自, 藤原朝臣姉, 藤原朝臣鷹子, 正六位上賀茂朝臣三月, 無位錦部連姉繼並從五位下. 戊申, 以從三位藤原朝臣旅子爲夫人. 壬子, 於近江國滋賀郡, 始造梵釋寺矣. 乙卯, 以從五位下藤原朝臣宗嗣爲伊勢守, 從五位下和朝臣家麻呂爲大掾, 外從五位下井上直牛養爲尾張介, 從五位下紀朝臣廣足爲駿河守, 內藥正侍醫從五位下吉田連古麻呂爲兼常陸大掾, 正四位下多治比眞人長野爲近江守, 從五位下紀朝臣楫長爲介, 從五位下多治比眞人賀智爲信濃介, 正五位上藤原朝臣內麻呂爲越前守, 春宮亮從五位上安倍朝臣廣津麻呂爲兼介, 從五位上文室眞人忍坂麻呂爲因幡守, 從五位下藤原朝臣眞鷲爲伯耆守, 式部少輔從五位下笠朝臣江人爲兼播磨大掾, 從五位下伊勢朝臣水通爲紀伊守. 己未, 地震. 從五位下安倍朝臣枚麻呂爲大監物, 從五位下藤原朝臣縵麻呂爲皇后宮大進, 正五位上安倍朝臣家麻呂爲左大舍人頭, 從五位下安倍朝臣名繼爲右大舍人助, 從五位上紀朝臣作良爲大學頭, 從五位下縣犬養宿禰繼麻呂爲散位助, 外從五位下林連浦海爲主計助, 從五位下藤原朝臣乙友爲宮內少輔, 從五位下文室眞人久賀麻呂爲木工頭, 外從五位下國中連三成爲助, 外從五位下上村主虫麻呂爲官奴正, 從四位上佐伯宿禰久良麻呂爲左京大夫, 從五位下藤原朝臣繩主爲中衛少將, 從五位下藤原朝臣仲成爲衛門佐, 皇后宮亮正五位上笠朝臣名末呂爲兼右衛士督, 從五位上百濟王玄鏡爲右兵衛督, 從五位下文室眞人大原爲佐, 從五位下大宅朝臣廣江爲美濃介, 從五位下安倍朝臣眞黑麻呂爲出雲介.

二月己巳, 出雲國國造出雲臣國成奏神吉事, 其儀如常. 賜國成及祝部物各有差. 丁丑, 從四位上紀朝臣古佐美爲右大弁, 春宮大夫中衛中將但馬守如故. 中納言從三位石川朝臣名足爲兼中宮大夫, 左大弁播磨守如故, 正五位上內藏宿禰全成爲內藏頭, 中納言近衛大將從三位紀朝臣船守爲兼式部卿, 常陸守如故, 正五位上大中臣朝臣諸魚爲大輔, 左兵衛督如故. 正四位下大中臣朝臣子老爲兵部卿, 神祇伯如故, 正五位上藤原朝臣雄友爲大輔, 正五位下文室眞人水通爲大藏大輔, 從五位下大原眞人美氣爲彈正弼, 從四位下石上朝臣家成爲衛門督, 兵部大輔正五位上藤原朝臣雄友爲兼左衛士督, 內廐頭從五位上三嶋眞人名繼爲兼山背守, 外從五位下御使朝臣淨足爲美濃介, 從五位下大宅朝臣廣江爲丹後介.

夏四月庚午, 詔曰, 諸國所貢, 庸調支度等物, 每有未納, 交闕國用, 積習稍久, 爲弊已深. 良由國宰郡司遞相怠慢, 遂使物漏民間用乏官庫. 又其莅政治民, 多乖朝委, 廉平稱職, 百不聞一. 侵漁潤身, 十室而九. 泰曰官司, 豈合如此. 宜量其狀迹, 隨事貶黜.
其政績有聞, 執掌無廢者. 亦當甄錄擢以顯榮. 所司宜詳沙汰, 明作條例奏聞. 於是,
太政官商量, 奏其條例, 撫育有方, 戶口增益. 勸課農桑積實倉庫. 貢進雜物依限送納,
肅清所部, 盜賊不起. 剖斷合理, 獄訟無冤. 在職公平, 立身清愼. 且守且耕軍粮有儲.
邊境清肅, 城隍修理. 若有國宰郡司, 鎭將邊要等官, 到任三年之內, 政治灼然, 當前二
條已上者, 五位已上者量事進階, 六位已下者擢, 之不次, 授以五位, 在官貪濁, 處事不
平. 肆行姦猾, 以求名譽. 畋遊無度, 擾發百姓. 嗜酒沈湎, 廢闕公務. 公節無聞, 私門日
益. 放縱子弟, 請託公行. 逃失數多, 克獲數少. 統攝失方, 戍卒違命. 若有同前群官,
不務職掌, 仍當前一條已上者, 不限年之遠近, 解却見任. 其違乖撫勸課等條者, 亦望
准此而行之. 奏可之. 授正三位藤原朝臣繼繩從二位, 從四位上石川朝臣豊人爲中宮
大夫, 中納言左大弁從三位石川朝臣名足爲兼皇后宮大夫, 播磨守如故, 大納言從二
位藤原朝臣繼繩爲兼民部卿, 東宮傅如故, 參議正三位佐伯宿禰今毛人爲大宰帥. 乙
亥, 左京人正七位下維敬宗等賜姓長井忌寸. 播磨國言, 四天王寺餝磨郡水田八十町,
元是百姓口分也. 而依太政官符入寺訖, 因茲百姓口分, 多授比郡, 營種之勞, 爲弊實
深, 其印南郡, 戶口稀少, 田數巨多, 今當班田, 請遷餝磨郡置印南郡. 許之. 戊寅,
式部大輔正五位上大中臣朝臣諸魚爲兼右京大夫, 左兵衛督如故. 從五位上大中臣朝
臣繼麻呂爲大和守.

五月辛卯, 新遷京都, 公私草創, 百姓移居, 多未豊贍. 於是, 詔賜左右京及東西市人物,
各有差. 癸巳, 宮內卿正四位上石川朝臣垣守卒. 庚子, 正四位下伊勢朝臣老人爲縫殿
頭, 從五位下巨勢朝臣廣山爲大和介.

六月己未朔, 先是, 去寶龜三年制, 諸國公廨處分之事, 前人出擧,後人收納, 彼此有功,
不合無料, 前後之司. 宜各平分, 至是勅, 出擧收納, 其勞不同. 宜革前例, 一依天平寶
字元年十月十一日式, 收納之前, 所有公廨入於後人, 收納之後入於前人. 又勅, 撫育
百姓糺察部內, 國郡官司同職掌也. 然則國郡功過共所預知. 而頃年有燒正倉, 獨罪郡
司不坐國守, 事稍乖理. 豈合法意. 自今以後, 宜奪國司等公廨, 惣塡燒失官物. 其郡司
者, 不在會赦之限. 丁卯, 以從五位上藤原朝臣乙叡, 從五位下文室眞人眞屋麻呂, 並
爲少納言. 右大弁從四位上紀朝臣古佐美爲左大弁, 春宮大夫中衛中將但馬守如故.
從五位下阿倍朝臣弟當爲右少弁, 從五位下上毛野公大川爲主計頭, 大外記如故. 中
納言從三位石川朝臣名足爲兼兵部卿, 皇后宮大夫播磨守如故. 從五位下多治比眞人

公子爲大藏少輔, 正四位下大中臣朝臣子老爲宮內卿, 神祇伯如故. 大納言從二位藤原朝臣繼繩爲兼造東大寺長官, 東宮傳民部卿如故. 丁亥, 尙縫從三位藤原朝臣諸姉薨. 內大臣從一位良繼之女也. 適贈右大臣百川生女, 是贈妃也.

秋七月壬寅, 正五位下羽栗臣翼爲內藥正兼侍醫. 丙午, 太政官院成, 百官始就朝座焉.

八月甲子, 以從四位下巨勢朝臣苗麻呂爲左中弁, 河內守如故, 從四位上和氣朝臣淸麻呂爲民部大輔, 攝津大夫如故. 從五位下中臣朝臣必登爲參河介, 從五位上阿保朝臣人上爲武藏守, 從五位下紀朝臣楫人爲介, 從五位下文室眞人大原爲下總介, 中宮大進從五位下物部多藝宿禰國足爲兼常陸大掾, 正五位下粟田朝臣鷹守爲上野守. 使從五位下佐伯宿禰葛城於東海道, 從五位下紀朝臣楫長於東山道, 道別判官一人, 主典一人, 簡閱軍士, 兼檢戎具, 爲征蝦夷也. 勅曰, 正倉被燒, 未必由神. 何者譜第之徒, 害傍人而相燒, 監主之司, 避虛納以放火. 自今以後, 不問神災人火. 宜令當時國郡司塡備之. 仍勿解見任絶譜第矣. 戊寅, 唐人盧如津賜姓淸川忌寸.

九月甲辰, 出羽國言, 渤海國使大使李元泰已下六十五人, 乘船一隻漂着部下. 被蝦夷略十二人, 見存四十一人. 丁未, 攝津職言, 諸國驛戶免庸輸調, 其畿內者本自無庸, 比于外民勞逸不同. 逋逃不禁, 良爲此也. 驛子之調請從免除. 許之. 自餘畿內之國亦准此例. 乙卯, 以正四位上神王爲大和國班田左長官, 從五位下石川朝臣魚麻呂爲次官, 從四位上佐伯宿禰久良麻呂爲右長官, 外從五位下嶋田臣宮成爲次官, 從四位下巨勢朝臣苗麻呂爲河內和泉長官, 從五位上紀朝臣作良爲次官, 從四位上和氣朝臣淸麻呂爲攝津長官, 從五位下藤原朝臣葛野麻呂爲次官, 正四位下壹志濃王爲山背長官, 從五位下多治比眞人繼兄爲次官, 使別判官二人, 主典二人.

冬十月甲子, 以外從五位下忌部宿禰人上爲神祇少副, 正五位下高賀茂朝臣諸魚爲中宮亮, 從五位下文室眞人眞屋麻呂爲右大舍人頭, 從五位下高倉朝臣殿嗣爲玄蕃頭, 從五位下淺井王爲內匠頭, 正五位下廣上王爲內禮正, 從五位下八上王爲諸陵頭, 外從五位下息長眞人淸繼爲木工助, 衛門大尉外從五位上上毛野公我人爲兼西市正, 從五位上文室眞人子老爲尾張守, 從五位下縣犬養宿禰堅魚麻呂爲信濃守, 從五位下阿倍朝臣草麻呂爲豐前守. 丁丑, 常陸國信太郡大領外正六位上物部志太連大成, 以私物周百姓急. 授外從五位下. 戊寅, 授從七位上大津連廣刀自外從五位下. 庚辰, 授采女正六位上三野臣淨日女外從五位下. 辛巳, 授正六位上中臣栗原連子公外從五位下. 甲申, 改葬太上天皇於大和國田原陵.

十一月丁未, 從五位下巨勢朝臣總成爲遠江守.

十二月己卯, 陰陽助正六位上路三野眞人石守言, 己父馬養, 姓無路字. 而今石守獨着路字, 請除之. 許焉, 辛巳. 敍從五位下松尾神從四位下.

○ **延曆六年**春正月壬辰 授正四位下多治比眞人長野從三位, 無位矢庭王, 大庭王, 正六位上岡田王並從五位下, 從四位下大伴宿禰潔足從四位上, 從五位上文室眞人波多麻呂, 安倍朝臣常嶋, 藤原朝臣眞友並正五位下, 從五位下文室眞人久賀麻呂, 阿倍朝臣弟當, 藤原朝臣宗嗣, 紀朝臣眞子並從五位上, 正六位上大原眞人長濱, 橘朝臣安麻呂, 藤原朝臣今川, 百濟王玄風, 正六位下紀朝臣全繼, 從六位上巨勢朝臣人公, 正六位上石川朝臣永成並從五位下.

二月庚申, 勅, 諸勝賜姓廣根朝臣, 岡成長岡朝臣. 以從五位下高倉朝臣石麻呂爲中務少輔, 從五位下中臣朝臣比登爲和泉守, 從五位下甘南備眞人繼成爲伊賀守, 外從五位下御使朝臣淨足爲參河介, 近衛少將從五位上佐伯宿禰老爲兼相摸守, 少納言如故, 從五位下紀朝臣眞人爲介, 從五位下百濟王玄風爲美濃介, 從五位下佐伯宿禰葛城爲陸奧介, 從五位下石淵王爲若狹守, 從五位下紀朝臣馬守爲越中守, 從五位下丹比宿禰眞淨爲丹波介, 從五位下大宅朝臣廣江爲丹後守, 外從五位下丹比宿禰稻長爲伯耆介, 中納言正三位藤原朝臣小黑麻呂爲兼美作守, 中務卿如故. 從五位下紀朝臣安提爲備中守, 從五位上雄倉王爲阿波守, 正五位上內藏宿禰全成爲讚岐守, 陸奧介從五位下佐伯宿禰葛城爲兼鎭守副將軍. 癸亥, 以從五位下石浦王爲少納言, 從五位下石川朝臣永成爲左大舍人助, 從五位下榮井宿禰道形爲內藏助, 從五位下橘朝臣安麻呂爲雅樂助, 從五位下巨勢朝臣人公爲民部少輔, 外從五位下麻田連眞淨爲主稅助, 外從五位下奈良忌寸長野爲鼓吹正, 從五位下阿倍朝臣祖足爲左京亮, 從五位下石川朝臣魚麻呂爲攝津亮, 從五位下藤原朝臣繩主爲右衛士佐, 從五位下大伴王爲主馬頭. 甲戌, 渤海使李元泰等言, 元泰等入朝時, 柁師及挾杪等逢賊之日, 並被劫殺. 還國無由. 於是, 仰越後國, 給船一艘柁師挾杪水手而發遣焉. 庚辰, 以從五位上大伴宿禰弟麻呂爲右中弁, 從五位上文室眞人久賀麻呂爲攝津亮, 從五位下和朝臣國守爲參河守, 從五位上多治比眞人濱成爲常陸介, 從五位下佐伯宿禰葛城爲下野守, 從五位下藤原朝臣葛野麻呂爲陸奧介, 從五位下石川朝臣魚麻呂爲丹後守, 從五位下池田朝臣眞枚爲鎭守副將軍.

三月丁亥, 宴五巳上於內裏. 召文人令賦曲水, 宴訖賜祿各有差. 己亥, 散事從四位上飽波女王卒. 甲辰, 詔曰, 養老之義著自前修, 歷代皇王率由斯道. 方今時屬東作, 人赴南畝, 迺眷生民, 情深矜恤. 其左右京五畿內七道諸國, 百歲巳上各賜穀二斛, 九十巳上一斛, 八十巳上五斗, 鰥寡孤獨及疹疾之徒者, 量其老幼, 三斗巳下, 一斗巳上. 仍令本國長官親至鄕邑存情賑贍. 丙午, 以從五位上中臣朝臣常爲神祇大副, 從五位下藤原朝臣繩主爲少納言, 從五位上阿倍朝臣弟當爲左少弁, 從五位下笠朝臣江人爲右少弁, 播磨大掾如故. 正五位下藤原朝臣眞友爲右大舍人頭, 下總守如故. 近衛將監從五位下坂上大宿禰田村麻呂爲兼內匠助, 從五位上安倍朝臣廣津麻呂爲式部少輔, 春宮亮越前介如故. 從五位下朝原忌寸道永爲大學頭, 東宮學士文章博士越後介如故. 從五位上紀朝臣作良爲治部大輔, 從五位下文室眞人眞屋麻呂爲少輔, 從五位下文室眞人八嶋爲正親正, 從五位下廣田王爲鍛冶正, 從五位上藤原朝臣乙叡爲右衛士佐.

夏四月乙卯朔, 唐人王維倩, 朱政等賜姓榮山忌寸. 乙丑, 武藏國足立郡釆女掌侍兼典掃從四位下武藏宿禰家刀自卒. 庚午, 山背國獻白雉. 戊寅, 授蒲生釆女從七位下佐佐貴山公賀比外從五位下.

五月己丑, 有勅, 令皇太子帶劒. 于時太子未加元服矣. 戊戌, 典藥寮言, 蘇敬注新修本草, 與陶隱居集注本草相檢, 增一百餘條. 亦今採用草藥, 旣合敬說. 請行用之. 許焉. 壬寅, 授從四位上紀朝臣古佐美正四位下, 正五位上大中臣朝臣諸魚, 笠朝臣名末呂, 藤原朝臣雄友, 藤原朝臣內麻呂並從四位下. 乙巳, 授正六位上忍海原連魚養外從五位下. 戊申, 以從五位下多治比眞人豊長爲內藏助, 春宮少進如故, 外從五位下榮井宿禰道形爲造兵正, 外從五位下中臣栗原連子公爲大炊助, 從五位上藤原朝臣乙叡爲中衛少將, 少納言從五位下藤原朝臣繩主爲兼右衛士佐, 從五位下山上王爲內兵庫正. 閏五月丁巳, 陸奧鎭守將軍正五位上百濟王俊哲坐事左降日向權介. 癸亥, 左右京二職所掌調租等物, 色目非一, 或不勤徵收, 多致未納, 或犯用其物, 遷替之司, 貽累後人. 於是, 始准攝津職, 與解由放焉. 戊寅, 外從五位下白鳥村主元麻呂爲織部正, 從五位上丈部大麻呂爲隱伎國守, 從五位上文室眞人於保爲備後守. 己卯, 左中弁兼河內守從四位下巨勢朝臣苗麻呂卒.

六月辛丑, 正六位上平田忌寸杖麻呂, 路忌寸泉麻呂, 從七位下蚊屋忌寸淨足, 從八位上於忌寸弟麻呂等四人, 並改忌寸賜宿禰姓. 壬寅, 河內國志紀郡人林臣海主野守等,改臣賜朝臣.

秋七月己未, 太白晝見. 戊辰, 右京人正六位上大友村主廣道, 近江國野洲郡人正六位上大友民日佐龍人, 淺井郡人從六位上錦日佐周興, 蒲生郡人從八位上錦日佐名吉, 坂田郡人大初位下穴太村主眞廣等, 並改本姓賜志賀忌寸. 丙子, 先是, 去寶龜十年立制, 牧宰之輩, 奉使入京, 或無返抄而歸任, 或稱病而滯京下, 求預考例兼得公廨. 如此之類莫預釐務, 國司奪料, 郡司解任, 容許之司. 亦同此例. 而自時其後, 希有遵行. 至是重下知, 諸國不悛前過, 猶致緩怠, 即科違勅罪矣.

八月丙申, 以治部卿正四位下壹志濃王爲參議, 甲辰, 行幸高椅津, 還過大納言從二位藤原朝臣繼繩第, 授其室正四位上百濟王明信從三位,

九月丁卯, 以近衛少將從五位下紀朝臣兄原爲兼少納言, 從五位上大伴宿禰弟麻呂爲左中弁, 從五位上文室眞人與企爲右中弁, 中納言從三位石川朝臣名足爲兼左京大夫, 兵部卿皇后宮大夫如故. 從五位下高倉朝臣殿嗣爲亮, 從五位下坂上大宿禰田村麻呂爲近衛少將, 內匠助如故. 從五位下采女朝臣宅守爲日向守. 丁丑, 先是, 贈左大臣藤原朝臣種繼男湯守有過除籍, 至是賜姓井手宿禰.

冬十月丁亥, 詔曰, 朕君臨四海. 于茲七載, 未能使含生之民共治淳化, 率土之內咸致雍熙. 顧惟虛薄, 良用慙嘆. 而天下諸國, 今年豐稔, 享此大賚, 豈獨在予. 思與百姓慶斯有年. 其賜天下高年百歲已上穀人三斛, 九十已上人二斛, 八十已上人一斛, 鰥寡孤獨, 癈疾之徒, 不能自存者, 所司准例加賑恤. 仍各令本國次官已上巡縣鄉邑, 親自給稟. 又朕以水陸之便遷都茲邑, 言念居民, 豈無騷然. 宜免乙訓郡延曆三年出擧未納, 其郡司主帳已上賜爵人一級. 丙申, 天皇行幸交野, 放鷹遊獵, 以大納言從二位藤原朝臣繼繩別業爲行宮矣. 己亥, 主人率百濟王等奏種種之樂. 授從五位上百濟王玄鏡, 藤原朝臣乙叡並正五位下, 正六位上百濟王元眞, 善貞, 忠信並從五位下, 正五位下藤原朝臣明子正五位上, 從五位下藤原朝臣家野從五位上, 無位百濟王明本從五位下. 是日還宮. 癸卯, 從五位下佐伯宿禰葛城爲民部少輔, 下野守如故. 甲辰, 右衛士督從四位下兼皇后宮亮丹波守勳十一等笠朝臣名末呂卒.

十一月甲寅, 祀天神於交野, 其祭文曰, 維延曆六年歲次丁卯十一月庚戌朔甲寅, 嗣天子臣謹遣從二位行大納言兼民部卿造東大寺司長官藤原朝臣繼繩, 敢昭告于昊天上帝. 臣恭膺眷命, 嗣守鴻基. 幸賴穹蒼降祚覆燾騰徵, 四海晏然萬姓康樂. 方今大明南至, 長曷初昇. 敬采燔祀之義, 祗修報德之典. 謹以玉帛犧齊粢盛庶品, 備茲禋燎, 祗薦

潔誠. 高紹天皇配神作主尙饗. 又曰, 維延曆六年歲次丁卯十一月庚戌朔甲寅, 孝子皇帝臣諱謹遣從二位行大納言兼民部卿造東大寺司長官藤原朝臣繼繩, 敢昭告于高紹天皇. 臣以庸虛忝承天序, 上玄錫祉率土宅心. 方今履長伊始, 肅事郊禋, 用致燔祀于昊天上帝. 高紹天皇慶流長發, 德冠思文. 對越昭升, 永言配命. 謹以制幣犧齊粢盛庶品, 式陳明薦, 侑神作主尙饗.

十二月庚辰朔, 授外正七位下朝倉公家長外從五位下, 以進軍粮於陸奧國也.

○ **七年**春正月癸亥, 從五位下巨勢朝臣家成爲和泉守. 甲子, 皇太子加元服. 其儀, 天皇皇后並御前殿, 令大納言從二位兼皇太子傅藤原朝臣繼繩, 中納言從三位紀朝臣船守兩人, 手加其冠. 了卽執笏而拜, 有勅令皇太子參中宮. 乃赦天下. 詔在京諸司及高年僧尼, 幷神祝等, 賜祿各有差. 又諸老人年百歲巳上賜穀五斛, 九十巳上三斛, 八十巳上一斛. 孝子順孫, 義夫節婦, 表其門閭, 終身勿事. 鰥寡惸獨篤疾不能自存者, 並加賑恤焉. 是日, 引群臣宴飮殿上, 賜祿有差.

二月辛巳, 授從五位下錦部連姉繼從五位上, 無位安倍小殿朝臣堺, 武生連朔並從五位下, 並皇太子乳母也. 甲申, 以中納言兵部卿從三位石川朝臣名足爲兼大和守, 從五位下高倉朝臣殿嗣爲介, 從五位下大伴宿禰養麻呂爲河內守, 從五位下百濟王善貞爲介, 正四位下伊勢朝臣老人爲遠江守, 從五位下縣犬養宿禰繼麻呂爲伊豆守, 從五位下紀朝臣眞人爲相摸守, 從五位下藤原朝臣縵麻呂爲介, 中宮大夫從四位上石川朝臣豊人爲兼武藏守, 中衛少將正五位下藤原朝臣乙叡爲兼下總守, 從五位下中臣丸朝臣馬主爲上野介, 從五位下淺井王爲丹波守, 從五位上大中臣朝臣繼麻呂爲但馬守, 式部大輔左兵衛督從四位下大中臣朝臣諸魚爲兼播磨守, 從五位下笠朝臣江人爲介, 外從五位下忍海原連魚養爲大掾, 正五位上當麻王爲備前守, 少納言從五位下藤原朝臣繩主爲兼介, 右衛士佐如故. 從五位下下毛野朝臣年繼爲備中介, 外從五位下忌部宿禰人上爲安藝介, 東宮學士左兵衛佐從五位下津連眞道爲兼伊豫介, 從五位上紀朝臣伯麻呂爲大宰少貳, 從五位下石川朝臣多禰爲肥前守. 壬辰, 外從五位下入間宿禰廣成爲近衛將監. 庚子, 授正六位上紀朝臣永名從五位下. 丙午, 從五位下多治比眞人繼兄爲右少弁, 正五位下藤原朝臣眞友爲中務大輔, 從五位上山口王爲大監物, 從四位上和氣朝臣淸麻呂爲中宮大夫, 民部大輔攝津大夫如故. 左中弁從五位上大伴宿禰弟麻呂爲兼皇后宮亮, 外從五位下阿閇間人臣人足爲大進, 從五位下川村王爲右大舍人

頭, 從五位下廣田王爲縫殿頭, 主稅助外從五位下麻田連眞淨爲兼大學博士, 從五位
下大原眞人長濱爲散位助, 外從五位下中臣栗原連子公爲大炊助, 從五位下大宅朝臣
廣江爲主殿頭, 從五位下和朝臣家麻呂爲造酒正, 從五位下長津王爲鍛冶正, 從五位
下百濟王敎德爲右兵庫頭, 外從五位下林連浦海爲安藝介, 陸奧按察使守正五位下多
治比眞人宇美爲兼鎭守將軍, 外從五位下安倍猿嶋臣墨繩爲副將軍.

三月庚戌, 軍粮三萬五千餘斛, 仰下陸奧國, 運收多賀. 又糯二萬三千餘斛幷鹽, 仰東
海, 東山, 北陸等國, 限七月以前, 轉運陸奧國. 並爲來年征蝦夷也. 辛亥, 下勅, 調發東
海, 東山, 坂東諸國步騎五萬二千八百餘人, 限來年三月, 會於陸奧國多賀城. 其點兵
者, 先盡前般入軍經戰紋勳者, 及常陸國神賤. 然後簡點餘人堪弓馬者. 仍勅, 比年國
司等無心奉公, 每事闕怠, 屢沮成謀. 苟曰司存, 豈應如此. 若有更然, 必以乏軍興從事
矣. 甲子, 中宮大夫從四位上兼民部大輔攝津大夫和氣朝臣淸麻呂言, 河內攝津兩國
之堺, 堀川築堤, 自荒陵南, 導河內川西通於海. 然則沃壤益廣, 可以墾闢矣. 於是,
便遣淸麻呂勾當其事, 應須單功二十三萬餘人給粮從事矣. 己巳, 外從五位下嶋田臣
宮成授從五位下, 從五位下藤原朝臣末茂爲內匠頭, 正五位下栗田朝臣鷹守爲治部大
輔, 從五位下紀朝臣永名爲兵部少輔, 從四位上石川朝臣豊人爲大藏卿, 中宮大夫武
藏守如故. 從五位下大宅朝臣廣江爲少輔, 從五位下岡田王爲主殿頭, 從五位上羽栗
臣翼爲左京亮, 內藥正侍醫如故. 外從五位下麻田連畋賦爲右京亮, 從四位上大伴宿
禰潔足爲衛門督, 從四位下石上朝臣家成爲右衛士督, 從五位上紀朝臣作良爲上野
守, 從五位下嶋田臣宮成爲周防守, 從五位上多治比眞人濱成, 從五位下紀朝臣眞人,
佐伯宿禰葛城, 外從五位下入間宿禰廣成並爲征東副使.

夏四月庚辰, 遣使畿內祈雨焉. 丁亥, 奉黑馬於丹生川上神, 祈雨也. 戊子, 勅五畿內,
頃者亢旱累月, 溝池乏水. 百姓之間, 不得耕種. 宜仰所可不問王臣, 家田有水之處,
恣任百姓, 擁令播種, 勿失農時. 癸巳, 自去冬不雨, 旣經五箇月. 灌漑已竭, 公私望斷.
是日早朝, 天皇沐浴, 出庭親祭焉. 有頃, 天闇雲合, 雨降滂沱, 群臣莫不舞踏稱萬歲.
因賜五位以上御衾及衣. 咸以爲, 聖德至誠, 祈請所感焉.

五月己酉, 詔群臣曰, 宜差使祈雨於伊勢神宮及七道名神, 是夕大雨, 其後雨多. 遠近
周匝, 遂得耕殖矣. 辛亥, 夫人從三位藤原朝臣旅子薨. 詔遣中納言正三位兼中務卿藤
原朝臣小黑麻呂, 參議治部卿正四位下壹志濃王等, 監護喪事. 又遣中納言從三位兼
兵部卿皇后宮大夫石川朝臣名足, 參議左大弁正四位下兼春宮大夫中衛中將紀朝臣

古佐美, 就第宣詔, 贈妃幷正一位. 妃贈右大臣從二位藤原朝臣百川之女也. 延曆初納
於後宮, 尋授從三位, 五年進爲夫人, 生大伴親王, 薨時年三十. 丁巳, 唐人馬淸朝賜姓
新長忌寸. 庚午, 中務大錄正六位下中臣丸連淨兄, 詐作印書, 請受庫物, 前後非一.
事已發露, 欲加推勘. 聞而自經矣.

六月癸未, 美作備前二國國造中宮大夫從四位上兼攝津大夫民部大輔和氣朝臣淸麻
呂言, 備前國和氣郡河西百姓一百七十餘人款曰, 己等元是赤坂上道二郡東邊之民
也. 去天平神護二年, 割隷和氣郡, 今是郡治在藤野鄕. 中有大河, 每遭雨水, 公私難
通. 因玆河西百姓屢闕公務, 請河東依舊爲和氣郡, 河西建磐梨郡, 其藤野驛家遷置河
西, 以避水難, 兼均勞逸. 許之. 甲申, 從五位下藤原朝臣根麻呂爲左大舍人助, 東宮學
士左兵衛佐從五位下津連眞道爲兼圖書助, 從五位上藤原朝臣刷雄爲大學頭. 乙酉,
下總越前二國封各五十戶施入梵釋寺. 丙戌, 中納言從三位兼兵部卿皇后宮左京大夫
大和守石川朝臣名足薨. 名足御史大夫正三位年足之子也. 寶字中授從五位下, 除伊
勢守. 稍遷, 寶龜初任兵部大輔, 遷民部大輔, 授從四位下, 出爲大宰大貳. 居二年徵入
歷左右大弁, 尋爲參議兼右京大夫. 名足耳目所涉, 多記於心. 加以利口剖斷無滯.
然性頗偏急, 好詰人之過. 官人申政, 或不合旨, 卽對其人極口而罵. 因此諸司候官曹
者, 値名足聽事, 多踟躕而避. 延曆初, 授從三位, 拜中納言, 兼兵部卿皇后宮左京大夫.
薨時年六十一. 辛丑, 外從六位下武藏宿禰弟總, 外正八位上多米連福雄並授外從五
位下, 以貢獻也. 壬寅, 正四位下伊勢朝臣老人爲木工頭, 從五位下橘朝臣入居爲遠江
守, 近衛少將從五位下坂上大宿禰田村麻呂爲兼越後介, 內匠助如故. 從五位下紀朝
臣兄原爲出雲守.

秋七月己酉, 大宰府言, 去三月四日戌時, 當大隅國贈於郡曾乃峯上, 火炎大熾, 響如
雷動. 及亥時, 火光稍止唯見黑烟. 然後雨沙, 峯下五六里, 沙石委積可二尺. 其色黑
焉. 辛亥, 以參議左大弁正四位下兼春宮大夫中衛中將紀朝臣古佐美爲征東大使. 庚
午, 以從五位下正月王爲少納言, 中納言正三位藤原朝臣小黑麻呂爲兼皇后宮大夫,
中務卿美作守如故. 從五位下大秦公忌寸宅守爲主計助, 從三位多治比眞人長野爲兵
部卿, 近江守如故, 從五位下爲奈眞人豊人爲造兵正, 從五位下多治比眞人屋嗣爲主
鷹正, 外從五位下忍海原連魚養爲典藥頭, 播磨大掾如故. 兵部大輔從四位下藤原朝
臣雄友爲兼左京大夫, 左衛士督如故, 從五位下藤原朝臣繩主爲近衛少將, 少納言如
故. 從五位上阿倍朝臣廣津麻呂爲中衛少將, 式部少輔春宮亮如故. 春宮少進從五位

下多治比眞人豊長爲兼右衛士佐. 春宮大夫中衛中将正四位下紀朝臣古佐美爲兼大
和守, 從五位下三嶋眞人大湯坐爲駿河守. 癸酉, 前右大臣正二位大中臣朝臣淸麻呂
薨. 曾祖國子小治田朝小德冠, 父意美麻呂中納言正四位上, 淸麻呂天平末授從五位
下, 補神祇大副, 歷左中弁文部大輔尾張守. 寶字中, 至從四位上參議左大弁兼神祇
伯, 歷居顯要, 見稱勤恪. 神護元年, 仲滿平後, 加勳四等, 其年十一月, 高野天皇更行大
嘗之事, 淸麻呂時爲神祇伯, 供奉其事. 天皇嘉其累任神祇官, 淸愼自守, 特授從三位.
景雲二年拜中納言, 優詔賜姓大中臣. 天宗高紹天皇踐祚, 授正三位, 轉大納言兼東宮
傅. 寶龜二年拜右大臣, 授從二位, 尋加正二位, 淸麻呂歷事數朝, 爲國舊老. 朝儀國典
多所諳練. 在位視事, 雖年老而精勤匪怠, 年及七十上表致仕, 優詔弗許. 今上卽位,
重乞骸骨. 詔許之. 薨時年八十七.

八月戊子, 對馬嶋守正六位上穴咋岐麻呂賜姓秦忌寸, 以誤從母姓也.

九月丁未, 美濃國厚見郡人羿鹵濱倉賜姓羹見造. 庚午, 詔曰, 朕以眇身, 忝承鴻業,
水陸有便, 建都長岡. 而宮室未就, 興作稍多. 徵發之苦, 頗在百姓, 是以優其功貨,
欲無勞煩. 今聞, 造宮役夫短褐不完. 類多羸弱. 靜言於此, 深軫于懷. 宜諸進役夫之
國, 今年出擧者不論正稅公廨, 一切減其息利. 縱貸十束其利五束, 二束還民, 三束入
公. 其勅前徵納者, 亦宜還給焉.

冬十月丙子, 雷雨暴風, 壞百姓廬舍.

十一月丁未, 參議正四位下大中臣朝臣子老爲宮內卿, 神祇伯如故. 庚戌, 播磨國揖保
郡人外從五位下佐伯直諸成, 延曆元年籍冒注連姓. 至是事露改正焉. 戊辰, 宴五位已
上. 從五位上中臣朝臣常, 大伴宿禰弟麻呂並授正五位下, 從五位下紀朝臣田長從五
位上, 正六位上大中臣朝臣弟成, 小野朝臣澤守, 田中朝臣淨人, 並從五位下.

十二月庚辰, 征東大將軍紀朝臣古佐美辭見. 詔召昇殿上賜節刀. 因賜勅書曰, 夫擇日
拜將, 良由綸言, 推轂分鉞專任將軍. 如聞, 承前別將等, 不愼軍令, 逗遛猶多. 尋其所
由, 方在輕法. 宜副將軍有犯死罪, 禁身奏上, 軍監以下依法斬決. 坂東安危在此一擧.
將軍宜勉之. 因賜御被二領, 采帛三十疋, 綿三百屯.

續日本紀卷第三十九

『속일본기』 권제40

〈延曆 8년(789) 정월부터 10년(791) 12월까지〉

우대신 정2위 겸 行皇太子傅 中衛大將

신 藤原朝臣繼繩 등이 칙을 받들어 편찬하다.

今皇帝[1]

○ 延曆 8년(789), 춘정월 갑진삭[2](1일), 일식이 있었다.

기유(6일), (천황이) 5위 이상에게 남원에서 연회를 베풀었다. 종5위상 笠王에게 정5위하를, 종5위하 廣田王에게 종5위상을, 무위 葛井王에게 종5위하를, 종4위하 佐伯宿禰眞守에게 종4위상을, 정5위하 藤原朝臣菅繼에게 종4위하를, 정5위하 百濟王玄鏡[3]에게 정5위상을, 종5위상 文室眞人与企·紀朝臣作良에게 함께 정5위하를, 종5위하 賀茂朝臣人麻呂·藤原朝臣園人·伊勢朝臣水通·津連眞道[4]에게 함께 종5위상을, 정6위상 平群朝臣國人·紀朝臣伯·紀朝臣登万理·榎井朝臣鞦鞴·田中朝臣大魚·安倍朝臣人成·巨勢朝臣道成·石川朝臣淸濱·石川朝臣淸成·大春日朝臣淸足·藤原朝臣岡繼·石上朝臣乙名·大野朝臣仲男·角朝臣筑紫麻呂에게 함께 종5위하를, 정6위상 大網公廣道·韓國連源[5]·秋篠宿禰安人에게 함

---

1) 桓武天皇.

2) 〈日本古典文學大系本〉에 따르면 甲辰을 2일로 수정하고 있다. 이하의 일간지도 하루씩 늦추고 있다.

3) 百濟王敬福의 아들. 桓武朝 延曆 2년(783) 종5위상에 서위되고, 少納言, 右兵衛督을 거쳐 延曆 6년 桓武天皇이 交野에 순행할 당시, 일족이 백제악을 연주하고 이때 百濟王玄鏡은 정5위하에 서위된다. 延曆 8년에는 上總守에 임명되고 동 16에 종4위상, 동 18년에 刑部卿으로 승진하였다.

4) 권40, 延曆 9년 추7월 신사조 및 「菅野朝臣」 각주 98) 참조.

5) 韓國氏[韓國連]는 采女氏[采女臣]와 同祖인 物部氏의 支族에 해당하는 천손계 씨족으로 나온다. 『일본서기』 武烈朝에 선조인 物部鹽兒가 한국에 파견된 까닭에 物部連에서

께 외종5위하를 내렸다. 병부경 종3위 近江守를 겸직한 多治比眞人長野를 참의로 삼았다.

임자(9일), 참의 大宰帥 정3위 佐伯宿禰今毛人이 상표하여 사직을 청했다. (천황이) 조를 내려 이를 허락하였다.

정사(14일), 율사 玄憐法師를 소승도에 임명하였다.

무진(25일), 참의 및 궁내경 정4위하 神祇伯을 겸직한 大中臣朝臣子老가 죽었다. 우대신 정2위 淸麻呂의 제2자이다.

기사(26일), 종4위상 藤原朝臣延福에게 정4위하를 내리고. 정5위상 藤原朝臣春蓮·藤原朝臣勤子에게 함께 종4위하를, 정5위하 伴田朝臣仲刀自에게 정5위상을, 종5위상 藤原朝臣慈雲·安倍朝臣黑女에게 함께 정5위하를, 종5위하 藤原朝臣眞貞·平群朝臣炊女·大原眞人明, 무위 多治比眞人邑刀自·藤原朝臣數子·紀朝臣若子에게 함께 종5위상을, 외종5위하 豊田造信女·岡上連綱, 무위 藤原朝臣惠子, 정6위상 菅生朝臣恩日, 종6위상 石上朝臣眞家, 종6위하 角朝臣廣江에게 함께 종5위하를, 정6위상 物部韓國連眞成[6]·山代忌寸越足, 종6위하 采女臣阿古女에게 함께 외종5위하를 내렸다.

2월 정축[7](5일), 종5위하 大原眞人美氣를 尾張守로 삼고, 정5위하 高賀茂朝臣諸雄을 參河守로 삼고, 종5위상 文室眞人子老를 安房守로 삼고, 정5위상 百濟王玄鏡을 上總守로 삼고, 종5위하 石川朝臣淸濱을 (上總)介로 삼고, 近衛將監 외종5위상 池原公綱主에게 下總大掾을 겸직시켰다. 式部大輔 종4위하 大中臣朝臣諸魚에게 近江守를 겸직시키고, 左兵衛督은 종전대로 하였다. 종5위하 紀朝臣長名을 越前介로 삼고, 大判事 종5위상 橘朝臣綿裳에게 越中介를 겸직시켰다. 종5위상 安倍朝臣家麻呂를 石見守로 삼고, 병부대보 및 좌경대부 종4위하 藤原朝臣雄友에게 播磨守를 겸직시키고 左衛士督은 종전대로 하였다. 종5위하 高倉朝臣石麻呂[8]를 美作介로 삼고, 종5위상 藤原朝臣園人을 備後守로 삼고,

---

　　　韓國連으로 개성되었다는 전승이 나온다. 韓國連源은 寶龜 6년(775)에 遣唐錄事, 延曆
　　　8년(789)에 외종5위하에 서위되고, 동 9년 11월에는 高原氏로 개성하였다.

6) 物部韓國連은 物部連과 同氏. 『신찬성씨록』攝津國神別에는 物部韓國連, 동 和泉國神別에
　　는 物部連으로 나온다. 이 인물은 기타 사료에는 보이지 않는다.

7) 〈日本古典文學大系本〉에 따르면 2월 초일은 癸丑이라고 하여, 丁丑을 5일로 수정하고
　　있다.

종5위하 百濟王敎德[9]을 讚岐介로 삼았다.

계미(11일), 종5위하 橘朝臣安麻呂를 中務少輔로 삼고, 內藥正 및 시의 종5위 상 葉栗臣翼에게 內藏助를 겸직시켰다. 종5위하 巨勢朝臣總成을 造酒正[10]으로 삼고, 종5위상 弓削宿禰塩麻를 左京亮으로 삼았다.

경자(28일), (천황은) 西宮에서 이주하여 처음으로 東宮에 거주하였다.[11]

3월 계묘삭(1일), 造宮使[12]가 술과 음식 및 여러 종류의 놀이용품[13]을 바쳤다.

신해(9일), 제국의 군대가 陸奧國의 多賀城에 모였다. 각 道로 나누어 적지로 (공격해) 들어갔다.[14]

임자(11일), 사자를 이세신궁에 보내 폐백을 올렸다. 蝦夷의 정토를 고하기 위해서이다.

무오(16일), 종4위하 大中臣朝臣諸魚를 神祇伯으로 삼고, 式部大輔 및 左兵衛 督, 近江守는 종전대로 하였다. 종5위하 大中臣朝臣弟成을 少納言으로 삼고, 종4위하 紀朝臣犬養을 左大舍人頭로 삼고, 종5위하 百濟王仁貞[15]을 中宮亮으로

---

8) 고구려 멸망 직후 망명한 후예씨족. 寶龜 4년(773)에 父 高麗福信이 造宮卿으로서 楊梅宮을 완성시키자 그 포상으로서 아들인 石麻呂는 종5위하에 서위되었다. 石麻呂는 동 5년 中務員外少輔에 보임되고, 동 9년에는 武藏介에 임명되어 일족의 본거지인 武藏에 부임하였다. 동 10년에 일족과 함께 高麗朝臣에서 高倉朝臣으로 개성하였다. 延曆 4년(785)에 治部少輔, 동 8년에 美作介가 되었다.

9) 陸奧鎭守將軍 百濟王俊哲의 아들. 종5위하로 시작하여 延曆 8년(789)에 讚岐介에 임명되었고, 동 18년에 上總守, 大同 3년(808)에 宮內大輔가 되었다. 弘仁 3년(812)에 종4위하에, 동 5년에 治部大輔가 되었고, 동 7년에 종4위상에 올랐다.

10) 宮內省 소속 造酒司의 장관. 직무는 술, 감주, 식초 등을 양조한다.

11) 延曆 4년 정월 정유삭조의 西宮은 長岡宮의 內裏이고, 東宮은 그 동쪽에 새로 조영된 궁실이다.

12) 造長岡宮使.

13) 바둑, 장기, 雙六 등의 놀이용품을 말한다.

14) 이해 陸奧國에서 전개된 對蝦夷 군사행동을 위해 전년도 3월에 군량 35,000여 석을 多賀城으로 운송하고, 東海道·東山道·北陸 제국으로부터 말린 밥 23,000여 석과 소금을 운송했다. 아울러 보기병 58,000여 인을 多賀城에 집결시켰다.

15) 桓武朝인 天應 원년(781)에 近衛員外少將에 보임되고, 동 2년에 播磨介로 전임되었다. 延曆 2년(783)에 종5위상 備前介가 되었고, 동 4년에 備前守로 승진하였다. 延曆 8년에는 中宮亮으로서 京官으로 복귀하였고, 동 9년에 정5위상 左中弁, 동 10년에는 종4위하 弁官으로 발탁되었다.

삼고, 종5위상 津連眞道[16]를 圖書頭로 삼고, 동궁학사 겸 左兵衛佐, 伊豫介는
종전대로 하였다. 외종5위하 大網公廣道를 主計助로 삼고, 종5위하 安倍朝臣枚
麻呂를 兵部少輔로 삼고, 종5위상 藤原朝臣黑麻呂를 刑部大輔로 삼고, 종5위하
藤原朝臣大繼를 대판사로 삼고, 종4위하 石上朝臣家成을 궁내경으로 삼고,
종5위하 矢庭王을 正親正[17]으로 삼고, 종5위상 文室眞人八嶋를 彈正弼로 삼고,
종4위하 藤原朝臣菅繼를 좌경대부로 삼고, 종5위하 角朝臣筑紫麻呂를 衛門大尉
로 삼고, 종4위하 藤原朝臣內麻呂를 右衛士督으로 삼고, 越前守는 종전대로
하였다. 종5위하 大秦公忌寸宅守를 左兵庫助로 삼고, 종5위하 爲奈眞人豊人을
右兵庫頭로 삼고, 종5위하 小野朝臣澤守를 攝津亮으로 삼고, 외종5위하 麻田連
畋賦[18]를 山背介로 삼고, 종5위하 大伴王을 甲斐守로 삼고, 종5위상 文室眞人久
賀麻呂를 但馬介로 삼고, 종5위하 石川朝臣公足을 安藝守로 삼고, 종5위하
粟田朝臣鷹守를 長門守로 삼고, 종5위상 藤原朝臣園人을 大宰少貳로 삼았다.
造東大寺司를 폐지하였다.[19]

　　신유(19일), 종5위하 石上朝臣乙名을 大監物로 삼고, 정5위하 中臣朝臣常을
治部大輔로 삼고, 종5위하 淸海宿禰惟岳[20]을 美作權掾으로 삼았다.

　　하4월 경진(8일), 木工頭 정4위하 伊勢朝臣老人이 죽었다.

　　을유(13일), 이보다 앞서 伊勢, 美濃 등의 관소에서는 통례로서 왕래하는
飛驛使의 문서함을 반드시 개봉하였다. 이에 이르러 칙을 내려, 지금 이후로는
바로 개봉해서는 안 된다고 하였다.

---

16) 뒤에 나오는 延曆 9년 추7월 신사조 및 「菅野朝臣」 각주 98) 참조.

17) 궁내성 소속 正親司의 장관. 직무는 皇籍을 관리하고 황족에 대한 季祿, 時服 등의
　　급여를 집행한다. 唐 율령제의 宗正寺를 모방한 기구이다.

18) 麻田連氏는 天智 2년(663) 백강전투에서 패배해 일본으로 망명한 백제의 달솔 答㶱春初
　　의 후손으로, 그 후예인 정7위상 答㶱陽春이 神龜 원년(724) 麻田連으로 개성하면서
　　그 일족은 麻田連의 성을 갖게 되었다. 延曆 4년 추7월에 외종5위하 麻田連畋賦가
　　左大史에, 동년 11월에 典藥頭에 임명되었다. 한편『신찬성씨록』우경제번에 "麻田連은
　　百濟國人 朝鮮王 淮로부터 나왔다"는 전승도 전하고 있다.

19) 桓武朝의 평성경 사원에 대한 배척 등 대책의 일환으로 보인다.

20) 唐人 沈維岳. 天平寶字 5년(761)에 일본의 迎入唐大使 高元度 일행이 귀국할 때 수부의
　　감독관으로 大宰府에 도착하였다. 그 후 안록산의 난 등으로 귀국하지 못한 채 일본에
　　정주하여, 寶龜 11년(780)에 종5위하에 서위되고 淸海宿禰의 씨성을 받았다. 延曆
　　8년에는 美作權掾에 임명되었다.

병술(14일), 종5위하 安曇宿禰廣吉을 和泉守로 삼고, 종5위하 田中朝臣淨人을 伊勢介로 삼고, 종5위하 大野朝臣仲男을 安房權守로 삼고, 종5위하 川村王을 備後守로 삼았다.

신유,[21] 美濃, 尾張, 參河 등 제국은, 작년 오곡이 익지 않아 굶주린 백성들이 많아 구휼하였는데, 자활할 수 없는 상황이다. 이에 사자를 보내 미곡창을 열어, 저가일 때의 가격으로 백성에게 팔고, 그 대가로 구매한 물품은 국고에 수납하여 저장하고, 가을 추수기에 이르러 대가의 물품을 도곡으로 바꾸어 둔다. 그 명칭을 救急이라고 하였다. 그 국사, 군사 및 부유한 백성은 미곡을 구매해서는 안 된다. 만약 위반한다면 위칙죄로 처벌하게 하였다.

경자(28일), 伊賀國에 기근이 들어 구휼하였다.

5월 계축(12일), 정동장군에게 칙을 내려, "최근에 주상한 문서를 보니, 관군이 진군하지 못하고 여전히 衣川[22]에 머물고 있음을 알았다. 지난 4월 6일의 주상에는, '3월 28일에 관군이 의천을 건너 3개소에 군영을 설치하였다. 그 형세는 마치 세발 달린 솥과 같았다'라고 하는데, 그 이후 30여일이나 지나고 있다. 이상한 것은, 무엇 때문에 계속 머물고 나아가지 못하는지 아직 그 이유를 모르겠다. 무릇 병력이라는 것은 서툴더라도 빨리 움직이는 것을 중히 여기는데, 계책으로 지체한다는 것은 아직 듣지 못했다. 또 6, 7월은 (계책을) 꾀하기에는 가장 더운 시기이다. 지금 들어가지 않아 이미 그 시기를 놓치면 후회해도 소용없을 것이다. 장군들은 기회를 보고 진퇴를 결정하고 더욱이 틈을 보여서는 안 된다. 다만 한곳에 오래 머무르고 날이 거듭 쌓이면, 군량을 소모하게 되어 짐이 우려하는 바는 단지 여기에 있을 따름이다. 지체하는 이유 및 적군의 소식을 자세히 적어 역마를 이용하여 사자를 보내 주상하도록 한다"라고 하였다.

병진(15일), 이보다 앞서, 제국의 국사들은 (공납하는) 사자가 되어 경에 들어와, 수령증[23]을 받지 않고 임지로 돌아가는 경우에는, 직무를 맡기지 않고 그 (급여인) 公廨를 압수하도록 하였다.[24] 그런데 국에 있는 국사는

---

21) 이달의 辛酉의 日干支는 없다.

22) 征東軍이 주둔하고 있는 군영의 지역으로 현재의 岩手縣 膽澤郡 衣川村.

23) 이때의 수령증을 返抄라고 한다. 공물, 문서, 물자를 납입하고 교부받는 증명서이다.

오직 이 격을 의식하여 한번도 수령증을 재촉하지 않고, 오로지 사인으로 (京에) 가기를 꺼려하였다. 이에 비로소 제를 내려, "이러한 부류의 자들은 입경하거나 재임 국에 있거나 묻지 않고 (국사의) 目 이상은 모두 급료를 압수한다. 다만 (국사가 직접 입경하지 않아도) 편의에 따라 사자에게 부탁해 보내는 경우에는 압수하지 않는다"라고 하였다.

기미(18일), 태정관에서 주상하기를, "삼가 (戸)令의 조문을 살펴보니, 양민과 천민의 통혼은 명백히 금지되어 있다. 그런데 천하의 양민의 남녀와 고관의 자제들이 혹은 색을 탐하고 여자 노비와 사통하거나, 혹은 음란한 마음을 품고 남자 노비와 정을 통하여, 마침내 (태어난 아이들은) 씨족의 종자인데 천민의 신분이 되고, 공민의 자손인데 변하여 노비가 된다. 이 폐해를 개혁하지 않으면, 어떻게 이 혼란을 바로잡을 수 있겠는가. 신들이 바라는 바는, 지금 이후로는 여자 노비가 양민과 사통하거나 양민의 여자가 남자 노비와 혼인해서 낳은 자식은 모두 양민(의 신분)이 되는 것을 청하고자 한다. 또 사원과 신사의 천민도 이러한 일이 있다면, 또한 앞의 예에 준하여, 해방시켜 양민으로 삼았으면 한다. 삼가 바라건대, 이러한 관대한 은혜를 베풀어 진흙과 찌꺼기 (같은 비천한 신분)에서 구원하고자 한다. 신들의 우매한 생각을 감히 주상하지 않을 수 없다. 천황의 재가를 바라고자 한다"라고 하였다. (천황은) 이 주상을 허락하였다.

경신(19일), 播磨國 揖保郡의 大興寺의 천민인 若女는, 본래 讚岐國 多度郡 藤原鄕의 여자이다. 그런데 慶雲 원년 세차가 갑인 해에 揖保郡의 백성 佐伯君麻呂가 자신을 노비로 모칭하여 大興寺에 팔았다. 이에 若女의 손 小庭 등이 오랫동안 호소하여 이에 이르러 비로소 若女의 자손, 남자 노비 5인, 여자 노비 10인은 천민으로부터 해방되어 양민이 되었다. 安房, 紀伊 등의 제국에 기근이 들어 구휼하였다.

정묘(26일), (천황이) 조를 내려, 정동부장군과 民部少輔 겸한 下野守 종5위하 훈8등 佐伯宿禰葛城에게 정5위하를 추증하였다. 葛城은 군을 이끌고 정토에 나섰다가 도중에 사망하였다. 따라서 이를 추증한 것이다.

---

24) 寶龜 10년 8월 경신조, 延曆 6년 7월 병자조의 格에 보인다.

기사(28일), 종5위하 賀茂朝臣大川을 神祇大副로 삼고, 종5위상 調使王을
右大舍人頭로 삼고, 종5위하 藤原朝臣繼彦을 主計頭로 삼고, 종5위하 和朝臣家麻
呂25)를 造兵正26)으로 삼고, 정5위하 中臣朝臣常을 宮內大輔로 삼았다.

경오(29일), 信濃國 筑摩郡 사람 외소위하 後部牛養,27) 무위 宗守·豊人 등에게
田河造의 성을 내렸다.

6월 갑술(3일), 征東將軍이 주상하기를, "부장군 외종5위하 入間宿禰廣成,
좌중군 別將 종5위하 池田朝臣眞枚이 前軍 별장 외종5위하 安倍猿嶋臣墨繩
등과 더불어 의논하여, '3군28)이 함께 모의하여 힘을 합쳐 강을 건너 적을
토벌하기로 했다'고 한다. 약속한 기일도 이미 정해졌다. 이로부터 중군,
후군에서 각각 2천인을 선발하여 함께 강을 건넜다. 적장 蝦夷 阿弖流의
거처에 이르렀을 때, 적의 무리 300여 인이 있어 (이들을) 맞닥뜨려 싸웠다.
관군의 세력이 강하여 적들이 퇴각하였다. 관군은 싸우면서 불태우고 巢伏村
에 이르러, 바야흐로 전군과 세력을 합하려고 했다. 그러나 전군은 적의
저항으로 강을 건너지 못했다. 이에 적의 무리 800여 인이 새로 와서 방어막을
치고 싸웠다. 그 힘이 대단히 강했다. 관군이 조금 후퇴했을 때, 적들은
바로 공격해 들어왔다. 적 400여 인이 東山으로부터 관군의 배후를 차단하여
앞뒤로 적에게 협공당했다. 적들은 분기충천하여 공격해 와 관군은 밀리게
되었고, 별장 丈部善理, 進士29) 高田道成·會津壯麻呂·安宿戶吉足·大伴五百繼
등이 함께 전사하였다. 불태운 적의 집락은 모두 14개 촌으로 가옥은 800여채

---

25)『신찬성씨록』좌경제번상에는 "和朝臣은 백제국 都慕王의 18세손 무령왕으로부터
　　나왔다"라고 출자를 밝히고 있다. 和朝臣家麻呂는 延曆 5년(786)에 종7위상에서 종5위
　　하에 서위된 후 造兵正, 內廐助, 治部大輔를 역임하고, 동 11년에 종5위상, 이듬해에
　　정5위하, 종4위하로 승진하였다. 延曆 15년에는 정4위하 참의에 보임되었고 도래계
　　씨족으로는 처음으로 공경의 지위에 올랐다. 延曆 17년 종3위 중납언이 되었고,
　　이어 우대신, 神王, 大納言, 壹志濃王, 中務卿, 宮內卿을 역임하였다.
26) 兵部省 소속의 병기를 제작하고 병기제조를 위한 기술자집단을 관리하는 造兵司의
　　장관.
27) 後部를 씨명으로 한 고구려계 후예씨족. 後部는 고구려 5부의 하나로 絶奴部, 北部와도
　　통한다. 선조가 속한 後部名을 관칭한 고구려계 씨족으로는 後部王, 後部, 後部高
　　등이 보인다. 寶龜 7년 5월 경자조에 後部石嶋 등이 出水連의 성을 받았다고 한다.
28) 前軍·中軍·後軍의 3軍. 左中軍은 中軍을 말한다.
29) 지원병. 寶龜 11년 5월 을묘조에 蝦夷 정토를 위해 널리 進士를 모집하였다.

이고, 무기, 잡물은 별도로 기록한 바와 같다. 관군의 전사자는 25인이고, 화살을 맞은 자는 245인, 강에 뛰어들어 익사한 자는 1,036인이고, 맨몸으로 헤엄쳐 온 자는 1,257인이다. 별장 出雲諸上·道嶋御楯 등은 남은 사람들을 이끌고 (多賀城으로) 돌아왔다"라고 하였다.

이에 (천황은) 정동장군에게 칙을 내려, "최근의 주상한 바를 보니, 담택30) 에 있는 적들은 모두 강 동쪽에 모여있어, 먼저 이 지역을 정토하고 뒤에 (적지로) 깊게 들어갈 계획이라고 하였다. 그렇다면 군감 이상은 병을 이끌고 (공격의) 태세를 갖추고 그 위용을 엄중히 하여 전후의 군이 서로 이어서 공격해 토벌해야 한다. 그런데 군세는 적고31) 지휘관은 (신분이) 낮아 도리어 패배하게 되었다. 이것은 즉 그 방면의 副將 등의 계책이 잘못되었기 때문이다. (別將인) 丈部善理 등의 전사 및 병사들이 익사하게 되어 슬프고 아픈 마음은 가슴이 찢어질 듯하다"라고 하였다.

경진(9일), 정동장군이 주상하기를, "담택의 지역은 적도들의 중심지이다. 바야흐로 지금 대군으로 정토하여 촌락을 멸했는데, 잔당이 잠복해 있어 정토군을 죽이고 물건을 약탈하기도 한다. 또 子波, 和我는 깊은 안쪽에 치우쳐 있어 신들이 멀리서 공격하려고 해도 식량의 운송에 어려움이 있다. 玉造塞를 따라 衣川에 군영에 이르기까지 4일, 군수품의 이동에 2일, 그렇다면 왕복 10일이 걸린다. 의천에서 子波의 땅에 이르는 행로는 가령 6일로 하면, 군수물자의 왕복에 14일이고, 총 玉造塞에서 자파까지의 왕복은 24일 정도 걸린다. 도중에 적들을 만나 싸우거나 비가 내려 방해를 받아 나아가지 못하면 일정 내에 들어가기 어렵다. 수륙 양도의 물자의 운송 인원은 12,440인 이고, 한번 운송할 수 있는 말린 밥은 6,215석이다. 정토군은 27,470인이고, 1일 먹는 식량은 549석이다.32) 이를 계산하여 배분하면, 한 번에 운송하는

---

30) 寶龜 7년 11월 경진조에도 膽澤之賊이 나온다. 延曆 21년(802)에 坂上田村麻呂가 膽澤城 을 축조하였다.

31) 이 전투에는 中軍, 後軍 2천 인씩 4천 인이 투입되었다. 실제로 징발된 정토군은 延曆 7년 3월조에 52,800인, 동 8년 6월조에 27,400인이었다. 전체 8만 인이 넘는 징발인원 중에서 4천 인이 전장에 투입되었으니 군세가 적다는 표현이 나온 것 같다. 반면 蝦夷의 병력수는 상기 본문에 따르면 800인, 400인으로 상대적으로 적다. 아마도 지세를 이용한 역습으로 정토군이 대패한 것으로 보인다.

분량으로는 겨우 11일을 버틸 수 있을 뿐이다. 신들이 헤아려 본바, 子波 지역을 목표로 진군한다면 보급품은 부족하고, 정토병의 일부를 운송역에 맡긴다면, 원정군의 인원은 줄어들어 정토하는 데에 부족하다. 이에 더하여, 군이 적지에 들어가고 나서 봄과 여름을 거치면서 원정군과 운송자는 피폐해 졌다. 진군해도 위험이 있고, 지구전이 되어도 유리할 것이 없다. 오랫동안 적지에 주둔해 있으면서 100여 리 밖에서 군량을 운송하는 것은 좋은 책략이 아니다. 비록 벌레와 같은 하찮은 적들도 일단 천벌을 면한다고 하지만, 논밭을 갈고 파종할 수도 없고 이미 농기를 놓치고 있어, (적들이) 멸망하지 않고 무엇을 기다리겠는가. 신들이 의논한바, 군을 해산하고 군량을 남겨 비상시에 대비하는 것과 같은 것은 없다. 군사의 식량은 1일에 2천석이다. 만약 상주한 바를 재가한다면, 아마도 (답신이 도착하는 동안) 많은 비용이 들 것이다. 따라서 금월 10일 이전에 해산하여 내보내는 첩장을 제군대에 보내 알리고자 한다. 신들은 우매한 논의를 주상하면서 또한 행하고자 한다" 라고 하였다.

(이에 천황이) 답하여 칙을 내려, "지금 선후의 주상한 문서를 보니, '적들은 河東에 집결해 있고, 관군에 저항하며 가로막고 있다. 따라서 먼저 그 지역을 정토하고, 후에 깊숙이 들어가려고 계획하고 있다'라고 하였다. (적지에) 깊숙이 들어가는 것이 유리하지 않아 군을 해산하려고 한다면, 구체적으로 문서를 작성하여 주상하고, 그러한 후에 해산하여 내보내도 늦지 않다. 그런데 한번도 진입하지 않고 일단 병을 해산한다는 장군 등의 책략은 도리로 서 있을 수 있는 일인가. 장군들이 흉적을 두려워하고 꺼려 머물고 있는 까닭을 분명히 알았다. 교묘하게 그럴듯한 말로 포장하여 죄와 과오를 피하고 있어 불충함이 이보다 앞선 것은 없다. 또 廣成,33) 墨繩34)은 오랫동안 적지에 있고, 아울러 전장의 경험도 있어, 그런 까닭에 副將의 임무를 맡기고 전력을 다하여 싸워 전과를 기다리고 있었다. 그런데 조용히 군영 중에 거처하고,

---

32) 중앙의 衛士, 仕丁에게 지급되는 공량은 1일 2升이다. 원정군 27,470인이 1일 2升씩 소비하면 549석 4두가 된다.
33) 부장군인 入間宿禰廣成. 武藏國 入間郡 출신.
34) 진수부장군으로 前軍의 別將인 安倍猨黑繩.

앉아서 전황을 보면서 부하 보좌관을 보내고 있는데, 그것으로 패전에 이르게 되었다. 군주를 섬기는 도리가 어떻게 이와 같을 수가 있는가. 무릇 전장에 나가 공이 없는 것은 좋은 장수가 부끄러워하는 바이다. 지금 군을 훼손하고 군량을 소비하는 것은 국가에 큰 손해가 된다. 출정군의 장군이 어떻게 이와 같을 수가 있겠는가"라고 하였다.

甲斐國 山梨郡[35] 사람 외정8위하 要部上麻呂 등의 본성을 고쳐 田井이라 하고, 古爾 등을 玉井이라고 하고, 鞘部 등을 大井이라고 하고, 解禮 등을 中井이라고 하였다.[36] 모두 청원이 있었기 때문이다.

추7월 정미(7일), 尙掃[37] 종4위상 美作女王, 散事 정4위상 藤原朝臣春蓮이 모두 죽었다.

갑인(14일), (천황이) 伊勢, 美濃, 越前 등의 제국에 칙을 내려, "(이 3국에) 관소를 설치한 것은, 본래 비상의 사태에 대비하기 위해서이다. 지금 정삭이 시행되는 곳은 내외의 구별이 없다.[38] 헛되게 관소를 설치하여 방어에 사용하는 일이 없고, 끝내 기내와 기외의 사이를 가로막아 이미 통행의 편리를 상실하였다. 관민의 왕래에 매사 지체시켜 고통을 받고 있다. 지금의 시정에는 이익이 되지 않아 백성들의 우려가 절실하다. 이전의 폐단을 개혁하여

---

35) 『和名類聚抄』 권6에, 於曾·能呂·林部·井上·玉井 5鄕을 山梨東郡, 石禾·表門·山梨 加美·大野의 5鄕을 山梨西郡이라고 한다. 현재의 山梨縣 東山梨郡, 鹽山市, 山梨市, 東八代郡, 甲府市의 동부에 해당한다.

36) 『日本後紀』 延曆 18년(799) 12월 갑술조에 따르면, 甲斐國 사람 止彌若虫, 久信耳鷹長 등 190인의 선조가 백제인이고, 병인년 즉 天智 5년(665)에 甲斐國으로 이주하였다고 한다("甲斐國人止彌若虫, 久信耳鷹長等一百九十人言, 己等先祖, 元是百濟人也. 仰慕聖朝, 航海投化, 卽天朝降綸旨, 安置攝津職, 後依丙寅歲正月卄七日格, 更遷甲斐國, 自爾以來, 年序旣久, 伏奉去天平勝寶九歲四月四日勅稱, 其高麗百濟新羅人等, 遠慕聖化, 來附我俗, 情願改姓, 悉聽許之, 而已等先祖, 未改蕃姓, 伏請蒙改姓者, 賜若虫姓石川, 鷹長等姓廣石野"). 『일본서기』의 해당기사에도 백제의 남녀 2천 인을 동국으로 이주시켰다고 나온다. 아직 본국의 성을 칭하고 있던 이들이 개성하기를 청하자, 止彌若虫에게는 石川을, 久信耳鷹長 등에게는 廣石野의 성을 주었다고 한다. 모두 현지 지명을 따서 성으로 삼은 것이다. 특히 상기 본문에 보이는 古爾는 백제의 복성으로 『삼국사기』 개로왕 21년 추7월조에 古爾萬年이라는 인물이 나온다. 또한 天平 17년 정월 을축조에 보이는 도래계 씨족 古仁染思, 古仁虫名의 씨명 古仁이 古爾와 동음으로서 같은 씨명으로 생각된다.

37) 後宮 12司의 하나인 掃司의 장관. 궁중의 시설관리, 청소 등을 담당한다.

38) 천황의 통치가 두루 미치고 있다는 의미.

변황에 적절하게 대응하고자 한다.39) 3국의 관소 일체를 폐지한다. 소유하고
있는 병기와 식량은 國府로 운반하여 수납하고, 그 외의 관사는 적절한
군으로 옮겨 세우도록 한다"라고 하였다.

을묘(15일), 伊勢, 志摩 양국에 기근이 들어 구휼하였다.

정사(17일), (천황이) 節刀를 가진 정동대장군 紀朝臣古佐美 등에게 칙을
내려, "금월 10일에 받은 주상한 문서에는, '이른바 膽澤이라는 곳은 하천과
들판이 광활하고, 하이는 (그런 속에서) 살아가고 있다. 대군이 한번에 들어가
면, 금방 황폐한 지역이 된다. 나머지 생존자가 있어도 그 위험은 아침
이슬과 같다. 그뿐만 아니라, 군선이 출항하고 배들이 100리에 걸쳐 이어져
있어 (군선에 있는) 천황의 병사가 가세한다면, 전방에서의 강적은 없고,
해안가에 있는 소굴의 거처에도 또한 인가의 연기가 나지 않고, 산곡의
소굴에도 단지 도깨비불이 보일 뿐이다. 이 기쁨을 참지 못하여 빠른 역마로
상주하는 것이다'라고 하였다. 지금 선후의 주상한 문서를 아울러 보니,
참획한 적의 목을 벤 수는 89級에 불과한데, 관군의 사망은 1천여 인이고,
부상자는 거의 2천인이다. 무릇 적의 머리를 벤 수는 아직 100級도 안 된다.
관군의 부상, 사망자는 3천인에 이르는데, 이와 같은 상황을 어떻게 기뻐하기
에 족하다고 하는 것인가. 또 대군이 (적지에서) 나와 (본영으로) 돌아오는
날, 흉적이 쫓아와 침입한 일이 한번도 없었다. 그런데, '대군이 한번에
들어가면 금방 황폐한 지역이 된다'라고 하였다. 일의 추세를 헤아려 보면,
이것은 허위로 꾸며낸 것이라고 생각한다. 또 眞枚,40) 墨繩41) 등은 부하
보좌관을 河東에 보냈는데 패전해서 도망쳐 왔고, 익사한 병사가 1천여
인이었다. 그런데 (주상에서) 말하기를, '한번에 강을 건너 싸우면서 불태우고
적의 소굴을 빼앗고, 본영으로 돌아왔다'라고 하였다. 여기에서는 익사한
군은 빼버리고 언급하지도 않았다. 또 濱成42) 등이 적을 소탕하고 적지를

---

39) 이보다 앞서 동년 4월 을유조에, 伊勢·美濃 등의 관소에서 飛驛使의 문서함을 개봉하는
   것을 금지한 바 있다. 關所는 중앙에서 반란이 일어날 경우 동국의 무장세력과 연결되는
   것을 차단하기 위한 장치였지만, 그 역할을 수행하지 못하고, 그 권한을 이용하여
   관민을 번거롭게 하는 폐해를 막기 위한 조치로 보인다.
40) 池田眞枚. 鎭守副將軍으로 北上川의 도하작전을 입안하였다.
41) 安倍猨黑繩. 池田眞枚와 함께 鎭守副將軍으로 北上川의 도하작전을 입안하였다.

공략한 일은 (전과는) 적지만, 다른 방면에서 보다는 훌륭하다. 다만 (주상에서) '천황의 병사가 가세한다면, 전방에서의 강적은 없고, 해안가에 있는 소굴의 거처에도 또한 인가의 연기가 나지 않고, 산곡의 소굴에도 단지 도깨비불이 보일 뿐이다'라고 하는 데에 이르러서는, 이것은 허황된 말이고, 실로 사실과는 거리가 있다. 무릇 전승의 상표를 바치는 자는 적을 평정하고 공을 세운 연후에 주상해야 한다. 지금 적지에 이르지도 않았으면서 그 집락을 (공략했다고) 칭하여 빠른 역마로 축하 소식을 전하는 있는데, 또한 부끄러운 일이 아닌가'라고 하였다.

을축(25일), 下野, 美作 양국에 기근이 들어 구휼하였다. 命婦 정4위상 藤原朝臣敎貴가 죽었다.

정묘(27일), 備後國에 기근이 들어 구휼하였다.

8월 경오삭(1일), (長岡)宮을 조영한 관인 이하 잡공 이상에게 노고에 따라 서위하고, 아울러 차등있게 녹을 내렸다.

신사(12일), 종5위하 角朝臣筑紫麻呂를 中衛將監으로 삼고, 종5위상 紀朝臣木津魚를 右兵衛督으로 삼고, 종5위하 文室眞人眞屋麻呂를 主馬頭로 삼았다.

경인(21일), 이보다 앞서 참의 종3위 佐伯宿禰今毛人이 사직하였다. 그래서 참의의 봉호를 정지한 후, (천황은) 그 반을 지급하고, 민부성에 명하여 영구히 항례로 하였다.

기해(30일), 칙을 내려, 陸奧國에 들어간 군인들의 금년도 전조를 모두 면제하고, 아울러 2년간 과역을 면제하였다. 그 牡鹿, 小田, 新田, 長岡, 志太, 玉造, 富田, 色麻, 賀美, 黑川 등 11개 군은 적과 인접해 있어, (다른 지역과) 동등하게 해서는 안 된다. 따라서 특별히 과역의 면제 연한을 연장하도록 하였다.

9월 정미(8일), 지절정동대장군 紀朝臣古佐美가 陸奧에서 (왕경에) 도착하여 節刀를 바쳤다.

신해(12일), 종5위상 藤原朝臣黑麻呂를 治部大輔로 삼고, 종5위하 紀朝臣伯을 玄蕃助로 삼고, 종5위하 布勢朝臣大海를 主稅頭로 삼고, 종5위상 上毛野朝臣

---

42) 延曆 7년 3월 기사조에 征東副使에 임명된 多治比濱成.

稲人을 刑部大輔로 삼고, 左少弁 종5위상 安倍朝臣弟當에게 下野守를 겸직시켰다.

무오(19일), (천황이) 칙을 내려, 대납언 종2위 藤原朝臣繼繩, 중납언 정3위 藤原朝臣小黒麻呂, 종3위 紀朝臣船守, 左兵衛佐 종5위상 津連眞道, 大外記 외종5위하 秋篠宿禰安人[43] 등을 태정관 청사에 보내어 征東將軍 등이 머물러 있으면서 패배한 상황을 조사하게 하였다. 대장군 정4위하 紀朝臣古佐美, 부장군 외종5위하 入間宿禰廣成, 진수부장군 종5위하 池田朝臣眞枚, 외종5위하 安倍猿嶋臣墨繩 등은 각자 그 이유를 말하고 승복하였다.

이에 (천황이) 조를 내리기를,(宣命體) "陸奥國의 거친 蝦夷들을 토벌하고 다스리기 위해 임명한 대장군 정4위하 紀古佐美朝臣 등은, 임명된 원래의 계획에 따르지 않고, (진격해야 될) 오지에 이르지도 않고 패하고 군량만 소비하고 돌아왔다. 이것은 법에 따라 문책하여 처벌해야 하는데, 이전부터 봉사해온 일을 생각하여, 죄를 묻지 않고 용서한다. 또 진수부장군 종5위하 池田朝臣眞枚, 외종5위하 安倍猿嶋臣墨繩 등은 어리석고 둔하며 겁이 많고 졸렬하여, 군을 진퇴시키는 데 절도가 없고 싸울 시기를 놓쳤다. 지금 법에 준거하면, 墨繩은 참형에 해당하고, 眞枚는 관직을 해임하고 위계를 취소해야 한다. 그러나 墨繩은 오랫동안 변경을 지키며 봉사해 온 공로가 있어 참형은 면제하고 관직 및 위계는 박탈한다. 眞枚는 日上의 항구에서 물에 빠진 병사를 구한 공로로 위계를 박탈하는 죄는 용서하고, 관직만은 해임한다. 또 조금이라도 공이 있는 자는 그 정도에 따라 예우하고, 작은 죄가 있는 자는 묻지 않고 용서하기로 한다고 한 말씀을 모두 들도록 하라"고 하였다.

---

43) 秋篠朝臣安人은 藤原繼繩·菅野眞道와 함께 『속일본기』 전40권에 마지막까지 관여한 편자이다. 그의 원래 씨성은 土師宿禰로 延曆 원년(782) 5월에 주청하여 秋篠宿禰로 개성하였다. 『公卿補任』 연력 24년조에 나오는 그의 관력을 보면, 연력 6년에 大內記, 동 9년에 大外記에 임명되었다. 연력 9년(789) 3월에는 외종5위하로 승진하여 7년 만에 정8위상에서 9단계 고속 승진을 하였고, 동년 12월에는 宿禰에서 朝臣의 성을 하사받았다. 이듬해 연력 10년에는 종5위하로 승진하고, 이어 동 2월에는 형부성 소속의 문서를 담당하는 大判事에 임명되고 동년 3월에 少納言의 지위에 올랐다. 연력 15년 정월에는 종5위상, 『日本後紀』 연력 16년에는 續日本紀 찬진에 대한 포상으로 정5위상으로 승진하였고, 동 19년에 종4위하, 동 24년(805)에는 참의에 임명되어 공경의 지위에 올랐다. 그의 최종 관위는 弘仁 6년(818)에 종3위였다.

이날, 우대신 종2위 겸 中衛大將 藤原朝臣是公이 죽었다. 조를 내려 종1위에 추증하였다. 是公은 증 태정대신 정1위 武智麻呂의 손이고, 참의 겸 병부경 종3위 乙麻呂의 제1자이다. 사람됨이 장대하고 아울러 위용이 있었다. 天平寶字 연중에 종5위하를 받았고, 神祇大副에 보임되었다. 山背守, 播磨守, 左衛士督을 역임하고, 天平神護 2년(766)에 종4위하를 받았고, 內竪省[44]과 式部省의 대보 및 춘궁대부를 역임하였다. 寶龜 말에 참의 및 좌대변 종3위에 이르렀다. 天應 원년(781)에 정3위에 오르고, 중위대장 겸 식부경이 되었고, 바로 중납언이 되었고 중위대장과 식부경은 그대로 유지하였고, 이어 대납언으로 옮겼다. 延曆 2년(783)에 우대신에 임명되었고 중위대장은 원래대로 하였다. 是公은 시무에 해박하였고, 판단도 분명하여 지체되는 일이 없었다. 사망시의 나이는 63세였다.

동10월 무인(10일), 대납언 종2위 藤原朝臣繼繩에게 중위대장을 겸직시켰다.

을유(17일), 산위 종3위 高倉朝臣福信이 죽었다. 福信은 武藏國 고려군 사람이다. 본성은 背奈[45]이고, 그 조부 福德은 당의 장군 李勣[46]이 평양성을 함락시킬 때, (일본) 국가에 내귀하여 武藏國에 거주하였다. 福信은 바로 福德의 손이다. 소년시절 백부 背奈行文[47]을 따라 왕도에 들어왔다. 이때 동년배들과 함께 저녁에 石上衢에 가서 스모를 즐겼다. 특유의 기술로 힘을 사용하여 능히 상대를 이겼다. 마침내 내리에 소문이 나, 부름을 받아 內竪所에 근시하였다. 이로부터 이름이 나서 처음으로 右衛士大志에 임명되었다. 얼마

---

44) 천황에 근시하는 內竪 및 後宮 12司를 총괄하고 內裏의 경호와 잡무를 담당.

45) 背奈는 고구려 5부의 消奴部에서 유래한 '背奈'에서 나왔으며, 고구려 5부 중 소노부 출신으로 생각된다. 고구려 유민들 중에는 자신의 출신 부명을 씨명으로 삼은 씨족이 적지 않다. 背奈氏는 養老 5년(721)을 하한으로 하는 시기에 背奈公으로 바뀌었고, 天平 19년(747)에 背奈王으로, 天平勝寶 2년(750)에 高麗朝臣으로, 寶龜 10년(779)에는 다시 高倉朝臣으로 개성하였다.

46) 李世勣. 본명은 徐世勣이고, 당 고조 李淵에게 이씨 성을 하사받았다. 나중에 李世民이 황제로 즉위하자 '世'자를 避諱하여 李勣으로 개명하였다. 總章 원년(668년)에 薛仁貴 등 당군과 문무왕의 신라군과 함께 평양성을 공격하여 고구려를 멸망시켰다.

47) 고구려 멸망 시에 망명한 背奈福德의 아들. 靈龜 2년(716)에 武藏國 高麗郡에 거주하였다. 후에 조정에 출사하여 養老 5년(721) 정7위상 明經 제2박사로 있으면서 학업 우수로 포상을 받았다. 神龜 4년(727) 정6위상에서 종5위하로 승진되었다. 消奈行文大夫의 이름으로 『萬葉集』에 단가 1수, 『懷風藻』에 오언시 2수를 남겼다.

지나지 않아 天平 연중에 외종5위하를 받고 春宮亮에 임명되었다. 聖武皇帝가 매우 총애하여 天平勝寶 초에는 종4위 紫微少弼이 되고, 본성을 고쳐 高麗朝臣을 받았고, 信部大輔[48]로 전임되었다. 天平神護 원년(765)에 종3위가 내려지고, 造宮卿에 임명되어 武藏守 및 近江守를 겸직하였다. 寶龜 10년(779)에 상신하여, "신은 천황의 덕화에 들어온 이래 세월이 이미 오래되었다. 다만, 새로 받은 영예로운 朝臣의 성은 과분하지만, 옛 습속의 칭호인 高麗는 아직 삭제되지 않았다. 삼가 바라건대 高麗를 고쳐 高倉[49]으로 했으면 한다"라고 하였다. (천황은) 조를 내려 이를 허락하였다. 天鷹 원년(781)에 彈正尹[50]으로 전임하여 武藏守를 겸직하였다. 延曆 4년(785)에 상표하여 사직을 청하여, (허락받아) 산위로 사저로 귀가하였다. 사망시의 나이는 81세였다.

기축(21일), 정6위상 巨勢朝臣野足에게 종5위하를 내렸다.

신묘(23일), 종5위하 巨勢朝臣野足을 陸奧國의 진수부장군으로 삼았다.

정유(29일), 命婦 종4위하 大原眞人室子가 죽었다.

11월 정미(9일), 造宮大工 정6위상 物部建麻呂에게 외종5위하를 내렸다.

임자(14일), 攝津職이 (難波를) 통과하는 公私의 사자를 조사하는 것을 정지하였다.

12월 을해(8일), 播磨國 美囊郡의 대령 정6위하 韓鍛首廣富[51]가 벼 6만속을 水兒船瀨[52]에 바쳤다. 이에 외종5위하를 내렸다.

기축(22일), 참의 겸 병부경 종3위 多治比眞人長野가 죽었다. 長野는 대납언 종2위 (多治比眞人)池守의 손이고, 산위 종4위하 家主의 아들이다.

---

48) 中務省 大輔.

49) 이 개성은 일본적인 씨로 바꾼 것이다. 다만 高倉은 'たかくら'로 읽지만 'こくら'로도 읽을 수 있다는 점에서 '고구려'를 상기시키는 씨명이라고 할 수 있다. 高麗를 의식한 高倉으로의 개성이라고 할 수 있다.

50) 彈正台의 장관으로 종3위에 상당한다. 직무는 비위의 규탄과 탄핵인데, 2관 8성으로부터 독립하여 감찰을 행하고, 태정대신을 제외한 모든 관인의 부정을 적발한다.

51) 도래계 씨족의 후예로, 재지에서 부를 축적한 호족. 『古事記』 應神天皇段에, 手人韓鍛이라는 이름에 대해서는 백제에서 卓素를 보냈다는 기록이 나오며, 철기 등의 단야에 종사한 신기술을 지닌 鍛冶職 집단의 후예라고 생각된다.

52) 船瀨는 배의 선착장. 水兒船瀨의 위치는 현 兵庫縣 加古川市의 항구. 아마도 선착장 조영에 필요한 재원으로 바친 것으로 보인다.

경인(23일), (천황이) 칙을 내려, "짐은 생각하는 바가 있어 내년의 신년하례는 정지한다"라고 하였다. 또 칙을 내려, "요즈음 中宮53)의 건강이 악화된 지 이미 열흘이 지났다. 치료에 힘쓰고 있지만 아직 효험이 보이지 않는다. 지극한 길로 귀의하여 평온하게 회복되기를 바라고자 한다. 기내, 7국의 제사원에 명하여 7일간 대반야경을 독송하게 한다"라고 하였다.

을미(28일), 황태후가 죽었다.

병신(29일), 대납언 종2위 藤原朝臣繼繩, 참의 彈正尹 정4위상 神王, 備前守 정5위상 當麻王, 산위 종5위상 氣多王, 內禮正54) 종5위하 廣上王, 참의 겸 좌대변 정4위하 紀朝臣古佐美, 궁내경 종4위하 石上朝臣家成, 우경대부 종4위하 藤原朝臣菅繼, 우중변 종5위하 文室眞人与企, 치부대보 종5위상 藤原朝臣黑麻呂, 산위 종5위상 桑原公足床, 出雲守 종5위하 紀朝臣兄原, 雅樂助 외종5위하 息長眞人淨繼, 大炊助55) 외종5위하 中臣栗原連子公, 그 외에 6위 이하의 관인 9인을 御葬司56)로 삼았다. 중납언 종3위 藤原朝臣小黑麻呂, 참의 겸 치부경 정4위하 壹志濃王, 阿波守 종5위상 小倉王, 산위 종5위하 大庭王, 정5위하 藤原朝臣眞友, 因幡守 종5위상 文室眞人忍坂麻呂, 但馬介 종5위상 文室眞人久賀麻呂, 左少弁 종5위상 阿倍朝臣弟當, 彈正弼 종5위하 文室眞人八嶋, 그 외에 6위 이하의 관인 14인을 山作司57)로 삼았다. 信濃介 종5위하 多治比眞人賀智, 安藝介 외종5위하 林連浦海, 그 외에 6위 이하의 관인 8인을 養民司58)로 삼았다. 左衛士佐 종5위하 巨勢朝臣嶋人, 丹波介 종5위하 丹比宿禰眞淨, 그외에 6위 이하의 관인 3인을 作路司59)로 삼았다. 좌우경, 기내 5국, 近江 및 丹波 등의

---

53) 光仁天皇의 妃로, 桓武天皇의 생모인 高野新笠. 天應 원년 4월 환무천황의 즉위와 함께 皇太夫人이 되었고, 이후에는 中宮 혹은 皇太后로 기록되었다.

54) 中務省 산하의 궁중 의례, 비위를 검찰하는 內禮司의 장관.

55) 宮內省 소속 大炊寮의 차관. 궁중에서 행하는 佛事, 神事를 위한 供物, 연회 음식 준비와 관리를 담당한다.

56) 천황, 황후 등의 사망 시에 장의 사무 일체를 담당한다. 상기 桓武天皇의 생모 高野新笠, 皇后 藤原乙牟漏의 장의 때는 御裝束司 대신 御葬司가 임명되었다.

57) 천황, 황후 등의 분구 및 산릉의 조영을 담당하며 文武天皇 때부터 시작되었다. 造山陵司라고도 한다.

58) 治部省 산하의 喪儀司 소속 관인으로, 황후·황태후 능묘를 조영하는 인부의 식품 공급을 담당하는 임시직이다.

59) 장송 의례 시 통과하는 도로·교량 등의 점검과 정비를 담당하며, 稱德天皇 장의

제국의 인부를 징발하였다. 천황은 錫紵[60]를 입고, 正殿을 피해서 西廂[61]으로
출입하였다. 황태자[62] 및 군신들을 데리고 애도를 표시하였다. 백관 및
기내의 관인은 복상기간을 30일로 하고, 제국의 관인은 3일로 하고, 아울러
관내의 백성을 이끌고 애도하였다. 다만 神鄕[63]은 이 범위에 포함하지 않았다.
(천황은) 칙을 내려, "中宮의 49재는 내년 2월 16일에 해당한다. 천하 제국의
국분사, 국분니사에 명하여, 현직의 승니들에게 中宮을 위해 독경하고, 또
7일마다 사자를 제사원에 보내 독경하여 명복을 빌도록 한다"라고 하였다.

明年[64] 정월 14일 신해, 중납언 정3위 藤原朝臣小黑麻呂가 誄人[65]을 이끌고
조사를 바치고, 시호를 올려 天高知日之子姬尊이라고 하였다.

임자(15일), (황태후를) 大枝山陵[66]에 매장하였다. 황태후의 성은 和氏이고,
諱는 新笠이다. 증 정1위 (和)乙繼의 딸이다. 모친은 증 정1위 大枝朝臣眞妹이다.
(皇太)后의 선조는 백제 무령왕의 아들 純陀太子[67]로부터 나왔다. 황후의
용모는 정숙하고 덕은 훌륭하여 젊은 시절부터 평판이 높았다. 天宗高紹天
皇[68]이 즉위하지 않았을 때, 시집와 부인이 되었다. 今上,[69] 早良親王,[70]
能登內親王[71]을 낳았다. 寶龜 연중에 高野朝臣으로 개성하였다. 今上(天皇)이

　때 시작되었다.

60) 「喪葬令」2에는, "爲本服二等以上親喪, 服錫紵"라고 규정되어 있다. 옅은 흑색의 마포제
　　상복.

61) 正殿을 피해서 서쪽으로 난 좁은 문.

62) 후에 平城天皇으로 즉위하는 安殿親王.

63) 『類聚國史』에는 神郡으로 표기. 鄕 혹은 郡 전체가 특정 신사의 所領으로서 神域으로
　　정해졌다. 神郡, 神鄕으로부터의 수입은 신사의 수리·관리·제사 비용에 충당한다.
　　장의와 관련된 일은 흉사로 간주되어 꺼렸다.

64) 明年은 延曆 9년(790). 이해 정월 14, 15일의 高野新笠 장례 관련 기사를 延曆 8년
　　12월조에 싣고 있다.

65) 弔詞를 읽는 사람. 각 관사의 주요 인물들이 행하였다.

66) 『延喜式』 권제21 諸陵寮에, "大枝陵.〈太皇大后高野氏, 在山城國乙訓郡, 兆域東一町一段,
　　西九段, 南二町, 北三町, 守戶五烟.〉右二, 遠陵"이라고 나온다. 현재의 京都市 西區 大枝沓掛
　　町에 비정된다.

67) 『일본서기』 繼體紀 7년(502) 8월조에 백제태자 淳陀가 죽었다는 기록이 나온다. 이
　　시기 왜국에 와서 정주했던 것 같고, 和氏는 그 후예씨족들로 보인다.

68) 光仁天皇.

69) 桓武天皇.

70) 桓武天皇의 同母弟.

즉위하자 황태부인으로 존칭되었다. 동 9년(790)에 소급하여 존호를 황태후라고 하였다. 백제의 遠祖 都慕王은 河伯의 딸이 태양의 정기에 감응하여 태어났다.[72] 황태후는 바로 그 후예이다. 이로 인해 (天高知日之子姬尊라는) 시호를 봉한 것이다.

○ 延曆 9년(790) 춘정월 계해(26일), 종2위 藤原朝臣繼繩, 정3위 藤原朝臣小黑麻呂, 정4위상 神王, 정4위하 紀朝臣古佐美, 종4위상 和氣朝臣淸麻呂, 정5위하 文室眞人与企, 종5위상 藤原朝臣黑麻呂·百濟王仁貞·三嶋眞人名繼, 종5위하 文室眞人八嶋를 周忌御齋曾司[73]로 삼았다. 그 외 6위 이하는 9인이었다.

정묘(30일), 백관이 상복을 벗고 吉[74]에 따랐다. 이날, 大祓을 행하였다.

2월 을유(18일), 大宰員外帥 종3위 藤原朝臣濱成이 죽었다. 濱成은 증 태정대신 정1위 (藤原)不比等의 손이고, 병부경 종3위 麻呂의 아들이다. 많은 서적을 섭렵하고 術數[75]에 매우 능숙하였다. 천자를 보좌하는 재상의 자손이었기 때문에 내외의 관직을 역임하였지만, (어느) 직에서도 실적은 없었고 관할 하의 관인과 백성들은 이에 고통받았다. 寶龜 연중에, 참의 종3위에 이르고, 탄정윤, 형부경을 역임하였다. 天應 원년(781)에 어떤 일에 연좌되어 (大宰員外

---

71) 光仁天皇의 제1황녀.

72) 광개토왕비문에 "天帝之子, 母河伯女郞", 『魏書』 고구려전에 "我是日子, 母河伯女", 牟頭婁墓誌銘에 "河泊之孫, 日月之子"라고 나온다. 左京諸蕃의 「和朝臣」조에서도 "出自百濟國都慕王十八世孫武寧王也"라고 하여 백제 도모왕의 18세 손 무령왕으로부터 나왔다고 출자를 밝히고 있다. 이 밖에도 동 左京諸蕃 「百濟朝臣」조, 左京諸蕃 「百濟公」조, 右京諸蕃 「菅野朝臣」조, 右京諸蕃 「百濟伎」조, 右京諸蕃 「不破連」 등에도 각각 백제 도모왕의 ○○王으로부터 나왔다는 시조전승을 기록하고 있다. 특히 延曆 9년 7월 신묘조 津連眞道의 상표문에 나오는 "백제의 태조 都慕大王은 日神이 靈氣를 내려 扶餘에서 나라를 열었고, 天帝의 부명을 받아 모든 韓을 통솔하고 왕을 칭하게 되었다"는 전승은 高野新笠의 薨傳 기사 내용과 거의 동일하다. 『속일본기』 편찬자인 津連眞道(菅野眞道)는 일족의 정치적인 입지와 번영을 위해 백제왕족이 아니면서 시조의 출자를 백제왕에 가탁한 것이다.

73) 高野新笠의 1주기 불교 齋會를 준비하기 위해 설치한 임시 관사. 시기적으로 보면 49재 행사로 보인다.

74) 吉禮의 朝服. 전년도 12월 병신조에, 백관 및 기내의 관인은 복상기간을 30일로 정한다고 하였다.

75) 천문, 역법, 점술 등의 음양학과 관련된 분야.

帥로) 좌천되었다. 이에 이르러 임지에서 사망하였다. 이때 나이는 67세였다.

임진(25일), 民部省에 大丞 1인을 증원하였고, 主計寮에 少允, 少屬 각 1인을, 越前, 肥後 2국에 掾 각 1인을 증원하였다.

계사(26일), 종5위상 紀朝臣木津魚에게 정5위하를, 외종5위상 池原公綱主, 외종5위하 入間宿禰廣成, 정6위상 吉備朝臣与智麻呂에게 함께 종5위하를 내렸다.

갑오(27일), (천황이) 조를 내려, 대납언 종2위 藤原朝臣繼繩을 우대신으로 삼았다. 중납언 정3위 藤原朝臣小黑麻呂를 대납언으로 삼고, 종4위상 大伴宿禰潔足, 종4위하 石川朝臣眞守·大中臣朝臣諸魚·藤原朝臣雄友를 함께 참의로 삼았다. 종3위 紀朝臣船守에게 정3위를 내리고, 종5위상 當麻王에게 종4위하를, 무위 謂奈王에게 종5위하를, 정4위하 紀朝臣古佐美에게 정4위상을, 종4위상 和氣朝臣淸麻呂에게 정4위하를, 정5위상 文室眞人高嶋·百濟王玄鏡에게 함께 종4위하를, 종5위상 百濟王仁貞에게 정5위상을, 종5위상 羽栗臣翼에게 정5위하를, 종5위하 藤原朝臣末茂에게 종5위상을, 정6위상 百濟王鏡仁[76]에게 종5위하를 내렸다. 이날, 조를 내려, "百濟王[77] 등은 짐의 외척이다. 지금 1, 2인을 발탁하여 위계를 더하여 서위한다"라고 하였다.

3월 기해(2일), 정6위상 秦造子嶋, 종6위하 大田首豊繩에게 함께 외종5위하를 내렸다.

경자(3일), 節會의 연회[78]를 정지하였다. 상복의 착용은 해제되었지만, 아직 1주기는 경과하지 않았다.[79] 日向權介 정5위상 훈4등 百濟王俊哲이 그 죄를 용서받아 경으로 들어왔다.[80]

병오(9일), 종5위하 巨勢朝臣嶋人을 山背守로 삼고, 左衛士佐는 종전대로

---

76) 종4위상 刑部卿 百濟王敎德의 아들. 延曆 18년(799)에 治部少輔, 右少弁에 임명되었고, 그 후 종5위상으로 승진하고, 동 24년에 右中弁에 임명되었다. 桓武朝 후기에는 弁官으로 근무하였고 延曆 25년에는 河內守에 임명되었다.

77) 이때의 百濟王氏는 상기의 百濟王玄鏡, 百濟王仁貞, 百濟王鏡仁 등이다. 桓武天皇의 외척은 백제 무령왕의 왕자 純陀로부터 나왔다는 백제계 씨족 和氏인 高野新笠으로, 백제 의자왕의 아들 百濟王善光 계열과는 차이가 있다. 그러나 백제왕족의 혈통이라는 점에서 桓武의 우대정책은 차이가 없었다.

78) 曲水의 연.

79) 「喪葬令」17에, 부모의 복상기간은 1년으로 되어 있다.

80) 延曆 6년 윤5월 어떤 일에 연좌되어 鎭守將軍에서 日向權介로 좌천되었다.

하였다. 종5위하 藤原朝臣今川을 伊勢介로 삼고, 종5위하 大原眞人美氣를 尾張
守로 삼고, 雅樂頭 정5위하 文室眞人波多麻呂에게 參河介를 겸직시키고, 鼓吹正
외종5위하 奈良忌寸長野에게 遠江介를 겸직시키고, 종5위상 藤原朝臣黑麻呂를
駿河守로 삼고, 木工助 외종5위하 高篠連廣浪에게 (駿下)介를 겸직시켰다.
종5위하 都努朝臣筑紫麻呂를 武藏介로 삼고, 종5위하 大野朝臣仲男을 安房守로
삼고, 참의 및 彈正尹 정4위상 神王에게 下總守를 겸직시켰다. 종5위하 入間宿禰
廣成을 常陸介로 삼고, 大藏大輔 정5위하 藤原朝臣乙叡에게 信濃守를 겸직시키
고 시종은 종전대로 하고, 종5위하 平群朝臣淸麻呂를 (信濃)介로 삼았다. 종5위
상 多治比眞人濱成을 陸奧按察使 겸 (陸奧)守로 삼았다. 近衛少將 종5위하 坂上大
宿禰田村麻呂에게 越後守를 겸직시키고, 內匠助는 종전대로 하였다. 종5위하
大宅朝臣廣江을 丹後守로 삼고, 종5위하 藤原朝臣仲成을 出雲介로 삼고, 종5위
상 藤原朝臣末茂를 美作守로 삼고, 정5위하 中臣朝臣常을 紀伊守로 삼고, 도서두
종5위상 津連眞道에게 伊豫守를 겸직시키고, 동궁학사와 左兵衛佐는 종전대로
하고, 종5위하 高橋朝臣祖麻呂를 (伊豫)介로 삼았다. 정5위하 文室眞人那保企
〈본명은 与企이다〉를 大宰大貳로 삼고, 정5위하 粟田朝臣鷹守를 肥後守로 삼고,
종5위하 百濟王鏡仁을 豊後介로 삼았다.

신해(14일), 伯耆, 紀伊, 淡路, 參河, 飛驒, 美作 등 6국에 기근이 들어 진휼하였다.

임술(25일), 정5위상 百濟王仁貞[81]을 左中弁으로 삼고, 종5위하 多治比眞人
宇美를 右中弁으로 삼고, 종5위하 藤原朝臣眞鷲를 右少弁으로 삼고, 종5위하
藤原朝臣弟友를 시종으로 삼았다. 종5위하 物部多藝宿禰國足을 圖書助로 삼고,
常陸大掾은 종전대로 하였다. 종4위하 藤原朝臣內麻呂를 內藏頭로 삼고, 右衛士
督 및 越前守는 종전대로 하였다. 좌경대부 종4위하 藤原朝臣菅嗣에게 陰陽頭를
겸직시키고, 종5위하 紀朝臣木津魚를 內匠頭로 삼고, 종5위하 百濟王元信[82]을
治部少輔로 삼고, 외종5위하 上毛野公薩摩를 主稅助로 삼았다. 종4위상 大伴宿
禰潔足을 병부경으로 삼고, 정5위하 藤原朝臣乙叡를 (兵部)大輔로 삼고, 시종

---

81) 天應 원년(781)에 近衛員外少將에 보임되고, 동 2년에 播磨介로 전임되었다. 延曆 2년
(783)에 종5위상 備前介가 되었고, 동 4년에 備前守로 승진하였다. 延曆 8년에는 中宮亮
이 되어 京官으로 복귀하였고, 동 9년에 정5위상 左中弁이 되었다.

82) 延曆 6년 10월에 정6위상에서 종5위하로 승진하였고, 동 10년 7월에 越後介에 임명되었
다.

및 信濃守는 종전대로 하고, 종5위하 甘南備眞人淨野를 (兵部)少輔로 삼았다. 종5위하 藤原朝臣岡繼를 대판사로 삼고, 종5위하 和朝臣國守[83]를 大藏少輔로 삼고, 외종5위하 錦部連家守를 織部正으로 삼고, 종5위상 紀朝臣難波麻呂를 宮內大輔로 삼고, 종5위하 藤原朝臣弟友를 (宮內)少輔로 삼고, 시종은 종전대로 하였다. 左中弁 종5위상 百濟王仁貞에게 木工頭를 겸직시키고, 종5위하 大神朝臣人成을 大膳亮으로 삼고, 종5위하 紀朝臣登麻理를 彈正弼로 삼고, 종5위하 巨勢朝臣人公을 左京亮으로 삼고, 종5위하 安倍朝臣人成을 春宮大進으로 삼고, 종5위하 百濟王忠信을 中衛少將으로 삼고, 정5위하 紀朝臣木津魚를 衛門督으로 삼고, 內匠頭[84]는 종전대로 하고, 종5위하 佐伯宿禰繼成을 (衛門)佐로 삼았다. 외종5위하 大田首豊繼를 左衛士大尉로 삼고, 종5위상 伊勢朝臣水通을 右衛士佐로 삼고, 兵部大輔 정5위하 藤原朝臣乙叡에게 右兵衛督을 겸직시키고, 大外記 종5위하 秋篠宿禰安人[85]에게 (右兵衛)佐를 겸직시켰다. 皇后宮亮 정5위하 大伴宿禰弟麻呂에게 河內守를 겸직시키고 외종5위하 麻田連眞淨[86]을 伊勢介로 삼고, 외종5위하 息長眞人淨繼를 尾張介로 삼고, 종5위하 田中朝臣淸人을 下總介로 삼고, 종5위하 文室眞人八嶋를 伯耆守로 삼고, 종5위하 多治比眞人繼兄을 大宰少貳로 삼았다.

병인(29일), 參河, 美作 2국에 기근이 들어 구휼하였다.

윤3월 정묘삭(1일), 종4위상 淸橋女王이 죽었다.

경오(4일), (천황이) 칙을 내려 蝦夷를 정토하기 위해 제국에 명하여, 갑옷 2천여벌을 만들게 하고, 동해도 駿河國의 동쪽과 동산도 信濃國 동쪽(의 국들)은 국별로 할당량이 있어, 3년을 기한으로 제조를 마치도록 하였다.

병자(10일), 칙이 내려져, 200인을 득도[87]시켜 출가하였다. 또 좌우경,

---

83) 권38, 延曆 4년 춘정월조 311쪽 각주 71) 참조.

84) 中務省 소속 內匠寮의 장관. 궁중의 기물, 조영, 殿舍의 장식 등을 담당한다.

85) 권40, 延曆 8년 9월조 393쪽 각주 43) 참조.

86) 백제 멸망 직후에 망명한 백제관인 달솔 答㶱春初의 후손. 후예 씨족인 答㶱陽春은 神龜 원년(724)에 答本에서 麻田連으로 개성하였다. 麻田連眞淨은 天平神護 3년(767)에 稱德天皇이 대학료에서 釋奠을 행할 때 直講으로서 행사를 주관하여 종8위하에서 종6위하로 승진되었다. 延曆 2년(783)에는 외종5위하에 서위되었다. 그 후 主稅助를 거쳐 延曆 7년에 대학박사에 임명되었고, 延曆 16년(797)에는 종5위하에 이르렀다.

87) 고대일본의 율령제 하에서 得度란 삭발하여 승적에 들어가는 것을 말한다. 여기에는

기내 5국의 고령자, 홀아비, 과부, 고아, 독거노인, 병자, 자활할 수 없는 자를 모두 구휼하였다. 황후[88]의 건강이 악화되었기 때문이다. 이날, 황후가 죽었다.

정축(11일), 천황이 近衛府로 이주하였다.[89] 종2위 藤原朝臣繼繩, 정4위상 神王, 종4위하 當麻王, 종4위상 氣多王, 종5위하 廣上王, 정4위상 紀朝臣古佐美, 종4위하 石上朝臣家成·藤原朝臣雄友·藤原朝臣內麻呂, 정5위하 文室眞人邪保企, 종5위상 藤原朝臣黑麻呂·桑原公足床·阿倍朝臣廣津麻呂, 외종5위하 高篠連廣浪·中臣栗原連子公을 御葬司로 삼고, 그 외 6위 이하의 관인은 8인이었다. 정3위 藤原朝臣小黑麻呂, 정4위하 壹志濃王, 종5위하 大庭王, 종4위하 藤原朝臣菅繼·文室眞人高嶋, 정5위하 文室眞人八多麻呂·藤原朝臣眞友, 종5위하 文室眞人八嶋·藤原朝臣眞鷲를 山作司로 삼고, 6위 이하의 관인은 12인이었다. 종5위하 多治比眞人賀智, 외종5위하 林連浦海를 養民司로 삼고, 6위 이하의 관인은 5인이었다. 종5위하 巨勢朝臣嶋人·丹比宿禰眞淨을 作路司로 삼고, 6위 이하의 관인은 3인이었다. 좌우경, 기내 5국, 近江, 丹波 등의 제국의 인부를 징발하고, 경기, 7도에 명하여 금월 18일부터 시작하여 소복하고 애도하게 하고, 말일까지를 기한으로 하였다.

임오(16일), (천황이) 조를 내려, "짐은 덕이 부족한데도, 천하를 통치하고 있다. 국가의 슬픔이 이어지고 있고, 천재지변이 아직 멈추지 않고 있다. 화를 전화하여 복이 되는 길은 덕정을 우선으로 한다. 자애와 은혜를 베풀어 평온하게 하고자 한다. 천하에 대사면을 내린다. 延曆 9년 윤3월 16일 동트기 이전의 사형죄 이하는 죄의 경중을 묻지 않고, 이미 발각되었거나 발각되지 않았거나, 이미 판결이 났거나 아직 심리중이거나, 현재 수감 중인 자, 사주전, 팔학, 강도와 절도, 통상의 사면에서 면제되지 않는 자, 모두 사면한다.

규정이 있어서 매년 일정수의 得度를 허가하는 年分度와 臨時度가 있다. 원칙적으로 정원은 10명이며, 시험에 통과한 자에게는 득도의 증명서로 度牒이 발급되는데, 玄蕃寮, 治部省 및 僧綱의 서명을 받고 太政官印을 날인하여 지급된다. 得度者는 과역의 면제 등의 특권을 부여받는다. 이는 정식 승려가 되기 위한 출가 의식이라고 할 수 있다.

88) 藤原乙牟漏.

89) 황후의 죽음의 부정을 피하기 위해 잠시 거처를 옮긴 것이다.

延曆 3년(784) 이전의 천하의 백성의 정세[90] 미납이 보고된 자 및 調, 庸 미납자는 모두 면제한다. 보고되지 않았어도 납부할 여력이 없는 자도 면제한다. 신사와 사원의 (出擧)稻도 여기에 준한다"라고 하였다.

갑오(28일), 참의 및 좌대변 정4위상 紀朝臣古佐美가 誄人[91]을 이끌고 조사를 바치고, 시호를 올려 天之高藤廣宗照姬之尊이라고 하였다. 이날, 長岡山陵에 매장하였다. 황후의 성은 藤原氏이고 諱는 乙牟漏이다. 내대신 증 종1위 良繼之의 딸이고, 모친은 尙侍 증 종1위 阿倍朝臣古美奈이다. 황후는 성격은 부드럽고 온순하고, 용모는 아름다웠다. 예의있는 여성으로서 품위가 있었고, 어머니로서의 덕성을 갖추었다. 今上(天皇)이 황태자였을 때 취하여 비가 되어 황태자,[92] 賀美能親王,[93] 高志內親王을 낳았다. (桓武天皇이) 즉위함에 따라 황후가 되었다. 사망시의 나이는 31세였다.

을미(29일), 칙을 내려, 동해도 相摸國 동쪽, 동산도 上野國 동쪽의 제국에 군량으로 말린 밥 14만석을 준비시켰다. 蝦夷 정토를 위해서였다.

병신(30일), 백관은 상복을 벗고, (부정을 씻는) 大祓을 행하였다.

하4월 경자(4일), 정5위하 文室眞人那保企에게 정5위상을 내렸다.

신축(5일), 대재부에 명하여 철제 갑주 2,900여벌을 만들게 하였다. 備前, 阿波 2국에 기근이 들어 구휼하였다.

계축(17일), 종6위하 出雲臣人長을 出雲國造로 삼았다.

을축(29일), 和泉, 參河, 遠江, 近江, 美濃, 上野, 丹後, 伯耆, 播磨, 美作, 備前, 備中, 紀伊, 淡路 등 14국에 기근이 들어 구휼하였다.

5월 무진(3일), 大藏卿 종4위상 石川朝臣豊人이 죽었다.

경오(5일), 陸奧國에서 언상하기를, "遠田郡의 郡領 외정8위상 훈8등 遠田公押人이, 나는 이미 혼탁한 습속을 씻고 더욱 청결한 교화를 흠모하고 있다. 뜻은 內民과 같고 풍속은 (천황이 통치하는) 중화의 국토를 따르고 있다. 그러나 여전히 田夷[94]의 성이 삭제되지 않고 있다. 영원히 자손에게 남기는

---

90) 제국에서 백성들에게 대여하여 추수기에 받는 正稅의 出擧로 원금, 이자의 미납자.
91) 弔詞를 읽는 사람들.
92) 平城天皇으로 즉위하는 安殿親王.
93) 嵯峨天皇.

수치스러운 일이 된다. 바라건대, 오로지 內民과 같이 夷의 성을 바꾸고 싶다고 한다"라고 하였다. 이에 遠田臣의 성을 내렸다.

계유(8일), 외종8위상 紀直五百友를 紀伊國造로 삼았다.

병술(21일), 사자를 기내 5국에 보내 기우제를 지냈다.

갑오(29일), 폭염과 가뭄이 지난 달부터 계속되고 있다. 관민 모두 피해를 입고 있다. 조를 내려, 기내의 명신에 봉폐하고, 은혜의 비를 기원하였다.

6월 무신(13일), 神祇官 관사에서 神今食⁹⁵⁾의 행사를 열었다. 이보다 앞서 자주 국가의 슬픔을 만나 아직 복상이 끝나지 않았다. 따라서 內裏를 피해서 (시설을) 외부에 설치하였다.

신유(26일), 內廐頭 종5위상 三嶋眞人名繼에게 美作守를 겸직시켰다.

추7월 신사(17일), 左中弁 정5위상 겸 木工頭 百濟王仁貞, 治部少輔 종5위하 百濟王元信, 中衛少將 종5위하 百濟王忠信, 圖書頭 종5위상 동궁학사 및 左兵衛佐, 伊豫守를 겸직한 津連眞道 등이 상표하였다.

"眞道 등의 본래의 계통은 백제국 貴須王에서 나왔다. 귀수왕은 백제가 처음 일어난 때로부터 제16대 왕이다. 백제의 태조 都慕大王은 日神이 내린 영험한 기운을 받아 扶餘를 아우르고 나라를 열었고, 天帝의 符命을 받아 諸韓을 지배하는 王으로 칭하게 되었다. (시대가) 내려와 근초고왕대에 이르러 멀리서 聖化를 흠모하여 비로소 귀국에 조빙하게 되었는데, 이는 바로 神功皇后가 섭정하던 해이다. 그 후 輕嶋豊明朝에서 천하를 통치하는 應神天皇은 上毛野氏의 먼 조상인 荒田別에게 명하여 백제에 보내 유식자를 찾아오게 하였다. (그 나라) 국주 귀수왕은 삼가 사신의 뜻을 받들어 일족 중에서 택하여 그 손인 辰孫王〈일명 智宗王〉을 보내 사신을 따라 입조시켰다. 천황은 기뻐하였고 특별히 총애하여 황태자의 스승으로 삼았다. 여기에서 비로소 서적이 전해지고 유풍이 크게 열리고, 문교가 일어남이 실로 여기에 있는 것이다. 難波高津朝의 仁德天皇은 진손왕의 장자인 太阿郎王을 근시로 삼았다.

---

94) 농업을 생업으로 삼는 夷. 田夷의 姓이란 遠田公押人의 씨성 '遠田公'의 公을 말하는 것으로, 동북지방 재지인들은 지명에 公을 붙인 성이 많다. 따라서 遠田公에서 遠田臣으로 개성하였던 것이다.

95) 6월과 12월의 月次祭의 밤에 천황이 中和院 神嘉殿에서 天照大神을 맞이하여 酒饌을 함께하며 하룻밤을 지새는 天皇 親祭.

태아랑왕의 아들은 亥陽君이며, 해양군의 아들은 午定君인데 오정군은 세 아들을 낳았다. 맏아들은 味沙, 둘째 아들은 辰爾, 막내 아들은 麻呂이다. 이로부터 갈라져 비로소 3姓이 되었다. 각각 맡은 직에 따라 氏를 삼았는데, 葛井, 船, 津連 등이 바로 이것이다. 他田朝에서 천하를 통치하는 敏達天皇 대에 이르러 고려국에서 사신을 보내어 까마귀 깃털에 쓴 표문을 올렸다. 여러 신하들과 사관들은 이를 읽어내지 못했는데, 辰爾가 나아가 그 표문을 받아 해독하고 서사하여 상세하게 표문을 바쳤다. 천황은 그 높은 학식을 기뻐하고 매우 칭찬하였다. (천황은) 조를 내려, '(학문에) 힘쓴다는 것은 훌륭한 일이다. 그대가 만약 학문을 좋아하지 않았다면 누가 능히 해독할 수 있겠는가. 이제부터는 궁중에서 근시하도록 하라'고 하였다. 또 동서의 여러 사관들에게 조를 내려, '그대들은 비록 사람은 많지만 辰爾에 미치지 못한다'고 하였다. 이는 모두 國史[96]와 家牒[97]에 상세히 그 일이 기록되어 있다. 삼가 생각해 보건대, 황조는 하늘을 모범으로 삼아 덕화를 펼치고, 옛 도를 생각하여 교화를 행하고, 은택은 사방에 두루 퍼지고, 훌륭한 정치가 만물에 미치고 있다. 따라서 쇠미해진 것을 바로잡고 끊어진 것을 이어서 만백성이 기뻐하며 의지하고, 명분을 바르게 하여 사물을 변별할 수 있고, 사방(의 백성)이 귀의하여 편의를 얻을 수가 있다. 무릇 살아있는 생물은 손뼉치며 기뻐하지 않을 수 없을 것이다. 眞道 등의 선조는 성조에 예물을 바치고 봉사해 온 것은 먼 옛 시대의 일이다. 가문은 文筆을 업으로 이어오고 일족은 학교에서 가르치는 직에 종사하고 있다. 眞道 등은 태어나면서부터 성운의 시대를 만나 천황의 은혜를 받고 있다. 삼가 바라건대 連의 성을 고쳐 朝臣의 姓을 내려 주었으면 한다". 이에 (천황은) 칙을 내려 거주지 명에 따라 菅野朝臣[98]의 성을 내렸다.

---

96) 『일본서기』 敏達紀 원년 5월조에 동일한 내용이 나온다. "天皇執高麗表疏授於大臣, 召聚諸史令讀解之, 是時諸史於三日內皆不能讀, 爰有船史祖王辰爾, 能奉讀釋, 由是天皇與大臣俱爲讚美曰, 勤乎辰爾, 懿哉辰爾, 汝若不愛於學, 誰能讀解, 宜從今始近侍殿中, 旣而詔東西諸史曰, 汝等所習之業何故不就, 汝等雖衆不及辰爾, 又高麗上表疏書于烏羽, 字隨羽黑旣無識者, 辰爾乃蒸羽於飯氣, 以帛印羽, 悉寫其字, 朝庭悉之異".

97) 王辰爾 후예씨족의 家傳類를 말한다.

98) 大和國 宇陀郡 菅野. 현재의 奈良縣 宇陀郡 御杖村 菅野로 추정된다. 『신찬성씨록』

을유(21일), 정5위상 坂上大宿禰又子가 죽었다. 고 左京大夫 종3위 (坂上大宿禰)苅田麻呂의 딸이다. 천황이 황태자 시절, 입실하여 高津內親王을 낳았다.

무자(24일), 종5위하 紀朝臣皆麻呂를 少納言으로 삼고, 종4위하 石川朝臣眞守를 右大弁으로 삼고, 종5위상 調使王을 左大舍人頭로 삼고, 종5위상 藤原朝臣刷雄을 右大舍人頭로 삼고, 近衛少將 종5위하 藤原朝臣繩主에게 式部少輔를 겸직시키고 備前介는 종전대로 하였다. 종5위상 阿保朝臣人上을 大學頭로 삼고, 종5위상 藤原朝臣是人을 治部大輔로 삼고, 종5위하 文室眞人大原을 (治部)少輔로 삼고, 종5위상 藤原朝臣眞作을 大藏大輔로 삼고, 종4위하 紀朝臣犬養을 大膳大夫로 삼고, 종5위상 葛井連根主[99]를 (大膳)亮으로 삼고, 종5위하 大春日朝臣淸足을 官奴正으로 삼고, 정5위하 葛井連道依[100]를 春宮亮으로 삼고, 종5위하 大伴宿禰蓑麻呂를 中衛少將으로 삼고, 종5위하 藤原朝臣今川을 伊勢守로 삼고, 종5위상 宗形王을 讚岐守로 삼고, 종5위하 百濟王元信을 肥後介로 삼았다.

8월 을미삭(1일), 대재부에서 언상하기를, "관내의 굶주린 백성이 88,000여인이다. 구휼해 줄 것을 청한다"라고 하였다. (천황은) 이를 허락하였다.

9월 병인(3일), 京 내의 7寺에 독경시켰다. 황태자[101]의 건강이 악화되었기

우경제번하에, "菅野朝臣은 百濟國 사람 都慕王의 10세손 貴首王으로부터 나왔다"라고 출자를 밝히고 있다. 관야조신의 씨성을 받은 津連眞道 즉 菅野朝臣眞道는 桓武天皇의 신임을 받아 동궁학사를 비롯하여 左大弁, 左兵衛督, 左衛士督 등 문무의 요직을 역임하였고, 造宮亮이 되어 평안경 천도사업에도 관여하였다. 그는 승진을 거듭하여 延曆 16년(787)에는 정4위하에 오르고, 동 13년(805)에 참의가 되어 공경의 지위에 올랐다. 大同 4년(809)에는 종3위 동해도관찰사에 서임되었다. 특히 그는 藤原繼繩, 秋篠安人 등과 함께 『속일본기』 편찬에도 참여하여 연력 16년(797)에 전 40권을 완성하였다. 『公卿補任』 연력 24년(805) 菅野眞道조에 "그 조상은 백제인이고 처음에 津連의 성을 받았다"라고 하고, 동 弘仁 3년(812)의 菅野眞道조에도 "그 조상은 백제인이다"라고 하여 조상의 출자를 백제로 기록하고 있다.

99) 葛井連根主는 백제계 도래씨족. 天平寶字 5년(761)에 외종5위하, 동 8년에 備中介, 阿波守를 역임하였고, 寶龜 2년(771)에 종5위하에 오르고, 延曆 원년(782)에 종5위상 木工頭에 임명되었다.

100) 葛井連道依는 백제계 도래씨족. 天平神護 원년(764)에 藤原仲麻呂의 난 때의 공로로 종5위하에 서위되고, 동 2년에 종5위하, 이어서 종5위상으로 승진되고, 神護景雲 3년(769)에는 정5위하에 오른다. 관력을 보면, 勅旨少丞, 近江員外介, 勅旨大丞, 法王宮大進, 勅旨員外少輔, 同少輔, 內匠頭, 右兵衛佐, 中衛少將, 甲斐守, 中宮亮, 越後守를 역임하였다. 延曆 10년 개성을 청원하여 葛井連道依 등 일족 8인이 宿禰 성을 사성받았다.

101) 安殿親王. 당시 16세.

때문이다.

기사(6일), 종5위하 川村王에게 종5위상을 내렸다.

신미(8일), 조를 내려, 善謝法師,[102] 等定法師[103]를 함께 율사로 삼았다.

갑술(11일), 이세태신궁에 相嘗祭[104]를 위해 폐백을 바쳤다. 평상의 해에는 천황이 대국전에 임하여 (이세신궁을) 배례하고 봉납했지만, 상복 중이어서 평상의 의식을 행하지 않고 폐백을 직접 사자편에 보냈다.

병자(13일), (천황은) 조를 내려, "짐은 덕이 부족하고 재능이 없는데도, 천하에 군림하여 날이 저물 때까지 밥먹는 것도 잊고 날이 새기 전에 옷을 입을 만큼, 정성으로 백성을 위무하고 보살펴왔다. 그러나 (기후는) 순조롭지 못하고 폭염과 가뭄의 재난이 일어나 밭도 쓸모없게 되고 논도 대부분 황폐해졌다. 풍작도 흉작도 때의 운명이라고 하지만, 책임은 심히 나에게 있다. 지금 듣는 바로는, 경기 지역의 흉작은 기외 지역보다도 심하고, 아울러 질병과 기근으로 고통받는 자가 많다고 한다. 좌우경 및 기내 5국의 금년도 전조를 면제하여 어려움을 완화시키고자 한다. 신사와 사원 역시 이에 준하도록 한다"라고 하였다.

기묘(16일), 攝津職에서 적색 눈을 가진 흰 쥐를 바쳤다.

동10월 갑오(2일), 鑄錢司[105]를 다시 설치하였다.

을미(3일), 산위 정3위 佐伯宿禰今毛人[106]이 죽었다. 右衛士督 종5위하 人足의 아들이다. 天平 15년(743), 聖武皇帝가 발원하여 처음으로 동대사를 세우고자 백성을 징발하고 바야흐로 조영에 착수하였다. 今毛人은 공사의 감독을

---

102) 美濃國 不破郡 출신으로 俗姓은 不破勝. 延曆 5년에 桓武天皇에 의해 율사로 발탁되었지만, 사직하고 한거에 들어갔다. 延曆 22년에 大法師로 나온다.

103) 興福寺 本僧綱에 보인다. 神護景雲 2년에 河內 西琳寺의 大鎭僧으로 나온다. 桓武天皇의 師로서 밀접한 관계를 전한다.

104) 「神祇令」7에 보이는 神嘗祭를 말한다. 四時祭에 속하는 9월의 伊勢太神宮 神嘗祭에 해당하는데, 이세신궁에서 新穀을 신에게 바쳐 풍요를 기원하는 의식이며 조정에서 폐백을 봉납한다.

105) 延曆 원년 4월 계해조에, 造宮·勅旨의 2성과 法花·鑄錢의 兩司를 폐지한 바 있다. 延曆 15년의 降平永寶라는 신전의 주조와 관련이 있다고 보인다.

106) 天平 15년 이래 東大寺 조영에 종사하였고, 동 21년 4월에 조영의 공로로 6단계 특진하였다. 이후 造東大寺 차관, 장관을 역임하였고, 聖武天皇으로부터 東大居士라는 칭호를 받았다.

맡았는데, 대단한 방법으로 사역민을 힘써 다루었다. 성무황제는 그 과감성을 기록하게 하고, 특별히 신임하여 그 일을 맡겼다. 天平勝寶 초에 大和介에 제수되었고, 바로 종5위하가 내려졌다. 누차 전임하여 天平寶字 연중에 이르러 종4위하 攝津大夫가 되었고, 播磨守, 大宰大貳, 左大弁, 皇后宮大夫를 역임하였다. 延曆 초에 종3위를 받고 이어서 참의에 보임되었다. 정3위에 오르고 民部卿에 임명되고 황후궁대부는 그대로 유지하였다. 동 5년에 大宰帥로 나아갔고, 재임한 지 3년에 나이 70이 되었다.[107] 상표하여 사직을 청하자, (천황이) 이를 허락하였다. 사망시의 나이는 72세였다.

병오(14일), (천황이) 고령인 道守臣東人을 내리에서 인견하였다. 이때의 나이는 112세였다. 그 머리털은 여전히 많았고, 청력은 소년과 같았다. 나이들어 쇠하는 것을 안타깝게 여겨 의복을 하사하였다.

기유(17일), 종5위하 多治比眞人乙安을 鑄錢長官[108]에 임명하였다.

신해(19일), 蝦夷 정토의 유공자 4,840여 인에게 공로의 경중에 따라 훈위를 내리고 위계를 더하였다. 아울러 天應 원년의 사례[109]에 따라 행하였다.

계축(21일), 태정관이 주상하기를, "蝦夷는 규율을 어기고 오랫동안 왕의 징벌을 피해왔다. 대군이 분노하여 공격해도 잔당은 아직 근절되지 않았다. 지금 坂東의 제국은 오래도록 전역에 피로해 있다. 강건한 자는 체력으로 군에 봉사하고, 빈약자는 군량의 운송 사역에 나아간다. 그러나 부유한 무리들은 자못 이 노고에서 벗어나 있어 전후[110]의 전장에도 그 노역에 종사하지 않았다. 또 제국의 백성들은 원래 군역에서 면제되어[111] 징발할 때에도 전혀 참여한 바가 없다. 그 노고와 안락을 헤아리면, 정도가 같지 않다. 천하가 두루 같은 황민인데, 거사에 이르러 어떻게 노고를 같이 하지 않을 수 있겠는가. 청하건대, 좌우경, 기내 5국, 7도 제국의 국사에게 명하여,

---

107) 「選敍令」21 「官人致仕」條에, "凡官人年七十以上, 聽致仕, 五位以上上表, 六位以下申牒官, 奏聞"이라고 하여 70세가 되면 사직을 청할 수 있다. 5위 이상은 조정에 상표하여 청하고, 6위 이하는 太政官과 式部省에 첩신을 상신하여 허락을 받는다.

108) 앞의 鑄錢司의 復置에 따른 임명이다.

109) 天應 원년 10월 신축조에 보이는 征夷의 포상을 기준으로 한다.

110) 寶龜, 延曆 시기의 蝦夷 정토를 말한다.

111) 坂東 이외의 제국 백성에게는 蝦夷 정토의 군역을 부과하지 않는다.

土人,112) 낭인 및 왕신의 佃使113)를 묻지 않고, 재력을 기록하여 갑옷을 만드는 데 여력이 있는 자를, 재물의 수량 및 향리, 성명을 첨부하여 금년 내를 기한으로 상신하도록 한다. 또 만드는 수량은 각자 직접 보고한다. 신들은 중추적인 직책에 있으면서 묵인할 수가 없어 감히 어리석은 의견을 진술하는 것인데, 천황의 청취를 번거롭게 할 뿐이다"라고 하였다. (천황은) 이 주상을 허락하였다.

정사(25일), 女孺 종7위상 物部海連飯主에게 외종5위하를 내렸다.

11월 을축(3일), (천황이) 칙을 내려, "公廨稻의 설정은 본래 (正稅의) 결손과 미납분을 보전하기 위해서이다. 그래서 국의 대소에 따라 出擧의 법식을 세웠다. 그러나 지금 듣는 바로는, 제국의 국사들은 손실이 있어도 여전히 공해도를 받고 있다. 도리로서 법에 따라 처벌하고 (수령한) 관물은 몰수해야 한다. 다만 국사들은 오랫동안 관에 봉사한 노고가 있고, 귀향하는 데에 비용을 지급하지 않는다. 지금 이런 까닭에 법을 제정하여 지금 이후로는 이전 연도에 미납, 결손이 있으면, 大國에서는 3만속을, 上國에서는 2만속을, 中國에서는 1만속을, 下國에서는 5천속을 매년 징수하여 보전하고, (正稅) 帳114)을 첨부하여 상신한다. 만약 이 제도에 근거하지 않고, 미납이 있는 경우에는 정세장을 반송하고115) 사안에 따라 처벌한다. 당해년의 미납자는 오직 天平 17년의 式에 의거하여 보전하도록 한다"라고 하였다.

임신(10일), 외종5위하 韓國連源 등이 아뢰기를, "源 등은 본래 物部大連 등의 후예이다. 物部連 등은 각각 거주지와 직무에 따라, 180씨로 나누어졌다.

---

112) 土人은 본관지에 사는 자, 浪人은 본관지에서 떨어져 사는 자.

113) 王臣家가 영유하고 있는 전지를 경영하기 위해 임명된 사자.

114) 正稅帳은 국사가 매년 태정관에 제출하는 正稅의 收支 결산보고서. 國의 총수입과 총지출을 주무 부서와 각 군마다 집계하여, 전년도의 이월분, 당해년의 수입과 지출, 차년도에의 이월분을 기록한다. 매년 3통을 작성하여 1통은 國府에 보관하여 국사의 교대 시에 인수인계 및 차년도 정세장 작성의 자료로 활용하고, 2통은 매년 2월 말(대재부는 5월 말)까지 전조와 출거, 진휼, 국분사 조영경비 등 재정수지를 증명하는 관련자료를 첨부하여 태정관에 제출한다. 정세장을 태정관에 제출하는 사자를 正稅帳 使라고 한다.

115) 정세장의 기재가 불충분할 경우에 반송하는 문서를 正稅返却帳이라고 한다. 정세에 미납이나 결손 등이 있을 경우, 主稅寮에서 民部省에 반송하는 취지를 상신한 解文이 있고, 이를 民部省이 판단하여 날인한 문서를 정세장을 반송할 때 제 국에 송부한다.

이에 源 등의 선조 (物部連)鹽兒는 父·祖가 사자로 파견된 국명에 따라 物部連을
韓國連이라고 하였다.[116] 그러나 大連의 후예들은 본래 일본의 옛 백성이다.
지금 韓國이라는 칭호는 오히려 삼한에서 새로 온 사람과 비슷하여 (이름을)
말할 때마다 매번 듣는 사람들을 놀라게 한다. 지명에 따라 성을 받는 것은
고금에 정해진 법칙이다. 삼가 바라건대, 韓國 2자를 고쳐서 高原의 성으로
삼고자 한다"라고 하였다. 이 청원에 따라 허락하였다.

경축(15일), 진시[117]에 지진이 있었다. 사시[118]에도 또 지진이 있었다.

무인(16일), (천황이) 칙을 내려, "中宮[119]의 1주기가 다음 달 28일이다.
예례 기간이 조만간 끝나고 신년에 이르게 된다. 그러나 기일이 다가오고
점점 끝없는 아픔이 있어 원단을 맞이해도 어떻게 신년의 축하를 받을 수
있겠는가. 이 비통한 마음은 오래도록 (계속되어) 감당할 수가 없어 신례하례
는 중지한다"라고 하였다.

기묘(17일), 이날, 신상제[120]를 맞이했지만, 상복이 끝나지 않아 (천황이
참석하지 않은 채) 신기관에서 의식을 거행하였다.

신사(19일), 무위 全野女王, 정5위하 八上女王에게 함께 종4위하를 내렸다.

정해(25일), 陸奧國 黑川郡 石神山精社를 官社로 하였다.

기축(27일), 무위 藤原朝臣家刀自에게 종5위하를 내렸다. 坂東 제국은 자주

---

116) 物部氏는 大和朝廷의 군사씨족으로 大連이라는 성을 가진 유력 호족이다.『신찬성씨록』
좌경신별상에는 "石上朝臣는 神饒速日命의 후손이다"라고 하여, 천신의 후예로 나온다.
동 和泉國神別에는 "韓國連은 采女臣과 조상이 같으며, 武烈天皇 치세 때 韓國에 파견되었
다가 귀국할 때 韓國連의 성을 받았다"라는 기사가 있다. 石上朝臣의 이전 성은 物部朝臣
이다. 이 씨족은 한반도에 건너가 무력을 행사했다는 기록도 있고,『일본서기』欽明紀에
는 6세기 중엽 백제에서 왜계관료로 활동한 物部施德麻奇牟, 物部奈率用奇多, 物部奈率奇
非 같은 인물도 등장한다. 본문의 개성을 요청한 物部連은 이들의 후손일 가능성이
있으며, 모계가 거의 한국계로서 몇 세대가 지난 어느 시기에 일본으로 이주한 집단으
로 보인다. 다만 원래 한국계 씨족으로 이주한 후, 출자를 개변하기 위해 그 근거를
『일본서기』등 고전에서 구하는 경우가 있고, 자기 조상의 출자를 타씨족의 계보에
가탁하거나 부회하는 사례도 종종 있어 원래부터 한국계일 가능성도 배제하기 어렵다.
117) 오후 8시 전후.
118) 오후 10시 전후.
119) 桓武天皇의 생모인 高野新笠.
120) 新嘗祭. 매년 11월 제2 卯의 날에 궁중에서 천황이 새로 수확한 쌀을 신에게 바치는
의식이다.

군역이 부과되고, 역병과 가뭄이 들었기 때문에, 조를 내려 금년도 전조를 면제하였다.

12월 임진삭(1일), (천황이) 조를 내려, "春秋에는 조상은 자식에 의해 고귀해진다고 한다.[121] 이것은 예법을 기록한 고전에 나타난 법칙이고, 제왕이 (지켜야 할) 항상의 규범이다. 짐은 천하에 군림한 지 10년이 된다. 추존의 도리는 여전히 결여되어 있다. 이 일을 생각하면, 깊이 송구스럽다. 짐의 외조부 高野朝臣[122]과 외조모 土師宿禰[123]를 함께 정1위에 추증하기로 한다. 또 土師氏를 고쳐서 大枝朝臣으로 한다. 먼저 9족[124]의 신분을 높이는 것은 변하지 않는 고전에 나타나 있고, 근친에서 먼 친족에 미치는 일은 그 뜻이 옛 전적에 있다. 또한 菅原眞仲, 土師菅麻呂 등도 같이 大枝朝臣으로 한다"라고 하였다.

계사(2일), 종5위상 紀朝臣田長을 長門守로 삼았다.

갑진(13일), 지진이 있었다.

경술(19일), 常陸國 信太郡의 대령 외종5위하 物部志太連大成에게 외종5위상을 내리고, 新治郡의 대령 외정6위상 新治直大直에게 외종5위하를 내리고, 播磨國 明石郡의 대령 외정8위상 葛江我孫馬養, 下總國 猿嶋郡의 主張 정8위상 孔王部山麻呂에게 함께 외정6위상을 내렸다. 이 4인은 어떤 자는 직무에 태만하지 않았고, 어떤 자는 현저한 실적을 내었고, 어떤 자는 사재를 내어 관할하의 가난한 자들을 도와 구제하였다. 그런 까닭에 이 위계를 내리는 것이다.

기미(28일), 이날, 中宮의 1주기를 맞이하여 大安寺에서 재회를 열었다.

신유(30일), (천황은) 칙을 내려, 외종5위하 菅原宿禰道長·秋篠宿禰安人[125]

---

121) 『春秋』公羊傳 隱公 元年 정월조, "母貴則子何以貴, 子以母貴, 母以子貴"라고 나온다. 天平寶字 4년 8월 갑자조의 勅, 延曆 4년 5월 정유조의 詔에도 동일한 내용이 기록되어 있다. 조상의 지위를 추증하기 위한 고사의 인용이다.

122) 생모 高野新笠의 아버지인 高野朝臣乙繼.

123) 土師宿禰眞妹.

124) 9族은 부계의 직계혈통으로 고조, 증조, 조부, 부, 본인, 자, 손, 증손, 현손이고, 모계를 포함시킬 경우는 부계 4, 모계 3, 처가 2로 보는 설이 있다. 본문에서는 외가를 포함하고 있어 후자의 설에 근거하고 있다고 본다.

125) 앞의 9월 무오조 해당 학주 참조.

등에게 함께 朝臣의 성을 내렸다. 또 정6위상 土師宿禰諸土 등에게 大枝朝臣의 성을 내렸다. 그 土師氏는 모두 4계통이 있다. 中宮의 모친가는 毛受[126]의 계통이다. 따라서 毛受家에게 大枝朝臣의 성을 내렸다. 그 외의 3계통은 혹은 秋篠朝臣의 씨성을 따르고, 혹은 菅原朝臣의 씨성을 따르도록 하였다.

이해 가을과 겨울에 경기지역의 남녀 30세 이하인 자가 모두 천연두에 걸렸다.〈속전에 裳瘡이라 한다.〉 와병인 자가 많았다. 심한 자는 사망하였고, 천하 제국에 자주 발생하였다.

○ 延曆 10년(791) 춘정월 임술삭(1일), 신년하례를 중지하였다.

무진(7일), 5위 이상에게 연회를 베풀었다. 정5위하 笠王에게 정5위상을 내렸다. 무위 乙枚王, 정6위상 守山王에게 함께 종5위하를, 종4위하 石上朝臣家成·石川朝臣眞守에게 함께 종4위상을, 정5위상 百濟王仁貞,[127] 정5위하 大伴宿禰弟麻呂·藤原朝臣眞友에게 함께 종5위하를, 종5위상 葛井連根主에게 정5위하를, 종5위하 賀茂朝臣大川·多治比眞人乙安·大原眞人美氣·巨勢朝臣總成·百濟王英孫[128]·藤原朝臣繩主·和朝臣三具足[129]·和朝臣國守[130]·紀朝臣楫長·物部多藝宿禰國足에게 함께 종5위상을, 외종5위하 菅原朝臣道長·秋篠朝臣安人, 정6위상 佐伯宿禰岡上·紀朝臣乙佐美·路眞人豊長·藤原朝臣最乙麻呂·藤原朝臣道繼·大神朝臣仲江麻呂·布勢朝臣田上·平群朝臣嗣人·大伴宿禰是成에게 함께 종5위하를, 정6위상 畝火宿禰清永·安都宿禰長人·佐婆部首牛養·伊豫部連家守·清道造岡

---

126) 手受의 발음은 '모즈' 즉 百舌鳥이다. 현재의 大阪府 堺市 百舌鳥本町이다. 이 지역을 본관으로 하는 土師氏에 관칭한 명칭으로, 『일본서기』 孝德紀 大化 2년 3월조에 百舌鳥長兄이 나온다. 이 인물은 〈西琳寺緣起〉에 인용된 齊明 5년 造像銘에 土死長兄으로 나온다. 또 『일본서기』 白雉 5년 10월조에도 百舌鳥土師連土德 등의 인명이 보인다. 이 일대에는 百舌鳥古墳群이 존재하고 있다.

127) 앞의 延曆 9년 3월조 400쪽 각주 81) 참조.

128) 天應 원년(781)에 종5위하에 서위되고, 延曆 4년(785)에 鎭守府權 부장군에 임명된 데 이어 동년 10월에 出羽守가 되었다. 그 후 종5위상, 종4위하로 승진하였고, 延曆 16년(797)에 右兵衛督, 동 18년에 右衛士督을 역임하였다.

129) 延曆 4년에 上總介에 임명되었다. 백제계 씨족인 和氏의 후예로 和史, 和朝臣으로 씨성의 변화가 있다. 『신찬성씨록』 좌경제번하에 백제국 都慕王의 18세손인 무령왕으로부터 나왔다는 시조 전승이 있다.

130) 권38, 延曆 4년 춘정월조 311쪽 각주 71) 참조.

麻呂[131])에게 함께 외종5위하를 내렸다. 연회가 끝나고 각각 차등있게 녹을 내렸다.

기사(8일), 典藥頭 외종5위하 忍海原連魚養 등이 아뢰기를, "삼가 고첩을 살펴보니, 葛木襲津彦[132]의 제6자는 熊道足禰이고, 이는 魚養 등의 조상이라고 나온다. 熊道足禰의 6세손 首麻呂는 飛鳥淨御原朝庭의 신사년[133])에 폄하되어 連 성이 내려졌다. 이후 재삼 호소하였고, 한두 번 사정을 진술도 하였다. 그러나 엎어진 옹기 밑에는 빛이 들어오기 어렵고, 더욱이 불평등한 처지가 오래되었다. 지금 성조는 성운의 시대를 열었고, 만물은 서로 평안한 때이다. 어리석은 백성의 숙원인 억울함을 말하지 않을 수 없었다. 바라건대, 옛 칭호를 삭제하고 朝野宿禰의 씨성을 내려주었으면 한다. 선조를 빛내고 후손에게는 영광되게 하고, 산 자와 죽은 자 모두 기뻐할 것이다. 지금 청원한 朝野는 거주지의 본래의 명이다"라고 하였다. (천황은) 청원에 따라 이를 내려주었다.

경오(9일), 무위 川原女王·吳岡女王, 정6위상 百濟王難波姫,[134]) 무위 縣犬養宿禰額子에게 함께 종5위하를 내렸다.

계유(12일), 春宮亮 정5위하 葛井連道依,[135]) 主稅大屬 종6위하 船連今道[136])

---

131) 『신찬성씨록』 우경제번하에, "淸道連은 백제국 사람 恩率 納比旦止로부터 나왔다"라고 나온다. 이해 12월 병신조에 따르면 淸道造岡麻呂는 淸道連으로 개성한다. 일족으로는 延曆 13년(794) 4월 25일부 「태정관첩」(『平安遺文』 1-6)에 內藥療의 侍醫로 근무한 외종5위하 淸道連岡鷹가 있다.

132) 『古事記』 孝元天皇段에는 전설상의 인물인 建內宿禰[武內宿禰]의 아들로 나오고, 『新撰姓氏錄』 右京皇別의 玉手朝臣조에도 武內宿禰의 아들로 나온다. 특히 葛城習津彦은 한반도 관련 외교에 활동한 인물로 등장하고 있어 조상의 업적을 현창하기 위한 계보의 조작, 가공 등 후예씨족에 의한 내용상의 윤색이 강하게 보인다.

133) 天武天皇 10년((681), 이해에 忍海造鏡 등 3인이 造에서 連으로 사성받았다. 이 사성은 신분 상승을 보여주는데, 이를 억울하다고 호소하고 있는 것으로 보아 連보다 상위의 성인 宿禰 성을 원했으나 連 성을 받았던 것으로 생각된다. 그런데 개성을 청원하면서 근거로 삼은 조상의 출자 등은 높은 성으로 사성받기 위해서이고, 사실과는 거리가 있다. 특히 천무 10년에 사성받은 連 성이 부당하다면서 100년이 지난 시점에서 호소를 한 것은 과도한 근거 왜곡으로 보인다. 그럼에도 忍海原連魚養의 宿禰로의 개성 청원은 받아들여져 朝野宿禰의 씨성을 받았다.

134) 百濟王氏의 여성으로 고위 관위에 오른 인물이다. 백제왕씨를 우대하던 당시의 흐름과도 관련이 있다고 보인다.

135) 권39, 延曆 9년 추7월조 406쪽 각주 100) 참조.

등이 (다음과 같이) 아뢰기를, "葛井, 船, 津連 등은 본래 한 조상에서 나왔는데,137) 나눠져 3씨가 되었다. 그런데 지금 津連 등은 다행히도 성운의 시대를 만나 앞서 朝臣의 성을 받았다.138) 그러나 (葛井連)道依, (船連)今道 등은 여전히 連 성에 머무르고 있다. 바야흐로 지금 성주가 (천하에) 군림하여 숨어있는 자도 모두 빛을 받아 위대한 교화가 보이지 않게 움직이고, 천지의 기운을 받는 생명있는 자는 (천황의) 인덕에 귀의하고 있다. 삼가 바라건대, 동등하게 천은을 내려 함께 개성해 주었으면 한다"라고 하였다. (천황이) 조를 내려 이를 허락하였다. 道依 등 8인에게는 宿禰의 성을 내리고, 今道 등 8인에게는 거주지 명을 따라 宮原宿禰의 성을 내렸다. 또 對馬守 정6위상 津連吉道 등 10인에게 宿禰의 성을 내리고, 少外記 津連巨都雄139) 등 형제 자매 7인에게 거주지 명을 따라 中科宿禰의 성을 내렸다.

갑술(13일), 大秦公忌寸濱刀自女에게 賀美能宿禰를 내렸다. 賀美能親王의 유모이기 때문이다.

정축(16일), 중납언 정3위 紀朝臣船守를 대납언으로 삼았다.

기묘(18일), 정5위상 百濟王俊哲, 종5위하 坂上大宿禰田村麻呂를 동해도에 보내고, 종5위하 藤原朝臣眞鷲를 동산도에 보내어, 군사를 선발, 검열하고, 무기를 점검시켰다. 蝦夷를 정토하기 위해서이다.

계미(22일), 종5위상 賀茂朝臣大川을 伊賀守로 삼고, 齋宮頭 종5위상 賀茂朝臣人麻呂에게 伊勢守를 겸직시키고, 종5위하 藤原朝臣縵麻呂를 相摸守로 삼고,

---

136) 백제계 王辰爾의 후예씨족으로 船史에서 船連으로 개성되었다. 기타 사료에는 보이지 않는다.

137) 天平寶字 2년 8월 津史秋主의 奏言. 延曆 9년 7월 신사조 津連眞道 등의 상표에도 동일한 내용이 나온다.

138) 延曆 9년 7월 신사조에 津連眞道 등이 상표하여 菅野朝臣의 씨성을 받은 사실을 가리킨다.

139) 津連氏는 백제계 王辰爾의 후예씨족으로 원래 津史에서 개성하였고, 다시 상기 본문에서 보듯이 그의 일족인 津連巨都雄는 中科宿禰로 개성하였다. 津連巨都雄은 延曆 7년 (788)에 少外記에 임명되고, 동 12년에 大外記가 된다. 延曆 16년 정월에 외종5위하에 서위되고, 그해 2월 菅野眞道·秋篠安人 등과 함께 『속일본기』 편찬을 완료하여 봉정하였다. 이에 대한 포상으로 종5위하에 승서되고 延曆 19년에 伊予介, 弘仁 5년(814)에 황태자의 동궁학사로 임명되었다. 문학에도 재능이 있어 『凌雲集』, 『經國集』에 한시 작품을 남겼다.

종5위하 吉備朝臣与智麻呂를 (相摸)介로 삼았다. 近衛將監 종5위하 池原公綱主에게 常陸大掾을 겸직시키고, 종5위하 藤原朝臣今川을 美濃守로 삼고, 정5위상 百濟王俊哲[140]을 下野守로 삼고, 종5위하 文室眞人大原을 陸奧介로 삼고, 종5위하 安倍朝臣人成을 能登守로 삼고, 종5위하 藤原朝臣淸主를 丹波介로 삼고, 종5위하 布勢朝臣田上을 因幡介로 삼고, 종5위하 藤原朝臣岡繼를 伯耆介로 삼고, 종5위하 岡田王을 備中守로 삼고, 종5위하 大中臣朝臣弟成을 豊前守로 삼고, 종5위상 藤原朝臣園人을 豊後守로 삼았다.

병술(25일), 외정6위상 麻續連廣河에게 외종5위하를 내렸다. (사재를) 바쳤기 때문이다.

기축(28일), 종5위하 大庭王을 시종으로 삼고, 종5위하 大神朝臣仲江麻呂를 畫工正으로 삼고, 동궁학사 종5위상 菅野朝臣眞道[141]에게 治部少輔를 겸직시키고, 左兵衛佐 겸 伊豫守는 종전대로 하였다. 종5위하 紀朝臣登麻理를 雅樂頭로 삼고, 외종5위하 安都宿禰長人을 主稅助로 삼고, 외종5위하 佐伯宿禰諸成을 兵馬正으로 삼고, 종5위하 鹽屋王을 造兵正으로 삼고, 종5위하 藤原朝臣弟友를 대판사로 삼고 시종은 종전대로 하였다. 종5위상 橘朝臣綿裳을 宮內大輔로 삼고, 종5위하 藤原朝臣大繼를 (宮內)少輔로 삼고, 정5위하 文室眞人波多麻呂를 彈正弼로 삼고, 종5위하 御方宿禰廣名을 右京亮으로 삼고, 외종5위하 阿閇間人臣人足을 春宮大進으로 삼고, 종5위상 紀朝臣難波麻呂를 筑後守로 삼고, 종5위하 和朝臣家麻呂[142]를 內廐助로 삼았다.

2월 갑진(14일), 정6위상 藤原朝臣緖繼에게 종5위하를 내리고, 종5위상 中臣朝臣鷹主를 神祇大副로 삼고, 종5위하 秋篠朝臣安人[143]을 대판사로 삼고 大外記 겸 右兵衛佐는 종전대로 하였다. 종5위상 巨勢朝臣總成을 主殿頭로 삼고, 종5위하 路眞人豊長을 左京亮으로 삼고, 종5위하 巨勢朝臣人公을 肥前守

---

140) 寶龜 9년(778)에 勳5등을 받았고, 동 11년에 종5위하, 다시 종5위상을 받고 이어 陸奧鎭守副將軍에 임명되었다. 天應 원년(781)에 정5위상으로 승진되었고 훈4등을 받았다. 延曆 6년(787)에 무언가의 사건으로 日向權介로 좌천되었으나, 사면되어 이후 下野守, 陸奧鎭守將軍에 임명되었다.

141) 延曆 9년 추7월조 405쪽 각주 98) 참조.

142) 延曆 8년 5월 경신조 387쪽 각주 25) 참조.

143) 延曆 8년 9월조 393쪽 각주 43) 참조.

로 삼았다.

을미(5일), 외정6위상 大伴直余良麻呂, 외정8위하 遠田臣押人에게 함께 외종5위하를 내렸다. 외종7위하 丈部善理에게 외종5위하를 추증하였다. 善理는 陸奧國 磐城郡 사람이다. (延曆) 8년에 관군을 따라 膽澤에 이르러 군사를 이끌고 도하하였다. 관군이 불리해지자 분투하여 전사하였다.[144] 따라서 이를 추증한 것이다.

계묘(13일), 제국의 창고는 서로 접해서는 안 된다. 한 창고에서 화재가 나면 접하고 있는 건물 전체가 불이 난다. 이에 칙을 내려, "지금 이후로는 새로운 창고를 지을 때에는 각각 10장 이상 떨어져야 하고, 부지의 크기에 따라 헤아려 (창고를) 배치한다"라고 하였다.

신해(21일), 陸奧介 종5위하 文室眞人大原에게 진수부장군을 겸직시켰다. 이보다 앞서 5위 이상의 位田은 본인이 사망한 후에는 관례에 따라 1년간 지급하고, 자식이 없으면 당해년에 회수하였다. 이에 이르러 자식의 유무를 묻지 않고 동일하게 1년간 지급하도록 하였다.

3월 병인(6일), 고 우대신 종2위 吉備朝臣眞備는 大和國造 정4위하 大和宿禰長岡 등이 율령 24개조를 산삭하고 정할 때,[145] (조문 간의) 경중의 착란을 정리하고, 전후의 차이를 수정하였다. 이날, 조를 내려 처음으로 이를 시행하였다.

기사(9일), 종5위하 高嶋女王에게 종5위상을 내렸다.

정축(17일), 칙을 내려, 우대신 이하, 5위 이상에게 갑옷을 만들게 하고, 그 수량은 각각 차등을 두었다. 5위 관인으로 부유한 자에게는 특히 그 수량을 증가시켰다. 20벌을 한도로 하고, 그 다음은 10벌로 정했다.

신사(21일), 종5위하 秋篠朝臣安人을 少納言으로 삼고, 右兵衛佐는 종전대로 하였다. 종5위하 藤原朝臣道繼를 大監物로 삼고, 종5위상 篠嶋王을 左大舍人頭로 삼았다. 종5위하 長津王을 圖書頭로 삼고, 종5위하 八上王을 內禮正으로 삼고, 종5위하 紀朝臣乙佐美를 散位助로 삼고, 종5위상 調使王을 諸陵頭로

---

144) 延曆 8년 6월 갑술조 참조.

145) 養老律令의 내용을 수정한 율령의 조문 24개조. 이것은 吉備眞備, 大和長岡 등이 神護景雲 3년(769)에 편찬하였고, 延曆 23년(791)에 시행되었다.

삼고, 종5위하 巨勢朝臣廣山을 大藏少輔로 삼고, 종5위하 乙平王을 造酒正으로 삼고, 종5위하 廣上王을 鍛治正으로 삼았다.

임오(22일), 무위 於宿禰乙女·紀朝臣家主에게 함께 종5위하를 내렸다. 또 외종5위하 上道臣千若女에게 종5위하를 내렸다.

계미(23일), 태정관이 주상하기를, "삼가 禮記를 살펴보니, '천자의 7廟는 3昭, 3穆과 태조의 廟 등 7개이다'146)라고 되어 있다. 또 말하기를, '오래된 神位 버리고 새로 죽은 자를 신위로 한다147)'라고 기록되어 있다. 그 주석에 는148) '친족으로부터 멀어진 신위는 버리고, 새로 죽은 자를 신위로 한다'라고 해석하고 있다. 지금 國忌의 수가 점점 많아져 친족도 또한 멀어지고 있다.149) 하루의 정무는 해야 할 일이 많아 지체되고 있다. 바라건대, 친족으로부터 멀어진 선조의 기일은 모두 제외시켜야 한다'라고 하였다. (천황은) 이 주상을 허락하였다.

병술(26일), 경기, 7도의 국사, 군사에게 명하여 갑옷을 만들게 하였다. 그 수량은 각각 차등이 있었다.

하4월 을미(5일), 近衛將監 종5위하 常陸大掾을 겸직한 池原公綱主 등이 아뢰기를, "池原, 上毛野 2씨의 선조는 豊城入彦命150)으로부터 나왔고, (豊城)入彦命의 자손이다. 동국의 6계통의 朝臣은 각각 지명을 관칭한 씨성을 받았다. 이것은 고금으로 동일하고, 백대를 거쳐도 불변이다. 삼가 바라건대, 거주지명을 따라 住吉朝臣을 받고자 한다'라고 하였다. 칙을 내려 綱主 형제 2인에게 청한 대로 이를 내렸다.

무술(8일), 左大史 정6위상 文忌寸最弟,151) 播磨少目 정8위상 武生連眞象152)

---

146) 『禮記』玉制篇에, 중앙에 태조의 廟를 놓고, 좌측에 3昭인 2대, 4대 6대조를 배치하고, 우측에 3穆인 3대, 5대 7대조를 배치한다.

147) 『禮記』檀弓篇 上.

148) 『春秋左氏傳』桓公 6년조의 杜預의 注.

149) 황통이 변하여 桓武天皇과 혈통상으로 멀어진 역대 천황에 대해 國忌에서 제외시킨다 는 것이다.

150) 崇神天皇의 황자.

151) 王仁의 후예로 전하는 西文氏系 씨족. 文忌寸最弟는 여기에만 보인다.

152) 王仁의 후예로 전하는 西文氏系 씨족. 원래의 성은 馬史[馬毗登]이다. 『新撰姓氏錄』 左京諸蕃에, 武生宿禰는 文宿禰와 조상이 같고, 王仁의 孫 阿浪古首의 후예로 나온다.

등이 아뢰기를, "文忌寸 등은 원래 (東文과 西文의) 2家가 있다. 東文은 直이라고 칭하고, 西文은 首를 하였다. 서로 함께 일을 해왔고, 그 유래가 오래되었다. 지금 東文은 일가 전체가 宿禰의 성에 올랐는데, 西文은 은혜로부터 누락되어 여전히 忌寸에 머물고 있다. 最弟 등은 다행히 (성군이 통치하는) 좋은 때를 만나 상세한 사정을 살피지 않으면, 후대가 되어 이유를 말해도 소용이 없을 것이다. 삼가 바라건대, (東文과) 같은 영예로운 성을 받아 영원히 자손에게 전하고자 한다". (이에 천황은) 칙을 내려, 본래의 계보에 대해 밝히라고 하였다. 最弟 등은 아뢰기를, "한고제의 후예는 鸞이라고 한다.[153] 란의 후손인 王狗는 백제에 이주해 왔는데, 백제 久素王 때에, 성조가 사자를 보내 문인을 찾았다. 구소왕은 즉시 왕구의 손인 王仁을 바쳤다. 이것이 文, 武生 등의 선조이다[154]"라고 하였다. 이에 最弟 및 眞象 등 8인에게 宿禰의 성을 내렸다.

경자(10일), 越前國의 雨夜神, 大虫神에게 함께 종5위하에 서위하였다.

을사(15일), 종5위하 大虫神에게 종4위하를 내리고, 같은 국 足羽神에게 종5위하를 내렸다.

무신(18일), 駿河國 駿河郡의 大領 정6위상 金刺舍人廣名을 國造로 삼았다. 山背國 관내 제사원의 불탑이 세월이 흘러 점차 오래되어 파손된 곳이 많았다. 조를 내려 사자를 보내 모두 수리하였다.

기유(19일), 종5위하 石川朝臣美奈岐麻呂에게 종5위상을 내리고, 종5위하 藤原朝臣緒繼를 시종으로 삼았다.

정사(27일), 천황이 彈正尹 神王의 저택에서 주연을 열었다. 그 딸 淨庭王에게 종5위하를 내렸다.

5월 계해(3일), 大藏卿 종4위상 石川朝臣豊人이 죽었다.[155]

을축(5일), 천황이 천하 제국이 빈번히 가뭄과 역병으로 고통을 받고 있어 조를 내려 절회[156]를 중지하였다. 무위 紀朝臣河內子에게 종5위하를 내렸다.

---

153) 『신찬성씨록』 좌경제번에 文宿禰는 "漢高皇帝之後鸞王也"라고 나온다.
154) 『日本書紀』 應神紀 16년 2월조에 "所謂王仁者, 是書首等之始祖也"라고 하여 西文氏 등의 시조가 王仁으로 나온다.
155) 延曆 9년 5월 무진조(403쪽)에도 동일한 내용이 나온다. 중복기사이다.

신미(11일), 대재부에서 언상하기를, "豊後, 日向, 大隅 등의 제국에 기근이 들었다. 또 紀伊國에 기근이 들었다. 함께 구휼하였다"라고 하였다.

을해(15일), 唐人 정6위상 王希逸[157]에게 江田忌寸의 성을 내렸다. 청원에 따른 것이다.

기묘(19일), 우경대부 종4위하 藤原朝臣菅繼가 죽었다.

정해(27일), 中宮[158]의 1주기 재회에 봉사한 여러 직종의 관인 96인에게 그 노고의 경중에 따라 위계를 차등있게 내렸다. 정6위상의 관인에게는 그 아들에게 돌려 내렸다. 293인에게는 녹을 지급하였고 또한 차등이 있었다.

무자(28일), 이보다 앞서 제국의 국사들은 언제나 황무지로 이용할 수 없는 땅을 조사하여 거둬들여서 백성의 구분전으로 반급하고 있다. 단지 이름 뿐이고 전조를 납입할 수 없는 것이다. 또 왕신가, 국가, 군사 및 부유한 백성들은 下田을 上田으로 바꾸고[159] 혹은 불편한 전지를 편리한 전지로 바꾸고 있다.[160] 이와 같은 일이 각처에서 나타나고 있다. 이에 관할 관사에 명하여 天平 14년(742), 天平勝寶 7세(755) 등의 圖籍[161]에 의거하여 모두 개정하도록 하였다. 내년에 반급을 행하기 위해서이다.

6월 경인삭(1일), 일식이 있었다.

임진(3일), 황후궁[162]의 1주기 재회에 봉사한 여러 직종의 관인들 267인에게 전례에 준해서 위계 및 녹을 각각 차등있게 내렸다.

갑오(5일), 종5위하 石浦王을 越中守로 삼고, 종5위하 文室眞人眞屋麻呂를 但馬介로 삼았다.

기해(10일), 철갑 1천벌을 제국에 명하여 새로운 양식으로 수리시켰다.

---

156) 5월 5일의 단오날의 節句 연회.

157) 이주한 시점에 대해서는 알 수 없다.

158) 환무천황의 생모인 高野新笠.

159) 『延喜式』제권16 主税寮上에는, "凡公田獲稻, 上田五百束, 中田四百束, 下田三百束, 下下田一百五十束"이라고 하여 전지의 토질에 따라 수확량을 구분하여 등급을 매기고 있다.

160) 구분전 반급 시에 거주지의 원근 혹은 입지 조건에 따라서도 경작에 들어가는 노동, 시간 등에 차이가 있다.

161) 전지의 지적도와 토지대장. 弘仁 11년(820) 12월 26일의 태정관부의 格(『類聚三代格』)에 따르면, 天平 14년, 天平勝寶 7세, 寶龜 4년, 延曆 5년 등 4번의 圖籍이 중시되었다.

162) 황후 藤原乙牟漏의 1주기.

국별로 수량이 배당되었다.

갑인(25일), 이보다 앞서, 지난 延曆 3년에 칙을 내려, "왕신가 및 제관사, 사원 등이 마음대로 산야를 점유하는 것을 금지한다. 이에 이르러 山背國에 사자를 보내, 공사의 토지를 감정하여 각각 경계를 설정하고 백성들이 자유롭게 이용할 수 있도록 하고 그 이익을 공유하게 한다. 만약 위반하는 자는 위칙죄로 처벌한다. 불법 청탁을 받아 묵인해 준 관할 관사(의 관인)에게도 동일한 죄로 처벌한다"라고 하였다. 정6위상 因幡國造國富에게 외종5위하를 내렸다.

을묘(26일), 흑마를 丹生川上神에게 바쳤다. 가뭄 때문이었다.

추7월 경신삭(1일), 폭염과 가뭄이 열흘이나 지났다. 기내의 여러 명신에 봉폐하였다. 무위 尾張架古刀自에게 종5위하를 내렸다.

계해(4일), 종5위하 藤原朝臣葛野麻呂를 少納言으로 삼고, 종5위하 紀朝臣眞人을 中務少輔로 삼고, 종5위하 石淵王을 大監物로 삼고, 종4위하 當麻王을 左大舍人頭로 삼고 備前守는 종전대로 하였다. 종5위상 篠嶋王을 右大舍人頭로 삼고, 종5위하 藤原朝臣道繼를 (右大舍人)助로 삼고, 종5위하 藤原朝臣刷雄을 陰陽頭로 삼고, 종4위상 佐伯宿禰眞守를 大藏卿으로 삼고, 우대변 종4위상 石川朝臣眞守에게 우경대부를 겸직시키고, 종5위하 淺井王을 主馬頭로 삼고 丹波守는 종전대로 하였다. 종5위하 安倍朝臣名繼를 右兵庫頭로 삼고, 종5위하 大神朝臣仲江麻呂를 內兵庫正으로 삼고, 종5위하 橘朝臣安麻呂를 甲斐守로 삼았다.

임신(13일), 종4위하 大伴宿禰弟麻呂를 征夷大使로 삼고, 정5위상 百濟王俊哲,[163] 종5위상 多治比眞人濱成, 종5위하 坂上大宿禰田村麻呂, 종5위하 巨勢朝臣野足을 함께 (征夷)副使로 삼았다.

기묘(20일), 고 少納言 종5위하 正月王[164]의 아들 藤津王 등이 아뢰기를,

---

163) 右京大夫 百濟王理伯의 子, 百濟王敬福의 孫이다. 寶龜 9년(778)에 훈5등을 받고, 동 11년에 종5위하에 서위되고 그 한 달 뒤 다시 종5위상을 받고 이어 陸奧鎭守副將軍에 임명되었다. 天應 원년(781) 정5위상으로 승진되었고 훈4등을 받았다. 延曆 6년(787) 무언가의 사건으로 日向權介로 좌천되었으나, 무관으로서의 능력을 높이 평가받아 사면되었다. 또한 百濟王氏를 우대한 조정의 방침으로 下野守, 陸奧鎭守將軍에 임명되었다.

164) 『신찬성씨록』 좌경황별에는, "登美眞人은 시호 用明(天皇)의 황자 來目王에서 나왔다. 續日本紀와 합치한다"라고 되어 있다. 登美眞人은 개성한 正月王으로, 용명천황의

"망부의 생존 시에, 새로운 성을 청하는 표문을 만들었는데, 아직 상신하지 못한 사이에 갑자기 황천의 길로 떠났다. 그 표문에서 이르기를, '신 正月의 (선조의) 원류는 이미 멀어져 있고, 속한 호적은 (皇籍으로부터) 끝나가고 있다. 신의 아들 4인, 딸 4인은 비록 '王'성을 갖고 있으나, 세대로 말하면 서민과 다르지 않다. 삼가 登美眞人의 성을 받아 신하의 지위에 따르고자 한다'라고 되어있다. 부의 뜻에 따라 원하는 성을 내려주었으면 한다"라고 하였다. (천황이) 칙을 내려 허락하였다.

신사(22일), 伊豫國에서 흰 참새를 바쳤다. 조를 내려, "국사 및 상서를 바친 郡司에게 관위 1급을 올려주었는데, 다만 정6위상의 관인에게는 1인의 아들에게 돌려 내렸다. 그 참새를 잡은 사람 凡直大成에게는 관위 2급을 내리고 아울러 벼 1천속을 지급하였다. 또 國守 종5위상 菅野朝臣眞道에게는 정5위하를, 介 종5위하 高橋朝臣祖麻呂에게는 종5위상을 내렸다.

병술(27일), 鷹戶[165]를 폐지하였다.

정해(28일), 종5위상 藤原朝臣是人을 右少弁으로 삼고, 종5위하 多治比眞人賀智를 宮內少輔로 삼고, 右中弁 정5위하 多治比眞人宇美에게 武藏守를 겸직시키고, 종5위하 三方宿禰廣名을 上野守로 삼고, 종5위하 佐伯宿禰岡上을 (上野)介로 삼고, 종5위하 百濟王忠信을 越後介로 삼고, 종5위하 藤原朝臣大繼를 備前介로 삼고, 종5위하 藤原朝臣眞鷲를 大宰少貳로 삼았다.

무자(29일), 외종5위하 安都宿禰長人을 右京亮으로 삼았다. 左中弁 종4위하 百濟王仁貞이 죽었다.

8월 신묘(3일), 밤에 이세태신궁에 도둑이 들어 정전 1동, 재물 수장고 2동, 문 3칸, 담장 1중을 태웠다. 종5위하 紀朝臣兄原을 中衛少將으로 삼고 出雲守는 종전대로 하였다.

계사(5일), 기내의 班田使를 임명하였다.

임인(14일), 조를 내려, 참의 및 좌대변 정4위상 春宮大夫, 中衛中將, 大和守를

황자인 내목왕을 선조로 하는 계보를 갖는다는 것이다. 「継嗣令」1에는 "自親王五世, 雖得王名, 不在皇親之限"이라고 하여 친왕으로부터 6세왕은 왕명은 유지되되, 황친에는 들어가지 않는다고 하였는데, 正月王 역시 동일한 취급을 받았다.

165) 매 사육을 담당한 品部. 병부성에 속한 主鷹司(放鷹司)에서는 매·사냥개 등을 사육·조련하고 매를 이용하여 수렵을 한다. 매의 실질적인 사육을 담당한 것은 鷹戶이다.

겸직한 紀朝臣古佐美, 참의 및 神祇伯 종4위하 式部大輔, 左兵衛督, 近江守를 겸직한 大中臣朝臣諸魚, 神祇少副 외종5위하 忌部宿禰人上을 이세태신궁에 보내 폐백을 바쳤다. 신궁이 화재를 입은 것을 사죄하기 위해서이다. 또 사자를 보내 수리, 조영하였다.

임자(24일), 攝津國 百濟郡[166] 사람 정6위상 廣井造眞成[167]에게 '連'성을 내렸다.

9월 경신(2일), 종4위하 全野女王을 2세왕으로 예우하기로 하였다.

계해(5일), 陸奧國 安積郡의 대령 외정8위상 阿倍安積臣繼守에게 외종5위하를 내렸다. (사재를 내어) 군량을 바쳤기 때문이다.

갑자(6일), 佐渡國의 物部天神에게 종5위하를 서위하였다.

갑술(16일), 越前, 丹波, 但馬, 播磨, 美作, 備前, 阿波, 伊豫 등의 제국에 명하여, 평성궁의 제문을 해체하고 이를 長岡宮으로 옮겨 축조하게 하였다. 伊勢, 尾張, 近江, 美濃, 若狹, 越前, 紀伊 등 제국의 백성이 소를 죽여 漢神[168]의 제물로 바치는 것을 금지하였다.[169]

---

166) 攝津國의 百濟郡 설치에 대해서는 長屋王 저택에서 출토된 목간에 "百濟郡南里車長百濟部若末呂車三轉米十二斛/上二石/中十石"이라고 기록되어 있고, 그 이면에 "元年十月十三日/田辺廣國/木造意彌万呂"라는 연대표시가 있다. 여기에 나오는 '元年'은 靈龜 원년으로 715년에 해당한다. 『和名類聚抄』(卷第6)에는 "百濟郡, 東部·南部·西部"라고 하여 백제군의 하부조직으로 東部·南部·西部 등이 보인다. 방향을 표시하는 부명은 백제의 5部에서 유래하고 백제군의 하부 행정구획으로 붙였을 것으로 생각된다. 正倉院文書에도 天平勝寶九歲四月의 "竹志淨道[年二十], 攝津職百齊郡南部鄕戶主正六位下竹志麻呂呂戶口", 동 天平年中의 "從人勘籍『攝津職百齊郡東鄕長岡里戶主調乙麻呂之戶口調大山[年十八右一人, 調乙馬呂從人"이라는 기록이 나온다. 여기에 보이는 竹志淨道, 竹志麻呂, 調乙麻呂 등은 백제군 설치 이후 백제군에 거주한 사람들의 후예들이고, 백제군 밑의 남부향, 동(부)향 등 백제의 방위를 나타내는 부명이 기록되어 있어 백제계 씨족들의 집단거주지로서의 성격을 보여주고 있다.

167) 『신찬성씨록』攝津國諸蕃에, "廣井連은 백제국 避流王으로부터 나왔다"고 한다. 避流王은 毗有王으로 백제왕족 출신이라는 주장이다. 廣井造眞成는 連 성을 받았는데, 『일본후기』 弘仁 2년(811) 6월 계해조에 廣井宿禰眞成으로 나오고 있어 延曆 10년(791)에서 홍인 2년(811) 사이에 숙녜의 성을 받은 것으로 보인다. 광정련씨의 일족으로는 평성궁 출토 목간(奈良國立文化財硏究所, 1967, 『平城宮木簡』4)에 廣井常石의 이름이 보인다.

168) 漢神은 韓神으로 한반도에서 건너온 도래계 씨족들이 받들던 신이다. 『延喜式』 권9 神名帳(上)에는, "宮內省坐神으로 韓神社 2座"가 기록되어 있고, 韓神 제사에 대한 일자 등이 나온다.

　　병자(18일), 讚岐國 寒川郡 사람 정6위상 凡直千繼 등이 아뢰기를, "千繼
등의 선조 星直은 譯語田 조정170)의 치세에 國造의 직무를 계승했는데, 관할
지역을 지배하였다. 이에 관명에 따라 씨명을 정하고, 紗拔大押直171)의 성을
받았다. 그런데 경오년의 호적에서 大押의 글자를 고쳐서 凡直이라고 기록하
였다.172) 이로부터 凡直의 후예는 혹은 讚岐直이라고 하고, 혹은 凡直이라고도
하였다. 바야흐로 지금 성조의 자애는 구름과 비와 같이 골고루 적시고,
은혜는 곤충에게까지 미치고 있다. 이 좋은 시대를 맞이하여 두루 비쳤으면
한다. 바라건대, 선조의 직무에 따라 讚岐公의 성을 내려 주었으면 한다"라고
하였다. (천황은) 칙을 내려, 千繼 등 21호에게 청한대로 성을 내렸다.

　　정축(19일), 近衛將監 정6위하 出雲臣祖人이 아뢰기를, "신들의 본계는 天穗
日命으로부터 나왔다. 그 天穗日命의 14세 손을 野見宿禰라고 한다. 야견숙녜
의 후손인 土師氏人 등은 혹은 宿禰라고 칭하고 혹은 朝臣이라고 한다. 신들은
모두 같은 조상의 후예이다. 균등하게 누려야 할 (천황의) 자애가 홀로
누락되어 있다. 삼가 바라건대, 저 (土師)宿禰의 일족과 같이 개성되었으면
한다"라고 하였다. 이에 (천황은) 숙녜의 성을 내렸다.

　　무인(20일), 讚岐國 阿野郡 사람 정6위상 綾公菅麻呂 등이 아뢰기를, "우리들
의 선조는 경오년173) 이후 기해년174)에 이르러 비로소 朝臣의 성을 받았다.
和銅 7년 이후 세 번 작성된 호적에는 모두 朝臣으로 기록되어 있다. 그런데
養老 5년(721)의 호적을 작성할 때, 먼 경오년의 호적을 교감해서 朝臣의
성을 삭제하였다.175) 백성이 근심이 이보다 심한 것은 없다. 바라건대, 세

---

169) 殺牛祭神에 대해서는 『일본서기』皇極紀 원년 7월 무인조에, "群臣相語之日, 隨村村祝部
　　所教, 或殺牛馬, 祭諸社神"이라고 나온다. 중국과 한국 고대에도 농경의례와 관련해서
　　이러한 제사가 있었다.

170) 敏達朝.

171) 紗拔大押直의 紗拔은 凡直千繼의 출신국 讚岐國의 讚岐와 동음으로 '사누키'이다. 紗拔은
　　讚岐의 옛 표기로 보인다.

172) 大押과 凡은 '오호시'로 동음이다.

173) 天智 9년(670).

174) 文武 3년(699)

175) 「戶令」22 「戶籍」條에는, "凡戶籍, 恒留五比, 其遠年者, 依次除.〈近江大津宮庚午年籍, 不
　　除.〉"라고 하여, 6년마다 작성하는 호적의 5회분을 30년간 보관하는데, 오래된 호적은
　　차례대로 삭제한다고 되어 있다. 단, 庚午年籍만은 삭제할 수 없다고 하여 이 호적이

번의 호적176)과 원래의 位記에 의거하여 朝臣의 성을 받았으면 한다"라고 하였다. (천황은) 이를 허락하였다.

경진(22일), 下野守 정5위상 百濟王俊哲에게 陸奧鎭守將軍을 겸직시켰다.

동10월 정유(10일), 천황이 交野에 순행하여 매를 이용하여 사냥을 즐겼다. 우대신177)의 별장을 行宮으로 삼았다.

기해(12일), 우대신은 백제왕씨 등을 이끌고 백제악을 연주시켰다. 정5위하 藤原朝臣乙叡에게 종4위하를, 종5위하 百濟王玄風·百濟王善貞에게 함께 종5위상을, 종5위하 藤原朝臣淨子에게 정5위하를, 정6위상 百濟王貞孫에게 종5위하를 내렸다.

경자(13일), 천황이 환궁하였다.

임자(25일), 東海, 東山 2도의 제국에 명하여, (蝦夷) 정토의 화살 34,500여개를 만들게 하였다.

갑인(27일), 이보다 앞서 황태자178)의 건강이 악화되어, 오랫동안 회복하지 못했다.

이날, 황태자가 伊勢太神宮으로 향했다. (쾌유를 비는) 기도를 위해서였다.

11월 기미(3일), 새로 坂東의 제국에 명하여 군량의 말린 밥 12만석을 비축하도록 하였다. 大藏卿 종4위상 佐伯宿禰眞守가 죽었다.

임술(6일), 播磨國 사람 대초위하 出雲臣人麻呂에게 외종5위하를 내렸다. (사재) 벼를 水兒船瀨179)에 바쳤기 때문이다.

갑자(8일), 종5위하 藤原朝臣葛野麻呂를 右少弁으로 삼았다.

정묘(11일), 황태자가 이세태신궁에서 돌아왔다.

12월 경인(4일), 정6위상 紀朝臣楫繼에게 종5위하를 내렸다.

갑오(8일), 伊豫國 越智郡 사람 정6위상 越智直廣川 등 5인이 아뢰기를, "廣川 등 7세조인 紀博世는 小治田朝庭180)의 치세에 伊豫國에 보냈다. 博世의

계보·출자의 주요 근거가 되고 있음을 알 수 있다.

176) 和銅 7년(714), 和銅 원년(708), 大寶 2년(702)의 호적.

177) 藤原繼繩.

178) 平城天皇으로 즉위하는 安殿親王.

179) 播磨國 加古川 하구의 선착장인 水兒船瀨의 보수·관리를 위해 사재의 벼를 기증한 것이다.

손 忍人은 越智直의 딸과 결혼하여 在手를 낳았다. 경오년의 호적에는 本源을 살피지 않고, 잘못하여 모친의 성으로 기록하였다. 그 이후 (후손들은) 越智直의 성을 갖게 되었다. 지금 廣川 등은 다행히도 황조가 태평성대를 연 시대에 태어나 백성이 행복을 누리는 때를 만났다. 바라건대, 본성에 따라 紀臣의 성을 내려 주었으면 한다"고 하였다. (천황이) 이를 허락하였다.

병신(10일), 讚岐國 寒川郡 사람 외종5위하 佐婆部首牛養 등이 아뢰기를, "牛養 등의 선조는 紀田鳥宿禰로부터 나왔다. 田鳥宿禰의 손 米多臣은 難波高津宮[181])에서 천하를 통치하던 천황의 치세에 周芳國으로부터 讚岐國으로 이주하였다. 그 후 마침내 佐婆部首라고 칭하게 되었다. 지금 牛養은 다행히도 때를 잘 만나 부담을 면제받아 구름과 비와 같은 은혜를 받고 있어 더욱이 바라는 바가 없다. 다만 직무에 따른 씨명이 내려지고, 거주지에 따라 성을 받는 것은 예로부터 행해지고 있고, 지금까지 이어지고 있다. 무릇 牛養 등의 거주지는 寒川郡 岡田村에 있다. 신은 바라건대 岡田臣의 성을 내려주었으면 한다"라고 하였다. 이에 牛養 등 20호에게 청한 바대로 성을 내렸다. 외종5위하 岡田臣牛養을 대학박사로 삼고, 외종5위하 麻田連眞淨[182])을 조교로 삼고 伊勢介는 종전대로 하였다. 종5위하 紀朝臣楫繼를 刑部少輔로 삼고, 외종5위하 淸道造岡麻呂[183]) 등에게 造 성을 고쳐서 連 성을 내렸다.

계묘(17일), 종4위하 八上女王에게 정3위를 내리고, 종5위상 多治比眞人邑刀自·紀朝臣若子에게 함께 종4위하를 내렸다.

『속일본기』 권제40

180) 推古朝.
181) 仁德天皇朝.
182) 麻田連氏는 天智 2년(663) 백강전투에서 패배해 일본으로 망명한 백제의 달솔 荅㶱春初의 후손으로, 그 후예인 정7위상 荅㶱陽春은 神龜 원년(724)에 麻田連으로 개성하여 그 일족은 麻田連의 성을 갖게 되었다. 麻田連眞淨은 天平神護 3년(767)에 稱德天皇이 대학료에 와서 釋奠 의식을 행할 때에 直講으로서 행사를 주관하였다. 이때 종8위하에서 8단계 승진한 종6위하가 되었다. 主稅助를 거쳐 延曆 7년에 대학박사에 임명되었다. 『日本後紀』延曆 16년에는 종5위하로 승진하였다.
183) 이해 정월조 각주 131) 참조.

續日本紀卷第四十

〈起延曆八年正月, 盡十年十二月〉

右大臣正二位兼行皇太子傅中衛大將臣藤原朝臣繼繩等奉勅撰

今皇帝

○ **延曆八年**春正月甲辰朔, 日有蝕之. 己酉, 宴五位已上於南院. 授從五位上笠王正五位下, 從五位下廣田王從五位上, 無位葛井王從五位下, 從四位下佐伯宿禰眞守從四位上, 正五位下藤原朝臣菅繼從四位下, 正五位上百濟王玄鏡正五位上, 從五位上文室眞人與企, 紀朝臣作良並正五位下, 從五位下賀茂朝臣人麻呂, 藤原朝臣園人, 伊勢朝臣水通, 津連眞道並從五位上, 正六位上平群朝臣國人, 紀朝臣伯, 紀朝臣登萬理, 榎井朝臣鞦鞴, 田中朝臣大魚, 安倍朝臣人成, 巨勢朝臣道成, 石川朝臣淸濱, 石川朝臣淸成, 大春日朝臣淸足, 藤原朝臣岡繼, 石上朝臣乙名, 大野朝臣仲男, 角朝臣筑紫麻呂並從五位下, 正六位上大網公廣道, 韓國連源, 秋篠宿禰安人並外從五位下, 以兵部卿從三位兼近江守多治比眞人長野爲參議. 壬子, 參議大宰帥正三位佐伯宿禰今毛人上表乞骸骨. 詔許之. 丁巳, 以律師玄憐法師爲少僧都. 戊辰, 參議宮內卿正四位下兼神祇伯大中臣朝臣子老卒. 右大臣正二位淸麻呂之第二子也. 己巳, 授從四位上藤原朝臣延福正四位下, 正五位上藤原朝臣春蓮, 藤原朝臣勤子並從四位下, 正五位下伴田朝臣仲刀自正五位上, 從五位上藤原朝臣慈雲, 安倍朝臣黑女並正五位下, 從五位下藤原朝臣眞貞, 平群朝臣炊女, 大原眞人明, 無位多治比眞人邑刀自, 藤原朝臣數子, 紀朝臣若子並從五位上, 外從五位下豊田造信女, 岡上連綱, 無位藤原朝臣惠子, 正六位上菅生朝臣恩日, 從六位上石上朝臣眞家, 從六位下角朝臣廣江並從五位下, 正六位上物部韓國連眞成, 山代忌寸越足, 從六位下采女臣阿古女並外從五位下. 二月丁丑, 以從五位下大原眞人美氣爲尾張守, 正五位下高賀茂朝臣諸雄爲參河守, 從五位上文室眞人子老爲安房守, 正五位上百濟王玄鏡爲上總守, 從五位下石川朝臣清濱爲介, 近衛將監外從五位上池原公綱主爲兼下總大掾, 式部大輔從四位下大中臣朝臣諸魚爲兼近江守, 左兵衛督如故. 從五位下紀朝臣長名爲越前介, 大判事從五位上橘朝臣綿裳爲兼越中介, 正五位上安倍朝臣家麻呂爲石見守, 兵部大輔左京大夫從四位下藤原朝臣雄友爲兼播磨守, 左衛士督如故. 從五位下高倉朝臣石麻呂爲美作介, 從五位上藤原朝臣園人爲備後守, 從五位下百濟王教德爲讚岐介. 癸未, 以從五位下橘朝臣安麻呂爲中務少輔, 內藥正侍醫從五位上葉栗臣翼爲兼內藏助, 從五位下巨勢朝臣總成爲造酒正, 從五位上弓削宿禰鹽麻呂爲左京亮. 庚子, 移自西宮, 始御東宮.

三月癸卯朔, 造宮使獻酒食幷種種玩好之物. 辛亥, 諸國之軍會於陸奧多賀城, 分道入賊地. 壬子, 遣使奉幣帛於伊勢神宮, 告征蝦夷之由也. 戊午, 以從四位下大中臣朝臣諸魚爲神祇伯, 式部大輔左兵衛督近江守如故, 從五位下大中臣朝臣弟成爲少納言, 從四位下紀朝臣犬養爲左大舍人頭, 從五位下百濟王仁貞爲中宮亮, 從五位上津連眞道爲圖書頭, 東宮學士左兵衛佐伊豫介如故. 外從五位下大網公廣道爲主計助, 從五位下安倍朝臣枚麻呂爲兵部少輔, 從五位上藤原朝臣黑麻呂爲刑部大輔, 從五位下藤原朝臣大繼爲大判事, 從四位下石上朝臣家成爲宮內卿, 從五位下矢庭王爲正親正, 從五位上文室眞人八嶋爲彈正弼, 從四位下藤原朝臣菅繼爲左京大夫, 從五位下角朝臣筑紫麻呂爲衛門大尉, 從四位下藤原朝臣內麻呂爲右衛士督, 越前守如故, 從五位下大秦公忌寸宅守爲左兵庫助, 從五位下爲奈眞人豊人爲右兵庫頭, 從五位下小野朝臣澤守爲攝津亮, 外從五位下麻田連畋賦爲山背介, 從五位下大伴王爲甲斐守, 從五位上文室眞人久賀麻呂爲但馬介, 從五位下石川朝臣公足爲安藝守, 正五位下粟田朝臣鷹守爲長門守, 從五位上藤原朝臣園人爲大宰少貳. 廢造東大寺司. 辛酉, 以從五位下石上朝臣乙名爲大監物, 正五位下中臣朝臣常爲治部大輔, 從五位下淸海宿禰惟岳爲美作權掾.

夏四月庚辰, 木工頭正四位下伊勢朝臣老人卒. 乙酉, 先是, 伊勢, 美濃等關, 例上下飛驛函, 關司必開見. 至是, 勅自今以後, 不得輒開焉. 丙戌, 以從五位下安曇宿禰廣吉爲和泉守, 從五位下田中朝臣淨人爲伊勢介, 從五位下大野朝臣仲男爲安房權守, 從五位下川村王爲備後守. 辛酉, 美濃, 尾張, 參河等國, 去年五穀不稔, 饑餒者衆, 雖加賑恤, 不堪自存. 於是, 遣使開倉廩, 准賤時價糴與百姓. 其價物者收貯國庫. 至於秋收, 貿成穎稻, 名曰救急, 使其國郡司及殷富之民不得交易. 如有違犯, 科違勅罪矣. 庚子,伊賀國飢, 賑給之.

五月癸丑, 勅征東將軍曰, 省比來奏狀, 知官軍不進, 猶滯衣川. 以去四月六日奏稱, 三月二十八日, 官軍渡河置營三處. 其勢如鼎足者. 自爾以還, 經三十餘日. 未審. 緣何事故致此留連, 居而不進. 未見其理, 夫兵貴拙速, 未聞巧遲. 又六七月者計應極熱. 如今不入, 恐失其時. 已失其時, 悔何所及. 將軍等應機進退, 更無間然. 但久留一處, 積日費粮. 朕之所怪. 唯在此耳. 宜具滯由及賊軍消息, 附驛奏來. 丙辰, 先是諸國司等, 奉使入京, 無返抄歸任者, 不預釐務, 奪其公廨. 而在國之司, 偏執此格, 曾不催領, 專煩使人. 於是, 始制, 如此之類, 不問入京與在國, 共奪目已上之料. 但遙附便使, 不在奪限. 己未, 太政官奏言, 謹案令條, 良賤通婚, 明立禁制. 而天下士女, 及冠蓋子弟等, 或貪艶色而姦婢, 或挾淫奔而通奴, 遂使氏族之胤沒爲賤隷, 公民之後變作奴婢, 不革其弊, 何導迷方, 臣等所望. 自今以後, 婢之通良, 良之嫁奴, 所生之子, 並聽從良. 其寺社之賤如有此類, 亦准上例, 放爲良人. 伏望, 布此寬恩, 拯彼泥滓, 臣等愚管, 不敢不奏, 伏聽天裁. 奏可之. 庚申, 播磨國揖保郡大興寺賤若女, 本是讚岐國多度郡藤原鄉女也. 而以慶雲元年歲次甲辰, 揖保郡百姓佐伯君麻呂, 詐稱己婢, 賣與大興寺, 而若女之孫小庭等申訴日久. 至是始得雪, 若女子孫, 奴五人婢十人, 免賤從良. 安房, 紀伊等國飢, 賑給之. 丁卯, 詔贈征東副將軍民部少輔兼下野守從五位下勳八等佐伯宿禰葛城正五位下, 葛城率軍入征, 中途而卒. 故有此贈也. 己巳, 以從五位下賀茂朝臣大川爲神祇大副, 從五位上調使王爲右大舍人頭, 從五位下藤原朝臣繼彦爲主計頭, 從五位下和朝臣家麻呂爲造兵正, 正五位下中臣朝臣常爲宮內大輔. 庚午, 信濃國筑摩郡人外少初位下後部牛養, 無位宗守豊人等賜姓田河造.

六月甲戌, 征東將軍奏, 副將軍外從五位下入間宿禰廣成, 左中軍別將從五位下池田朝臣眞枚, 與前軍別將外從五位下安倍猿嶋臣墨繩等議, 三軍同謀幷力, 渡河討賊. 約期已畢. 由是, 抽出中後軍各二千人, 同共凌渡. 比至賊帥夷阿弖流爲之居, 有賊徒三百許人, 迎逢相戰. 官軍勢强, 賊衆引道. 官軍且戰且燒, 至巢伏村, 將與前軍合勢. 而前軍爲賊被拒不得進渡. 於是, 賊衆八百許人, 更來拒戰. 其力太强, 官軍稍退, 賊徒直衝. 更有賊四百許人, 出自東山絶官軍後. 前後受敵. 賊衆奮擊, 官軍被排. 別將丈部善理, 進士高田道成, 會津壯麻呂, 安宿戸吉足, 大伴五百繼等並戰死. 惣燒亡賊居, 十四村, 宅八百許烟. 器械雜物如別. 官軍戰死二十五人, 中矢二百四十五人, 投河溺死一千三十六人, 裸身游來一千二百五十七人. 別將出雲諸上, 道嶋御楯等, 引餘衆還

來. 於是, 勅征東將軍曰, 省比來奏云, 膽澤之賊惣集河東, 先征此地後謀深入者. 然則
軍監已上率兵, 張其形勢, 嚴其威容, 前後相續, 可以薄伐, 而軍少將卑, 還致敗績,
是則其道嶋副將等計策之所失也. 至於善理等戰亡及士衆溺死者, 惻怛之情, 有切于
懷. 庚辰, 征東將軍奏稱, 膽澤之地, 賊奴奧區, 方今大軍征討, 剪除村邑, 餘黨伏竄,
殺畧人物. 又子波, 和我, 僻在深奧, 臣等遠欲薄伐, 粮運有艱. 其從玉造塞, 至衣川營
四日, 輜重受納二箇日, 然則往還十日. 從衣川至子波地, 行程假令六日, 輜重往還十
四日. 惣從玉造塞至子波地, 往還二十四日程廢. 途中逢賊相戰, 及妨雨不進之日不入
程內, 河陸兩道輜重一萬二千四百四十人, 一度所運糒六千二百十五斛, 征軍二萬七
千四百七十人, 一日所食五百四十九斛, 以此支度, 一度所運, 僅支十一日. 臣等商量,
指子波地, 支度交闕, 割征兵加輜重, 則征軍數少不足征討. 加以, 軍入以來, 經涉春夏,
征軍輜重, 並是疲弊, 進之有危, 持之則無利. 久屯賊地, 運粮百里之外, 非良策也.
雖蠢爾小寇, 且逋天誅, 而水陸之田, 不得耕種, 既失農時, 不滅何待, 臣等所議, 莫若解
軍遺粮, 支擬非常, 軍士所食, 日二千斛. 若上奏聽裁, 恐更多糜費. 故今月十日以前解
出之狀, 牒知諸軍, 臣等愚議, 且奏且行. 勅報曰, 今省先後奏狀曰, 賊集河東, 抗拒官
軍. 先征此地, 後謀深入者. 然則不利深入. 應以解軍者, 具狀奏上, 然後解出, 未之晚
也. 而曾不進入, 一旦罷兵, 將軍等策, 其理安在, 的知, 將軍等畏憚兇賊, 逗留所爲也.
巧餝浮詞, 規避罪過, 不忠之甚, 莫先於斯. 又廣成, 墨繩, 久在賊地, 兼經戰場. 故委以
副將之任, 佇其力戰之効, 而靜處營中, 坐見成敗, 差入裨將, 還致敗績. 事君之道,
何其如此. 夫師出無功, 良將所恥. 今損軍費粮, 爲國家大害, 閫外之寄, 豈其然乎.
甲斐國山梨郡人外正八位下要部上麻呂等改本姓爲田井, 古爾等爲玉井, 鞠部等爲大
井, 解禮等爲中井. 並以其情願也.
秋七月丁未, 尙掃從四位上美作女王, 散事正四位下藤原朝臣春蓮並卒. 甲寅, 勅伊
勢, 美濃, 越前等國曰, 置關之設, 本備非常, 今正朔所施, 區宇無外. 徒設關險, 勿用防
禦, 遂使中外隔絶, 既失通利之便, 公私往來, 每致稽留之苦, 無益時務, 有切民憂.
思革前弊, 以適變通. 宜其三國之關一切停廢, 所有兵器粮糒運收於國府, 自外舘舍移
建於便郡矣. 乙卯, 伊勢, 志摩兩國飢, 賑給之. 丁巳, 勅持節征東大將軍紀朝臣古佐美
等曰, 得今月十日奏狀稱, 所謂膽澤者, 水陸萬頃, 蝦虜存生. 大兵一擧, 忽爲荒墟,
餘燼縱息, 危若朝露. 至如軍船解纜, 舳艫百里, 天兵所加, 前無强敵, 海浦窟宅, 非復人
烟, 山谷巢穴, 唯見鬼火, 不勝慶快, 飛驛上奏者, 今兼先後奏狀, 斬獲賊首八十九級,

官軍死亡千有餘人. 其被傷害者, 殆將二千. 夫斬賊之首未滿百級. 官軍之損亡及三千. 以此言之, 何足慶快. 又大軍還出之日, 兇賊追侵, 非唯一度, 而云大兵一擧, 忽爲荒墟, 准量事勢, 欲似虛餝. 又眞枚墨繩等遣裨將於河東, 則敗軍而逃還, 溺死之軍一千餘人. 而云一時凌渡. 且戰且焚, 擾賊巢穴, 還持本營, 是溺死之軍弃而不論. 又濱成等掃賊略地, 差勝他道. 但至於天兵所加前無强敵, 山谷巢穴唯見鬼火, 此之浮詞, 良爲過實. 凡獻凱表者, 平賊立功, 然後可奏. 今不究其奧地, 稱其種落, 馳驛稱慶, 不亦愧乎. 乙丑, 下野, 美作兩國飢, 賑給之. 命婦正四位上藤原朝臣敎貴卒. 丁卯, 備後國飢, 賑給之.

八月庚午朔, 造宮官人已下, 雜工已上, 隨勞敍位, 幷賜物有差. 辛巳, 以從五位下角朝臣筑紫麻呂爲中衛將監, 從五位上紀朝臣木津魚爲右兵衛督, 從五位下文室眞人眞屋麻呂爲主馬頭. 庚寅, 先是, 參議正三位佐伯宿禰今毛人致仕. 而罷其參議封戶, 減半賜之, 下知民部以爲永例矣. 己亥, 勅, 陸奧國入軍人等, 今年田租, 宜皆免之, 兼給復二年. 其牡鹿, 小田, 新田, 長岡, 志太, 玉造, 富田, 色麻, 賀美, 黑川等一十箇郡, 與賊接居, 不可同等. 故特延復年.

九月丁未, 持節征東大將軍紀朝臣古佐美, 至自陸奧, 進節刀. 辛亥, 以從五位上藤原朝臣黑麻呂爲治部大輔, 從五位下紀朝臣伯爲玄蕃助, 從五位下布勢朝臣大海爲主稅頭, 從五位上上毛野朝臣稻人爲刑部大輔, 左少弁從五位上安倍朝臣弟當爲兼下野守. 戊午, 勅遣大納言從二位藤原朝臣繼繩, 中納言正三位藤原朝臣小黑麻呂, 從三位紀朝臣船守, 左兵衛佐從五位上津連眞道, 大外記外從五位下秋篠宿禰安人等於太政官曹司, 勘問征東將軍等逗留敗軍之狀, 大將軍正四位下紀朝臣古佐美, 副將軍外從五位下入間宿禰廣成, 鎭守副將軍從五位下池田朝臣眞枚, 外從五位下安倍猿嶋臣墨繩等, 各申其由, 並皆承伏. 於是, 詔曰, 陸奧國荒〈備流〉蝦夷等〈乎〉討治〈爾〉任賜〈志〉大將軍正四位下紀古佐美朝臣等〈伊〉, 任賜〈之〉元謀〈爾波〉不合順進入〈倍支〉奧地〈毛〉不究盡〈之弖〉敗軍費粮〈弖〉還參來. 是〈乎〉任法〈爾〉問賜〈比〉支多米賜〈倍久〉在〈止母〉承前〈爾〉仕奉〈祁留〉事〈乎〉所念行〈弖奈母〉不勘賜免賜〈布〉. 又鎭守副將軍從五位下池田朝臣眞枚, 外從五位下安倍猿嶋臣墨繩等, 愚頑畏拙〈之弖〉進退失度軍期〈乎毛〉闕怠〈利〉, 今法〈乎〉兼〈爾〉墨繩者斬刑〈爾〉當〈里〉, 眞枚者解官取冠〈倍久〉在. 然墨繩者久歷邊戍〈弖〉仕奉〈留〉勞在〈爾〉緣〈弖奈母〉斬刑〈乎波〉免賜〈弖〉官冠〈乎乃未〉取賜〈比〉, 眞枚者日上〈乃〉湊〈之弖〉溺軍〈乎〉

扶拯〈閇留〉勞〈爾〉緣〈弖奈母〉取冠罪〈波〉免賜〈弖〉官〈乎乃未〉解賜〈比〉. 又有
小功人〈乎波〉隨其重輕〈弖〉治賜〈比〉, 有小罪人〈乎波〉不勘賜免賜〈久止〉宣御命
〈乎〉衆聞食〈止〉宣. 是日, 右大臣從二位兼中衛大將藤原朝臣是公薨. 詔贈從一位,
是公贈太政大臣正一位武智麻呂之孫, 參議兵部卿從三位乙麻呂之第一子也. 爲人長
大, 兼有威容. 寶字中, 授從五位下, 補神祇大副, 歷山背播磨守左衛士督. 神護二年,
授從四位下, 歷內豎式部大輔春宮大夫. 寶龜末, 至參議左大弁從三位. 天應元年, 加
正三位, 遷中衛大將兼式部卿, 俄拜中納言, 中衛大將式部卿如故. 轉大納言. 延曆二
年, 拜右大臣, 中衛大將如元. 是公曉習時務, 剖斷無滯. 薨時年六十三.
冬十月戊寅, 以大納言從二位藤原朝臣繼繩爲兼中衛大將. 乙酉, 散位從三位高倉朝
臣福信薨. 福信武藏國高麗郡人也. 本姓背奈, 其祖福德屬唐將李勣拔平壤城, 來歸國
家, 居武藏焉. 福信卽福德之孫也. 小年隨伯父背奈行文入都, 時與同輩, 晚頭往石上
衢, 遊戲相撲, 巧用其力, 能勝其敵. 遂聞內裏, 召令侍內豎所. 自是著名, 初任右衛士
大志, 稍遷, 天平中授外從五位下, 任春宮亮. 聖武皇帝甚加恩幸. 勝寶初, 至從四位紫
微少弼, 改本姓賜高麗朝臣, 遷信部大輔. 神護元年, 授從三位, 拜造宮卿, 兼歷武藏近
江守. 寶龜十年上書言, 臣自投聖化, 年歲已深. 但雖新姓之榮朝臣過分. 而舊俗之號
高麗未除. 伏乞, 改高麗以爲高倉. 詔許之. 天應元年, 遷彈正尹兼武藏守, 延曆四年,
上表乞身, 以散位歸第焉. 薨時八十一. 己丑, 授正六位上巨勢朝臣野足從五位下.
辛卯, 以從五位下巨勢朝臣野足爲陸奧鎭守副將軍. 丁酉, 命婦從四位下大原眞人室
子卒.
十一月丁未, 授造宮大工正六位上物部建麻呂外從五位下. 壬子, 停止攝津職勘過公
私之使.
十二月乙亥, 播磨國美囊郡大領正六位下韓鍛首廣富獻稻六萬束於水兒船瀨, 授外從
五位下. 己丑, 參議兵部卿從三位多治比眞人長野薨. 長野大納言從二位池守之孫,
散位從四位下家主之子也. 庚寅, 勅曰, 朕有所思, 宜停來年賀正之禮. 又勅, 頃者中宮
不豫, 稍經旬日. 雖勤醫療, 未有應驗, 思歸至道, 令復安穩. 宜令畿內七道諸寺, 一七
箇日讀誦大般若經焉. 乙未, 皇太后崩. 丙申, 以大納言從二位藤原朝臣繼繩, 參議彈
正尹正四位上神王, 備前守正五位上當麻王, 散位從五位上氣多王, 內禮正從五位下
廣上王, 參議左大弁正四位下紀朝臣古佐美, 宮內卿從四位下石上朝臣家成, 右京大
夫從四位下藤原朝臣菅繼, 右中弁正五位下文室眞人與企, 治部大輔從五位上藤原朝

臣黑麻呂, 散位從五位上桑原公足床, 出雲守從五位下紀朝臣兄原, 雅樂助外從五位
下息長眞人淨繼, 大炊助外從五位中臣栗原連子公, 六位已下官九人爲御葬司, 中納
言正三位藤原朝臣小黑麻呂, 參議治部卿正四位下壹志濃王, 阿波守從五位上小倉
王, 散位從五位下大庭王, 正五位下藤原朝臣眞友, 因幡守從五位上文室眞人忍坂麻
呂, 但馬介從五位上文室眞人久賀麻呂, 左少弁從五位上阿倍朝臣弟當, 彈正弼從五
位下文室眞人八嶋, 六位已下官十四人爲山作司, 信濃介從五位下多治比眞人賀智,
安藝介外從五位下林連浦海, 六位已下官八人爲養民司. 左衛士佐從五位下巨勢朝臣
嶋人, 丹波介從五位下丹比宿禰眞淨, 六位已下官三人爲作路司. 差發左右京, 五畿
內, 近江, 丹波等國役夫. 天皇服錫紵, 避正殿御西廂, 率皇太子及群臣擧哀, 百官及畿
內, 以三十日爲服期, 諸國三日, 並率所部百姓擧哀. 但神鄕者不在此限. 勅曰, 中宮七
七御齋, 當來年二月十六日. 宜令天下諸國國分二寺見僧尼奉爲誦經焉. 又每七日,
遣使諸寺誦經以追福焉.

明年正月十四日辛亥, 中納言正三位藤原朝臣小黑麻呂率誄人奉誄, 上謚曰天高知日
之子姬尊. 壬子, 葬於大枝山陵. 皇太后姓和氏, 諱新笠, 贈正一位乙繼之女也. 母贈正
一位大枝朝臣眞妹, 后先出自百濟武寧王之子純陀太子. 皇后容德淑茂, 夙著聲譽,
天宗高紹天皇龍潛之日, 娉而納焉. 生今上, 早良親王, 能登內親王. 寶龜年中, 改姓爲
高野朝臣, 今上卽位, 尊爲皇大夫人. 九年追上尊號, 曰皇太后. 其百濟遠祖都慕王者,
河伯之女感日精而所生. 皇太后卽其後也. 因以奉謚焉.

○ **九年**春正月癸亥, 以從二位藤原朝臣繼繩, 正三位藤原朝臣小黑麻呂, 正四位上神
王, 正四位下紀朝臣古佐美, 從四位上和氣朝臣淸麻呂, 正五位下文室眞人與企, 從五
位上藤原朝臣黑麻呂, 百濟王仁貞, 三嶋眞人名繼, 從五位下文室眞人八嶋, 爲周忌御
齋曾司. 六位已下官九人. 丁卯, 百官釋服從吉, 是日大祓.
二月乙酉, 大宰員外帥從三位藤原朝臣濱成薨. 濱成贈太政大臣正一位不比等之孫,
兵部卿從三位麻呂之子也. 略涉群書, 頗習術數, 以宰輔之胤, 歷職內外, 所在無績,
吏民患之. 寶龜中, 至參議從三位, 歷彈正尹刑部卿. 天應元年, 坐事左遷. 至是薨於任
所, 時年六十七. 壬辰, 民部省加置大丞一人, 主計寮少允少屬各一人, 越前, 肥後二國
各掾一人. 癸巳, 授從五位上紀朝臣木津魚正五位下, 外從五位上池原公綱主, 外從五
位下入間宿禰廣成, 正六位上吉備朝臣與智麻呂並從五位下. 甲午, 詔以大納言從二

位藤原朝臣繼繩爲右大臣, 中納言正三位藤原朝臣小黑麻呂爲大納言, 從四位上大伴
宿禰潔足, 從四位下石川朝臣眞守, 大中臣朝臣諸魚, 藤原朝臣雄友並爲參議. 授從三
位紀朝臣船守正三位, 正五位上當麻王從四位下, 無位謂奈王從五位下, 正四位下紀
朝臣古佐美正四位上, 從四位上和氣朝臣淸麻呂正四位下, 正五位上文室眞人高嶋,
百濟王玄鏡並從四位下, 從五位上百濟王仁貞正五位上, 從五位上羽栗臣翼正五位
下, 從五位下藤原朝臣末茂從五位上, 正六位上百濟王鏡仁從五位下. 是日, 詔曰, 百
濟王等者朕之外戚也. 今所以擢一兩人, 加授爵位也.

三月己亥, 正六位上秦造子嶋, 從六位下大田首豐繩並授外從五位下. 庚子, 停節宴,
以凶服雖除忌序未周也. 日向權介正五位上勳四等百濟王俊哲免其罪令入京. 丙午,
以從五位下巨勢朝臣嶋人爲山背守, 左衛士佐如故. 從五位下藤原朝臣今川爲伊勢
介, 從五位下大原眞人美氣爲尾張守, 雅樂頭正五位下文室眞人波多麻呂爲兼參河
介, 鼓吹正外從五位下奈良忌寸長野爲兼遠江介, 從五位上藤原朝臣黑麻呂爲駿河
守, 木工助外從五位下高篠連廣浪爲兼介, 從五位下都努朝臣筑紫麻呂爲武藏介, 從
五位下大野朝臣仲男爲安房守, 參議彈正尹正四位上神王爲兼下總守, 從五位下入間
宿禰廣成爲常陸介, 大藏大輔正五位下藤原朝臣乙叡爲兼信濃守, 侍從如故, 從五位
下平群朝臣淸麻呂爲介, 從五位上多治比眞人濱成爲陸奧按察使兼守, 近衛少將從五
位下坂上大宿禰田村麻呂爲兼越後守, 內匠助如故, 從五位下大宅朝臣廣江爲丹後
守, 從五位下藤原朝臣仲成爲出雲介, 從五位上藤原朝臣末茂爲美作守, 正五位下中
臣朝臣常爲紀伊守, 圖書頭從五位上津連眞道爲兼伊豫守, 東宮學士左兵衛佐如故.
從五位下高橋朝臣祖麻呂爲介, 正五位下文室眞人那保企〈本名與企〉爲大宰大貳,
正五位下粟田朝臣鷹守爲肥後守, 從五位下百濟王鏡仁爲豐後介. 辛亥, 伯耆, 紀伊,
淡路, 參河, 飛驒, 美作等六國飢, 賑給之. 壬戌, 以正五位上百濟王仁貞爲左中弁,
正五位下多治比眞人宇美爲右中弁, 從五位下藤原朝臣眞鷲爲右少弁, 從五位下藤原
朝臣弟友爲侍從, 從五位下物部多藝宿禰國足爲圖書助, 常陸大掾如故. 從四位下藤
原朝臣內麻呂爲內藏頭, 右衛士督越前守如故. 左京大夫從四位下藤原朝臣菅嗣爲兼
陰陽頭, 正五位下紀朝臣木津魚爲內匠頭, 從五位下百濟王元信爲治部少輔, 外從五
位下上毛野公薩摩爲主稅助, 從四位上大伴宿禰潔足爲兵部卿, 正五位下藤原朝臣乙
叡爲大輔, 侍從信濃守如故. 從五位下甘南備眞人淨野爲少輔, 從五位下藤原朝臣岡
繼爲大判事, 從五位下和朝臣國守爲大藏少輔, 外從五位下錦部連家守爲織部正, 從

五位上紀朝臣難波麻呂爲宮內大輔, 從五位下藤原朝臣弟友爲少輔, 侍從如故. 左中
弁正五位上百濟王仁貞爲兼木工頭, 從五位下大神朝臣人成爲大膳亮, 從五位下紀朝
臣登麻理爲彈正弼, 從五位下巨勢朝臣人公爲左京亮, 從五位下安倍朝臣人成爲春宮
大進, 從五位下百濟王忠信爲中衛少將, 正五位下紀朝臣木津魚爲衛門督, 內匠頭如
故. 從五位下佐伯宿禰繼成爲佐, 外從五位下大田首豊繼爲左衛士大尉, 從五位上伊
勢朝臣水通爲右衛士佐, 兵部大輔正五位下藤原朝臣乙叡爲兼右兵衛督, 大外記從五
位下秋篠宿禰安人爲兼佐, 皇后宮亮正五位下大伴宿禰弟麻呂爲兼河內守, 外從五位
下麻田連眞淨爲伊勢介, 外從五位下息長眞人淨繼爲尾張介, 從五位下田中朝臣淸人
爲下總介, 從五位下文室眞人八嶋爲伯耆守, 從五位下多治比眞人繼兄爲大宰少貳.
丙寅, 參河, 美作二國飢, 賑給之.

閏三月丁卯朔, 從四位上淸橋女王卒. 庚午, 勅爲征蝦夷, 仰下諸國令造革甲二千領.
東海道駿河以東, 東山道信濃以東, 國別有數, 限三箇年並令造訖. 丙子, 有勅, 度二百
人出家. 又左右京五畿內高年鰥寡孤獨疹疾, 不能自存者, 普加賑恤. 並爲皇后不豫
也. 是日皇后崩. 丁丑, 天皇移御近衛府. 以從二位藤原朝臣繼繩, 正四位上神王, 從四
位下當麻王, 從五位上氣多王, 從五位下廣上王, 正四位上紀朝臣古佐美, 從四位下石
上朝臣家成, 藤原朝臣雄友, 藤原朝臣內麻呂, 正五位下文室眞人那保企, 從五位上藤
原朝臣黑麻呂, 桑原公足床, 阿倍朝臣廣津麻呂, 外從五位下高篠連廣浪, 中臣栗原連
子公爲御葬司, 六位已下官八人, 正三位藤原朝臣小黑麻呂, 正四位下壹志濃王, 從五
位下大庭王, 從四位下藤原朝臣菅繼, 文室眞人高嶋, 正五位下文室眞人八多麻呂, 藤
原朝臣眞友, 從五位下文室眞人八嶋, 藤原朝臣眞鷲爲山作司. 六位已下官十二人.
從五位下多治比眞人賀智, 外從五位下林連浦海爲養民司. 六位已下官五人. 從五位
下巨勢朝臣嶋人, 丹比宿禰眞淨爲作路司. 六位已下官三人. 差發左右京, 五畿內, 近
江, 丹波等國役夫. 令京畿七道自今月十八日始素服擧哀, 以晦日爲限焉. 壬午, 詔曰,
朕以寡德臨馭寰區, 國哀相尋, 災變未息, 轉禍爲福, 德政居先, 思布仁恩, 用致安穩.
宜可大赦天下, 自延曆九年閏三月十六日昧爽以前大辟已下, 罪無輕重, 已發露, 未發
露, 已結正, 未結正, 繫囚見徒, 私鑄錢, 八虐, 强竊二盜, 常赦所不免者, 咸皆赦除.
其延曆三年以往天下百姓所負正稅未納言上, 及調庸未進者, 咸免除之. 縱未言上無
由徵納者亦免之. 神寺之稻宜准此例焉. 甲午, 參議左大弁正四位上紀朝臣古佐美率
誄人奉誄謚曰天之高藤廣宗照姬之尊. 是日, 葬於長岡山陵. 皇后, 姓藤原氏, 諱乙牟

漏, 內大臣贈從一位良繼之女也. 母尙侍贈從一位阿倍朝臣古美奈. 后姓柔婉美姿,
儀閑於女則, 有母儀之德焉. 今上之在儲宮也. 納以爲妃, 生皇太子, 賀美能親王, 高志
內親王, 及於卽位立爲皇后. 薨時春秋三十有一. 乙未, 勅東海相摸以東, 東山上野以
東諸國, 乾備軍粮糒十四萬斛, 爲征蝦夷也. 丙申, 百官釋服大祓.

夏四月庚子, 授正五位下文室眞人那保企正五位上. 辛丑, 仰大宰府令造鐵胄二千九
百餘枚. 備前, 阿波二國飢, 賑給之. 癸丑, 以從六位下出雲臣人長爲出雲國造. 乙丑,
和泉, 參河, 遠江, 近江, 美濃, 上野, 丹後, 伯耆, 播磨, 美作, 備前, 備中, 紀伊,
淡路等十四國飢, 賑給之.

五月戊辰, 大藏卿從四位上石川朝臣豊人卒. 庚午, 陸奧國言, 遠田郡領外正八位上勳
八等遠田公押人款云, 己旣洗濁俗, 更欽淸化. 志同內民, 風仰華土. 然猶未免田夷之
姓, 永貽子孫之恥. 伏望, 一同民例, 欲改夷姓. 於是賜姓遠田臣. 癸酉, 以外從八位上
紀直五百友爲紀伊國造. 丙戌, 遣使五畿內祈雨焉. 甲午, 以炎旱經月, 公私焦損, 詔奉
幣畿內名神, 以祈嘉注焉.

六月戊申, 於神祇官曹司行神今食之事. 先是, 頻屬國哀, 諒闇未終. 故避內裏而於外
設焉. 辛酉, 內廐頭從五位上三嶋眞人名繼爲兼美作守.

秋七月辛巳, 左中弁正五位上兼木工頭百濟王仁貞, 治部少輔從五位下百濟王元信,
中衛少將從五位下百濟王忠信, 圖書頭從五位上兼東宮學士左兵衛佐伊豫守津連眞
道等上表言, 眞道等本系出自百濟國貴須王. 貴須王者百濟始興第十六世王也. 夫百
濟太祖都慕大王者, 日神降靈, 奄扶餘而開國, 天帝授籙, 惣諸韓而稱王. 降及近肖古
王, 遙慕聖化, 始聘貴國. 是則神功皇后攝政之年也. 其後輕嶋豊明朝御宇應神天皇,
命上毛野氏遠祖荒田別, 使於百濟搜聘有識者, 國主貴須王恭奉使旨, 擇採宗族, 遣其
孫辰孫王〈一名智宗王〉隨使入朝. 天皇嘉焉. 特加寵命, 以爲皇太子之師矣. 於是,
始傳書籍, 大闡儒風, 文敎之興, 誠在於此. 難波高津朝御宇仁德天皇, 以辰孫王長子
太阿郎王爲近侍, 太阿郎王子亥陽君, 亥陽君子午定君, 午定君生三男, 長子味沙, 仲
子辰爾, 季子麻呂, 從此而別始爲三姓. 各因所職以命氏焉. 葛井, 船, 津連等卽是也.
逮于他田朝御宇敏達天皇御世, 高麗國遣使上烏羽之表, 群臣諸史莫之能讀, 而辰爾
進取其表, 能讀巧寫, 詳奏表文. 天皇嘉其篤學, 深加賞歎. 詔曰, 勤乎懿哉. 汝若不愛
學, 誰能解讀. 宜從今始近侍殿中. 旣而又詔東西諸史曰, 汝等雖衆, 不及辰爾. 斯並國
史家牒, 詳載其事矣. 伏惟, 皇朝則天布化, 稽古垂風. 弘澤浹乎群方, 叡政覃於品彙.

故能修廢繼絕, 萬姓仰而賴慶, 正名辨物, 四海歸而得宜. 凡有懷生, 莫不抃躍, 眞道等先祖, 委質聖朝, 年代深遠, 家傳文雅之業, 族掌西㡋之職, 眞道等生逢昌運, 預沐天恩. 伏望, 改換連姓, 蒙賜朝臣. 於是, 勅因居賜姓菅野朝臣. 乙酉, 正五位上坂上大宿禰又子卒. 故左京大夫從三位苅田麻呂之女也. 天皇之在儲宮也. 以選入, 生高津內親王. 戊子, 從五位下紀朝臣咅麻呂爲少納言, 從四位下石川朝臣眞守爲右大弁, 從五位上調使王爲左大舍人頭, 從五位上藤原朝臣刷雄爲右大舍人頭, 近衛少將從五位下藤原朝臣繩主爲兼式部少輔, 備前介如故. 從五位上阿保朝臣人上爲大學頭, 從五位上藤原朝臣是人爲治部大輔, 從五位下文室眞人大原爲少輔, 從五位上藤原朝臣眞作爲大藏大輔, 從四位下紀朝臣犬養爲大膳大夫, 從五位上葛井連根主爲亮, 從五位下大春日朝臣清足爲官奴正, 正五位下葛井連道依爲春宮亮, 從五位下大伴宿禰蓑麻呂爲中衛少將, 從五位下藤原朝臣今川爲伊勢守, 從五位上宗形王爲讚岐守, 從五位下百濟王元信爲肥後介.

八月乙未朔, 大宰府言, 所部飢民八萬八千餘人, 請加賑恤, 許之.

九月丙寅, 於京下七寺誦經, 爲皇太子寢膳乖適也. 己巳, 授從五位下川村王從五位上. 辛未, 詔以善謝法師, 等定法師, 並爲律師. 甲戌, 奉伊勢太神宮相嘗幣帛, 常年天皇御大極殿遙拜而奉. 而緣在諒闇, 不行常儀, 故以幣帛直付使者矣. 丙子, 詔曰, 朕以寡昧忝馭寰區, 旰食宵衣, 情存撫育. 而至和靡屆, 炎旱爲災, 田疇不修, 農畝多廢. 雖豐儉有時, 而責深在予. 今聞京畿失稔, 甚於外國, 兼苦疾疫飢饉者衆. 宜免左右京及五畿內今年田租以息窮弊, 神寺之租亦宜准此焉. 己卯, 攝津職貢白鼠赤眼.

冬十月甲午, 復置鑄錢司. 乙未, 散位正三位佐伯宿禰今毛人薨. 右衛士督從五位下人足之子也. 天平十五年, 聖武皇帝, 發願始建東大寺, 徵發百姓, 方事營作, 今毛人爲領催檢, 頗以方便勸使役民, 聖武皇帝, 錄其幹勇, 殊任使之. 勝寶初, 除大和介, 俄授從五位下. 累遷, 寶字中至從四位下攝津大夫, 歷播磨守大宰大貳左大弁皇后宮大夫. 延曆初授從三位, 尋拜參議, 加正三位. 遷民部卿, 皇后宮大夫如故. 五年出爲大宰帥, 居之三年, 年及七十, 上表乞骸骨. 詔許之. 薨時年七十二. 丙午, 高年人道守臣東人於內裏引見. 時年一百二十二歲, 其髮尚多, 聰如少年, 矜其衰邁, 賜之衣服. 己酉, 從五位下多治比眞人乙安爲鑄錢長官. 辛亥, 征蝦夷有功者四千八百四十餘人, 隨勞輕重, 授勳進階, 並依天應元年例行之. 癸丑, 太政官奏言, 蝦夷干紀久逋王誅, 大軍奮擊, 餘孼未絕. 當今坂東之國, 久疲戎場, 强壯者以筋力供軍, 貧弱者以轉餉赴役. 而富饒之輩,頗免此苦, 前後之戰, 未見其勞. 又諸國百姓, 元離軍役, 徵發之時, 一無所預, 計其勞逸, 不可同日. 普天之下, 同曰皇民. 至於擧事, 何無倶勞, 請仰左右京, 五畿內, 七道諸國司等, 不論土人浪人及王臣佃使, 檢錄財堪造甲者, 副其所蓄物數及鄕里姓名, 限今年內, 令以申訖, 又應造之數, 各令親申. 臣等職參樞要, 不能默爾, 敢陳愚管, 以煩天聽. 奏可之. 丁巳, 授女孺從七位上物部海連飯主外從五位下.

十一月乙丑, 勅曰, 公廨之設, 本爲塡補欠負未納, 隨國大小, 旣立擧式, 而今聞, 諸國司等, 雖有欠物, 猶得公廨, 理須依法科罪沒爲官物. 但以國司等久有仕官之勞, 曾無還家之資. 今故立法制. 宜自今以後, 有舊年未納欠負者, 大國三萬束, 上國二萬束, 中國一萬束, 下國五千束已上, 每年徵塡, 附帳申上. 若不據此制, 有未納者, 返却稅帳, 隨事科罪. 其當年未納者, 一依去天平十七年式塡之. 壬申, 外從五位下韓國連源等言, 源等是物部大連等之苗裔也. 夫物部連等, 各因居地行事, 別爲百八十氏. 是以, 源等先祖鹽兒, 以父祖奉使國名, 故改物部連, 爲韓國連. 然則大連苗裔, 是日本舊民, 今號韓國, 還似三韓之新來. 至於唱奏, 每驚人聽. 因地賜姓, 古今通典. 伏望, 改韓國二字, 蒙賜高原. 依請許之. 丁丑, 辰時地震. 巳時又震. 戊寅, 勅曰, 中宮周忌, 當來月二十八日, 禮制乍畢, 新歲須及. 而忌景俄臨, 彌切罔極之痛, 元正肇啓, 何受惟新之歡. 興言永悲, 不能忍, 賀正之禮. 宜從停止焉. 己卯, 是日, 當新嘗, 而爲諒闇未終, 於神祇官行其事矣. 辛巳, 授無位全野女王, 正五位下八上女王並從四位下. 丁亥, 陸奧國黑川郡石神山精社並爲官社. 己丑, 授無位藤原朝臣家刀自從五位下, 坂東諸國, 頻屬軍役, 因以疫旱, 詔免今年田租.

十二月壬辰朔, 詔曰, 春秋之義, 祖以子貴. 此則禮經之垂典, 帝王之恒範. 朕君臨宇內, 十年於玆. 追尊之道, 猶有闕如, 興言念之, 深以懼焉. 宜朕外祖父高野朝臣, 外祖母土師宿禰, 並追贈正一位. 其改土師氏爲大枝朝臣. 夫先秩九族, 事彰常典, 自近及遠, 義存彞籍. 亦宜菅原眞仲, 土師菅麻呂等同爲大枝朝臣矣. 癸巳, 從五位上紀朝臣田長爲長門守. 甲辰, 地震. 庚戌, 授常陸國信太郡大領外從五位下物部志太連大成外從五位上, 新治郡大領外正六位上新治直大直外從五位下, 播磨國明石郡大領外正八位上葛江我孫馬養, 下總國猿嶋郡主張正八位上孔王部山麻呂並外正六位上. 是四人, 或居官不怠, 頗著効績, 或以私物, 賑恤所部. 貧乏之徒, 因而得濟, 故有此授焉. 己未, 是日, 當中宮周忌, 於大安寺設齋焉. 辛酉, 勅外從五位下菅原宿禰道長, 秋篠宿禰安人等, 並賜姓朝臣. 又正六位上土師宿禰諸士等賜姓大枝朝臣, 其土師氏惣有四腹.

中宮母家者是毛受腹也. 故毛受腹者賜大枝朝臣. 自餘三腹者, 或從秋篠朝臣, 或屬菅
原朝臣矣. 是年秋冬, 京畿男女年三十已下者, 悉發豌豆瘡〈俗云裳瘡〉, 臥疾者多.
其甚者死, 天下諸國往往而在.

○ **十年**春正月壬戌朔, 廢朝也. 戊辰, 宴五位已上, 授正五位下笠王正五位上, 無位乙
枚王, 正六位上守山王並從五位下, 從四位下石上朝臣家成, 石川朝臣眞守並從四位
上, 正五位上百濟王仁貞, 正五位下大伴宿禰弟麻呂, 藤原朝臣眞友並從四位下, 從五
位上葛井連根主正五位下, 從五位下賀茂朝臣大川, 多治比眞人乙安, 大原眞人美氣,
巨勢朝臣總成, 百濟王英孫, 藤原朝臣繩主, 和朝臣三具足, 和朝臣國守, 紀朝臣楫長,
物部多藝宿禰國足並從五位上, 外從五位下菅原朝臣道長, 秋篠朝臣安人, 正六位上
佐伯宿禰岡上, 紀朝臣乙佐美, 路眞人豊長, 藤原朝臣最乙麻呂, 藤原朝臣道繼, 大神
朝臣仲江麻呂, 布勢朝臣田上, 平群朝臣嗣人, 大伴宿禰是成並從五位下, 正六位上歆
火宿禰淸永, 安都宿禰長人, 佐婆部首牛養, 伊與部連家守, 淸道造岡麻呂並外從五位
下, 宴訖賜祿各有差. 己巳, 典藥頭外從五位下忍海原連魚養等言, 謹檢古牒云, 葛木
襲津彦之第六子曰熊道足禰, 是魚養等之祖也. 熊道足禰六世孫首麻呂, 飛鳥淨御原
朝庭辛巳年, 貶賜連姓. 爾來再三披訴, 一二陳聞, 然覆盆之下難照, 而向隅之志久矣.
今屬聖朝啓運, 品物交泰, 愚民宿憤, 不得不陳. 望請, 除彼舊號, 賜朝臣宿禰, 光前榮
後, 存亡俱欣, 今所請朝野者, 所處之本名也. 依請賜之. 庚午, 授無位川原女王, 吳岡
女王, 正六位上百濟王難波姬, 無位縣犬養宿禰額子並從五位下. 癸酉, 春宮亮正五位
下葛井連道依, 主稅大屬從六位下船連今道等言, 葛井, 船, 津連等, 本出一祖, 別爲三
氏. 而今津連等幸遇昌運, 先賜朝臣. 而道依今道等猶滯連姓. 方今聖主照臨, 在幽盡
燭, 至化潛運, 稟氣歸仁. 伏望, 同沐天恩, 共蒙改姓. 詔許之. 道依等八人賜姓宿禰,
今道等八人因居賜宮原宿禰. 又對馬守正六位上津連吉道等十人賜宿禰, 少外記津連
巨都雄等兄弟姊妹七人, 因居賜中科宿禰. 甲戌, 大秦公忌寸濱刀自女賜姓賀美能宿
禰, 賀美能親王之乳母也. 丁丑, 以中納言正三位紀朝臣船守爲大納言. 己卯, 遣正五
位上百濟王俊哲, 從五位下坂上大宿禰田村麻呂於東海道, 從五位下藤原朝臣眞鷲於
東山道, 簡閱軍士兼檢戎具, 爲征蝦夷也. 癸未, 以從五位上賀茂朝臣大川爲伊賀守,
齋宮頭從五位上賀茂朝臣人麻呂爲兼伊勢守, 從五位下藤原朝臣縵麻呂爲相摸守, 從
五位下吉備朝臣與智麻呂爲介, 近衛將監從五位下池原公綱主爲兼常陸大掾, 從五位

下藤原朝臣今川爲美濃守, 正五位上百濟王俊哲爲下野守, 從五位下文室眞人大原爲
陸奧介, 從五位下安倍朝臣人成爲能登守, 從五位下藤原朝臣淸主爲丹波介, 從五位
下布勢朝臣田上爲因幡介, 從五位下藤原朝臣岡繼爲伯耆介, 從五位下岡田王爲備中
守, 從五位下大中臣朝臣弟成爲豊前守, 從五位上藤原朝臣園人爲豊後守. 丙戌, 授外
正六位上麻續連廣河外從五位下, 以獻物也. 己丑, 以從五位下大庭王爲侍從, 從五位
下大神朝臣仲江麻呂爲畫工正, 東宮學士從五位上菅野朝臣眞道爲兼治部少輔, 左兵
衛佐伊豫守如故. 從五位下紀朝臣登麻理爲雅樂頭, 外從五位下安都宿禰長人爲主稅
助, 外從五位下佐伯宿禰諸成爲兵馬正, 從五位下鹽屋王爲造兵正, 從五位下藤原朝
臣弟友爲大判事, 侍從如故. 從五位上橘朝臣綿裳爲宮內大輔, 從五位下藤原朝臣大
繼爲少輔, 正五位下文室眞人波多麻呂爲彈正弼, 從五位下御方宿禰廣名爲右京亮,
外從五位下阿閇間人臣人足爲春宮大進, 從五位上紀朝臣難波麻呂爲筑後守, 從五位
下和朝臣家麻呂爲內廐助.

二月甲辰, 授正六位上藤原朝臣緖繼從五位下, 以從五位上中臣朝臣鷹主爲神祇大
副, 從五位下秋篠朝臣安人爲大判事, 大外記右兵衛佐如故. 從五位上巨勢朝臣總成
爲主殿頭, 從五位下路眞人豊長爲左京亮, 從五位下巨勢朝臣人公爲肥前守. 乙未,
授外正六位上大伴直余良麻呂, 外正八位下遠田臣押人並外從五位下, 外從七位下丈
部善理贈外從五位下, 善理陸奧國磐城郡人也. 八年從官軍至膽澤, 率師渡河, 官軍失
利, 奮而戰死. 故有此贈焉. 癸卯, 諸國倉庫, 不可相接, 一倉失火, 合院燒盡. 於是勅,
自今以後, 新造倉庫, 各相去十丈已上, 隨處寬狹, 量宜置之. 辛亥, 陸奧介從五位下文
室眞人大原爲兼鎭守副將軍. 先是, 五位已上位田身歿之後, 例給一年, 如無子者當年
收之. 至是, 無問有子無子, 聽同給一年矣.

三月丙寅, 故右大臣從二位吉備朝臣眞備, 大和國造正四位下大和宿禰長岡等, 刪定
律令二十四條, 辨輕重之舛錯, 矯首尾之差違. 至是下詔, 始行用之. 己巳, 授從五位下
高嶋女王從五位上. 丁丑, 勅令右大臣已下, 五位已上造甲, 其數各有差. 其五位殷富
者, 特增其數. 以二十領爲限, 其次十領. 辛巳, 以從五位下秋篠朝臣安人爲少納言,
右兵衛佐如故. 從五位下藤原朝臣道繼爲大監物, 從五位上篠嶋王爲左大舍人頭, 從
五位下長津王爲圖書頭, 從五位下八上王爲內禮正, 從五位下紀朝臣乙佐美爲散位
助, 從五位上調使王爲諸陵頭, 從五位下巨勢朝臣廣山爲大藏少輔, 從五位下乙平王
爲造酒正, 從五位上廣上王爲鍛冶正. 壬午, 授無位於宿禰乙女, 紀朝臣家主並從五位

下. 又授外從五位下上道臣千若女從五位下. 癸未, 太政官奏言, 謹案禮記曰, 天子七廟, 三昭三穆與太祖之廟而七. 又曰, 舍故而諱新, 注曰, 舍親盡之祖. 而諱新死者, 今國忌稍多, 親世亦盡, 一日萬機, 行事多滯. 請親盡之忌, 一從省除. 奏可之. 丙戌, 仰京畿七道國郡司造甲, 其數各有差.

夏四月乙未, 近衛將監從五位下兼常陸大掾池原公綱主等言, 池原, 上毛野二氏之先. 出自豐城入彦命, 其入彦命子孫, 東國六腹朝臣, 各因居地, 賜姓命氏. 斯乃古今所同, 百王不易也. 伏望因居地名, 蒙賜住吉朝臣. 勅綱主兄弟二人, 依請賜之. 戊戌, 左大史正六位上文忌寸最弟, 播磨少目正八位上武生連眞象等言, 文忌寸等元有二家, 東文稱直, 西文號首, 相比行事, 其來遠焉. 今東文擧家旣登宿禰, 西文漏恩猶沈忌寸. 最弟等幸逢明時, 不蒙曲察, 歷代之後申理無由. 伏望, 同賜榮號, 永貽孫謀, 有勅責其本系. 最弟等言, 漢高帝之後曰鸞, 鸞之後王狗轉爲百濟, 百濟久素王時, 聖朝遣使徵召文人, 久素王卽以狗孫王仁貢焉. 是文, 武生等之祖也. 於是最弟及眞象等八人賜姓宿禰. 庚子, 敍越前國雨夜神, 大虫神並從五位下. 乙巳, 敍從五位下大虫神從四位下, 同國足羽神從五位下. 戊申, 駿河國駿河郡大領正六位上金刺舍人廣名爲國造, 山背國部內諸寺浮圖, 經年稍久, 破壞處多. 詔遣使感 加修理焉. 己酉, 授從五位下石川朝臣美奈岐麻呂從五位上, 以從五位下藤原朝臣緒繼爲侍從. 丁巳, 車駕幸彈正尹神王第宴飮, 授其女淨庭王從五位下.

五月癸亥, 大藏卿從四位上石川朝臣豐人卒. 乙丑, 天皇以天下諸國頻苦旱疫. 詔停節宴. 授無位紀朝臣河內子從五位下. 辛未, 大宰府言, 豐後, 日向, 大隅等國飢. 又紀伊國飢, 並賑給之. 乙亥, 唐人正六位上王希逸賜姓江田忌寸, 情願也. 己卯, 右京大夫從四位下藤原朝臣菅繼卒. 丁亥, 供奉中宮周忌齋會雜色人九十六人, 隨勞輕重, 賜爵有差. 其正六位上者, 迴授其子, 二百九十三人賜祿亦有差. 戊子, 先是, 諸國司等, 校收常荒不用之田, 以班百姓口分. 徒受其名, 不堪輸租. 又王臣家, 國郡司, 及殷富百姓等, 或以下田相易上田, 或以便相換不便. 如此之類, 觸處而在. 於是仰下所司, 却據天平十四年勝寶七歲等圖籍, 咸皆改正, 爲來年班田也.

六月庚寅朔, 日有蝕之. 壬辰, 供奉皇后宮周忌齋會雜色人等二百六十七人, 准前例, 賜爵及物各有差. 甲午, 從五位下石浦王爲越中守, 從五位下文室眞人眞屋麻呂爲但馬介. 己亥, 鐵甲三千領, 仰下諸國, 依新樣修理. 國別有數. 甲寅, 先是, 去延曆三年下勅, 禁斷王臣家及諸司寺家等專占山野之事. 至是, 遣使山背國, 勘定公私之地, 各令有界, 恣聽百姓得共其利. 若有違犯者, 科違勅罪, 其所司阿縱者, 亦與同罪. 授正六位上因幡國造國富外從五位下. 乙卯, 奉黑馬於丹生川上神. 旱也.

秋七月庚申朔, 以炎旱經旬, 奉幣畿內諸名神. 授無位尾張架古刀自從五位下. 癸亥, 以從五位下藤原朝臣葛野麻呂爲少納言, 從五位下紀朝臣眞人爲中務少輔, 從五位下石淵王爲大監物, 從四位下當麻王爲左大舍人頭, 備前守如故. 從五位上篠嶋王爲右大舍人頭, 從五位下藤原朝臣道繼爲助, 從五位上藤原朝臣刷雄爲陰陽頭, 從四位上佐伯宿禰眞守爲大藏卿, 右大弁從四位上石川朝臣眞守爲兼右京大夫, 從五位下淺井王爲主馬頭, 丹波守如故. 從五位下安倍朝臣名繼爲右兵庫頭, 從五位下大神朝臣仲江麻呂爲內兵庫正, 從五位下橘朝臣安麻呂爲甲斐守. 壬申, 從四位下大伴宿禰弟麻呂爲征夷大使, 正五位上百濟王俊哲, 從五位上多治比眞人濱成, 從五位下坂上大宿禰田村麻呂, 從五位下巨勢朝臣野足並爲副使. 己卯, 故少納言從五位下正月王男藤津王等言, 亡父存日, 作請姓之表, 未及上聞, 奄赴泉途. 其表稱, 臣正月, 源流已遠, 屬籍將盡. 臣男四人, 女四人, 雖蒙王姓, 以世言之, 不殊疋庶. 伏望, 蒙賜登美眞人姓, 以從諸臣之例者, 請從父志, 欲蒙願姓, 有勅許焉. 辛巳, 伊豫國獻白雀. 詔, 國司及出瑞郡司進位一級. 但正六位上者迴授一子, 其獲雀人凡直大成賜爵二級幷稻一千束. 授國守從五位上菅野朝臣眞道正五位下, 介從五位下高橋朝臣祖麻呂從五位上. 丙戌, 停止鷹戶. 丁亥, 以從五位上藤原朝臣是人爲右少弁, 從五位下多治比眞人賀智爲宮內少輔, 右中弁正五位下多治比眞人宇美爲兼武藏守, 從五位下三方宿禰廣名爲上野守, 從五位下佐伯宿禰岡上爲介, 從五位下百濟王忠信爲越後介, 從五位下藤原朝臣大繼爲備前介, 從五位下藤原朝臣眞鷲爲大宰少貳. 戊子, 外從五位下安都宿禰長人爲右京亮, 左中弁從四位下百濟王仁貞卒.

八月辛卯, 夜有盜, 燒伊勢太神宮正殿一宇, 財殿二宇, 御門三間, 瑞籬一重. 從五位下紀朝臣兄原爲中衛少將, 出雲守如故. 癸巳, 任畿內班田使. 壬寅, 詔遣參議左大弁正四位上兼春宮大夫中衛中將大和守紀朝臣古佐美, 參議神祇伯從四位下兼式部大輔左兵衛督近江守大中臣朝臣諸魚, 神祇少副外從五位下忌部宿禰人上於伊勢太神宮, 奉幣帛. 以謝神宮被焚焉. 又遣使修造之. 壬子, 攝津國百濟郡人正六位上廣井造眞成賜姓連.

九月庚申, 從四位下全野女王預孫王例. 癸亥, 授陸奧國安積郡大領外正八位上阿倍安積臣繼守外從五位下, 以進軍粮也. 甲子, 敍佐渡國物部天神從五位下. 甲戌, 仰越前, 丹波, 但馬, 播磨, 美作, 備前, 阿波, 伊豫等國, 壞運平城宮諸門, 以移作長岡宮矣. 斷伊勢, 尾張, 近江, 美濃, 若狹, 越前, 紀伊等國百姓, 殺牛用祭漢神. 丙子, 讚岐國寒川郡人正六位上凡直千繼等言, 千繼等先, 星直. 譯語田朝庭御世, 繼國造之業, 管所部之堺. 於是因官命氏, 賜紗拔大押直之姓. 而庚午年之籍, 改大押字. 仍注凡直. 是以星直之裔, 或爲讚岐直, 或爲凡直. 方今聖朝, 仁均雲雨, 惠及昆蚑. 當此明時, 冀照覆盆, 請因先祖之業, 賜讚岐公之姓. 勅, 千繼等戶二十一烟依請賜之. 丁丑, 近衛將監正六位下出雲臣祖人言, 臣等本系, 出自天穗日命, 其天穗日命十四世孫曰野見宿禰, 野見宿禰之後, 土師氏人等, 或爲宿禰, 或賜朝臣, 臣等同爲一祖之後, 獨漏均養之仁. 伏望, 與彼宿禰之族, 同預改姓之例. 於是賜姓宿禰. 戊寅, 讚岐國阿野郡人正六位上綾公菅麻呂等言, 己等祖, 庚午年之後, 至于己亥年, 始蒙賜朝臣姓. 是以, 和銅七年以往, 三比之籍, 並記朝臣, 而養老五年, 造籍之日, 遠校庚午年籍, 削除朝臣. 百姓之憂, 無過此甚, 請據三比籍及舊位記, 蒙賜朝臣之姓. 許之. 庚辰, 下野守正五位上百濟王俊哲爲兼陸奧鎭守將軍.

冬十月丁酉, 行幸交野, 放鷹遊獵. 以右大臣別業爲行宮. 己亥, 右大臣率百濟王等, 奏百濟樂. 授正五位下藤原朝臣乙叡從四位下, 從五位下百濟王玄風, 百濟王善貞並從五位上, 從五位下藤原朝臣淨子正五位下, 正六位上百濟王貞孫從五位下. 庚子, 車駕還宮. 壬子, 仰東海, 東山二道諸國, 令作征箭三萬四千五百餘具. 甲寅, 先是, 皇太子枕席不安, 久不平復. 是日, 向於伊勢太神宮. 緣宿禱也.

十一月己未, 更仰坂東諸國, 辨備軍粮糒十二萬餘斛. 大藏卿從四位上佐伯宿禰眞守卒. 壬戌, 授播磨國人大初位下出雲臣人麻呂外從五位下, 以獻稻於水兒船瀨也. 甲子, 從五位下藤原朝臣葛野麻呂爲右少弁. 丁卯, 皇太子自伊勢太神宮至.

十二月庚寅, 授正六位上紀朝臣楫繼從五位下. 甲午, 伊豫國越智郡人正六位上越智直廣川等五人言, 廣川等七世祖紀博世, 小治田朝庭御世被遣於伊與國. 博世之孫忍人, 便娶越智直之女生在手. 在手, 庚午年之籍, 不尋本源, 誤從母姓. 自爾以來, 負越智直姓. 今, 廣川等, 幸屬皇朝開泰之運, 適値群品樂生之秋, 請依本姓, 欲賜紀臣. 許之. 丙申, 讚岐國寒川郡人外從五位下佐婆部首牛養等言, 牛養等先祖出自紀田鳥宿禰. 田鳥宿禰之孫米多臣, 難波高津宮御宇天皇御世, 從周芳國遷讚岐國. 然後, 遂爲佐婆部首, 今牛養幸藉時來, 獲免負擔, 雲雨之施, 更無所望. 但在官命氏, 因土賜姓. 行諸往古, 傳之來今, 其牛養等居處在寒川郡岡田村. 臣望賜岡田臣之姓. 於是, 牛養

等戶二十烟依請賜之. 外從五位下岡田臣牛養爲大學博士, 外從五位下麻田連眞淨爲
助敎, 伊勢介如故. 從五位下紀朝臣楫繼爲刑部少輔, 外從五位下淸道造岡麻呂等,
改造賜連姓. 癸卯, 授從四位下八上女王從三位, 從五位上多治比眞人邑刀自, 紀朝臣
若子並從四位下.

續日本紀卷第四十

ㄷ

ㅅ

ㅈ

紫微內相　[중]171

子部宿禰小宅女　[상]522

子午足　[중]413

茨田弓束　[중]73

茨田連稻床　[중]501

茨田連刀自女　[상]300

茨田枚野　[중]73

茨田宿禰弓束　[중]46

茨田宿禰弓束女　[중]94

茨田宿禰枚麻呂　[중]47, 93

茨田宿禰枚野　[중]223, 249, 287, 310

茨田王　[상]480, 496 [중]28, 60, 75

茨田堤　[하]64

茨田足嶋　[상]73, 125

慈定　[상]150

紫鄕山寺　[상]388

紫香樂宮　[상]521, 522 [중]25, 26, 30

慈訓　[중]151, 253, 279

慈訓法師　[중]327, 525

雀部朝臣廣持　[하]126

雀部朝臣男人　[중]117

雀部朝臣道奧　[중]356 [하]36

雀部朝臣東女　[중]261

雀部朝臣陸奧　[중]360

雀部朝臣眞人　[중]117

雀部朝臣虫麻呂　[하]310

雀部直兄子　[중]356, 472

雀部兄子　[중]502

作造辛國　[중]516

長岡宮　[하]305

長岡山陵　[하]403

長谷部公眞子　[중]379

長谷部內親王　[상]229, 454, 511

長谷部木麻呂　[중]377

長谷部文選　[중]475

長谷寺　[중]477

長谷眞人於保　[중]472 [하]33, 54

長丘連　[하]131

張道光　[하]303

張祿滿　[중]356

長瀨連廣足　[중]377 [하]124, 125

長尾忌寸金村　[하]26, 94, 267, 342

長背若萬呂　[중]199 [하]124

長背村主　[중]199 [하]124

長柄女王　[하]53

丈部繼守　[하]63

丈部國益　[중]483

丈部大麻呂　[중]89, 256 [하]275, 302, 308, 310, 355

丈部大庭　[중]484

丈部嶋足　[중]484

丈部路忌寸並倉　[중]359

丈部路忌寸石勝　[상]293

丈部龍麻呂　[중]520

丈部山際　[중]484

丈部善理　[하]387, 388, 416

丈部細目　[중]379

丈部子老　[중]483

丈部庭虫　[중]484

丈部造廣庭　[중]454

丈部造智積　[상]230

丈部直繼足　[중]484

丈部直刀自　[상]455

丈部直不破麻呂　[중]356, 450, 453

丈部直牛養　[하]219

丈部賀例努　[중]484

藏毘登於須美　[중]293

長費人立　[하]73

張仙壽　[하]167

長安城　[하]162

長野連公足(長野連君足)　[중]259 293, 297, 310

ㅊ

E

ㅍ

ㅎ